北魏时代的
名号变迁与政权转型

郭 硕 著

中 华 书 局

图书在版编目(CIP)数据

北魏时代的名号变迁与政权转型/郭硕著. —北京:中华书局,2024.3
(国家社科基金后期资助项目)
ISBN 978-7-101-16572-2

Ⅰ.北… Ⅱ.郭… Ⅲ.政治制度史-研究-中国-北魏 Ⅳ.D691.2

中国国家版本馆 CIP 数据核字(2024)第 048968 号

书　　名	北魏时代的名号变迁与政权转型
著　　者	郭　硕
丛 书 名	国家社科基金后期资助项目
责任编辑	王传龙
责任印制	陈丽娜
出版发行	中华书局
	(北京市丰台区太平桥西里 38 号　100073)
	http://www.zhbc.com.cn
	E-mail:zhbc@zhbc.com.cn
印　　刷	三河市宏盛印务有限公司
版　　次	2024 年 3 月第 1 版
	2024 年 3 月第 1 次印刷
规　　格	开本/710×1000 毫米　1/16
	印张 30¾　插页 2　字数 470 千字
印　　数	1—2000 册
国际书号	ISBN 978-7-101-16572-2
定　　价	128.00 元

国家社科基金后期资助项目出版说明

后期资助项目是国家社科基金设立的一类重要项目,旨在鼓励广大社科研究者潜心治学,支持基础研究多出优秀成果。它是经过严格评审,从接近完成的科研成果中遴选立项的。为扩大后期资助项目的影响,更好地推动学术发展,促进成果转化,全国哲学社会科学工作办公室按照"统一设计、统一标识、统一版式、形成系列"的总体要求,组织出版国家社科基金后期资助项目成果。

全国哲学社会科学工作办公室

目 录

序 ………………………………………………………… 景蜀慧 1

绪 论 ……………………………………………………………… 1
  一、名号与名号系统及其在北魏时代的意义 ……………………… 1
  二、学术史回顾 ……………………………………………………… 6

第一章 "代""魏"诸号与拓跋政权的名号整合 ……………… 16
第一节 "代"国号与"代人"称号之渊源 ………………… 16
  一、"代王"诸号的封授与"代"地域观念的萌发 …………… 18
  二、拓跋氏废弃"代王"称号史事索隐 ……………………… 23
  三、"上洛公"背后的拓跋氏臣服石赵史事与《魏书》的隐讳 … 31
  四、什翼犍恢复"代王"号的史事与拓跋氏早期史料的辨析 … 34
  本节小结 ……………………………………………………… 38
第二节 鲜卑、匈奴等北族名号与"代王"号的整合 ………… 38
  一、魏晋之际朝贡送质关系背景下的鲜卑系名号 …………… 39
  二、拓跋氏援晋与单于等匈奴名号的引入 …………………… 43
  三、北族与华夏名号混融背后的文化融合 …………………… 48
  本节小结 ……………………………………………………… 55
第三节 "魏者大名":"代""魏"兼行之意义 ………………… 56
  一、后燕、西燕对立的政治格局与"魏"国号的产生 ………… 57
  二、"魏"与"代都":国号与国都之关系 …………………… 64
  三、"魏"者大名:魏国号的政治与社会意义 ………………… 70
  本节小结 ……………………………………………………… 79

第二章 北魏立国之初的名号体系与政权的巩固 ……………… 81
第一节 祖先、德运与天命:伴随拓跋珪称帝的名号体系 …… 81
  一、北魏"黄帝后"与"土德说"的建构 …………………… 82

二、"黄帝后"与"土德说"的学术渊源脉络 …………………… 88
　　本节小结 …………………………………………………………… 95
　第二节　"真人"号与道武帝的"好黄老" …………………………… 96
　　一、"真人"号与道武帝神异形象的塑造 ……………………… 96
　　二、"好黄老"与"讲《汉书》":道武帝对华夏治术的接受 …… 104
　　三、道武帝以华夏治术巩固皇权的得失 ……………………… 111
　　本节小结 …………………………………………………………… 118
　第三节　"道武"谥号与北魏皇位继承问题的解决 ………………… 119
　　一、"尊母不尊父"与明元帝即位之初的皇权危机 …………… 120
　　二、"孝诚之至，通于神明"与明元帝的皇权之路 …………… 126
　　三、"纯孝之心"或是"南面之术"?"道武"谥号的意义 ……… 132
　　本节小结 …………………………………………………………… 140

第三章　"太平""天师"等道教名号与崔浩的政治理想 …………… 142
　第一节　太武帝"太平"诸号始末 …………………………………… 143
　　一、泰常七年封王的争议与"太平王"之号 …………………… 143
　　二、崔浩与"太平"之号的确立 ………………………………… 149
　　三、寇谦之对"真君"号的创制 ………………………………… 154
　　四、符箓、石文与"太平"号的传承问题 ……………………… 162
　　本节小结 …………………………………………………………… 166
　第二节　从"究览天人"到"人神接对":"天师"号之政治涵义 …… 167
　　一、"天师"与"真君"的地位:从《释老志》的记载说起 …… 168
　　二、"究览天人"与"敬畏天命":"天师"得势的信仰基础 …… 172
　　三、由人到神的张良:崔浩师事寇谦之的因由 ……………… 179
　　四、"究览天人"与"人神接对":崔寇合作与太武朝政治 …… 187
　　本节小结 …………………………………………………………… 195
　第三节　"太平""天师"号与政治文化变迁 ………………………… 196
　　一、"太平"理想的内容:"偃武修文" ………………………… 196
　　二、"道教"与"儒教":崔寇"文教"之纲领 ………………… 203
　　三、以"师"行教:崔浩"文教"理想之行事 ………………… 209
　　本节小结 …………………………………………………………… 216

第四章　孝文帝改制名号与北魏国家转型 … 217
第一节　庙号改制与孝文帝对北魏诸帝的历史定位 … 217
　　一、庙制改革前七庙归属的争议及其检讨 … 218
　　二、显祖入庙与庙制改革的政治背景 … 224
　　三、"太祖"的重新确定及其意义 … 231
　　四、孝文帝预留"高祖"庙号的政治用意 … 237
　　本节小结 … 245
第二节　北魏"水德"说与十六国北魏历史之清理 … 246
　　一、"古典"与"旧事"：太和年间的历史课题 … 247
　　二、"以水承金"与对十六国史的清理 … 252
　　三、祖先建构与"水德"说对"土德"说的整合 … 257
　　四、北魏"水德"说的现实意义 … 264
　　本节小结 … 268
第三节　洛阳"中京"称号与孝文帝的政治理想 … 269
　　一、"光宅土中"："中京"称号的涵义 … 270
　　二、"边裔"与"土中"：洛阳的地位与孝文帝的选择 … 274
　　三、"天下之中"与"迁都改邑"：洛阳土中说的典据 … 279
　　四、"中朝"与"中原"：江左政权的汉晋洛阳记忆 … 284
　　五、"居中得正"与"稽古复礼"：洛阳新都象征意义的建构 … 289
　　本节小结 … 293

第五章　外戚、女主、权臣名号与北魏后期的政治文化 … 294
第一节　制造外戚：高肇专权与高丽高氏的中原之路 … 294
　　一、没有太后的外戚："子贵母死"制度背后的高丽高氏 … 295
　　二、"追思舅氏"：宣武帝亲政政争中开始的高肇政治生涯 … 300
　　三、《嵩显寺碑》的秘密：高肇联宗勃海高氏的因由 … 305
　　四、士族社会的接纳与反馈：高肇身后的争议及其家族 … 310
　　本节小结 … 315
第二节　从"非礼"到"越礼"：北魏的太后名号与文化调适 … 316
　　一、从"保太后"到"皇太后"：太后尊号"非礼"的来历 … 316
　　二、不从夫谥与别葬方山："文成文明皇后"谥号的形成 … 326
　　三、"称诏"与"太上"：胡太后听政时代的名号与文化调适 … 335

本节小结 ·· 344
　第三节　"天柱"与"伊霍"：尔朱荣评价之争与正统竞逐 ·············· 345
　　一、从"柱国"到"天柱"：尔朱荣评价之争的名号渊源 ············ 345
　　二、尔朱荣的功过论与高欢集团的态度 ························ 350
　　三、北魏孝武帝和宇文泰的尔朱荣评价及"柱国"诸号的新用 ······ 354
　　四、附论：隋唐以后《魏书·尔朱荣传》争议的背景和影响 ········ 359
　　本节小结 ·· 363

第六章　名号背后的政权竞争与华夷观念转型 ·························· 365
　第一节　从"索头"到"魏虏"：南朝对拓跋氏称谓的变化 ············ 365
　　一、"索头"称号缘由的争议概说 ······························ 366
　　二、"索头"本为不含贬义的部落名 ···························· 370
　　三、族称与贬称的组合：南朝史书对音译名号的"再解释" ········ 374
　　四、从"索虏"到"魏虏"：北魏称谓由种族到国号的变化 ·········· 379
　　五、南朝君臣眼中的北魏洛阳与南北胡汉区隔的消弭 ············ 384
　　本节小结 ·· 387
　第二节　寄寓北魏的南朝国号：正统之争的另一面 ················ 388
　　一、"存立司马，诛除刘族"与"故晋"之号 ······················ 388
　　二、刘昶与"宋王"之号 ······································ 397
　　三、萧宝夤"齐王"始末 ······································ 401
　　四、萧正德与萧赞：北魏态度的变化 ·························· 407
　　五、从元翼"咸阳王"到元颢"魏主"：梁武帝的故技重施 ·········· 411
　　本节小结 ·· 418
　第三节　"岛夷"称号与北朝华夷观的变迁 ························ 419
　　一、夷夏与正闰：《魏书》"岛夷"号的使用及其内涵 ············ 420
　　二、"江南"与"僭伪"：北魏对南朝的称谓与正闰之分 ············ 424
　　三、侯景之乱与魏齐禅代："岛夷"名号产生的政治背景 ·········· 428
　　四、"僭伪"与"四夷"之间："岛夷"号与北朝华夷观念的变迁 ······ 432
　　本节小结 ·· 436

结　语 ·· 438
　　一、名号之创制与北魏政权之建构 ···························· 438
　　二、从"代魏结合"到"居中得正" ······························ 441

三、北魏各类名号背后的观念转型与社会重构 …………………………… 443
四、南北互动下的名号与北魏国家的成长 …………………………………… 446
五、北魏名号系统的"变"与作为"隋唐渊源"的北魏王朝 ………………… 448

参考文献 ……………………………………………………………………… 451
后　记 ………………………………………………………………………… 475

序

凛冬将至，百卉渐腓，唯有岭南的康乐园，尚留一片青葱。在略显晦暗的深冬之季，及门郭硕博士的新著《北魏时代的名号变迁与政权转型》即将出版，看到新一代青年学者不断成长并走向成熟，内心仍不由得感觉欣慰。郭君请我作序，虽自知在郭君研究的领域难以置喙，但义不敢辞，因就此书的由来及其学术价值谈一点粗陋的看法。

郭硕君自 2012 年考入中山大学历史学系读博研治魏晋南北朝史，迄今已十余年。他在读期间勤学善思，对汉魏至隋唐时期各类传世文献典籍及前人研究论著，一一深入阅读，其刻苦专注，令人印象深刻。其时我正主持南朝齐、梁、陈三书修订工作，因他在硕士论文基础上仍做北朝方面的博士论文选题，对北魏史料相对熟悉，便尝试让他处理《南齐书·魏虏传》的初步校订工作。他认真投入，完成质量甚佳，其后遂正式加入《南齐书》修订组，除《魏虏传》，还承担了若干卷纪、传的修订任务。作为修订团队主力，他积极参与集体讨论，贡献了许多重要的意见，在修订工作中任劳任怨，不计得失，表现出极佳的团队合作精神，专业研究能力也在此中得到锻炼和加强，尤其解读文献和处理史料的能力，取得了非常明显的进步。在传世文献版本目录校勘方面受到的实践训练，为他的博士论文写作乃至以后的专业发展打下了良好的基础。博士研究生毕业以后，郭君进入四川大学历史文化学院工作，我以先师缪彦威先生"为人耿介，治学谨严，做事勤敏"十二字箴言为嘱，期待他在工作岗位能够勤恳尽责，治学也要做到熟读深思。七八年间，郭君浸润于川大史学悠久深远的传统之中，专心从事魏晋南北朝史的教学与研究工作，学术上也越来越走向成熟。

郭君此书，脱胎于其博士学位论文《名号与北魏政治文化变迁研究》。该论文从名号入手，探讨北魏早中期政治文化变迁，涉及中古民族、政治、制度、学术、宗教等诸多重大问题，意在通过考察名号与北魏政治文化两者之间的名实互动关系,进入北魏政治文化的深层结构。选题甚具价值,写作准备亦较充分,不仅对前人的相关研究做了详尽的梳理考察,更充分发掘利用北魏传世文献和出土材料,探寻北魏时期名号及其背后政治文化的特殊性,进而深化和更新对北魏不同时期尤其是早中期政治文化的认识。由于论文对北魏王朝政治文化变迁的基本脉络有较准确的把握,论证翔实可信,颇多新见,因此得到评审专家和答辩专家的较高评价。博士毕业以后,郭君又经过数年时间的修改打磨,在研究时段与具体问题方面都进行了较大幅度的补充修改,将研究时段拓展到北魏一朝,并对南北政权之间的名号竞争进行了讨论,不仅对选题的把握更臻完善,在研究理路上也颇有开辟新境之感。

所谓"名号",是中国古代的重要政治概念,古人认为其关涉到王朝之治乱兴衰。昔秦始皇建"皇帝"之号,即谓"今名号不更,无以称成功,传后世"。郭君此书,乃从儒家"正名"思想出发,提出拓跋鲜卑在建立政权的不同阶段,经常会在不同类别的名号上做文章,都是利用名号来达成某种政治目标,实际上反映了北魏王朝不同时期独特的政治文化。全书以名号为突破点,深入追寻名号背后的历史真实,通过精细研读史料,钩深致隐,梳理了几大类名号与北魏政治文化的关系,深入发掘"代""魏"国号、"代都"与"中京"等名号背后所反映出的北魏立国的地域性及政治文化基础,又探索分析"道武""太平"等名号所呈现的特定的治道与治术以及其所反映的北魏不同发展阶段的重要政治思想理念,还利用南北政权互动竞争下的"自称"与"他称"剖析南北朝华夷观的深刻变迁。考辨道武帝相关名号以及作为其背景的以黄帝祖先为核心的土德说的思想渊源,指出了北魏立国之初的政治文化所具有的鲜明黄老风格,并对北魏道武、明元两朝政治中的黄老特色进行较为系统的阐释。对太武帝时期的"太平"和"天师"号,也敏锐地指出名号背后崔浩和寇谦之实践"太平"理想的方式是"偃武修文",这是对北魏统一北方后王朝发展方向的重新设计;崔浩自居"帝师"身份而以师行教,超越了当时君臣关系可接受的范围,乃是崔浩悲剧的重要原因。该书对孝文帝太和改制中的若干名号以及当时庙制、爵制、德运改革等内容,也有十分详细的分析,并对其政治文化由黄老向儒学复归的倾向进行了论证。该书对北魏后期的高肇弄权、胡太后秉政、尔朱荣专权诸名号的讨论,则敏锐地观察到北魏政治文化的结构性缺陷，以及这种缺陷对北魏后期以迄北魏分裂以后历史的影响。该书还提出南北朝史书中司空见惯的"鲜卑""索头"乃至"索虏""魏虏""岛夷"等名号不是从来就有的，也不是一成不变的。进而探析了族称背后是华夷观在南北互动中重新熔铸的事实，接续和充实了陈寅恪先生"北朝胡汉之分，在文化而不在种族"的观点。

　　选择以名号作为研究的切入点，是在现有史料空间不大的情况下，通过深挖名号背后的知识来源与文化语境、制度传统与现实需求、社会接受与传播效果等因素，以求还原历史真相、获得史事新解。决定研究质量的关键，是理清名与实之间的关系，辨识这些名号究竟只是徒有虚名的浮泛口号，还是确实可看作某个时代政治文化的象征，因此要求研究者必须对所研究的时代有深切的了解，以通贯的眼光体会这个时代的政治文化氛围。郭君此书，最突出的优点是能"从大处着眼、从小处着手"，见识敏锐，读书得间，其研究建立在熟谙北朝史料，对北朝历史发展的脉络有准确把握的基础上，因此能够立论扎实、言之有物。书中的很多章节，都是通过对名号的细致讨论，追寻北魏时代在权力结构、学术变化和社会变革方面的独特之处，以及这些特质对整体历史进程的深刻影响。因此澄清了学界许多争论已久的重要问题，指出许多在历史中已消失了的或者看似微末不足道的名号，其实都曾经对北魏王朝的政治与观念的转型起过重要作用。如代国时代的"单于"号、太武帝时代的"太平"号、北魏独特的太后名号、南北朝对敌对政权的各种贬称等，作者都对其与北魏政权的发展与转型之关系进行了颇有说服力的探讨。又如由猗卢之后"代王"号之兴废清理出拓跋历史的曲折发展历程；北魏由"土德"改为"水德"所涉祖先世系的调和；由敌对政权对北魏的称谓从"索头"到"魏虏""伪魏"之变化观察北魏形象的变化；从"岛夷"名号出发，对十六国北朝华夷观的变化过程提出解释；等等。以上都是依据常见材料，从较新角度提炼出问题而加以深入讨论，故其结论既合乎历史情境，又多能发前人所未发，在学术层面有新的推进。

　　如作者所说，名号是一种简洁的语言符号。不过简洁不等于简单，要准确解读名号背后的历史内涵，需要对史料下很细致的考索工夫。本书所涉各种名号的史料文本，多数经史臣的增删改窜，文献流传过程中又多有散佚增补,辨析考订的工作非常重要。作者在解决诸多复杂问题时,史料运用方面有三个鲜明的特点。第一是广泛使用各种不同类型的史料。该书对墓志碑刻的运用充分细致,各种造像记、官印,乃至墓葬规制等,也都融入到具体问题的讨论中。第二是对各种不同史源的史料,不仅考虑其能够相互印证的部分,更重视其相异的内容,充分考虑其生成的语境,分层、分类处理。本书在处理《晋书·石季龙载记》和《南齐书·魏虏传》所见拓跋氏"单于"称号时,就注意到文本修撰的不同目的,并以此为基础进行了符合逻辑的解读。《魏书》所见北魏君臣言论皆不言"鲜卑"族称,而南朝史书也对"鲜卑"予以回避,作者强调这种表面的相似,其实各有不同的背景,并对其进行了深入的分析。第三是充分利用制度史、思想史、民族史的研究方法,将名号有关的史料放在制度、思想、民族的背景下分析,观察名号与这些因素之间的关联和影响。作者在讨论学界已有较深认识的北魏国号问题时,特别强调北魏的国号也遵循其时从胙土分茅的爵号到"有天下之号"的制度程序,指出"代""魏"国号在确定和使用过程中具有强烈的地域属性;在分析崔宏关于"代""魏"兼行的言论时,又拈出其中"殷商兼行"之义,结合"相州"得名史料中商王迁相之旧典进行解读,对"代""魏"国号的象征意义及其变化有了精到的诠释,借此清晰呈现这类国号的内涵与功能,丰富了学界对这个重要问题的认识。除此之外,作者还利用了一些新的考据工具,比如第三章考证"太平王"的涵义时,将今人的天象计算与史书记载相参证,也颇见新意。

治学的过程,必定会充满艰辛曲折。在寂寞的治学环境中恪守本心,日拱一卒,功不唐捐,也总会有所收获。师弟过从多年,深知郭君禀性厚重,笃志敬业,期待他能够在未来的教学科研工作中,继续砥砺精进,探赜发微,取得更多的成果。

景蜀慧

2023 年 12 月于中山大学康乐园马岗顶

绪 论

一、名号与名号系统及其在北魏时代的意义

在北魏王朝的政治实践中,"正名"占据着极为重要的地位。随着"正名"的过程,传统的儒学、黄老政治思想,宗教、谶纬的神学思想,与北族传统一起,成为北魏政权治道与治术的思想资源。中国古代的重要政治概念"名号",正是由"正名"思想衍生出来的。在正名思想的基础上,不同的王朝乃至不同的统治者,都可以通过对单个或者成组名号的规划设计,制造出一套能够贯彻自己政治理念和政治意图的名号系统。对于北魏王朝来说,每个名号都具有强烈的象征意义。名号作为一种简洁的政治符号,比繁冗复杂的政治文本或法律文书更易于广泛传播,甚至可以直接渗入社会的最基层。在现实政治与社会生活的各个层面,人们对各种名号如国号、年号的使用也是司空见惯。相较于其他媒介,名号能够更有效地向社会表达背后的政治信息,以达成宣示政治理想、塑造国家权威的效果。时人在塑造名号的过程中,非常注重对传统政治学说的运用,也经常会对这些学说进行改造和重释。这种政治实践中的"解经"与"注经"行为,也推动着学术文化的发展。北魏一朝的"正名"活动及其社会影响,也就成为观察此期政治、社会以及思想文化的一扇窗口。

1. 名号与名号系统

在讨论相关问题之前,还需要对古代名号的概念进行界定,以明确各类名号在政治生活中的作用以及互相之间的联系与区别。在王朝的政治生活中,起作用的不只是单个的名号,而是一个以君主名号为中心的互相关联的名号系统[①]。为此,在确定研究对象的同时,还需要先对中

---

① 甘怀真指出:"如欲理解中国古代的皇帝号,不能只分析此语言符号及其所指涉的意义内容,而必须追究与皇帝号并存的相关概念,如'天下之号'、'国号'、君主的姓、名、字、号等。我们欲理解中国皇帝号的意义,必须将其纳入这些名号所组成的概念系统中,才能加以分析。"参见甘怀真:《皇权、礼仪与经典诠释:中国古代政治史研究》,华东师范大学出版社,2008年,第342页。

国古代的名号系统有一个概观。

对于"名号"所包含的内容,全面总结东汉今古文讨论成果的《白虎通》即有系统的总结①。《白虎通》虽然不能代表政治运作的实际情况,也不能机械地强加到北魏时期,但其所涉诸名号,还是基本能够代表汉代以来政治体系建构的某种共识的,在北魏时期也能看到这些名号的影响。本书在讨论相关问题时,只是参照《白虎通》的说法限定研究范围,并以此观察北魏对若干类型名号的吸收和改造。以《白虎通》所见的"称""名""号"来看,名号的范畴可以包括:(1)爵称,如天子、公侯、内爵等②;(2)改元立号,即年号③;(3)国号④;(4)号谥和帝王庙号⑤;(5)五行之号⑥;(6)礼

---

① 向晋卫对《白虎通》的名号思想进行了专门研究,并说:"汉儒在《白虎通义》中编织了一个包括姓氏、名号、爵号和谥号在内的纵横交错的道德网络,而这样的结果就是一方面加强了现世统治者的道德压力和道德约束,另一方面,也使得现世的礼制等级秩序在道德上得到了进一步的强化,儒家'正名'理论的双重功能在此得到了充分的体现。"参见向晋卫:《〈白虎通义〉思想的历史研究》,人民出版社,2007年,第123页。
② 《白虎通·爵》云:"天子者,爵称也。爵所以称天子何?王者父天母地,为天之子也";又云:"所以名之为公侯者何?公者,通也。公正无私之意也。侯者,候也。候逆顺也";又云:"公卿大夫者何谓也?内爵称也。"参见陈立:《白虎通疏证》卷一《爵》,中华书局,1994年,第1—2、7—8、16页。
③ 《白虎通·爵》云:"元以名年,年以纪事,君统事见矣,而未发号令也。""王者改元,即事天地。诸侯改元,即事社稷。"参见陈立:《白虎通疏证》卷一《爵》,第38页。按先秦至汉初,改元本无年号以相配合,自汉武帝以后改元始有年号。
④ 《白虎通·号》云:"所以有夏、殷、周号何?以为王者受命,必立天下之美号以表功自克,明易姓为子孙制也。夏、殷、周者,有天下之大号也。百王同天下,无以相别,改制天子之大礼,号以自别于前,所以表著己之功业。必改号者,所以明天命已著,欲显扬己于天下也。己复袭先王之号,与继体守文之君无以异也。不显不明,非天意也。故受命王者,必择天下美号,表著之功业,明当世施是也。"陈立:《白虎通疏证》卷二《号》,第56页。
⑤ 如"帝王者,居天下之尊号也,所以差优号令臣下。谥者行之迹也,所以别于后代,著善恶"。此段见刘师培《白虎通义定本》,参《白虎通疏证》附录,第762页,引文标点有调整。按此段旧本均有,陈立据卢文弨说删。刘师培称"帝王十八字,文与上属,疑非衍文,今从旧本",其后十五字亦与前对应,似亦不当为衍文。又,《白虎通·谥》云:"此言生有爵,死当有谥也。"参见陈立:《白虎通疏证》卷二《谥》,第68页。
⑥ 《白虎通·号》云:"帝者天号,王者五行之称也。"参见陈立:《白虎通疏证》卷二《号》,第44页。关于五行,《白虎通·五行》云:"五行所以更王何?以其转相生,故有终始也。"参见陈立:《白虎通疏证》卷四《五行》,第187页。

乐之号①;(7)京邑之号②;(8)夷狄名号③。以上所见之各类名号,与儒家基本理论、阴阳五行学说、谶纬神学观念相配合,构成了一套完整的体系。可以说,在汉儒的观念里,名号是当时政治生活中的核心问题之一。以《白虎通》的观点来看,政治生活中广泛使用的年号、德运、乐名、京邑称号、四夷族称,皆可以进入名号的范畴之中。

如果结合历朝历代各类名号的实际使用情况,可以看到每类名号的使用范畴都有特殊性。从使用时段来说,"天子"爵称与"皇帝"称号使用的年限达数千年,除去十六国和北周曾出现改用"天王"号这种极为特殊的情况,大多数的朝代都不会随意改变;按照固定次序传承的德运、正朔系统,则在若干个朝代之间循环往复,除非特殊情况,其传承次序一般不会随意改变;国号则每个朝代都会改变,而王朝建立后一旦确立国号就不再轻易改变;帝王的尊号、谥号与庙号往往都会伴随某个君主的生前与身后,标示这个帝王统治的时代;年号使用的时间则可能更短,有时某位君主会对其年号进行多次改易,随政治变迁的变化最为频繁。这些使用时间长短不一的名号相互结合,共同组成了王朝的名号系统。大体而言,对于一个刚建立的王朝而言,需要确立的名号较多,解释空间也相对较大;对于短期的历史阶段而言,越到朝代的晚期,能够重新改易的名号种类也越来越少。处于王朝不同阶段的君主经常在不同类别的名号上做文章,其实质却都是利用名号来达成某种政治目标。

对于单个的王朝来说,王朝一旦建立,在王朝的开国建制中就会建构名号系统和相应的解释体系,作为不容置疑的祖宗家法被后世帝王祗畏敬奉。这些名号都是在当时的知识基础上贴合新王朝建立之际的需要而确立的,一般都会有传诸子孙的规定和要求。不过,不少王朝由于

---

① 《白虎通·礼乐》云:"乐所以象德表功,而殊名也。《礼记》曰:'黄帝乐曰《咸池》,颛顼乐曰《六茎》,帝喾乐曰《五英》,尧乐曰《大章》,舜乐曰《箫韶》,禹乐曰《大夏》,汤乐曰《大濩》,周乐曰《大武象》,周公之乐曰《酌》,合曰《大武》。'"参见陈立:《白虎通疏证》卷三《礼乐》,第100页。
② 《白虎通·京师》云:"京师者,何谓也?千里之邑号也","夏曰夏邑,殷曰商邑,周曰京师。"参见陈立:《白虎通疏证》卷四《京师》,第160—161页。
③ 《白虎通·礼乐》云:"何以名为夷蛮?曰:圣人本不治外国,非为制名也,因其国名而言之耳。一说曰:名其短而为之制名也。夷者,傫夷无礼义。东方者,少阳易化,故取名也。蛮者,执心违邪。戎者,强恶也。狄者,易也,辟易无别也。北方太阴,鄙吝,故少难化。"参见陈立:《白虎通疏证》卷三《礼乐》,第114—115页。

制度草创,对重要名号的选取和解释不免粗疏,其后的数代君臣又不得不进行修补重构,但仍旧会以开国建制为基础。随着历史的推移,其后的"守成之主"对已有名号进行再解释的空间也越来越小,进行改弦更张的可能性也就越小。也即是说,名号系统一旦确立,随着时间的推移会出现一种"活力衰减"的趋势。

名号学说的发展过程主要受思想文化层面因素的影响,但要付诸实际运作却必须以政治为依托,以"发号施令"的方式起作用。名号以语言符号的形式被政治化,成为特定的"符号话语",并进一步使社会的文化价值和意识形态得到延续、认同和再生,从而使本不具备稳定性的政治因素制度化、规范化。对名号的研究,最重要的因素仍旧是古人于名号体系所关注的两个层面"名"与"实",也即是名号本身的思想涵义及其背后的政治文化意义。北魏孝文帝曾对太子恂说:"字汝元道,所寄不轻。汝当寻名求义,以顺吾旨。"①拓跋恂的字背后,正是孝文帝希望太子能够继承其华化之大业的表现。对于今人来说,"寻名求义"也是解读名号背后历史的重要途径。

2. 北魏时期名号及背后政治与文化之特殊性

北魏政权由鲜卑拓跋氏建立,统治北方地区一百多年。与其他朝代相比,北魏名号系统的建立与变革,有很多独特之处。就名号本身来说,北魏王朝至少有如下特征与之前的王朝不同:(1)国号,拓跋珪一定程度上保留中原王朝所赐予的"代"国号而同时又自立"魏"国号,是对王莽以来禅让模式下的国号获取方式的变革;(2)北族名号的使用,如早期使用"代王"乃至"皇帝"号的同时,可能还使用过"可汗""单于"等北族名号;(3)谥号,从拓跋珪以来的皇帝皆是二言为谥,与前朝君主以一言为谥为主的传统不同,且北魏开创了"神""道"等字入谥的先例;(4)太武帝"太平"号,这是皇帝生前拥有专属称号的特例,与其后隋唐皇帝的尊号则有类似;(5)太后的尊谥问题,如太武帝、文成帝将乳母奉为太后并尊以"保太后"之号,还有文明太后不从夫谥,灵太后尊父以"太上"之号;(6)北魏承晋为水德是自王莽开启禅让模式之后的德运传承的创新,之前的类似事例只有汉越秦承周一次;(7)北魏庙制问题之

---

① 《魏书》卷二二《废太子恂传》,中华书局点校本修订本,2017年,第662页。

复杂导致庙号变迁纷繁,"元魏两太祖"早为前代史家注意,而孝文帝以自道武帝之后的第六代皇帝而获得"高祖"庙号,亦为北魏所仅有;(8)北魏时代出现的各色其他名号,如太后与皇帝并称"二圣",尔朱荣所用之"柱国"等号,对北周乃至隋唐的历史影响深远。这些名号背后的政治文化,大多数都有分析和讨论的必要。

与《白虎通》所见的规范化、理论化的名号系统不同,北魏的名号系统可看作被动接受和主动使用的结合,若干名号出现和阐释的情况也与其他时代有很大的差异。与大多数王朝不同的是,北魏王朝的名号系统不是在建国之初一次性确定的,而是在政权发展过程中逐步建立的。也正是与孝文帝才使用"高祖"庙号相一致,其他王朝往往在开国君主时代已经定型的名号系统,在北魏要到孝文帝时期才最终确立。孝文帝时期对北魏发展历程中陆续形成的名号系统进行了重新确认和修改规范,对原有体系和新体系的矛盾进行调和,对原来出现的"不典""非礼"的内容或废弃、或修改、或重新解释,创造出一个符合中原传统的、儒家化的名号体系。就北魏王朝而言,名号系统"活力衰减"的趋势并不明显,而孝文帝所创名号体系以及背后政治文化的影响则远及隋唐。这一名号系统创立和规范的变化过程,对认识和理解这段历史有重要意义。

与北魏时期一般的政治制度可能带有大量"鲜卑旧俗"成分不同,"正名"思想背后的名号系统从一开始就是华夏的文化,在北族传统那里并无太多的原始材料可供利用。随着以华夏传统的思想为基础的政治理念逐渐进入拓跋氏的政治生活中,北魏政权逐渐接受传统的名号系统,政治文化也向汉晋历史的旧传统靠拢。拓跋氏自身的各类名号,则要么被废弃,要么被赋予新的内涵。这一变迁过程往往伴随着对鲜卑旧俗的扬弃,也经常会有对华夏旧传统的权变和调整,而早期已经确立的某些名号则需要进行反复修订和重新解释。这也是北魏的名号系统直到孝文帝时代才掀起最大规模的讨论并最终确立的基本背景。代国时代与"代王"同时使用的"可汗""单于"号,北魏早期追尊诸帝之"圣""神""道"等含有极美之词的谥号,"真人""太平王"与"太平真君"等带有道家和道教色彩的尊号,以及"保太后"一类在后世看来的"非礼"之号,乃至"代""魏"混用的国号,"土德"到"水德"的变迁,"北魏两太祖"与"两高祖"的争议,背后其实都是这一曲折发展过程留下的鲜明足迹。到孝文帝时代，北魏的名号体系才真正完成了和中原传统的儒家名号系统的对接，直到孝文帝死后还在继续完善。这一趋向与思想史发展变迁的脉络相对一致，如孝文帝就曾说："自上古以来及诸经籍，焉有不先正名而得行礼乎？"[①]孝文帝依据"上古"和"经籍"定名行礼，不过是名号系统发展到接近定型状态的一个表征而已。

需要指出的是，虽然先"正名"而后"行礼"自北魏建立之初就有体现，但名号所代表的政治理念是一回事，北魏政权对这些政治理念的运用是另一回事。或者如陈侃理所说，政治理念背后多偏重于学术思想的"学理"层面，而政治文化关注的核心问题则是学术思想的"实用"层面[②]。名号虽然主要是在以传统政治理念为中心的背景下生成的，但与世家大族所秉承的那些深奥的政治理论或者繁文缛节的礼乐形式不同，它具有简洁的表达形式和易于理解的基本内容，因而能在传统政治学说之前被文化水平不甚发达的拓跋政权所接受。因此，"正名"往往能较早完成。而以一种政治符号的状态而存在的名号，通过何种方式与现实政治结合则是士人所反复思考的问题；作为凝聚一种政治理念的名号，必然会涉及华夏文化的种种观念和理想，其与政治活动本身的冲突也许就不可避免了。因此，名号与皇权、部族、门阀的关系，名号的确立与民族融合、胡汉冲突、胡族之间的冲突、南北冲突的互动，也构成北魏名号研究的重要环节。名号与北魏的政治现实之间如何相互协调、相互制约，是较之名号本身来说复杂得多的问题。为此，本书的问题方向就在于通过考察名号及北魏政治文化两者之间的名实互动关系，进入北魏政治文化的深层结构以深入考察其发展变迁过程。

二、学术史回顾

名号问题历来不乏史家的关注，现代学者的著述也多有涉及。不过

[①] 《魏书》卷二一上《咸阳王禧传》，第536页。
[②] 按陈侃理曾经重点关注灾异背后学术思想的"学理化"与政治相关的"实用化"的矛盾以及二者之间的互动关系。其博士论文的两条基本线索，其一是灾异论思想（儒学）和技术（数术）两个传统的形成、发展与互动，其二是灾异论的"学理"和"实用"两种取向对灾异政治文化的影响。他以学术为中心，将学术与政治关系的演变，归纳为"学理取向"和"实用取向"共同作用的过程。参见陈侃理：《儒学、数术与政治——灾异的政治文化史》，北京大学出版社，2016年，第1—8页。

长期以来,学界的成果主要是某些专门研究某类名号的著作,如李崇智《中国历代年号考》、徐俊《中国古代王朝和政权名号探源》、汪受宽《谥法研究》①等,这些研究无疑能为治史者提供方便,但限于体例,对单个名号的研究都不深入。因此在学术史回顾的部分,对此不重点讨论。结合研究主题,本书学术史回顾所涉问题的次序为:首先从具有代表性的名号问题深层研究开始进行回溯,梳理值得借鉴的研究路径与分析范式;在此基础上再从本书所涉的历史阶段回溯前人研究对相关史料的整理和相关学术观点,寻求必要的研究基础和可能的突破点。

1. 名号问题的代表性研究及其学术路径。以多个相关的名号为主题进行系统的深入研究在近十余年间兴起,与中古时代相关的研究可以以罗新、辛德勇、胡阿祥和刘浦江等人代表。与北魏史关系最密切的一部专著,是罗新的《中古北族名号研究》。从严格意义上说,该著中的"名号"与儒家学说所习称的"名号"关联并不密切。该著以"政治名号=官号+官称"结构对名号概念进行了重新界定,并在此概念下对北族名号功能进行分析,为在史料十分有限的情况下深入认识北族历史提供了新视角。值得注意的是,罗著强调从内亚出发看问题的视角,在揭示内亚民族政治传统中各类名号的结构、功能、性质的基础上,分析源于草原民族的名号对华夏政权的影响②。

对名号的专门研究以辛德勇《建元与改元:西汉新莽年号研究》为代表③。该书对汉武帝太初元年当为年号纪年的启用时间、汉宣帝地节改元系事后追改、王莽的年号纪年实为"始建国""始建国天凤""始建国地皇"的形式三个问题进行抽丝剥茧式的考辨,深入分析年号的创立与变换背后诡谲复杂的政治纷争,揭示出年号变迁的政治背景,还原出皇权通过年号的形式将政治意志深入渗透到国家日常生活中的生动图景。从这一点上说,年号就不只是作为治史"四把钥匙"的年代学工具了,其背后的历史也可以得到更深层次的揭示。借此,辛德勇在该著中点明了"年号学"的研究方法和广阔前景。不过,辛著关注之核心在于现实政

---

① 参见李崇智:《中国历代年号考》,中华书局,1981年;徐俊:《中国古代王朝和政权名号探源》,华中师范大学出版社,2000年;汪受宽:《谥法研究》,上海古籍出版社,1995年;等等。
② 罗新:《中古北族名号研究》,北京大学出版社,2009年。
③ 辛德勇:《建元与改元:西汉新莽年号研究》,中华书局,2013年。

治,其较少关注者尚有名号的历史延续性,特别是政治传统与政治事件的密切关联。

胡阿祥则撰有名号研究的系列专著,较为系统地研究了中国、华夏、中华、九州,以及夏、商、周直到中华民国,乃至国外对中国的称谓等诸多名号①。当然,胡氏的研究以国号为中心,主要着眼于名号的涵义,且研究范围很大,时间跨越数千年,对于名号产生的历史细节等问题论述较为简略,也不乏值得延伸与深化的地方。

第四项研究是刘浦江及其学生的系列研究。从具体内容来说,大体可包括对辽金政权国号、国都的研究②和唐宋以来的正统论研究③两个方面的成果。其学生沿这一学术路径前行者,邱靖嘉④和苗润博⑤已经发表部分辽金名号的相关成果。值得注意的一点是,刘浦江领衔的这批研究成果,多数都是由名号出发而指向政治文化的领域⑥。其中有关的德运研究的数篇论文,全面梳理了华夷观与正统论之关系的演变轨迹,强

---

① 胡阿祥的系列专著包括《伟哉斯名:"中国"古今称谓研究》(湖北教育出版社,2000年)、《中国名号与中古地理探索》(生活·读书·新知三联书店,2013年)、《吾国与吾名:中国历代国号与古今名称研究》(江苏人民出版社,2018年)等多种。
② 刘浦江关于辽金王朝名号问题的代表性论文主要有《辽朝国号考释》(《历史研究》2001年第6期)、《金中都"永安"考》(《历史研究》2008年第1期)、《金朝初叶的国都问题——从部族体制向帝制王朝转型中的特殊政治生态》(《中国社会科学》2013年第3期)、《再谈"东丹国"国号问题》(《中国史研究》2008年第1期)、《契丹开国年代问题——立足于史源学的考察》(《中华文史论丛》2009年第4辑)等,较早的部分论文收入《松漠之间:辽金契丹女真史研究》(中华书局,2008年)。
③ 刘浦江关于德运正统相关名号问题的代表性论文主要有《德运之争与辽金王朝的正统性问题》(《中国社会科学》2004年第2期)、《正统论下的五代史观》(《唐研究》第11卷,北京大学出版社,2005年)、《"五德终始"说之终结——兼论宋代以降传统政治文化的嬗变》(《中国社会科学》2006年第2期)、《南北朝的历史遗产与隋唐时代的正统论》(《文史》2013年第2辑)等多篇。
④ 邱靖嘉已发相关成果主要有《辽太宗朝的"皇太子"名号问题——兼论辽代政治文化的特征》(《历史研究》2010年第6期)、《辽天祚朝"皇太叔"名号的政治文化解析》(《民族研究》2014年第1期)、《辽道宗"寿隆"年号探源——金代避讳之新证》(《中华文史论丛》2014年第4期)、《再论辽朝的"天下兵马大元帅"与皇位继承——兼谈辽代皇储名号的特征》(《民族研究》2015年第2期)等。
⑤ 苗润博已发相关成果主要有《辽代帝王简谥钩沉——以王士点〈禁扁〉为中心》(《民族研究》2015年第3期)。
⑥ 刘浦江主持的2013年度教育部人文社会科学重点研究基地(北京大学中国古代史研究中心)重大项目《北族王朝的政治文化特征——以辽金为中心》(项目编号:13JJD770003),上引邱靖嘉、苗润博文,有两篇也为这一课题阶段性研究成果。从能够看到的成果可知,有相当的部分都是由名号进入研究的。

调五德终始说建立在对宇宙系统的信仰之上、最后被宋儒以道德批评为准则的正统论取代的观点[①];辽金王朝名号的研究则由纯粹的名号研究转向着重发掘北族王朝的特殊政治文化生态,邱靖嘉则进一步梳理辽代名号"沿名之风"的政治文化特征[②]。由于其研究对象既有以辽金为主的北族王朝特定名号,也有南北朝、隋唐到宋辽金时期的德运与正统问题,对北魏时期的历史来说尤具参考和对比的价值。

上文所列四位学者的研究对象是性质不同的名号,更具启发意义的还在于其研究路径。四位学者的学术背景并不相同,除"名号"这一载体外,各自的研究风格和侧重点也很不相同。大体而言,辛德勇、胡阿祥都有坚实的历史地理学的基础,而罗新、刘浦江则在北族研究方面有精深的造诣。虽然可能学者互相之间也会有某些影响,但上述研究更多地带有各自独特的学术取向,这些不同代表着名号研究的几种可能的方向。罗新的研究着眼于名号的渊源,视角常常纵贯数百年,能够清晰地梳理名号本身的知识脉络、文化渊源;辛德勇的研究则是扎实考证的典范,往往着眼于某一名号产生的特殊背景,着眼短时间政治变化的细节进行深入阐发,能够透析名号产生背后复杂的政治背景;胡阿祥的研究则主要关注历代名号变迁的文化背景和历史意涵,对历代国号变迁背后的文化变迁有宏观的展现;刘浦江则重点关注辽金北族王朝特定名号背后的特殊政治文化生态,也有数篇论文涉及南北朝、隋唐到宋辽金时期的德运与正统问题及背后政治文化的嬗变,使得其研究具有较为宏观的视野。上述研究的学术领域,罗著偏于民族语言的特色,辛著则政治史色彩浓重,胡著则偏向于文化史的研究,而刘浦江的研究范畴则跨越民族史与政治文化领域。这批研究的学术取向也有一个共同特点,都属着眼于名号产生本身的个案研究,而较少关注各类不同名号之间的关系,也较少探讨名号生成以后在政治层面的实际运用和使用后社会层面的反馈问题。

---

① 就笔者所见,这一研究似乎可以以《"五德终始"说之终结——兼论宋代以降传统政治文化的嬗变》(2006)为界,之前的论文主要就德运与正统的种族与文化问题立论,其后的论文则强调德运观在唐宋之际由宇宙信仰转向道德批评的转变这一特征。
② 邱靖嘉提出"沿名之风"是辽代政治文化的一个鲜明特征,并以此作为辽代数个名号的解释模式,上引邱氏诸论文都是基于这一解释模式立论的。

除上引诸家研究以外,与名号相关的单篇研究还有许多,因研究的时段与具体内容与本书所关注者不相重合,兹不备举。

2. 有关北魏名号的研究。相对于之前的汉、其后的唐宋名号研究的成果不断涌现,魏晋南北朝时期的研究则相对沉寂。迄今为止,除上引罗新专著以外,尚无其他主要关注魏晋南北朝时期名号的研究专著问世。或许这种现象的出现与这一时期的思想史主要表现为儒、道、玄、释的冲突融合,在儒家政治理论方面没有太大的创新有关。不过,也可以见到某些有深度的讨论。

北魏国号方面,以何德章的《北魏国号与正统问题》一文为代表[①]。该文从拓跋政权的"代""魏"国号争议入手,提出定国号为"魏"、都城建筑模仿邺城、议定五行从曹魏土德都是为了表明自己是曹魏法统的继承者,为北魏政权最后成为中原汉族人士心目中的中华正统政权创造了条件。此外,日本学者松下宪一《北魏胡族体制论》之第五章《北魏的国号"大代"与"大魏"》[②],详细统计了"大代""大魏"国号的使用情况,并从社会结构的角度对北魏隋唐时期的"代人集团"及其意义有所阐发[③];佐藤贤《另一个汉魏交替——北魏道武帝期"魏"号制定问题》[④]、楼劲《谶纬与北魏建国》[⑤]也对道武帝定国号为"魏"的问题进行了讨论。

北魏的德运方面,罗新的《十六国北朝的五德历运问题》对十六国北朝主要政权的德运进行了较为全面的清理[⑥]。郑小容《浅谈十六国北朝时期五行帝德推演所反映的不同正统观》则进一步梳理了十六国北朝德运问题背后的正统观,对北魏初的德运问题提出了"复古"新说[⑦]。除此之外,孙险峰《北魏土德运次的制定》、赵永磊《五德终始说下的祭祖

---

① 何德章:《北魏国号与正统问题》,《历史研究》1992 年第 3 期。
② 参见松下憲一:《北魏胡族体制論》,北海道大学出版会,2007 年,第 111—158 页。
③ 按该书的一部分曾以《北魏代人集团考略》为题以中文发表,见《魏晋南北朝史论文集》,巴蜀书社,2006 年。
④ 佐藤賢:《もうひとつの漢魏交替——北魏道武帝期における「魏」號制定問題をめぐって》,载《東方学》第 113 号,2007 年。
⑤ 初载《历史研究》2016 年第 1 期,后收入《北魏开国史探》,中国社会科学出版社,2017 年,第 50—93 页,改题为"谶纬与北魏的建立及其国号问题"。
⑥ 原载《中国史研究》2004 年第 3 期,后收入《王化与山险:中古边裔论集》,北京大学出版社,2019 年,第 273—286 页。
⑦ 象牙塔网络首发,2004—12—22,http://xiangyata.net/data/articles/a01/571.html。

神礼——道武帝所立祖神考》等文也涉及北魏德运问题①。

与北魏有关的北族名号方面,除上引罗新研究外,尚可见到数篇来自北京大学的青年学者讨论"可汗""可敦"问题的文章,如潘敦《可敦、皇后与北魏政治》辨析了北魏时代可敦号与皇后号的性质,演绎出以可敦、皇后为代表的内亚与华夏两种政治传统推演博弈的过程②;曾庆盈《"木兰从军"歌谣及北魏"天子"和"可汗"的并存》认为北魏帝王在沿用中原帝王"天子"称谓的同时,还保留了突厥化蒙古人的"可汗"称谓,反映出北魏帝王的"双重面貌"③。

北魏庙号与庙制方面,楼劲《道武帝所立庙制与拓跋氏早期世系》通过对道武帝天兴庙制的梳理,力图还原道武帝对拓跋氏早期世系进行重建的逻辑④。王铭的《"正统"与"政统":拓跋魏"太祖"庙号改易及其历史书写》以"历史书写"的视角对"元魏两太祖"问题进行了考辨,认为对作为王朝开国之君象征的"太祖"庙号的追尊,体现了北魏的中原正统心态以及对拓跋王朝政统谱系的建构努力⑤。赵永磊《塑造正统:北魏太庙制度的构建》讨论了孝文帝之前"天子七庙"的形成以及孝文帝以后太庙制度的确立的问题,认为北魏太庙制度的构建呈现出由兼采郑玄、王肃学说到全遵郑玄学说的趋势⑥。

以上论文,除了涉及相关名号的具体史实以外,实际上也涉及到北魏时代政治与社会变迁中的深层次问题。如何文将北魏国号与都城建设、德运等因素综合起来,注意到了名号背后的正统之争,罗文和郑文关注到十六国北朝德运背后的正统观问题,都是政治史和思想史共通的领域。因此,这些论文虽然都是针对个别问题的点状研究,但为系统的研

---

① 参见孙险峰:《北魏土德运次的制定》,《华南师范大学学报(社会科学版)》2010年第6期;赵永磊:《五德终始说下的祭祖神礼——道武帝所立祖神考》,《史林》2020年第2期。
② 潘敦:《可敦、皇后与北魏政治》,《中国史研究》2020年第4期。
③ 曾庆盈:《"木兰从军"歌谣及北魏"天子"和"可汗"的并存》,《江西社会科学》2016年第12期。
④ 初载《文史》2006年第4辑,后收入《北魏开国史探》,第201—257页。
⑤ 见《中华文史论丛》2011年第2期。按王铭很早就对北魏庙制予以关注,他写有《北魏前期太庙考——以孝文帝"改庙号诏"为中心》(《清华文苑》第2辑,2007年11月);他还关注过北魏太武帝的庙号问题,参见氏著《北魏太武帝庙号升格问题考议》(《中国史研究》2016年第1期)。
⑥ 赵永磊:《塑造正统:北魏太庙制度的构建》,《历史研究》2017年第6期。

究提供了坚实的基础,研究思路和视角也不失参考价值。另外一点是,上引多项成果都将名号与正统问题结合论述,都注意到北魏如何面对同时存在的东晋南朝的问题。不过,正统问题虽然是政治文化的一个重要层面,但名号最重要的功能是"号令天下",除了论证政权的正统渊源外,更重要的还有贯彻政治思想、处理内部问题与矛盾的功能,其中可深入研究之处尚有不少。

除此之外,尚有部分名号制度研究的成果。如谥法方面,有张鹤泉等和戴卫红的系列研究[①],都是从制度史的层面探讨北魏谥法问题的代表性论文,较少涉及单个名号(谥号)的特殊性;某些涉及各种特殊名号问题的研究,如盛姗姗《北魏"改定内官"以后嫔妃阶位名号考略》[②]等。

除北魏名号以外,十六国名号也有不少研究。蒋福亚、陈勇都对十六国北朝名号进行过研究[③]。吴洪琳、李磊近年也对十六国时期的名号问题进行了系列研究[④]。日本学者窪添庆文也以十六国时期的官爵号为中心讨论过十六国诸政权以及东亚诸国之间的国际关系[⑤]。北魏的历史和

---

① 张鹤泉的研究如张鹤泉、苗霖霖《北魏后宫谥法、赠官制度考略》(《社会科学战线》2010年第9期);戴卫红的研究主要包括《魏晋南北朝得谥官员身份的重大转变——魏晋南北朝官员谥法、谥号研究(一)》(《南都学坛》2010年第6期)、《魏晋南北朝时期官员谥号用字——魏晋南北朝官员谥法、谥号研究之二》(《南京晓庄学院学报》2010年第4期)、《魏晋南北朝官员给谥程序——魏晋南北朝官员谥法、谥号研究(三)》(《南京晓庄学院学报》2011年第2期)等。
② 见《史林》2011年第2期。
③ 参见蒋福亚:《刘渊的"汉"旗号和慕容廆的"晋"旗号》,《北京师院学报》1979年第4期;陈勇:《从五主到五族:"五胡"称谓探源》,《历史研究》2014年第4期;等等。
④ 吴洪琳相关论文包括《"五胡"新释》(《陕西师范大学学报(哲学社会科学版)》2009年第4期)、《铁弗匈奴的族源、族称及其流散》(《青海民族大学学报(社会科学版)》2011年第3期)、《十六国"汉"、"赵"国号的取舍与内迁民族的认同》(《陕西师范大学学报(哲学社会科学版)》2013年第4期)、《王、天王、皇帝——十六国时期各政权首领名号研究》(《西北民族论丛》第9辑,2013年)等篇,都涉及十六国时期的名号问题。李磊的相关论文主要有《石勒的政治名号与政权建构——兼论十六国法统之汉晋复归》(《江海学刊》2019年第1期)、《"韩"号的建构与解构——汉魏朝鲜半岛上的权力竞争与族群聚散》(《学术月刊》2020年第5期)、《历史论述与地域统合:刘曜的国号选择与十六国新法统之创建》(《中国史研究》2021年第4期)、《十六国前期正统性建构中的符号策略与政治表达——以石虎"天人之望"的营造为中心》(《云南民族大学学报(哲学社会科学版)》2021年第4期)、《中华制度认同与后赵天王体制的演变》(《西南民族大学学报(人文社会科学版)》2021年第6期)等。
⑤ 窪添慶文:《魏晋南北朝官僚制研究》第十一章《四世紀における東アジの國際関係——官爵號を中心として》,汲古書院,2003年,第351—364页。中文译本参见窪添庆文:《魏晋南北朝官僚制研究》,台大出版中心,2015年,第319—327页。

十六国有较为紧密的传承关系,政治文化的层面也有某种渊源关系或可资比较之处,诸研究对本书的写作具有一定的参考价值,相关内容将在正文中具体引述,文献综述不作过多的分析。

3. 北魏时代政治与社会转型的研究以及相关的基础研究。就北朝到隋唐时期的历史变迁,陈寅恪先生在上世纪中期提出了两个影响深远的命题,一是"地域集团说",其最主要的实际研究是《唐代政治史述论稿》中所使用的"关中本位政策"和"关陇集团",用以讨论西魏、北周、隋唐时代政治史的基本特点①;二是"血统、文化说",即提出"汉人与胡人之分别,在北朝时代文化较血统尤为重要"②。自这两个论点提出以后,国内学界对这两个研究范式极为重视,研究成果蔚为大观。一是"地域集团"的研究范式逐渐成熟。此后的魏晋南北朝政治史研究,如周一良、万绳楠、田余庆、毛汉光都注意到各种以地域为纽带相结合的士族集团。就北朝时代而言,康乐提出拓跋氏由早期的"国人"转变而形成"代人集团",与汉人大族形成两种政治势力③;此外,陈爽《世家大族与北朝政治》、王怡辰《东魏北齐的统治集团》、苏小华《北镇势力与北朝政治文化》等研究,也是以"地域集团"作为基本研究范式的研究④。二是对于十六国北朝胡族政权的历史变迁,文化层面的"汉化"与"胡化"之辨成为主流。上世纪 50 年代,唐长孺先生《拓跋族的汉化过程》将马克思主义和"胡化、汉化之辨"结合起来,将汉化问题由文化层面推进到政治、经济、社会诸层面⑤。此后直到本世纪初,探讨历史事件中的胡化或汉化倾向可以说是北朝政治史、文化史、社会史研究的基本路径。

在这些研究范式的基础上,前人在北魏政治和北魏文化方面的基础性研究也已经取得了非常重要的进展。除上文已经提到的以外,在此还需要提及与本书关系密切的几部经典著作,其他专著将在正文中详细引述。第一类是兼具工具书和学术著作价值的著作:姚薇元《北朝胡姓

---

① 陈寅恪:《唐代政治史述论稿》,生活·读书·新知三联书店,2001 年。
② 陈寅恪:《唐代政治史述论稿》,第 200 页。
③ 康乐:《从西郊到南郊:国家祭典与北魏政治》,台湾稻禾出版社,1995 年。
④ 参见陈爽:《世家大族与北朝政治》,中国社会科学出版社,1999 年;王怡辰:《东魏北齐的统治集团》,文津出版社有限公司,2006 年;苏小华:《北镇势力与北朝政治文化》,中国社会科学出版社,2012 年。
⑤ 原载《历史教学》1956 年第 1 期,后收入《魏晋南北朝史论丛续编》,中华书局,2011 年。

考》、严耕望《中国地方行政制度史·魏晋南北朝地方行政制度》、前田正名《平城历史地理学研究》等；第二类是北魏政治史、文化史研究的经典或奠基性著作：杜士铎《北魏史》、田余庆《拓跋史探》、逯耀东《从平城到洛阳》、谷川道雄《隋唐帝国形成史论》、李凭《北魏平城时代》、张金龙《北魏政治史》，等等。

4. 以名号进入北魏政治文化研究的突破方向。

通过梳理名号研究以及政治文化研究的基本脉络可知，从名号进入政治文化的研究是一个已有一定学术积淀但仍有较大发展空间的领域。北魏时期名号和政治文化方面的已有研究，也为这一领域的继续前行提供了较为坚实的基础。就北魏时期而言，从名号出发，对政治与社会转型的研究也仍有不小的发展余地。

（1）名号本身的梳理和研究方面。从学术史的梳理中可以看出，与北魏名号系统相关的研究成果只有单篇的论文，其他论著即有提及，也只是散见于各类著述当中的简单提及。以北魏名号作为研究对象的单篇论文，其视角都偏重于正统论等少数几个议题，重视的仍是单个名号本身反映出的内容，而对名号之间的相互关系、对内对外的政治意蕴及其背后的政治运作还有待深入研究。能够有所突破的地方首先就在于将具体的名号置于历史发展的大格局中进行讨论，着力于长时段的整体观察与具体问题的深挖。比如汉制名号是如何被胡族政权接受的？不同的统治者是否会接受不同的名号？哪些名号最开始被接受？为什么被接受的是这些名号而非其他？名号多数有丰富的内涵，最初被接受的又是哪些方面的内容？在实际政治中这些名号的内涵又发生了什么变化？某些名号为何不再使用而消亡？这些问题，都还有待深入解答。

（2）从名号研究延伸到北魏的政治与社会转型问题。从某种程度上说，名号是一种政治符号，是北魏国家以简洁的形式对自身政治理想的表达，同时也可以是对某种权力关系的宣示。从名号的角度讨论北魏政治与社会的转型，和传统的研究讨论权力结构（如政治集团）或者社会阶层（如"贵族制社会"说）相比，可以有不同的取向和旨趣。名号学说重要的理论基础是名实之辨，名号本身有丰富的思想内涵。前人研究往往都能揭示某一名号是如何产生的，而较少着意于这一名号到底反映了何种政治思想，也很少关注名号的产生对当时政治与社会的意义。如果说创制一个新的名号背后是一套知识体系的话,那么这些知识的传播和反馈也值得注意。北魏时代出现了诸多新名号,也有不少传统名号的新运用,背后其实是北族政权与华夏政治、文化与社会传统如何结合的问题。这些名号的创制者和阐释者,多数都是有文化根基和家学传承的世家大族,而运用这些名号的对象又是北族政权,背后是与传统华夏王朝不尽相同的国家体制与社会结构。士人提出这些名号背后的实际政治目的又是什么?表达了何种政治理想?这些政治理想在具体政治中如何实现?得到各种北族和华夏社会各阶层人群的何种反馈?又给北魏国家与社会的转型带来了什么?其历史逻辑还有待发掘。

(3)北魏史研究的深入推进问题。北魏史的研究涉及政治、文化、社会、民族等领域的复杂问题,前人对北魏政治文化的研究,其立论多基于胡—汉二元对立的角度,近年来有学者延伸到华夏—内亚关系,但仍旧是一种基于民族文化对立之下的理论视角。这种视角对于汉(华夏)文明的细部并未进行细致的区分,对于北族(胡族)之间文化因素的区别也较为笼统。就政治文化来说,现有的研究多强调儒家学说的作用,在胡汉对立视角下简单地以儒家学说对应汉文化。在汉末魏晋思想解放潮流荡涤之后,汉魏之际的黄老形名之学、魏晋之际的玄学加速了和儒学的互动和整合,也对政治思想产生了巨大的影响。汉末魏晋以来思想史的变革对十六国北朝政治的影响,儒学、黄老等传统思想在北族君主统治下的权变和创新,佛教、道教的思想对北魏政治实践的影响,华夏传统文化在北魏时期有无具体的继承和发展,都还有诸多有待关注和研究的地方。在思想史的史料相对较少的北魏时代,这些方面的研究基础都还相对薄弱。而克服史料寡少缺陷的方法,从名号背后的政治思想入手或许也是一个有效途径。

第一章 "代""魏"诸号与拓跋
政权的名号整合

　　一般的北魏史著作多以拓跋珪复国并改国号为魏为界,将北魏王朝划分为两个不同的时代,即代国时代和北魏时代。不过,何德章和松下宪一的研究表明,北魏的国号在实际使用中的界限并没有这么明确,很长时间内都是"代""魏"兼行的①。学界业已关注到北魏国号"代""魏"兼行的现象,但研究的方向基本都只是这两个国号本身的涵义。"代""魏"名号的应用范畴其实已经超越了国号,具体使用的场合和形成背景也较为复杂。需要指出的是,"代""魏"之号原本是爵号,其与北族政权原有同性质名号如"可汗""单于"的关系,在实际政治中如何运用,都是有待厘清的问题。而《魏书》的记载所据史料不足,加之史官的有意涂抹,导致"代""魏"等华夏名号以及北族名号背后的文化涵义极不清晰,甚至这些名号本身的兴废也有许多细节不够明确。下文将在学界已有成果的基础上,结合史料中的线索进一步探讨北魏前期"代""魏"等华夏名号、"可汗""单于"等北族名号,在现实政治生活中的寓意以及背后更深层次的文化内涵等问题。

第一节 "代"国号与"代人"称号之渊源

　　在《魏书》诸传中,传主生活在迁都洛阳之前者,经常可以看到使用

---

① 何德章:《北魏国号与正统问题》,《历史研究》1992 年第 3 期;松下宪一:《北魏胡族体制論》第五章《北魏の国号「大代」と「大魏」》,第 111—158 页。

"代人"二字来标示身份的情形①。具体来说,《魏书》中可见到氏族成员有"代人"身份标记的姓氏,包括帝室十姓除亥氏以外的九姓②;还有本为拓跋宗室,因事被黜而以名为氏的娥氏(娥清)③;勋臣八姓的所有八姓;内入诸姓也有十余姓④;四方诸姓也出现了数姓⑤;也有数人姓氏不见于《官氏志》,不过本传均提到出身部落酋帅⑥;也包括出身柔然皇族的间(郁久间)氏,还有族属不明的董氏(董洛生),还包括最早追随拓跋氏的汉人卫操、燕凤、许谦⑦。由此可见,《魏书》中具备"代人"身份者以以出身拓跋氏为核心的游牧部落为主,或最早追随代国政权的汉人。而最早具备"代人"身份的,很有可能就是与拓跋氏在族源或者其他渊源方面最为亲近的群体。

如果结合北魏时期的各种记载以及出土材料,可以知道"代人"或者"代"是拓跋氏族群中常用的共用词汇,甚至远比"鲜卑"或"拓跋"常见得多。不少学者以"代人集团"指代拓跋氏胡族统治集团,有学者明确指出该概念要比"鲜卑集团"或者"胡族集团"都更为贴合史料的本

---

① 需要稍作说明的是,"代人"的说法并不限于《魏书》,其他北朝史书也经常有类似情况,不过以《魏书》最早,也最为典型。清王鸣盛较早注意到"代人"问题:"《北史》诸传首,辄云某郡某县人,而第二十卷卫操等、二十一卷燕凤等、二十二卷长孙嵩等、二十三卷于栗䃅等、二十五卷古弼等,皆云'代人',此等不可枚举,皆因《魏书》。盖托跋氏元从部落,不可言郡县故也。"参见《十七史商榷》卷六八"代人"条,上海书店出版社,2005年,第570页。
② 分别是长孙(拔拔)氏、周(普)氏、胡(纥骨)氏、奚(达奚)氏、伊(伊娄)氏、丘(邱敦)氏、叔孙(乙旃)氏、车(车焜)氏。
③ 按娥青因事被黜,以名为氏事的考证,可参姚薇元:《北朝胡姓考》,第257页。陈连庆亦认同姚说。参见陈连庆:《中国古代少数民族姓氏研究:秦汉魏晋南北朝少数民族姓氏研究》,吉林文史出版社,1993年,第94页。
④ 分别有和(素和)氏、莫(莫那娄)氏、庾(吐奚)氏、娄(匹娄)氏、吕(叱吕)氏、乙(乙弗)氏、苟(若干)氏、罗(叱罗)氏、封(是贲)氏、山(土难)氏等。
⑤ 分别有陈(侯莫陈)氏、蔚(尉迟)氏、薛(叱干)氏、费(费连)氏、朱(渴烛浑)氏、綦(其连)氏等。
⑥ 分别是豆氏(豆代田)、万氏(万安国)、来氏(来大千)。
⑦ 按康乐曾经依据《魏书》《北齐书》《周书》《隋书》《北朝胡姓考》以及碑铭资料编制《代人集团表》,可资参考。不过康乐对"代人"的统计范围较《魏书》为广,包括迁洛后称"河南洛阳人"的也全部列入,并未对其前后的情形进行区分。另外,康乐表中有不少情况,史籍并没有直接说明是"代人",或入魏时间较晚,如父辈到太武帝时方由沮渠政权归降的鹿生,史称"一介远寄,兼非戚旧"的雁门人李栗,京兆人王洛儿,以及归降的慕容氏、宇文氏、赫连氏后裔等,都没有称"代人"的直接证据。

来面目[①]。不过,"代人"是区分人群的称号,而"代"这个符号本是部落君长的王号,或者"代"地域的地名。学界至今少有涉足的一个问题是,"代"是如何由王号和地名进入拓跋氏的文化中,又如何演变成人群籍贯的标识,再对其族群认同造成根深蒂固的影响?这些问题的解答,或许首先需要从"代"国号的历史细节入手追寻。

一、"代王"诸号的封授与"代"地域观念的萌发

魏晋之际,后来被北魏尊称为"始祖"的力微"总御幽都",拓跋氏逐渐出现在中原王朝的视野中,与曹魏、西晋建立了朝贡关系。力微死后,拓跋部族经历了一段"诸部离叛,国内纷扰"的时期,后分裂为三部。昭帝禄官以一部居东,在上谷北,濡源之西,东接宇文部;文帝沙漠汗的长子桓帝猗㐌统一部,居代郡之参合陂北;桓帝之弟穆帝猗卢统一部,居定襄之盛乐故城[②]。此时,中原的西晋陷入内部争斗的混乱之中。八王之乱及随后的永嘉之乱后,中原出现多种势力群雄逐鹿的局面,雄踞塞北的鲜卑拓跋亦成为各方拉拢的目标。可以说西晋的内乱给内迁的匈奴屠

[①] 现代学者中最早专门界定"代人集团"概念者,可能是中国台湾学者康乐,其后得到较多的使用与讨论。陈识仁认为,"新兴代北贵族""代北鲜卑贵族""代北大族""鲜卑贵族集团"等称谓,都只是一种将拓跋氏与汉人士族划分为两个政治集团的泛称,缺乏严格的定义,只有康氏的"代人集团"一词能够更精确地概括北魏政权的特征及组成分子。参见陈识仁:《北魏崔浩案的研究与讨论》,《史原》第 21 期,1999 年,第 118 页。另一位深入研究"代人集团"者,是日本学者松下宪一,其专著《北魏胡族体制论》之第五章《北魏的国号"大代"与"大魏"》、第六章《北朝正史中的"代人"》对这一问题进行了界定和研究。参见氏著《北魏胡族体制論》,第 111—207 页。中文版本见松下宪一:《北魏代人集团考略》,《魏晋南北朝史论文集》,巴蜀书社,2006 年,第 314—318 页;《北朝隋唐时代史料中的"代人"》,《魏晋南北朝史研究:回顾与探索——中国魏晋南北朝史学会第九届年会论文集》,湖北教育出版社,2009 年,第 326—332 页。日本学者冈田和一郎则使用"代人共同体"概念,认为孝文帝改革之前北魏国家的统治阶层存在着二重构造,即扬弃民族差异的社会政治集团"代人共同体",和以外朝为中心的北魏中央政府(参见冈田和一郎:《前期北魏国家の支配構造——西郊祭天の空間構造を手がかりとして》,载《歷史學研究》第 817 號,2006 年)。不过,无论是康乐还是日本学者的研究,对"代人集团"都是将其当作一个已经形成的社会群体,并进一步研究这个群体在北魏社会的影响以及这个群体的社会认同等方面。对"代"这一符号从地名和王号变成史书上的籍贯标识甚至成为塑造族群认同标志的过程,以及这一符号与鲜卑、拓跋等名号关系的实际情况,则较少注目或一笔带过。实际上,在《魏书》等材料中只记载了"代人",而"鲜卑"或"拓跋"等称号则极少提及。南朝史书记载和出土墓志等史料中,也很难见到"代人"这个名称的痕迹。其中的原委以及背后可能被隐藏的史事,前人研究也基本忽略了。

[②]《魏书》卷一《序纪》,第 5—6 页。

各等族提供了自立政权的舞台,也给僻处边塞的拓跋氏以发展壮大的契机。也正是在此前后,拓跋氏开始利用西晋中央王朝或其并州地区的代理人司马腾、刘琨授予的封号,走上建立代国的道路。

在西晋内乱,成都王司马颖"挟帝"而被司马腾等征讨时,拓跋三部都站在了司马腾的阵线上。昭帝十年(304),先前党附成都王颖的刘渊"反于离石,自号汉王",时为并州刺史的司马腾向拓跋氏求助,于是"桓帝率十余万骑,帝亦同时大举以助之,大破渊众于西河、上党。会惠帝还洛,腾乃辞师。桓帝与腾盟于汾东而还。乃使辅相卫雄、段繁,于参合陂西累石为亭,树碑以记行焉"①。这是《魏书·序纪》对拓跋氏援晋的首次记载。次年,司马腾又受到刘渊的攻击,复求助于拓跋氏,"桓帝以轻骑数千救之,斩渊将綦毌豚。渊南走蒲子。晋假桓帝大单于,金印紫绶"②。此后,西晋政府还封授给拓跋首领猗卢以"代公""代王",中原式的"公""王"之号正式进入拓跋诸部。

关于猗卢受封代王的过程,《宋书·索虏传》有一段较为清晰的记载:

> 怀帝永嘉三年,驰弟卢率部落自云中入雁门,就并州刺史刘琨求楼烦等五县,琨不能制,且欲倚卢为援,乃上言:"卢兄驰有救腾之功,旧勋宜录,请移五县民于新兴,以其地处之。"琨又表封卢为代郡公。愍帝初,又进卢为代王,增食常山郡。③

核之《魏书·序纪》,猗卢被封为代公在穆帝三年亦即晋永嘉四年(310),被晋愍帝封为代王在穆帝八年即晋建兴三年(315)。《晋书》之《怀帝纪》与《愍帝纪》对此也有记载。受封之事南北方的记载除时间偶有抵牾外,其他细节基本都能吻合。无论是《宋书·索虏传》还是《魏书·序纪》所载都是猗卢所受的封号,而且是获得了晋中央政府的确认的。不过,《通鉴考异》保存了一段弥足珍贵的史料,让今人知道猗𣎴获得"代公"的称号还在《魏书·序纪》记载之前。《通鉴考异》引刘琨《与

---

① 《魏书》卷一《序纪》,第6—7页。
② 《魏书》卷一《序纪》,第7页。
③ 《宋书》卷九五《索虏传》,中华书局点校本修订本,2018年,第2549页。按此段材料中的"猗驰"就是《魏书》中的猗𣎴。

丞相笺》云：

> 昔车骑感猗㐌救州之勋，表以代郡封㐌为代公，见听。时大驾在长安，会值戎事，道路不通，竟未施行。卢以封事见托，琨实为表上，追述车骑前意，即蒙听许，遣兼谒者仆射拜卢，赐印及符册，浚以此见责。戎狄封华郡，诚为失礼；然盖以救弊耳，亦犹浚先以辽西封务勿尘。此礼之失，浚实启之。浚遂与卢争代郡，举兵击卢，为所破，纷错之由，始结于此。雁门郡有五县在陉北，卢新并尘官，国甚强盛，从琨求陉北地，以并遣三万余家，散在五县间，既非所制；又于琨残弱之计，得相聚集，未为失宜，即徙陉北五县著陉南。卢因移，颇侵逼浚西陲围塞诸军营，浚不复见恕危弱而见罪责。①

刘琨笺文中的"车骑"即司马腾。从这段材料可知，早在刘琨之前，司马腾就已经上表求封猗㐌为代公了，且获得了怀帝的认可，只是由于特殊情况未得实现。按，何德章曾注意到《序纪》中"晋假桓帝大单于"为何添一"假"字的原因，认为其时晋怀帝辗转流移于长安、邺城间，其事当出司马腾之意，故以"假"为辞②。前文引《序纪》说，猗㐌获得"假"大单于的原因是司马腾为刘渊所困，"桓帝以轻骑数千救之，斩渊将綦毋豚"，而被表封代公亦是"车骑感猗㐌救州之勋"，其实就是同一件事。看来《序纪》在记"假"大单于的同时未曾记载猗㐌的另一重身份，就是"假"代公。至于刘琨笺文中并未提及"大单于"之号，亦非《序纪》有误。按笺文文意，刘琨主要是阐明"戎狄封华郡"的失礼背后"盖以救弊耳"的不得已原因，来反驳王浚的责难。封猗卢为"大单于"本就不属于"戎狄封华郡"的范畴，刘琨也没有在笺文中加以申说的必要。《序纪》对其后猗卢受封的表述，也是"晋怀帝进帝大单于，封代公"，其实同时赐予这两个封号已有猗㐌的前例可循。

《序纪》记猗卢进封代王的情况云："晋愍帝进帝为代王，置官属，食代、常山二郡。"③ "置官属"一类行为，表明此时拓跋部已经建立了一个

---

① 《资治通鉴》卷八七"晋怀帝永嘉四年冬十月"条《考异》，中华书局，1956年，第2753页。
② 何德章：《鲜卑代国的成长与拓跋鲜卑初期汉化》，《武汉大学学报(人文科学版)》2001年第1期。
③ 《魏书》卷一《序纪》，第9页。

带有华夏政治文化特色的政权。不过从文意看,这"置官属"应该是晋主导的,至少名义上如此。《魏书·卫操传》云:

> 始操所与宗室乡亲入国者:卫勤,安乐亭侯;卫崇、卫清,并都亭侯;卫泥、段繁,并信义将军、都亭侯;王发,建武将军、都亭侯;范班,折冲将军、广武亭侯;贾庆,建武将军、上洛亭侯;贾循,都亭侯;李壹,关中侯;郭乳,关内侯。皆为桓帝所表授也。六修之难,存者多随刘琨任子遵南奔。①

引文所见卫操之"宗室乡亲"十余人加上卫雄、姬澹等后来应该构成了代国官属的重要部分,而他们的官职皆为猗㐌所表授。看来"代公"属下的诸多官职都为猗卢的代国所承续,直到六修之乱猗卢被杀。另外,值得注意的是拓跋代的官职及爵位,皆从晋制,并属于王国官制②。猗卢进位代王后,其官属的人员可能也得到了刘琨的帮助。史料所见的有"甚为穆帝所重,常参军国大谋"的莫含,本为刘琨从事。猗卢"及为代王,备置官属,求含于琨",刘琨要莫含"入为代王腹心,非但吾愿,亦一州所赖"③,莫含作为代王官属自然也是得到西晋方面认可的。按照晋制设官锡爵,以刘琨派去的莫含参军国大谋,显示出西晋方面在代国建立过程中所起的作用。

从司马腾表封猗㐌"以代郡封为代郡公"到"琨又表封卢为代郡公",一个重要转变是猗卢获取了封地。按《宋书·索虏传》的记载,猗卢率部落自云中入雁门,主动就刘琨求楼烦等五县,刘琨乃是不得已而为之。《魏书·序纪》述其详情,乃是猗卢"以封邑去国悬远,民不相接,乃从琨求句注陉北之地。琨自以托附,闻之大喜,乃徙马邑、阴馆、楼烦、繁畤、崞五县之民于陉南,更立城邑,尽献其地,东接代郡,西连西河、朔方,方数百里"④。所谓"封邑去国悬远,民不相接"云云,确是实情。当时代郡属幽州,本不在刘琨所控制的并州范围内,而在幽州刺史王浚手中。

---

① 《魏书》卷二三《卫操传》,第 676 页。
② 何德章:《鲜卑代国的成长与拓跋鲜卑初期汉化》,《武汉大学学报(人文科学版)》2001 年第 1 期。
③ 《魏书》卷二三《莫含传》,第 677—678 页。
④ 《魏书》卷一《序纪》,第 8 页。

实际上，在刘琨之前，司马腾上表以代郡封拓跋氏，其是否真想让拓跋部控制代郡，颇可怀疑。毕竟当时拓跋部的中心盛乐与代郡之间还隔着雁北之地，司马腾也是并州刺史而不是幽州刺史，并不直接管辖代郡之地。不过即使"封邑去国悬远，民不相接"，猗卢也没有放弃对代郡封地的争夺，前引刘琨笺文中所谓"浚遂与卢争代郡，举兵击卢"云云，当即其事。因此《通鉴》称"时代郡属幽州，王浚不许，遣兵击猗卢，猗卢拒破之。浚由是与琨有隙"①云云。其后政治局面又发生变化，刘琨既急于利用猗卢的力量对抗刘、石，又无力取代郡之地以为酬答，才不得不在并州北部的雁门郡划出部分土地给拓跋部，这或许才是割让陉北之地的实际背景。至于猗卢"食代、常山二郡"的封地，增封的常山郡本也属王浚，而受封时正值王浚败死不久，常山郡也已落入石勒手中②。实际上，拓跋氏真正获取的封地就是刘琨所割让的陉北方圆数百里的土地。不过这数百里的封地对拓跋氏的历史发展非常关键，也就是在此基础上，猗卢"城盛乐以为北都，修故平城以为南都。帝登平城西山，观望地势，乃更南百里，于灅水之阳黄瓜堆筑新平城，晋人谓之小平城，使长子六修镇之，统领南部"③。由此奠定了拓跋部控御雁北的政治基础。

由"代公"再到"代王"，也开始了后来北魏时代的"代"地域和"代王"号的结合。刘琨所割让的以平城为中心的雁北地区成为"代王"的封地，这片区域也就成为拓跋氏所称的"代"。《魏书·序纪》称，昭成帝什翼犍建国二十五年、三十二年两次"幸代"，均应是雁北平城一带。至于代郡，王浚死后为段匹磾所得，之后先后为石赵④、前燕⑤、前秦所控制。苻坚败亡以后，代郡复为慕容燕所据，晋孝武帝太元十二年（387），郡人许谦驱逐燕所置太守贾闰，以郡附刘显。次年燕赵王麟击许谦，破

---

① 《资治通鉴》卷八七"晋怀帝永嘉四年十月"条，第2752页。
② 按胡三省早已注意到此事，注云"常山已为石勒所有"。参见《资治通鉴》卷八九"晋愍帝建兴三年二月"条胡注，第2818页。
③ 《魏书》卷一《序纪》，第9页。
④ 晋咸康四年（338）三月，"赵王虎进屯金台，支雄长驱入蓟，段辽所署渔阳、上谷、代郡守相皆降，取四十余城"。参见《资治通鉴》卷九六"晋成帝咸康四年三月"条，第3015页。
⑤ 晋永和六年（350）三月，慕容儁从冉闵手中取得代郡，"儁以弟宜为代郡城郎"，胡注："此秦、汉以来之代郡，非后魏之代都。此代郡治代；后魏代都，乃秦、汉之平城也。"参见《资治通鉴》卷九八"晋穆帝永和六年三月"条，第3014页。

走之,慕容垂"遂废代郡,悉徙其民于龙城"①。也即是说,直到拓跋珪复国,汉晋的"代郡"基本上都没有在拓跋氏的控制范围以内。此后汉晋之代郡在北魏时期虽可能复置②,但地位下降,行政意义上"代郡"的地域也逐渐为本属雁门郡的平城所取代③。事实上,拓跋珪于天兴元年定都平城时,平城就开始被称作"代都"了。《魏书·太祖纪》载,天兴元年十二月即位时,曾下诏"徙六州二十二郡守宰、豪杰、吏民二千家于代都"④。而在此前后,拓跋珪在代都又置司州,设有平城令、代尹,代尹地位高于一般的郡级行政长官,其辖境当在平城畿内的范围⑤。《魏书·食货志》称"天兴初,制定京邑,东至代郡,西及善无,南极阴馆,北尽参合,为畿内之田"⑥,这"畿内之田"亦即天兴初拓跋珪所划定的代的范围,大体上与猗卢从刘琨处获取的雁北之地相当。可以肯定,北魏建国以后"代"指称的地域已经由代郡转向了代都,即平城畿内。也就是说,西晋政府封授的"代王"称号与代郡封地之间名不副实的情形,在北魏立国以后就逐渐不复存在了。以雁北之地为"代"的地域渊源自刘琨时代底定,经拓跋氏百年发展而成为一种牢不可破的地域观念。

二、拓跋氏废弃"代王"称号史事索隐

《资治通鉴》载晋成帝咸康四年(338)十一月事云:

> 十一月,什翼犍即代王位于繁畤北,改元曰建国,分国之半以与孤。初,代王猗卢既卒,国多内难,部落离散,拓跋氏寝衰。及什翼

---

① 《资治通鉴》卷一〇七"晋孝武帝太元十二年三月、太元十三年三月"条,第3376、3382页。
② 北魏可能曾在晋代郡之地复置代郡,《灵征志》云,"神䴥三年二月,白鹿见代郡倒刺山"。李凭指出倒刺山在河北蔚县东约30公里处,亦即西晋代郡所在。参李凭:《北魏平城时代》,上海古籍出版社,2009年,第325页。不过,这似乎是《魏书》中"代郡"指为西晋代郡的唯一一例。
③ 《魏书》卷一〇六上《地形志一》"代郡"条,代郡领县四,平城、武周均为汉雁门郡领县,太平、永固乃北魏新设,其他亦在汉雁门郡范围内。参见《魏书》,第2735页。原汉晋以来的代郡或称东代郡,《魏书》卷七一《李元护传》称"元护从叔恤,卒于东代郡太守",参见《魏书》,第1721页。不过东代郡在《地形志》中不见记载,《魏书》中也仅此一例,可能存在的时间也不是很长。
④ 《魏书》卷二《太祖纪》,第34页。
⑤ 李凭:《北魏平城时代》,第286、287页。
⑥ 《魏书》卷一一〇《食货志》,第3104页。

犍立,雄勇有智略,能修祖业,国人附之;始置百官,分掌众务。以代人燕凤为长史,许谦为郎中令。始制反逆、杀人、奸盗之法,号令明白,政事清简,无系讯连逮之烦,百姓安之。于是东自濊貊,西及破落那,南距阴山,北尽沙漠,率皆归服,有众数十万人。①

《通鉴》这段文字所采用的史料,均可见于今存更早的史籍。为方便比较讨论,今以表格形式将史源文字及出处列出,见表1。

表1 《通鉴》引文史源及出处表

《通鉴》文字	史源文字	出处
十一月,什翼犍即代王位于繁畤北,改元曰建国	十一月,帝即位于繁畤之北,时年十九,称建国元年	《魏书·序纪》
分国之半以与孤	昭成即位,乃分国半部以与之	《魏书·高凉王孤传》
始置百官,分掌众务	始置百官,分掌众职	《魏书·序纪》
以代人燕凤为长史,许谦为郎中令	昭成之即王位,已命燕凤为右长史,许谦为郎中令矣。余官杂号,多同于晋朝	《魏书·官氏志》
始制反逆、杀人、奸盗之法,号令明白,政事清简,无系讯连逮之烦,百姓安之	昭成建国二年,当死者,听其家献金马以赎;犯大逆者,亲族男女无少长皆斩;男女不以礼交皆死;民相杀者,听与死家马牛四十九头,及送葬器物以平之;无系讯连逮之坐;盗官物,一备五,私则备十。法令明白,百姓晏然	《魏书·刑罚志》
于是东自濊貊,西及破落那	东自濊貊,西及破洛那,莫不款附	《魏书·序纪》
南距阴山,北尽沙漠,率皆归服,有众数十万人	卢孙什翼犍勇壮,众复附之,号上洛公,北有沙漠,南据阴山,众数十万	《宋书·索虏传》

从上表可以看出,《通鉴》抄撮《魏书》《宋书》不同出处的多条史料于一处,为什翼犍建国初年的政治功绩描绘了一个基本的轮廓。从原始材料的出处来看,《通鉴》对出处多元的材料进行的重组不着痕迹,单句的材料增删改订也不多,关键则在于系时。《通鉴》的系时虽然并不

①《资治通鉴》卷九六"晋成帝咸康四年十一月"条,第3025页。

一定与史事发生的时间严格对应,但其在咸康四年(《魏书》中的建国元年)的叙事,让这一年成为拓跋历史上的一个关键时间节点。也正因此,后世史家界定拓跋代国家建立的标志性时间点,也都对此加以沿用,如通史著作所说,"代,至此正式具有国家的规模"。① 后世学者一般都沿用《通鉴》的处理方式,皆将什翼犍时期的国家建构的史料全部系于这一年②。不过,在石虎政权下流亡十年的什翼犍,在"国多内难,部落离散"之际归国即位,甚至要与弟孤分国而治,内部基础可谓十分薄弱。他主导的重大变革是否都能在短短几个月时间之内完成,不免令人生疑。

《通鉴》将诸多没有明确系年的材料系于建国元年下,是否有错谬,由于史料极度缺乏,今人已无从考辨。某些在《魏书》中看似属于什翼犍建国之初的材料,《通鉴》将其系于建国元年是否合适也还有疑问。如上表所见,《魏书·序纪》称建国元年什翼犍"即位于繁畤之北";《官氏志》又记"昭成之即王位,已命燕凤为右长史,许谦为郎中令矣"。《通鉴》则将"即位"与"即王位"等同起来,改称"即代王位",诸事一起系于建国元年。不过,细核《魏书》之《燕凤传》《许谦传》的记载,系"即王位"时诸事于建国元年实不合逻辑。按《燕凤传》载燕凤入仕什翼犍事云:

> 昭成素闻其名,使人以礼迎致之。凤不应聘。乃命诸军围代城,谓城人曰:"燕凤不来,吾将屠汝。"代人惧,送凤。昭成与语,大悦,待以宾礼,后拜代王左长史,参决国事。③

昭成返国之前在石赵为质达十年之久,而为质之前不到十岁,全然不可能有"使人以礼迎致之"及"命诸军围代城"的行为。如果此"即王位"就是返国之时,又如何可能"已命"燕凤为右长史? 又《许谦传》云,谦"建国时,将家归附,昭成嘉之,擢为代王郎中令,兼掌文记"④。许谦既是

---

① 白寿彝总主编,何兹全主编:《中国通史》第5卷《中古时代·三国两晋南北朝时期》上册,上海人民出版社,2013年,第221页。
② 除上揭《中国通史》,还有王仲荦、杜士铎、张金龙、何德章等先生所著魏晋南北朝史或北魏史经典著作、早期北魏史的经典论文均作类似论述,参见王仲荦:《魏晋南北朝史》,上海人民出版社,2003年,第477页;杜士铎:《北魏史》,北岳文艺出版社,2011年,第28页;张金龙:《北魏政治史(一)》,甘肃教育出版社,2008年,第158页;何德章:《鲜卑代国的成长与拓跋鲜卑初期汉化》,《武汉大学学报(人文科学版)》2001年第1期。
③ 《魏书》卷二四《燕凤传》,第609页。
④ 《魏书》卷二四《许谦传》,第610页。

建国年间将家归附,又何以在建国元年即"已命"为郎中令?更严重的矛盾是,《燕凤传》明确记载燕凤死于魏神䴥元年(428)[①],相距代建国元年整整90年之久。燕凤若非极为长寿,是应当不会早在建国元年就已经当上什翼犍的右长史的。而《许谦传》则记载其"皇始元年卒官,时年六十三"[②],皇始元年为396年,上去建国元年58年,也就是说建国元年时许谦只有五岁,什翼犍又如何可能任用一个五岁小儿做郎中令?如果《魏书》的记载没有多处错误的话,什翼犍"命燕凤为右长史,许谦为郎中令"的时间,不大可能是建国元年,而是远在其后。

这些矛盾的关键,是"昭成之即王位"的性质。《魏书》在成书的过程中,经历了从编年体再到纪传体的转变,诸志的撰作时间非常晚。《官氏志》是史官的回溯性记述,很可能是将原始的职官制度等史料打散归并组成新的文本,很多史料已经无精确纪年,还有可能出现史官有意无意的误记。核诸《魏书》的文献系统,"即王位"这种记述很特殊,用在什翼犍身上是唯一一次,其他君主也只有《太祖纪》登国元年(386)正月戊申有"帝即代王位"这样的记载,而在此之前,拓跋珪则有长达十年的无年号纪年。如果类比这种惯例的话,《序纪》所记建国元年的"即位",与《官氏志》所说的"即王位",似乎不应该理解为同一件事。从《魏书》和《通鉴》的书法方面来说,或许可以理解《通鉴》将二者统一为"即代王位"的逻辑。《魏书》中道武帝之前的28位部落君长全部被追尊为皇帝,在他们成为部落首领时写作"立"或者"即位"都是符合《魏书》书法的。在《通鉴》的文献系统中,自猗卢被西晋政府封为"代王"之后,其后的拓跋君长均称作"代王",如"代王郁律""代王贺傉""代王纥那""代王翳槐"之类,相应的书法均作改变,如将《魏书》中的"帝出居于宇文部。贺兰及诸部大人,共立烈帝"[③],改为"贺兰部及诸大人共立拓拔翳槐为代王,代王纥那奔宇文部"[④]。正是基于这样的处理方式,《通鉴》的作者在《官氏志》出现什翼犍"即王位"的记载时,便顺理成章地将其与"即位"等同起来,又加入"代王"之号。

---

① 《魏书》卷二四《燕凤传》,第610页。
② 《魏书》卷二四《许谦传》,第611页。
③ 《魏书》卷一《序纪》,第11页。
④ 《资治通鉴》卷九四"晋成帝咸和四年"条,第2973页。

在《魏书》的体系中,"即位"可顺理成章地视为拓跋君长成为首领的时间,而"即王位"的记载与拓跋君长被塑造成"皇帝"的身份,实际上并不完全相符契。事实上,在《魏书·序纪》中,史官也并没有提及什翼犍的"代王"身份。燕凤和许谦二人本传与《通鉴》所记的矛盾似乎表明,"代王"之号的演变并不像《通鉴》所写的这么简单。

按照《魏书》的记载,穆帝猗卢八年(晋愍帝建兴三年,公元315年),"晋愍帝进帝为代王,置官属,食代、常山二郡"①,是为拓跋氏接受"代王"号的开始。71年以后,拓跋珪"登国元年春正月戊申,帝即代王位,郊天,建元,大会于牛川"②。这是《魏书》中仅见的两次有具体时间的称"代王"的记载。其间拓跋氏经历了多次内乱,并有被苻坚灭国的经历,"代王"号有何变迁则显得晦暗不明。如果说什翼犍的"即位"与"即代王位"不应该是一回事,那么必须确定的事实是,"代王"号是否被拓跋氏放弃过?

和西晋刘琨势力有密切联系的猗卢,在受封代王之后两年被其子六修所杀。此后拓跋氏陷入长期内乱之中,猗卢一系绝嗣,拓跋君位在猗卢兄猗㐌的后人和猗卢弟弗的后人之间反复争夺,直到思帝弗之子平文帝郁律时期才初步稳定下来。《魏书·序纪》载,平文皇帝五年(321)"僭晋司马叡遣使韩畅加崇爵服,帝绝之"③。东晋对平文帝所谓"加崇爵服",极有可能就是确认猗卢继任者的"代王"爵号及相关法服。张金龙先生就认为,拒绝东晋政权"加崇爵服","意味着拓跋鲜卑只承认西晋而不承认东晋的宗主国地位,实际上就是宣示其已非晋朝所封的王国,而是一个独立的政权"④。

《序纪》的这段材料明显经过后世改写,最重要的一点是称东晋政权为所谓"僭晋"而不承认其正统地位,可能并非平文帝时期的说法,而是后世史家的书法。刘知几就说:"唯魏收远不师古,近非因俗,自我作故,无所宪章。其撰《魏书》也,乃以平阳王为出帝,司马氏为僭晋,桓、刘已

---

① 《魏书》卷一《序纪》,第9页。
② 《魏书》卷二《太祖纪》,第20页。
③ 《魏书》卷一《序纪》,第10页。
④ 张金龙:《北魏政治史(一)》,第139页。

下,通曰岛夷。"① 刘知几以"僭晋"之号的创立者归于魏收,可能并不符合事实。北魏孝文帝议定德运,李彪等"据神元皇帝与晋武并时,桓、穆二帝,仍修旧好。始自平文,逮于太祖,抗衡秦、赵,终平慕容。晋祚终于秦方,大魏兴于云朔。据汉弃秦承周之义,以皇魏承晋为水德",即北魏正统承自西晋,而以东晋南朝为僭伪。何德章先生认为:"《魏书》凡涉及西晋,均称各帝庙号,至东晋则称'僭晋',于东晋诸帝均指名道姓,亦必李彪成例,就此亦可见李彪所修国史于正闰之际法度井然。"②

李彪等以魏承晋"始自平文",承认西晋授予的"代王"号而拒绝东晋"加崇爵服"的历史记载,是承认西晋正统而以东晋为僭伪的关键环节。《魏书》所见的平文帝相关事迹,主要有两点:一为拒绝东晋"加崇爵服",二为"治兵讲武,有平南夏之意"。《魏书》载其言论云:"今中原无主,天其资我乎?"③字里行间表现出浓郁的中原王朝意识。有学者认为,平文帝时期的这些记载,"都当定调于《国纪》,也都为当时拓跋珪追尊平文帝为太祖张了本"④。对这类与特定政治目的相符的记载持谨慎态度,无疑是正确的。事实上,见诸《魏书》的平文帝事迹,都能与北魏承西晋正统之说契合。因此,必须谨慎对待的是,平文帝拒绝东晋王爵的记载,是真有其事,还是后世为北魏正统说而造作出来的呢?

来自南朝方面的史料显示,至少在什翼犍时期,拓跋氏是使用过"代王"以外的名号的。《宋书·索房传》云:

> 愍帝初,又进卢为代王,增食常山郡。其后卢国内大乱,卢死,子又幼弱,部落分散。卢孙什翼犍勇壮,众复附之,号上洛公。⑤

《南齐书·魏虏传》则称:

> 猗卢孙什翼犍,字郁律旃,后还阴山为单于,领匈奴诸部。⑥

这两则南朝史料有明显的讹误。据《魏书·序纪》,什翼犍是思帝弗孙,

---

① 刘知几著,浦起龙通释:《史通通释》卷四《称谓》,上海古籍出版社,2009年,第101页。
② 何德章:《〈魏书〉正统义例之渊源》,《魏晋南北朝史丛稿》,商务印书馆,2010年,第379页。
③ 《魏书》卷一《序纪》,第10页。
④ 楼劲:《北魏开国史探》,第129页。
⑤ 《宋书》卷九五《索房传》,第2549页。
⑥ 《南齐书》卷五七《魏虏传》,中华书局点校本修订本,2017年,第1089页。

平文皇帝郁律次子,而猗卢早已绝嗣,此皆称什翼犍为猗卢孙,自当非是。《南齐书》称什翼犍字郁律旃云云,不见于《魏书》。不过北族本无取字之俗①,而什翼犍父平文帝名郁律,此恐怕是父子相混。这类父子乃至祖孙相混的情况在南朝史料中很常见,又如《魏虏传》称什翼犍的谥号为"烈祖文平皇帝",王仲荦先生指出:"按烈祖,拓跋珪之庙号。平文皇帝,什翼犍父郁律之谥。拓跋珪称帝后,追谥什翼犍为昭成皇帝,庙号高祖。此萧子显原书之讹。"②不过,导致这种世系讹混的主要原因,很可能是拓跋氏不似汉族强调伦理秩序、注重辈分区分的旧俗③。从另一层面来说,君长的称号乃是一国或者一部的标志,应当比君主的世系流传更广,沈约、萧子显的时代去什翼犍不远,相关记载也不应当是凭空虚构而来。因此,很有必要对南朝史料中提及的两个名号稍作分析。

两个名号中,"上洛公"是很明显的华夏名号,而"单于"是渊源于匈奴的北方民族名号。在使用者层面,"上洛公"的使用者是什翼犍,而"单于"的使用者则可能是什翼犍,也可能是郁律。《魏虏传》"后还阴山为单于"的记载,表明拓跋氏从南下建立的代国政权又回到草原民族的状态。这在《魏书》中是有材料能够佐证的,《卫操传》载曰:"六修之逆,国内大乱,新旧猜嫌,迭相诛戮。雄、澹并为群情所附,谋欲南归,言于众曰:'闻诸旧人忌新人悍战,欲尽杀之,吾等不早为计,恐无种矣。'晋人及乌丸惊惧,皆曰:'死生随二将军。'于是雄、澹与刘琨任子遵率乌丸、晋人数万众而叛。琨闻之大悦,率数百骑驰如平城抚纳之。"④猗卢死后,拓跋代政权内部鲜卑人和汉人发生分裂,汉人南迁而鲜卑大部则回到阴山地区。与汉人疏离的拓跋氏,回到草原民族的状态乃是自然之事。需要提及的一点是,拓跋氏一般使用的是"可汗"之号而非"单于"号,但这也不足以否定《魏虏传》的记载。《晋书·石季龙载记》载:"先是,北单于乙回为鲜卑敦那所逐,既平辽西,遣其将李穆击那破之,复立乙回而还。"⑤此事又见于《魏书·序纪》:"石虎遣将李穆率骑五千纳烈

---

① 参见罗新:《北魏太武帝的鲜卑本名》,《中古北族名号研究》,第166—167页。
② 朱季海:《南齐书校议》,中华书局,1984年,第127页。
③ 参见周一良:《魏晋南北朝史札记》,中华书局,2007年,第342—350页。
④《魏书》卷二三《卫操传》,第602—603页。
⑤《晋书》卷一〇六《石季龙载记上》,中华书局,1974年,第2768页。

帝于大宁。国人六千余落叛烬帝,烬帝出居于慕容部。"① 此"北单于乙回"应当就是烈帝翳槐,"鲜卑敦那"就是烬帝纥那②。《载记》称拓跋首领,一称"北单于",一称"鲜卑",当得其部族首领名号之实。毕竟彼时的政权多保有单于之号,如与什翼犍同时的石赵、前燕也都有单于号见诸记载。

从西晋十六国时期的情况来看,"单于"名号可以与"代王"或其他华夏名号并称,如《序纪》所记的"晋怀帝进帝大单于,封代公"就是如此。什翼犍的"上洛公"名号是典型的华夏名号,与"代王"名号性质类似,但级别比"代王"低一级。还可申说者,前引《石季龙载记》所见翳槐的"北单于"号,较之西晋授予猗卢的"大单于"号,级别也要低一级③。这可表明什翼犍使用了另外一个华夏名号,级别更高的"代王"号则很可能被放弃,毕竟两个级别不同的同类名号若同时使用,势必引起混乱④。从逻辑上说,南朝史料的"上洛公"名号,与《魏书》所记的郁律拒绝东晋政府"加崇爵服"是一致的。

回到《魏书》的记载,《官氏志》在记载什翼犍"即王位"事后,还有"众官杂号,多同于晋朝"九字,而《通鉴》在处理《魏书》的史料时则将此九字删去。学界对此九字的解读,一般都从汉化的角度指出右长史、郎中令为拓跋氏学习魏晋官号而来,以其作为什翼犍时期汉化的特征。或认为这是拓跋国家建构的初级阶段,草原民族并无国家制度的先例可循,因而照搬了魏晋制度。这些说法当然不误,不过,张金龙先生进一步指出,"左长史""郎中令"一类的职官,应当是承续之前猗卢所封代国

---

① 《魏书》卷一《序纪》,第11页。
② 田余庆先生指出:"纥读为敦,当即上古舌上音读为舌尖音之故。"参见田余庆:《代北地区拓跋与乌桓的共生关系》,《拓跋史探》,生活·读书·新知三联书店,2011年,第116页。
③ 如刘渊先为北单于,左国城起兵后,刘宣等上"大单于"之号,即是其例。参见《晋书》卷一〇一《刘元海载记》,第2648页。
④ 需要稍加辨析的是,魏晋南北朝时期还有一种情况,即授予周边少数民族政权以公爵而同时称某王号,如西晋封段务勿尘为"亲晋王、辽西公",授予高句丽王以"高句丽王、乐浪公"之类。这类爵号漥添庆文作出过颇有说服力的论证,他认为这两者的性质与大单于号和刺史号并称的关系极为类似,即"辽西公"或"乐浪公"一类爵号表示中国领内的爵号,而"亲晋王""高句丽王"一类王号表示统治非汉人的故有人民的权力。参见漥添庆文:《魏晋南北朝官僚制研究》,台大出版中心,2015年,第325—327页。但"上洛公"与"代王"都是华夏范畴内的爵称,显然不能适用这种情况。

的制度而来,亦即源于西晋的王国制度①。实际上,猗卢时期就在西晋的帮助下建立了一整套王国制度,《序纪》载:穆帝"八年,晋愍帝进帝为代王,置官属,食代、常山二郡"。显然,什翼犍"即王位"后建立的"众官杂号,多同于晋朝"的王国制度,并非新建,而是恢复。也即是说,什翼犍在"即王位"的同时,还恢复了西晋的王国制度,而非抄袭晋朝的中央官制。这一细节也可佐证,拓跋氏曾经放弃"代王"号,直到什翼犍"即位"后的某一时期才恢复,这才应该是史实。

三、"上洛公"背后的拓跋氏臣服石赵史事与《魏书》的隐讳

如果说拓跋氏一度放弃了"代王"号是因为在猗卢死后回到了草原民族社会状态的话,那么什翼犍"上洛公"的华夏称号则仍旧有诸多疑点需要作进一步挖掘。其一,什翼犍何以要称"上洛公"的华夏名号而不使用原有级别更高的"代王"号呢?其二,果如上引《宋书》所云,什翼犍曾"号上洛公",如此重要的史事为何不见于《魏书》的记载呢?

第一个问题,何德章先生曾提出"上洛公"可能是什翼犍所受石赵封爵②,结论应当不误,惜未作深入讨论。就笔者所见,还有两点可支持这一结论。其一是什翼犍之立与石虎政权的关系。关于拓跋氏与石赵政权的关系,《魏书》的记载非常含混,但基本情况还是可以考究的。什翼犍在烈帝翳槐之初便为质于石赵,翳槐也曾流亡石赵。按《序纪》,烈帝七年(335)炀帝复立,之后"烈帝出居于邺,石虎奉第宅、伎妾、奴婢、什物"③。其后烈帝赶跑炀帝复位,也是出于石虎的军事干预,其事已见诸前引《石季龙载记》和《序纪》史料。烈帝与炀帝争立,需要从慕容氏和石赵政权纷争的背景下来解读,毕竟此时北方的这两个政权都比拓跋氏强大。烈帝复位一年即死,《序纪》称:"烈帝临崩顾命曰:'必迎立什翼犍,社稷可安。'烈帝崩,帝弟孤乃自诣邺奉迎,与帝俱还。"④什翼犍能够从石赵归国继位,恐怕也与石虎的帮助大有关系。此时正是石虎势力

---

① 张金龙:《北魏政治史(一)》,第159页。
② 何德章:《鲜卑代国的成长与拓跋鲜卑初期汉化》,《武汉大学学报(人文科学版)》2001年第1期。
③ 《魏书》卷一《序纪》,第11页。
④ 《魏书》卷一《序纪》,第11—12页。

鼎盛之时，以石赵与拓跋氏实力对比而言，什翼犍得立为拓跋之主后很可能依附于石赵。其二则需要结合石虎政权的名号来看。晋咸康三年（337）正月辛巳，亦即什翼犍北返前不久，石虎依商、周制度，改称大赵天王，"亲王皆贬封郡公，藩王为县侯，百官封署各有差"①。也就是说，除石虎本人外，石赵政权内外都不再使用"王"的称号，依附于石赵的什翼犍也可能获封"公"爵。按前引《石季龙载记》，烈帝翳槐的称号是"北单于乙回"，不见有汉制爵称。《石季龙载记》又称，咸康二年，"索头郁鞠率众三万降于季龙，署鞠等一十三人亲通赵王，皆封列侯，散其部众于冀、青等六州"②。此事发生在石虎改称天王的前一年，又为《序纪》之"烈帝出居于邺"的次年，此"索头郁鞠"不知与烈帝有无关系③。可以肯定的是，郁鞠等十三人流亡石赵以后都接受了石虎封授的爵位，可见石赵封拓跋氏首领以华夏爵号是普遍现象。又按《晋书·地理志》，上洛郡属司州，"泰始二年，分京兆南郡置"。上洛之地去拓跋氏势力范围甚远，"上洛公"应当只是一个虚封的公爵④。可以推测，依附于石虎政权的拓跋氏，不具备自称"代王"称号的实力，而只能以石赵虚封的封号"上洛公"自称⑤。

终石虎之世，什翼犍的"上洛公"的称号应该不会有变化。今存史料中未见什翼犍与石赵发生矛盾的记载，反而在《序纪》极为简略的记载中数次见到"石虎遣使朝贡"的记录。"朝贡"云云，应是史臣粉饰之词。晋咸康七年，慕容燕使者刘翔游说晋中常侍彧弘时称："石虎苞八州之地，带甲百万，志吞江、汉，自索头、宇文暨诸小国，无不臣服。"⑥此索

---

① 《晋书》卷一〇六《石季龙载记上》，第2765页。
② 《晋书》卷一〇六《石季龙载记上》，第2764页。
③ 张金龙先生认为"索头郁鞠"即烈帝翳槐。《石季龙载记上》下文还有一条材料："遣征北张举自雁门讨索头郁鞠，克之"，从上下文的纪事推测此事发生的时间当在翳槐死去、什翼犍即位前后。张金龙先生推测这"很可能是后赵护送什翼犍夺取拓跋鲜卑领导权的行动"。参见张金龙：《北魏政治史（一）》，第144、158页。陈琳国先生也认为："'索头'专指拓跋鲜卑，年份又复相同。建武元年之前，石虎已迁都邺。因此，我以为'郁鞠'就是'翳槐'。"参见陈琳国：《中古北方民族史探》，商务印书馆，2010年，第232页。
④ 按，此封号还有一种可能，就是"上洛"地名有讹。《魏书》载登国元年"十二月，慕容垂遣使朝贡，奉帝西单于印绶，封上谷王。帝不纳"。上谷与代郡相邻，去拓跋氏所在之地不远，慕容垂所授王爵当是实封。若"上洛公"实为"上谷公"之讹，"上谷王"是借用之前的"上谷公"封号而来，也有可能。不过证据不足，难以确证。参见《魏书》卷二《太祖纪》，第21页。
⑤ 从当时情况来说，依附于石虎政权的什翼犍能否使用"建国"年号，也很值得怀疑。然所涉问题颇复杂，当另文讨论。
⑥ 《资治通鉴》卷九六"晋孝武帝太元十六年二月"条，第3043页。

头当即是拓跋氏,刘翔所云拓跋臣服石虎之事,当是实情。在慕容氏与石赵在河北地区争霸的时候,拓跋氏不过是一支相对弱小的势力,并不具备与石赵、前燕这些强大的政权相抗衡的实力。在慕容儁、张重华向东晋追求王爵之封的时候,拓跋氏还受着石赵政权的控制,什翼犍也不大可能在较早的时候就恢复"代王"称号。

解清"上洛公"名号背后的历史真相以后,对于该名号不见于《魏书》记载的原因,也就能迎刃而解了。首先,从《魏书》的文本来看,拓跋氏臣服的中原政权只有一个,就是西晋政权。因此,《魏书》所见的西晋皇帝,分别称作"晋武帝""晋惠帝""晋愍帝",承认西晋所封授的"代公""代王"爵号;而对于被其他政权控制的真相,则一概不予承认,双方交往只称"石勒遣使求和""石虎遣使朝贡"之类。直到李延寿的《北史》,此类曲笔仍没有改变。钱大昕就批评《北史》的"朝贡"说云:"登国三年四年,再书'垂遣使朝贡',亦沿魏收之文。是时拓跋虽自立国,犹臣属于燕,乃以燕使至为朝贡,何颜之厚乎?明元永兴三年、五年、神瑞元年,屡书'姚兴遣使朝贡',秦于魏为敌国,亦不当云朝贡。"[①]钱大昕所提及的是史臣对历史事实进行改写问题,其实还有对不符合北魏正统观念的史料进行删芟的问题。周一良、李凭先生就曾深入考察过北魏史臣抹去什翼犍被苻坚俘入长安以及拓跋珪流放至蜀之事[②],北魏前期的诸多史事至今扑朔迷离,或许多与史官的删芟有关。"上洛公"的背后是拓跋氏臣服于石赵的史实,与北魏史臣的史法明显不符,无疑是必须删除的。

其次,从《魏书》秉承的正统观看来,北魏的正统来源于西晋,其直接渊源就是猗卢所受西晋的"代王"称号。而南方的东晋政权,由于是与北魏争夺正统地位的南朝正统的直接来源,也被北魏官方斥为僭伪。从北魏史官的角度来说,"代王"爵号所代表的正统传承,是不允许中断

---

① 钱大昕:《廿二史考异》卷三八《北史一》,上海古籍出版社,2004年,第607页。王鸣盛于此亦有云:"是时慕容垂甚强,方且以藩服之礼待魏,魏尚未敢言敌体,乃反以臣子之词待之,可乎?'征师'当作'乞师','朝贡'当作'来聘'。又下文七年慕容永遣使朝贡,天兴三年姚兴遣使朝贡,此皆敌国也,当云来聘,何言朝贡乎?"参见王鸣盛:《十七史商榷》卷六六"慕容垂遣使朝贡"条,第543页。
② 周一良:《魏晋南北朝史札记》,第342—350页;李凭:《北魏平城时代》,第17—34页。

的。所以，即使有拓跋代政权被苻秦灭亡这样的极端情况，也仍旧以代国为正统纪年。这一点，钱大昕也有论说："自什翼犍被执，道武逃窜贺兰部，仅得存活，代之无主者九年。魏收于昭成没后，即称道武帝元年以至九年，诞妄之甚也，《北史》不当仍之。"并称："自古未有无国而称元年者。"① 从北魏史官的角度来说，"代王"号一度被放弃的史事，也是不允许在史书中出现的。因此"上洛公"这一爵号，也就没有保留在北魏史书中的合理性与必要性了。反而是来自于南朝的《宋书》，能够较为客观地保留这一信息。

回到《魏书》"即位"和"即王位"写法区别的问题上，这一字的区别其实可能是北魏史官删芟之后留下的线索，"即王位"的材料记载的很有可能是什翼犍放弃"上洛公"称号而代之以"代王"称号时的事。后世史家将什翼犍成为拓跋首领和即代王位之事混同，也很可能只是因为北魏史官有意删去"上洛公"的痕迹而造成的误解。

四、什翼犍恢复"代王"号的史事与拓跋氏早期史料的辨析

正是由于史官有意抹去"上洛公"的痕迹，后人只能从"即位"与"即王位"的细微区别中寻找线索。而什翼犍放弃"上洛公"之号和恢复猗卢时期"代王"之号的时间，已经成为一个难以解决的谜团。不过，什翼犍时期的拓跋氏，毕竟还是十六国时期的一股势力，利用《魏书》和其他史料的比对，还是可以追寻这一时期史事的大体轮廓。

从《魏书》的文本来看，在建国十四年（351）的记载中出现了一次明显转折。《序纪》称："帝曰：'石胡衰灭，冉闵肆祸，中州纷梗，莫有匡救，吾将亲率六军，廓定四海。'乃敕诸部，各率所统，以俟大期。"② 这一记载，与《序纪》记晋愍帝为刘曜所害时，平文帝称"今中原无主，天其资我乎"一事极为类似。在现存史料中，道武帝即位之前的北魏史事记载十分简略。在《序纪》中，什翼犍在位期间甚至多年无事可记，以大量记载他国史事的方式进行填充。其中，记事的内容又比记言为多。实际上，《序纪》有关什翼犍建国年间的所有记载中，建国十四年这次记言是

---

① 钱大昕：《廿二史考异》卷三八《北史一》，第607页。
② 《魏书》卷一《序纪》，第13页。

唯一一次。看来,这一年在拓跋氏的发展历史上还是有一定里程碑式的意义的。至少,随着石赵政权的崩溃,什翼犍摆脱了对石虎的依附关系,石赵政权的"上洛公"封号也就失去了意义。

也正是建国十四年前后,中原局势发生了极大的变化。是年,苻健即天王位并立国号大秦,东晋封段龛为齐公,刘显称帝于襄国;次年,苻健、慕容儁先后称帝,此外还有段勤自称赵帝。也即是说,在石赵败亡后,北方地区出现了一次称王称帝的高潮,不仅有相对强大的势力,也有一些较小的部族。这些大大小小的政权,有的后来建立了强大的政权,也有的迅速衰亡。从称王称帝的地域来看,几乎遍及从辽东到关中的整个北方地区。在这一波风潮中,什翼犍有没有采取更多的措施,比如模仿其他势力称王称帝等行为,今人已经不得而知。北魏史官选择这一年记载什翼犍的天下之志,不是没有理由的。

随着中原政治格局的变化,什翼犍的机会转瞬即逝。在石赵内乱之际,慕容儁迅速占领幽州的大片土地,并以弟慕容宜为代郡城郎,孙泳为广宁太守①,扼住了拓跋从代谷东出的门户。其后慕容儁光寿元年(357),"匈奴单于贺赖头率部落三万五千降于儁,拜宁西将军、云中郡公,处之于代郡平舒城"②。据姚薇元先生所考,此贺赖头即是贺兰部③。田余庆先生指出,慕容儁的目的乃是利用贺赖部力量为慕容看守代郡迤西至云中地区以控制拓跋部④。何德章先生更进一步指出,此时的拓跋代实际上处于慕容燕的附庸地位⑤。见诸《魏书》以外的材料,可以看出什翼犍时期拓跋代生存和发展的局促境地。直到代国为前秦所灭,什翼犍势力一直被限制在漠北到雁北一带,自始至终都没有获得染指中原的机会。从《魏书》记载的拓跋氏内部的发展来说,即便什翼犍已经萌发了较强的入主中原的独立意识,但他的许多举措常常受到各种各样的内部势力的掣肘。汉化与反汉化的斗争,在部族内部一直挥之不去。不过,

---

① 《资治通鉴》卷九八"晋穆帝永和六年三月"条,第3104页。
② 《晋书》卷一一〇《慕容儁载记》,第2838页。
③ 姚薇元:《北朝胡姓考》,中华书局,2007年,第36—40页。
④ 田余庆:《北魏后宫子贵母死之制的形成和演变》,《拓跋史探》,第33页。
⑤ 何德章:《鲜卑代国的成长与拓跋鲜卑初期汉化》,《武汉大学学报(人文科学版)》2001年第1期。

什翼犍毕竟也采取了一些带有汉化色彩的措施。《序纪》称,建国二年夏五月,"朝诸大人于参合陂,议欲定都灅源川,连日不决,乃从太后计而止"①。《魏书》叙其事云:"昭成初欲定都于灅源川,筑城郭,起宫室,议不决。后闻之,曰:'国自上世,迁徙为业。今事难之后,基业未固。若城郭而居,一旦寇来,难卒迁动。'乃止。"②关于筑城郭、起宫室的争议一直到北魏立国时仍在,也被看作拓跋氏开始进入定居生活方式的标志。定都于灅源川的计划虽然没有实现,不过什翼犍很快就于建国三年定都盛乐,次年又"筑盛乐城于故城南八里"③。可以看出,什翼犍仿效中原城居制度的意愿是非常急切的。什翼犍十岁起在中原生活了近十年,可能受到中原文化很深的影响。陶弘景曾记录"拓跋犍以建国元年于赤冶城铸刺刀十口,金镂'赤冶'字"④,这可能也是什翼犍有意制造的带有华夏色彩的名物⑤。对于什翼犍来说,重新实行猗卢以来的汉化政策是其努力经营的方向,恢复西晋以来的代王封号也是其中的措施之一。

处于多种民族、多重势力纷争不断的局势之中,利用西晋的政治封号获取实际利益应当也是什翼犍所首先考虑到的。在什翼犍的时代,与拓跋鲜卑有联系的许多政权都利用晋朝的封号,为自己的统治和扩大势力谋求合法性资源以及相应利益。这一情况以慕容鲜卑建立的前燕政权与汉人张氏的前凉政权最为典型。这两个政权使用晋朝封号,以晋朝的藩属自居,打着"勤王"的幌子,以达到"忠义彰于本朝,私利归于我国"⑥的目的。慕容廆的征虏将军鲁昌为其所定之策云:

> 今两京倾没,天子蒙尘,琅邪承制江东,实人命所系。明公雄据海朔,跨总一方,而诸部犹怙众称兵,未遵道化者,盖以官非王命,又

---

① 《魏书》卷一《序纪》,第12页。
② 《魏书》卷一三《皇后传》,第323页。《魏书》此卷有宋人校语云"魏收书《皇后传》亡,后人补以《北史》,又取《高氏小史》及《修文殿御览》附益之",见《魏书》卷一三"校勘记",第341页。《北史》所见此段内容全同,参见《北史》卷一三《后妃传》,中华书局,1974年,第491页。
③ 《魏书》卷一《序纪》,第12页。
④ 陶弘景:《古今刀剑录》,中华再造善本影印南宋咸淳百川学海刊本,第二十七册壬集上,第5b页。
⑤ 冯渝杰曾经讨论过道教法剑信仰的神学内蕴与帝王之间的关系,参见冯渝杰:《神物的终结:法剑信仰兴衰的历史考察》,四川人民出版社,2019年,第195—202页。
⑥ 《晋书》卷一○八《慕容廆载记》,第2805页。

自以为强。今宜通使琅邪,劝承大统,然后敷宣帝命,以伐有罪,谁敢不从!①

自此以后很长一段历史时期,前燕政权基本实行的就是这种精神指导下的政策。这样的政策使前燕政权获取了不少政治资本,也促进了慕容部的汉化和发展。至于汉族地方政权前凉更是一直以忠于晋朝为标榜。前凉的年号只有前凉威王张祚曾改元为和平,其他时期都是使用晋朝的年号。1964年,在新疆哈拉和卓的古墓群中发现了署有"建兴卅六年"的文物②,这是前凉使用西晋年号的实物证据。从《魏书》的记载可以知道,什翼犍与前燕有历史悠久的部族联姻,与前凉张氏也是交聘不断。据《晋书·慕容皝载记》,咸康六年,慕容皝派长史刘翔向建康献捷,兼求假燕王玺绶,同年被东晋封为使持节、大将军、都督河北诸军事、幽州牧、大单于、燕王。而前凉的张氏也在追求凉王的称号,却始终未获东晋的承认。慕容皝受封燕王后,张重华派亲信对到达凉州的东晋御史俞归曰:"我家主公奕世忠于晋室,而不如鲜卑矣。台加慕容皝燕王,今甫授州主大将军,何以加劝有功忠义之臣乎!"③慕容皝、张重华向东晋苦苦追求的王爵之号,拓跋氏则早在数十年前的猗卢时代就已从西晋获取。很难想象与慕容燕、张氏前凉政权保持密切关系的什翼犍,会对"代王"号无动于衷。可以说,"代王"号在此后的某个时间得以恢复,是契合时代潮流顺理成章的事情。

将拓跋氏置于十六国的大背景中,或许能够更好地理解《魏书》所记什翼犍时期史事的意义。也正因为如此,对于什翼犍恢复"代王"称号的意义,也不宜仅以《魏书》所记载的作简单理解。《魏书》斥东晋为僭伪的笔法,无疑是北魏史官的改写;什翼犍恢复"代王"称号,也一定有其现实需要。十六国时期的诸政权,追求东晋政权的封号是由于东晋"承制江东,实人命所系",什翼犍"即代王位"并建立"众官杂号,多同于晋朝"的制度,也不大可能仅仅只是奉西晋的正统而无视东晋的存在。因此,与《魏书》强调"代王"称号与北魏承继西晋正统的关系不同,什

---

① 《晋书》卷一〇八《慕容廆载记》,第2806页。
② 新疆维吾尔自治区博物馆:《吐鲁番县阿斯塔那—哈拉和卓古墓群发掘简报(1963—1965)》,《文物》1973年第10期。
③ 《晋书》卷八六《张轨传附张重华传》,第2244页。

翼犍恢复"代王"称号则很有可能与慕容燕、张氏前凉政权以尊东晋获取利益的目的一致。

本节小结

从西晋授予到猗卢死后放弃,再到什翼犍时代恢复,"代王"号随着拓跋氏的曲折发展几经兴废。同样,拓跋政权在十六国时期的政治纷争中屡经兴亡,并没有以一个稳定的"代王国"的形态存在。然而,以《通鉴》为代表的史书对史料处理的背后,是一种北魏王朝线性向上发展的理解逻辑,即认为拓跋氏是从部落首领到代王再到北魏皇帝的发展过程,接受了中原政权的"代王"封号之后只能被更高级的"皇帝"称号取代,而对其可能回到部落首领的状态的情况未加考虑,造成对史事的误读。理解北魏的史事,不能仅仅依据《魏书》的记载,也不能轻信《通鉴》的加工和整合,还需全面理解北魏史官的正统观,并解构其改写和删芟史事背后的逻辑。而史事的真相,则需要将史事置于十六国时期北方诸势力实力对比和发展层次的大背景下去追寻。

通过分析猗卢接受"代王"号和什翼犍恢复"代王"号两件事的异同,则可看出从他授名号到自立名号的发展历程。这与拓跋氏文化形态的曲折发展路径也是相一致的。什翼犍以后的"代王"号已经具有自立名号的性质了。也正是这种自立的名号,获得了拓跋氏内部更大程度的认同。在长期的历史发展中,在北魏政权内部的渊源于不同血统的人群中,"代人"的认同逐渐取代以前以血缘为依据的部落认同而成为区分我者与他者的依据。"代"国号则对这种认同起着维系作用,这也是这一国号一直到北魏末年还能长期存在的内在原因。

第二节 鲜卑、匈奴等北族名号与"代王"号的整合

分析"代""魏"名号的意义,不能忽略北魏政权的北族特征。毕竟"代人"这一华风浓郁的称号来自华夏的王号以及后世史家的记载,而拓跋氏本是活动于"匈奴故地"鲜卑,有自己的社会组织乃至政治制度,早

期可能都不使用华夏的语言。《魏书·序纪》称："爰历三代,以及秦汉","不交南夏,是以载籍无闻焉。"①《三国志·乌桓鲜卑传》注引王沈《魏书》载,秦汉之际,"鲜卑自为冒顿所破,远窜辽东塞外,不与余国争衡,未有名通于汉,而自与乌桓相接"②。所谓鲜卑"未有通名于汉",也就是说汉代中央政府还不知道有鲜卑部族的存在,这又恰好能与《序纪》"不交南夏,是以载籍无闻焉"的记载相照应。那么"代王"称号及其背后的西晋王国制度,与拓跋氏原有的部落制度,乃至于匈奴等其他北族的社会组织形态或政治制度的关系,都值得讨论。现存史料很清楚地表明,西晋政府在封授拓跋氏首领"代公""代王"等封号的同时,还有"大单于"这样的北族封号。这些封号相互之间的关系,以及它们与拓跋氏原有的名号系统有何关系,还有待澄清。

一、魏晋之际朝贡送质关系背景下的鲜卑系名号

拓跋氏的名号系统,很早就和魏晋中央政权发生关系,这一点可以从很多证据得到证明。鲜卑拓跋氏的早期历史,《魏书·序纪》有一些简略但非常重要的记载,除上节所讨论的"代公""代王"号以外,还有若干其他名号出现。从中原政权的角度来记载拓跋氏的史料,除唐修《晋书》以外,也有若干零星的出土材料可供比对。关涉到当时名号使用情况的某些细节,也可以从中体现。

1956年内蒙古凉城县蛮汉山南部沙虎子沟出土了一处金银器窖藏,是较为重要的一批出土材料。这批窖藏文物中有三方官印,包括金印两方,银印一方。两方金印分别刻有"晋鲜卑归义侯""晋乌丸归义侯"字样,银印刻有"晋鲜卑率善中郎将"字样。同时出土的,还有一件四兽型金饰牌,上阴刻"猗㐌金"3个汉字③。"猗㐌"当即是《魏书·序纪》中的桓帝猗㐌,蛮汉山遗址位于拓跋氏早期生活的核心地区盛乐古城遗址东面不远处,当为西晋时期的拓跋氏遗物。

这批文物可以反映出几个问题,第一是拓跋氏的族属。官印中的

---

① 《魏书》卷一《序纪》,第1页。
② 《三国志》卷三〇《乌桓鲜卑传》注引王沈《魏书》,第836页。
③ 李逸友:《内蒙古出土古代官印的新资料》,《文物》1961年第9期;张景明:《内蒙古凉城县小坝子滩金银器窖藏》,《文物》2002年第8期。

"鲜卑""乌桓"字样说明西晋政府对拓跋氏的族属有所认识,具体来说就是将其作为鲜卑或乌桓来看待,未将其当作匈奴或者其他族裔。两晋时期的史料也可以看到,拓跋先祖出现在史料中的族称即是"鲜卑",而且获得了西晋官方的确认。《晋书》对于拓跋珪之前的各代君长,有使用"鲜卑"作为修饰语的情况,如"鲜卑力微""鲜卑猗卢";也有以"索头"作为修饰语的,如"索头郁鞠"。其中最早者是魏晋之际的力微。《晋书》虽为唐修,但这些称谓应该还是能反映当时的实际情况的。其载刘琨上书中也提到"臣前表当与鲜卑猗卢克今年三月都会平阳"①,当系直接引文。又,敦煌残本《晋纪》有如下一段:"及至猗卢败乱,晋人归奔。琨于平城纳其初附,将军姬澹以为'此虽晋人,久在荒裔不识礼,难以法御。今内牧鲜卑之余谷,外抄残胡之牛羊。'"②这里的"鲜卑"指的就是猗卢的残余势力。《魏书·卫操传》附载卫雄、姬澹事③,可为参证。《晋纪》是成书于东晋南朝时期的史料,文中很清楚地称猗卢为"鲜卑",也与《晋书》的记载相合。

第二是拓跋首领的地位。部分学者从猗㐌的史料出发,认为"晋鲜卑归义侯""晋鲜卑率善中郎将"的颁发当出司马腾之意,并认为这批文物的出土证明《魏书·序纪》中"晋假桓帝大单于,金印紫绶"之说乃是事实④。这种解读看似合理,却隐含有逻辑矛盾。"归义侯"与"大单于"显然是不同的名号,涵义、级别也全不相同。《序纪》对猗卢受封的表述,也是"晋怀帝进帝大单于,封代公"。前节也已考证,同时赐予两个封号已有猗㐌的前例可循,只是由于特殊的情况未能成行。总之,《序纪》所说的司马腾授予猗㐌的官印不可能是"晋鲜卑归义侯"之类,而应是"大单于、代公"。换言之,将这批官印与《序纪》中的"晋假桓帝大单于,金印紫绶"联系起来,并不一定站得住脚。

也有不少学者从鲜卑和乌桓的官印同出的现象寻求解释,如田余庆

---

① 《晋书》卷六二《刘琨传》,第1684页。
② 罗振玉编:《鸣沙石室佚书正续编》,北京图书馆出版社,2004年,第191—192页。
③ 《魏书》卷二三《卫操传》,第677页。按类似内容又见于《晋书》卷六二《刘琨传》,第1695页。
④ 如何德章和韦正均持此说。见何德章:《鲜卑代国的成长与拓跋鲜卑初期汉化》,《武汉大学学报(人文科学版)》2001年第1期;韦正:《魏晋南北朝考古》,北京大学出版社,2013年,第379页。

先生认为,鲜卑、乌桓两金印都称晋"归义侯"而且形制全同,大小微异,当是同时受赐于晋,而且说不定就是在晋"离间二虏"之时①。不过,以这两方官印作为论证拓跋氏与乌桓的共生关系的证据是可靠的,但是否与力微有关则很难确定,所以田先生也采取极为谨慎的态度。毕竟从力微死去到猗㐌勃兴相去近三十年,其间还有一段"诸部离叛,国内纷扰"的时期。从现有证据看,只能确认这三方官印是西晋时期拓跋部的遗物,至于是颁发给力微还是猗㐌本人或是其他部众的,甚至是源自西晋封授还是部分属于拓跋部的战利品,也都有争议②,没有其他证据的情况下都还只能停留在推测阶段。

"归义侯""率善中郎将"这类名号,其实是汉魏以来授予周边族群常用的名号。在传世史料中的记载就颇多,如《三国志·鲜卑传》有"归泥叛比能,将其部众降,拜归义王""文帝立素利、弥加为归义王"③的记载;又《三国志·东夷传》叙述马韩受魏封号的情况云:"其官有魏率善邑君、归义侯、中郎将、都尉、伯长。"④这些封号性质类似但种类、级别繁多,而且数量很大。更值得注意的是"归义王""归义侯"这类封授的数量。《三国志》裴注引《魏书》记载,东汉建武二十五年,乌丸大人郝旦等率众诣阙,光武帝一次就"封其渠帅为侯王者八十余人"⑤。从魏晋政权的角度来说,颁发此类官印本就是对待北方少数民族乃至其他周边国家一贯的政策,并不需要发生特殊事件才封授类似官印。

蛮汉山出土的这批官印,恰恰能说明拓跋氏在西晋朝贡体系下所用名号的性质。自汉代以来,类似官印的授受已经成为标识"外臣"身份的固定模式。日本学者阿部幸信认为,汉代外臣印上附加的"汉"字,并非表示授印对象为异民族,而是说明该印的持有者处于汉朝之"外",且

---

① 田余庆:《拓跋史探》,第 145 页。
② 陈国灿先生曾经推测"晋鲜卑归义侯"和"晋鲜卑率善中郎将"官印是晋王朝对拓跋首领的敕封,而"晋乌丸归义侯"金印则是猗㐌与乌丸贵族斗争得来的战利品。见陈国灿:《魏晋间的乌丸与"护乌丸校尉"》,《魏晋南北朝隋唐史资料》第 1 辑,武汉大学,1979 年,第 25 页。
③ 《三国志》卷三〇《鲜卑传》,第 836—840 页。
④ 《三国志》卷三〇《东夷传》,第 850 页。标点本原文标作"其官有魏率善、邑君、归义侯、中郎将、都尉、伯长",此处标点应有误,"率善"与"归义"的词性应是类似的,"率善邑君"当与"晋乌丸率善邑长"相类,为此文中已改正。
⑤ 《三国志》卷三〇《乌丸传》,第 833 页。

与汉朝的皇帝缔结了个人关系，形成了"家"①。汉代的这个传统被魏晋政权沿用，魏晋这类官印的出土数量也非常之多。仅就晋朝来说，罗福颐《秦汉南北朝官印征存》一书就收录有"晋鲜卑率善邑长"四方、"晋鲜卑率善仟长"三方、"晋鲜卑率善佰长"六方等多种，加上授予乌丸、胡、氐、羌诸部的，数量就更为庞大②。蛮汗山出土的带有"晋"国号的"归义""率善"官印，可算是拓跋氏与中央政权之间的"外臣"关系的直接证据。拓跋氏是魏晋时代数量颇多的"外臣"之一，地位似乎也没有特殊的突出之处。

需要补充的是，魏晋中央政权经常以方位来命名和区分鲜卑的不同部族，在《三国志》中便出现了"东部鲜卑""西部鲜卑""河西鲜卑"的称谓，直到南北朝时期的史料中，这些称号也多有出现。鲜卑本身是多个部族的总称，事实上并不是一个统一的整体，某些部族在血统、文化方面与匈奴等其他部族也有密切联系。后来用以指称拓跋氏的"北部鲜卑"，也许也在魏晋之际的某个时候出现了。那么对鲜卑内部各个部族的区分，在当时仍旧是需要明确的现实问题。"北部鲜卑"的说法最早见于《晋书·姚兴载记》，这大约是以东晋或者姚氏政权所处的方位来命名的。大约"北部鲜卑"的称法在魏晋时期也会出现，毕竟力微早在魏晋之际就活动在西晋政权的北方，只是史料缺载而已。这种以方位来区分鲜卑族系的方式，也反映出魏晋政权对鲜卑诸部的认识，其立足点也只是基于中央政府自身的视角。鲜卑内部复杂的部族关系及其内部的名号系统，其实多数都不在魏晋政权的关注范围内。

正是在这样的背景下，拓跋氏内部发育出一套自身的名号体系，却较少被中原史料所记载。学界已经注意到，拓跋氏拥有一套与匈奴等族系不尽相同的可汗号系统，就是一个典型的例子。《资治通鉴》在记拓跋先世君长时，均称"可汗"，另一处记载力微事时，也称其为"力微可汗"，

---

① 阿部幸信：《西汉时期内外观的变迁：印制的视角》，黄桢译，《浙江学刊》2014年第3期。
② 罗福颐主编：《秦汉南北朝官印征存》，文物出版社，第214—248页。日本学者大庭修也对这类官印进行过归类和研究，见大庭修：《秦汉法制史研究》，林剑鸣等译，上海人民出版社，1991年，第396—399页；日本学者久米雅雄对汉魏晋颁发给兄弟民族官印的形制、内容的演变及相关历史信息也有较为系统的研究，见久米雅雄：《"晋率善羌中郎将"银印及相关历史之研究》，《"百年名社·千秋印学"国际印学研讨会论文集》，西泠印社，2003年，第152—159页。

胡注称"此时鲜卑君长已有可汗之称"①。温公之说长期以来得不到其他史料的参证，历代也多有怀疑者。不过，嘎仙洞石壁祝文的发现，证明了可汗称号在北魏前期就已经存在，温公之说实言之有据②。又北魏《奚智墓志》称："始与大魏同先，仆朕可汗之后裔，中古迁移，分领部众，遂因所居，改为达奚氏焉。"③ 这里的"仆朕可汗"，部分学者认为即《魏书·官氏志》所记载的献帝邻之弟④。"中古迁移"之事，曹永年则确指为献帝邻带领拓跋部众离开呼伦贝尔南迁匈奴故地⑤。若此墓志所说属实，"可汗"号在拓跋部的渊源，甚至可能早到南迁之初⑥。《南齐书·魏虏传》说："饮食厨名'阿真厨'，在西，皇后可孙恒出此厨求食"，又云："佛狸攻破勃勃子昌，娶勃勃女为皇后……可孙昔妾媵之。"⑦ 这里的"可孙"，就是"可汗"的正妻，但在制度上与华夏的皇后有着某些差异⑧。这些差异出现的原因，主要是来自鲜卑传统。与可汗号相应，作为皇后称号的"可敦"或"可孙"号，也属于这一名号体系的一部分。

二、拓跋氏援晋与单于等匈奴名号的引入

随着西晋末年政治局势的变化，猗㐌兄弟特别是猗卢势力不断壮大，拓跋氏成为西晋政权特别是刘琨集团在北部边界最重要的倚傍。为了酬报拓跋氏的帮助，西晋政府不断地赐予猗㐌兄弟各种名号，带有匈奴特色的名号开始进入拓跋氏的早期政权中。《魏书·序纪》提到"晋

---

① 《资治通鉴》卷八〇"晋武帝咸康三年"条，第 2548 页。
② 有关可汗号的研究，参罗新：《可汗号之性质》，收入《中古北族名号研究》，第 1—26 页。
③ 赵超：《汉魏南北朝墓志汇编》，天津古籍出版社，2008 年，第 50 页。
④ 参见马长寿：《乌桓与鲜卑》，广西师范大学出版社，2006 年，第 229 页；张金龙：《北魏政治与制度论稿》，甘肃教育出版社，2003 年，第 335 页。罗振玉、日本学者松田寿男等认为仆朕可汗是《魏书·序纪》中的威帝侩。参见罗振玉：《征士奚智墓志跋》，《学堂类稿丙·金石跋尾》，辽宁教育出版社，2003 年，第 176 页；松田寿男：《柔然族研究》，刘俊文主编《日本学者研究中国史论著选译》第九卷《民族交通》，中华书局，1992 年，第 48—58 页。
⑤ 曹永年：《早期拓跋鲜卑的社会状况和国家的建立》，《历史研究》1987 年第 5 期。
⑥ 据《奚智墓志》，奚智死于北魏正始四年 (507)，去献帝邻至少已经三百多年，在没有其他证据的情况下，很难判断孰是孰非。姚大力认为"力微应当是拓跋部内部最早拥有'可汗'称号的人"，或者是比较稳妥的估计。参见姚大力：《论拓跋鲜卑部的早期历史：读〈魏书·序纪〉》，《北方民族史十论》，广西师范大学出版社，2007 年，第 14 页。
⑦ 《南齐书》卷五七《魏虏传》，第 1090 页。
⑧ 潘敦：《可敦、皇后与北魏政治》，《中国史研究》2020 年第 4 期。

假桓帝大单于,金印紫绶"①,是西晋政府授予拓跋氏名号首次见诸传世文献记载。

如所周知,"单于"是源出匈奴的名号。上文已经提及,拓跋的君长是使用"可汗"之称号而非"单于"号,西晋假猗㐌"大单于"的意义还值得进一步讨论。罗新在分析单于号被可汗号取代的原因时指出,汉末魏晋以后单于称号成为华夏制度传统的一部分,而与北族社会内部政治体的发育与成长无关,单于称号早已华夏化而不再具备草原政治文化的基本精神了②。不过这是从现代的视角来观察的,在西晋政府看来,"单于"之号仍旧是不折不扣的北族名号。西晋政府用"大单于"加在"可汗"号之上,并不见得就取代了拓跋氏自身的"可汗"称号。更有可能的是,魏晋中央政权原本不曾承认过"可汗"之号,而只是笼统地以"单于"称号赐予北族诸部。如汉末袁绍为争取乌桓诸部的支持,就曾矫制赐乌桓"蹋顿峭王、汗鲁王印绶,皆以为单于"③。其后曹操为争取乌桓,亦假蹋顿峭王单于之号,遂有"昔袁公言受天子之命,假我为单于;今曹公复言当更白天子,假我真单于"之事④。单于号在乌桓似颇有影响,赤壁之战以后,代郡"乌丸王及其大人,凡三人,各自称单于,专制郡事"⑤。到魏明帝景初元年(237),"右北平乌丸单于寇娄敦、辽西乌丸都督王护留等居辽东,率部众随俭内附"⑥。可见汉末以来单于号在乌桓诸部长期使用。汉献帝禅位前,还有"濊貊、扶余单于,焉耆、于阗王皆各遣使奉献"⑦。这里濊貊、扶余首领称单于,焉耆、于阗首领称王,很可能是东汉政府曾经授予这些部族以不同的名号。晋武帝时,鲜卑慕容部似也得授"单于"号,《晋书·慕容廆载记》称"父涉归,以全柳城之功,进拜鲜卑单于"⑧。又《通鉴》卷八一"晋武帝太康二年(281)三月"条云:"莫护跋生木延,木延生涉归,迁于辽东之北,世附中国,数从征讨有功,拜大单于",

---

① 《魏书》卷一《序纪》,第6—7页。
② 罗新:《中古北族名号研究》,第48页。
③ 《三国志》卷三〇《乌丸鲜卑东夷传》,第834页。
④ 《三国志》卷二六《牵招传》,第730页。
⑤ 《三国志》卷二三《裴潜传》,第672页。
⑥ 《三国志》卷三《明帝纪》,第109页。
⑦ 《三国志》卷二《文帝纪》,第58页。
⑧ 《晋书》卷一〇八《慕容廆载记》,第2803页。

《考异》引范亨《燕书·武宣纪》："廆,泰始五年生,年十五,父单于涉归卒。"①《通鉴》史文与《考异》两见"单于"号,特别是范亨《燕书》源自慕容燕国史,应属可信。无论是乌桓、濊貊、扶余还是慕容部,都不是源出匈奴族系,魏晋以来都接受过华夏政权赐予的"单于"号。

除猗㐌、猗卢兄弟以外,鲜卑段氏也曾被授予"大单于"之号。段匹磾"父务勿尘,遣军助东海王越征讨有功,王浚表为亲晋王"②,"亲晋王"的名号性质可能与拓跋氏的"晋鲜卑归义侯"性质类似而地位略高③。"怀帝即位,以务勿尘为大单于,匹磾为左贤王"④,这与猗㐌"大单于"之号性质应该相同。另一个例子是慕容氏,"怀帝蒙尘于平阳,王浚承制以廆为散骑常侍、冠军将军、前锋大都督、大单于,廆不受。建兴中,愍帝遣使拜廆镇军将军、昌黎辽东二国公。建武初,元帝承制拜廆假节、散骑常侍、都督辽左杂夷流人诸军事、龙骧将军、大单于、昌黎公,廆让而不受"⑤。慕容廆曾经数度谦让大单于之号,此后"及帝(即司马叡—笔者注)即尊位,遣谒者陶辽重申前命,授廆将军、单于,廆固辞公封"⑥,慕容氏才从东晋正式接受"大单于"名号。晋政权并不只是授予鲜卑以匈奴"单于"号,其他族属也是如此。比鲜卑诸部稍晚,羌人姚弋仲来降,"以弋仲为车骑将军、大单于,封高陵郡公"⑦。实际上,晋政府大量敕封各类北族政权以"大单于"之号,并非是认为这些势力就与匈奴的血统有关。除了延续汉魏传统以外,可能还有某种现实原因。

自汉建安十一年(206)曹操夺取并州以后,便加强了对南匈奴的控制;建安二十一年(216)南单于入邺为质,匈奴南单于对其部族的控制力已经趋于弱化。因此,陈寿总结说:"建安中,呼厨泉南单于入朝,遂留内侍,使右贤王抚其国,而匈奴折节,过于汉旧。"⑧数十年后,单于号在

---

① 《资治通鉴》卷八一"晋武帝太康二年三月"条,第 2577 页。
② 《晋书》卷六三《段匹磾传》,第 1710 页。
③ 关于段匹磾"亲晋王"性质的分析,参见窪添庆文:《四世纪的东亚国际关系——以官爵号为中心》,收入《魏晋南北朝官僚制研究》,第 325—327 页。
④ 《晋书》卷六三《段匹磾传》,第 1710 页。
⑤ 《晋书》卷一〇八《慕容廆载记》,第 2805 页。
⑥ 《晋书》卷一〇八《慕容廆载记》,第 2806 页。
⑦ 《晋书》卷八《穆帝纪》,第 197 页。
⑧ 《三国志》卷三〇《乌丸鲜卑东夷传》,第 831 页。

魏晋之际的匈奴社会已经逐渐失去号召力。《三国志·邓艾传》载邓艾上言云："自单于在外,莫能牵制长卑。诱而致之,使来入侍。由是羌夷失统,合散无主。以单于在内,万里顺轨。今单于之尊日疏,外土之威寖重,则胡虏不可不深备也。"① 这些史料,反映的正是单于号日益衰颓、名实不副的情况。只是在八王之乱爆发以后,西晋各部势力为调动匈奴各部的势力,才开始重新授予刘渊"单于"号并在名义上给予其号令五部匈奴的权力。并州刺史东嬴公司马腾、安北将军王浚,起兵讨伐成都王颖,成都王颖也只是"拜元海为北单于、参丞相军事"。陈勇指出,司马氏授予刘渊"单于"号,是因为意识到"单于、右贤王一类称号,可以对匈奴五部发挥重大影响;恢复匈奴的传统称号,才能有效地调动入塞匈奴各部"②。

西晋末年称"大单于"号之始,乃是源自刘渊的自立名号,其时间乃在成都王颖授"北单于"前后。《晋书·刘元海载记》详记其事云:

> 惠帝失驭,寇盗蜂起,元海从祖故北部都尉、左贤王刘宣等窃议曰:"昔我先人与汉约为兄弟,忧泰同之。自汉亡以来,魏晋代兴,我单于虽有虚号,无复尺土之业,自诸王侯,降同编户。今司马氏骨肉相残,四海鼎沸,兴邦复业,此其时矣!左贤王元海姿器绝人,干宇超世,天若不恢崇单于,终不虚生此人也。"于是密共推元海为大单于。③

成都王颖授"北单于"之号后,"元海至左国城,刘宣等上大单于之号,二旬之间,众已五万,都于离石"。《晋书·惠帝纪》也说"匈奴左贤王刘元海反于离石,自号大单于"④。刘渊起事时,刘宣等就劝他说:"方当兴我邦族,复呼韩邪之业,鲜卑、乌丸可以为援,奈何距之而拯仇敌!"⑤ 在和刘渊决裂之前,拓跋氏其实是可能成为刘渊争取的对象的。刘渊听从刘宣等的意见,将鲜卑、乌桓都作为"我之气类",正是想要争取鲜卑、乌丸等

---

① 《三国志》卷二八《邓艾传》,第 776 页。
② 陈勇:《刘渊的质任身份与五部的政治重组》,《汉赵史论稿:匈奴屠各建国史的政治史考察》,商务印书馆,2009 年,第 129 页。
③ 《晋书》卷一〇一《刘元海载记》,第 2647 页。
④ 《晋书》卷四《惠帝纪》,第 103 页。
⑤ 《晋书》卷一〇一《刘元海载记》,第 2648 页。

部落的势力,以期重建匈奴帝国往日统治漠北的法统。"大单于"之号代表着过往的荣耀,代表着匈奴系的正统所在,还代表着草原民族的共主所在。自此之后,在刘、石政权中,"大单于"等匈奴名号的意义几乎和"皇帝""王"这样的汉制名号一样重要。

也正是在刘渊坐大之后,晋政府开始大量授予刘、石的敌对势力以匈奴的"大单于"号,其政治目的耐人寻味。虽然此时西晋政府已经虚弱,但乃是正统所系,赐封的"大单于"名号还是有很强的号召力的。在军事行动之外,对于降附的匈奴屠各诸胡的势力,也需要以单于台这类机构统摄,拓跋氏原有的"可汗"号以及部落体制也未必合乎时宜。经过西晋政府的敕封之后,拓跋氏等亲晋的非匈奴势力的"单于"号,比刘渊等匈奴势力自封的类似称号,在合法性层面更具有某种优势。对于鲜卑系的拓跋氏,则更要在强化其与匈奴区别的同时,在名号方面进一步确保其与匈奴对抗的号召力。

在两晋之间刘渊自称"大单于"和晋王朝授予鲜卑系势力"大单于"之号以后,后赵的石勒,冉魏的冉闵,前秦的苻洪,后秦的姚苌,后凉的吕光,南凉秃发乌孤,北燕的冯跋等非匈奴君主,均有自号或以太子领"大单于"的情况,加上曾经接受晋或其他政权敕封"大单于"的政权,"单于"号在十六国政权中几乎成为普遍的称号。与此同时,匈奴名号如"左贤王""右贤王"之类,在各个政权中使用亦很普遍。石勒即位,甚至还敕令"参军石泰、石同、石谦、孔隆撰《大单于志》"①。"大单于"名号对于拓跋氏的意义是显而易见的,也是猗㐌、猗卢兄弟非常乐意接受的。《晋书》还记王浚"以重币诱单于猗卢子右贤王日律孙,令攻疾陆眷,反为所破"②云云,此"右贤王日律孙"就是《魏书》中的六修。又《通鉴》卷八八永嘉六年"猗卢遣其子六修及兄子普根等攻晋阳"条《考异》引《刘琨集》云"左、右贤王",又云"右贤王扑速根"③。又,《通鉴》同卷"又作新平城于灅水之阳,使右贤王六修镇之,统领南部"④,此句内容悉见《魏书·序纪》,唯"右贤王"三字《魏书》作"长子"。温公特意改此二

---

① 《晋书》卷一〇五《石勒载记下》,第 2735—2736 页。
② 《晋书》卷三九《王沈传附王浚传》,第 1148 页。
③ 《资治通鉴》卷八八"晋怀帝永嘉六年十月"条,第 2784 页。
④ 《资治通鉴》卷八八"晋愍帝建兴元年"条,第 2806 页。

字,或也是参考了某种今已不见的史料。可见,拓跋氏其时不仅仅引入了"大单于"号,还引入了"左、右贤王"等其他匈奴官称。

《魏书》在猗卢之后,再也没有记载过拓跋先世君长有使用"单于"及类似的匈奴名号的记载。不过这并不能说明"单于"号不再被拓跋氏使用,而可能是史官的有意掩饰。《南齐书·魏虏传》就说"猗卢孙什翼犍,字郁律旃,后还阴山为单于,领匈奴诸部"①。《晋书·石季龙载记》记载有"北单于乙回"和"鲜卑敦那"两个人名②,就是《魏书·序纪》中的烈帝翳槐和炀帝纥那③。《载记》称拓跋氏首领,一称"北单于",一称"鲜卑",当得其部族首领名号之实。《魏书·太祖纪》又说:"十二月,慕容垂遣使朝贡,奉帝西单于印绶,封上谷王。帝不纳。"④ "帝不纳"云云不知是否属实,但其时"单于"号在各类北族政权广泛使用,道武帝时代乃至更晚的时代是否已经废止仍不能确定。

三、北族与华夏名号混融背后的文化融合

自西晋末的刘渊、猗㐌的时代到十六国晚期的北燕冯跋,"大单于"号在十六国诸政权中经常存在,代魏政权也深受影响。以"大单于"为代表的匈奴名号,究竟只是一种名号而已,还是代表着接受类似匈奴的社会组织形式,已经难以究明。"单于"号这种代表着匈奴文化影响的名号,与源出鲜卑的名号、源出华夏的名号一起,构成了代魏政权独特的政治体制与文化结构。

拓跋氏与匈奴的关系,多数都来自于南朝史料的记载。广为学界征引者,是《宋书·索虏传》与《南齐书·魏虏传》均称拓跋氏为匈奴种,并称其都是李陵之后。这两种记载引发的争议颇多,焦点在于拓跋氏的族属究竟属于鲜卑还是匈奴的问题。匈奴也好,鲜卑也好,都是一种自我认同,自认为是匈奴还是鲜卑,不同的时代可能会有不同的说法。自北匈奴衰败、鲜卑兴起以后,匈奴余种自号鲜卑的事例,从东汉以来就有不少。如《后汉书·乌桓鲜卑列传》云:

---

① 《南齐书》卷五七《魏虏传》,第1089页。
② 《晋书》卷一〇六《石季龙载记上》,第2768页。
③ 田余庆:《拓跋史探》,第116页。
④ 《魏书》卷二《太祖纪》,第23页。

> 和帝永元中,大将军窦宪遣右校尉耿夔击破匈奴,北单于逃走,鲜卑因此转徙据其地。匈奴余种留者尚有十余万落,皆自号鲜卑,鲜卑由此渐盛。①

从此史料可以看出,早在东汉永元年间(89—105)北单于被击破以后,就有不少匈奴余部自称"鲜卑"的现象。这些匈奴余种自称鲜卑的时间,早在《魏书·序纪》所见鲜卑南迁大泽之前。同样,《魏志·鲜卑传》裴注引王沈《魏书》亦载:

> 匈奴及北单于遁逃后,余种十余万落,诣辽东杂处,皆自号鲜卑兵。②

盖草原鲜卑、匈奴两强争霸,实力相对弱小的部落,匈奴强盛时从属匈奴,鲜卑强盛以后改而自号鲜卑,本是情理之中的事。虽然没有证据表明拓跋氏曾经有由匈奴改从鲜卑的经历,但拓跋氏南迁后"始居匈奴之故地"③,拓跋氏的文化中有鲜卑和匈奴因素的融合,应当也是久已有之。南朝史家对拓跋氏匈奴种属的观察,除去华夷观念背后的文化歧视以外,也是有一定的合理性的。

从另一方面来说,在拓跋氏早在魏晋之际早就被确认为鲜卑的情况下,南朝史家对拓跋氏出自李陵后裔故事的构拟,并不能简单地从文化渊源这样的角度去理解。关于拓跋氏出自李陵之后的来源,学界引用最多的是《史通·杂说》的说法:"崔浩谄事狄君,曲为邪说,称拓跋之祖,本李陵之胄。当时众议抵斥,事遂不行。或有窃其书以渡江者,沈约撰《宋书·索虏传》,仍传伯渊所述。"④由于这则材料没有其他史料作参证,学界信从者有之,怀疑者亦有之。温海清认为崔浩所著北魏国史中是否有"拓跋鲜卑系李陵之后"的说法,是很值得怀疑的,刘知几所云则更值得怀疑,不过他也认为这种说法"的背后其实也反映了少数民族自身的某种想法"⑤。从北魏政治局面的情况来看,崔浩凭空造作"拓跋氏为李

---

① 《后汉书》卷九〇《鲜卑传》,中华书局,1982年,第2986页。
② 《三国志》卷三〇《鲜卑传》,第837页。
③ 《魏书》卷一《序纪》,第2页。
④ 刘知几著,浦起龙通释:《史通通释》卷一七《杂说中》,第459页。
⑤ 温海清:《北魏、北周、唐时期追祖李陵现象述论》,《民族研究》2007年第3期。

陵之后"说法的可能性很小,但这种说法极有可能是从北方流传到南方而为南朝史家记录的。陈勇则考证认为崔浩称拓跋为李陵与匈奴女"托跋"的后裔,其实是收拾拓跋内部流传的旧说,他还推断"匈奴说"是十六国时期匈奴统治代北的产物①。这个说法的前半部分是很有说服力的,不过陈勇也指出他的讨论是基于一项假设,即"匈奴说"形成于匈奴统治代北的时期,这个假设其实还有可以进一步申说的余地。

李陵并不是简单的匈奴历史人物,他可以算是长期以来沟通华夏和匈奴的桥梁式人物。造作拓跋源出李陵故事的背后,首先有追溯华夏祖先的目的存在,而创造者也必须有相当高的文化水准。拓跋源出李陵故事的逻辑,陈连庆先生曾经指出:"(崔浩)此种主张有意调和当时比较紧张之胡汉关系,与屠各酋长标榜刘氏,作法本无不同。"②按魏晋时期,刘渊先世以"初,汉高祖以宗女为公主,以妻冒顿,约为兄弟,故其子孙遂冒姓刘氏",刘渊立国时曾称:"吾又汉氏之甥,约为兄弟,兄亡弟绍,不亦可乎?"③匈奴首领因汉高祖宗女而姓刘氏的故事,在十六国时代流行一时。与拓跋氏关系密切的铁弗刘卫辰部,在赫连勃勃之前一直都是姓刘氏,这也表明这种冒姓刘氏的做法,在铁弗部中长期没有放弃。如果类比"单于"等匈奴名号在十六国时代的流行与推广,与匈奴借助汉高祖冒姓刘氏的逻辑颇为相似的"李陵之后"的说法,在十六国时代的拓跋氏流行开来,其实颇合情理,并不一定非要在匈奴统治代北的时代才形成。毕竟以"单于"号号令诸部,可以说在某种程度上竖起了匈奴的旗帜,拥有较高贵的血统是很重要的合法性渊源。"李陵之后"的说法能够很好地利用匈奴血统保障单于号的效力,也能在某种程度上弥合与华夏民族的矛盾。

李陵的形象在华夏社会中的改变,也是一个值得注意的问题。长期以来,李陵作为叛国投敌之臣而被士人疏离,很少有人直接触及。不过,随着西晋末期五胡势力的崛起,越来越多的中原士人遭受到了类似李陵的命运,对李陵的重新评价也大量出现。与拓跋氏关系密切的刘琨,在

---

① 陈勇:《拓跋种姓"匈奴说"的政治史考察》,《历史研究》2016年第2期。
② 陈连庆:《中国古代少数民族姓氏研究:秦汉魏晋南北朝少数民族姓氏研究》,第88页。
③《晋书》卷一〇一《刘渊载记》,第2645、2649页。

赴任并州刺史的途中曾经作有《扶风歌》,着重表达了对李陵的理解和肯定:"惟昔李骞期,寄在匈奴庭。忠信反获罪,汉武不见明。我欲竟此曲,此曲悲且长。弃置勿重陈,重陈令心伤。"①丁宏武对现存文献进行了细致的梳理,并指出"两汉以后最早正面肯定李陵的文士当数西晋末年的刘琨",刘琨"从根本上改变了大一统时代对李陵的定性评价"②。刘琨等士人对李陵的重新评价,让李陵的事迹在十六国时代流播开来,也有可能影响到与刘琨关系密切的拓跋氏。毕竟在猗卢时代以来,其幕下就多有来自刘琨部下的士人,见诸《魏书·卫操传》者就有多人③。丁宏武从李陵评价史的角度提出,拓跋氏"李陵之后"的说法系刘琨集团与以猗卢等为首的拓跋鲜卑互相依附时,对索虏拓跋氏的族源进行追溯后形成的共识④,并不是毫无依据的。如果此说不误,"李陵之后"说的创制,正与单于号等匈奴名号大量进入拓跋氏的背景弥合无间。

"李陵之后"的说法可能渊源甚早,匈奴统治代北的时代这种叙事得到强化,却是很有可能的。陈勇在论证"匈奴说"形成时间的过程中,在谈到铁弗部的影响之外,还注意到拓跋珪极为落魄之时,相继得到独孤、贺兰两大匈奴系部落的接纳⑤。值得注意的是,北魏早期与拓跋氏关系很密切的贺兰氏,也留下了"李陵之后"的记载。邓名世《古今姓氏书辩证》卷三三"贺兰"条谓:"《周书·贺兰祥传》曰:'其先与魏俱起,有纥伏者,为贺兰莫何弗,因以为氏。'唐贞观所定洛州河南郡十四姓,一曰贺兰。按:北人八族有贺兰氏,自称李陵之后,居贺兰山下,因以为氏,后改为贺氏,支属亦有不改者。"⑥这里所谓的"北人八族",即是北魏孝文帝定姓族时的"勋臣八姓",贺兰氏位列其中。《元和姓纂》即写作"孝文时代咸改单姓,唯贺兰氏不改"⑦云云,对"李陵之后"诸事未加以记载,且文字简省而与史实不合。邓名世记录的这条材料,保留了更多的信息,可能表明"李陵之后"的故事,在代北社会一度流行,以至于被拓跋

---

① 《文选》卷二八刘琨《扶风歌》,第1340页。
② 丁宏武:《唐前李陵接受史考察——兼论李陵作品的流传及真伪》,《文史哲》2017年第6期。
③ 《魏书》卷二三《卫操传》,第676页。
④ 丁宏武:《唐前李陵接受史考察——兼论李陵作品的流传及真伪》,《文史哲》2017年第6期。
⑤ 陈勇:《拓跋种姓"匈奴说"的政治史考察》,《历史研究》2016年第2期。
⑥ 邓名世:《古今姓氏书辩证》,中华书局,1985年,第460页。
⑦ 林宝撰,岑仲勉校记:《元和姓纂》卷九"贺兰"条,中华书局,1994年,第1316页。

部、贺兰部等分别记忆,保留了匈奴文化的一抹痕迹。

如果说"单于"号、"李陵之后"说这些代表着匈奴文化的影响的话,那么源出鲜卑的文化也形成了若干渊源。值得注意的是,在十六国时代几乎所有的政权中,"大单于"等匈奴名号都不是单独的称号,一般都是与"皇帝""王""天王"或者"皇太子"等名号并列。在大多数的时候,都是最初封授或者自称"大单于"之时,就有一个或多个汉制名号与之并列。如《魏书·序纪》说"晋怀帝进帝大单于,封代公"①,《晋书·愍帝纪》也记有"单于代公猗卢遣使献马"②,是以"单于"号与"代公"并称。以臣的身份拥有"单于"号时,多数还会有都督、将军号、刺史等职。还有吐谷浑的树洛干,自称"大都督、车骑大将军、大单于、吐谷浑王"以外,又号"戊寅可汗"③,这是现存史料中少见的以"单于"与"可汗"号并列的例证。

就北魏立国之初的时代而言,除去"代王/魏王""单于"号以外,传统的"可汗"号尚有遗存。晚至太武帝时期的嘎仙洞石壁祝文仍称"以皇祖先可寒配,皇妣先可敦配"就是直接的证据④。从祝文的情况也可知,北魏太武帝时代"可汗"称号仍旧在祖先祭祀体系中留有痕迹,并与华夏的"皇帝"称号一起加诸拓跋远祖之上。《乐府诗集》记:"后魏之世,有《簸逻回歌》,其曲多可汗之辞,皆燕魏之际鲜卑歌,歌辞虏音,不可晓解,盖大角曲也。"⑤又引《古今乐录》记北魏乐府的"北歌"曲目有《慕容可汗》等,此外还有许多北歌,"其不可解者,咸多'可汗'之辞"⑥。田余庆先生指出,这些北歌在《隋志》中有相应记载,"可以确认为魏世之作",所谓"不可解者多可汗之词",则"似内容为历代鲜卑君主言语行事"⑦。从这些情况也可知,北魏时代"可汗"称号其实在鲜卑语系统中长期存在,可能使用的场合还非常多。揆诸北魏早期的政权形态,"代王/魏皇帝""单于""可汗"三种名号也有可能是并行不悖的,只是在不同

---

① 《魏书》卷一《序纪》,第8页。
② 《晋书》卷五《愍帝纪》,第128页。
③ 《晋书》卷九七《吐谷浑传》,第2541页。
④ 米文平:《鲜卑石室的发现与初步研究》,《文物》1981年第2期。
⑤ 郭茂倩:《乐府诗集》卷二一,中华书局,1979年,第309页。
⑥ 《乐府诗集》卷二五,第363页。
⑦ 田余庆:《〈代歌〉、〈代记〉和北魏国史——国史之狱的史学史考察》,《拓跋史探》,第204页。

的语境下使用①。

关于五胡十六国时期"大单于"名号的意义,谷川道雄认为:"大单于并不仅为名誉称号,它还对非汉族人民行使着特别行政权",其实质是"非汉族系人民的最高长官"②。也即是说,在胡汉分治的十六国北朝,汉制名号对应的是汉人,匈奴名号对应的是各种胡族。此说在汉赵政权可见诸多史料支撑,《晋书·刘聪载记》说刘聪"置左右司隶,各领户二十余万,万户置一内史,凡内史四十三。单于左右辅,各主六夷十万落,万落置一都尉"③。刘曜也曾"置单于台于渭城,拜大单于,置左右贤王已下,皆以胡、羯、鲜卑、氐、羌豪桀为之"④。石勒时则有"以大单于镇抚百蛮"⑤之说。大体而言,在十六国北朝某些胡汉分治的政权,华夏名号对应的是中原州郡人群,匈奴名号对应的是各种胡族。

不过,此说也可以有更进一步的解读。刘聪的单于左右辅所主者是"六夷",石勒的大单于镇抚的是"百蛮",那么作为最高统治族群的匈奴或羯胡,是否也会属于"六夷"或"百蛮"呢?陈勇指出,汉赵所谓"六夷"之胡,其实是匈奴五部以外之胡,也就是诸史称作"匈奴别部"或"匈奴别种"的杂胡,汉赵国诸王、司隶、内史与大单于、单于辅、都尉两套系统的并置,不仅是将"六夷"与汉人分治,还将匈奴和杂胡区分开,实际上又是"胡胡分治"⑥。李磊根据《十六国春秋》的佚文,考证出其时位于平阳的单于台,匈奴居于平阳城内,"六夷"居于平阳城西郊,指出这种空间上的分离乃是"胡胡分治"的表现⑦。石赵之"六夷"与"百蛮",似也与其本族羯胡分治。石勒"号胡为国人",又有"中垒支雄、游击王阳并领门臣祭酒,专明胡人辞讼,以张离、张良、刘群、刘谟等为门生主书,

---

① 按罗新曾经比较《魏书》记载的拓跋珪登国元年称代王礼与天兴元年称帝礼,发现称帝之礼远不及称代王之礼隆重。他据此认为:"登国元年的大典其实就是称可汗,从拓跋社会的角度看,可汗已经是最高政治职务,称帝并没有改变说鲜卑语的统治阶层内部对拓跋珪的可汗称谓。"参见罗新:《黑毡上的北魏皇帝》,海豚出版社,2014年,第12—13页。
② 谷川道雄:《隋唐帝国形成史论》,上海古籍出版社,2004年,第37、38页。
③ 《晋书》卷一〇二《刘聪载记》,第2665页。按其事又见《晋书》卷14《地理志上》,第429页。
④ 《晋书》卷一〇三《刘曜载记》,第2698页。
⑤ 《晋书》卷一〇四《石勒载记上》,第2730页。
⑥ 陈勇:《汉赵史论稿:匈奴屠各建国的政治史考察》,第16—17页。
⑦ 李磊:《中华体制下匈奴政治传统的延续与发展——以匈奴汉国的政治模式为中心》,《西南民族大学学报(人文社会科学版)》2022年第9期。

司典胡人出内,重其禁法,不得侮易衣冠华族"①。"又下书禁国人不听报嫂及在丧婚娶,其烧葬令如本俗"②。是石赵有专门针对羯胡的官僚机构,还有相关制度。石勒又以世子石弘镇邺,"配禁兵万人,车骑所统五十四营悉配之,以骁骑领门臣祭酒王阳专统六夷以辅之"③。石弘所领的禁兵与车骑所统五十四营应为石赵最精锐的军队,应属于羯胡;王阳所专统的六夷,则是辅助性质的其他各族人群。至少在军队中,这些人群是分别管理的。《通鉴》记东晋隆安四年十二月"壬辰,燕主盛立燕台,统诸部杂夷",胡注:"二赵以来,皆立单于台以统杂夷,盛仍此立之。"④胡三省所说甚是,慕容盛死后,慕容熙"改北燕台为大单于台,置左右辅,位次尚书"⑤,其名和实就都和前后赵的大单于台非常相似了。燕台或单于台"统诸部杂夷",应也是以慕容鲜卑与杂夷分治的制度。"胡胡分治"的制度,在十六国时代虽不能说是普遍现象,但也应具有一定的代表性。

十六国政权的胡汉分治、胡胡分治模式,对解决拓跋政权中"可汗"和"单于"称号的关系可能有所帮助。今存代国早期史料中,经常可以见到拓跋本部之"国人"与"晋人""乌丸"两种人群的区分。如《魏书·序纪》载猗卢死后拓跋部内乱,"卫雄、姬澹率晋人及乌丸三百余家,随刘遵南奔并州"⑥。窟咄与拓跋珪争权,"北部大人叔孙普洛等十三人及诸乌丸亡奔卫辰"⑦。对于"乌丸",《魏书·官氏志》记载:"其诸方杂人来附者,总谓之'乌丸',各以多少称酋、庶长,分为南北部,复置二部大人以统摄之。时帝弟孤监北部,子寔君监南部,分民而治,若古之二伯焉。"⑧被称作"乌丸"的"诸方杂人",自然也不可能是拓跋部核心群体。"乌丸"既然有专门机构管理,"代人"与"乌丸"似也应属分治状态。这其实与刘、石政权的胡汉分治、胡胡分治有相似之处。只是号令拓跋部众使用的是"可汗"号还是"单于"号,已经难以确证了。北魏建立后,

---

① 《晋书》卷一〇五《石勒载记下》,第2735页。
② 《晋书》卷一〇五《石勒载记下》,第2736页。
③ 《晋书》卷一〇五《石勒载记下》,第2743页。
④ 《资治通鉴》卷一一一"晋安帝隆安四年十二月"条,第3516页。
⑤ 《晋书》卷一二四《慕容熙载记》,第3105页。
⑥ 《魏书》卷一《序纪》,第9页。
⑦ 《魏书》卷二《太祖纪》,第23页。
⑧ 《魏书》卷一一三《官氏志》,第3232页。

将二部大人变为八部大夫之制,后来又缩减为南北二部尚书之制,也可推测二部分治的制度并不稳定。在今存史料无法作进一步推进的情况下,只能作一个保守的结论,就是"代王/魏皇帝""大单于""可汗"是华夏、匈奴、鲜卑三族系的最高官称,三者并列表示对各族各部民众的统治与整合。某些情况下,三个名号甚至可能被当作不同语言的对应译名,嘎仙洞石壁祝文中的"皇祖先可寒"和"皇妣先可敦"可能就是如此。也正因为如此,若在文中删去"先可寒"和"先可敦"也不会影响文意。因此《魏书·礼志》的文本删去这些名号,后人很难看出痕迹。或许,北魏的史官就是采用删除这类名号的方式,让"可汗"号和"单于"号的痕迹在史料中几乎全部消失。在《晋书》《宋书》等文献中时而出现"鲜卑猗卢",时而出现"单于猗卢",时而又称"代王猗卢",有时又出现"索头猗卢",对名号的使用似乎非常混乱,其实可能只是在众多名号中随意取其一而已。也即是说,东晋南朝史料中的混乱的族称和名号,反映的可能是当时的实际使用情况;《魏书》中整齐划一的华夏名号,反映的则可能是北魏官方的汉文说法。在此还可以作一推断,即在《魏书》中被统一标识为"代人"的群体,其实可能只是汉文的称法,他们可能同时还有鲜卑语或者匈奴语的称号。这种名号并立的背后,是拓跋氏早期对各族文化的融合。

本节小结

随着历史的发展,北魏政权对部落时代的历史逐渐讳莫如深。在北魏官方以及史官的有意掩饰下,"单于""可汗"等首领名号,都逐渐在北魏官方文献中趋于消失,因而这些名号的本义也就逐渐不为人知。实际上,华夏名号、鲜卑名号与匈奴名号可能渊源不同,但在北魏早期的实际使用中,各种胡汉名号很可能都是并称的,而且不同的名号代表的是不同语言中的类似涵义。"代王"或"魏皇帝"与拓跋氏原有的"可汗(寒)"号、源自匈奴的"单于"号,其所指可能也是重合的。其区别可能在能指,也即来自于音译的"可汗"等语词只是在声音、形象方面有较大的不同。因此,在汉文史料中,这些名号很容易就被"代人"或者"代王"这样的华夏名号统摄,北族名号则几乎不再出现。这或许不是拓跋魏早期情况的反映,但却代表着北族部落向华夏政权发展的历史方向。

第三节 "魏者大名":"代""魏"兼行之意义

拓跋珪复国后不久,登国元年四月放弃"代王"号而改称"魏王"。关于"魏"的国号,学界讨论的核心议题主要围绕正统问题,主要依据则是天兴元年崔宏议定国号与德运问题的史料,将"魏"国号与土德相联系①。不过,按照《魏书》的记载,实际情况是拓跋珪即代王位后仅四个月便改称魏王。过了十二年之后,崔宏才议定国号为魏并定北魏为土德。实际上,拓跋珪改"代王"号为"魏王"之时,崔宏根本就没有投降北魏,更不可能为其在五行历运或正统问题上进行设计。实际上,五行历运的理论与"魏"国号的结合,是在"魏"国号业已存在的基础上进行二次阐释而形成的。因此,本节认为正统观的确立是一个长期的历史过程,"魏"国号之关键在于当时的政治格局,而不仅仅是五行历运或正统问

---

① 这一讨论大约自上世纪 90 年代初何德章《北魏国号与正统问题》开启,他将北魏国号与德运问题串联起来,认为北魏进入中原改国号"代"为"魏"乃是继承曹魏之魏,定土德继汉火德,其目的是要与东晋政权争正统。佐藤贤在何说基础上更进一步,认为北魏改国号为魏,是"另一次汉魏交替",他认为北魏主张东汉灭亡以后分为"北夏"与"南夏",晋是"南夏",拓跋氏为"北夏",两者都是"汉魏交替"。借此,拓跋氏确定了自身在中华历史中的位置。参见佐藤賢:《もうひとつの漢魏交替——北魏道武帝期における「魏」號制定問題をめぐって》,載《東方学》第 113 辑,2007 年。范家伟较早对何说提出商榷,罗新、郑小容也从五行历运的角度对何文提出质疑。最近胡克森《北魏的正统与汉化》一文仍就此问题进行研究,认为北魏改国号,并不是为了与东晋争正统,而是与北方各胡族政权争夺正统地位。除之外,尚有川本方昭、邓乐群、王朝海等学者涉足这一问题,主要的研究方向都走向了正统问题,或者以讨论正统问题为中心而以国号问题作为重要论据,讨论的主题也偏离北魏国号了。参见何德章:《北魏国号与正统问题》,《历史研究》1992 年第 3 期;川本方昭:《关于五胡十六国北朝时代的"正统"王朝》,《北朝研究》第 2 辑,北京燕山出版社,2001 年(初发于《九州大学東洋史論集》第 25 集,1997 年);范家伟:《北魏正朔与崔浩国史之狱》,收入周梁楷编:《结网二编》,台湾东大图书公司,2003 年;罗新:《十六国北朝的五德历运问题》,《中国史研究》2004 年第 3 期,收入《王化与山险:中古边裔论集》,第 273—286 页;邓乐群:《十六国胡族政权的正统意识与正统之争》,《南通师范学院学报》,2004 年第 4 期;郑小容:《浅谈十六国北朝时期五行帝德推演所反映的不同正统观》,象牙塔网络首发,2004—12—22,网址:http://xiangyata.net/data/articles/a01/571.html;王朝海:《北魏政权正统建设研究》,《广西社会科学》2014 年第 9 期;胡克森:《北魏的正统与汉化》,《史林》2015 年第 5 期。少见的一例不从正统问题入手探讨北魏国号的是田余庆,他曾经从现实利害的考虑对何德章的观点进行过商榷。参见田余庆:《拓跋史探》,第 219 页。

题。本节将从拓跋珪立国的政治格局开始讨论,对代、魏兼行背景下的"魏"国号的意义作一阐释。

一、后燕、西燕对立的政治格局与"魏"国号的产生

苻秦土崩瓦解之后,拓跋珪开始着手拓跋代的复国行动。由于被前秦灭亡而使得原有国家结构被打破,一脉相承的君统也随之中断,拓跋珪在"三岁犊岂胜重载"①的质疑中在代北各部之间周旋,其复国道路并不平坦。从《魏书》的记载看,这一时期代北地区的独孤刘显部、铁弗刘卫辰部、贺兰部都曾经对拓跋珪势力的发展乃至其人身安全造成过严重的威胁。拓跋珪立国之初的军事行动,也大多是在这几个部落之间与他们分合周旋。

在各种势力的多重威胁中,年轻的拓跋珪所依靠的力量非常关键。长期跟随拓跋珪流落独孤部、贺兰部的亲信"元从二十一人"或许是其依靠的重要力量②。《魏书》所记拓跋珪立国之初数次流落于贺兰部,可以清楚地看出其因势单力孤而备尝艰辛的状况,不依靠外部力量而仅凭自身力量立足并发展是不大可能的。细核史料,拓跋珪复国后的几次关键的政治事件中,都可以看到外部力量特别是慕容垂势力的关键影响。

第一次为登国元年拓跋珪与窟咄的争立事件,以慕容垂派军干预,窟咄兵败被杀而告终。《魏书·太祖纪》云:

> 遣行人安同、长孙贺使于慕容垂以征师,垂遣使朝贡,并令其子贺驎帅步骑以随同等。冬十月,贺驎军未至而寇已前逼,于是北部大人叔孙普洛等十三人及诸乌丸亡奔卫辰。帝自弩山迁幸牛川,屯于延水南,出代谷,会贺驎于高柳,大破窟咄。窟咄奔卫辰,卫辰杀之,帝悉收其众。③

按这段材料提及的几个地名,弩山未详其处,前田正名认为在阴山附近;牛川则是拓跋珪称代王大会之处,如前田正名所考,位于平城和阴山北

---

① 《魏书》卷二八《莫题传》,第 766 页。
② 参见张金龙:《拓跋珪"元从二十一人"考》,收入《北魏政治与制度论稿》,第 1—10 页。
③ 《魏书》卷二《太祖纪》,第 23 页。

之间的交通要道上①。延水为今东洋河上源,出兴和县东北(今属内蒙古乌兰察布市)。高柳属代郡,位于平城以东,在今山西、河北交界地区的阳高县。《魏书·窟咄传》所谓"安同还,太祖逾参合,出代北与贺驎会于高柳",此参合应即指平城之东或东北方向的参合陂②,由此交通要道咽喉东出代谷,即是慕容燕所控制的范围。结合两条史料可以大致推断出拓跋珪当时的行动路线:拓跋珪为窟咄所逼,一度逃往阴山以北,又东行越过大同盆地,最后到达慕容燕所控制的代郡地区的边界上。这一路线可以反映出拓跋珪为刘显、窟咄所逼时面临的窘况。《魏书·窟咄传》云拓跋珪部"人皆惊骇,莫有固志","既知贺驎军近,众乃小定",盖非虚言。窟咄之败,也与慕容燕的势力介入有极为重要的关系,毋庸讳言。

第二次重要的军事行动为击灭独孤部刘显的战事。《魏书·太祖纪》载:"夏五月,遣行人安同征兵于慕容垂,垂使子贺驎率众来会。六月,帝亲征刘显于马邑南,追至弥泽,大破之,显南奔慕容永,尽收其部落。"③这一材料似乎表明征刘显的军事行动是拓跋珪主导的,而且是拓跋珪有计划地主动出击,慕容贺驎不过是配合而已。不过,在《魏书·刘库仁附刘显传》可以看到与此不同的记载:"卫辰与慕容垂通好,送马三千匹于垂,垂遣慕容良迎之。显击败良军,掠马而去。垂怒,遣子麟、兄子楷讨之,显奔马邑西山。麟轻骑追之,遂奔慕容永于长子。部众悉降于麟,麟徙之中山。"④显然,依据此记载,整个事件的前后皆是刘显与慕容垂的矛盾,甚至完全没有看到拓跋珪的影子。《太祖纪》"尽收其部落"的主语是拓跋珪,《刘显传》则云"部众悉降于麟,麟徙之中山",似乎战果的分配也是完全不同的。当然疑点还不止此,此处之"麟"即是慕容贺麟,《太祖纪》一共出现9次,全部写作"贺驎",而此处皆与相异。或二处记载许有不同的史源,史官未详加订正,给后世留下了追寻的线索。

按此事《通鉴》折中了两处记载,然又有溢出二处记载者。《通鉴》云:"燕赵王麟讨王敏于上谷,斩之。刘卫辰献马于燕,刘显掠之。燕主

---

① 分见前田正名:《平城历史地理学研究》,上海古籍出版社,2012年,第117、116页。
② 参严耕望:《唐代交通图考》卷五《北魏参合陂地望辨》,上海古籍出版社,2007年,第1402页。
③ 《魏书》卷二《太祖纪》,第24页。
④ 《魏书》卷二三《刘库仁传附刘显传》,第680页。

垂怒,遣太原王楷将兵助赵王麟击显,大破之,显奔马邑西山。魏王珪引兵会麟击显于弥泽,又破之。显奔西燕,麟悉收其部众,获马牛羊以千万数。"随后又云:"燕主垂立刘显弟可泥为乌桓王,以抚其众,徙八千余落于中山。"① 按慕容(贺)麟讨王敏于上谷转道讨刘显事,慕容麟获马牛羊千万数,慕容垂封刘显弟可泥事,均不见于《魏书》,也不见于《晋书·慕容垂载记》。事实上,"可泥"在《魏书》中多次出现,全部写作"亢泥(埿)",在《通鉴》与《魏书》重合的内容中也写作"亢泥(埿)",看来这很可能也是来自不同史源的材料。可以推测,温公在整理这段史事的时候,应该是参考了其他的史源综合写成的,特别是记载慕容燕的史书《燕书》②。《通鉴》所多出来的史料表明,击灭刘显的军事行动是由慕容燕方面主导的,拓跋珪起到的主要是配合作用。而将可泥部众八千余落徙于中山的行动,则抽除了独孤部的精干力量,为拓跋珪消灭了一个心腹大患。事实上,拓跋珪在此前后对独孤部的部落离散,亦需按配合慕容燕的军事行动来理解,方能得到更贴近事实的解释。

刘显势力覆灭以后,拓跋珪与贺兰部的矛盾逐渐激化。魏登国六年,贺兰部发生内乱,拓跋珪又一次借慕容垂的力量征服了这支势力。《通鉴》载此事云:"贺染干谋杀其兄讷,讷知之,举兵相攻。魏王珪告于

---

① 《资治通鉴》卷一〇七"晋孝武帝太元十二年八月"条,第3379页。
② 按陈勇曾统计过《通鉴》保留的有关十六国史料的文字,其中前燕国的记载约四万五千字,其独家保存的内容约二万五千字,超过一半。他进一步指出,仅见于《通鉴》的《前燕·后燕国》文字明显多于其他各国如汉赵国文字,与当时《汉赵记》《燕书》等十六国史残留文字的多寡有关,并非一种巧合。参见陈勇:《〈资治通鉴〉十六国资料释证(汉赵、后赵、前燕国部分)》,《序言》,中国社会科学出版社,2010年,第22页。《通鉴考异》多次引证《燕书》的材料并多从之,可见这一推断是很合理的。又按,《燕书》在《隋志》、两《唐志》、《宋志》均有著录,作者均著录为范亨,且都著录为二十卷,看来温公所见应当是较为完整的。范亨作《燕书》的情况,据刘知几说是"后燕建兴元年,董统受诏草创《后书》,著《本纪》并佐命功臣、王公《列传》,合三十卷,慕容垂称其叙事富赡,足成一家之言,但褒述过美,有惭董、史之直,其后申秀、范亨各取前后二燕,合成一史",看来慕容垂时期的史事应在范亨所取的后燕史事记录范围内。又,《艺文类聚》卷九九《祥瑞部下》、《太平御览》卷八二四、九二二引《燕书》均可见载燕愍帝(即慕容宝)时事,可为佐证。看来,温公在写作拓跋珪与慕容垂后燕政权关系的时候,应当也会参考和转录《燕书》的相关史料。当然,温公所能见到的材料肯定不止《燕书》,对于《通鉴》的溢出史料,应当可以抱信任的态度。《燕书》的作者范亨事迹无闻,《魏书·崔浩传》所载与崔浩"共成《国书》三十卷"的史官范亨,不知是否为同一人。如果范亨确是北魏史官的话,那么他极有可能依据他看到的材料补充较为简略的邓渊《国记》的记载。也许范亨《燕书》正是《通鉴》和《刘显传》两处与《太祖纪》截然不同记载的共同来源。如此,对于《魏书》中纪传叙事的歧异,也可作出较为圆满的解释。

燕,请为乡导以讨之。二月,甲戌,燕主垂遣赵王麟将兵击讷,镇北将军兰汗帅龙城之兵击染干。"①按此段第一句与《贺讷传》略同,而"魏王珪告于燕"以下内容均不见于《魏书》,疑为温公取自《燕书》等书的内容。《通鉴》又载是年六月,"甲辰,燕赵王麟破贺讷于赤城,禽之,降其部落数万。燕主垂命麟归讷部落,徙染干于中山"②。按此事《魏书·贺讷传》作"垂遣子麟讨之,败染干于牛都,破讷于赤城。太祖遣师救讷,麟乃引退"③,又与《通鉴》不同。按贺讷此时臣于慕容垂,《贺讷传》明确记载"讷又通于慕容垂,垂以讷为归善王",慕容垂平定内乱之后"归讷部落,徙染干于中山"确在情理之中。以当时史事来看,拓跋魏与后燕关系发展到兵戎相见当远在此后,所谓"太祖遣师救讷"事也确不合情理。温公在此处没有作《考异》,大约也是认为《贺讷传》的记载不值得采信。无论是根据《通鉴》还是《魏书》的记载,都可以得出结论,经过这次战争,贺兰部势力基本被消灭,其主导者仍旧是慕容燕。《贺讷传》称"其后离散诸部,分土定居,不听迁徙,其君长大人皆同编户"④,也是在这次军事行动的基础上进行的。

除平定窟咄、独孤部、贺兰部三次对拓跋珪立国至关重要的军事行动之外,史料还可见一些拓跋珪联合慕容燕的小规模军事行动。胡三省对此评价曰"史言燕为魏驱除"⑤,对慕容燕于拓跋珪复国的作用洞若观火。不过,拓跋珪复国之际,慕容垂也复国不久,其倾力扶植拓跋珪的原因,仍需更进一步解释。

由《晋书·慕容垂载记》和《资治通鉴》的相关记载可知,拓跋珪复国之际,慕容垂的最主要对手是与其争夺慕容燕正统地位的西燕慕容永政权。慕容永于晋太元十一年(386)击败龟缩晋阳的苻丕,盘踞长子。慕容垂则定都于中山。如果比较后燕、西燕、北魏(代)三者的势力范围,则可见其时已经形成了品字形的三足鼎立局面。慕容垂和拓跋珪的几次联合军事行动,多可看到西燕势力的影响。窟咄事件中,窟咄曾为苻

---

① 《资治通鉴》卷一〇七"晋孝武帝太元十五年"条,第3398页。
② 《资治通鉴》卷一〇七"晋孝武帝太元十六年六月"条,第3399页。
③ 《魏书》卷八三上《外戚传上》,第1958页。
④ 《魏书》卷八三上《外戚传上》,第1958页。
⑤ 《资治通鉴》卷一〇七"晋孝武帝太元十五年四月条"胡注,第3396页。

第一章 "代""魏"诸号与拓跋政权的名号整合

坚迁于长安,后"因乱随慕容永东迁,永以为新兴太守",其归代自立,正是在慕容永和刘显支持下行动的。刘显与慕容永一道支持窟咄,又与慕容垂交恶,在兵败后则投慕容永,应当也是依附于慕容永的。另一个有价值的参考因素是,太元十一年正月,慕容垂在中山自立为帝,改元建兴,慕容永于同年十月在长子称帝,改元中兴,两个政权掀开了近十年的法统之争。然直到西燕灭亡,拓跋珪一直不曾称帝,而以王的身份与两个政权周旋。在当时的观念下,称王与称帝不仅仅是一个君主称号的问题,也体现着诸国在交聘中的地位①。太元十九年(394)八月,慕容垂击灭慕容永,后燕与北魏(代)的关系便迅速恶化到剑拔弩张的地步,次年就发生了著名的参合陂之战。分析参合陂之战的背景,也不能忽略后燕、西燕、拓跋魏(代)鼎峙格局的结束。西燕灭亡,关东地区就只剩下后燕和北魏(代)两个政权了,参合陂之役紧接着发生。事实上,西燕灭亡正在拓跋珪"始建天子旌旗,出入警跸"之前不到两年。西燕的国力虽然相对弱小,但毕竟长期与慕容垂争夺法统地位而以强大的前燕政权的继承者自居,更重要的是它也是一个正式称帝的政权。

《魏书·太祖纪》称:登国六年七月,"慕容垂止元觚而求名马,帝绝之。乃遣使于慕容永,永使其大鸿胪慕容钧奉表劝进尊号"②。所谓"慕容垂止元觚而求名马"的记载可能需要谨慎对待,因为《太祖纪》又载拓跋(元)觚聘慕容垂在登国五年八月,其赴慕容垂已有近一年,事实上可能一直就在中山为人质。所谓"帝绝之"可能是拓跋珪拒绝了慕容垂"名马"的要求,但和后燕的关系似未完全断绝③。不过,拓跋珪因此事与西燕建立了联系。慕容永"使其大鸿胪慕容钧奉表劝进尊号",也很有可

---

① 如《晋书》卷一一〇《慕容儁载记》载,慕容儁称帝时,"时朝廷遣使诣儁,儁谓使者曰:'汝还白汝天子,我承人乏,为中国所推,已为帝矣。'"此即是以称帝宣告二者关系由臣属关系转变为敌国关系。又按,窪添庆文指出,十六国时期称皇帝号、天王号之国与称王号、公号之国间,虽然大多数处于对立和抗争的状态,但有时候也会产生上下从属关系。称王号者"毕竟是王,这样的立场也确实让他们必须对称帝号者稍作退让"。参见窪添庆文:《魏晋南北朝官僚制研究》第11章《四世纪的东亚国际关系——以官爵号为中心》,第322页。
② 《魏书》卷二《太祖纪》,第27页。
③ 按《资治通鉴》照录此段史料,然"帝绝之"作"遂与燕绝",然下文太元二十年叙事又云"魏王珪叛燕",前既已"与燕绝"后不当又有"叛燕"之说,此记载自相矛盾,或许是出于不同史源的缘故。征诸史料,慕容垂并未因"帝绝之"而杀害拓跋觚,且燕魏之间一直未见有发生战争的记载,似乎两国并未完全决裂。张金龙认为"遂与燕绝"说并不准确,其说可从。参《北魏政治史(二)》,第73页。

能是事实,毕竟此时的西燕政权摇摇欲坠,急需拓跋珪这个外援的帮助。慕容永当时局促河东的长子一隅,对他国多以名器相与。如其对东晋有奉进传国玺的行为。《唐六典》卷八引《晋阳秋》云:"晋孝武十九年,雍州刺史郗恢于慕容永处得玺,乃送建康。其玺方六寸,厚一寸七分,高四寸六分,蟠龙隐起,文字巧妙,一与传国玺同,但形制高大,玉色不逮耳。"①其后困急,"永恐晋兵不出,又遣其太子亮来为质"②。对较远的东晋奉玉玺、质太子,对更近的拓跋魏"劝进尊号"也在情理之中。从另外一个层面来说,西燕也没有像慕容垂那样对拓跋珪进行过直接的军事援助,或许二者之间的联系本也不很密切,至少比不上拓跋珪与慕容垂政权的关系。慕容永需要拓跋珪的帮助,只能使用"劝进尊号"这样的方式;而拓跋珪一旦"进尊号",就等于宣布脱离慕容垂的控制而为敌国,这也是对慕容永最有利的情况。吕思勉认为:"(拓跋珪)魏王之封,实受之于永者也。然其事恐不在登国元年四月也。""慕容永封道武为魏王,则其事在登国六年七月'永使其大鸿胪慕容钧奉表劝进尊号'之日。"③此说虽无直接证据,且"封魏王"与"劝进尊号(称帝)"的性质本有不同,但吕先生对当时政治格局的把握确是极为高明的。

"劝进尊号"之外,慕容永可能还在同时向拓跋珪"奉进魏土"。崔宏在天兴元年议定国号时列举的理由中有"慕容永亦奉进魏土"一条,当非虚言。从逻辑上推断,时间或也与"劝进尊号"同时。"魏土"亦即以邺为中心的三魏之地,汉杨恽云:"夫西河魏土,文侯所兴。"④魏文侯七年封于邺,"魏土"当即指邺附近地域。自东汉末邺城为魏郡治所以后,曹操以邺为根基建魏国,"魏土"确指以邺为中心的河北之地当无疑问⑤。慕容儁于晋升平元年(357)将国都"自蓟城迁于邺,赦其境内,缮修宫殿,复铜雀台"⑥,此后邺城一直是前燕的都城。慕容永以前燕国都

---

① 《唐六典》卷八《符玺郎》,第282页。
② 《资治通鉴》卷一〇八"晋孝武帝太元十九年八月"条,第3416页。
③ 吕思勉:《论魏史之诬》,收入《吕思勉读史札记》,上海古籍出版社,2005年,第933—935页。
④ 《汉书》卷六六《杨敞传附杨恽传》,中华书局,1982年,第2897页。
⑤ 或许"魏土"与河北地区的外延不尽相同,但作为文化区域的概念,边界本应该是模糊的,不应该以行政区域机械硬套。因此,北魏史料所指称的"魏土"和学界一般所指称的河北地区应当是基本重合的地域概念。
⑥ 《晋书》卷一一〇《慕容儁载记》,第2838页。

"魏土"奉予拓跋珪,与"劝进尊号"应当是相辅相成的。不过,此时邺城在慕容垂手中,慕容永的"奉进魏土"只是空头支票而已。

拓跋珪没有立即接受这些"劝进",或许是考虑到自身实力不足以称帝,魏土还需军事征服才能得来。慕容宝率军攻拓跋部,拓跋珪命许谦写信给前来救援的后秦将领杨佛嵩,提到"然后高会云中,进师三魏,举觞称寿,不亦绰乎"①,已经表明了攻下三魏的战略目标。在参合陂之役之后,拓跋珪向中原扩张的第一战,并不是东出代谷直取后燕的都城中山,而是首先从雁门关一线南下攻取西燕故地。皇始元年八月己亥,亦即始建天子旌旗的次月,拓跋珪亲帅大军"大举讨慕容宝,帝亲勒六军四十余万,南出马邑,逾于句注"②。战事进行得很顺利,九月戊午,"次阳曲,乘西山,临观晋阳,命诸将引骑围胁,已而罢还。宝并州牧辽西王农大惧,将妻子弃城夜出,东遁,并州平。初建台省,置百官,封拜公侯、将军、刺史、太守,尚书郎已下悉用文人。帝初拓中原,留心慰纳。诸士大夫诣军门者,无少长,皆引入赐见"③。值得注意的是,拓跋珪建台省、置百官等一系列活动,都是在并州西燕故地完成的。甫一攻取西燕故地,拓跋珪即在此进行国家建制,或许也与拓跋珪宣示继承西燕的法统以对抗后燕不无关系。

此后,拓跋珪用一年多时间攻占了中山、邺,取得了"魏土"这一立足中原的基础。后燕被拦腰截断,慕容宝北奔,其后陷入内乱中;慕容德南下广固,自行称帝,亦不过苟延残喘。在这样的背景下,天兴元年六月,拓跋珪正式确立"魏"为国号,七月定都平城,十二月称帝改元,一切都按部就班地顺利完成。如果将视角稍微拉长,拓跋珪的开国建制应当是在逐渐摆脱慕容垂的控制之后进行的,参合陂之役是一个较为明确的起点,正式称帝是初步完成的一个节点。这两个节点,正是拓跋珪获取"魏土"开始和完成的时间。

---

① 《魏书》卷二四《许谦传》,第 685 页。
② 《魏书》卷二《太祖纪》,第 31 页。
③ 《魏书》卷二《太祖纪》,第 31 页。

二、"魏"与"代都":国号与国都之关系

拓跋珪君臣强调"魏"国号的理由在于以魏土王天下。实际上,以政权的发迹之地或者以建号时的统治地域作为国号,是当时诸政权的基本状态。据胡阿祥统计,十六国时代18个较大政权的国号,有16个政权都是如此,仅有刘渊称汉和刘勃勃称夏例外①。拓跋氏的"代王"之号,也带有明显的地域特点。天兴元年七月,亦即崔宏议定"魏"国号的次月,拓跋珪迁都平城,名为"代都",开启了长达近百年的平城时代。至于"魏土",则是拓跋珪进入中原以后新占有的国土。甚至在此后的三十年间,北魏在中原所占有的地域,也基本局限于以魏土为中心的河北之地。

拓跋珪攻取中山和邺之后,"魏土"正式成为北魏控御之下的区域。作为"神州上国"的邺城,其繁华令拓跋珪留恋不已,《太祖纪》称天兴元年正月"帝至邺,巡登台榭,遍览宫城,将有定都之意"②。事实上,拓跋珪于天兴元年正月攻取邺,是年六月便下诏定国号为魏。看来,以"魏"为国号、"魏土"为国都的新王朝似乎在拓跋珪的计划之中。不过,公布国号到定都平城只有一月的时间,拓跋珪是否因为某种变故而突然改变了定都邺城的计划而定都平城呢?

仔细分辨史料的前后文,事实似乎并非如此。按《魏书·太祖纪》详载天兴元年春正月事云:

> 天兴元年春正月,慕容德走保滑台。仪克邺,收其仓库。诏赏将士各有差。仪追德至于河,不及而还。庚子,车驾自中山行幸常山之真定,次赵郡之高邑,遂幸于邺。民有老不能自存者,诏郡县赈恤之。帝至邺,巡登台榭,遍览宫城,将有定都之意,乃置行台,以龙骧将军日南公和跋为尚书,与左丞贾彝率郎吏及兵五千人镇邺。车驾自邺还中山,所过存问百姓。诏大军所经州郡,复赀租一年,除山东民租赋之半。车驾将北还,发卒万人治直道,自望都铁关凿恒岭至代五百余里。帝虑还后山东有变,乃置行台于中山,诏左丞相、守尚书令、卫王仪镇中山,抚军大将军、略阳公元遵镇勃海之合口。右

---

① 胡阿祥:《吾国与吾名:中国历代国号与古今名称研究》,第125—130页。
② 《魏书》卷二《太祖纪》,第35页。

军将军尹国先督租于冀州,闻帝将还,谋反,欲袭信都。安南将军长孙嵩执送,斩之。辛酉,车驾发自中山,至于望都尧山。徙山东六州民吏及徒何、高丽杂夷三十六万,百工伎巧十万余口,以充京师。①

按是年十二月改元,天兴元年实为皇始三年。此段材料出现两个日期,一为自中山幸邺的日期正月庚子,即是年正月初七日;一为正月辛酉自中山至望都尧山,辛酉为二十八日。拓跋珪的行程前后只有二十一日,在邺时间就更短了。这么短的时间根本不可能实施定都的计划,可见拓跋珪并未在此进行都城的建制和准备。从前后史料可以看出,拓跋珪匆匆北返以后立即进行了称帝的一系列建制,他的北返乃是在计划之中的,并非是代北发生了什么变乱。看来,拓跋珪对定都平城似乎也是早有规划,逐步实施的。

拓跋珪的徙民政策也是与在邺的"定都之意"相矛盾的。所谓"徙山东六州民吏及徒何、高丽杂夷三十六万,百工伎巧十万余口,以充京师",是拓跋珪平定河北以来首次将恒山以东的后燕领地人口向代北进行大规模迁徙②,而且是见于史籍的最大规模的一次③。按《魏书·食货志》记此次徙民事云:"既定中山,分徙吏民及徒何种人、工伎巧十万余家以充京都,各给耕牛,计口授田。天兴初,制定京邑,东至代郡,西及善无,南极阴馆,北尽参合,为畿内之田;其外四方四维置八部帅以监之,劝课农耕,量校收入,以为殿最。"④此段材料中,天兴初的京邑是以平城为中心的,所谓的"京都"应当也是平城,而非之前的都城盛乐⑤。如果这两处"京都"或"京师"不是出于史臣改写的话,拓跋珪定都平城之前,平城就已经是时人心目中的"京师"了。北魏的徙民政策首先是一种控御

---

① 《魏书》卷二《太祖纪》,第35页。
② 按拓跋珪的徙民在此之前已经出现,如皇始元年六月"遣将军王建等三军讨宝广宁太守刘亢泥,斩之,徙其部落"。
③ 前田正名:《平城历史地理学研究》,第63页。按此次迁徙的人数,《北史》卷一《魏本纪》、《册府》卷四八六《邦计部·迁徙》、《资治通鉴》卷一一〇均作"十余万口",然《魏书·食货志》亦作"十万余家",今从《魏书》。又,任重对北魏平城时代的历次徙民也有较为全面的梳理,参任重:《平城的居民规模与平城时代的经济模式》,《史学月刊》2002年第3期。
④ 《魏书》卷一一〇《食货志》,第3104页。
⑤ 按《资治通鉴》此条"以充京师"作"以实代","代"即指平城及附近地区。参见《通鉴》卷一一〇"晋安帝隆安二年正月"条,第3463页。

山东的政治军事策略,若拓跋珪不打算以平城为京师,便没有理由将山东之民徙于此地。如果拓跋珪打算定都邺城,他就更没有理由徙民了。因此,慕容麟当时就判断"魏虽拔中山,势不久留,不过驱略而返"①。其后局势的发展,也完全应验了这一判断。

另外由《魏书·太祖纪》的史料还可以看出,拓跋珪北返前在河北置行台两处,邺所置行台,以和跋为尚书;然中山所置行台,则以卫王仪镇之。这两处行台分别于天兴三年、四年罢废,存在时间并不长,且和北魏中后期的行台制度属于不同的类型②。张小稳考察十六国行台制度后指出,北魏设置的这两处行台与后赵、后燕设置的几处行台性质相同,是一种中央设于特殊地方的分支机构;同时又指出,行台成员皆被命以尚书省官,因此可以称为尚书省的分支机构③。这大体是不错的。如果分辨邺、中山行台的建制,可以发现二者的地位有所不同。和跋时为尚书④,卫王仪则是左丞相、守尚书令,如果行台作为尚书省的分支机构,二者级别应当是不同的。从个人身份来说,和跋不过"世领部落,为国附臣"⑤,和氏即素和氏,尚不在帝室十姓之列,其地位不足与卫王仪相提并论,也比不上镇勃海之合口的略阳公遵。天兴元年二月,拓跋珪诏卫王仪还京师,以略阳公遵代镇中山,四月封遵为常山王。按《魏书·崔逞传》说"天兴初,姚兴侵司马德宗襄阳戍,戍将郗恢驰使乞师于常山王遵"⑥,按何德章考订此事发生于天兴二年六月⑦,恰为常山王遵镇中山时。郗恢遣使求救于中山的常山王遵,而非邺行台的和跋;而中山的位置则在邺以北,东晋使者赴中山须先经过邺。这只有一个理由可以解释,就是中山行台的规格应该高于邺行台。以此来看,此时拓跋珪镇抚山东地区的核心是中山,邺不过是南面的次中心而已。

---

① 《晋书》卷一二七《慕容德载记》,第3163页。
② 如祝总斌即称之为"行台甲"以与北魏中后期的"行台乙""行台丙"相区分。参祝总斌:《关于北魏行台的两个问题》,收入《材不材斋文集》,三秦出版社,2006年,第322页。
③ 张小稳:《魏晋南北朝时期行台性质的演变》,《人文杂志》2008年第3期。
④ 《太祖纪》之外,《和跋传》亦云"从平中原,以功进为尚书,镇邺"。参见《魏书》卷二八《和跋传》,第681页。此尚书当是行台尚书,与三十六曹之尚书性质有所不同。
⑤ 《魏书》卷二八《和跋传》,第763页。
⑥ 《魏书》卷三二《崔逞传》,第844页。
⑦ 何德章:《北魏国号与正统问题》,《历史研究》1992年第3期。

对拓跋珪在邺"有定都之意"的意义,不应当理解为拓跋珪当时就有定都邺城的计划,而应当理解为对未来迁都的设想。道武帝死后,北魏还有迁都邺城的争论。《魏书·崔浩传》有一段材料可以说明某些问题。

> 神瑞二年,秋谷不登,太史令王亮、苏垣因华阴公主等言谶书国家当治邺,应大乐五十年,劝太宗迁都。浩与特进周澹言于太宗曰:"今国家迁都于邺,可救今年之饥,非长久之策也。东州之人,常谓国家居广漠之地,民畜无算,号称牛毛之众。今留守旧部,分家南徙,恐不满诸州之地。参居郡县,处榛林之间,不便水土,疾疫死伤,情见事露,则百姓意沮。四方闻之,有轻侮之意。屈丐、蠕蠕必提挈而来,云中、平城则有危殆之虑。阻隔恒代千里之险,虽欲救援,赴之甚难。如此则声实俱损矣。今居北方,假令山东有变,轻骑南出,耀威桑梓之中,谁知多少?百姓见之,望尘震服。此是国家威制诸夏之长策也。至春草生,乳酪将出,兼有菜果,足接来秋。若得中熟,事则济矣。"①

虽然这次争论的时间已经是神瑞二年(415),但崔浩所说的情况在天兴初年也是存在的,或者还要更为严重。崔浩持不迁都的理由主要是两点,一是拓跋部民分家南徙,"恐不满诸州之地",无法有效控制山东;二是南迁以后,代北地区无法阻挡柔然、赫连夏的进攻,"云中、平城则有危殆之虑"。虽然天兴初年柔然、赫连夏尚未强盛,但高车等部的威胁亦未解除,代北周边的情势很难说比神瑞年间更好。至于燕魏大战之后代北的人力、物力、武力状况,情况也应当不会比休养生息近二十年的神瑞二年更好。在后方并不很稳定的情况下,贸然迁都没有把握控制之地,显然不是明智之举,拓跋珪君臣应当也是考虑到了的。

崔浩之言还可以与赫连勃勃定都统万的情况作一类比。晋恭帝元熙元年(419),夏王赫连勃勃攻占长安,群臣请都之,勃勃称:"朕岂不知长安累帝旧都,有山河四塞之固!但荆、吴僻远,势不能为人之患。东魏与我同壤境,去北京裁数百余里,若都长安,北京恐有不守之忧。朕在统万,彼终不敢济河,诸卿适未见此耳!"②勃勃随后北返,乃于长安置南

---

① 《魏书》卷三五《崔浩传》,第896页。
② 《晋书》卷一三〇《赫连勃勃载记》,第3210页。

台,还统万,以宫殿大成,于是赦其境内,又改元曰真兴,所行皆与拓跋珪类似。勃勃考虑的"荆、吴僻远,势不能为人之患",亦即指明与遥远的东晋南朝争夺虚幻的正统地位并非当务之急;而防备近在咫尺的北魏才是当务之急。勃勃拒绝迁都长安的理由,与崔浩所说如出一辙。拓跋珪定都平城而非邺城,原因或许也与此相似,毕竟当时的北魏政权不具备定都邺城的条件。另外,神瑞二年主张迁都者虽是史官,但他们的理由是"言谶书国家当治邺,应大乐五十年",而没有提及拓跋珪"有定都之意"的故事,也许也是由于拓跋珪当年并未认真准备定都邺城。

定都平城更多的是拓跋珪基于形势的主动选择,还可以从拓跋珪称帝以后的政治军事举措来观察。拓跋珪在占领中山和邺以后,军事行动的重心迅速转向了代北,天兴二年正月,拓跋珪亲征高车,此战"破高车杂种三十余部,获七万余口,马三十余万匹,牛羊百四十余万。骠骑大将军、卫王仪督三万骑别从西北绝漠千余里,破其遗迸七部,获二万余口,马五万余匹,牛羊二十余万头,高车二十余万乘,并服玩诸物"①,部署之严密,战果之巨,可见拓跋珪战前是作了充分的准备的。不久,北魏在军事上又进入和柔然的缠斗时期,战争可谓一直未停息。不过,在恒山以东的军事行动在天兴元年之后则趋于平静。最明显的事实是,后燕政权被拓跋珪截为两段,慕容宝北奔以后偏居东北一隅之地,实力已然不济。这个政权其后内乱不止,还经历了异姓篡位,却很少受到北魏的大规模军事攻击,竟然继续维持了近四十年,直到太武帝太延二年(436)才被攻灭;慕容德则带领部分残余力量迁都广固,建立南燕,直到东晋义熙六年(410)为刘裕所灭,其间也不见拓跋珪对其采取过什么大的军事行动。北魏与隔河相望的东晋,在天兴元年两国间发生一次冲突之后②,十余年间也是聘使往来,不见有冲突的记载。这种情况的出现,应当与拓

---

① 《魏书》卷二《太祖纪》,第38页。
② 《晋书》卷六七《郗恢传》云:"时魏氏强盛,山陵危逼,恢遣江夏相邓启方等以万人距之,与魏主拓跋珪战于荥阳,大败而还。"参见《晋书》卷六七《郗恢传》,第1806页。按此事《魏书》不见记载,但《宋书》卷二五《天文志三》云:隆安"二年六月戊辰,摄提移度失常,岁星昼见在胃。胃,兖州分。是年六月,郗恢遣邓启方等以万人残房于滑台。滑台,卫地也。启方等败而还"。参见《宋书》卷二五《天文志三》,第793页。"山陵"即是洛阳,荥阳在滑台以西,三者均是黄河南岸的重要据点。邺城被拓跋珪攻占之后,慕容德败退至滑台。大约是郗恢欲乘燕魏战争之机抢占后燕地盘,途中与拓跋珪的军队发生了一场影响不太大的遭遇战。

跋珪及其继任者明元帝没有将军事重心放在河北地区有关,而军事重心与其都城所在是一致的。

对于北魏定都平城而军事重心将远离河北,东晋的杨佺期在天兴二年也已经看得非常明白。晋隆安二年(398)杨佺期杀郗恢,控制雍州,次年"姚兴遣众围洛阳,司马德宗将辛恭靖请救"①,北魏以张济使于杨佺期,双方关系恢复。按《张济传》载张济向拓跋珪报告出使情况云:

> 佺期曰:"治在何城?"臣答曰:"定都平城。"佺期曰:"有如许大众,亦何用城焉?"又曰:"魏帝为欲久都平城,将复迁乎?"臣答:"非所知也。"佺期闻朝廷不都山东,貌有喜色,曰:"晋魏通和,乃在往昔,非唯今日。羌寇狡猾,频侵河洛,夙夜忧危。今此寡弱,仓库空竭,与君便为一家,义所无讳。洛城救援,仰恃于魏,若获保全,当必厚报。如其为羌所乘,宁使魏取。"②

对此事,民国初年的刘体智评价说:"佺期效韩冯亭献上党以拒秦,虽无可如何之策,然亦可见晋之未尝无人也。"③杨佺期的"如其为羌所乘,宁使魏取"的话实际上是在确认拓跋珪"不都山东"之后说出的,相对于近在长安的姚兴,定都平城的拓跋珪当时显然还不会成为东晋的主要敌人。周一良也说:"南朝对于拓跋氏之占据冀、定、相三州,大有戒心,故北魏政权中心之暂不南移,被认为不至立即构成威胁,表示安慰。"④由此后二十余年晋魏之间几无战事的事实可以看出,拓跋珪也确实没有成为晋宋的主要敌手,虽然东晋末期也是内乱不断,但其北境却不曾受到北魏的袭扰。其后刘裕能顺利攻灭南燕、后秦并有其地,也与魏军的重心不在河北有关系。北魏开始发起进攻南朝的战事已经到了明元帝统治的后期,自然不应当再由杨佺期来承担责任了。

杨佺期向北魏求救的决定,是在前一年六月东晋与北魏发生首次正

---

① 《魏书》卷三三《张济传》,第 873 页。
② 《魏书》卷三三《张济传》,第 873—874 页。
③ 刘体智:《通鉴札记》卷五"东晋人犹有志气其民可用"条,北京图书馆出版社,2004年,第290页。按该版本作者署名"刘体仁"。原书无署名,仅托名"辟园"而已。"辟园"是刘体仁之号,据刘氏后人详考,该书的作者实际上是其弟刘体智,为避免袁世凯迫害而伪托其兄之号而作。参见刘笃龄整理:《异辞录·前言》,中华书局,1988年,第5—8页。
④ 周一良:《魏晋南北朝史札记》"中山邺信都三城"条,第308—309页。

面冲突的情况下作出的。也正是在此背景下,拓跋珪正式宣布定国号为魏,并欲对郗恢的使者"贬其主以答之",作出了与东晋对立的打算①;杨佺期取代郗恢之后,能迅速转变姿态,与拓跋珪建立"与君便为一家"的关系,体现出他独到的眼光。杨佺期判断的依据,在于定都和国号的不同意义。将国号定为"魏"而没有将国都定在"魏土",说明这一政权的实质仍旧是以"代"立国而非要以"魏土"为基础向黄河以南扩张,对于东晋政权的威胁自然也不会太大。也正因为杨佺期对此问题的认识,在拓跋珪与郗恢发生冲突并宣称要建立一个以"魏"为国号的新王朝以后,还能够与北魏建立"与君便为一家"关系的原因所在。

拓跋珪占领河北地区以后,以较为落后的社会制度统治大为扩展的土地,内部还有太多的问题需要消化。其采取的策略不是举部内迁,而是以"代都"为中心控御"魏"地,可谓明智之策。这一点时人慕容麟和杨佺期都是看得比较清楚的。拓跋珪稳固代都控御魏土而徐图进取的战略,也奠定了北魏建立之初政治格局的基础。直到太武帝统一北方,虽然北魏政权的版图大为扩大,但以代都为核心,以代魏之地为立国基础的格局也仍未有大的变化②。

三、"魏"者大名:魏国号的政治与社会意义

以"代都"为中心,控御"魏"地,这一基本政治格局在道武帝攻占魏土并定都平城之后即已奠定。对拓跋氏而言,面临的基本任务是由征服者转变为统治者,这一转变的历史过程,就是逐渐减弱军事征服色彩,而代之以政治统治所必不可少的官僚化与文化控制③。北魏政权对待熟

---

① 何德章:《北魏国号与正统问题》,《历史研究》1992年第3期。
② 按何德章曾经对北魏前期的政治格局作出过判断,并指出:"北魏定都平城不久,便将政治注意力置于北方草原地区,这种政治形势与鲜卑族固有的游牧射猎习俗相结合,使阴山及其以北地区在太武帝拓跋焘时期演而为北魏政治中心所在。这影响了北魏政权在中原地区的统治政策及拓跋鲜卑的汉化进程。"参见何德章:《"阴山却霜"之俗解》,收入《魏晋南北朝隋唐史资料》第12辑,1993年,第110页。又按,罗新注意到,太武帝东巡碑之所谓"东巡"与文成帝南巡碑之所谓"南巡"的路线,"都是从平城到邺城,从恒代到河北",是由于"政治重心与经济、文化重心的分离,使北魏诸帝对河北地区的定期巡视具有重要的政治意义"。参见罗新:《跋北魏太武帝东巡碑》,《王化与山险:中古边裔论集》,第294—295页。这些都能表明,以"代都"为中心控御"魏"地的政治格局,在前期北魏没有太大的改变。
③ 罗新:《跋北魏太武帝东巡碑》,《王化与山险:中古边裔论集》,第295页。

第一章　"代""魏"诸号与拓跋政权的名号整合　71

稔于华夏传统文化与统治制度的河北士人,最初可能也采取了严密防制的措施,但更多的时候是利用他们在政治统治方面的经验与作用。正是"魏土"的获取与"魏"国号的确立,标志着这片地域上的士人开始进入拓跋政权并迅速起到作用,确立了拓跋氏与河北士人合作的格局。这一格局在天兴元年拓跋珪称帝以后重新议定国号时,就有所体现。

按《太祖纪》载天兴元年定国号事云:

> 群臣曰:"昔周秦以前,世居所生之土,有国有家,及王天下,即承为号。自汉以来,罢侯置守,时无世继,其应运而起者,皆不由尺土之资。今国家万世相承,启基云代。臣等以为若取长远,应以代为号。"诏曰:"昔朕远祖,总御幽都,控制遐国,虽践王位,未定九州。逮于朕躬,处百代之季,天下分裂,诸华乏主。民俗虽殊,抚之在德,故躬率六军,扫平中土,凶逆荡除,遐迩率服。宜仍先号,以为魏焉。布告天下,咸知朕意。"①

这里"群臣"之议与"诏"的内容意见相反,诏书的依据原是渊源于刚刚降魏的崔宏的建议。为便于分析,今详引《魏书·崔玄伯传》所载其说云:

> 三皇五帝之立号也,或因所生之土,或即封国之名。故虞夏商周始皆诸侯,及圣德既隆,万国宗戴,称号随本,不复更立。唯商人屡徙,改号曰殷,然犹兼行,不废始基之称。故《诗》云"殷商之旅",又云"天命玄鸟,降而生商,宅殷土茫茫"。此其义也。昔汉高祖以汉王定三秦,灭强楚,故遂以汉为号。国家虽统北方广漠之土,逮于陛下,应运龙飞,虽曰旧邦,受命惟新,是以登国之初,改代曰魏。又慕容永亦奉进魏土。夫"魏"者大名,神州之上国,斯乃革命之征验,利见之玄符也。臣愚以为宜号为魏。②

从群臣的建议来看,立国号为"代"的关键是"启基云代",其历史依据为"周秦以前,世居所生之土"的地理起源说。所谓"国家万世相承"则是强调拓跋先祖的事业;从诏书的内容来看,则拓跋先祖"虽践王位,未定

---

① 《魏书》卷二《太祖纪》,第36页。
② 《魏书》卷二四《崔玄伯传》,第695页。

九州",亦即表明先祖只有"王位"而为一方诸侯,从另一方面则强调了拓跋珪本人"躬率六军,扫平中土,凶逆荡除,遐迩率服"的帝业。这与崔宏所议以"魏"为国号的理由"逮于陛下,应运龙飞,虽曰旧邦,受命惟新"的内涵是一致的。

相对于代国号的"启基云代"而言,魏国号则对应"扫平中土",这是与十六国以来以"有中原"作为正统依据的思想一脉相承的。按今本《魏书·天象志三》说:

> 太祖皇始元年夏六月,有星彗于髦头。彗所以去秽布新也。皇天以黜无道,建有德,故或凭之以昌,或由之以亡。自五胡蹂躏生人,力正诸夏,百有余年,莫能建经始之谋而底定其命。是秋,太祖启冀方之地,实始芟夷涤除之,有德教之音,人伦之象焉。终以锡类长代,修复中朝之旧物,故将建元立号,而天街彗之,盖其祥也。①

虽然一般认为《天象志三》为后人据唐人史书所补②,但这类宣扬北魏正统的内容,也应是抄自北魏国史之旧文。综合材料的观点,实是以"太祖启冀方之地"的历史事件作为"星彗于髦头"的关键征应。"冀方之地"也即"魏地"。这与崔宏所称"夫'魏'者大名,神州之上国,斯乃革命之征验,利见之玄符"颇为吻合。按,胡三省在《通鉴》所引此段文字中注云:"《左传》:卜偃曰:'魏,大名也。'战国之时,魏为大国。中国谓之神州。"③《宋书·索虏传》也说,拓跋珪"率十万骑围中山。明年四月,克之,遂王有中州,自称曰魏,号年天赐"④。其时所谓"中州"仅是地理概念,即西晋时所置的冀、司、兖、豫、幽、平六州,也即北魏所谓"山东六州"⑤。结合诏书的内容来看拓跋珪和崔宏的意思,"王有中州"与"自称曰魏"的关系,乃是以位居中州的"魏土"而"受命惟新",这乃是以"魏"为国号的核心意义,甚至连敌对的刘宋政权都不得不承认。

---

① 《魏书》卷一〇五之三《天象志三》,第 2609 页。
② 按《魏书·天象志三》有宋人校语称其文非《魏书》原文,当为后人据唐人张太素书补。参见《魏书》卷一〇五之三《天象志三》"校勘记"一,第 2640—2641 页。
③ 《资治通鉴》卷一一〇"晋安帝隆安二年六月"条胡注,第 3471 页。
④ 《宋书》卷九五《索虏传》,第 2550 页。
⑤ "中州"涵义的考辨,参见柴芃:《"中州名汉"考——中古时期的地域问题》,《中国史研究》2021 年第 1 期;何德章:《汉族族称的出现与定型》,《历史研究》2022 年第 5 期。

对于"魏土"核心地域的重新命名,特别是相州的设置,也体现了这一思想。按《魏书·庾业延传》云:"及罢邺行台,以所统六郡置相州,即拜岳为刺史。"①据《魏书·太祖纪》,邺行台罢废,其时在天兴四年四月辛卯②。《魏书·地形志》亦载:"司州,治邺城,魏武帝国于此。太祖天兴四年置相州。天平元年迁都改。"③相州之名,系道武帝首创。按《元和郡县志》"相州"条记其得名始末云:

> 魏孝文帝于邺立相州。初,孝文帝幸邺,访立州名,尚书崔光对曰:"昔河亶甲居相。圣皇天命所相,宜曰相州。"孝文帝从之,盖取内黄东南故殷王河亶甲居相所筑之城为名也。④

这则史料中有不少明显的讹误,首先置相州的时间在道武帝天兴四年,并非是孝文帝所立;崔光是孝文帝时人,道武帝初置相州时,崔光尚未出生。这些问题早已为前辈学者注意,宋《太平寰宇记》改"孝文帝"作"道武帝",已正其误。王仲荦进一步认为崔光盖是崔宏之讹⑤,其说甚是。解决文本在流传过程中的讹误以后,这则史料仍可作进一步解读。"河亶甲居相"之典,《通典》也有记载:"后魏道武置相州,取河亶甲居相之义。"⑥河亶甲乃是殷商第十三世王,《史记》记载他曾将都城由隞迁相,解决了黄河水患问题。崔宏乃是以殷商旧都比附相州,与他在北魏定国号时申说的"商人屡徙,改号曰殷"吻合。以"圣皇天命所相"为说,与"天命玄鸟,降而生商,宅殷土茫茫"配合,则有更明确的以天命在殷都亦即相州之涵义。除此之外,"相"字本身也有辅佐之义,代都与相州的地位,正好印证了平城为主、邺城为辅的双中心格局。

崔宏以"代魏兼行"比拟"殷商兼行"的涵义,崔宏称"唯商人屡徙,改号曰殷,然犹兼行,不废始基之称",并引"天命玄鸟,降而生商,宅殷土茫茫"之典。盘庚迁殷后以"殷"为国号,正是因为"宅殷土茫茫"。北

---

① 《魏书》卷二八《庾业延传》,第 767 页。
② 《魏书》卷二《太祖纪》,第 43 页。
③ 《魏书》卷一〇六上《地形志上》,第 2691 页。
④ 李吉甫撰,贺次君点校:《元和郡县图志》卷一六《河北道一·相州》,中华书局,1983 年,第 451 页。
⑤ 王仲荦:《北周地理志》卷一〇《河北下·相州》,中华书局,1980 年,第 902 页。
⑥ 《通典》卷一七八《州郡八》,中华书局,1988 年,第 4696 页。

魏的都城仍在代地,而盘庚迁殷则以国号为"殷",这一点其实与崔宏所谓的"商人屡徙,改号曰殷"正好相反。"魏"国号名不副实,可能也是"代"国号不得不"然犹兼行,不废始基之称"的原因之一。

崔玄伯的提议为拓跋珪采纳,而殷商兼行之义看来也得到了实践。《魏书·崔浩传》又云:

> 先是,(祈)纤奏改代为万年,浩曰:"昔太祖道武皇帝,应天受命,开拓洪业,诸所制置,无不循古。以始封代土,后称为魏,故代、魏兼用,犹彼殷商。国家积德,著在图史,当享万亿,不待假名以为益也。纤之所闻,皆非正义。"世祖从之。[①]

按《崔浩传》所云方士祁纤奏改代为万年事,事实上曾短暂实行过。《魏书·官氏志》云:"延和元年(432)三月,改代尹为万年尹,代令为万年令。后复。"[②] 即是其事。祁纤的建议并不是改变"代"的国号,而是改变代的行政区域名称。崔浩的"代、魏兼用,犹彼殷商"显然是承其父观点而来,不过语句背后的涵义也有所不同。崔宏"唯商人屡徙,改号曰殷,然犹兼行,不废始基之称"的"始基之称"指的是"代"国号改称"魏"如同"商"国号改称"殷"而不会废除,亦即以商比代,以殷比魏。崔浩则是借用"代"的国号来论证"代"的地理名称不应改易,"代、魏兼用,犹彼殷商"则变成了以殷比代,以商比魏。这虽然是针对祁纤的观点而来,但"代"的涵义由强调"始基之称"到强调"代土"的转变,这其实是"代""魏"国号背后反映出的北魏政治格局。

道武帝诏书中说"代"表示"虽践王位,未定九州"而"魏"表示的是"扫平中土,凶逆荡除",就隐含了"魏土"与中原的对应关系。与"代土"的地域意义对应的是"代人"。"代人"是以平城畿内籍贯来标识身份的特殊称谓,而对于居住在"代土"的渊源于不同血统的人群来说,由"代人"的地域认同逐渐取代以前以血缘为依据的部落认同而成为区分我者与他者的依据。如果说"代土"与"代人"代表着以拓跋氏为核心的人群的话,那么与"代"相对应的"魏",也应当有"魏土""魏人"的涵

[①]《魏书》卷三五《崔浩传》,第910页。
[②]《魏书》卷一一三《官氏志》,第3235页。

义。不过,"魏"与"魏土"长期存在,而"魏人"之称,似乎在北魏史料中并不普遍。其中因由,还需稍作辨析。

这一问题可以借本章开始就已经提到的北魏时期的"代人"的范畴作一推论。《魏书》诸传中,称"代人"者除了拓跋诸姓之外,一些归顺北魏的时间很晚的少数族出身者,也获得了"代人"的身份,如薛野𪗋,"代人也,父达头,自姚苌率部落归国"①;费于,"代人也。祖峻,仕赫连昌,为宁东将军。泰常末,率众来降"②;间毗,"代人。本蠕蠕人,世祖时自其国来降"③。因此,所谓"代人"的意义还在于其开放性,并不完全是依据其族属。随着历史的发展,"代人"中各族属的区别逐渐泯灭,从北魏直到隋唐以后"代人"的称谓还在史籍中经常出现④。需要特别指出的是,《魏书》中的"代人"还包括早期服务于拓跋氏的汉人如卫操、燕凤、许谦,燕凤、许谦的籍贯其实是汉晋以来的代郡⑤,卫操则活动于猗卢兄弟时代,子孙无闻。如果这几例"代人"不是标识汉晋代郡籍贯的话,他们也是早在确立"魏"国号之前就已经追随拓跋氏,属于原代国的臣民。就笔者所见,在拓跋珪称帝以后归附的汉人,无论是《魏书》还是现存石刻史料,全部以籍贯或郡望相称,未见有称"代人"者。

《魏书·官氏志》记载,道武帝天兴四年"复尚书三十六曹,曹置代人令史一人,译令史一人,书令史二人"⑥,康乐指出"代人令史"官名表

---

① 《魏书》卷四四《薛野𪗋传》,第 1098 页。
② 《魏书》卷四四《费于传》,第 1105 页。
③ 《魏书》卷八三上《外戚间毗传》,第 1962 页。
④ 关于北朝隋唐史籍中的"代人"的内涵和外延较为系统的总结,可参松下宪一:《北朝隋唐时代史料中的"代人"》,载《魏晋南北朝史研究·回顾与探索》,第 326 页;同氏《北魏胡族体制论》第六章《北朝正史中的"代人"》,第 159—207 页。
⑤ 《魏书·燕凤传》记什翼犍征召燕凤事:"乃命诸军围代城,谓城人曰:'燕凤不来,吾将屠汝。'代人惧,送凤。"所谓"代城",应即汉晋之代郡,并非北魏代郡,上节有考。此"代人"也非后来之代人。《魏书·许谦传》称许谦"代人也",然《卫王仪传》则称"代郡许谦",许谦早年追随什翼犍,但在代国灭亡后曾离开代国,苻秦灭亡后率郡人驱逐后燕所置代郡太守贾闰,并先后以郡附刘显、失败后又逃亡西燕,最后回到拓跋魏,实为代郡豪族。代郡与北魏的"代"并非同处,参见本章第一节的论述。按《魏书·许谦传》只记许谦"徙长安",又从"苻坚从弟行唐公洛镇和龙","未几,以继母老辞还",并于"登国初,遂归太祖"。其他诸事见于《通鉴》卷一〇七晋武帝太元十二年、十三年,第 3376、3382 页。《魏书·卫王仪传》说"代郡许谦等有名于时,学博今古,初来入国"云云,许谦本是拓跋旧人,拓跋珪即位后又"初来入国",中间的经历《通鉴》的记载恰可补充。
⑥ 《魏书》卷一一三《官氏志》,第 3233 页。

明“代人”身份的特殊性已经获得北魏政权确认[①]。其实对“代人”身份的区分,是当时北魏政权为了便于管理不得不如此处理。拓跋氏对人群进行区分并非《魏书》的追认,而是代国时代的传统,至迟在猗卢时代就已经存在“国人”“乌丸”“晋人”的区分。随着历史的发展,这种区分已经不合时宜,不便管理。稍加分辨可知,卫操、燕凤、许谦等人源出“晋人”,薛野腊之类很可能属于“乌丸”,原本不是拓跋部的“国人”。早期的贺兰部、独孤部,也没有自认为是拓跋部的“国人”,如贺讷兄弟就自称贺兰部为“我国”,称拓跋珪为“大国之世孙”[②]。北魏建立以后,拓跋珪“其八部大夫于皇城四方四维面置一人,以拟八座,谓之八国”[③],到天赐元年“十一月,以八国姓族难分,故国立大师、小师,令辩其宗党,品举人才。自八国以外,郡各自立师,职分如八国,比今之中正也。宗室立宗师,亦如州郡八国之仪”[④],仍是一种部落管理体制。如果将视角放宽广一点,“代人”其实就是对居住在平城畿内由“八国”管理人群的泛称,可能也是某种鲜卑语汇的意译,而且内涵和外延都不太明确。

在拓跋珪通过战争“扫平中土”的过程中,引入了大量的士大夫进入政权,其规模是什翼犍时期无法比拟的。这些新加入的人群,对于拓跋氏来说,既不能以“代人”统摄之,也不可能沿用旧有的“乌丸”或“晋人”之称。因此,“国人”“乌丸”“晋人”这些称谓也随着道武帝平定中原而逐渐消失了。新加入的河北地区的大量华夏人群,恰恰是随着“魏土”“国号”的确定一起,进入北魏政治体系的。这些人,没有以“魏人”相称,而是被命名为“汉人”,逐渐形成了“中州名汉”的称谓[⑤]。“代人”与“汉人”,成为两个以籍贯属地为表现形式,以“代”“魏”地域渊源为纽带的不同群体。

“魏人”为何没有成为中州也即山东六州人群的总称,或许还可稍作解释。崔宏本传还特别提到改国号以后,“于是四方宾王之贡,咸称大魏

① 康乐:《从西郊到南郊——国家祭典与北魏政治》,第 61 页。
② 《魏书》卷八三上《外戚贺讷传》,第 1958 页。
③ 《魏书》卷一一三《官氏志》,第 3233 页。
④ 《魏书》卷一一三《官氏志》,第 3234 页。
⑤ 柴芃:《“中州名汉”考——中古时期的地域问题》,《中国史研究》2021 年第 1 期;何德章:《汉族族称的出现与定型》,《历史研究》2022 年第 5 期。

矣"①。改国号为"魏"以后,"魏"国号的使用场合主要是对外,这也是平城时代出土材料中"代"国号的使用仍占绝大多数的重要原因。《魏书》稍晚的史料,实际上是可以看出当时有"魏人"称谓的。太武帝时,"并州胡酋田卜谋反诛,余众不安",王斤"绥静胡魏,甚收声称"②。这里的"胡"和"魏"应指两种不同的人群。更明确地说,"胡"是胡酋田卜的余部,"魏"是当地的其他族群的民众。《魏书·元燮传》中尚有时代更晚的"羌魏两民之交"之例③,羌是被贬斥的"四夷";《魏书·傅竖眼传》说"远近杂夷相率款谒,仰其德化,思为魏民矣",也有华夷之辨的涵义。这些晚出的史例中,"魏民"涵义或未发生变化。结合语境,"魏人(民)"的涵义是北魏治下的鲜汉人群,与胡、羌等"四夷"对举。这个称谓背后的逻辑是,拓跋珪通过称帝实现了从"魏王"到"大魏皇帝"的转变。不同于"代王"号的"魏者大名",作为统治普天之下的皇帝的国号,从理论上也就具备了统摄天下所有人的权力。"魏人(民)"当然也不能只是指源出魏土的汉人,而可以包含北魏统治下的鲜汉诸族人群,必要时用以与"四夷"区分。

值得注意的是,华夏士人与拓跋氏建立联系,并不始于拓跋珪平定中原的时期。北魏早期汉人力量最重要的根基,其实也是刘琨势力骨干力量的后代。出身于刘琨并州从事的莫含,其子显为什翼犍之左常侍,含孙题、云均仕于拓跋珪,莫氏的情况近于代人。另一类情况是,北魏立国早期的崔宏等人,其父祖辈自刘琨时代起,就与拓跋氏有千丝万缕的联系。刘琨在太原的核心僚属,主要包括温峤、卢谌、崔悦等河北高门。而这几人除了参与刘琨联络拓跋部抵抗刘聪、石勒的军事行动外,还都与刘琨有姻亲关系④。什翼犍曾于石虎时代在邺为质十年,返国后又长期依附于石赵。刘琨集团除温峤南走江东外,琨子刘群以及卢谌、崔悦等

---

① 《魏书》卷二四《崔玄伯传》,第695页。
② 《魏书》卷三〇《王建传附王斤传》,第793页。
③ 《魏书》卷一九《安定王休附元燮传》,第590页。
④ 按《晋书》卷六二《刘琨传》载温峤前后表称:"姨弟刘群,内弟崔悦、卢谌等,皆在末波中,翘首南望"云云,刘群即琨子。参见《晋书》,第1691页。又《晋书》卷四四《卢钦传附谌传》云"琨妻即谌之从母",又云"(崔)悦字道儒,魏司空林曾孙,刘琨妻之侄也。与谌俱为琨司空从事中郎",是可见中山刘氏与清河崔氏、范阳卢氏之姻亲关系。参见《晋书》,第1259页。

人,此时也正在石虎政权为官①。数十年以后,崔悦孙崔宏、曾孙崔浩、卢谌曾孙卢玄相继出仕北魏,为北魏立国的政治制度建构和统一北方的军事行动立下了汗马功劳。

崔宏投魏已经晚在皇始元年十一月,且对仕于北魏心存抗拒②。不过,崔宏降魏以后立即受到重用,本传说拓跋珪"引见与语,悦之。以为黄门侍郎,与张衮对总机要,草创制度"③。结合《魏书》拓跋珪本纪以及《礼志》等文献可知,崔宏在降魏后一年左右的时间内,就主持完成了北魏称帝之初的制度草创工作。崔宏成为北魏早期最重要的汉士,更重要的原因可能是其在投魏之前崔氏家族就在北方有很重要的影响力。崔宏出自曹魏时期三公之后,晋末十六国时期其祖、父辈也有重要的影响力。按《魏书·崔玄伯传》只记崔宏等仕魏之经历,而对其父祖在石赵、慕容燕之为官经历稍有提及,对崔悦与刘琨之关系、崔宏与晋之关系则讳莫如深。按《通鉴》载:"初,郝晷、崔逞及清河崔宏、新兴张卓、辽东夔腾、阳平路纂皆仕于秦,避秦乱来奔,诏以为冀州诸郡,各将部曲营于河南;既而受翟氏官爵,翟氏败,皆降于燕,燕主垂各随其材而用之。"④是崔宏十余年间先仕于前秦,后南奔东晋,又流落于翟魏,之后仕于慕容垂,最后才降于拓跋魏,《通鉴》此记载可补《魏书》《晋书》之不足。在这一过程中与崔宏共同沉浮的,尚有崔逞等一批士人。实际上,与崔宏降魏时间相距一两年之内的,也有一大批士人,在《魏书》中立传的就包括贾彝、李先、王宪、邓渊、高湖、崔逞、封懿、公孙表、屈遵、宋隐、张蒲、谷浑、吕显等十余人。这些人往往是父子兄弟同时为官,背后还有相对稳固的婚姻关系,构成了一个规模庞大的后燕汉族降人群体。这一群体的核心仍是刘琨集团中清河崔氏和范阳卢氏的孙辈。《魏书·张衮传》说:"太祖曾问南州人于衮。衮与卢溥州里,数谈荐之。又衮未尝与崔逞相

---

① 《晋书·刘琨传附刘群传》说:"时勒及季龙得公卿人士多杀之,其见擢用,终至大官者,唯有河东裴宪,渤海石璞,荥阳郑系,颍川荀绰,北地傅畅及群、悦、谌等十余人而已。"这份名单大约也反映了刘琨集团留在河北地区势力的核心成员。参见《晋书》卷六二《刘琨传附刘群传》,第1691页。
② 崔宏本传说:"太祖征慕容宝,次于常山。玄伯弃郡,东走海滨。太祖素闻其名,遣骑追求。执送于军门。"《魏书》卷二四《崔玄伯传》,第694页。
③ 《魏书》卷二四《崔玄伯传》,第694页。
④ 《资治通鉴》卷一〇八"晋孝武帝太元十七年六月"条,第3406页。

见,闻风称美。"① 张衮所推重的士人大约也就是后燕降人群体的领袖,分别来自范阳卢氏和清河崔氏。也正因为如此,范阳卢溥起兵反魏,对北魏政权的巩固造成了严峻的挑战②。刘琨婚姻集团中的两个重要家族清河崔氏与范阳卢氏子孙,在十六国时代宗族飘零,除了各个北族政权多可见到其族人的踪影以外③,也有流落河西之沮渠、李暠政权者④,也有南渡江东而成为晚渡伧人者,著名者如卢谌曾孙卢循一支,崔宏也曾"因苻坚乱,欲避地江南"⑤;然在北者仍旧人数众多,百年乱离之后仍旧是河北地域的士族领袖。

《晋书·地理志》"冀州"条云:"其地有险有易,帝王所都,乱则冀安,弱则冀强,荒则冀丰。"⑥ 魏土的特殊地理环境,为这一区域的士人集团存在与发展提供了条件,文脉也得以保留和传承。崔宏降魏后短期内就能迅速成为拓跋氏制度设计的核心人物,其原因也包括较早的渊源和学术风格符合拓跋氏的需要。从刘琨到崔宏时代,以少数几个家族为核心的婚姻群体能够在十六国乱世之中领袖士族,与河北士人之间牢固的婚姻关系、深厚的家学渊源是分不开的。

本节小结

北魏立国之初"代""魏"国号的兼行,反映的是北魏立国的基本政治格局。自拓跋珪复国到太武帝统一北方,中间相距半个世纪,这半个世纪的北魏可算是一个跨据"代""魏"之地的割据政权。从太武帝统一北方到孝文帝迁洛,其间大约也是半个世纪,"代""魏"地区也仍可看作北魏政权的核心区。从政治形势方面来说,北魏是以"代都"为基础控御"魏土",借以实现对中原地区的有效控制;从政权统治结构来说,

---

① 《魏书》卷二四《张衮传》,第 688 页。
② 陈爽曾勾稽史料,对卢溥起兵的轮廓进行了勾勒。参见陈爽:《世家大族与北朝政治》第三章第一节《卢溥起兵始末》,中国社会科学出版社,1998 年,第 81—89 页。
③ 按夏炎曾经对清河崔氏在十六国北朝仕宦情况作过较为详细的统计,十六国时期的多数政权均可见到崔氏子孙的踪影,而且往往各房都有。参见夏炎:《中古世家大族清河崔氏研究》,天津古籍出版社,2004 年,第 76—82 页。
④ 《魏书》载崔彤"随晋南阳王保避地陇右,遂仕于沮渠、李暠"。参见《魏书》卷二四《崔玄伯传附崔宽传》,第 699 页。
⑤ 《魏书》卷二四《崔玄伯传》,第 698 页。
⑥ 《晋书》卷一四《地理志上》,第 423 页。

以什翼犍时期"代人"及其后代为基础,加上在拓跋珪"扫平中土"过程中投奔的华夏士人,组成了拓跋魏的政权基础。如果说"代人"构成了北魏政权军事活动的核心力量的话,魏土的士人则是北魏政权建设和发展最重要的基干力量。"代""魏"兼行的意义,正在于"代"国号保持了"代人"群体的凝聚力,"魏"国号则强调了北魏政权对河北士人的包容性。

第二章　北魏立国之初的名号体系与政权的巩固

对北魏王朝而言,宣示其建立新的天下秩序的关键名号,其实是中原王朝一直沿用的名号"天子"与"皇帝"①。从皇始元年"秋七月,左司马许谦上书劝进尊号,帝始建天子旌旗,出入警跸",到天兴元年十二月即皇帝位,可以视为"天子"号与"皇帝"号的准备期。天兴初年的一系列礼制建设,可以看作是模仿中原皇帝制度、树立皇帝权威的举措。道武帝天兴初年礼制方面的创建受到特别的重视,在《魏书》中留下的记载也比较多。与礼制的实践层面重视沿袭华夏旧制或者鲜卑旧俗不同,新创诸制的核心就是以皇帝为核心的名号体系。道武帝的生前身后的有关名号,自天兴创制以来屡有创设,直到明元帝确立其父的"道武"谥号,才算完成了对道武帝名号创制的总结。重新审视此期之名号系统于拓跋魏政权之作用,可望揭示北魏立国之初历史发展的基本脉络。

第一节　祖先、德运与天命:伴随拓跋珪称帝的名号体系

十六国北朝胡汉政权无论是否称帝,多会进行名号创制以表明"天命"所在,且在谶纬、祥瑞、祖先诸方面广为援引以相佐证。这些名号建构活动的核心,主要是沿用中原王朝的传统,论证王朝的"天命"以神化皇权。北魏道武帝称帝之初,在华夏士人特别是河北士人的主持下,也针对道武帝的"天命"进行了一系列的名号建构活动。本节拟对道武帝

---

① 尾形勇指出,"天子"和"皇帝"这两个经常一起使用的名号,在古代帝国的国家秩序中是有不同作用的。在易姓革命时,与"皇帝"位相联系的,是君所出身的私家的变更;而"天子"则同天命转移直接结合。参见尾形勇:《中国古代的"家"与国家》,中华书局,2010年,第205—231页。

天兴年间的名号创制及其背后的知识脉络作一探索。

一、北魏"黄帝后"与"土德说"的建构

随着"皇帝"称号的使用,就必须建立一套与"皇帝"号对应的礼制系统,这几乎是每个王朝建立都必须要经历的惯例。在这种看似照章行事的行动中,有时也会体现出王朝自身鲜明的特色。在道武帝准备称帝的同时,华夏士人帮助北魏政权创制了一套礼制系统,其中的理论依据包括"黄帝"祖先说和"土德"说等内容,今即由这一礼制系统进入分析[①]。《魏书·太祖纪》云:

> 十有一月辛亥,诏尚书吏部郎中邓渊典官制,立爵品,定律吕,协音乐;仪曹郎中董谧撰郊庙、社稷、朝觐、飨宴之仪;三公郎中王德定律令,申科禁;太史令晁崇造浑仪,考天象;吏部尚书崔玄伯总而裁之。[②]

又云:

> 十有二月己丑,帝临天文殿,太尉、司徒进玺绶,百官咸称万岁。大赦,改年。追尊成帝已下及后号谥。乐用《皇始》之舞。诏百司议定行次。尚书崔玄伯等奏从土德,服色尚黄,数用五;未祖辰腊,牺牲用白。五郊立气,宣赞时令,敬授民时,行夏之正。[③]

对其事,《魏书·礼志一》也有记载云:

> 诏有司定行次,正服色。群臣奏以国家继黄帝之后,宜为土德,故神兽如牛,牛土畜,又黄星显曜,其符也。于是始从土德,数用五,服尚黄,牺牲用白。祀天之礼用周典,以夏四月亲祀于西郊,徽帜有

[①] 按吕宗力说:"十六国、北朝的非华夏族君主们在采纳五德历运论述、论证其政权合法性的过程中,往往'做戏作全套',仪式程序尽可能完整,并非简单地借用一个符号就敷衍了事。"参见吕宗力:《谶纬与十六国北朝的社会与政治》,载吉林大学古籍研究所编《1—6世纪中国北方边疆·民族·社会国际学术研讨会》论文集,科学出版社,2008年,第255页。从崔宏的天兴初年创制的祖先、德运等内容的情况来看,确实如此。笔者对崔宏"做戏作全套"的内容以"礼制系统"总括之。
[②] 《魏书》卷二《太祖纪》,第37页。
[③] 《魏书》卷二《太祖纪》,第38页。

第二章 北魏立国之初的名号体系与政权的巩固

加焉。①

从这两段史料可以解读出的内容，首先就是崔宏等人为拓跋氏创立了一套礼制系统，而背后是中原式的祭典和鲜卑祭典的结合。除了"以夏四月亲祀于西郊"以外，其他的内容特别是名号系统都可以从中原传统的说法中找到依据。

关于崔宏以北魏为土德的原因，学界有诸多讨论。大体上，一种观点认为北魏越过了西晋和十六国，采用了与曹魏相同的国号和德运②；另一种则依据孝文帝议定历次时高闾的说法"燕承赵，水生木，故燕为木德；秦承燕，木生火，故秦为火德……故以魏承秦，魏为土德"③，认为北魏乃是承前秦为土德④。第一种观点等于否定了曹魏、西晋的法统，而以北魏直接承汉的火德，罗新、郑小容、胡克森等均对此进行了驳正。当然高闾的说法有很明显的矛盾，因为前秦苻健与前燕慕容儁称帝时间为同一年，两个政权同时存在而皆承后赵的水德为木德，而非高闾所谓的秦承燕为火德。罗新认为这是崔宏依据自身的需要而进行了重新排定的结果⑤。不过，高闾提出德运说的时代苻秦灭亡已久，自然可以对此进行这样的排定；崔宏排定德运的时候，苻秦才灭亡数年，而刚刚兴起的姚氏后秦则公然宣称继前秦木德为火德⑥。在前秦木德刚成为既成事实的时候，随意依据自身需要对前秦的德运进行重新排定，至少在与姚秦争夺法统时会免不了要陷入依据不足的困境。

前人所进行的北魏德运传承次序的推算，都没有直接的史料依据，其中的缺环是根据逻辑推演出来的。然而前人提出的多种排列方式都存在着逻辑矛盾，不得不曲为之说。一个事实是，在北魏之前特别是魏

---

① 《魏书》卷一〇八之一《礼志一》，第2986页。
② 参何德章：《北魏国号与正统问题》，《历史研究》1992年第3期；孙险峰：《北魏土德运次的制定》，《华南师范大学学报（社会科学版）》2010年第6期；佐藤贤：《もうひとつの漢魏交替——北魏道武帝期における「魏」號制定問題をめぐって》，载《東方学》第113辑，2007年。
③ 《魏书》卷一〇八之一《礼志一》，第2997页。
④ 持此观点者有康乐：《从西郊到南郊——国家祭典与北魏政治》，第192页。罗新：《十六国北朝的五德历运问题》，《王化与山险：中古边裔论集》，第273—286页。
⑤ 罗新：《十六国北朝的五德历运问题》，《王化与山险：中古边裔论集》，第280—283页。
⑥ 《晋书》卷一一六《姚苌载记》："自谓以火德承苻氏木行，服色如汉氏承周故事。"参见《晋书》，第2967页。

晋两代的德运传承，都是禅让体制下的结果。北魏之前称帝或称"天王"的十六国政权，对于自身的法统传承都有明确的界定。当然也会有某些变通，如刘渊之承刘禅而延续汉之德运，石赵、苻秦因德运而对称帝的踟蹰，姚苌逼苻坚行"禅让之礼"①，皆是显例。在拓跋珪这里出现了一种与曹操、司马昭截然不同的情况，便是禅让体制下的"前朝"根本就不存在。魏晋的"居摄"之礼都是受前朝成命，拓跋珪的"始建天子旌旗，出入警跸"则似乎有些来路不明。对此隋代的王通给出了一个解释，他称"皇始之帝征，天以授之也"，阮逸注云："皇始，后魏道武年号也。始有中原，建天子旌旗，得正统，此天授之也。"②王通于此并未说明北魏正统传承的合法次序，只是称"天以授之"。也有学者说北魏之初"从土德，尚黄色，乃从拓跋自承黄帝之后而来，未遑顾及与前朝德运之承袭"③，但未展开。那么，崔宏的设计是不是真的跳出了禅让体制的藩篱，开创了一种"天授"的德运呢？

楼劲认为，道武帝时期的某些礼制，既非北族传统，也不是魏晋或五胡故事，而是承继和代表了直接取鉴于儒家经典来创制的新模式，特别是采鉴或托附《周礼》来创制，这也成为北周全面使用《周礼》定制滥觞的历史渊源④。诚如许多学者指出的那样，《魏书》在编写过程中对不合儒家经典的制度有所缘饰，而导致某些拓跋传统被依附上儒家经典的成说，涂抹上了华夏色彩。这一结论对于北魏立国之初的某些祭典可能适应，不过不能适应《魏书》记载的一切情况。一个基本事实是，以德运等为代表的一套名号系统在北族文化中本无渊源，北魏君臣最多只能吸收若干北族资源以为依据，而不可能以其为基础进行缘饰。从《魏书》的

---

① 石赵也是承认西晋的法统地位的，并以西晋的继承者自居。《晋书》卷一〇五《石勒载记下》，晋成帝咸和五年（330），石勒称赵天王，"侍中任播等参议，以赵承金为水德"。其后前秦、前燕均以木德承后赵水德，后秦则承前秦之木德为火德。参见罗新：《十六国北朝的五德历运问题》，《王化与山险：中古边裔论集》，第273—280页。
② 张沛：《中说校注》卷五《问易篇》，中华书局，2013年，第149页。笔者对原标点有改动。
③ 姜望来：《谣谶与北朝政治研究》，第35页。
④ 楼劲：《经学、〈周礼〉与天兴建制及儒家化北支传统》，《北魏开国史探》，第94—166页。又，在楼劲之前，李书吉也曾指出，道武帝天兴二年（399）南郊祭天，正月上辛的祭典是符合周制的，又其祭具、祭器、祭品的"藉用藁秸，玉用四珪，币用束帛，牲用骍犊，器用陶匏"与周制吻合而绝非鲜卑旧俗所有。这两点"明显显示出汉制（准确地说是周制）在鲜卑祭典上的痕迹"。参见李书吉：《北朝礼制法系研究》，人民出版社，2002年，第47页。

文本本身来看,道武帝时期的制度确实有很多与北族传统或魏晋五胡故事无关,却都能在中原传统中找到依据,而且其典据出处远远不止是《周礼》,也不仅限于儒家学说,显得独特而复杂①。

《礼志一》的记载本身,并没有提及天兴"土德"说是传承前朝而来。对北魏实行土德的原因的解释包括"神兽如牛,牛土畜,又黄星显曜,其符也"数个要点。"神兽如牛"源自鲜卑传说中的图腾崇拜。《序纪》云拓跋先祖南迁事云:"献帝命南移,山谷高深,九难八阻,于是欲止。有神兽,其形似马,其声类牛,先行导引,历年乃出。"②"牛土畜"者,则源于汉人传统,其说可见于《黄帝内经》:

> 中央黄色,入通于脾,开窍于口,藏精于脾,故病在舌本,其味甘,其类土,其畜牛,其谷稷,其应四时,上为镇星,是以知病之在肉也,其音宫,其数五,其臭香。③

将土德与牛联系起来的说法在其他汉人著作中也有提及,如《淮南子》称"季夏之月,盛德在土",其中也有"其畜牛"④。在汉代人的理念中,符合"土"属性的事物至少有十多项,牛只是其中之一。崔宏等人选择"牛"这一对于农耕民族和游牧民族都意义重大的事物,对拓跋所崇拜的神兽进行了改造,即将"其形似马,其声类牛"的神兽简化为"神兽如牛",以符合汉人"牛土畜"的学术系统。拓跋氏出自游牧民族,对马的意象多有尊崇,重要性甚至还在牛之上。而在以农耕为主的汉人社会,作为耕田的畜力,牛的角色要比马重要得多。故汉人历史上诸祭祀之事,多以太牢少牢成礼,很少见用马的。拓跋氏则不然。《魏书·礼志一》载北魏遍祀诸神,用牲"神尊者以马,次以牛,小以羊"⑤;大兴安岭嘎仙洞北魏石室祝文亦云"用骏足、一元大武、柔毛之牲敢昭于皇天之神",

---

① 事实上,北周以《周礼》为定制的基本依据,所依据的也不全是《周礼》。用陈寅恪的观点说,是"依托关中之地域,以继成周为号召,窃取六国阴谋之旧文缘饰塞表鲜卑之胡制,非驴非马,取给一时"。参见陈寅恪:《隋唐制度渊源略论稿》,第20页。其"窃取六国阴谋之旧文缘饰塞表鲜卑之胡制"之特点,与北魏之初也颇类似。
② 《魏书》卷一《序纪》,第2页。
③ 郭霭春:《黄帝内经素问校注》卷一《金匮真言论第四》,人民卫生出版社,1992年,第66—67页。
④ 何宁:《淮南子集释》卷五《时则训》,第405、407页。
⑤ 《魏书》卷一〇八之一《礼志一》,第2987页。

骏足即是马，一元大武是牛，柔毛是羊①。用牲以马的地位排于牛之前，应当是带有较多的鲜卑特点的制度。当然，崔宏以"神兽如牛"来附会解说五德终始说的理论，是以拓跋珪能够理解和接受为前提的。

崔宏所说的"黄星"，可能也与土德有密切的联系。太武帝时期的太史令张渊曾作《观象赋》，有"嘉黄星之靡锋，明虞舜之不竞"一句，其自注云："昔舜将受禅于尧，先有星见，圆而无锋芒。言舜当用土德王天下。星见而无芒角者，示揖让而受，不以兵事争竞也。"②张渊强调黄星现则当用土德王天下，与崔宏说的黄星现则北魏当为土德的说法相一致，而此说还能找到更多的依据。黄星与土德的关系，在汉朝人那里已经可以看到解说。《太平御览》卷六〇引《春秋考异邮》曰"黄星骋，海水跃"，宋均注曰："黄星，土精。土安静，跃则失常。"③黄星与土德之间的联系，已经在汉代的谶纬学说中建立，这也与黄色与五行中"土"的对应相一致。

由以上分析可以看出，无论是"牛土畜"的说法还是"黄星显曜"的天象，都经过了精心的改造，而这些改造都是围绕着"土德"本身的。因此，与其说这是采用"土德"说的原因，不如说是崔宏为确定"土德"说找来的理由。实际上，《礼志一》前文"以国家继黄帝之后，宜为土德"的记载，本身也包含了因果联系，亦即黄帝之后为因，土德为果。杜佑将此事改写为："后魏初为土德，言继黄帝之后也，故数用五，服尚黄，牺牲用白"④，便是这样理解。其后道武帝的诏书中说"夫刘承尧统，旷世继德，有蛇龙之征，致云彩之应，五纬上聚，天人俱协"⑤，讲汉的天命以"刘承尧统"开始，或许也是同样的逻辑。黄帝为土德，这是汉代以来社会的共识。孝文帝时，高闾说"五纬表验，黄星曜彩，考氏定实，合德轩辕，承土祖未，事为著矣"⑥，可能"考氏定实，合德轩辕"方是关键，即尊黄帝为祖

---

① 米文平：《嘎仙洞北魏石刻祝文考释》，《中国魏晋南北朝史学会成立大会暨首届学术讨论会论文集》，1984年，第357页。
② 《魏书》卷九一《术艺张渊传》，第2116—2117页。
③ 《太平御览》卷六〇《地部·海》，第287页。安居香山、中村璋八辑：《纬书集成》中册，河北人民出版社，1994年，第822页。
④ 《通典》卷五五《吉礼·历代所尚》，第1546页。
⑤ 《魏书》卷二《太祖纪》，第41页。
⑥ 《魏书》卷一〇八之一《礼志一》，第2997页。

先,再为这一说法寻找依据,可能才是"土德"说的真正原因。而拓跋氏尊黄帝为祖先这一意识的萌发,则有可能还在崔宏降魏之前[①]。崔宏对这一说法的发展,有可能便是将尊黄帝为祖先的说法理论化并以德运的方式将黄帝祭祀融合进北魏的礼仪制度中。

崔宏以黄帝之后、神兽、黄星三项作为"土德"说的祥瑞依据,此实与王通"天授"说相表里。而黄帝与黄星、真人、土德之间,也都有不可分割的联系。前秦王嘉《拾遗记》云:

> 轩辕出自有熊之国,母曰昊枢。以戊己之日生,故以土德称王也,时有黄星之祥。考定历纪,始造书契,服冕垂衣,故有衮龙之颂。变乘桴以造舟楫,水物为之祥踊,沧海为之恬波。泛河沉璧,有泽马群鸣,山车满野。吹玉律,正璇衡,置四史以主图籍,使九行之士以统万国。九行者,孝、慈、文、信、言、忠、恭、勇、义。以观天地,以祠万灵,亦为九德之臣。熏风至,真人集,乃厌世于昆台之上,留其冠、

[①] 按《魏书·卫操传》称猗㐌死后,卫操在大邗城树碑以颂功德,云:"魏,轩辕之苗裔。"参见《魏书》卷二三《卫操传》,第673页。又按,《晋书·慕容廆载记》记鲜卑渊源时说:"其先有熊氏之苗裔,世居北夷,邑于紫蒙之野,号曰东胡。其后与匈奴并盛,控弦之士二十余万,风俗官号与匈奴略同。秦汉之际为匈奴所败,分保鲜卑山,因以为号。"其中提及鲜卑乃是有熊氏之后。如所周知,黄帝国于有熊,故后世也有称其为有熊氏者,如《史记》说:"自黄帝至舜、禹,皆同姓,而异其国号,以章明德。故黄帝为有熊,帝颛顼为高阳,帝喾为高辛,帝尧为陶唐,帝舜为有虞。"慕容氏族源的说法与拓跋氏自记族源有些相似之处,当为慕容氏的创制,形成时间或许较《魏书》的说法略早一些,也可能为同出鲜卑的北魏所参考。参见《晋书》卷一〇八《慕容廆载记》,第2803页。又按,孝文帝迁都时称"代在恒山之北,九州之外",燕州刺史穆罴表示反对,其理由是"臣闻黄帝都涿鹿。以此言之,古昔圣王不必悉居中原"。穆罴此说之依据是涿鹿距离拓跋氏立国中心代都不远,亦在恒山之北。《魏书》记登国元年十二月,慕容垂"奉帝西单于印绶,封上谷王",正是因地而封,涿鹿恰在上谷之地。《汉书·刑法志》注引汉末文颖说:"涿鹿在上谷。今见有阪泉地、黄帝祠。"参见《汉书》卷二三《刑法志》,第1082页。《续汉书志·郡国志》上谷郡"涿鹿"条注引皇甫谧《帝王世纪》也说"黄帝所都,有蚩尤城、阪泉地、黄帝祠"。参见《续汉志》卷二四《郡国志》,第2518页。《水经注》详述其地理环境说:"涿水出涿鹿山,世谓之张公泉,东北流径涿鹿县故城南,王莽所谓柿陆也。黄帝与蚩尤战于涿鹿之野,留其民于涿鹿之阿,即于是也。其水又东北与阪泉合,水导源县之东泉。《魏土地记》曰:'下洛城东南六十里有涿鹿城,城东一里有阪泉,泉上有黄帝祠。'《晋太康地理记》曰:'阪泉,亦地名也。'泉水东北流,与蚩尤泉会,水出蚩尤城,城无东面,《魏土地记》称,涿鹿城东南六里有蚩尤城。"参见《水经注》卷一三"㶟水"条,第1183—1185页。拓跋氏先祖活动之地近涿鹿古城,有可能接触蚩尤城、阪泉、黄帝庙等历史遗迹,这些因素都有可能成为拓跋氏尊黄帝为祖先的依据,而崔宏很有可能是明确此点的集大成者。

剑、佩、舄焉。①

将土德、黄星、真人等因素整合在黄帝一人身上的说法,应当不是王嘉的杜撰,而是采集当时各种学说而来。王嘉与崔宏时代接近,可能这种说法也是十六国北魏时代北方士人的一般认识②。这种认识的广泛存在,也是崔宏将拓跋珪的"天命"与黄帝联系起来,并创制一整套的制度能够得到认同的基础。

综合分析《魏书》的记载本身,北魏天兴政制采用"土德"说,最主要的原因就在于以黄帝为祖先。"牛土畜"与"黄星显曜"两点理由,则分别由拓跋口传祖先神话与"黄星"现而"真人"起的谶纬精心改造而来。经过崔宏的努力,拓跋尊黄帝的祖先建构与拓跋口传神话、汉人传统谶纬学说一起,共同组成了一整套北魏土德新说。这也就是北魏早期以"土德"说为核心的合法性建构的理论基础。

二、"黄帝后"与"土德说"的学术渊源脉络

北魏以祖尊黄帝作为名号系统的基本依据,而采用"土德"作为自己的德运,绝非崔宏随性而为。在尊黄帝的背后还有一套知识脉络,名号系统的创设意味着对这种已有知识的综合运用。以一般的逻辑分析,在北族传统不足以支撑一套汉制名号系统的背景下,崔宏所援引的知识体系或不出于这三种:一是沿用魏晋以来包括十六国王朝的立国惯例,二是改造秦汉或者更久远的经籍中所提到的理想制度,三是援引汉魏以来的宗教和谶纬等学说中的制度设计作为依据。因此,这套知识体系的渊源或许可以通过与前朝的比较得来。

结合《魏书·太祖纪》和《礼志一》的记载,除"土德"以外,天兴创制与名号系统相关的内容还包括服色尚黄、数用五、未祖辰腊、牺牲用白、行夏之正诸项,此外还有祀天之礼用周典等礼仪规定。这一制度主

---

① 王嘉撰,萧绮录,齐治平校注:《拾遗记》卷一《轩辕黄帝》,中华书局,1981年,第8—9页。笔者对原标点有改动。
② 按王嘉《晋书》有传,传称:"隐于东阳谷,凿崖穴居,弟子受业者数百人,亦皆穴处。石季龙之末,弃其徒众,至长安,潜隐于终南山,结庵庐而止。门人闻而复随之,乃迁于倒兽山。苻坚累征不起,公侯已下咸躬往参诣,好尚之士无不师宗之。"参见《晋书》卷九五《艺术王嘉传》,第2496页。从这些记载来看,当时其在北方的影响力应该是比较大的。

要包括两个部分,其一是与五德终始说对应的服色、数、祖腊;其二是与通三统说对应的正朔、牺色。这些制度的渊源脉络如何,可以从北魏制度与汉魏晋制度之间的比较得出。特别重要的一点是,北魏实行的是土德,距离北魏最近的一个实行土德的王朝是曹魏。北魏与曹魏的比较更应该成为一个重要的参考项。曹魏德运的确定经历了两个阶段,一是文帝黄初之制,一是明帝景初之制。曹魏之前的汉代,德运的变迁虽然复杂,但火德说在两汉之际已经形成制度,其后也在社会成为共识。此以汉、曹魏文帝、曹魏明帝、西晋为比较的对象,与北魏天兴之制对比列表如下:

朝代	德运	祖先	服色	数	祖/腊	牺牲	正朔
汉	火	尧	赤		午/戌①	玄	夏(建寅)
曹魏(文帝)	土	颛顼②	赤/黄③		酉/丑④	白	夏(建寅)
曹魏(明帝)	土	舜	黄		酉/丑	白/骍/玄⑤	殷(建丑)⑥

---

① 《后汉书志》卷五《礼仪志五》注引高堂隆曰:"火生于寅,盛于午,终于戌,故火家以午祖,以戌腊。"又引秦静曰:"汉氏以午祖,以戌腊。午南方,故以祖。冬者,岁之终,物毕成,故以戌腊。"参见《后汉书》,第3127页。
② 按曹魏曾称是曹参、曹叔振铎之后,不过这与受禅之际尊奉的上古始祖性质有所不同。汉魏禅代之际是以颛顼为始祖的。《三国志》卷二《文帝纪》注引《献帝传》载群臣上劝受禅表云:"魏之氏族,出自颛顼,与舜同祖,见于《春秋世家》。舜以土德承尧之火,今魏亦以土德承汉之火,于行运,会于尧舜授受之次。"参见《三国志》,第70页。
③ 黄初之制"服色尚黄",但改服色并不彻底,而是杂糅土德尚黄与汉尚赤之制。《宋书》卷一四《礼志一》载其诏曰:"每四时之季月,服黄十八日,腊以丑,牲用白,其饰节旄,自当赤,但节幡黄耳。其余郊祀天地朝会四时之服,宜如汉制。"参见《宋书》,第356页。
④ 《宋书》卷一四《礼志一》载魏文帝诏:"其余宜如虞承唐,但腊日用丑耳,此亦圣人之制也。"参见《宋书》,第356页。
⑤ 《宋书》卷一四《礼志一》:"诸议所依据各参错,若阳祀用骍,阴祀用黝,复云祭天用玄,祭地用黄,如此,用牲之义,未为通也。天地至尊,用牲当同以所尚之色,不得专以阴阳为别也。今祭皇皇天帝、皇皇后地、天地郊、明堂、宗庙,皆宜用白;其别祭五郊,各随方色,祭日月星辰之类用骍,社稷山川之属用玄,此则尊卑方色,阴阳众义畅矣。"参见《宋书》,第360页。
⑥ 按《通典》卷五五《吉礼十四·历代所尚》云:"齐王立,以明帝建丑月崩,若以其月正朝会设乐,不合于礼,于是改以建寅之月为岁首。"参见《通典》,第1545页。

续表

朝代	德运	祖先	服色	数	祖/腊	牺牲	正朔
西晋	金	高阳(颛顼)之子重黎	赤		酉/丑①	玄	夏(建寅)②
北魏(天兴)	土	黄帝	黄	五	未/辰	白	夏(建寅)

从上表可知,若从魏晋以来的传承来看,自汉代的"尧后火德"说之后,经过魏晋鼎革,德运与祖先之间的联系已经若即若离。魏文帝初尊颛顼为祖先,颛顼为水德而曹魏为土德,祖先与德运都是不对应的。这其中只有魏明帝采用高堂隆说,自谓舜后,这才实现了与"尧后火德"说的对应,其背景或许与魏明帝为魏晋禅代制造更多的合理性有关③。不过,魏明帝的做法在当时就遭到了非议,如蒋济"以为舜本姓妫,其苗曰田,非曹之先,著文以追诘隆"。裴注引济言曰:"魏非舜后而横祀非族,降黜太祖,不配正天,皆为缪妄。"④虽然"于时竟莫能正",但曹魏自谓舜后也就是昙花一现。稍后的魏晋禅代,似乎已经不再在这方面做文章。《晋书·宣帝纪》称司马氏"其先出自帝高阳之子重黎,为夏官祝融"⑤,不过汉代以来高阳(颛顼)一直被认作水德,而祝融氏则一直被认作火神⑥,而西晋确定的德运则是继土德而来的金德,祖先与德运并不对应。

---

① 《宋书》卷一二《律历志中》:"晋武帝泰始元年,有司奏:'王者祖气而奉其□终,晋于五行之次应尚金,金生于巳,事于酉,终于丑,宜祖以酉日,腊以丑日,改《景初历》为《泰始历》。'奏可。"参见《宋书》,第 284 页。《晋书》卷三《武帝纪》:"改景初历为太始历,腊以酉,社以丑。"参见《晋书》,第 52 页。
② 《通典》卷五五《吉礼十四·历代所尚》云:"武帝泰始二年,散骑常侍傅玄上议:'帝王受命,应历禅代,则不改正朔,遭变征伐则改之。舜正月上日,受终于文祖,无改正之文,唐虞正朔皆同,明矣。至殷周革命,乃改。魏受汉禅,亦已不改,至于服色,皆从其本,唯节幡用黄。大晋以金德王天下,顺五行三统之序矣。'诏从之。由是正朔服色,并依前代。"注引孙盛《晋阳秋》论曰:"孔子修《春秋》,列三统,为后王法,令仍旧,非也。晋为金行,而服色尚赤,考之古道,乖违甚矣。"服色尚赤,则显然傅玄所说的"并依前代",指的是汉代的服色、正朔。参见《通典》,第 1545—1546 页。
③ 关于魏明帝建构曹魏舜后说的细节考证,可参朱子彦:《汉魏禅代与三国政治》,东方出版中心,2013 年,第 54—60 页。
④ 《三国志》卷一四《蒋济传》,第 454、456 页。
⑤ 《晋书》卷一《宣帝纪》,第 1 页。
⑥ 按《史记·楚世家》云:"高阳生称,称生卷章,卷章生重黎。重黎为帝喾高辛居火正,甚有功,能光融天下,帝喾命曰祝融。共工氏作乱,帝喾使重黎诛之而不尽。帝乃以庚寅日诛重黎,而以其弟吴回为重黎后,复居火正,为祝融。"参见《史记》卷四〇《楚世家》,第 2027 页。

也许是司马氏其后未曾重新追认祖先,《晋书·武帝纪》所见的禅代上表和诏书中也未强调类似"尧后火德"或者"舜后土德"这样的理论。今存南朝宋齐梁陈的四部史书的记载中,刘裕、萧道成、萧衍、陈霸先都只将祖先追溯到汉代,也不见有强调与上古圣王的对应关系的德运,或许也是西晋传统的延续。

与之对应,汉魏禅代的改正朔、易服色都经历了复杂的过程,文帝时期的改易大都不符合经典的做法。服色方面,土德尚黄,文帝改易得并不彻底,直到明帝才完全确定。祖腊之制,按照蔡邕的说法,"白帝以丑腊酉祖",本来应该是金德的做法,而土德则为"黄帝以辰腊未祖"[①];反而是同样宣布实行土德的孙吴,采用了汉儒的经典理论:"权推五德之运,以为土行用未祖辰腊。"[②]魏文帝在正朔和牲色的选择上也经过了调和,本来汉得夏统,即黑统、人统,牲色当用玄、建寅,文帝改牲色用白,而正朔未改;明帝改正朔,牲色却又被挑起争议,最后改用三色各用。明帝时代的改革,在魏晋禅代以后,又基本上回到汉代的老路上去了,"由是正朔服色,并依前代"。也即是说,魏晋两朝(实际上还可以包括之后的南朝和十六国诸王朝)无论是五德还是三统,都已经只是名义上的改变。在汉代人那里五德对应的服色、祖腊和与三统对应的正朔、牲色,实际上都趋于稳定,不再随朝代禅替而变化。

反观北魏天兴之制,在三统方面与曹魏文帝之制相同,五德方面则明显比曹魏更好地贯彻了汉儒理论中土德的要求。除了追尊黄帝为始祖之外,还有服色尚黄、数用五、未祖辰腊三项,其中追尊黄帝而为土德与曹魏明帝追尊土德的舜性质类似,但与魏文帝、西晋追尊颛顼性质显然不同;服色尚黄可能与拓跋旧制杂糅贯彻得不很彻底,但与曹魏沿用火德某些内容的性质也是根本不同的;祖腊之期亦与曹魏相异,而与较好地实行了德运更替的孙吴相同,符合汉儒学说中"土德"的要求;用数则在今存魏晋两代的文献中未见记载。

不过,土德而"数用五"在汉代以来的学说中是能找到依据的,背后的涵义值得注意。《书·洪范》云"五行:一曰水,二曰火,三曰木,四

---

① 蔡邕撰,程荣校:《独断》卷上,《汉魏丛书》本,第14a页。
② 《三国志》卷四七《吴主传》注引《江表传》,第1130页。

曰金,五曰土",孔安国疏:"皆其生数",即所谓五行生数,土数五①。《汉书·五行志》又说:

> 天以一生水,地以二生火,天以三生木,地以四生金,天以五生土。五位皆以五而合,而阴阳易位,故曰"妃以五成"。然则水之大数六,火七,木八,金九,土十。故水以天一为火二牡,木以天三为土十牡,土以天五为水六牡,火以天七为金四牡,金以天九为木八牡。②

这里"水之大数六,火七,木八,金九,土十"就是所谓的成数。以此生数、成数相配合,东汉以后似乎成为儒学的主流。不过,这似乎是汉代以后出现的说法,在《黄帝内经》可以看到另一套系统:

> 东方青色(木)……其数八;
> 南方赤色(火)……其数七;
> 中央黄色(土)……其数五;
> 西方白色(金)……其数九;
> 北方黑色(水)……其数六。③

《黄帝内经》又说,"天地之至数,始于一终于九焉",五行数到"九"为止,土生数、成数均是五,是因为只有土居中央而位四方,总统四象之数④。扬雄《太玄·玄数》中也说:"三八为木……四九为金……二七为火……一六为水……五五为土。"⑤在扬雄这里,也是以"五"同时作为土德的生数和成数的。这一学说与汉儒以"十"为成数的五德循环说有一点微妙的不同,即位居中央的"土"同位居核心的数字"五"的地位居于五德的核心,地位最为重要。这与隋萧吉《五行大义》引《黄帝九宫经》所谓的

---

① 《尚书正义》卷一二《洪范》,影印阮元校刻《十三经注疏》,中华书局,2009年,第399页。
② 《汉书》卷二七上《五行志上》,第1328页。
③ 《黄帝内经素问校注》卷一《金匮真言论第四》,第64—68页;类似说法又见《五常政大论第七十》,第906—913页。
④ 按郭霭春对此有解说,参见《黄帝内经素问校注》卷二〇《五常政大论第七十》,第911页。
⑤ 扬雄撰,司马光集注:《太玄集注》,中华书局,2013年,第227—233页。

"戴九履一,左三右七,二四为肩,六八为足,五居中宫,兑御得失"①的洛书数也是一致的。

今存史料中可见的确立用数的用例最迟的也在西汉,其时也是确立土德而"数用五"。文帝时,贾谊以为"汉兴至孝文二十余年,天下和洽,而固当改正朔,易服色,法制度,定官名,兴礼乐,乃悉草具其事仪法,色尚黄,数用五,为官名,悉更秦之法"②。贾谊"数用五"的主张具体实践如何,今已不得而知。不过"数用五"还是在武帝时期得到过一次实践。《汉书·武帝纪》称:太初元年"正历,以正月为岁首。色上黄,数用五,定官名,协音律"③。此事在《史记·封禅书》中记作:"汉改历,以正月为岁首,而色上黄,官名更印章为五字。"④注引张晏云:"汉据土德,土数五,故用五,谓印文也。若丞相曰'丞相之印章',诸卿及守相印文不足五字者,以'之'足之。"⑤大约"数用五"的实际作用仅限于"官名更印章为五字"一类虚文,西汉以后诸朝,五行数便没有什么实际意义了,其他数字用于官印实行起来可能也不甚便利,历代禅位均不见记载。不过,从《封禅书》所见汉武帝强调土德与黄帝的关系考查,汉武帝的"数用五"也有凸显黄帝为五帝之首的涵义。

崔宏土德说对"数用五"的强调,可以推知几个事实。其一,用数只提及"数用五"而不曾涉及到汉儒所提及的土德对应的成数十,很有可能崔宏采用的是《黄帝内经》和《太玄》系统的说法,即以五同时作为土德的生数和成数,暗含"土德"居四方之中、总御四方,五行之中以土德最贵的涵义;其二,从北魏史料中的早期职官记载来看,崔宏可能没有模仿汉武帝以印章为五字的做法,主要强调"五"本身的意义⑥,可能还包

---

① 中村璋八:《五行大义校注(增订本)》,汲古书院,第35页。按《黄帝九宫经》于《隋志》历数类有著录,还著录有《九宫经》三卷,郑玄注。参见《隋书》卷三四《经籍志三》,中华书局点校本修订本,2019年,第1165页。
② 《史记》卷八四《屈原贾生列传》,第3005页。
③ 《汉书》卷六《武帝纪》,第199页。
④ 《史记》卷二八《封禅书》,第1675页。
⑤ 《汉书》卷六《武帝纪》,第200页,又见《史记》卷一二《孝武本纪》裴骃《集解》引,第606页。
⑥ 按《魏书·礼志一》提到过明元帝时期礼制中对五行数的运用:"泰常三年,为五精帝兆于四郊,远近依五行数。各为方坛四陛,埒壝三重,通四门。以太皥等及诸佐随配。侑祭黄帝,常以立秋前十八日。余四帝,各以四立之日。"参见《魏书》卷一〇八之一《礼志一》,第2989页。

括模仿汉武帝强调黄帝为五帝之首的用意。黄帝在古代中国历史地位的形成过程,在汉武帝时期已经明晰化。一方面,在方士的操弄下,黄帝的神格得到强化,经由上古的圣王演变为仙人,成为武帝封禅的最主要祭祀对象;另一方面,在司马迁的笔下,黄帝的人格也得到升华,既是开天辟地创立政权的圣者,又是巩固和建设政权的伟人,是司马迁历史系统中的第一人物,也成了华夏传统中不可动摇的第一人物[①]。也即是说,天兴名号系统不止是尊黄帝本身而已,更在于强调北魏继承的是黄帝独一无二的地位。对这两点,崔宏无疑是乐于继承并且熟练运用了的。从逻辑上说,这与崔宏以黄帝祖先而确定北魏的德运为土德,抛弃继承前朝的五德循环学说是一致的。

汉武帝时期对黄帝的尊崇本身,其思想来源有一定的道家特色。汉武帝在学术上虽然"独尊儒术",但是封禅行为及背后的黄帝崇拜,其学术背景并不是儒家的,而有浓郁的神仙方术特色。黄帝崇拜本身,应当是源于道家的观点,只是其中关于养生修炼的观念被方士所利用而已[②]。王明指出:"道家观点,是司马氏史家的传统。《史记》述往事,从黄帝开始,这与儒家经典《尚书》从帝尧开始,显然大不相同。后来道教完全继承司马氏这个道家传统,这是个不可忽视的特点。"[③] 更确切地说,这种思想应该是来源于西汉的黄老思想特别是黄帝学一派。就崔宏时代的学术背景来说,当然与汉武帝时代大不相同了。东汉以来特别是郑玄和王肃对儒学特别是礼学的总结,已经让儒学背景的礼制深入到魏晋以后政治生活的方方面面。东汉以来的道教发展,使黄帝与老子的地位及其背后的理论背景也发生了很大的变化。然而,这并未妨碍崔宏在天兴名号系统中采用来自西汉黄老家的学说。五行数的例子中,崔宏的处理

[①] 李凭:《黄帝历史形象的塑造》,《中国社会科学》2012年第3期。
[②] 顾颉刚说:"儒生望武帝为尧、舜,方士期武帝为黄帝。武帝所求方士者二事,一封禅,以著汉家之受命;一求仙,以延己寿之不死。而方士遂大造黄帝之事以实之,且合封禅与求仙为一事。"参见顾颉刚:《史林杂识初编》,中华书局,1963年,第182页。李零认为,秦汉"黄帝书的知识背景主要包括两种,即术数和方技,其中数术偏于天道阴阳,方技偏于医药养生,各为阴阳家和道家所本"。参见李零:《说"黄老"》,《道家文化研究》第5辑,第145页。综合来看,武帝封禅的尊崇黄帝,主要是受道家黄老学说中的黄帝学说一脉影响,归本于道家。
[③] 王明:《〈道教通论——兼论道家学说〉序——兼论黄帝在中国民族文化史上的地位和作用》,收于牟钟鉴等主编:《道教通论——兼论道家学说》,齐鲁书社,1991年,第8页。原文又载于《哲学研究》1991年第7期。

是符合《黄帝内经》《太玄》一脉的观念的,而不同于儒家的生数、成数说①。这表明当道家和儒家两个系统的学说冲突时,崔宏可能会采用道家的说法。或者说,崔宏在儒学礼制体系中掺入了黄老道家的理论,让天兴礼制系统呈现出与东汉魏晋以来不同的面貌。

本节小结

在禅让成为朝代更替的主要依据之时,源于北族、通过武力征服获得统治权力的拓跋氏,仍旧摆脱不了政权合法性的阴影。道武帝称帝之时,在拓跋统治者之下栖身的河北士人,也不免感到某种压力。在"皇帝"名号无法通过"禅让"获取时,为北魏的统治"正名"也就成为一种最为经济的选择。魏晋政权的权力来源于禅让的传承,北魏政权则"皇始之帝征,天以授之也",或者说其合法性是通过神的授予而生成的。"正名"本身以天命为中心,而要证明北魏的来源与天命相关,就需要一种新的理论来为其政治服务。

天兴礼制的很多内容都能在秦汉时代的学术体系中找到依据,但其中的知识脉络可能更为复杂,毕竟其中的很多要素都是秦汉的黄老学说与后世的道教教义共存的。崔宏、邓渊等人的贡献,可能在于将史书的记载、黄老的传统结合道教的教义进行了重新的整合,并融入政治制度付诸实践。除此之外,十六国政权对其时盛行的谶纬的利用也可能有其影响,道武帝"天命"塑造的某些内容可能直接来源于对十六国政权的模仿。在当时的条件下,礼制这类复杂的知识体系,其实只能面对华夏的士人世界,很难指望日常以军事活动为主的拓跋氏部众能真正理解和使用。毕竟经过理性思考的政治行为,都包含着特定的政治目的,而效果的达成则必须依靠民众的认可。天兴礼制这套精致的体系,实际执行起来恐怕很难比"西郊祭天"这类活动更能得到拓跋部众的认同。史官

---

① 按《太玄》被称为"道家易",也属于黄老思想一脉,而不是纯粹的儒学。参见魏启鹏:《〈太玄〉·黄老·蜀学》《〈太玄经〉道家易札记》,《道家文化研究》第12辑,生活·读书·新知三联书店,1998年,第236—268页。又按,北魏时期《太玄》的地位,可以孝文帝时期韩显宗的话作为佐证:"昔扬雄著《太玄经》,当时不免覆瓿之谈,二百年外,则越诸子。"参见《魏书》卷六〇《韩麒麟传附韩显宗传》,第1342页。距扬雄作《太玄》二百年外,正在汉魏之际,至韩显宗时代乃有"越诸子"的极高评价。韩显宗出自昌黎韩氏,其家学当也出自河北魏土之学,其说法有可能代表着《太玄》之学在河北的地位。

称"魏氏居百王之末,接分崩之后,典礼之用,故有阙焉",道武帝时代的舆服礼仪制度"虽参采古式,多违旧章"①,应当也是实际情况。这种复杂性也是值得特别注意的。

第二节 "真人"号与道武帝的"好黄老"

崔宏等人利用华夏传统文化资源,在道武帝称帝的同时,以德运、礼仪等华夏传统资源进行了论证,重新构建了北魏国家的天命体系。不过,北魏初年的统治者文化水平不算太高,故其最初制定的政策,可能都是因时因地制宜;士人进行的政治理论说教,统治者理解和实行起来,都要比对其进行神化的表面功夫难得多。然则初入中原的拓跋氏,面对突然扩大的势力范围,以及群雄逐鹿的政治格局,自立和治国的策略必然要提上日程。北魏新占的土地上,短短数十年间,前赵、后赵、前燕、前秦、后燕等政权,都是旋踵而亡。真正"号令天下"并不仅仅是确定若干国号、德运、帝号就可以做到的,背后必须要有一整套的国家体系,这方面拓跋旧制无法提供更多的资源。利用称帝的机会确立并向天下宣布若干正统旗号之后,道武帝君臣必须面对的更为迫切的问题,是如何在强敌环伺的环境中摒除外患,以及避免十六国政权旋踵而亡的内乱。因此,就有必要模仿中原的政治制度,学习和利用中原传统文化中的治道和治术,为新建立的北魏政权寻找发展壮大的思想资源。

一、"真人"号与道武帝神异形象的塑造

自秦汉以来,古代王朝政治制度的核心内容,首先是以皇帝为中心、皇权至上与中央集权结合的专制制度。天兴年间的名号构建过程中,关于北魏皇帝有一个称号值得注意,便是"真人"称号。北魏早期的口传历史,主要存于道武帝时期整理的《真人代歌》中。其中"真人"的称谓,田余庆先生提示说:

---

① 《魏书》卷一〇八之四《礼志四》,第3063页。

第二章　北魏立国之初的名号体系与政权的巩固

> 真人代歌名称，我认为与真人一词有密切关系。真人自来是方士使用的称谓。王逸注《楚辞·九思》，以真人为仙人。《魏书·释老志》道武帝信道，"好老子之言，诵咏不倦"。所以道武帝膜拜仙人，求仙丹仙术，是很自然的事。《魏书·官氏志》天兴三年(400)"置仙人博士官，典煮炼百药"。天兴是辑集代歌的年代，煮炼百药又是供道武帝服用。可见代歌冠以真人二字作为正式名称，具有道武帝的时代特征。另外，真人也常见于符命谶记中，东汉农民暴动首领有自称真人的，兼有道教信仰和谶记因素。至于真人代歌之称与道教有无直接关系，可能另有文章可做，这里不细究了。①

田先生所说"另有文章可做"的"真人"号，是一个重要的提示。将北魏"祖宗开基之由，君臣废兴之迹"冠以"真人"二字，这"真人"称号应当只能是用于道武帝或者道武帝的祖先们了。顾炎武曾断定"五经无'真'字，始见于老、庄之书"，历代"真人""真君""真经"皆本乎此②。北魏"真人"称号也当是本乎道家之说。不过，以"真人"作为皇帝称号的历史，几乎与"皇帝"称号本身一样久远。秦始皇就说："吾慕真人，自谓'真人'，不称'朕'。"③秦始皇还曾"使博士为《仙真人诗》，及行所游天下，传令乐人歌弦之"④。在早期道教经典《太平经》中，基本都是以"真人"与"天师"的对话的形式写就的。此后，曹魏利用"黄气受，真人出"的谶纬作为改朝换代的依据⑤，慕容燕以"岁在申酉，不绝如线。岁在壬子，真人乃见"作为受命的依据⑥，"真人"之号一直与帝王符命如影随形。因此，道武帝的"真人"号与秦汉以来直到十六国时期"真人"之间的渊源关系，也可作一清理。

道武帝称帝之前可见有"真人"说的痕迹。《魏书·天象志三》记皇始元年事云：

---

① 田余庆：《拓跋史探》，第 209 页。
② 顾炎武著，黄汝成集释：《日知录集释》卷一八"破题用庄子"条，上海古籍出版社，2006 年，第 1056 页。
③ 《史记》卷六《秦始皇本纪》，第 324 页。
④ 《史记》卷六《秦始皇本纪》，第 326 页。
⑤ 《三国志》卷二《魏书·文帝纪》注引《献帝传》，第 64 页。
⑥ 《晋书》卷一一〇《慕容儁载记》，第 2834 页。

> 先是,有大黄星出于昴、毕之分,五十余日。慕容氏太史丞王先曰:"当有真人起于燕代之间,大兵锵锵,其锋不可当。"冬十一月,黄星又见,天下莫敌。①

此事被道武帝君臣利用,《魏书·礼志一》载道武帝称帝定行次事云:"又黄星显曜,其符也"②,这与"黄星"星象非常合契。"黄星"出而"真人"起之说,本是汉魏以来诸祥瑞说的一种。《三国志·武帝纪》云:

> 初,桓帝时有黄星见于楚、宋之分,辽东殷馗善天文,言后五十岁当有真人起于梁、沛之间,其锋不可当。至是凡五十年,而公破绍,天下莫敌矣。③

两相比较,王先简直就是原样套用了汉末殷馗的理论,仅仅将地域范围改换而已。王先是慕容氏太史丞,而殷馗也是辽东人,或许黄星出而真人起之说在辽东一带早已根深蒂固。不过,王先的说法称真人起于"燕代之间","燕代"与后来北魏"恒代"的地域范围并不重合,"燕代"之地当时实际上还在后燕控制之下。次年,拓跋珪打败慕容垂,此后这片区域才被北魏控制。因而《魏书·天象志三》的作者曾经对"黄星"的天象发出这样的疑问:"黄星出于燕墟而慕容氏灭,今复见东井,凉室亡乎?"④不过,王先的说法在道武帝这里可能经过了某种改造。《通鉴》载秦王乞伏炽磐谓其群臣曰:"今宋虽奄有江南,夏人雄据关中,皆不足与也。独魏主奕世英武,贤能为用,且谶云'恒代之北当有真人',吾将举国而事之。"⑤"恒代之北当有真人"的谶语,也很有可能与王先的说法同源。其中最大的不同是将"燕代之间"的地域范畴换成了"恒代之北",与北魏都城所在相符。按《通鉴》系其事于宋营阳王景平元年(423)夏四月,已经是拓跋焘即位的同年了,但其发明应当更早。这种明显有利于北魏政权的概念偷换,很可能也是来自于北魏方面的改造。

---

① 《魏书》卷一〇五之三《天象志三》,第2609页。
② 《魏书》卷一〇八之一《礼志一》,第2986页。
③ 《三国志》卷一《魏书·武帝纪》,第22页。
④ 《魏书》卷一〇五之三《天象志三》,第2625页。
⑤ 《资治通鉴》卷一一九"宋营阳王景平元年四月"条,第3757页。按此事不见于今本《魏书》《北史》,亦不见于《晋书》,温公当别有所本。按乞伏炽磐之语的口气,似乎以北魏官方的记载的可能性最大,或许出自《魏书》佚文也未可知。

《真人代歌》是邓渊所作的北魏口传史料汇编，又是邓渊撰修的《代记》的直接史料来源，《代记》的资料又构成了今《魏书》序纪的蓝本。这一点田余庆已经考证清楚。《魏书·乐志》提及《真人代歌》的主要内容是"祖宗开基所由""君臣废兴之迹"。另外，《魏书·高允传》说"世祖召允，谓曰：'《国书》皆崔浩作不？'允对曰：'《太祖记》，前著作郎邓渊所撰。《先帝记》及《今记》，臣与浩同作。'"① 也即是说，不只是《序纪》，道武帝时期的历史记载，也主要是出自邓渊的记录。有学者认为，《真人代歌》其实也是道武帝时期完成的，而魏、齐史家所称的"祖宗开基"时代，最核心的内容应该是讲述道武帝复国、平定中原的时代②。因此，道武帝时期的故事应当也属于《真人代歌》的内容。道武帝"真人"形象塑造背后的逻辑，尚可以《魏书》现存的材料追寻梗概。

从逻辑上说，越是神秘和不可思议的记载，出自虚构的可能性就越大；而离记录者的时代越近的神秘记载，越有可能是出于特定政治目的的虚构。从这些虚构的内容出发，有可能窥见当时政治的隐秘一面。距离邓渊时代最近的神秘记载莫过于道武帝的感生神话。《魏书·太祖纪》载：

---

① 《魏书》卷四八《高允传》，第1070页。
② 按《代歌》所称的"祖宗开基"的时代，陈勇作了细致的考订，认为："代歌登堂入室是太祖时期的创设，此事又与北魏'定中山'即灭后燕、平定河北有关。魏、齐史家称代歌'上述祖宗开基所由'，道武帝复国，正是'祖宗开基'的重要阶段。"见陈勇：《代、魏史四题》，中央民族大学"欧亚视域下长城南北的文明互动"学术研讨会会议论文，2015年12月6日。又按在田余庆的经典论述之前，台湾学者陈识仁认为《代记》的内容可能是"以太祖一朝为时间主轴，内容以征伐功勋为主"，但未提及《代歌》的内容。参见陈识仁：《北魏修史略论》，载黄清连主编：《结网编》，台湾东大图书公司，1998年，第238页。又按《晋书·乐志》载："及魏受命，改其十二曲，使缪袭为词，述以功德代汉。改《朱鹭》为《楚之平》，言魏也。改《思悲翁》为《战荥阳》，言曹公也。改《艾如张》为《获吕布》，言曹公东围临淮，擒吕布也。改《上之回》为《克官渡》，言曹公与袁绍战，破之于官渡也。改《雍离》为《旧邦》，言曹公胜袁绍于官渡，还谯收藏死亡士卒也。改《战城南》为《定武功》，言曹公初破邺，武功之定始乎此也。改《巫山高》为《屠柳城》，言曹公越北塞，历白檀，破三郡乌桓于柳城也。改《上陵》为《平南荆》，言曹公平荆州也。改《将进酒》为《平关中》，言曹公征马超，定关中也。改《有所思》为《应帝期》，言文帝以圣德受命，应运期也。改《芳树》为《邕熙》，言魏氏临其国，君臣邕穆，庶绩咸熙也。改《上邪》为《太和》，言明帝继体承统，太和改元，德泽流布也。"孙吴亦如法炮制，"亦使韦昭制十二曲名，以述功德受命"。参见《晋书》卷二三《乐志》，第701页。范家伟发现其内容、形式以及目的均与《真人代歌》非常类似，而且缪袭和韦昭的身份恰好被委作词同时也肩负修史之任务，因而认为二者之间实际上有渊源关系。参见范家伟：《北魏正朔与崔浩国史之狱》，载周梁楷编：《结网二编》，第202—203页。以上观点为陈勇文所未提及，但其指向的结论则与陈文所论相契合，可资补充。

> 母曰献明贺皇后。初因迁徙，游于云泽，既而寝息，梦日出室内，寤而见光自牖属天，欻然有感。以建国三十四年七月七日，生太祖于参合陂北，其夜复有光明。昭成大悦，群臣称庆，大赦，告于祖宗。保者以帝体重倍于常儿，窃独奇怪。明年有榆生于埋胞之坎，后遂成林。弱而能言，目有光曜，广颡大耳，众咸异之。①

这段记载中有关道武帝的神奇出生经历和奇异之相，和中原传统的君主的记载非常相似，似乎只是一种模式化的记叙而已。不过，如果对其内容的渊源脉络进行分析，还是可以得到很多隐含的信息的。通观这段记载，可以包括如下几项：

（1）游于云泽，梦而感生。

类似的感生模式在古代较为常见，商周先君的记载中就有类似的神话出现，汉代谶纬之中也多有其例，基本模式都可称作"野合而生"②。东晋十六国时期南北政权有很多都采用这类感生神话模式，如李雄的感生神话"后罗氏因汲水，忽然如寐，又梦大蛇绕其身，遂有孕，十四月而生雄"③；苻坚的感生神话："其母苟氏尝游漳水，祈子于西门豹祠，其夜梦与神交，因而有孕，十二月而生坚焉。"④ 桓玄"其母马氏尝与同辈夜坐，于月下见流星坠铜盆水中，忽如二寸火珠，冏然明净，竞以瓢接取，马氏得而吞之，若有感，遂有娠。及生玄，有光照室，占者奇之，故小名灵宝。奶媪每抱诣温，辄易人而后至，云其重兼常儿，温甚爱异之"⑤。都是这类模式，其中桓玄之"重兼常儿"又与道武帝"体重倍于常儿"相同。

（2）梦日而生，生有光明。

道武帝母贺氏感梦的对象是梦日，这也是一种历史久远的模式。汉武帝的出生模式是较早的一例，《史记·外戚世家》云：

> 男方在身时，王美人梦日入其怀。以告太子，太子曰："此贵

---

① 《魏书》卷二《太祖纪》，第 21 页。
② 丸山雄认为，中国古代帝王感生传说的出现大都被设定为野外的空间，这是因为需要以一种非日常世界塑造一种对该人物的敬畏观念。参见丸山雄：《中国感生传说考》，载《中国中古史研究：中国中古史青年学者联谊会会刊》第 4 卷，中华书局，2014 年，第 4—9 页。
③ 《晋书》卷一二一《李雄载记》，第 3035 页。
④ 《晋书》卷一一三《苻坚载记》，第 2883 页。
⑤ 《晋书》卷九九《桓玄传》，第 2585 页。

第二章 北魏立国之初的名号体系与政权的巩固

征也。"①

十六国时期,类似的模式也被北方诸族原样照搬。如《晋书·刘聪载记》：

> 初聪之在孕也,张氏梦日入怀,寤而以告。元海曰："此吉征也,慎勿言。"十五月而生聪焉,夜有白光之异。②

刘聪感生几乎原样照抄了汉武帝的感生神话,但又多了一个意象,便是"白光之异",与道武帝出生时"有光明"类似。类似情况还比较多,如慕容德"母公孙氏梦日入脐中,昼寝而生德"③；吕光"生于枋头,夜有神光之异,故以光为名"④。《魏书》所记的贺氏梦日而生道武,也只是简单地将这一模式糅合进野外感生模式中而已⑤。

（3）埋胞之地生榆林。

这大约是出自拓跋氏原有的信仰,之前的汉人传统史料中未见以类似事物为祥瑞,今存十六国史料也未见这类记载。不过,北魏的史料中却有很多类似记载。《序纪》曾记载桓帝猗㐌"曾中蛊,呕吐之地仍生榆木。参合陂土无榆树,故世人异之,至今传记"⑥,与此颇为相似。《魏书·太祖纪》还记载有："葬昭成皇帝于金陵,营梓宫,木柹尽生成林"⑦,也是类似故事；直到太武帝时遣李敞等祭祀鲜卑石室,"敞等既祭,斩桦木立之,以置牲体而还。后所立桦木生长成林,其民益神奉之。咸谓魏国感灵祇之应也"⑧。这几例均可算作这类信仰的表现。

值得注意的是,类似神话在华夏系统中也有渊源。如较早见诸《山

---

① 《史记》卷四九《外戚世家》,第 2382 页。
② 《晋书》卷一〇二《刘聪载记》,第 2657 页。
③ 《晋书》卷一二七《慕容德载记》,第 3161 页。
④ 《晋书》卷一二二《吕光载记》,第 3053 页。
⑤ 按丸山雄总结说,史书中妊娠后异常的传说,多数都被设定为发生在梦中,多以日月为题材且都不关心异物出现的场所。这与贺氏"初因迁徙,游于云泽,既而寝息"而梦的模式颇有不同,所以他认为这是一种"折衷型"的特例,"若只有梦中的交感,可能让人觉得不够有说服力,于是便又利用了野外空间这一要素"。参见丸山雄：《中国感生传说考》,载《中国中古史研究：中国中古史青年学者联谊会会刊》第 4 卷,第 9—13 页。
⑥ 《魏书》卷一《序纪》,第 7 页。
⑦ 《魏书》卷二《太祖纪》,第 21 页。
⑧ 《魏书》卷一〇八之一《礼志一》,第 2991 页。

海经·海外北经》的著名的夸父逐日故事,夸父死,"弃其杖,化为邓林"①,即颇相似;此事《列子·汤问》所记更为详细:"弃其杖,尸膏肉所浸,生邓林。邓林弥广数千里焉。"②稍加比对可知,《列子》的这一情节与北魏早期多次出现的化物成林的传说更为相似。按道武帝时期的重臣张衮上书明元帝提到:"值太祖诞膺期运,天地始开,参戎氛雾之初,驰驱革命之会,托翼邓林,寄鳞溟海。"③值得注意的是其用典,"氛雾之初",当是化用《淮南子·时则训》"仲冬行夏令,则其国乃旱,氛雾冥冥,雷乃发声"一句④;"革命"自当是以"汤武革命"作类比;"托翼邓林,寄鳞溟海"两句,则皆典出《列子·汤问》,极言邓林与溟海之广大⑤。在张衮这里,将自己投身北魏政权比作"托翼邓林",可见《列子·汤问》的典故为张衮所熟知。以"化物成林"为祥瑞的拓跋旧俗与《列子》记载的夸父之杖生邓林的传说,很可能已经被当时的汉人吸收并进行加工整合,糅合进道武帝的感生神话中。

(4)弱而能言,目有光曜,广颡大耳。

与出生神话相对应的,是见诸记载的道武帝的形象。如果以其与北魏以前的史书与典籍中的情况稍作比较的话,也能发现某些更为突出的现象。

"弱而能言"实为黄帝的神性特征。《史记·五帝本纪》称,黄帝"生而神灵,弱而能言,幼而徇齐,长而敦敏,成而聪明"⑥。类似说法又见于《黄帝内经素问》的篇首。有趣的是,先秦和西汉记载黄帝形象的四个特征在后世逐渐被简化,《论衡》中所见就只剩下"生而神灵,弱而能言"两句⑦;旧题刘向作而学界一般认为产生于汉魏之际的《列仙传》则作"弱

---

① 袁珂:《山海经校注》,巴蜀书社,1992年,第284页。按《淮南子·墬形训》亦有"夸父弃其策,是为邓林"的内容,参见何宁:《淮南子集释》卷四《墬形训》,第360页。
② 杨伯峻:《列子集释》,中华书局,2013年,第170页。
③ 《魏书》卷二四《张衮传》,第688页。
④ 何宁:《淮南子集释》卷五《时则训》,第428—429页。
⑤ 按"溟海"亦典出《列子·汤问》:"有溟海者,天池也,有鱼焉,其广数千里,其长称焉,其名为鲲。"参见杨伯峻:《列子集释》,第164页。虽有观点认为《列子》出自东晋伪作,但从所引文字来看,张衮见到过该书的文字,应该是没有问题的。"邓林"之事虽于《山海经》也有记载,然并未涉及"弥广数千里焉"这一要素,与张衮之文意不及《列子·汤问》相吻合。
⑥ 《史记》卷一《五帝本纪》,第2页。
⑦ 黄晖:《论衡校释》卷二《吉验篇》,第84页。

而能言,圣而预知"①;到《宋书·符瑞志》就变成了"弱而能言,龙颜,有圣德"②。其他诸如"生而神灵"则由黄帝独有的特点逐渐泛化,变成上古圣王共同的特征,但"弱而能言"一直是黄帝专属的特征。可以说,秦汉以来"弱而能言"一直都是黄帝最重要的特征之一。从今存史料来看,道武帝是黄帝之后首位具备这一特点的君主。

"目有光曜,广颡大耳"者,则为老子的体貌特征。"广颡"者,《易·说卦·巽》:"其于人也为寡发,为广颡,为多白眼,为近利市三倍,其究为躁卦。"孔疏:"广颡,额阔为广颡,发寡少之义,故为广颡也",取"极于躁急"之意③,原非圣贤之吉兆。不过,广颡大耳较早见于秦汉以来的神仙形象,如汉乐府《长歌行》:"仙人骑白鹿,发短耳何长。"④与道武帝这一形象最接近的,还是《艺文类聚》引葛洪《神仙传》的老子形象:"老子黄色美眉,广颡长耳,大目疏齿,方口厚唇。"⑤按照《太平御览》《太平广记》的引文,《神仙传》所见老子的形象实是抄撮其他史料而来⑥,则这类记载的出现可能还在葛洪之前。唐段成式《酉阳杂俎》所记载的老子形象则更丰富:"耳三门,又耳附连环,又耳无轮廓。眉如北斗,色绿,中有紫毛,长五寸。目方瞳,绿筋贯之,有紫光。鼻双柱,口方,齿数六八。颐若方丘,颊如横垄。"⑦唐人记载中的老子,仍旧是大耳、美眉、大目、方口、疏齿、广颡诸项,但几乎每项都细化和神化了《神仙传》的记载。从《神仙传》称老子"大目"到《酉阳杂俎》称"目方瞳,绿筋贯之,有紫光",道武帝的"目有光曜"则似是类似特点发挥的中间阶段。

史料记载的道武帝形象与传说中的黄帝与老子的形象如此相似,

---

① 王叔岷:《列仙传校笺》,中华书局,2007年,第9页。
② 《宋书》卷二七《符瑞志上》,第832页。
③ 《周易正义》卷九《说卦》,影印阮元校刻《十三经注疏》,第198—199页。
④ 《乐府诗集》卷三〇《相和歌辞五·长歌行》,中华书局,1979年,第442页。
⑤ 《艺文类聚》卷七八《灵异部·仙道》,上海古籍出版社,1982年,第1329页。
⑥ 按《太平御览》引《神仙传》云"《玉札》《金箓》《内经》皆云:'老子黄色美须,广颡长耳,大目疏齿,方口厚唇'",参见《太平御览》卷三六三《人事部四·形体》,第1673页上栏;《太平广记》则作"洪按:《西升中胎》及《复命苞》及《珠韬玉机》《金篇内经》皆云:'老子黄白色,美眉,广颡长耳,大目疏齿,方口厚唇'"云云,参见《太平广记》卷一《神仙一·老子》,中华书局,1961年,第2页。《史记正义》引《朱韬玉札》及《神仙传》则作"黄色美眉,长耳大目,广额疏齿,方口厚唇"。参见《史记》卷六三《老子韩非列传》,第2589页。葛洪所引的多种著作的情况今已难详考,可以推测葛洪所引者应该会有比他的时代更早的文献。
⑦ 《酉阳杂俎·前集》卷二《玉格》,中华书局,1981年,第16页。

似非巧合。历代君主在体貌特征方面多有奇异之处见诸记载,如汉高祖"隆准而龙颜,美须髯,左股有七十二黑子"①,刘备"身长七尺五寸,垂手下膝,顾自见其耳"②,再到十六国时期刘渊"姿貌魁伟,身长八尺四寸,须长三尺余,当心有赤毫毛三根,长三尺六寸"③,等等。或者寄他人之言,如有善相者相石虎曰:"此儿貌奇有壮骨,贵不可言"④,慕容廆幼年为张华赏识"君至长必为命世之器,匡难济时者也"⑤之类。略加梳理可知,此前有关皇帝状貌特征的记载中,也很少见到道武帝这般直接与黄帝、老子的神异特征一致的情况。在《魏书》中关于道武帝的神异记载中,这是极为独特的一点。

黄帝、老子是道家尊奉的两个最重要的人物,"真人"也最早被《庄子·天下篇》用以称呼关尹、老聃,两者都与道家有密切联系。"真人"之号与拓跋口传史诗"代歌"结合到一起,反映出的政治社会信息值得深究。经过邓渊改造后的代歌、代记,其内容正如《魏书》所见,记录了包括道武帝的北魏君主(君长)的历史并以宣扬道武帝的天命为主要目的。邓渊等人对道武帝形象进行的塑造,除了沿用秦汉十六国以来制造天命祥瑞的旧例以外,并出现了利用《列子》等道家著作的故事整合拓跋旧俗的处理方式,还特别利用前人记载的黄帝和老子的特征为道武帝打造"真人"形象。经过改造的"恒代之北当有真人"的谶语,也在道武帝"真人"称号中得到了体现。这些内容被拓跋氏以史诗的方式广泛传唱,不得不说乃是华夏文化与北族传统一种极有创造力的结合。这种结合对拓跋氏文化性格的塑造,也应该是别开生面的。

二、"好黄老"与"讲《汉书》":道武帝对华夏治术的接受

在"皇帝""天子"等惯常的称号之外,道武帝还使用了"真人"这一浓郁道家特色的名号。这个称号被加进拓跋氏口传史料"代歌"中,表明其内涵已经为拓跋政权内部所接受。相对于附属于皇帝制度的礼

---

① 《史记》卷八《高祖本纪》,第 433 页。
② 《三国志》卷三二《蜀书·先主传》,第 871—872 页。
③ 《晋书》卷一〇一《刘元海载记》,第 2646 页。
④ 《晋书》卷一〇六《石季龙载记上》,第 2761 页。
⑤ 《晋书》卷一〇八《慕容廆载记》,第 2804 页。

制,"真人"号有更多的神秘色彩,也与对道武帝个人的神化关系更为密切。道武帝的政权合法性建构是一个以神化皇帝个人为核心的理论体系,其所利用的道家资源尚不止于"真人"称号与黄帝、老子的形象。这种形象塑造的知识渊源,来自于道家或道教的学说。不过,早期道教也只是以黄帝和老子作为尊崇的对象,以君主本人比拟黄帝和老子者却极为罕见。黄帝、老子毕竟具有神性,也非世俗君主所应当僭越的。道武帝自比黄帝和老子背后的历史脉络,还有待于更为细致的分析。

《魏书》对道武帝吸收中原传统文化的记载,强调得最多的就是"好黄老"。如"太祖好黄老,数召诸王及朝臣亲为说之。在坐莫不祗肃,顺独坐寐欠伸,不顾而唾。太祖怒,废之"①;"时太祖留心黄老,欲以纯风化俗,虽乘舆服御,皆去雕饰,咸尚质俭"②;"帝好黄老,颇览佛经",又"太宗践位,遵太祖之业,亦好黄老,又崇佛法"③。这里,除"尚质俭"与秦汉黄老思想一致以外,其他几处都不涉及黄老思想的核心内容,即黄老治术。而所谓"质俭",则非常容易与质朴不文的拓跋旧俗混同起来。因此,学界对这些"黄老"的涵义仍多有争议。如吕思勉曾对此发出一连串疑问:"夫道武岂能知黄、老者?即谓所谓黄、老,乃方士所托,道武好服食,故知其名,亦安能说其义?且方士之为药物者,亦曷尝有义可说?"④

道武帝所好之"黄老"不纯粹是汉代的黄老治国思想,有很多的内容确实是"方士之术"或者宗教方面的知识。第一,见诸《释老志》的两次"黄老"概念较为明确,都出现于论述佛教的内容中而与佛教并列,指的应当是道教。吕思勉认为道武帝"所信者实方士耳,与道教无涉"⑤,则似乎与"黄老"佛教并列的情况不相符合。第二,关于"黄老"的细节性记载,有很多确如吕思勉所说乃方士之言。《太祖纪》有"服寒食散"的记载,《释老志》又云"太祖好老子之言,诵咏不倦。天兴中,仪曹郎董谧因献服食仙经数十篇。于是置仙人博士,立仙坊,煮炼百药,封西山以

---

① 《魏书》卷一五《昭成子孙·毗陵王顺传》,第 444 页。
② 《魏书》卷一四《神元平文诸帝子孙·曲阳侯素延传》,第 405 页。
③ 《魏书》卷一一四《释老志》,第 3292 页。
④ 吕思勉:《两晋南北朝史》,上海古籍出版社,2005 年,第 311 页。
⑤ 吕思勉:《两晋南北朝史》,第 1368 页。

供其薪蒸"①,也多是方士的长生之术。虽然这个献服食仙经的仪曹郎董谧,天兴建制时也曾"撰郊庙、社稷、朝觐、飨宴之仪",但如《隋志》所说,董谧所撰朝飨仪"未知古式,多违旧章"②,胡汉杂糅的色彩很重,与黄老治术的关系似乎也不大。

因此,《魏书》所提及的道武帝"好黄老"也未必就是汉代黄老学的原有涵义。如《魏书》所见,道武帝早年的治国思想主要来源于张衮、崔宏、邓渊、李先等汉族士人,其中崔宏作用尤巨。从崔宏乃至整个清河崔氏的行事来看,显然与方士一类不能等同。拓跋珪与崔宏的交流中,也确引用过"道家言",《蠕蠕传》就提到"道家言圣人生,大盗起,信矣"③。这句话典出《庄子》④。《庄子》的这句话,也不宜解作方士之言或道教之说。陈寅恪认为清河崔氏是天师道世家,不过杨耀坤指出,清河崔氏主要还是儒学世家,其主流思想还是儒家的治世思想,与纯宗教徒还不一样。而崔玄伯之思想,则早已将儒道思想融为一体⑤。诚然,崔宏的行事,实与方士相去甚远,而更类似于传统的士大夫。

关于崔宏与道武帝之间的交流,《魏书·崔玄伯传》有两处记载:

> 太祖幸邺,历问故事于玄伯,应对若流,太祖善之。
> 太祖常引问古今旧事,王者制度,治世之则。玄伯陈古人制作之体,及明君贤臣,往代废兴之由,甚合上意。⑥

"故事""旧事"一般指历朝历代各类典章制度⑦,故《崔玄伯传》以"古今旧事,王者制度"并称,此"故事"便是"古人制作之体",典章制度是也;指称现代意义上的历史故事者亦多有出现,"明君贤臣,往代废兴之

---

① 《魏书》卷一一四《释老志》,第3311页。
② 《隋书》卷一〇《礼仪志五》,第213页。
③ 《魏书》卷一〇三《蠕蠕传》,第2489页。
④ 《庄子·胠箧》有"圣人生而大盗起"一句,参王先谦:《庄子集解》卷三《胠箧》,中华书局,1987年,第86页。
⑤ 杨耀坤:《论北魏道武帝拓跋珪》,收入《魏晋南北朝史论稿》,成都出版社,1993年,第162页。
⑥ 《魏书》卷二四《崔玄伯传》,第695、696页。
⑦ 秦汉以来"故事"多指典章制度,其后有所谓"故事"之学,如南齐陆澄说:"周称旧章,汉言故事,爰自河洛,降逮淮海,朝之宪度,动尚先准。"其"故事"即指此。参见《南齐书》卷三九《陆澄传》,第758页。

由"者是也。二者虽有不同,但历史上制度与人事本无截然分割,所谓"历问故事"者,内容仍是谈论历史,尤其是与拓跋政权建设、军事行动相关的历史。又,《邓渊传》云其"明解制度,多识旧事"①;又如崔逞曾在慕容暐时补著作郎,撰《燕记》;封懿曾"撰《燕书》,颇行于世","太祖数引见,问以慕容旧事"②;张蒲"颇涉文史"③;张济"涉猎书传"④,这些汉人的启用,也多与擅长于"旧事"有关。至于"礼爱儒生,好览史传"的明元帝⑤,亦是如此。明元即位后"问左右旧臣之中为先帝所亲信者有谁",有人推荐李先,见面后便曰:"卿试言旧事。"⑥道武帝以后,崔浩等人也好谈论史事,"与同僚论五等郡县之是非,考秦始皇、汉武帝之违失。好古识治,时伏其言。天师寇谦之每与浩言,闻其论古治乱之迹,常自夜达旦,竦意敛容,无有懈倦"⑦。毛修之没入北魏,崔浩与其论说,"遂及陈寿《三国志》有古良史之风,其所著述,文义典正,皆扬于王廷之言,微而显,婉而成章,班史以来无及寿者"⑧,云云。可见北魏前期谈论历史的风气。北魏早期见诸《魏书》列传的士人,多数皆有为统治者谈"旧事"或"故事"一类知识的经历。

与魏晋南北朝时代所常见的谈玄绝不相同,北魏初年的君臣好谈"故事""旧事",其中因由也颇可探讨。北魏初年能谈史者不一定是史官,也不一定有很强的史学修养或明悉典章制度,如刘宋入北的毛修之之类,历史知识来源于"昔在蜀中,闻长老言"。道武君臣对谈史的爱好,或许与北族统治者文化水平不高有关。如石勒不识字,但"常令儒生读史书而听之,每以其意论古帝王善恶"⑨。文化水平不高者多好历史,盖因历史事迹有较强的实用性和趣味性,不似玄学、儒学等传统学问内容有

---

① 《魏书》卷二四《邓渊传》,第 709 页。
② 《魏书》卷三二《封懿传》,第 847、846 页。
③ 《魏书》卷三三《张蒲传》,第 865 页。
④ 《魏书》卷三三《张济传》,第 873 页。
⑤ 《魏书》卷三《太宗纪》,第 64 页。
⑥ 《魏书》卷三三《李先传》,第 876 页。按《魏书》该卷一般认为是后人所补,不过文字"颇详备"溢出《北史》者甚多,宋人校语认为出自《高氏小史》。参见该卷"校勘记"第 1 条,第 796 页。上引"试言旧事"事,亦《北史》所不载。
⑦ 《魏书》卷三五《崔浩传》,第 902—903 页。
⑧ 《魏书》卷四三《毛修之传》,第 1062—1063 页。
⑨ 《晋书》卷一〇五《石勒载记》下,第 2741 页。

很强的思辨性,不易理解。以道武帝来说,其文化水准可能不算太高,但对各种知识有很浓的兴趣。《魏书·李先传》云:

> 太祖问先曰:"天下何书最善,可以益人神智?"先对曰:"唯有经书。三皇五帝治化之典,可以补王者神智。"又问曰:"天下书籍,凡有几何?朕欲集之,如何可备?"对曰:"伏羲创制,帝王相承,以至于今,世传国记、天文秘纬不可计数。陛下诚欲集之,严制天下诸州郡县搜索备送,主之所好,集亦不难。"太祖于是班制天下,经籍稍集。①

以此段史料来看,道武帝对如何读书不甚了了,对于哪一类的知识有何作用也不清楚,但好问乐学的态度很明显。李先所谓的"经书",则不仅仅指的是儒家经典,占据更大比重的应当是"世传国记、天文秘纬",即以史书与阴阳术数为主,也与李先"善占相之术"的家学渊源颇相契合②。

崔宏和邓渊等士人给拓跋统治者讲授华夏历史,是因为历史对于拓跋统治者有作为现实政策参考的实用价值。关于以历史经验指导现实政策,史料中多有反映,如北魏历史上著名的子贵母死之制,具体的做法实际上就是源于华夏的历史经验的。按子贵母死之制的基本史料只有两条,其一为《魏书·太宗纪》:

> 初,帝母刘贵人赐死,太祖告帝曰:"昔汉武帝将立其子而杀其母,不令妇人后与国政,使外家为乱。汝当继统,故吾远同汉武,为长久之计。"③

其二为《道武刘皇后传》:

> 魏故事,后宫产子将为储贰,其母皆赐死。太祖末年,后以旧法薨。④

---

① 《魏书》卷三三《李先传》,第875—876页。
② 张金龙:《北魏政治史(二)》,第283页。按李先家族世传天文占相之术,亦为道教世家,其后人皎、预、义徽、昭徽皆隐居修道,至先七世孙淳风,遂集其大成。参见《北史》卷二七《李先传》,第977—980页;《旧唐书》卷七九《李淳风传》,第2717页。
③ 《魏书》卷三《太宗纪》,第57页。
④ 《魏书》卷一三《皇后传》,第381页。

刘皇后之死到底是依据汉武帝故事还是魏本身的故事,两条史料颇相矛盾,故围绕这一制度的争议颇多。不过,有两个基本事实诸家考证者也不曾否定,其一就是道武以前百余年的拓跋历史中找不到一例子贵母死制度的实例,其二就是道武以前母强子贵现象普遍存在,君长嗣立之初强有力的母族在拓跋部事务中起着很重要的作用。子贵母死制度形成的原因,是一个非常复杂的问题,主要原因大体可认为是基于现实政治加强皇权的需要。从已有史料来看,道武帝乃是北魏子贵母死制度的始作俑者的事实应当是无可怀疑的①,今人并可以道武获取的知识寻找他这一做法的灵感来源。仅从直接来源来说,道武帝是通过汉臣的谈史活动从汉武帝的故事中获得的灵感,应该是没有问题的。学者依据现存史料还能详考道武帝立子杀母制度的执行过程"与勾弋夫人遭遇的过程完全相同"②。这一过程,田余庆有一段推演,大体可以看作道武帝从知识接受到形成决策的过程的复原:"道武帝带着自己面临的困难问题,向汉臣探询巩固帝国的治道,看来心情是急迫的。就是在这种心境之下,他接受了勾弋故事的启发,形成决断,并把决定向他的继承人宣布。"③皇位能否顺利传承是各入主中原的北族政权面临的重要挑战,十六国以来各政权无不如此。汉人在北魏早期政权中广泛参与政治制度设计,各类宫廷权力斗争却几乎不见士人的影子。然而子贵母死这一衍生于权力斗争的残忍制度,却源于汉代人的历史经验,正说明华夏的政治经验已被广泛吸收,其残酷血腥的一面也是如此。

除此之外,与崔宏本人相关的道武帝吸收华夏的历史经验事例,见诸记载者还有一例。《魏书·崔玄伯传》云:

> 太祖曾引玄伯讲《汉书》,至娄敬说汉祖欲以鲁元公主妻匈奴,善之,嗟叹者良久。是以诸公主皆厘降于宾附之国,朝臣子弟,虽名族美彦,不得尚焉。④

按魏立国之前与周边各部落联姻早已有之,但彼此之间的关系一般是平

---

① 李凭:《北魏平城时代》,第137页。
② 李凭:《北魏平城时代》,第154页。
③ 田余庆:《拓跋史探》,第13页。
④ 《魏书》卷二四《崔玄伯传》,第696页。

等的。道武帝时期以宗室女子嫁周边政权或部落的降附者突然增多,可见"诸公主皆厘降于宾附之国"确系事实①。

值得注意的是,娄敬说汉高祖以鲁元公主嫁匈奴,乃是不得已而为之。核之《汉书》,娄敬说高祖"以適长公主妻单于","冒顿在,固为子婿;死,外孙为单于"②云云,乃是因"冒顿单于兵强""上患之",其时的匈奴并不是《魏书》所谓的"宾附之国";当然汉朝也并没有真将鲁元公主嫁过去。北魏以"诸公主皆厘降于宾附之国"却实实在在实行了,其做法与汉代的和亲实际上并不是一回事。崔浩称"昔太祖道武皇帝应期受命,开拓洪业,诸所制度,无不循古",其实事却在"代、魏兼用,尤比殷商"的权变③。"循古"本是儒家的原则,历来为黄老、法家所反对,是商鞅说"治世不一道,便国不法古。故汤武不循古而王,夏殷不易礼而亡"④,《淮南子》则称:"苟利于民,不必法古;苟周于事,不必循旧。夫夏、商之衰也,不变法而亡;三代之起也,不相袭而王。"又称:"知法治所由生,则应时而变,不知法治之源,虽循古终乱。今世之法藉与时变,礼义与俗易,为学者循先袭业,据籍守旧教,以为非此不治,是犹持方柄而周员凿也,欲得宜适致固焉,则难矣。"⑤道武帝"循古"其实只是表象,真正的涵义不过是"诸所制度"来源于历史的经验而已。"诸公主皆厘降于宾附之国"的事例,其"循古"可能有一个知识的改造变形过程,实质即所谓"藉与时变"。因此,表面上与历史相似的政策,其实质却已经完全不一样了。这可能是由于崔宏在传授过程中有意无意的改造,更可能出于北魏政治的现实需要,因时因势而变化。可以肯定,此时道武帝获取的历史知识,主要注重经验性知识的现实应用价值,而不是"循古"而拘泥于历史事实本身的真实性。"和亲"如此,"子贵母死"也是如此,"诸所制

---

① 谢宝富经过统计发现,"道武至太武世,各地的重要降臣及其后裔(以来自北方少数族政权或部落的降附者为主)是北魏宗室女性通婚的重要对象之一"。但谢宝富未能准确解读"诸公主皆厘降于宾附之国"的涵义,仅仅发现与汉朝和亲政策极不相同,又与事实失之毫厘。实际上,谢宝富表列对象的降臣全部都是其他政权的皇族或部落首领,魏书以"宾附之国"称之是非常恰当的。参看谢宝富:《北朝魏、齐、周宗室女性的通婚关系研究》,《广西师范大学学报(哲学社会科学版)》1998年第1期。
② 《汉书》卷四三《刘敬传》,第2122页。
③ 《魏书》卷三三《崔浩传》,第910页。
④ 《史记》卷六八《商君列传》,第2696页。
⑤ 何宁:《淮南子集释》卷一三《泛论训》,第921、932页。引文对原标点有改动。

度"可能大都是如此。

班固说:"道家者流盖出于史官,历记成败存亡祸福古今之道,然后知秉要执本,清虚以自守,卑弱以自持,此君人南面之术也。"① "成败存亡祸福古今之道"与"君人南面之术",便是史官所能提供给后世的基本知识,也是汉代黄老学说源出的根由。故章太炎说:"太史公《论六家要指》于阴阳、儒、墨、名、法五家,各有短长,而以黄老之术为依归。此由身为史官,明于成败利钝之效,故独有取于虚无因循之说也。"② 就北魏而言,统治者也很有可能通过历史知识而间接接受了黄老思想的强兵治国之术。其一,从黄老思想本身来说,具有"指约而易操,事少而功多""其实易行,其辞难知"的特征,其理论辨析虽难知却易于实践,可以通过"讲《汉书》"这类简单的方式让拓跋统治者接受并付诸实践;而儒家思想"六艺经传以千万数,累世不能通其学,当年不能究其礼","博而寡要,劳而少功",更难于被学习和接受。其二,就北魏立国之初的情形而言,拓跋统治者粗鄙无文,天下格局又纷繁不定,繁文缛节的儒家礼制也与当时的现实难以适应。就这点来说,即算是家学渊源深厚的儒学世家,其学术在道武帝时期的政治文化格局中恐怕也难得其用。章太炎说:"历来承平之世,儒家之术,足以守成。戡乱之时,即须道家,以儒家权谋不足也。凡戡乱之傅佐,如越之范蠡,汉初之张良、陈平,唐肃宗时之李泌,皆有得于老子之道。盖拨乱反正非用权谋不可,老子之真实本领在此。"③ 简捷而又侧重于权谋的"南面之术",正是乱世君臣所最需要而又不便直接言说的。北魏初年纷繁复杂的历史局面下,大约也不能例外。

三、道武帝以华夏治术巩固皇权的得失

拓跋传统的权力关系复杂,从《魏书》所记力微时代到道武帝复国超过一个半世纪的早期拓跋史,可以说也是一部部族争斗的历史。拓跋氏与贺兰部、独孤部的分合,与其他五胡部族的复杂关系,处处都可见到

---

① 《汉书》卷三〇《艺文志》,第1732页。
② 诸祖耿等记录:《章太炎国学讲演录》,中华书局,2013年,第234页。
③ 诸祖耿等记录:《章太炎国学讲演录》,第258页。按原文于范蠡、陈平后有括注,说明范蠡、张良、陈平受道家思想影响之事迹,今省。

斗争与残杀。至于拓跋氏内部的权力关系,则更加纷繁复杂。道武帝在试图确立君主权力与地位的时候,拓跋国家的权力体系仍是以部族联合为基础建立的,试图颠覆道武帝的谋反和叛变也时有存在。道武帝的皇权与拓跋旧制的矛盾是结构性的冲突,必须通过强有力的手段来解决。虽然拓跋旧制逐渐被淘汰可能是一种必然趋势,但制度的变迁毕竟是通过人的行为来推动的。理顺拓跋旧制背后的权力关系,树立君主的绝对权威并保障其顺利传承,正是道武帝建立政权之后首先所力图解决的问题。

据《魏书》的说法,道武帝在北魏政权内部树立君主权威始于天兴三年。《李栗传》云:"栗性简慢,矜宠,不率礼度,每在太祖前舒放倨傲,不自祇肃,咳唾任情。太祖积其宿过,天兴三年遂诛之。于是威严始厉,制勒群下尽卑谦之礼,自栗始也。"① 这次事件并非只有李栗一人获罪,受到牵连的还有莫含之孙题。"及还京师,常与李栗侍宴。栗坐不敬获罪,题亦被黜为济阳太守。"② "制勒群下尽卑谦之礼"事,《魏书·太祖纪》载天兴三年十有二月乙未诏云:

> 世俗谓汉高起于布衣而有天下,此未达其故也。夫刘承尧统,旷世继德,有蛇龙之征,致云彩之应,五纬上聚,天人俱协,明革命之主,大运所钟,不可以非望求也。然狂狡之徒,所以颠蹶而不已者,诚惑于逐鹿之说,而迷于天命也。故有踵覆车之轨,蹈衅逆之踪,毒甚者倾州郡,害微者败邑里,至乃身死名颓,殃及九族,从乱随流,死而不悔,岂不痛哉!《春秋》之义,大一统之美,吴楚僭号,久加诛绝,君子贱其伪名,比之尘垢。自非继圣载德,天人合会,帝王之业,夫岂虚应。历观古今,不义而求非望者,徒丧其保家之道,而伏刀锯之诛。有国有家者,诚能推废兴之有期,审天命之不易,察征应之潜授,杜竞逐之邪言,绝奸雄之僭肆,思多福于止足,则几于神智矣。如此,则可以保荣禄于天年,流余庆于后世。夫然,故祸悖无缘而生,兵甲何因而起?凡厥来世,勖哉戒之,可不慎欤!③

作为道武帝时期仅存的两份重要原始文件之一,这道诏书的意义得到后

---

① 《魏书》卷二八《李栗传》,第 769 页。
② 《魏书》卷二三《莫含传》,第 678 页。
③ 《魏书》卷二《太祖纪》,第 41 页。

第二章　北魏立国之初的名号体系与政权的巩固　　113

世学者很高的评价①。诏书加强皇权的目的很明确,但文本本身的内容比较庞杂。值得指出的是,诏书全文涉及的都是君臣关系,而"《春秋》之义,大一统之美,吴楚僭号,久加诛绝,君子贱其伪名,比之尘垢"一句,是来自于公羊家的思想,但与诏书的内容不甚协调。诏书前后文的意思明显是警告部落酋帅们不可有"非望"之想,不是针对东晋政权的正统而言的;在道武帝时代,南北正统之争绝非要务,指摘江南的东晋政权的正统更不似此时思想;此时北方存立的政权还有很多,其对北魏之威胁不比南方更小,为何只提及"吴楚僭号"而不及姚秦、后燕、南燕、西秦、后凉、南凉、北凉、西凉等多个并存的北方政权,也颇有蹊跷。按魏收对北魏早期文书曾有某些改动,如卫操于大邗城南所立《颂功德碑》,钱大昕指出其文"古质可诵,中多韵语,极似汉碑",但其中有"魏"之国号,又有"桓、穆二帝"之谥号,都曾经过史臣改窜,已失其本真②;又如著名的《嘎仙洞石刻祝文》,《魏书》收录的版本也经过史臣的改易,最重要的就是将黄老和北族特色的内容改为儒家经典的表述③。史臣的改动大约出自三种目的,一是南北正统之争所需,二是华夷之争所需,三是儒道之争所需。《魏书》所见诏书的这一句,也非常符合这类改易的特点。有学者曾引用这段材料,并说"魏收始终把统一作为拓跋政权所进行的帝业或王业,把太祖拓跋珪的统一功业看成是'《春秋》大一统'思想的继承"④。虽然没有明确说这句话是出于魏收的改写,但显然认为这是魏收的意思而不是道武帝诏书的原文,这是很有道理的。

---

① 李凭指出,道武帝"要用这道诏书表明自己坚守封建皇权的决心,而决不允许部落联盟首领的推举制度死灰复燃",和另外一道诏书组成了"内容完整的封建专制主义统治原理的文告",参见《北魏平城时代》第1章第3节《皇权的确立与危机》,第57—63页。黄枝连指出:"这个诏书,实际上是太祖皇帝'替天行道'的宣言书,为他的南征北伐的军事行动提供一个合理性和合法化的动力。"参见黄枝连:《北魏孝文帝对"礼制情境结构"的建立》,收入《亚洲的华夏秩序:中国与亚洲国家关系形态论》,中国人民大学出版社,1992年,第28页。
② 钱大昕:《廿二史考异》卷三九《北史二》,第619页。
③ 米文平:《嘎仙洞北魏石刻祝文考释》,《中国魏晋南北朝史学会成立大会暨首届学术讨论会论文集》,1984年,第352—364页。按史臣删去了"可寒(汗)""可敦"等内容,也删去了主持其事的库六官等人,只保留了其中的汉臣李敞,文字多有删改。米文平特别指出,《魏书·礼志》收录祝文将"阐扬玄风,增构崇堂"之语改作"冲人纂业,德声弗彰","显然是为适应当时政治需要而对文献作了篡改"。这即是史臣有意消弭北魏前期史料的道家特色,易以儒家学说的内容的典型例证。
④ 张莉:《〈魏书〉研究》,华文出版社,2009年,第305页。

撇开这一句以后,诏书的思想脉络就比较清楚了。以"思多福于止足"而"可以保荣禄于天年,流余庆于后世"乃是老子反复强调的思想,如"知足者富","知足不辱,知止不殆,可以长久","祸莫大于不知足,咎莫大于欲得,故知足之足,常足矣"①,其内涵一致。黄老色彩浓郁的河上公注说:"人能知止知足,则福禄在己,治身者神不劳,治国者民不扰,故可长久"②,郭象《庄子》注也曾说"不求非望之利,故止于一家而足"③,也是这个道理。又,诏书中以"神智"为理想,"神智"说在道武帝和李先的对话中也有提及,原出《管子》:"一物能化谓之神,一事能变谓之智。化不易气,变不易智。惟执一之君子能为此乎!"④ "执一"是韩非思想的重要内容,《韩非子·扬权》说:"名正物定,名倚物徙,故圣人执一以静,使名自命,令事自定。"⑤ 这些都是韩非思想直接源于战国黄老之学的部分。道武帝受韩非思想的影响是有史料依据的,如《公孙表传》载:"初,太祖以慕容垂诸子分据势要,权柄推移,遂至亡灭;且国俗敦朴,嗜欲寡少,不可启其机心,而导其巧利,深非之。表承指上《韩非书》二十卷,太祖称善。"⑥ 李先也熟读韩非著作,明元帝即位曾"召先读《韩子连珠》二十二篇、《太公兵法》十一事"⑦,一般认为《韩子连珠》就是《韩非子》⑧。从这些证据看,道武帝所接受的法家思想,基本源于黄老之别子韩非一系。《韩非子》强调的君臣秩序与老子的"知足"思想,构成了道武帝这道诏书的基本特色。

对道武帝巩固皇权的思想,可以引用何德章的总结:"(道武帝)一方面要通过保持'敦朴'的'国俗'和讲授以清静无为为宗旨的黄老之学,使诸王朝臣们放弃对权力的争逐,另一方面又试图以法御下;君主试图

---

① 分别见《老子》第三十三章、第四十四章、第四十六章,参见王弼注,楼宇烈校释:《老子道德经注校释》,第84、122、125页。
② 王卡点校:《老子道德经河上公章句》,中华书局,1993年,第176页。
③ 郭庆藩:《庄子集释》卷四中《马蹄》郭《注》,第335页。
④ 黎翔凤:《管子校注》卷一六《内业》,第937页。
⑤ 王先慎:《韩非子集解》卷二《扬权》,中华书局,1998年,第45页。
⑥ 《魏书》卷三三《公孙表传》,第868—869页。
⑦ 《魏书》卷三三《李先传》,第876页。
⑧ 明人杨慎说:"《北史·李先传》:'魏帝召先读韩子《连珠》二十二篇。'韩子,韩非子,《韩非》书中有连语,先列其目而后著其解,谓之连珠。"《杨升庵集》卷五二《论文·韩子连珠论》,影印文渊阁四库全书本,第1270册,第453页。今人也多持此说,参见逯耀东:《从平城到洛阳:拓跋魏文化转变的历程》,中华书局,2006年,第45页;张觉:《韩非子考论》,知识产权出版社,2013年,第143页。

第二章　北魏立国之初的名号体系与政权的巩固

有所作为,又要昔日自统部众的部落大人们安于现状。"① 在诏书中,"清静无为"是为政的根本要求,而"以法御下"乃是君道。不过,北魏初年的历史局面毕竟是非常复杂的,昔日自有部众的部落大人也未必能理解"思多福于止足"的涵义。道武帝无疑会有所取舍,所谓"威严始厉,制勒群下尽卑谦之礼"乃就此而言。

道武帝时代特别是晚年的残暴,在整个北魏都是极为典型的,学界也多有论及。不得不说,这一时期的大案有很多都是冤案,其产生背后往往都有复杂的原因,而非《魏书》所见的莫须有的罪名。不过,《魏书》的记载多以诸臣被废杀的理由很多都与未能做到"尽卑谦之礼"有关,这可能也反映出道武帝时期权力关系的某些侧面。除李栗外,仍多有其例,今略具史例如下:

> 拓跋素延:时太祖留心黄老,欲以纯风化俗,虽乘舆服御,皆去雕饰,咸尚质俭,而素延奢侈过度,太祖深衔之。积其过,因征,坐赐死。②

> 拓跋顺:太祖好黄老,数召诸王及朝臣亲为说之。在坐莫不祗肃,顺独坐寐欠伸,不顾而唾。太祖怒,废之。③

> 莫题:后太祖欲广宫室,规度平城四方数十里,将模邺、洛、长安之制,运材数百万根。以题机巧,征令监之。召入,与论兴造之宜。题久侍颇怠,赐死。④

> 和跋:时群臣皆敦尚恭俭,而跋好修虚誉,眩曜于时,性尤奢淫。太祖戒之,弗革。后车驾北狩豺山,收跋,刑之路侧。⑤

> 莫那娄(莫)题:登国初,刘显遣弟亢泥等迎窟咄,寇南鄙。题时贰于太祖,遗箭于窟咄,谓之曰"三岁犊岂胜重载",言窟咄长而太祖少也。太祖既衔之。天赐五年,有告题居处倨傲,拟则人主。太祖乃使人示之箭,告之曰:"三岁犊,能胜重载不?"题奉诏,父子对泣,诘朝乃刑之。⑥

---

① 何德章:《北魏初年的汉化制度与天赐二年的倒退》,《中国史研究》2001 年第 2 期。
② 《魏书》卷一四《神元平文诸帝子孙·曲阳侯素延传》,第 405 页。
③ 《魏书》卷一五《昭成子孙·毗陵王顺传》,第 444 页。
④ 《魏书》卷二三《莫含传》,第 678 页。
⑤ 《魏书》卷二八《和跋传》,第 764 页。
⑥ 《魏书》卷二八《莫题传》,第 766 页。

> 庾岳：候官告岳衣服鲜丽，行止风采，拟仪人君。太祖时既不豫，多所猜恶，遂诛之。时人咸冤惜焉。①
>
> 封懿：太祖数引见，问以慕容旧事。懿应对疏慢，废还家。②

以上诸例，虽罪名不尽相同，但可以见到其中有两类情形。第一类是奢侈倨傲，乃至"拟仪人君"，包括拓跋素延、和跋、莫那娄题、庾岳；第二类是对道武帝有所怠慢，未尽君臣之礼，包括拓跋顺、莫题、封懿。第一类情况的四人全部被杀，而第二类情况两例是被废，只有莫题是赐死，而其在李栗案中已经因为不敬被降职，此次赐死可能是由于累犯。

需要稍加澄清的是，学界习惯于以胡汉二元对立的观点来解释北魏早期的政治行为，这可能会产生对史料的误读。一个事实是，《魏书》对道武帝诛杀朝臣的记载并不涉及胡汉冲突的内容，道武帝的酷刑也并非专门针对中原士族。对这一问题还可就前引诸例稍作比较。汉人涉罪被废杀者，从涉罪理由与刑罚轻重两项情况来看，也与拓跋贵族并无不同。征诸史籍，作为涉案主角而被赐死的士人实际上只有崔逞，而崔逞之死是早在天兴元年的事，崔逞本传说"自是士人有过者，多见优容"③，可能也反映了某种史实。邓渊之死的直接罪状则是受和跋案牵连，本传称"由是太祖疑渊知情，遂赐渊死，既而恨之。时人咸愍惜焉"。邓渊之死固然是冤案，然"子颖，袭爵。为太学生，稍迁中书侍郎"，其事未曾牵连家人，惨酷情形较之同期其他大案则稍轻④。至于李栗虽是汉人，但却是出身低下的武人，不能视作一般意义上的"中原士族"。李栗本传

---

① 《魏书》卷二八《庾业延传》，第767页。
② 《魏书》卷三二《封懿传》，第847页。
③ 《魏书》卷三二《崔逞传》，第844页。
④ 按田余庆认为邓渊案是由于修史，称："这是一场所谓腹诽之狱，一场不动声色的文字狱。它以诬枉之词定谳，后人不能确指原因，又不信坐和跋案的谰言，只能让它成为一桩不明不白的公案。"参见《〈代歌〉、〈代记〉和北魏国史——国史之狱的史学史考察》，收入《拓跋史探》，第223页。更早提出类似观点的还有梁满仓，他认为："邓渊的真正死因，恐怕是他撰了《太祖纪》前的国史，对拓跋鲜卑落后习俗知道得太多的缘故。"参见梁满仓：《论北朝鲜卑婚俗的两次改革》，收入《汉唐间政治与文化探索》，贵州人民出版社，2000年，第226页。张金龙则不认同田余庆的观点，提出的理由包括：邓渊《国记》藏之秘阁，几乎无人知晓，不值得以邓渊的人头抵罪；邓渊多任重要职务，政治行为不止修史一事，不一定非在修史上得罪；邓渊被杀的方式是赐死，其家人亦未受牵连，显然并非处理大逆不道之罪的方式，这与后来太武帝处理崔浩国史之狱时株连九族的方式有天壤之别，而道武帝当时的暴戾程度却远较太武帝为甚。参见张金龙：《北魏政治史（二）》，第334页。

称"时王业草创,爪牙心腹,多任亲近,唯栗一介远寄,兼非戚旧,当世荣之"①,李栗属于道武帝"爪牙心腹"之亲信,其死的性质也不宜认作"胡汉冲突"。崔宏父子、燕凤等人安然躲过道武帝时期的政治风波自不待言,道武帝时期被废杀的汉人士族,从受罚人数和刑罚轻重两方面来说也是远远不及拓跋本部的②。

需要稍稍提及的还有贺狄干之死事件,史称"狄干在长安幽闭,因习读书史,通《论语》《尚书》诸经,举止风流,有似儒者",又云"太祖见其言语衣服,有类羌俗,以为慕而习之,故忿焉,既而杀之"③,其死当然有胡汉冲突的因素在内。不过,张金龙注意到贺狄干之死的时间在晋安帝义熙三年六月,时间恰好与道武帝打击贺兰部外戚势力的行动吻合,结合贺狄干的贺兰部背景,因而推断"贺狄干之死,反映了北魏初年以拓跋珪为首的统治集团对汉族文明的排斥态度,也可能与拓跋珪打击贺兰部的意图有一定的关系"④。这一推断虽然没有直接史料依据,但贺狄干初为北部大人,登国初又"与长孙嵩为对,明于听察,为人爱敬",本是贺兰部中有影响力的人物,其归国可能对道武帝巩固权力构成某种威胁,这一背景确也不应忽略。

道武帝"以法御下"的行为,越到晚年越趋于疯狂。《魏书·太祖纪》云:

> 六年夏,帝不豫。初,帝服寒食散,自太医令阴羌死后,药数动发,至此逾甚。而灾变屡见,忧懑不安,或数日不食,或不寝达旦。归咎群下,喜怒乖常,谓百僚左右人不可信,虑如天文之占,或有肘腋之虞。追思既往成败得失,终日竟夜独语不止,若旁有鬼物对扬者。朝臣至前,追其旧恶皆见杀害,其余或以颜色变动,或以喘息不调,或以行步乖节,或以言辞失措,帝皆以为怀恶在心,变见于外,

---

① 《魏书》卷二八《李栗传》,第768—769页。
② 当然这仅仅只是就《魏书》的记载而言,至于不见记载的情况,今人已经不得而知。不过,道武帝时期的数次大案,如和跋案、莫那娄题案、庾岳案背后的部族背景,常山王遵案、卫王仪案背后的皇权争夺背景,都是不能忽略的。至于汉人多数处于从属者地位,较少涉案是极为正常的。
③ 《魏书》卷二八《贺狄干传》,第768页。
④ 张金龙:《北魏政治史(二)》,第255页。

乃手自殴击,死者皆陈天安殿前。于是朝野人情各怀危惧。有司懈怠,莫相督摄;百工偷劫,盗贼公行,巷里之间人为希少。①

这段材料是《魏书》中极少见的没有为尊者讳的珍贵记载,看来拓跋珪晚年的残暴确已到了令人发指的程度。也就在此后不久,出现严重精神疾患的道武帝被其子清河王绍所杀,结束了北魏王朝的道武帝时代。

与天兴初年建制之际的百废俱兴、出现许多影响北魏一朝的政治制度与治国策略相比,天赐年间的历史,则充斥着血腥的政治斗争的残酷色调。何德章从胡化与汉化的角度将这一政治转变称作"天赐二年的倒退",认为这一倒退既是新兴皇权与鲜卑贵族权力争夺的结果,也是鲜卑族人主体汉文化水平对初具汉文化修养的拓跋珪所作改革的制约②。不过就北魏政权而言,道武帝天赐年间的政治行动却奠定了皇权独尊的基础。晚年对贺兰、独孤、慕容、白部和氏的大肆杀戮以及子贵母死、离散部落的相关措施,客观上也解除了贺兰部、独孤部等势力对拓跋皇权的威胁;以莫须有的理由杀掉卫王仪、常山王遵等宗室实力派,客观上为父子相承的权力结构的顺利交接奠定了基础。主尊臣卑的君臣秩序这套基于汉人政治实践的知识体系,都是通过极为残酷的政治行为让拓跋族人得以了解并敬畏的。天赐年间政治行为的惨酷,或许也与这一套传统的御臣之术的先天不足有一定关系,出身北族的道武帝亦不能幸免。道武帝利用"人君南面之术"终究也没能控制住局面,自己也在精神失常后死于政变。北魏皇权的最终确立,还得留待后继者来解决。

本节小结

道武帝的"真人"形象塑造,也能反映出其知识来源不只是有魏晋以来谶纬和道教的影响,还有中原地区的学术渊源若隐若现。道武帝对黄老治术的全面吸收与运用,也是北魏从士人那里接受黄帝作为祖先之"名"而实现黄老南面之术的"实"。从道武帝的立国与施政来看,其对汉初的休养生息、清静无为之术有所吸收,然而对汉魏之际校练名理、执法峻刻的形名学的精神贯彻得更为明显。北魏并没有重新推行西汉初

---

① 《魏书》卷二《太祖纪》,第49页。
② 何德章:《北魏初年的汉化制度与天赐二年的倒退》,《中国史研究》2001年第2期。

的黄老政治,也没有抄袭汉魏之际的刑名之术,而是打上了十六国北朝的时代烙印。在强权林立的夹缝中生存发展,无论对于拓跋统治者还是河北士人来说,都是严峻的考验。道武帝利用强力的军事力量,不管有效度如何,总归实现了对代北和河北地区的控制。相对于"君人南面之术"的政治精神,北魏早期的皇帝制度,在规定君臣名位等级、礼仪次序和皇位继承等制度建设方面也都作出了努力。不过在当时的环境下,皇帝制度下的各种规定和措施,集中在利用各种方式突出皇帝个人的权威地位,而很难有稳固的制度性保障。最突出的一点是,道武帝树立皇帝权威的行动没有解决皇位继承问题,还有待于继任者来解决。

第三节 "道武"谥号与北魏皇位继承问题的解决

北魏前期的政治史,有不少重要的问题已经得到学界广泛的讨论和研究。其中一个重要的问题,就是北魏如何通过解决皇权继承问题而避免成为十六国之外的"十七国"[1]。如果说十六国政权不断出现因皇位继承问题而两三代便夭折的现象的话,那么北魏太武帝以太子身份顺利继位标志着皇权继承制度得到了较好的解决。道武帝拓跋珪像十六国政权经常发生的那样死于政变,皇权继承问题其实也还是一个未能解决的遗留问题。明元帝时期不仅仅是一个上承道武帝建立政权,下启太武帝统一北方的过渡时期,更是一个确立拓跋氏政权稳固统治的关键时代。明元帝所采取的政治策略使拓跋政权免于重蹈十六国政权的覆辙,其要害之一在于采取了不同于其他政权的方式和举措,有效地解决了皇位继承问题。这种举措背后所涉及的政治智慧,则更多地涉及到中原的士人与华夏传统的政治思想。本节试图通过考证"道武"谥号的产生过程,对明元帝即位之初的皇权危机到太武帝顺利继承皇位的史事进行梳理,并着重挖掘明元帝时代解决这一问题的治术背后所体现的独特的"治道"。

---

[1] 田余庆在《拓跋史探》中自述促使他研究拓跋前史的问题,就是北魏为何没有成为十六国政权之后的"第十七国",而皇位继承问题的解决是关键之一。他对"子贵母死"制度的研究,可称学界公认的研究北魏皇位继承问题的典范。参见田余庆:《拓跋史探》,第1—51页。

一、"尊母不尊父"与明元帝即位之初的皇权危机

《魏书·太宗纪》载明元帝即位前后事云：

> 天赐六年冬十月,清河王绍作逆,太祖崩。帝入诛绍。壬申,即皇帝位,大赦,改年为永兴元年。追尊皇妣为宣穆皇后。公卿大臣先罢归第不与朝政者,悉复登用之。诏南平公长孙嵩、北新侯安同对理民讼,简贤任能,彝伦攸叙。①

这段记载中,明元帝即位后只有"追尊皇妣为宣穆皇后"的记载,没有提及追尊其父的事。至于对拓跋珪的追封,可以再回头来看《魏书·太祖纪》的记载：

> 永兴二年(410)九月甲寅,上谥宣武皇帝,葬于盛乐金陵。②

两相验证可知,《太宗纪》所记之明元帝即位之初"尊母不尊父"确系事实,拓跋珪定谥号"宣武皇帝"的时间,距离明元帝即位已近一年。也就是距离明元帝"追尊皇妣为宣穆皇后"近一年以后,拓跋珪的谥号才确定并归葬盛乐金陵。

按北魏确定诸帝的谥号,最早出于拓跋珪天兴元年十二月追尊二十八帝。关于这次追尊号谥的情形,《魏书·太祖纪》载其事云：

> 十有二月己丑,帝临天文殿,太尉、司徒进玺绶,百官咸称万岁。大赦,改年。追尊成帝已下及后号谥。③

显然,这次追尊与拓跋珪称帝同时,与明元帝即位近一年以后方谥其父不同。而《太祖纪》所载的号谥也是帝后同尊,并无时间先后之分。再看其后诸帝的谥号,确定时间均在其死后不久,多在新帝即位后一个月左右。如明元帝本人泰常八年(423)十一月己巳崩于西宫,十二月庚子,"上谥曰明元皇帝,葬于云中金陵,庙称太宗"④,其间刚过一月。太武帝正平二年(452)三月甲寅为宗爱所弑,三月辛卯,上尊谥曰太武皇帝,

---

① 《魏书》卷三《太宗纪》,第57—58页。
② 《魏书》卷二《太祖纪》,第49页。
③ 《魏书》卷二《太祖纪》,第38页。
④ 《魏书》卷三《太宗纪》,第74页。

葬于云中金陵,庙号世祖。半年以后,文成帝平息政局,径沿用宗爱所立谥号、庙号。北魏皇帝也有先上谥号后下葬的情况,如文成帝和平六年(465)五月癸卯崩于太华殿,六月丙寅上尊谥曰文成皇帝,庙号高宗,八月葬云中金陵。看来,北魏诸帝一般都是即位追尊先帝,拓跋珪谥号晚出的问题在乃是特例。至于即位后尊母不尊父的现象,则更是北魏一朝之孤例。

明元帝之母刘后,死于拓跋珪之手。关于刘后之死的具体细节与明元帝的反应,《魏书·太宗纪》载:

> 初,帝母刘贵人赐死,太祖告帝曰:"昔汉武帝将立其子而杀其母,不令妇人后与国政,使外家为乱。汝当继统,故吾远同汉武,为长久之计。"帝素纯孝,哀泣不能自胜,太祖怒之。帝还宫,哀不自止,日夜号泣。太祖知而又召之。帝欲入,左右曰:"孝子事父,小杖则受,大杖避之。今陛下怒盛,入或不测,陷帝于不义。不如且出,待怒解而进,不晚也。"帝惧,从之,乃游行逃于外。①

从这段记载看来,明元帝对于道武帝杀死刘后的行为无法接受,以致出逃。从明元帝出逃的表现来说,他也确实有尊母不尊父的感情基础②。不过,这一点似乎不足以成为尊母不尊父的唯一理由。事实上,一年以后明元帝又开始追尊其父并葬之,子贵母死之制后来也被他继承③,其不尊父只是一种短期行为或者说暂时搁置,此事背后的逻辑也许没这么简单。

拓跋珪本人死于清河王政变,明元帝也并非由正常的父死子继的长子继承制即位,而是被拥立登上皇位的。由于明元帝之前早已潜逃在外,一定意义上说他已经主动放弃了皇位继承人的资格。虽然是拓跋珪诸子之中年龄较长者④,但在拓跋珪的创业过程中几无功绩可言,其背后

---

① 《魏书》卷三《太宗纪》,第57页。
② 其弟清河王绍面对道武帝的类似举动,采取的应对方式则与明元帝相反。清河王绍本传载:"绍母夫人贺氏有谴,太祖幽之于宫,将杀之。会日暮,未决。贺氏密告绍曰:'汝将何以救吾?'绍乃夜与帐下及宦者数人,逾宫犯禁。左右侍御呼曰:'贼至!'太祖惊起,求弓刀不获,遂暴崩。"参见《魏书》卷一六《清河王绍传》,第454页。
③ 李凭:《北魏平城时代》,第153—163页;张金龙:《北魏政治史(二)》,第341—342页。
④ 按《魏书》称明元帝为太祖长子,但《宋书·索虏传》称其为拓跋珪次子。分别见《魏书》卷三《太宗纪》,第57页;《宋书》卷九五《索虏传》,第2322页。

的势力似乎也非很强①。《魏书·王洛儿传》称"元绍之逆,太宗左右唯洛儿与车路头而已。昼居山岭,夜还洛儿家"②,明元帝此时的处境实极为狼狈。清河王政变,明元帝完全没有参与,其后登上皇位也是事出偶然。按《魏书·清河王绍传》云:

> 明日,宫门至日中不开,绍称诏召百寮于西宫端门前北面而立,绍从门扇间谓群臣曰:"我有父,亦有兄,公卿欲从谁也?"王公已下皆惊愕失色,莫有对者。良久,南平公长孙嵩曰:"从王。"群臣乃知宫车晏驾,而不审登遐之状。唯阴平公元烈哭泣而去。于是朝野凶凶,人怀异志。③

按"我有父"一句,《通鉴》作"我有叔父",田余庆、李凭曾据此考证认为阴平功烈即是此"叔父",按兄终弟及制则当为皇位继承人④。罗新则认为"父"其实是北族语言的复数形态,因译成汉语而模棱两可;事实上这句话是内亚立汗典礼上的语言,而长孙嵩之"从王",也是这一内亚仪式的习惯性力量造成的⑤。在南平公长孙嵩等部落重臣皆表示"从王"之际,拓跋烈"哭泣而去",可能是因为没有得到长孙嵩等十族力量的支持。此事使得"朝野凶凶,人怀异志",看来此事确在北魏朝中极有影响。不过,拓跋烈"哭泣而去"之后,他没有继续组织力量自行称帝,而是联合安同、叔孙俊、拓跋磨浑、长孙翰等人迎立了逃亡归来的明元帝。《魏书·卫王仪附弟烈传》云:

> 元绍之逆,百僚莫敢有声,惟烈行出外,诈附绍募执太宗。绍信之,自延秋门出,遂迎立太宗。⑥

从这条史料来看,似乎拓跋烈"哭泣而去"是为了"诈附绍募执太宗",并且"绍信之",似乎是拓跋烈用哭泣方式骗取了清河王绍的信任。由于史

---

① 这有可能出于拓跋珪有意削弱,刘后死后,刘氏部族在明元帝即位前后的政治事件中完全不见记载,可能其势力受到严重打击,也严重影响了明元帝背后的政治力量。
② 《魏书》卷三四《王洛儿传》,第887页。
③ 《魏书》卷一六《清河王绍传》,第454页。
④ 田余庆:《拓跋史探》,第64页;李凭:《北魏平城时代》,第97—107页。
⑤ 罗新:《黑毡上的北魏皇帝》,第51—55页。
⑥ 《魏书》卷一五《卫王仪传附元烈传》,第434页。

第二章　北魏立国之初的名号体系与政权的巩固

料的缺乏,今人已难以确知清河王绍被执的细节,不过"百僚莫敢有声,惟烈行出外"的一个"惟"字,表明了拓跋烈在这场政变中独一无二的作用。不过,拓跋烈在这场政变之前只是公爵,不在道武帝天赐十王之列①,明元帝即位后方才因功进爵为王,可能其地位早已被道武帝有意贬斥;而直到其泰常五年死去,史籍对其事迹全无记载,似乎也没能进入明元朝的权力核心。这可能反映出两个层面的问题,一是拓跋烈无从威胁明元帝的皇权,二是他难以带领宗室力量拥护明元帝的皇权。从今存史料的证据看来,后一种可能对明元帝的影响更大一些。

罗新关于拓跋立汗仪式的研究或许能为这一问题的解释提供更多的依据。《北史》所记立汗仪式的"代都旧制"主要内容有"以黑毡蒙七人","帝于毡上西向拜天讫,自东阳、云龙门入"②,而《魏书·礼志》提到的西郊祭天之仪,则有"选帝之十族子弟七人执酒,在巫南,西面北上"的类似内容③。罗新认为,"代北时期的负毡七人,必与祀天仪中的执酒七人一样,出自'帝之十族'"④。而所谓"帝之十族",并非都是拓跋宗室,而是《魏书·官氏志》所见的"帝室十姓",即所谓"太和以前,国之丧葬祠礼,非十族不得与也"⑤。罗新正是从这一背景来理解长孙嵩表示"从王"而拓跋烈"哭泣而去"的原因的,应该说极具启发意义。拓跋烈之所以无法获取统治权,其阻力可能还不只是来源于拓跋宗室(直勤群体)内部,也应当与以长孙嵩为首的"十族"势力的态度密切相关。道武帝死去之前,于天赐四年诛杀常山王遵,天赐六年诛杀卫王仪,近亲昭成子孙的实力派被清洗殆尽。在道武帝死后的一系列政变中,陈留王虔一脉的朱提王悦也被诛杀。这些行动清除了潜在的王位继承者,拓跋宗室的力量也被大为削弱。宗室与"十族"的力量消长更发生了一定程度的逆转,拓跋宗室对"十族"的控制力也变得虚弱。

明元帝即位之初,对权力的掌控可能较为虚弱,史书中也有痕迹。

---

① 按《魏书·官氏志》说天赐元年九月"封王者十人,公者二十二人,侯者七十九人,子者一百三人。王封大郡,公封小郡,侯封大县,子封小县。王第一品,公第二品,侯第三品,子第四品"。参见《魏书》卷一一三《官氏志》,第3233页。
② 《北史》卷五《魏本纪五》,第170页。
③ 《魏书》卷一〇八之一《礼志一》,第2988页。
④ 罗新:《黑毡上的北魏皇帝》,第13页。
⑤ 《魏书》卷一一三《官氏志》,第3266页。

《魏书·李先传》载：

> 太宗即位，问左右旧臣之中为先帝所亲信者有谁。时新息公王洛儿对曰："有李先者，最为先帝所知。"太宗召先引见，问曰："卿有何功行，而蒙先帝所识？"先对曰："臣愚细，才行无闻，适以忠直奉上，更无异能。"①

按李先从皇始初年归顺拓跋珪，多次参与谋议，算得上是汉人中的亲信大臣。明元帝即位之初，连拓跋珪朝中亲信旧臣的基本情况都不知晓，其登位之初能在多大程度上掌握皇权，今人不得不持保留态度。或许可以说，拓跋珪死后，君臣之间的权力关系实际上发生了一定程度的逆转，明元帝的权力根基之薄弱已然显现。

明元帝即位后的第一项人事安排，"公卿大臣先罢归第不与朝政者，悉复登用之"，是对道武末年被废或"逃遁"官员的安抚与重新起用；另外两件事就是"诏南平公长孙嵩、北新侯安同对理民讼，简贤任能，彝伦攸叙"与"诏郑兵将军、山阳侯奚斤巡行诸州，问民疾苦，抚恤穷乏"，一在都城，一在地方，主持其事的长孙嵩和奚斤都是十族中的元老，且长孙氏和奚氏分别是十姓中兄族和弟族的代表，也应该有安抚诸部的目的。此事《魏书》卷二五《长孙嵩传》也有记载，"太宗即位，与山阳侯奚斤、北新侯安同、白马侯崔宏等八人，坐止车门右，听理万几，故世号八公"②。从《魏书》的记载来看，八公的构成以帝室十姓为核心，也照顾到其他的力量。此事虽尚有不同记载③，但即使将与明元帝血缘最近的拓跋屈算

---

① 《魏书》卷三三《李先传》，第876页。
② 《魏书》卷二五《长孙嵩传》，第719页。
③ 《魏书》明确记载的"八公"成员只有四人。《通鉴》增加了拓跋屈，参见《资治通鉴》卷一一五"晋安帝义熙五年十月"条，第3624页。张金龙认为另三人是叔孙建、拓跋磨浑、贺泥。参见张金龙《北魏政治史（二）》，第356—358页。不过，拓跋磨浑、贺泥二人系据《外戚贺泥传》有"诏泥与元浑等八人拾遗左右"一句得来，但元浑即磨浑，是拓跋屈之子，不当父子同在"八公"之列。又，《长孙肥传附长孙翰传》云"太宗即位，迁散骑常侍，与磨浑等拾遗左右"，又《叔孙建附子俊传》，"太宗即位，命俊与磨浑等拾遗左右"。《丘堆传》："太宗即位，拾遗左右，稍迁散骑常侍。"二者相离远不止八人之数，显然此"拾遗左右"的八人乃是另外八人，且多是"八公"的子侄辈。从对朝政的影响来看，除叔孙建外，"八公"的另外几人可能还不能随意下定论。按《通鉴》所增之拓跋屈，窪添庆文认为拓跋屈系司马光误会了《魏书》屈本传中"与南平公长孙嵩、白马侯崔玄伯等并决狱讼"一事而来，但此应当是永兴三年的事。因此《通鉴》此记载有问题之处不少，应谨慎使用。参见窪添庆文：《魏晋南北朝官僚制研究》，第48页。

入"八公"之列,其父"文安公泥,国之疏族也"①,也不在皇室血统最为核心的昭成子孙之列。无疑,这是在拓跋皇位继承核心序列之外的又一类势力。"八公"可能不能完全对应"十族",但其代表着"十族"的代人部族传统力量,则是可以肯定的。

需要稍加解释的是,"八公"权力的扩张并非是明元帝为了平抑昭成子孙势力的扩张。道武末年以来,卫王仪、常山王遵、朱提王悦等宗室实力派均被清洗,拓跋宗室力量已经元气大伤,明元帝根本无此必要。宗室力量是一把双刃剑,他们可能成为皇权的争夺者,但在异姓势力强大时,宗室力量的消长也与皇权的强弱密切相关。如果将时间视角稍微拉长,明元帝时期的代人部族力量强化是与道武帝时期的限制举措背道而驰的。如学者所说,北魏初年各种利益分配均以爵为标准,可以看作是"爵本位"的社会②,从爵制的变迁可以在一定程度上看出宗室与异姓的地位和力量的变化。《魏书·官氏志》记载天赐元年九月"封王者十人",据刘军考证,天赐十王均属于北魏皇子传承序列,其中平文子孙1人,昭成子孙5人,道武诸子4人,道武帝时期也没有异姓王的记载③。而明元帝时代以后,异姓王开始大量出现,到太武帝即位时,出现了"功臣无有不王者"的情况④。这虽然不能说道武帝时期的异姓部族力量势力很弱小,但后来出现的"功臣无有不王者"的情况显然与道武帝加强皇权、抑制异姓部族力量的措施是背道而驰的。在北魏时代,皇族与异姓勋贵的地位,其实也与皇权的强弱息息相关。这可能也与北族传统中同盟部落和姻戚之族在各类事务中有较强的影响力相关。刘军指出异姓勋贵愈益膨胀,突破皇族的垄断而大规模晋身王爵的时间节点,就在道

---

① 《魏书》卷一五《文安公泥传》,第423页。
② 胡鸿:《北魏初期的爵本位社会及其历史书写——以〈魏书·官氏志〉为中心》,《历史研究》2012年第4期,第36—51页。
③ 刘军:《北魏"天赐十王"考辨》,《南京晓庄学院学报》2013年第2期,第26—30页。按道武帝时封王者甚多,不止十人之数,其中有的之前已经国除,有的于天赐元年降爵。刘军提出"天赐元年之前获封、王绪始终未降、当事者依然健在"三项标准进行细致的核实,这一考证在方法上很有说服力。
④ 赵翼著,王树民校证:《廿二史札记校证》卷一四"异姓封王之滥自后魏始"条,中华书局,2013年,第300—301页。

武帝死后①。可以认为,明元帝即位之初的安抚政策是与代人异姓部族力量强化、皇权弱化包括宗室力量弱化相对应的。

二、"孝诚之至,通于神明"与明元帝的皇权之路

明元帝"尊母不尊父"只是一时的形势之需,毕竟明元帝的权力合法性来自于与拓跋珪的血缘关系。在皇权受到各种势力严重干扰的情况下,血缘传承的合法性就显得尤为重要。值得注意的是,鲜卑传统的权力继承并不一定严格执行中原王朝的嫡长子继承制,父权的地位相对于华夏王朝也较弱,杀父夺位的情况也比较常见。《魏志》注引《魏书》说乌桓、鲜卑旧俗:"贵少贱老,其性悍骜,怒则杀父兄,而终不害其母,以母有族类,父兄以已为种,无复报者故也。"又云其约法"自杀其父兄无罪"②。明元帝之前拓跋氏子弑父者甚多,如六修杀猗卢,寔君杀什翼犍,清河王绍杀道武帝等,或也可由此旧俗来作出某种解释。因此,如果不强化与拓跋珪的血缘关系,明元帝帝位的合法性甚至比清河王绍还有不足。对拓跋珪追尊谥号,明元帝也是早晚要解决的,只是需要一定的机缘。无论是明元帝本人、宗室还是辅政"八公",都不可能将拓跋珪的开国功绩完全抹杀,对拓跋珪的评价也是一个不得不正视的问题。

明元帝没有在条件不成熟的情况下仓促出手。从他的出逃到即位之初的尊母不尊父都显示出极强的隐忍能力。他又"礼爱儒生,好览史传",拓跋珪在位时期便从梁越等习读经书③,即位之初又随崔浩"解《急就章》《孝经》《论语》《诗》《尚书》《春秋》《礼记》《周易》",之后又随浩"学天文、星历、《易》式、九宫,无不尽看"④,又诏李先"读《韩子连珠》二十二篇、《太公兵法》十一事"⑤,确有一定的文化修养。在清河王政变之际,明元帝也得到士人崔宏等人的支持,即位之后获得崔宏父子的全

---

① 刘军:《北魏"天赐十王"考辨》,《南京晓庄学院学报》2013年第2期。按明元帝时期的异姓王,见诸《魏书》者有昌黎王慕容伯儿与长乐王嵇敬,而太武帝即位时封长孙嵩、奚斤、长孙翰等三人,异姓封王之滥的情况,似有一个较长的发展过程,但从明元帝时代开始似无疑问。
② 《三国志》卷三〇《乌丸鲜卑东夷传》注引《魏书》,中华书局,1982年,第833页。
③ 《魏书·儒林梁越传》云:"太祖以其谨厚,举动可则,拜上大夫,命授诸皇子经书。太宗即祚,以师傅之恩赐爵祝阿侯。"参见《魏书》卷八四《儒林梁越传》,第1991页。
④ 《魏书》卷三五《崔浩传》,第914页。
⑤ 《魏书》卷三三《李先传》,第876页。

力帮助。即位以后,明元帝还起用早已被拓跋珪废黜的张衮、封懿、老臣燕凤等人"参顾问"①,或许也得到了他们的尽心辅佐。因此,只要时机成熟,明元帝是有能力把握住机会的。

明元帝扩大皇权的机会在即位不久就出现了。由于柔然犯塞,永兴二年正月甲寅朔,"诏南平公长孙嵩等北伐蠕蠕",夏五月,"长孙嵩等自大漠还,蠕蠕追围之于牛川"②,形势危急。明元帝遂于当月亲征柔然(蠕蠕)社仑,据《魏书·蠕蠕传》载,这次北伐导致"社仑遁走,道死",可以说取得了极大的成功。社仑死后,"部落立社仑弟斛律",而"斛律畏威自守,不敢南侵,北边安静"③,看来柔然在这次战事中确实是元气大伤。按社仑即丘豆伐可汗,为柔然第一位可汗,在登国末年就"号为强盛。随水草畜牧,其西则焉耆之地,东则朝鲜之地,北则渡沙漠,穷瀚海,南则临大碛",多次南侵,拓跋珪向崔玄伯哀叹"道家言圣人生,大盗起,信矣"④。可以说终拓跋珪一生,社仑这一心头大患始终未能除去。此次军事行动是见于史籍记载的明元帝首次领兵出征。必须提及,这次战事中战败被围的恰好是明元帝辅政八公之首的长孙嵩,明元帝甫一即位便在久经战阵的长孙嵩被围的情况下,一举亲征将柔然击溃,对明元帝威望的提升无疑有重要意义。自此之后明元帝多有带兵亲征之举,长孙嵩等人则多留台主政,显示明元帝对拓跋军队已逐渐控制。

在这场战争取得胜利五十天以后,明元帝便"葬太祖宣武皇帝于盛乐金陵",同时上谥号、庙号,拓跋珪的地位终于得到确认。看来,通过拓跋珪的血统宣示自身皇权来源对于明元帝来说是非常急切的。按此次确定拓跋珪的谥号为宣武皇帝,庙号烈祖⑤,据《逸周书·谥法考》,

---

① 按张衮永兴二年疾笃,上疏云"陛下龙飞九五,仍参顾问,曾无微诚,尘山露海",是明元帝即位年内即引其参顾问。按其上书中有大段称颂拓跋珪的文字,恢复拓跋珪的地位或与张衮等汉臣的支持和帮助有关。参《魏书》卷二四《张衮传》,第688页。
② 《魏书》卷三《太宗纪》,第58页。
③ 《魏书》卷一〇三《蠕蠕传》,第2489—2490页。
④ 《魏书》卷一〇三《蠕蠕传》,第2489页。
⑤ 按《魏书》卷二《太祖纪》作"庙号太祖",实是"烈祖"之讹。点校本《校勘记》已辨其非,此作"太祖"当是后世史臣所为。参见《魏书》卷二《校勘记》,第55页。《通鉴》亦作"烈祖",见《资治通鉴》卷一一五"晋安帝义熙六年九月"条,第3639页。

"圣善周闻曰宣"①，又云"施而不成曰宣"②；"刚强直理曰武""威强睿德曰武""克定祸乱曰武""刑民克服曰武""大志多穷曰武"③。按《魏书·彭城王勰传》，太常卿刘芳议彭城王谥"武宣"云"依谥法，保大定功曰'武'，善问周达曰'宣'"④，此"善问周达"又见于《左传》杜预注引《谥法》⑤。以此来看，"宣武皇帝"应该算是美谥。不过，"宣"谥号的"施而不成"多少也留有余地⑥。相对于拓跋珪所追尊的某些祖先用及"神""圣"等极美之谥，如始祖力微谥"神元帝"，诘汾谥"圣武皇帝"，则有所不及；"烈祖"庙号乃是第四代称祖，地位亦复如此。这与张衮所称的拓跋珪"诞膺期运，天地始开"⑦的地位略显不符，后世对其谥号、庙号的反复改易也颇与此相关。看来，明元帝恢复拓跋珪地位的行动具有一定的试探色彩，虽然史籍并没有给今人留下关于这次试探受到任何反对的材料。

不过，此时的朝中也并非风平浪静。《魏书·太宗纪》载永兴三年事云："五月丁卯，车驾谒金陵于盛乐。己巳，昌黎王慕容伯儿谋反，伏诛。"⑧这两件事情有无关系，今人已经不得而知。不过，五月丁卯谒金陵乃是明元帝在安葬拓跋珪之后首次谒陵，距离安葬拓跋珪仅仅八个月。昌黎王谋反在谒陵后两天，显然是利用了明元帝谒陵不在平城的机会。看来，此时的朝政仍然不够稳定。按此次谋反的平息，留守平城的"八公"之一奚斤立下大功。奚斤本传载"太宗幸云中，斤留守京师。昌黎王慕容伯儿收合轻侠失志之徒李沈等三百余人谋反，斤闻而召伯儿入天文殿东庑下，穷问款引，悉收其党诛之"⑨。这次谋反平息以后，明元帝再次重申即位之初的"八公"辅政诏书，十二月甲午，"诏南平公长孙嵩、任

---

① 黄怀信等：《逸周书汇校集注》卷六《谥法考》，上海古籍出版社，1995年，第735页。
② 黄怀信等：《逸周书汇校集注》卷六《谥法考》，第753页。
③ 黄怀信等：《逸周书汇校集注》卷六《谥法考》，第680—682页。
④ 《魏书》卷二一下《彭城王勰传》，第656页。
⑤ 《春秋左传正义》卷二一宣公元年杜预注，影印阮元校刻《十三经注疏》，第4049页。
⑥ 按"宣"原本是美谥，而道武帝之前最重要的谥"宣"者可算晋宣帝司马懿，不过司马懿用"宣"的"施而不成"之义正好表明其生前并未即位的事实，与道武帝正式称帝而被奉为开国君主的身份全然不同。
⑦ 此是张衮永兴二年疾笃之际上书中语，参《魏书》卷二四《张衮传》，第688页。
⑧ 《魏书》卷三《太宗纪》，第59页。
⑨ 《魏书》卷二九《奚斤传》，第780页。

城公嵇拔、白马侯崔玄伯等坐朝堂,录决囚徒,务在平当"①。奚斤本传载诛杀慕容伯儿事后,有"诏与南平公长孙嵩等俱坐朝堂,录决囚徒"②的记载,可见此次坐朝堂的也有奚斤。不过,这次诏大臣"坐朝堂"的情况有两点不同值得注意。其一是它的内容与即位之初的"共听朝政"或者"听理万几"已有明显不同,仅限于"录决囚徒",其中或许反映出明元帝与"八公"之间的权力消长。其二是参与的人员排序,按第一次"八公"听政,《魏书·太宗纪》只载有长孙嵩和安同两人,《长孙嵩传》载另外还有奚斤、崔宏等人;这次"录决囚徒"排在长孙嵩之后的是嵇拔。嵇拔是否在第一次的"八公"之列今人不得而知,但排列次序有了变化,说明其在几人中的地位有了变化。嵇拔不在帝室十族之列,但尚明元帝姊华阴公主。公主在清河王事变中"有保护功",嵇拔本人也可算是明元帝亲信。这两点,似乎说明此时朝中辅政形式有所变化,只是史料遗佚太多,今人无法得知其详情而已。

从此后历史的发展看来,明元帝尊崇拓跋珪的行动一直在继续。尊崇行动是逐步而曲折地进行的,主要采用了立庙祭祀的形式。《魏书·礼志一》云:

> 明年(永兴四年),立太祖庙于白登山。岁一祭,具太牢,帝亲之,亦无常月。兼祀皇天上帝,以山神配,旱则祷之,多有效。是岁,诏郡国于太祖巡幸行宫之所,各立坛,祭以太牢,岁一祭,皆牧守侍祀。又立太祖别庙于宫中,岁四祭,用牛马羊各一。又加置天日月之神及诸小神二十八所于宫内,岁二祭,各用羊一。后二年,于白登西,太祖旧游之处,立昭成、献明、太祖庙,常以九月、十月之交,帝亲祭,牲用马、牛、羊,及亲行貍刘之礼。别置天神等二十三于庙左右,其神大者以马,小者以羊。③

综合这段记载,可知永兴四年以后,明元帝所立太祖(烈祖)庙有多处,

---

① 《魏书》卷三《太宗纪》,第60页。
② 《魏书》卷二九《奚斤传》,第780页。
③ 《魏书》卷一〇八之一《礼志一》,第2988—2989页。按,拓跋珪原庙号烈祖,平文帝原庙号太祖,但据《魏书》书法,这些引文中的"太祖"皆指道武帝,这些庙也均是祭祀拓跋珪的。于白登山别立庙,《南齐书·魏虏传》也有记载,可为参证。下文出现类似情况,不再说明。

而且各郡国也必须于其巡幸之处立庙,《水经注》引《魏土地记》云:"沮阳城东八十里,有牧牛山,下有九十九泉,即仓河之上源也。山在县东北三十里,山上有道武帝庙。"① 杨守敬考订牧牛山在清延庆州东、永宁城西北十五里,位于今北京市境内。显然,此庙只能属于各郡国"太祖巡幸行宫之所"的范畴,可见这一立庙制度确曾得到实行。在各郡国行幸之处均立庙,拓跋珪时期不见类似记载,其数量之多在历史上应该算是绝无仅有的。此外,从上引文字还可以看出,各处所立之庙都是以太祖为祭祀中心的,如白登山庙之祀"兼祀皇天上帝",其他各庙日月、天神皆为配祀,这种"祖天同祭现象"在中原汉族的传统祭祀中是从未有过的②。又白登西的昭成、献明、太祖庙虽是三庙,但均立在"太祖旧游之处",可见明元帝所费苦心。

　　有研究认为北魏前期庙制的纷繁复杂与北亚传统有关③,或称是拓跋古老游牧习俗的残存④,这些不同的表述似乎表明明元帝对拓跋珪的尊崇源于部落传统。从多处立庙的方式、祖天同祭的形式看,确非华夏传统所有;而祭祀的地点多样,也确与游牧民族居无定所的习性相似。不过,明元帝立庙祭祀拓跋珪的有关制度,与拓跋珪本人立庙祭祀其他拓跋先祖即有很大的不同。典型者如白登山祭太祖庙"具太牢",与拓跋传统祭礼"神尊者以马,次以牛,小以羊,皆女巫行事"⑤不同,融入了华夏祭礼因素。又如明元帝白登西诸庙亲行之"貙刘之礼",《续汉志》云"貙刘之礼:祠先虞,执事告先虞已,烹鲜时,有司告,乃逡巡射牲",注引《风俗通》云"楚俗常以十二月祭饮食也。又曰尝新始杀也。食新曰貙膢"⑥,盖源于楚俗,亦非鲜卑传统。因此,对于明元帝所立诸庙,皆以太祖(拓跋珪)庙为中心的情形,也不能简单以部落传统概之。日本学者江上波夫对此问题有过精彩的分析:"在拓跋魏的祭祀里,不管是在白登

---

① 郦道元撰,杨守敬、熊会贞疏:《水经注疏》,江苏古籍出版社,1989年,第1189页。
② 梁满仓:《魏晋南北朝五礼制度考论》,社会科学文献出版社,2009年,第251页。
③ 康乐:《从西郊到南郊——国家祭典与北魏政治》,第170页。
④ 梁满仓:《魏晋南北朝五礼制度考论》,第251页。
⑤ 《魏书》卷一〇八之一《礼志一》,第2987页。按太平真君四年的嘎仙洞刻石也有"用骏足、一元大武、柔毛之牲敢昭于皇天之神"云云,用牲的次序也是马、牛、羊。参见米文平:《鲜卑石室的发现与初步研究》,《文物》1981年第2期。
⑥ 《续汉书志》卷五《礼仪志中》,中华书局,1982年,第3123、3124页。

第二章 北魏立国之初的名号体系与政权的巩固

山或在宫中,太祖均为最重要的祭祀对象,天、日、月、山神之类,只不过是作为陪神与之合祀罢了……拓跋魏的祭祀若从北亚诸民族的萨满信仰立场来看,一定颇为奇怪。但若考虑到拓跋魏建国于北中国,效仿中国之文物制度,遵循以宗庙祭祀为国家皇室之大事的中国传统,则易于理解。"[①] 张金龙称江上此说"是洞悉北魏前期祭祀实质的深刻之论"[②],笔者同意这一观点。这里需要补充一点,这种以道武帝为祭祀中心的制度,都是在明元帝永兴四年以后逐步建立起来的,而且均与明元帝着力构建道武帝政权开创者的历史地位有关。

明元帝采用迂回的方式尊崇其父,其原因值得考究。采用某些拓跋传统的方式,可能是寻求部众的认同;其效果要达到又必须具备一定的神秘性,还得有神灵庇佑的效果。这一点,上文引《魏书·礼志一》云,白登山的太祖庙"兼祀皇天上帝,以山神配,旱则祷之,多有效","多有效"则是说皇天上帝、山神都是为太祖服务的,只有诸神相助才能"多有效",也只有祭祀太祖才能让诸神相助。这样,明元帝悄悄地在祭祀礼仪中将拓跋珪的地位提升到最高点,可能有借助祭祀礼仪宣扬自身权力神圣性的目的。明元帝作为拓跋珪的嫡系继承人,其地位无疑也将是最高的,而且也能够得到皇天上帝和诸神帮助。《魏书·礼志一》稍后的一则史料很明白地表达了这一目的:

> 帝尝于白登庙,将荐熟,有神异焉。太庙博士许钟上言曰:"臣闻圣人能飨帝,孝子能飨亲。伏惟陛下孝诚之至,通于神明。近尝于太祖庙,有车骑声,从北门入,殷殷辚辚,震动门阙,执事者无不肃栗。斯乃国祚永隆之兆,宜告天下,使咸知圣德之深远。"[③]

太庙博士许钟称太祖庙的神异是"陛下孝诚之至,通于神明"的结果,因此"宜告天下,使咸知圣德之深远"。许钟的话也即表明太祖庙的神异是明元帝带来的,而且与"孝诚之至"有关。而将"神异"之事告知天下,也就是通过这种方式将尊崇拓跋珪的行为背后所要传达的政治意义传

[①] 江上波夫:《匈奴的祭祀》,刘俊文主编:《日本学者研究中国史论著选译》第9卷《民族交通》,中华书局,1992年,第21页。
[②] 张金龙:《北魏政治史(二)》,第381页。
[③] 《魏书》卷一〇八之一《礼志一》,第2989—2990页。

播出去。明元帝尊父的目的也就在此言中道出。

明元帝采用汉制的祭祀礼仪来宣扬拓跋珪"神异"的方式宣示权力的神圣性,则可能与身边的汉臣有关。其中教授明元帝经书的李先、崔浩等人,可能都参与其事。明元帝曾下诏曰:"(李)先所知者,皆军国大事,自今常宿于内"①,李先是"善占相之术"的儒臣,参与制造和解释神异现象是很有可能的。而崔浩的作用则可能更大,《魏书·崔浩传》称,"浩综核天人之际,举其纲纪,诸所处决,多有应验。恒与军国大谋,甚为宠密"②,"朝廷礼仪、优文策诏、军国书记,尽关于浩"③。立庙祭祀拓跋珪当也是"朝廷礼仪"的一种,可能明元帝在此过程中也采纳了他的某些意见。或许"祷之,多有效""有神异"的太祖庙祭也是改造汉人传统宗庙祭祀而成的一种类似的工具。

明元一朝的史料今天能看到的已经不多,但还能够清晰地梳理出明元帝尊崇拓跋珪的线索,以尊父行为达成"孝诚之至,通于神明"的效果,对明元帝巩固权力的意义很不一般。明元帝在其他地方祭祀拓跋珪的记载在《魏书·太宗纪》中也能偶见,如永兴五年"秋七月己巳,还幸薄山。帝登观太祖游幸刻石颂德之处,乃于其旁起石坛而荐飨焉。赐从者大酺于山下"④。这些细节,也是明元帝以亲身行动表示对拓跋珪的进一步尊崇的例证。

三、"纯孝之心"或是"南面之术"?"道武"谥号的意义

泰常五年五月乙酉,明元帝颁布诏书,改谥拓跋珪为"道武皇帝"。此时明元帝早已全面掌控了朝中局势,宣扬拓跋珪"神异"的活动也为改定谥号做好了铺垫。今本《魏书·太宗纪》附有史臣的评价说:"明元抱纯孝之心,逢枭镜之祸,权以济事,危而获安,隆基固本,内和外辑。"⑤"纯孝之心"自是体现了儒家孝道的原则,但在明元帝这里,"纯孝之心"也应与其即位之初不能尊父的情况下,苦心孤诣地提升其父地位

---

① 《魏书》卷三三《李先传》,第877页。
② 《魏书》卷三五《崔浩传》,第896页。
③ 《魏书》卷三五《崔浩传》,第900页。
④ 《魏书》卷三《太宗纪》,第61页。
⑤ 《魏书》卷三《太宗纪》,第75页。

有关。看来,改变特殊情况下确定的"未尽盛美"的拓跋珪谥号,明确表达父死子继、父规子随的态度,应属自然之事。不过,明元帝君臣为何不选择其他极美之词为谥,而要改"宣"为"道"呢?其背后的原因是否仅仅只是明元帝的"纯孝之心"呢?

按自汉以来,除开国君主刘邦用单谥"高"以外,其后诸帝谥号多带"孝"字。颜师古注称:"孝子善述父之志,故汉家之谥,自惠帝已下皆称孝也。"①自汉以后,帝王谥号用"孝"者极多,且形成一种惯例,即带"孝"的谥号往往着重于后一字而"孝"则多省略②。不过史臣虽强调明元帝的"纯孝之心",但明元帝并未使用"孝子善述父之志"的"孝"字谥其父,而使用了"道武"这一谥号。实际上,整个北魏王朝,第一位拥有带"孝"字谥号的皇帝是孝文帝,之前的诸帝包括拓跋珪追尊的二十八帝,没有一个谥号中带有"孝"字的。北魏王朝对孝道的特别强调,实际上也是从孝文帝时代开始的③。而明元帝改"宣武"为"道武",其重心显然在前一字即"道"字上,这也与汉代以来前一字为"孝"多可省略而重后一字的情况不同。以此来看,明元帝改谥其父,最主要的目的不是向天下宣示自己的"纯孝之心"以为弘扬孝道之表率,而是别有目的④。突破史官的儒家化评价来解读这一谥号涵义的关键,还在"道"字本身。

唐以前的谥号,帝王之谥最美者的惯例是"文""武""高""大"等字,用于开国之主和中兴之君,且称文不用武,言大不用高⑤。以"道"字为谥者,前世帝王不见使用,前世的谥法文献如《逸周书·谥法解》《白虎通义·谥》、蔡邕《独断·帝谥》等也未见提及。从现有数据看来,

---

① 《汉书》卷二《惠帝纪》颜师古注,第86页。
② 汪受宽:《谥法研究》,第56—57页。
③ 关于北魏时期的孝道问题,康乐有较为系统的研究,参见康乐:《从西郊到南郊——国家祭典与北魏政治》第7章《孝道与北魏政治》,第229—282页。
④ 刘国石认为,拓跋嗣遵循儒家礼制能够做到"非礼不动",因而其孝亲得到了史家很高的评价。参见刘国石:《简论北朝时期少数民族政权对儒家伦理道德的传承——以孝道传承为研究中心》,《北朝研究》第7辑,科学出版社,2010年,第168页。刘氏的说法可能代表学界的某种看法,即将史官对北魏前期君主的儒家化评价看作当时的事实,这就引发了一种从什翼犍开始的几乎所有君主"都能以儒家文化为重,广泛开展儒学和儒家伦理道德教育"这样的结论。实际上这种看法可能还有某些偏颇之处,隐蔽了北魏历史发展不同时段的具体背景和思想区别。以明元帝尊父行为来说,背后的政治背景可能要比"孝亲"本身远为复杂,值得作更为精细的辨析。
⑤ 汪受宽:《谥法研究》,第54页。

"道"字为谥可能是北魏新起的,其内涵可能也是明元帝君臣依据实际需要而定的,并非简单地袭用前人成说。按《魏书·太宗纪》载改谥诏曰:

> 宣武皇帝体道得一,天纵自然,大行大名未尽盛美,非所以光扬洪烈、垂之无穷也。今因启纬图,始睹尊号,天人之意,焕然著明。其改"宣"曰"道",更上尊谥曰道武皇帝,以彰灵命之先启,圣德之玄同。告祀郊庙,宣于八表。①

按此条诏书,《太平御览》引《后魏书》"宣武皇帝体道得一,天纵自然"一句作"宣武皇帝体得一之玄远,应自然之冲妙;配醇化以御世,演大道以宣风"②,《北史》前二句与《御览》同,而阙后二句。按今本《魏书》出自后人所补,《御览》原文很有可能出自魏收原书,而今本《魏书》则可能系后世史臣所删。因此,此诏前半部分当以《御览》更为贴近原始史料的面貌。今以二者为基础,对明元帝改谥其父事略作分析。

吕宗力曾依据"今因启纬图,始睹尊号,天人之意,焕然著明"一句,认为明元帝因睹纬书之文而改先帝之谥号,表明他对谶纬非常虔诚③。无疑,改谥号是利用了纬书的暗示,这与太祖庙中显示出的"神异"是一致的。实际上对先帝谥号的改动算得上是一件大事,明元帝君臣不使用一些诸如"神异"暗示之类的借口是不能随意变更的。不过,纬图本是一种"诡为隐语,预决吉凶"的神秘预言,其涵义一般都是较为隐晦的,甚至可以做多种解释④。明元帝君臣因何要造作或使用具有"道"的涵义的纬图,或者为什么将纬图中的"道"的涵义和拓跋珪的谥号联系起来,还是一个需要解释的问题。

谥号的意义首先是对死去的人的评价,"道武"谥号首先应当与拓

---

① 《魏书》卷三《太宗纪》,第70页。
② 《太平御览》卷一○二《皇王部》引《后魏书》,第486页。
③ 吕宗力:《魏晋南北朝至隋禁毁谶纬始末》,收入《高敏先生八十华诞纪念文集》,线装书局,2006年,第244页。
④ 王步贵将谶纬"诡为隐语,预决吉凶"的特色归结为一种"神秘文化",参王步贵:《神秘文化:谶纬文化新探》,中国社会科学出版社,1993年,第6页。又,钟肇鹏说:"不把谶纬的本质弄清楚,只从谶纬的词句上去看,就成了五花八门,如堕五里雾中,使人无所适从。根据一些表面的现象和支言词组就会形成各种不同的说法。"钟肇鹏:《谶纬论略》,辽宁教育出版社,1991年,第20页。明元帝君臣所用的"纬图"单从字面上看恐怕也会"如堕五里雾中",直言应当改谥号这类直白的表达方式恐怕不可能在"纬图"中出现。

跋珪本人有关。《魏书》对拓跋珪吸收的华夏传统文化的记载,强调得最多的就是"好黄老"。如"太祖好黄老,数召诸王及朝臣亲为说之。在坐莫不祗肃"①;"时太祖留心黄老,欲以纯风化俗,虽乘舆服御,皆去雕饰,咸尚质俭"②;"帝好黄老,颇览佛经",又"太宗践位,遵太祖之业,亦好黄老,又崇佛法"③。这些"好黄老"的记载,多数都与道教方术有关系。《魏书·太祖纪》有道武帝"服寒食散"的记载④,寒食散与道家养生之术的关系,更是众所周知的事。《魏书·释老志》又云:"太祖好老子之言,诵咏不倦。天兴中,仪曹郎董谧因献服食仙经数十篇。于是置仙人博士,立仙坊,煮炼百药,封西山以供其薪蒸。"⑤《魏书·官氏志》也提到,天兴三年"置仙人博士官,典煮炼百药"⑥。因"好老子之言"而立仙人博士,应该也是迷恋道家的长生之术。除此之外,田余庆还指出,北魏的代歌冠以"真人"二字作为正式名称,具有道武帝的时代特征,乃是因为"真人"是道家方士人物时常提及的称谓⑦。同时,道武帝的治国之术中也颇有黄老道家的痕迹,阎步克指出,黄老道家能够为道武帝保持"敦朴"提供思想资源,其政治实践中"法家和道家都曾成为其思想参考,这个方面也不好视而不见"⑧。在崇尚敦朴、"欲以纯风化俗"方面,正与改谥诏书中"配醇化以御世,演大道以宣风"相对应。道武帝个人对道教方术的崇尚和政治实践中黄老道家的色彩,无疑能为谥号"道"提供某种依据。

在改谥诏书的前半部分对道武帝的评价,也提到谥"道"字的理由。诏书首句"体道得一"或者"体得一之玄远"一句,其核心在于"得一"。"得一"典出《老子》第三十九章:"昔之得一者,天得一以清,地得一以宁,神得一以灵,谷得一以盈,万物得一以生,侯王得一以为天下贞。"王弼注曰:"一,数之始而物之极也,各是一物之生,所以为主也。"⑨"天纵

---

① 《魏书》卷一五《昭成子孙·毗陵王顺传》,第444页。
② 《魏书》卷一四《神元平文诸帝子孙·曲阳侯素延传》,第405页。
③ 《魏书》卷一一四《释老志》,第3292页。
④ 《魏书》卷二《太祖纪》,第49页。
⑤ 《魏书》卷一一四《释老志》,第3311页。
⑥ 《魏书》卷一一三《官氏志》,第3233页。
⑦ 田余庆:《〈代歌〉、〈代记〉和北魏国史——国史之狱的史学史考察》,《拓跋史探》,第209页。
⑧ 阎步克:《魏晋南北朝时代的质文论》,《乐师与史官——传统政治文化与政治制度论集》,生活·读书·新知三联书店,2001年,第311—316页。
⑨ 王弼注,楼宇烈校释:《老子道德经注校释》,第105—106页。

自然"或"应自然之冲妙"一句,其核心则在于"自然"。"自然"则典出《老子》第二十五章:"故道大,天大,地大,王亦大。域中有四大,而王居其一焉。人法地,地法天,天法道,道法自然。"从这里来看,"自然"与"得一"是有联系的,王弼注亦云:"王所以为主,其主之者一也。"①王葆玹指出,"道法自然"在政治学领域的意义,为"名之自命,形之自定,即民之自然",也即"统治者执道,任由民众自定其形名"的形名之学②。这一思想是主要为后世法家所继承和强调的部分,《韩非子·扬权篇》云:"用一之道,以名为首,名正物定,名倚物徙。故圣人执一以静,使名自命,令事自定。"③秉要执本以"使名自命,令事自定"的"执一"之道,也涉及到了黄老形名学的核心思想。班固曾经总结说:"道家者流盖出于史官,历记成败存亡祸福古今之道,然后知秉要执本,清虚以自守,卑弱以自持,此君人南面之术也。"④改谥诏书所体现出的思想,可以说触及到了君人南面之术的关键,亦可见明元帝君臣对黄老思想的理解水平。

《魏书·崔浩传》还载有一段明元帝时期崔浩对拓跋珪的评价,从中或许可以看到明元帝君臣以"道"评价拓跋珪的深意:

> 太宗曰:"卿谓先帝如何?"浩曰:"小人管窥县象,何能见玄穹之广大。虽然,太祖用漠北醇朴之人,南入中地,变风易俗,化洽四海,自与羲农齐列,臣岂能仰名。"⑤

史载此次对话发生在泰常二年,由君臣讨论天下形势引发。明元帝向崔浩汲汲寻求对先帝的评价,表明内心深处希望崔浩帮助把握对拓跋珪和自身的定位的方向。崔浩所说"用漠北醇朴之人,南入中地,变风易俗,化洽四海",实际上是源出华夏典故。按《汉书》对于汉初黄老之治的得失,有一段简要的概括:"汉兴,扫除烦苛,与民休息。至于孝文,加之以恭俭,孝景遵业,五六十载之间,至于移风易俗,黎民醇厚。"⑥崔浩对拓跋珪的评价,与班固评价汉初黄老之治的话非常接近,乃至直接援引。对

---

① 王弼注,楼宇烈校释:《老子道德经注校释》,第64页。
② 王葆玹:《黄老与老庄》,中国人民大学出版社,2012年,第83—84页。
③ 王先慎:《韩非子集解》,第45页。
④ 《汉书》卷三〇《艺文志》,第1732页。
⑤ 《魏书》卷三五《崔浩传》,第899页。
⑥ 《汉书》卷五《景帝纪》,第153页。

《汉书》深有研究的崔浩①,随口引用班固对汉文景之治的评价自是不在话下。汉初正是历史上道家黄老之术最为流行也是最为成功的时期,崔浩引以评价道武帝,当然有其深意。不过,在特定的历史背景下,表面上相似的文句也能表达完全不同的意义。"醇朴"正是《老子》所强调的品德,以此比拟漠北遗俗影响下的鲜卑统治者,自然也能用以取悦明元帝。不过,这"变风易俗"的方向却并不是变回鲜卑遗俗,也不仅仅在于类似文景之治的与民休息、轻徭薄赋,更重要的是秉要执本、清虚自守的君人南面之术。除此之外,崔浩回答的巧妙还在于"自与羲农齐列","羲农"是道家之圣人,羲农之世为道家所向往的理想社会,与班固所谓"周云成、康"不同,与儒家所经常提及的圣王尧、舜、禹、汤、文、武、周公之治也不相同。可以推断,以"道"的谥号评价拓跋珪,除了表明道武帝、明元帝父子可能是道教的信徒之外,还与黄老思想的"君人南面之术"有某种联系。

刘乃和指出,谥号"既是死者的盖棺之论,又是政治舆论的时代导向"②,这无疑是应该注意的。改谥历来就是一种非常审慎的行为,评估新改定谥号的历史意义,首先应该明晰的是这一名号所传达的政治信息。不可否认,在"盖棺定论"方面,拓跋珪时代的政治实践,在解决皇权问题方面并没有实现"无为而治",反而在精神混乱之际残暴不仁,最后死于政变。拓跋珪也没能用屠杀或者其他的方式解决皇权继承的问题,反而间接地造成了明元帝即位之初的统治危机。这种状况,亲历其事的明元帝当然是感受至深的。明元帝君臣重新利用改谥号的行为宣示黄老的君人南面之道,其原因也值得进一步深入思考。事实上,明元帝君臣对拓跋珪的改谥,其立足点还在于这一谥号"光扬洪烈、垂之无穷"的现实意义。改谥诏书中充斥着溢美的文字,并非只是虚应故事而已,将它公诸天下体现着国家政治态度的表达。从改谥诏书来看,拓跋珪能够"光扬洪烈、垂之无穷"的政治理想,就是"道法自然"的"得一之

---

① 《新唐书·艺文志》著录有崔浩《汉书音义》二卷,参见《新唐书》卷五八《艺文志二》,中华书局,1975年,第1454页。唐人《史记》《汉书》注疏对崔浩《汉书音义》多有引用,如程金造《史记索隐引书考实》辑有司马贞引用崔浩《汉书音义》54条。参见程金造:《史记索隐引书考实》,中华书局,1998年,第431—436页。
② 汪受宽:《谥法研究》,刘乃和《序》,第4页。

术"。从这一点上说,明元帝通过改谥的行为,表达了他自身以黄老南面之术统御天下的政治策略,并有将其传之后世的意愿。

对于急需巩固皇权的明元帝来说,源出黄老的"御臣"之道无疑是非常重要的。与其父以黄老术巩固皇权而身死相比,明元帝在位十五年,早期的短暂混乱之后,其统治都是比较稳定的。泰常三年,崔浩曾称"国家主尊臣卑,上下有序,民无异望"①,从现存史料看也确是实情。明元帝后期对权力的掌控是相当到位的,不过史籍上却没有见到他因为权力斗争而像其父一样大肆诛杀朝臣的记载。甚至早期对其权力限制严重的"八公"等重臣,除可能位列"八公"的拓跋屈因特殊缘故被诛杀之外,其他如长孙嵩、奚斤等人直到明元帝后期也都兢兢业业,后来更成为太武帝拓跋焘的辅政大臣。"主尊臣卑,上下有序"是黄老形名之学追求的一种理想状况,明元帝后期的北魏政治确乎接近于这种理想。

于明元帝而言,其父最惨痛的教训莫过于皇位继承问题没有得到妥善解决,也为此付出了惨痛的代价。而明元帝对于即位之初的这一挥之不去的心结,也终于在崔浩的建议之下,借助"道"的形式得到了解决。《魏书·崔浩传》载其说帝以太子监国,其中有云:

> 自圣化龙兴,不崇储贰,是以永兴之始,社稷几危。今宜早建东宫,选公卿忠贤陛下素所委仗者使为师傅,左右信臣简在圣心者以充宾友,入总万机,出统戎政,监国抚军,六柄在手。若此,则陛下可以优游无为,颐神养寿,进御医药。万岁之后,国有成主,民有所归,则奸宄息望,旁无觊觎。此乃万世之令典,塞祸之大备也。②

崔浩的建议解决的现实问题则是明元帝所急需面对的皇位继承问题。明元帝君臣对"永兴之始,社稷几危"原因的反思,也正是急需制定太子监国这一"万世之令典,塞祸之大备"制度的原因。按《崔浩传》又载太子监国辅政诸臣,以"司徒长孙嵩,山阳公奚斤,北新公安同为左辅,坐东厢西面;浩与太尉穆观、散骑常侍丘堆为右弼",此六人除穆观于泰常八年即暴病而亡以外,后来皆成为拓跋焘即位后的权力核心成员,拓跋焘

---

① 《魏书》卷三五《崔浩传》,第 900 页。
② 《魏书》卷三五《崔浩传》,第 900—901 页。

即位之初也没有因为权力斗争事件而被废杀者。如果注意这六人的背景，长孙嵩、奚斤、安同均在明元帝即位之初"八公"之列，崔浩为"八公"之一的崔宏之子，则大体仍旧保持着明元帝即位之初的权力格局。另一个事实是，昭成子孙、道武诸子等潜在的皇位争夺者全数被赶出了权力核心，也没有对拓跋焘的皇权产生过实质性的威胁。权臣拥立其他皇子或者部落首领发动大规模的叛乱的事件，也基本上没有发生。当然，明元帝没有采取像道武帝那样激烈的方式解决皇权问题，而是与部族力量达成了某种程度的妥协。有趣的是，崔浩要达成"陛下可以优游无为，颐神养寿"的两个目的，解决的是明元帝面临的现实问题，同时也正是黄老哲学中治国与养生两方面的理想。这或许也在暗示道家南面之术对于解决皇位继承问题的意义。

　　在沙石澄清的今天来看，明元帝的皇位继承问题，在北魏乃至整个南北朝都是处理得极为成功的罕见个例，与拓跋珪形成了鲜明的对比。明元帝即位之初的皇权危机，其表现之一就是拓跋珪的地位不能得到恰当的评价；拓跋珪的地位不能得到确认，明元帝皇位传承的合理性无疑会受到挑战。明元帝君臣以治国策略的一贯性来建构皇权传承的合理性，皇权传承也为治国策略的延续提供了条件。黄老治术尚因循的特点，也为皇权的延续定下了基调。从这一角度看，太子监国这一"万世之令典"与确立拓跋珪"垂之无穷"的"道武"谥号，都有确保皇权顺利延续的相似意义。如果将目光放到拓跋魏的内外政策上，明元帝确立了拓跋焘的地位以后，重新启动了中断二十余年的向南扩张行动，发起了对刘宋的战争。虽然明元帝本人不久即病逝，但拓跋焘即位以后北魏政局稳定，战争得以延续下去，并在十余年后统一了北方地区。明元帝一朝由内而外的政治取向的改变，时间上正与道武帝的地位确立相吻合。

　　反观历史的发展，"道武"谥号中"道"的意义也确实在北魏政治中或隐或现地起着作用。典型者如其后的诏书与群臣上书中，经常会首先提及拓跋珪以及带有黄老特色的治国之策，俨然已经成为北魏政治的一种"故事"。如《魏书·世祖纪》诏书中有"昔太祖拨乱，制度草创，太宗因循，未遑改作"[①]，所强调的"因循"，正是黄老治术的基本原则；《魏

[①]《魏书》卷四上《世祖纪上》，第89页。

书·高允传》载其上书云:"臣闻太祖道武皇帝既定天下,始建都邑。其所营立,非因农隙,不有所兴"①,这是强调黄老无为、与民休息的精神;《魏书·韩显宗传》载其上书云:"仰惟太祖道武皇帝创基拨乱,日不暇给,然犹分别士庶,不令杂居,伎作屠沽,各有攸处"②,这是黄老的循名责实传统。此类例证甚多,所涉具体内容也各不相同,但无不以"太祖"亦即拓跋珪的施政方略为基本原则,且多体现出鲜明的黄老特色。当然在北魏的发展历程中,对拓跋珪的功德评价和形象描述还是会有所改变的。不过,明元帝对其父的尊崇以及"道"的定位,已经在北魏政治文化的发展史上留下了重要的一笔。

本小节开始所提及的《魏书·太宗纪》所附史臣的评价,也可另作一番解释。"明元抱纯孝之心"当然与其苦心孤诣提升其父地位有关,但在当时的环境下,以"纯孝之心"为手段,达到"权以济事,危而获安"的效果,才是其真正的目的。这一目的的达成,所运用的政治思想其实并非"纯孝"这类儒家的原则,而是道家南面之术与权谋之学。明元帝改其父谥号为"道武",正是一种对北魏开国以来政治实践的正式宣示,并向自己的继承者强调道家南面之术的重要性。当然,"权以济事,危而获安,隆基固本,内和外辑"这类道家色彩浓郁的评价,也表明史官对明元帝固权治国之策的把握,也是极为高明的。

本节小结

章太炎曾经指出:"历来承平之世,儒家之术,足以守成。戡乱之时,即须道家,以儒家权谋不足也。"③北魏初年的历史局面,也是历史上一段极为混乱的时期。从道武帝时代开始,"好黄老"就经常出现在《魏书》的记载中。诚如学界提出的那样,魏晋以来的"黄老"一词,往往被用来指代道教,但北魏前期史料中的"黄老"与"道",还不仅仅是信奉道教而已。北魏"创基拨乱"所使用的戡乱之术,也多见道家权谋之特征,其中尤以崔宏、崔浩父子为甚。《魏书·太宗纪》对明元帝"权以济事,危而

---

① 《魏书》卷四八《高允传》,第1183页。
② 《魏书》卷六〇《韩麒麟传附韩显宗传》,第1463页。
③ 诸祖耿等记录:《章太炎国学讲演录》,第258页。

获安,隆基固本,内和外辑"的评价,也表明史官对明元帝与崔浩君臣固权治国之策的把握,也是极为高明的。

在沙石澄清的今天来看,明元帝的皇位继承问题,在整个十六国北朝都是处理得极为成功的罕见个例,与其父拓跋珪也形成了鲜明的对比。明元帝即位之初的皇权危机,其表现之一就是拓跋珪的地位不能得到恰当的评价;拓跋珪的地位不能得到确认,明元帝皇位传承的合理性无疑会受到挑战。明元帝即位之初"尊母不尊父"的行为,正是鲜卑"十族"的传统权威得以伸张、拓跋皇权面临危机的直接表现。逐渐掌控权力以后,明元帝通过不断地表明自己的"孝诚之至",以某些鲜卑旧俗的形式为拓跋珪立庙祭祀,逐步树立其父崇高的地位来强化皇权的正统性,又进一步确保了自身权力的合法性。由"宣武"到"道武"谥号的确立,表明明元帝不仅控制了北魏政权,而且有为皇权的顺利传承做打算的目的。"道武"谥号的背后的"实"不是所谓的"纯孝之心",而是以"道"的方式实现皇权顺利传承。其实质是以道家君人南面之术与道教对天命的宣扬相表里,而确立皇权传承巩固的一系列制度。"道武"谥号确立不久,在崔浩和寇谦之等人的推动下,北魏政治中"道"的因素越来越浓郁,这种情况也是在道武、明元两朝开始奠基的。同时,崔浩等华夏士人通过出谋划策、宣扬道教等各种形式,将华夏传统的治道与权谋潜移默化地传授给拓跋君主,也为北魏王朝结束北方动乱状态,走出十六国时代作出了贡献。

第三章 "太平""天师"等道教名号与崔浩的政治理想

北魏立国的基石虽在道武帝时期奠定,但完成北方统一、奠定南北对峙的基本格局却是在太武帝时期方得形成。在太武一朝的史事中,崔浩与寇谦之的结合,尤为古今学者所关注。崔浩与寇谦之对北魏政治的影响,自上世纪中期以来在陈寅恪等学者的推动下,业已取得丰硕的研究成果。特别是崔浩之死,自上世纪中期以来一直是学界的研究热点,专门对这一问题进行讨论的研究论文多达数十篇,且不乏经典之作[1]。但数十年的研究成果梳理崔浩之死的原因,却不曾超出陈寅恪所提出的"华夷之异,宗教之冲突,社会阶级之分别"三个层面[2],或者回到国史案本身对这三个层面进行补充[3]。应当承认,学界在陈寅恪相关研究基础上的探索,在胡汉对立、社会阶层、宗教文化等方面,推动了学界对于太武帝时代政治、文化、社会变迁基本特质的思考。然而随着研究思路的僵

---

[1] 台湾学者陈识仁曾经列举自1935年到1993年有关崔浩案的研究二十多篇,并对其观点进行详细的比较和梳理。参见陈识仁:《北魏崔浩案的研究与讨论》,《史原》第21期,1999年,第118页。约略同时,大陆学者刘国石也发表有《近20年来崔浩之死研究概观》,所列论文也有十多篇,不过仅举其要者,且不涉及港台及日本研究。此外,张金龙也对有关成果进行过梳理,参见张金龙:《学界有关崔浩死因的观点》,载《北魏政治史(四)》,第345—367页。就笔者所见,2000年以来,以崔浩之死为主题进行讨论的论文就有20余篇,其中不乏田余庆《〈代歌〉、〈代记〉和北魏国史——国史之狱的史学史考察》这样的杰作。日本学者也多有以崔浩案为讨论中心的文章,如佐藤贤:《崔浩诛杀背景》,《历史》第103辑,2004年;松下宪一:《北魏崔浩国史事件——法制再检讨》,《东洋史研究》第69号,2010年等。关于崔浩案,近年仍有较有影响的论文涌现,如仇鹿鸣:《高允与崔浩之死臆测——兼及对北魏前期政治史研究方法的一些反思》,《社会科学战线》2013年第3期等。

[2] 万绳楠记录陈寅恪说:"华夷之异,宗教之冲突,社会阶级之分别,我们都可以看作是崔浩之死的原因,但尤其应当从社会阶级上去了解。"万绳楠整理:《陈寅恪魏晋南北朝史讲演录》第十五篇《北魏前期的汉化(崔浩问题)》,贵州人民出版社,2012年,第211页。

[3] 按范家伟认为,"近世学者研究崔浩之死,众说纷纭,形成的看法是崔浩编修国史,只是导火线,背后充斥着各种各样的原因,既有宗教冲突,也有政治斗争成分在内,以及胡汉势力的推移","直到近十多年,则转而集中探究崔浩编修《国史》如何触犯忌讳"。笔者认为这种总结是较为精当的。参见范家伟:《北魏正朔与崔浩国史之狱》,收入周梁楷编:《结网二编》,第181—184页。

化,在史料无法进一步拓展的情况下,相关研究似乎进入了陈陈相因低效率重复的困境。

对于拓跋魏而言,崔浩与寇谦之的影响与作用不只限于那场血腥的大案,而在于在崔寇的时代完成了北中国的统一,形成了南北对峙的基本格局。跨据代魏之地的拓跋魏,虽则军事力量强盛,然拓跋氏本出于边裔,社会文化发展程度仍较为落后。崔寇等人利用魏土之地的道教传统,纠集南北宗教的新因素,制定一批道教色彩浓郁的新名号,以得巩固北魏政权、促成北方文化统一之实利。崔浩既以"太平"之号加诸拓跋焘,寇谦之复以"天师"之号佐国扶命,实乃拓跋魏进入新的历史阶段的紧要关节。崔寇成败之关键,正与其绝不拘泥于儒家经典之名号,而利用道教名号暗合拓跋氏现状密切相关。崔寇提出新名号的相关内涵,简单地贴上华夷冲突、士庶区别、文化理想等标签,或许有些草率;其对于政治文化之影响,必须从名号本身的细致考证开始正本清源,对这些名号的文化渊源、政治影响进行考察。

第一节　太武帝"太平"诸号始末

太武帝时期的道教名号,当以太武帝本人的"太平"诸号最为典型。太武帝本人使用过的"太平"号,见诸史籍者有"太平王"和"太平真君"两种。对于这两个名号之相互关系以及文化渊源,迄今未见到专门研究。今以太武帝"太平"号相关细节的考证入手,对这两个名号的渊源脉络、相互关系以及背后的政治寓意作一较为系统的梳理。

一、泰常七年封王的争议与"太平王"之号

《魏书》卷三《太宗纪》对拓跋焘的称谓混乱,早已为前人所注意。据该卷载,泰常七年"夏四月甲戌,封皇子焘为泰平王",此点与卷四《世祖纪》所载同。然而在随后的叙事中,称"五月,诏皇太子临朝听政。是

月,泰平王摄政"。其后又数次出现"皇太子"和"泰平王"①交替出现的情况。这一奇怪的叙事让拓跋焘的身份到底是皇太子还是泰平王这一问题,引发了学界长期的争议②。不过泰常七年四月甲戌的这次封王,并非只是封泰平王一人,整个封王事件还有更多不合理的现象。为便于分析,现将《太宗纪》所载内容整段引述如下:

> 夏四月甲戌,封皇子焘为泰平王,焘,字佛厘,拜相国,加大将军;丕为乐平王,加车骑大将军;弥为安定王,加卫大将军;范为乐安王,加中军大将军;健为永昌王,加抚军大将军;崇为建宁王,加辅国大将军;俊为新兴王,加镇军大将军;献怀长公主子嵇敬,封长乐王,拜大司马、大将军。初,帝素服寒食散,频年动发,不堪万机,五月,诏皇太子临朝听政。是月,泰平王摄政。③

明元帝此次封授一共有八王,以拓跋焘为首。依据西晋以来封皇子为王的惯例,基本都是遵循"以郡立国"或者"以区域(数郡)立国"的形式④,王号都是郡名或春秋战国时期的旧国名。北魏大体沿用,如道武帝时期所封的"天赐十王"便是如此⑤。不过,泰常七年的这次封王,诸王封地的分布似乎有些奇怪。所封八王中,只有拓跋丕的乐平郡、拓跋俊的新兴郡、嵇敬的长乐郡是北魏国家实际设置的行政郡,而拓跋健受封的永昌郡、拓跋崇受封的建宁郡分别设置于东汉、蜀汉,都远在今天的云南地

---

① 需要说明的是,"泰平王",《北史》《资治通鉴》作"太平王"。《魏书》中也有用例称称拓跋焘封"太平王"而不称"泰平王",如《魏书》卷一一二下《灵征志下》即作"太平王"。按"太""泰"古通,"太平王"与"泰平王"、"太平真君"与"泰平真君"在《魏书》中也经常互用,如《释老志》记载,牧土上师李谱文授予寇谦之《录图真经》让他"辅佐北方泰平真君",也与该志写作"太平真君"类似。"太""泰"互用现象,在当时就是一种正常现象。下文分析可能也会有互用,一般以所引史料原文为准。
② 关于此点,学者多以此现象出来考察北魏太子监国制度,参见李凭:《北魏平城时代》,第78—116 页;曹文柱:《北魏明元、太武两朝的世子监国》,《北京师范大学学报(社会科学版)》1991 年第 4 期,第 28—35 页;窪添庆文:《关于北魏的太子监国制度》,《文史哲》2002年第 1 期,第 124—129 页,又见《魏晋南北朝官僚制研究》第 7 章《北魏的太子监国制度》,第 177—191 页。
③ 《魏书》卷三《太宗纪》,第 72 页。
④ 杨光辉:《汉唐封爵制度》,学苑出版社,1999 年,第 22 页。
⑤ 据刘军的考证,"天赐十王"分别是齐王嗣、清河王绍、阳平王熙、河南王曜、高凉王乐真、卫王仪、常山王遵、毗陵王顺、朱提王悦和豫章王夔。参见刘军:《北魏"天赐十王"考辨》,《南京晓庄学院学报》2013 年第 2 期,第 26—30 页。

区,当时为刘宋所控制;拓跋范所封的乐安郡此时也在刘宋控制之下;而拓跋弥的安定郡,也远在凉州,此时处于赫连夏的控制之下。至于拓跋焘受封的泰平郡,则汉晋之前的史料不见记载,何时设郡情况不明,亦不知郡治在何处。清徐文范《东晋南北朝舆地表》"蒲子"条称,"后秦置泰平郡,县名于是废"①,按《魏书》卷二《太祖纪》天赐元年正月,"遣离石护军刘托率骑三千袭蒲子",三月遂"擒姚兴宁北将军、泰平太守衡谭,获三千余口"②,是后秦确在蒲子之地置有泰平郡。不过,后秦在蒲子所置的泰平郡似乎没有被北魏沿用,《魏书·地形志》载晋州平阳郡有泰平县,即蒲子所在之地,然称"真君七年置",而据侯旭东的研究,立"泰平县"与安置真君六年所获吐京胡人有关③,并非由郡改成。泰平县与泰平郡级别也不同,太武帝初封泰平王,恐怕也是不会随便将自己初封之郡降格为县的。又,《魏书·灵征志》云文成帝太安三年有白狼见于太平郡,议者曰:"古今瑞应多矣,然白狼见于成汤之世,故殷道用兴,太平嘉名也。又先帝本封之国而白狼见焉,无穷之征也。"④此云先帝本封之国,当即拓跋焘所封之太平郡。按《魏书·地形志》仅见朔州有太平郡,按朔州"本汉五原郡,延和二年置为镇"⑤,范围约在今内蒙古自治区包头市附近,其地汉晋以来素无太平郡之设,且长期不在中原王朝掌控之下,此太平郡或即北魏新设。总之,泰常七年封爵仍有诸多疑问有待解决,首先是为何明元帝所封诸王的封地,分布会如此奇怪?而地位最重要的拓跋焘,其封地竟然是一个汉晋以来所未有过、新设不久的泰平郡?

张鹤泉考察北魏对诸王的虚封地实行遥封的现象,指出封地不在北魏境内并不是罕见现象,而是一种正常的封授⑥。但对于泰常七年的这次封王来说,这一解释并不能消解所有的疑问。对诸王进行虚封只是遥封诸王处于其他政权控制下的郡能够得以实施的条件,但不能解释北魏

---

① 徐文范:《东晋南北朝舆地表》,《二十五史补编》第5册,中华书局,1955年,第7118页。
② 《魏书》卷二《太祖纪》,第46页。
③ 侯旭东:《北魏境内胡族政策初探——从〈大代持节豳州刺史山公寺碑〉说起》,《中国社会科学》2008年第5期,第168—182页。
④ 《魏书》卷一一二下《灵征志下》,第3192页。
⑤ 《魏书》卷一〇六上《地形志上》,第2736页。
⑥ 张鹤泉:《北魏前期诸王虚封地封授考》,《社会科学战线》2013年第1期,第112—122页。

为什么会选择这样一些郡进行遥封,因此还得从这次封王本身来寻找线索①。如果抛开这些郡所处的实际位置,仅从郡名的字面意义来推断,就会发现一个有趣的现象。此次封王八王分别为泰平王、乐平王、安定王、乐安王、永昌王、建宁王、新兴王、长乐王,可以看出泰平以下名号的字面意义,均为代表太平昌盛一类意义的词汇。其中"泰平"的意义更为特殊和突出,虽然"泰平郡"在历史上的地位是最为轻微的。确如张鹤泉所考察的那样,北魏前期诸王的封地都属于虚封,诸王与封地之间并没有直接的联系。胡阿祥更注意到,北魏太和年间实行食邑制以前,五等爵皆是虚封,甚至存在随意立名,而不必确有此郡此县的现象②,惜未展开分析。由此可以进一步推断,北魏前期诸王的封号实际上仅仅就是一种带有地名的称号而已。那么明元帝选择这些词汇所命名的郡作为诸侯王的封地,甚至说直接用"太平"这类词语作为王号,其背后隐藏的深层意义,是不是与这些词语本身的涵义有关呢?

以某种具有祥瑞或厌胜作用的语词作为名号的事例,在十六国北朝时期可以找到许多。如后秦时期有"魏褐飞自称大将军、冲天王,率氐胡数万人攻安北姚当城于杏城"③,"冲天王"也不是源自地名,似也有某种厌胜涵义。又《魏书·太祖纪》云:"沙门张翘自号无上王"④云云,"无上"为地名似不曾见,而秦汉黄老家强调"道至高无上"⑤,《太平经》中也说"王者,谓帝王得案行天道者大兴而王也,其治善,乃无上也"⑥,张翘的"无上王"可能是借用了道教的这一涵义。此类事例汉代就有,在十六国南北朝时期则极多,虽多系造反者自称,但也可推知当时这种情况是很常见的。因此,强调诸王名号的厌胜作用也非常符合当时历史

---

① 张鹤泉还曾指出,北魏诸王地位最尊者虚封地为战国时期的地理理念划分的地域,次之为行政郡,其中以北魏疆域内的行政郡为先,以南朝境内的郡次之,彼此可改封,以实现地位的改变。参张鹤泉:《北魏前期诸王虚封地改封考》,《古代文明》2011年第1期,第62—71页。这一总结,在北魏历史的全局看基本契合。不过泰常七年封王却是特例,以此标准比对泰平郡的地位,与拓跋焘的地位是不相符合的。
② 胡阿祥:《魏晋南北朝之遥领与虚封述论》,收入《中国名号与中古地理探索》,生活·读书·新知三联书店,2013年,第198页。
③ 《晋书》卷一一六《姚苌载记》,第2969页。
④ 《魏书》卷二《太祖纪》,第44页。
⑤ 何宁:《淮南子集释》卷一〇《缪称训》,第705页。
⑥ 王明编:《太平经合校》卷三九《解师策书诀》,中华书局,2014年,第72页。

情境。

还有一条线索值得注意，《魏书·崔浩传》载明元帝问崔浩云："今兹日蚀于胃昴，尽光赵代之分野，朕疾弥年，疗治无损，恐一旦奄忽，诸子并少，将如之何？"①崔浩借此向明元帝上立储监国之策。此条史料表明明元帝的担心除现实考虑以外，直接起因则源于对日蚀的恐惧。不过明元帝虽然提及了日蚀，但今本《魏书·天象志》对泰常年间的日蚀却全无记载，后人也无从得知明元帝向崔浩请计的具体时间②。不过，按照刘次沅的计算，公元422年5月7日发生了一次日全食，在北京地区可以观测到③，此时北京已在北魏控制之下，距平城也不远。按公历422年5月7日即泰常七年四月癸酉朔④，恰好是拓跋焘被立为泰平王的四月甲戌的前一天。既然明元帝向崔浩请计是因为日蚀，很难认为拓跋焘被立为泰平王之事与前一天发生的日蚀全然无关。又按，支援拓跋焘监国的拓跋元老重臣乃是长孙嵩，《长孙嵩传》载明元帝寝疾，问后事于嵩。嵩称拓跋焘"贤而世嫡，天所命也，请立"⑤，于是定策禁中。长孙嵩称拓跋焘"天所命也"，这"天命"极有可能也与此次日蚀有关。既然立储的行为与日蚀这一天象有关，以"太平"一类称号作为厌胜是很有可能的，而且这一名号会与储君相对应，以此解释"太平王"称号的涵义或许更合乎情理。

再回到拓跋焘的身份到底是皇太子还是泰平王这一问题上，长期以来争议的问题是拓跋焘是否真的是皇太子，而"拓跋焘的称谓要么是皇太子，要么是泰平王，二者只能取其一"⑥，亦即《魏书·太宗纪》的叙事一定有误的基本前提则无人怀疑。对于其原因，学界则多归于该卷不是魏收原文而系后人所补。不过，"五月，诏皇太子临朝听政。是月，泰平王摄政"的叙事重复混乱的情形似乎非常明显，为何该卷的作者不将其

---

① 《魏书》卷三五《崔浩传》，第900页。
② 学者一般通过"年渐一周"推断崔浩建议在泰常四年前后，参周一良：《魏晋南北朝史札记》，第341页；李凭：《北魏平城时代》，第115页。
③ 刘次沅、马莉萍：《中国历史日食典》，世界图书出版公司，2006年，第77页。按，刘、马计算结果设定的观测点为北京、南京、西安，并未涉及魏都平城。
④ 陈垣：《二十史朔闰表》，古籍出版社，1956年，第64页。
⑤ 《魏书》卷二五《长孙嵩传》，第720页。
⑥ 李凭：《北魏平城时代》，第79页。

改写呢？不管今本《魏书》该卷是否为魏收书还是魏澹书，如此奇怪的叙事都是不合逻辑的，因此也不宜简单地以该卷为魏澹书来解释。实际上如果按《北史》的记载，明元帝在四月封拓跋焘为泰平王之后，次月马上又改封其为皇太子，这也是非常奇怪的。

关于拓跋焘监国时的身份，事实上，除了"太平王"和"皇太子"以外，还有其他几种说法。前引《魏书·崔浩传》说明元帝接受崔浩立储建议后，"于是使浩奉策告宗庙，命世祖为国副主，居正殿临朝"①。此处明元帝命拓跋焘为"国副主"，既没有说他是"泰平王"，也未提及他是"皇太子"；下文立即又出现一处记载，拓跋焘监国后，"群臣时奏所疑，太宗曰：'此非我所知，当决之汝曹国主也。'"②此处明元帝又称拓跋焘为群臣的"国主"；《魏书·世祖纪》的记载则称"泰常七年四月，封泰平王，五月，为监国"③。此处又出现一种"监国"的称号。对于这些身份的区别，史料没有明确的说明，但对"泰平王"在礼制上享受的待遇，《魏书》是有记载的。《太宗纪》称，泰常七年九月，"诏泰平王率百国以法驾田于东苑，车乘服物皆以乘舆之副"④。这一礼制上的规定，无疑肯定了泰平王的独特地位。看来，拓跋焘监国时的称号可谓五花八门，不一而足，但每一条都指向一个意义，就是合法的皇位继承人身份。无论是"太平王"还是"皇太子"，这两个皇位继承人的专有称号在北魏都是第一次出现。由于北魏发展的时代所限，实际上也并不严格按照华夏传统的皇位继承制度来操作。既然如此，就没有理由认为拓跋焘是皇太子的同时不能是"太平王"。

总之，泰常七年封王的奇异现象的背后是泰常七年四月癸酉发生日食，明元帝第二天便封拓跋焘为太平王以厌天灾的结果。"太平王"这一名号根本不是一般的郡王名号，本身代表着"天命"的意义，与"皇太子"称号并不矛盾。因此到次月宣布太子监国以后，"太平王"的称号也仍旧沿用。因此，今本《魏书·太宗纪》中"皇太子"和"泰平王"的交错出现，也就能够获得较为合理的解释了。更为重要的是，在特殊天象的

---

① 《魏书》卷三五《崔浩传》，第901页。
② 《魏书》卷三五《崔浩传》，第901页。
③ 《魏书》卷四上《世祖纪上》，第81页。
④ 《魏书》卷三《太宗纪》，第72页。

背景下出现的"太平王"称号,为太武帝即位以后神化皇权提供了依据。这也就是太武帝神化"太平"之号最初的因由。

二、崔浩与"太平"之号的确立

剖析"太平王"这一名号的符命意义,或许需要结合拓跋焘所使用的"太平真君"称号来作分析。前辈学者指出,太武帝之所以称"泰平真君"的原因之一是继位前受封"泰平王"①。从时间上来说,"太平"诸号的最早出现当是前文所及的明元帝泰常七年四月拓跋焘受封泰平王,而天师道领袖寇谦之所提的"太平真君"称号则紧随其后。寇谦之受天文图录"辅佐北方泰平真君"的时间,《魏书·释老志》有明确的记载,时在泰常八年十月戊戌②。拓跋焘即位则在泰常八年十一月壬申。寇谦之向太武帝献天文图录,则在"始光初",始光(424—428)是太武帝的首个年号,也即太武帝即位后不久。如果将寇谦之受天文图录的时间看作"泰平真君"之号出现的时间的话,则可以排列"太平"诸号出现的时间顺序。也即是先有拓跋焘封"泰平王"监国,不久之后便有"天文图录"宣示"泰平真君"的天命,紧接着明元帝死去,拓跋焘即位,寇谦之献上图录。"天文图录"一类的虚幻故事,应当是寇谦之等人造作的,而其事与拓跋焘从监国到即位的时间契合得如此严密,这是不是一连串计划的一部分呢?

有一个事实值得注意,就是北魏太子监国制度的首倡者乃是崔浩,而崔浩则与后来向拓跋焘提出"太平真君"称号的寇谦之有密切关系。按《魏书·崔浩传》载明元帝因日食向崔浩问计事,前文已经提及。崔浩向明元帝提出具体建议及其后之事,《崔浩传》所载与《太宗纪》所载"初帝素服寒食散,频年动发,不堪万机,五月,诏皇太子临朝听政。是月,泰平王摄政"③云云,颇为相合。当然拓跋焘的监国或许不像《崔浩

---

① 汤一介:《魏晋南北朝时期的道教》,陕西师范大学出版社,1988年,第221页。
②《魏书》卷一一四《释老志》,第3313页。按胡鸿指出,寇谦之两次神降的时间,都是十月五日下会日。他认为此次神降被安排在泰常八年嵩洛地区被纳入北魏版图之后,又在泰平王登基成为皇帝之前,是寇谦之观察外界政治变动后理性选择的结果。参见胡鸿:《寇谦之的密码——一个宗教叙事的解读》,《文史哲》2021年第6期。
③《魏书》卷三《太宗纪》,第72页。

传》所载的那么顺利和简单,拓跋焘作为北魏历史上的首位获得确认的合法皇位继承人,其看似平静的继位过程实际上也充满波澜①。因此,利用某些带有"天命"观念的称号也就成为必要。拓跋焘从入主东宫到顺利平稳地登上皇位,包括受封"泰平王"到接受"太平真君"的称号,从大政方针到多数具体细节,都是在崔浩一手策划之下完成的。

另一个事实是,拓跋焘即位之初寇谦之"奉其书而献之"的时候,"时朝野闻之,若存若亡,未全信也",力排众议赞成寇谦之也是崔浩。关于天师寇谦之与崔浩的关系,《魏书·崔浩传》有一个细节颇值得注意:

> 天师寇谦之每与浩言,闻其论古治乱之迹,常自夜达旦,竦意敛容,无有懈倦。既而叹美之曰:"斯言也惠,皆可底行,亦当今之皋繇也。但世人贵远贱近,不能深察之耳。"因谓浩曰:"吾行道隐居,不营世务,忽受神中之诀,当兼修儒教,辅助泰平真君,继千载之绝统。而学不稽古,临事暗昧。卿为吾撰列王者治典,并论其大要。"浩乃著书二十余篇,上推太初,下尽秦汉变弊之迹,大旨先以复五等为本。②

这段材料记载崔浩与寇谦之"论古治乱之迹",并提到寇谦之请崔浩"撰列王者治典,并论其大要",也就是说"学不稽古,临事暗昧"的寇谦之,其"王者治典"的知识大要都来自于崔浩。值得注意的是,史臣将《崔浩传》此条叙事置于"浩从太宗幸西河、太原"条之后,"世祖即位"条之前。这与《释老志》所言始光初也就是世祖即位以后寇谦之才见到太武帝的时间稍早。《崔浩传》的叙事是否也可能就是史料最初的模样,即崔浩与寇谦之在将这一名号献给太武帝之前已经建立了某种默契?

陈寅恪认为清河崔氏是天师道世家,以此来解释崔浩推重寇谦之新天师道的原因,或许是最直接的解读方式。不过,对于道教中人的行事,崔浩也并非一概支持。"世祖贤之,拜纤上大夫"的道士祁纤③,曾"奏立四王,以曰东西南北为名,欲以致祯吉,除灾异",又"奏改代为万年",崔

---

① 参李凭:《北魏平城时代》第二章第二节《太子焘监国考》,第88—117页。
② 《魏书》卷三五《崔浩传》,第902—903页。
③ 《魏书》卷一一四《释老志》,第3316页。

浩均表示反对①。又，汉代以来的天师道皆以《老子》为最重要的经典，如张修"主以《老子》五千文，使都习"者是也。在《老君音诵诫经》中，寇谦之也强调："无有长生登仙之阶，欲求生道为可先读五千文，最是要者。"②然而史书明确记载崔浩"性不好《老》《庄》之书，每读不过数十行，辄弃之，曰：'此矫诬之说，不近人情，必非老子所作。老聃习礼，仲尼所师，岂设败法文书，以乱先王之教。袁生所谓家人筐箧中物，不可扬于王庭也。'"③看来，崔寇二人对天师道经典的某些看法，也仍有较大甚至根本性的区别④。崔浩提到"老聃习礼，仲尼所师"，乃是源于《史记》的说法，与寇氏天师道将老子神化为太上老君，奉为道教最高神祇的说法也不尽相同。这种迹象显示，崔浩对寇谦之的推重，对寇氏天师道的信仰似不是唯一的原因，背后还有更多的因由有待发掘。

寇谦之得到太武帝重用的过程，《释老志》有一段较为详细的记载：

> 始光初，奉其书而献之，世祖乃令谦之止于张曜之所，供其食物。时朝野闻之，若存若亡，未全信也。崔浩独异其言，因师事之，受其法术。于是上疏，赞明其事曰："臣闻圣王受命，则有大应。而《河图》《洛书》，皆寄言于虫兽之文。未若今日人神接对，手笔粲然，辞旨深妙，自古无比。昔汉高虽复英圣，四皓犹或耻之，不为屈节。今清德隐仙，不召自至。斯诚陛下俟踪轩黄，应天之符也，岂可以世俗常谈，而忽上灵之命。臣窃惧之。"世祖欣然，乃使谒者奉玉帛牲牢，祭嵩岳，迎致其余弟子在山中者。于是崇奉天师，显扬新法，宣布天下，道业大行。⑤

---

① 《魏书》卷三五《崔浩传》，第910页。
② 《老君音诵诫经》，《道藏》第18册，文物出版社、上海书店、天津古籍出版社，1988年，第215页上栏。
③ 《魏书》卷三五《崔浩传》，第900页。
④ 对"先读五千文，最是要者"类似原则表示怀疑的，道教中也不乏其人，葛洪即是一例。葛洪认为："又五千文虽出老子，然皆泛论较略耳。其中了不肯首尾全举其事，有可按者也。但暗诵此经，而不得要道，直为徒劳耳，又况不及者乎？至于文子、庄子、关令、尹喜之徒，其属文笔，虽祖述黄、老，宪章玄虚，但演其大旨，永无至言。"参见王明校释：《抱朴子内篇校释》卷八《释滞》，中华书局，1985年，第151页。然二者对老庄思想内涵的把握不尽相同，态度也不大一致。葛洪尚且认为"五千文虽出老子"，崔浩则直指"必非老子所作"，斥为"败法文书"，激进程度又有过之。
⑤ 《魏书》卷一一四《释老志》，第3315页。

从这段材料可知,寇谦之之所以能得到太武帝的信任,崔浩居功至伟。崔浩上书的主旨,皆在强调寇谦之的"图录"乃是出于"上灵之命",是拓跋焘的"应天之符"。崔浩所谓拓跋焘"侔踪轩黄"云云,乃是延续其父崔宏为北魏立国设计的思路。崔宏在北魏立国之初,就已经对北魏国号以及历运诸问题进行过设计,确立了"以国家继黄帝之后……始从土德,数用五,服尚黄,牺牲用白。祀天之礼用周典,以夏四月亲祀于西郊"[①]的制度。土德在五色中为黄,拓跋自称黄帝之后,道教则尊奉黄帝,服黄衣;土在五方对应中,故五岳中为中岳,寇谦之亦出自中岳嵩山。约刻于太延年间,主要内容为称颂寇谦之的《中岳嵩高灵庙碑》云:"夫中岳者,盖地理土官之宫府,而上灵之所游集,四通五达之都会也。上应县象镇星之配,而宿值轩辕,璇玑玉衡,以齐七政。"[②] 这段话可以看作是对崔浩"侔踪轩黄,应天之符"一句的详细阐释。

寇谦之"辅佐北方泰平真君"的思路非常符合崔宏、崔浩父子所建立的北魏天命观点,这也当是崔浩在"时朝野闻之,若存若亡,未全信也"的情况下力举寇谦之的原因之一。不过,寇谦之以道教跻身北魏政权,其家世与地位本难以与崔浩相提并论。崔浩认可"太平"号的深层次原因还在于崔浩以天师道达成某种政治目的,而天师道徒借用"太平"称号以为政治服务也是有先例可循的。《晋书·赵王伦传》载孙秀以道教事赵王伦,云:

> 使杨珍昼夜诣宣帝别庙祈请,辄言宣帝谢陛下,某日当破贼。拜道士胡沃为太平将军,以招福佑。秀家日为淫祀,作厌胜之文,使巫祝选择战日。又令近亲于嵩山着羽衣,诈称仙人王乔,作神仙书,述伦祚长久以惑众。[③]

孙秀与赵王伦皆是作为失败的反面人物出现于史籍中的,历史背景也

[①]《魏书》卷一〇八之一《礼志一》,第2986页。
[②] 该碑较早的录文,见陆增祥:《八琼室金石补正》卷一二,收入《先秦秦汉魏晋南北朝石刻文献全编》第1册,北京图书馆出版社,2003年,第92—93页;陈垣也曾收录并加以标点,见陈垣:《道家金石略》,文物出版社,1988年,第8—11页。相关梳理和解读,见张勋燎、白彬:《中国道教考古》第2册,线装书局,2006年,第575—608页;毛远明:《汉魏六朝碑刻校注》第3册,线装书局,2008年,第225—233页。
[③]《晋书》卷五九《赵王伦传》,第1603页。

与北魏不同,其行事方式也易为治史者忽略。不过,以孙秀所为之事比对崔浩与寇谦之的事迹,就会发现二者行为从形式上和目的上都极为相似。显然在崔浩之前,以"太平"之号宣示天命和在嵩山作"神仙书"诈称仙人的做法均早已出现。甚至孙秀事中"作神仙书"的仙人王乔,也仍旧在牧土上师授予寇谦之《录图真经》时担当服侍左右的"近世仙者,并为翼从"之一①。如果说有什么区别的话,那就是崔浩对此稍作改变,将"太平"之号直接加诸拓跋焘身上而已。按《晋书·孙恩传》载:"孙恩,字灵秀,琅邪人,孙秀之族也。世奉五斗米道。"②从崔浩与孙恩同党卢循的关系来看,崔浩家族所奉与孙秀所奉教派一致且受其影响,应该是没有疑问的③。当然孙秀作为一个历史的失败者,崔浩未必会去抄袭他的做法。这一实例只是说明这类做法可能是天师道所惯用的手法,未必就是孙秀的发明。又按,"祖世随张鲁内移,家赵",又曾"赵王伦器之"④的赵廞,惠帝永康年间以益州刺史自立,《通鉴》记"自称大都督、大将军、益州牧"条《考异》云:"《晋春秋》云'建号太平元年',他书无之,今不取。"⑤温公不取其说不知有无更多证据,实际上,赵廞乃天师道中人无疑,以"太平"建号似乎也是天师道的惯例。总之,"太平"号并非寇谦之独创,而是魏晋以来天师道徒宣示"天命"的旧有方式。在寇谦之到来之前,崔浩就已经在拓跋焘身上使用了"太平王"的称号,寇谦之不过充当了一个配合的角色而已。

如果联系到崔浩之父崔宏提出的北魏土德说的立国理论,就会发现"太平"的口号与崔宏的理论深有渊源。北魏的土德说,虽然理论依据是五德终始论,但实与早期道教有千丝万缕的联系。"太平"的说法虽然久有渊源,但魏晋以来,一直与河北区域的方士之术以及道家学说密切相关。"太平"也为后世道教利用,成为道教最重要的口号之一。道教"太平"口号的使用也与以土代火有联系,而且是自汉以来的既有传统。唐

---

① 《魏书》卷一一四《释老志》,第3314页。
② 《晋书》卷一〇〇《孙恩传》,第2631页。
③ 崔浩与孙恩之乱的主要参与者卢循是中表兄弟,二者所奉教派一致。参陈寅恪:《天师道与滨海地域之关系》,收入《金明馆丛稿初编》,生活·读书·新知三联书店,2001年,第1—47页。
④ 任乃强校注:《华阳国志校补图注》卷八《大同志》,上海古籍出版社,1987年,第447页。
⑤ 《资治通鉴》卷八"三晋惠帝永康元年十一月"条,第2649页。

长孺曾经指出,"西汉时代就已把'太平'和改号受命即以土代火互相联系起来了",其后太平道崇信的"中黄太一"、头系"黄巾"以及"黄天当立"口号,以及曹丕的"黄初"年号,理论根据都是五德终始论,表明汉朝要灭亡①。可以肯定,汉末的方士们早已经将五德终始论和原始道教的理论熔铸为一体了,并用谶纬的方式在政治中发挥了重大作用。这些说法和做法,都已经是汉晋以来魏土道教的旧传统。崔浩与寇谦之所标榜的"太平"称号,也是自汉即有,其共同的渊源来自于融合了五德终始说的早期道教理论。

可以说,寇谦之借李谱文之口提出"太平真君"的称号,与拓跋焘所封之"泰平王"称号,皆与崔浩有关,并非只是巧合。以天师道的理论建构北魏立国之合理性,自崔宏以来就已经有许多实践,崔浩正是在其父理论的基础上作了进一步的建构和发展。只是北魏的"太平"诸号,最初是为宣示拓跋焘本人的天命亦即为其登上皇位创造神性依据而成立的。这些称号所指向的对象,主要是北魏内部复杂的政治势力,也包括受到各种势力支持的宗王②。可以看出,"太平"诸号及背后的"天命"思想,在汉代的原始道教理论中就已经出现,崔浩宣示"天命"采用的方式也沿用了汉晋以来天师道的传统做法。正是由于"太平"诸号的提出者和主事者有浓厚的天师道背景,诸如"太平王"和"太平真君"等带有天师道特色的新称号的出现也就不为奇怪了。可以说,"太平"称号实是崔浩为了拓跋焘顺利继位而宣示其"天命"而以天师道理论策划出来的,并在寇谦之的帮助下在太武朝得到阐发和升华。

三、寇谦之对"真君"号的创制

和"太平王"政治寓意的情况类似,"太平真君"也是一个在前朝不曾使用过且包含特定政治目的的名号,这意味着两个称号之间可能具有

---

① 唐长孺:《太平道与天师道》,《山居存稿续编》,中华书局,2011年,第259—260页。
② 按高允《筮论》曰:"昔明元末起白台,其高二十余丈,乐平王尝梦登其上,四望无所见。王以问日者董道秀,筮之曰:'大吉。'王默而有喜色。后事发,王遂忧死,而道秀弃市。"见《魏书》卷一七《乐平王丕传》,第414页。乐平王事发虽晚在真君四年,但其与刘洁、董道秀构谋,则时间甚早。关于此次政变的相关考证,可参何德章:《北魏太武朝政治史二题》第一部分《太平真君四年末政变的真象》,《魏晋南北朝隋唐史资料》第17辑,2000年,第46—51页。

延续性。如果说"王"与"太子"可能都还是沿用华夏政治体制中的常见名号的话,"真君"则是一个之前皇帝从未使用过的称号。既然"真君"也是太武帝的个人尊号,那么"真君"与"皇帝"尊号又是何关系呢?自西汉以来的方士,将"太平"一词加诸皇帝之上是很常见的事,如汉哀帝曾经"号曰陈圣刘太平皇帝"①,距离太武帝时代不远的南燕建平四年(403),也有"妖贼王始聚众于泰山,自称太平皇帝"②。可以进一步追问的是,太武帝为何称"太平真君"而不是"太平皇帝"呢?

关于"太平真君"尊号和"皇帝"尊号之间的关系,清人俞正燮《癸巳存稿》卷七"魏太武改号说"条认为太武帝"称'太平真君'者十一年,是已改去皇帝尊号而以真君为尊号,秦后一见也"③。俞正燮的逻辑,是认为"真君"号与"皇帝"号二者不能相容,只能取其一。杜光庭《历代崇道记》则说:"太武敕令天下,造太平观共二百七十五所,度道士一千三百人。帝受箓,改太平真君元年,仍令四方内外上书言'太平真君皇帝陛下',自后帝嗣位,并皆受箓。"④按照杜光庭的说法,太武帝所用的称号是"太平真君皇帝陛下",也就是在"皇帝"之上加上"太平真君"之号,"皇帝"号不曾废止。不过,"太平真君"的称号确为太武帝所采用,也曾被太武帝作为年号,但是否改去皇帝之号,《魏书》等早期史料并不见记载。杜光庭的时代去北魏已远,对其记录的诸多说法是否可信,还需更多的材料加以左证。

首先,今存史料中有迹象表明,太武帝并未废止"皇帝"的称号。"皇帝"称号虽然重要,但其使用范围是比较狭窄的⑤。《魏书》中径称"世祖太武皇帝"者极多,绝无代以"真君"者,虽系后世追称,但也能说明部分问题。事实上,如果改去"皇帝"之号,则北魏先祖的称号会

---

① 《汉书》卷一一《哀帝纪》,第340页。
② 《晋书》卷一二七《慕容德载记》,第3170页。按朱大渭指出,王始是以原始道教组织起义的,参见朱大渭:《魏晋南北朝农民战争的几个问题》,《魏晋隋唐史论集》(第2辑),中国社会科学出版社,1983年,第56页。
③ 俞正燮:《癸巳存稿》,辽宁教育出版社,2003年,第218页。
④ 杜光庭撰,罗争鸣辑校:《历代崇道记》,收入《杜光庭记传十种辑校》,中华书局,2013年,第361页。
⑤ 尾形勇指出,中国古代君主以"皇帝"自称的事例都出现在与王朝交替相伴随的祭天礼仪之中,而非可以随意使用的。参见尾形勇:《中国古代的"家"与国家》,第206页。

很成问题。史料中可以找到太武朝多处称拓跋先王为"皇帝"者,如《魏书·崔浩传》崔浩上书中就有"昔太祖道武皇帝,应天受命"的说法,太武帝给崔浩修国史的诏书中也有"我太祖道武皇帝,协顺天人"[①]一句,等等,实例极多。按《魏书·释老志》载,拓跋焘受"真君"之号的仪式是"亲至道坛,受符录";而受"皇帝"称号的仪式按传统应该是"即皇帝位",本不相同。只是《释老志》称"自后诸帝,每即位皆如之",俞正燮可能误以为此"即位皆如之"即说即位只是"至道坛,受符录"了。不过据《魏书·高宗纪》的记载,拓跋焘死,高宗于"正平二年十月戊申,即皇帝位于永安前殿",一年多以后的兴光元年二月甲午,"帝至道坛,登受图箓"[②],分别是两套不同的仪式。而《魏书·灵征志》也曾说:"是以始光元年经天师奉天文图录,授'太平真君'之号。陛下深执虚冲,历年乃受。"[③] 既然"即皇帝位"成为皇帝和"登受图箓"接受真君尊号可以不同时进行,"太平真君"尊号与"皇帝"尊号似乎也可以并行不悖,均是用来作为对皇帝本人的尊称。如果"太平真君"与"皇帝"号之间没有必然冲突,那么两个称号各自代表着什么涵义,也就关乎二者在政治实践中的使用问题。

《魏书·释老志》说真君之号来自于牧土上师李谱文向寇谦之的授意,这可能是寇谦之的杜撰。而"真君"称号来自寇谦之,则是非常有可能的。按,寇谦之北上平城之前,长期居住在位于南北道教交流的中间地带的嵩山。《中岳嵩高灵庙碑》云"有继天师寇君名谦之,字辅真,高尚素志,隐处中岳卅余年"[④],以始光初献书入平城上推三十年,其至少在东晋隆安年间就已经在嵩山了。《宋书·毛修之传》云:"初,修之在洛,敬事嵩高山寇道士,道士为焘所信敬,营护之,故得不死,迁于平城"[⑤],毛修之为河南河内二郡太守戍洛阳,正是东晋义熙年间事。可见《中岳嵩高灵庙碑》所言寇谦之隐居中岳三十余年之事不虚。《释老志》也提及仙人成公兴"将谦之入嵩山",其后神瑞二年从老君受《云中音诵新科之戒》以及泰常八年从牧土上师受《录图真经》皆在嵩山。陈寅恪论述寇

[①] 分见《魏书》卷三五《崔浩传》,第 910、912 页。
[②] 分见《魏书》卷五《高宗纪》,第 133、136 页。
[③] 《魏书》卷一一二下《灵征志》,第 2955 页。
[④] 毛远明:《汉魏六朝碑刻校注》第 3 册,第 225—233 页。
[⑤] 《宋书》卷四八《毛修之传》,第 1429 页。

第三章 "太平""天师"等道教名号与崔浩的政治理想　157

谦之从佛教的天文历算之学改进道教,曾经对其学术源流作过概括:"谦之生于姚秦之世,当时佛教一切有部之十诵律方始输入,盛行于关中。不幸姚泓亡灭,兵乱之余,律师避乱南渡,其学遂不传北地,而远流江东。谦之当必于此时掇拾遗散,取其地僧徒不传之新学,以清整其世传之旧教,遂诡托神异,自称受命为此改革之新教主也。"① 陈先生所强调的,正是寇谦之的新道教颇有渊源于江左的内容,而寇氏《老君音诵诫经》提到了东晋葛洪的《抱朴子》,更是其学术渊源于江左的直接例证②。有迹象表明,"真君"称号也可能源于江左的道教。从寇谦之《老君音诵诫经》的内容来看,寇谦之的思想很有可能受到了晋末的道教经典如《太上洞渊神咒经》③ 等的影响④。《神咒经》有很大篇幅论述了一种"真君出

---

① 陈寅恪:《崔浩与寇谦之》,《金明馆丛稿初编》,第135页。
② 参见王承文:《敦煌古灵宝经与晋唐道教》之第六章第一节《寇谦之的道教改革与灵宝经在北方的传播》部分,中华书局,2002年,第660—675页。
③ 《太上洞渊神咒经》内容来源比较复杂,杜光庭序称其为西晋末金坛马迹山道士王纂编,一般认为其出自东晋末,如卿希泰《试论〈太上洞渊神咒经〉的乌托邦思想及其年代问题》,收入《道教文化新探》,四川人民出版社,1988年,第119—127页;吉冈义丰、宫川尚志等学者认为第十卷到第十八卷的内容可能出自杜光庭之手,而卷一以及卷十九后半部分、卷二十的内容出自孙恩、卢循至刘宋间。参见朱越利:《道藏分类解题》的综述,第94页。法国学者索安(Anna Seidel)则称之为"一部把刘裕的王朝作为在汉朝在大道之法即将重新流行的条件下的吉祥的复兴而欢呼的道经"。参见索安著,刘屹译:《国之重宝与道教秘宝——谶纬所见道教的渊源》注[228],载《法国汉学》第4辑,中华书局,1999年,第119页。按,该书卷一《誓魔品》提到:"及汉魏末时,人民流移,其死亦半。乃至刘氏五世子孙,系统先基。尔时四方嗷嗷,危殆天下,中国人民悉不安居,为六夷驱逼,逃窜江左,刘氏隐迹,避地淮海。至甲午之年,刘氏还住中国,长安开霸,秦川大乐。六夷宾伏,悉居山薮,不在中川。"卷二十《长夜遣鬼品》也说:"甲子之年,六夷侵于中国。中国无主,司马移度吴地,江左自立为帝。后金刀兄弟王治,天下太乐,人民禽禽,四夷无事。至辛巳年,小小六夷动乱,乱至壬午、癸未纭纭。甲申有灾,灾水四十丈。若无水者,多是大兵,房当南下而无害,九州悠悠。会真君金刀之末,帝移治长安之地,地不受人也。当去之时,土人先去,侨人在后,自然天殂,非人意也。道士玄门,国主敬奉,道法欣欣,六夷亦伏。中元更立,明王治化,无有刀兵恶心之人矣。流居之民,逻复中都,天下安乐,唯集太平也。"其中"刘氏还住中国,长安开霸,秦川大乐"和"会真君金刀之末,帝移治长安之地","流居之民,逻复中都,天下安乐,唯集太平",似乎就是指的刘裕北伐,而且没有预料到刘裕会丢掉长安,这部分内容似有为晋宋禅代制造祥瑞的倾向。
④ 《神咒经》之北传及其在北朝被利用的情况,可参见马承玉:《从敦煌写本看〈洞渊神咒经〉在北方的传播》,载陈鼓应主编《道家文化研究》第13辑,生活·读书·新知三联书店,1998年,第200—225页。又,卿希泰对《神咒经》和寇谦之的《老君音诵诫经》的内容进行了全面比较,认为:"从《神咒经》到《老君音诵诫经》的出现,道教正经历着一个从民间向上层的发展",其结论是:"《神咒经》的成书年代要迟应在《老君音诵诫经》之前。"参见卿希泰:《试论〈太上洞渊神咒经〉的乌托邦思想及其年代问题》,《道教文化新探》,第119—127页。从卿希泰的比较可以看出,寇谦之的思想也很明显受到《神咒经》的影响。

世"的谶言:

> 汝等受此经二十卷,供养行住持之,身中万病自瘥,仕宦高迁,所愿从心,亦可见当来真君。真君不远,甲申灾起,大乱天下,天下荡除,更生天地,真君乃出。真君既来,圣贤仙人及受经之者,一切来助,左右东西南北道士为佐,无有愚人。汝等世人,但受此经,自然见真君矣。①

《神咒经》认为在甲申大乱之后当有真君出世,这是一种道教广泛流传的末世太平思想。不过,距离晋宋之际或太武帝即位最近的甲申年是 384 年,也就是道武帝复国前 2 年,对刘裕或者拓跋焘来说时间都不合。卿希泰认为,《神咒经》中所记的干支,带有预言神话的性质,不能认为是确凿的历史纪年②。张崇富指出,早期道教受《汉书·律历志》所说的"历数三统,天以甲子,地以甲辰,人以甲申"的影响,以天统地统和人统确定末世时间,"甲申灾起"是葛氏道所宣扬的末世论理论的时间③。"甲申灾起"说时间无法吻合,寇谦之只得另做推算。胡鸿指出,寇谦之第二次神降的时间要放在寇谦之与北魏建立关系的语境中理解,而学道开始之年和首次神降时间都经过仔细安排,是"最具术数美感"的年份④。对于出世的"真君",《神咒经》也有解说:

> 真君者,木子弓口,王治天下,天下大乐,一种九收,人更益寿三千岁。乃复更易,天地平整,日月光明,明于常时。纯有先世、今世受经之人,来辅真君耳。⑤

所谓"木子弓口"就是李弘的隐语,李弘降世也是当时常见的谶语,经常被造反者所利用⑥。李弘将"王治天下",也与刘裕的身份不相符合,也很

---

① 《太上洞渊神咒经》卷一《誓魔品》,《道藏》第 6 册,第 5 页中栏。
② 卿希泰:《试论〈太上洞渊神咒经〉的乌托邦思想及其年代问题》,《道教文化新探》,第 121 页。
③ 张崇富指出,早期道教几个道派对于末世和太平之世到来的时间是不一样的,太平道以"甲子"天统为期,葛氏道以"甲申"人统为期,而天师道则以"庚子"年为期,与二者皆不同。参见张崇富:《上清派修道思想研究》,巴蜀书社,2004 年,第 204 页。
④ 胡鸿:《寇谦之的密码——一个宗教叙事的解读》,《文史哲》2021 年第 6 期。
⑤ 《太上洞渊神咒经》卷一《誓魔品》,《道藏》第 6 册,第 5 页中栏。
⑥ 唐长孺:《史籍与道经中所见的李弘》,收入《魏晋南北朝史论拾遗》,中华书局,2011 年,第 210—219 页。

难与刘裕联系起来。对于这一问题,道教经典《三天内解经》则说:"变化无常,或姓李名弘,字九阳;或名聃,字伯阳;或名中,字伯光;或名重,字子文;或名宅,字伯长;或名元,字伯始;或名显,字符生;或名德,字伯文。或一日九变,或二十四变,千变万化,随世沉浮,不可胜载。"① 也即是说,《三天内解经》将李弘看作老君的化身之一,而"老子帝帝出为国师"。杨联昇指出,《三天内解经》的主要内容是制造道在五帝三王以来代代降世为帝王之师,垂世立教的神话,并强调张道陵的地位,为刘裕代晋的政治行为张目②。一般认为《三天内解经》的产生时间与《神咒经》相近而稍晚,这可能代表着晋宋之际道教的天师道对李弘身份的一种改造过程③,即由亲登帝位"王治天下"的李弘,变成辅佐人间君主的"帝王之师"。

寇谦之对待"李弘"进行改造的方法,与《三天内解经》的思路是非常不同的。《老君音诵诫经》云:

> 世间诈伪,攻错经道,惑乱愚民。但言老君当治,李弘应出。天下纵横,反逆者众,称名李弘,岁岁有之。其中精感鬼神,白日人见,惑乱万民,称鬼神语。愚民信之,诳诈万端,称官设号,蚁聚人众,坏乱土地。称刘举者甚多,称李弘者亦复不少。吾大嗔怒,念此恶人,以我作辞者乃尔多乎!④

《老君音诵诫经》对称李弘和刘举的行为进行了激烈的批评,与《三天内解经》将李弘转变为帝王之师是有明显差异的。他提到的"称刘举者甚多"的刘举,可能也与刘宋利用刘举宣扬天命相关⑤。寇谦之对《神咒经》

---

① 《三天内解经》卷上,《道藏》第 28 册,第 413 页下栏。
② 杨联昇:《〈老君音诵诫经〉校释》,《中国语文札记·杨联昇论文集》,中国社会科学出版社,1992 年,第 68—69 页。
③ 学界多认为《三天内解经》属于新天师道系的经典,与《神咒经》分属不同的教派。参见朱越利:《道藏分类解题》,华夏出版社,1996 年,第 47 页。
④ 《老君音诵诫经》,《道藏》第 18 册,第 211 页下栏。
⑤ 刘宋也曾利用类似"刘氏当王"的谶纬,并加以改造。关于"刘氏应王"的谶纬及其与道教中李弘、刘举之关系,参见唐长孺:《史籍与道经中所见的李弘》,《魏晋南北朝史论拾遗》,第 210—219 页;方诗铭:《"汉祚复兴"的谶记与原始道教——晋南北朝刘根、刘渊的起义起兵及其他》,《史林》1996 年第 3 期,第 1—8 页;孙英刚:《神文时代》上篇第四章《金刀之谶:政治预言与宗教信仰的融合》,上海古籍出版社,2014 年,第 134—164 页。

类似内容的批评和改造自然是为了贴合现实政治的需要,其对于符合其政治目标的内容,则是善加利用。或许"真君"号就是其中之一。按《魏书·释老志》记牧土上师自叙《录图真经》内容云:

> 又地上生民,末劫垂及,其中行教甚难。但令男女立坛宇,朝夕礼拜,若家有严君,功及上世。其中能修身练药,学长生之术,即为真君种民。①

这段内容即是末世劫运到来之际如何渡劫,并在真君出世之时成为真君种民的方法。《神咒经》也有类似的内容,如:

> 劫运垂至,人民多恶。其中有通道奉经者,悉是天人,非世间愚人。大圣见世间浊乱,遣天人来下,生乎中国,助时教化矣。②
>
> 末运之世,世促人恶,多不通道。受经之人,得免大灾,仙人玉女伺候。③
>
> 自今以去,若男若女,闻见此经及有受持者,不问男女、奴婢、公私之人,有受之者,写持经卷供养,生生有利,仕宦日迁,疾病除愈,万愿从心。④
>
> 后世男女,若受经奉师者,亦得升仙矣。⑤
>
> 或白日上仙者,千年服药,先着年华也。若有奉三洞尊师受经,苦身行道,得升此仙,万劫无有死矣。⑥
>
> 真君既来,圣贤仙人及受经之者,一切来助,左右东西南北道士为佐,无有愚人。汝等世人,但受此经,自然见真君矣。⑦

《神咒经》主要内容是降鬼除魔一类的内容,也描述了"真君出世"的大致轮廓。从《魏书》引文中所见牧土引述《录图真经》的内容,除"种民"

---

① 《魏书》卷一一四《释老志》,第3314页。
② 《太上洞渊神咒经》卷一《誓魔品》,《道藏》第6册,第3页下栏。
③ 《太上洞渊神咒经》卷五《禁鬼品》,《道藏》第6册,第19页上栏。
④ 《太上洞渊神咒经》卷一《誓魔品》,《道藏》第6册,第3页下栏。
⑤ 《太上洞渊神咒经》卷一《誓魔品》,《道藏》第6册,第5页上栏。
⑥ 《太上洞渊神咒经》卷三《缚鬼品》,《道藏》第6册,第10页下栏。
⑦ 《太上洞渊神咒经》卷一《誓魔品》,《道藏》第6册,第5页中栏。

的概念以外①,其他内容在《神咒经》中大都能找到相似的说法。《录图真经》原书今已失传,今人已经难以知道二者的区别有多大,就现有材料来看"真君出世"的大致轮廓,应该是较为接近的。按《神咒经》说真君出世的盛况云:

> 真君出世,无为而治,无有刀兵、刑狱之苦。圣人治世,人民丰乐,不贪钱财。无有鸡豚犬鼠牛马六畜也,凤凰白鹤为家鸡,麒麟狮子为家畜。纯以道法为事,道士为大臣。男女贞洁,无有淫心。人民长大,亦不复是今之道士耳。不觉自异其形,端正长大。人长一丈三尺,真君长一丈六尺。面目光泽,人中无有姿丑了了,视之无厌矣。②

"真君出世"之后的太平境况是当时人理想的表现,而"真君出世"后的时代也有"圣人治世"。然而"真君"出世时的所谓"无为而治,无有刀兵、刑狱之苦","纯以道法为事",以及各种神异现象,与儒家理想"圣人"出现时的太平状况很不相同,这可能表明"真君"是道教所特有的一种理想统治者形象。寇谦之的"辅佐北方泰平真君,出天宫静轮之法"的具体内容虽不得其详,"真君"形象大约也会与儒家的"圣人"有所区别,但总体来说应当是能创造理想的美好社会的人物。"真君"与"太平"配合,更是要将太武帝塑造为在道教思想的引领下开创历史的君主。这也就是寇谦之向太武帝上奏说的"今陛下以真君御世,建静轮天宫之法,开古以来,未之有也"③。

总之,"太平真君"之号与"皇帝"的主要区别,在于"皇帝"是普通君主都拥有的称号,而"太平真君"则包含有以神性的力量创造理想社会的成分在内。《魏书》说"真君"号来自于牧土上师李谱文,但实际上可能是寇谦之从江南太平道的"真君出世"谶言中得到灵感并加以改造而成的。寇谦之带来的"真君"号,也正是"太平"诸号的内涵在太武帝

---

① 按小林正美认为,"种民"思想出自东晋时期的道教终末论,东晋中期由上清派所创,东晋末期影响到天师道和葛氏道。参见小林正美:《六朝道教史研究》第三编第一章《道教的终末论》,四川人民出版社,2001年,第387—455页。
② 《太上洞渊神咒经》卷一《誓魔品》,《道藏》第6册,第5页下栏。
③ 《魏书》卷一一四《释老志》,第3315页。

即位前后的最重要的发展。寇谦之"奉其书而献之","时朝野闻之,若存若亡,未全信也"之际,"崔浩独异其言",陈寅恪说:"江左东晋时此种扶乩之风亦已盛行,而北方道教徒犹未习此事,岂东晋之末宋武灭姚秦,秦、雍伊、洛之间天师道徒从此役北来之人士中同一信仰者传授此术,寇谦之遂得摹窃之,籍此以自矜异,而崔浩亦以夙所未见,因而惊服欤?"① 或许在"扶乩之风"等技术性内容以外,源出江东的"真君出世"之说也是让崔浩惊服的内容之一。

四、符箓、石文与"太平"号的传承问题

无论是"太平王"还是"太平真君",都在太武帝即位前后出现,是为宣示拓跋焘本人的天命亦即为其登上皇位创造神性依据而提出的。按理说,随着拓跋焘个人威望的提升和皇权制度的强化,这种名号的意义也应当会逐渐减退。但实际情况并非如此,"太平"诸号在拓跋焘即位之前提出,但在史书上留下更多记载的相关事件却发生在拓跋焘称帝十多年以后,几乎延续了拓跋焘统治的始终。看来,"太平"诸号虽是拓跋焘个人的尊号,但却远不止是针对拓跋焘本人,而有更重要的现实意义。

从《魏书》来看,太武帝时期宣示"太平真君"称号的记载主要有三处。《世祖纪》所载大规模宣示"太平真君"称号的事件主要有两件,一是改年,太平真君元年"六月丁丑,皇孙濬生,大赦,改年"②,此时距拓跋焘即位已有16年之久了。二是受符箓,太平真君"三年春正月甲申,帝至道坛,亲受符箓,备法驾,旗帜尽青"③。这句话又见诸《释老志》,并多出一句"自后诸帝,每即位皆如之"④。此事应当说是言而有据,《魏书》就记载了文成帝即位政局稳定后,兴光元年"二月甲午,帝至道坛,登受图箓;礼毕,曲赦京师,班赏各有差"⑤。献文帝即位后,天安元年春正月"辛丑,高宗文成皇帝神主祔于太庙。辛亥,帝幸道坛,亲受符箓;曲赦京

---

① 陈寅恪:《崔浩与寇谦之》,《金明馆丛稿初编》,第141页。
② 《魏书》卷四下《世祖纪下》,第109页。
③ 《魏书》卷四下《世祖纪下》,第111页。
④ 《魏书》卷一一四《释老志》,第3315页。
⑤ 《魏书》卷五《高宗纪》,第136页。

师"①。看来,太武帝的"受符箓",虽然距离自己即位已经近二十年,可能也还有为后世即位礼制做出规范的考虑。

"太平"号与具体的政治事件联系起来,《魏书》所见事例只有因"皇孙濬生"而改年一例。拓跋濬实是太武帝的嫡长孙,其父拓跋晃已经于延和元年立为皇太子,即说新出生的皇孙实际上是未来第三代的皇位继承人。按北魏自太武帝开始,对皇位继承者权威的树立越来越重视,因其事而改元者多有出现。较早的一例是延和元年,"春正月丙午,尊保太后为皇太后,立皇后赫连氏,立皇子晃为皇太子,谒于太庙,大赦,改年"②。不过,此次改元不仅有立太子事,还关涉尊太后、立皇后诸事。以皇子皇孙出生而改元,北魏史上还是第一例,此后文成、献文两朝则成为惯例③。这似乎是在暗示,改年"太平真君"并非是由于太武帝本人的天命引发,而在于天命的继承者已经出现,也即是说与皇位继承有关。《魏书》对此问题的记载较为简略,因此太武帝的目的,还需要更多的史料加以佐证。

第三处宣示"太平"之号的事件见于《灵征志》。《灵征志》载,真君五年二月,张掖郡发现有"石文记国家祖宗讳,著受命之符":

> 大石有五,皆青质白章,间成文字。其二石记张、吕之前,已然之效。其三石记国家祖宗以至于今。其文记昭成皇帝讳"继世四六,天法平,天下大安",凡十四字;次记太祖道武皇帝讳"应王,载记千岁",凡七字;次记太宗明元皇帝讳"长子二百二十年",凡八字;次记"太平天王继世主治",凡八字;次记皇太子讳"昌封太山",凡五字。初上封太平王,天文图录又授"太平真君"之号,与石文相应。太宗名讳之后,有一人象,携一小儿。见者皆曰:"上爱皇孙,提携卧起,不离左右,此即上象灵契,真天授也。"④

---

① 《魏书》卷六《显祖纪》,第152页。
② 《魏书》卷四上《世祖纪上》,第93页。
③ 如文成帝兴光元年"秋七月庚子,皇子弘生。辛丑,大赦,改年"。太安元年"夏六月壬戌,诏名皇子曰弘,曲赦京城,改年"。献文帝皇兴元年秋八月"戊申,皇子宏生,大赦,改年"。分见《魏书》卷五《高宗纪》,第136、137页;卷六《显祖纪》,第154页。不过孝文帝太和年号确立以后,终其一生未曾改元,这一惯例发生变化。
④ 《魏书》卷一一二下《灵征志下》,第3214页。

张掖郡发现所谓"玄石图"此前已经出现过多次,见诸史籍记载的就有曹魏青龙三年、西晋泰始三年、前凉张轨永嘉七年、北凉玄始六年四次,全部都与王朝正当化后继者的符命相关①。与前朝的玄石图多以图像表意而仅仅带有很强的谶纬神学色彩不同的是,北魏石文的文字更多且表意直白,带有更多的道教色彩②。北魏对此的利用也有明显的符命特色,其中与"太平"称号相关的是记"太平天王继世主治"的石文,史官"初上封太平王,天文图录又授'太平真君'之号,与石文相应"的解释便是当时人对这两个称号关系看法的直接证据。但史官的解释,立即让人产生新的疑问,需要先究明。石文分明是称"太平天王继世主治",而石文的位置恰好对应拓跋焘,则拓跋焘的名号当是"太平天王",而不是"太平王"或者"太平真君"。"太平天王"这一名号,《魏书》仅此一见,又出于玄妙的"石文",有强烈的上天预示的意义。也正因为这一名号出自"石文",这一称号似乎不一定是北魏政治运作中实际出现过的制度。可是,如果这一石文是出于人为造作的话,为何造作者会以"天王"称之而不是称"王""真君"或者径称"皇帝"呢?这些复杂纷乱的称号之间,也必有一些隐含的史事有待开解。

按"天王"的称号,在十六国和北周曾多次被北族君主使用。最早称"天王"的是后赵的石勒称赵天王,行皇帝事,其后曾称"天王"的有后赵石虎,前秦的苻健、苻坚,后秦的姚兴,后凉的吕光一族,后燕的慕容盛、慕容云,北燕的冯跋,夏的赫连勃勃,北周的宇文觉、宇文毓。这些"天王"的实例中,有一部分是从天王走向皇帝,也有一部分是由皇帝降号天王。关于"天王"之所以加"天"字的意义,顾炎武曾经解释云:"《尚书》之文但称'王',《春秋》则曰'天王',以当时楚、吴、徐、越皆僭称王,故加'天'以别之也。"③这是一种较为合理的解释。在十六国北周的君主那里,便出现了一种先称王,再称天王,最后称帝的序列,若先行称帝以后发现威望不够,则"降号"称天王。这表明,十六国北周"天

---

① 相关资料的整理和解说,可参看津田资久:《曹魏符瑞与司马懿的政治地位》,《魏晋南北朝史研究:回顾与探索——中国魏晋南北朝史学会第九届年会论文集》,第192—202页。
② 张金龙指出:"魏晋石图体现的是儒家谶纬神学的精神,而北魏石文却是将谶纬神学和道教符命结合起来,且主要体现的是道教的精神。"参见张金龙:《北魏政治史(四)》,第278页。
③ 顾炎武著,黄汝成集释:《日知录集释》,第196页。

王"称号在权力序列中介乎"王"和绝对君权的"皇帝"之间。从逻辑上讲,王要成为皇帝,必须取代现有的皇帝,即所谓"天无二日民无二主";但"天王"则与此不同,从天王变成皇帝可以是顺理成章的①。大体而言,"天王"称号的意义,是十六国北朝在一废一立的禅让体制之外,创造的一种由王走向皇帝合理发展的权力序阶。

再看石文的表述"太平天王继世主治",虽然此时已经是拓跋焘当上皇帝以后了,但文意上强调的仍旧是"继世主治"的继承人身份。"天王"二字本身的涵义也可作此理解。按照当时各国的惯例,"天王"的称号要比皇帝低一等,而北魏本身也没有称"天王"号的实例,造作者是不不应该用较低的等级称呼当朝皇帝的,只能用在继承人身上。又,石文本身是一种"受命之符",强调的是一种对未来的预示,也就是说,造作者预示"太平天王"应当"继世主治"。也即是说,关于太武帝的石文,也还是一种"已然之效","天王"号说的是太武帝"继世主治"之前的情况。"太平天王"的称号,也应当与皇位继承人的身份有关,表示拓跋焘的"太平"号应当代代相传。这样,逻辑就比较清晰了,"太平天王"的称号,实际上就是为了强化皇位继承人的地位,或者说是石文造作者在刻意强调皇位继承人的天命。

从石文的文本内容和造作背景或许还可以对石文的意义作一分析。首先从石文内容可以看到,石文中时间最晚的纪事乃是记皇太子"昌封太山",且有太宗携一小儿的图像,时人"上爱皇孙,提携卧起,不离左右,此即上象灵契,真天授也"的解读,太宗所携皇孙乃是当时太子拓跋晃无疑,这表明造作石文的目的应当是为拓跋晃制作祥瑞。又,从《灵征志》中可以看到,石文出现的时间在真君五年,地点在凉州的张掖郡,而从《魏书·世祖纪》可知,拓跋焘西征凉州,皇太子始总百揆的时间也恰好是真君五年。在这之前张掖郡还不在北魏的控制之下,石文造作者不大可能跑到那里去制造祥瑞。而恰好在拓跋焘西征凉州、太子监国之时在西征路上出现指名道姓为皇太子宣示天命的祥瑞,石文造作者的目的昭然若揭。无疑,整个石文显示的从昭成到拓跋晃的嫡长子继承序列,也

---

① 关于"天王"称号的涵义,可参谷川道雄的《五胡十六国、北周的"天王"称号》一文,见氏著《隋唐帝国形成史论》,第239—253页。

是为了向拓跋焘和全天下宣示这一继承序列是天命所系。有趣的是,石文对拓跋焘以前的历史叙述都准确无疑,但后来历史的发展并没有如石文所预测的那样由拓跋晃"昌封泰山",他事实上根本没有登上过皇位。拓跋晃试图延续其父从"太平王"到"太平真君"的道路也就随着他的死去而灰飞烟灭。不过有一点可以肯定,石文并不曾出现"皇太子"名号,而"太平天王"这样的称号乃是为北魏的皇权继承序列而设计的,本身即与"皇太子"的涵义相关。

有学者指出,此次凉州出现的石文乃是崔浩等人有意制造的种种祥瑞[1],甚合情理。其内容与崔浩、寇谦之对"太平"诸号的宣示一脉相承,石文以"灵征"的形式对崔寇的说法作了绝好的证明,同时还将"太平"号的意义推向太武帝的继承人。实际上,崔浩和寇谦之是以神异的形式告知北魏政权,"太平"诸号乃天命所归,应当传诸后世。如果做进一步推测的话,在崔浩和寇谦之看来,"太平王"或者"太平天王"可以看作皇位继承人的称号,"太平真君"则是皇帝本人的尊号。"太平王"与"皇太子"的身份、"太平真君"尊号和"皇帝"尊号在拓跋焘身上可以互换,且有为后世皇帝所继承的可能。只是由于寇谦之死去和崔浩被杀,这种继承的可能性被扼杀,仅仅剩下"符箓受命"的即位礼仪被文成、献文二帝继承,并在北魏、北周留下若干余绪而已[2]。

本节小结

太武帝的"太平王"到"太平真君"两个名号成为一个序列,从一开始的"太平王"称号开始,就带有很强烈的符命意义。寇谦之所带来的

---

[1] 参何德章:《北魏国号与正统问题》,《历史研究》1992年第3期。张金龙也持此说,并认为:"其造作应该是崔浩与寇谦之授意而为,未必一定出于太武帝的旨意,也不大可能与笃信佛教的太子拓跋晃有关。"参见张金龙:《北魏政治史(四)》,第382页。日本学者津田资久也认为此石文背后的主使者乃是崔浩,并有所考证。参见津田资久:《曹魏符瑞与司马懿的政治地位》,《魏晋南北朝史研究:回顾与探索——中国魏晋南北朝史学会第九届年会论文集》,第197页。
[2] 按《隋书·经籍志》记符箓受命在北魏及之后的传承事云:"太武亲备法驾而受符箓焉。自是道业大行,每帝即位,必受符箓,以为故事,刻天尊及诸仙之象而供养焉。迁洛已后,置道场于南郊之傍,方二百步。正月、十月之十五日,并有道士哥人百六十人,拜礼祠焉。后齐神武帝迁邺,遂置之。文襄之世,更置馆宇,选其精至者使居焉。后周承魏,崇奉道法,每帝受箓,如魏之旧,寻与佛法俱灭。"参见《隋书》卷三五《经籍志四》,第1240页。

"真君"之号更是寄托了道教末世太平、真君出世的涵义,应该是渊源于南方道教发展的理论,也对崔浩的"太平"名号系统作了有力的理论补充。在寇谦之和崔浩的努力下,北魏政权利用玄石等祥瑞将这一套名号系统以及背后的礼仪系统加进原有的王朝政治体系中,并且有将这套新创的系统传诸后世的打算。

崔浩和寇谦之致力于树立太武帝的"太平"形象,利用了各种谶纬、祥瑞等传统知识,但其核心仍旧是天师道的"太平"之说,其运作也从未脱离天师道的影响。从"太平王"到"太平真君"的名号系统,并未对原有的"天子""皇帝"和"皇太子"名号系统构成冲击。"太平"诸号只是作为传统名号的一种补充和强调,但也构造了一套皇权和神权的对应体系,并借助"太平"宣示太武帝将达成一种极致的政治成就,并能在道教的"佐国扶命"之下传诸后世。

第二节 从"究览天人"到"人神接对":"天师"号之政治涵义

与俗世的君主被称为"太平真君"相对应,自称接受老君之命辅佐"太平真君"的寇谦之被称作"天师"。"天师"名号的渊源可以追溯到先秦,自张道陵被称作"张天师"以来,更成为道教领袖的惯用称号,"天师道"的称法也由此而来。历代君主对"天师"有尊奉之意,本属平常之事。寇谦之在服食仙药方面的行事,也与历代方士的惯常手法相似。不过,以修改皇帝名号的方式尊崇道教,甚至"仍令四方内外上书言'太平真君皇帝陛下'"[①],并将"符箓受命"加入皇帝即位礼仪之中,在中原传统的王朝中也不常见。而无论"太平真君"的称号还是即位的"符箓",都是借助"天师"通过某种宗教仪式授予的。这在形式上与汉人传统的即位礼仪不相符契。在当时的政治背景之下,寇谦之"天师"称号及其背后的政治文化,也还值得深入探讨。

---

① 杜光庭:《历代崇道记》,《杜光庭记传十种辑校》,第361页。

一、"天师"与"真君"的地位:从《释老志》的记载说起

寇谦之的"天师"称号并非来源于北魏官方的封授,而是直接出自太上老君的神授。《魏书·释老志》对寇谦之得道的记载,大体可以分为两个部分,第一部分记载的是太上老君亲自降世,授予寇谦之"天师"之号;第二部分记载的是老君玄孙牧土上师李谱文,命其辅佐北方泰平真君,出天宫静轮之法。其记老君授谦之"天师"事云:

> 谦之守志嵩岳,精专不懈,以神瑞二年十月乙卯,忽遇大神,乘云驾龙,导从百灵,仙人玉女,左右侍卫,集止山顶,称太上老君。谓谦之曰:"往辛亥年,嵩岳镇灵集仙宫主,表天曹,称自天师张陵去世已来,地上旷诚,修善之人,无所师授。嵩岳道士上谷寇谦之,立身直理,行合自然,才任轨范,首处师位,吾故来观汝,授汝天师之位,赐汝《云中音诵新科之诫》二十卷。号曰'并进'。"①

而对牧土上师李谱文授予寇谦之《录图真经》事,则云:

> 泰常八年十月戊戌,有牧土上师李谱文来临嵩岳,云:老君之玄孙,昔居代郡桑干,以汉武之世得道,为牧土宫主,领治三十六土人鬼之政。地方十八万里有奇,盖历术一章之数也。其中为方万里者有三百六十方。遣弟子宣教,云嵩岳所统广汉平土方万里,以授谦之。作诰曰:"吾处天宫,敷演真法,处汝道年二十二岁,除十年为竟蒙,其余十二年,教化虽无大功,且有百授之劳。今赐汝迁入内官,太真太宝九州真师、治鬼师、治民师、继天师四录。修勤不懈,依劳复迁。赐汝《天中三真太文录》,劾召百神,以授弟子。《文录》有五等,一曰阴阳太官,二曰正府真官,三曰正房真官,四曰宿宫散官,五曰并进录主。坛位、礼拜、衣冠仪式各有差品。凡六十余卷,号曰《录图真经》。付汝奉持,辅佐北方泰平真君,出天宫静轮之法。②

从今人看来,这两件事很有可能都是出自寇谦之及其教众的杜撰。不过,如果比较二者记载之区别,却有可能明了寇谦之有意杜撰的这两个

---

① 《魏书》卷一一四《释老志》,第3313页。
② 《魏书》卷一一四《释老志》,第3313—3314页。

神异事件背后的目的和政治涵义。

首先,授予寇谦之"天师"的,是太上老君本人;而命令寇谦之"辅佐北方泰平真君"的,是自称老君玄孙的牧土上师李谱文。自张道陵创立天师道以来直到东晋末年《古灵宝经》创立元始天尊这一最高神之前,太上老君一直被奉为天师道的最高神灵。而牧土上师在道教师法传承系统中的地位,据《释老志》说是"二仪之间有三十六天,中有三十六宫,宫有一主。最高者无极至尊,次曰大至真尊,次天覆地载阴阳真尊。次洪正真尊,姓赵名道隐,以殷时得道,牧土之师也"①。李谱文本人更是迟至汉武帝时代方才得道。"领治三十六土人鬼之政"者,或许渊源于汉末张角叛乱时所置"三十六方"。史称"方犹将军号也"②,本出自太平道模仿人间的统治秩序,被寇谦之糅合进新天师道的体系之中。总之,李谱文虽然也是地位颇高的仙人,但身份与地位无疑是远远不及太上老君的。李谱文自称老君之玄孙,似乎暗示命寇谦之"辅佐北方泰平真君"也是老君的意思,但这段记载甚至都没有提及是老君本人。

其次,授予寇谦之"天师"时与命令寇谦之"辅佐北方泰平真君"的仪式,格局排场也大不相同。太上老君亲授"天师"之位的仪式,较之世俗皇帝即位的仪式要神秘得多。"乘云驾龙,导从百灵,仙人玉女,左右侍卫"的模式,本是长期以来人们对仙人临凡的常见想象。如曹操的游仙诗《气出唱》就有这样的意象:"行四海外,东到泰山。仙人玉女,下来翱游。骖驾六龙,饮玉浆,河水尽,不东流。"又有:"从西北来时,仙道多驾烟,乘云驾龙,郁何蓩蓩。"③在先秦文献中"乘云""驾龙""百灵""仙人玉女"的意象都已经出现。《老君音诵诫经》也提到老君自称:"治在昆仑山,山上台观众楼,殿堂宫室,连接相次,珍宝金银,众香种数,杂合

---

① 《魏书》卷一一四《释老志》,第 3114 页。按王运熙发现洪正真尊赵道隐即为六朝乐府《宿阿曲》的赵尊,并据《释老志》所记神道自李谱文以至无极至尊、洪正真尊等名目,不见其他道书,疑为谦之所杜撰。因此推断《宿阿曲》产生的年代,应当在赵尊的信仰普遍以后,即至早当在刘宋中期。参见王运熙:《乐府诗述论》,上海古籍出版社,2006 年,第 173—174 页。
② 按张角发动黄巾之乱时,"遂置三十六方,方犹将军号也。大方万余人,小方六七千,各立渠帅,讹言:'苍天已死,黄天当立,岁在甲子,天下大吉'"。参见《后汉书》卷七一《皇甫嵩传》,第 2299 页。又,《续汉书志》卷一七《五行志五》:"张角兄弟起兵冀州,自号黄天。三十六方,四面出和,将帅星布,吏士外属。"又云:"中平元年,黄巾贼张角立三十六方,起兵烧郡国。"参见《后汉书》,第 3346、3352 页。
③ 《乐府诗集》卷二六《相和歌辞一》,第 383 页。

错饰。兰香桂树,穷奇异兽,凤凰众鸟,栖于树上。神龙骐骥,以为家畜,仙人玉女,尽集其上。若欲游行,乘云驾龙,呼吸万里,天地、人民、鬼神,令属于我。"① 寇谦之所说的太上老君神灵降世的方式,也不过是抄撮了仙人出现时的"乘云驾龙""百灵导从"和"仙人玉女侍卫"的意象,用以凸显太上老君的尊贵地位而已。不过,寇谦之凸显老君的神性,是远远超越了人间君主的威仪的。姜生就说:"在中国传统文化中'龙'乃皇帝天子的象征,而老君的神圣威仪可谓地上的皇帝望尘莫及。"② 可是李谱文降世时,并无类似"乘云驾龙,导从百灵,仙人玉女,左右侍卫"仪卫排场,《释老志》只提到"牧土之来,赤松、王乔之伦,及韩终、张安世、刘根、张陵,近世仙者,并为翼从。牧土命谦之为子,与群仙结为徒友"③。作为翼从的全部都是"近世仙者",而他们的任务,还不是专门针对"太平真君"的,而是"牧土命谦之为子,与群仙结为徒友"。也即是说,李谱文降世的故事还不仅仅是宣示"辅佐北方泰平真君"的重要性,也有很大成分是为神化寇谦之本人而构建的。

也即是说,《释老志》记载的两个故事,首先是以"天师"号神化寇谦之本人,再通过寇谦之传递"太平真君"号来神化北魏政权的。《中岳嵩高灵庙碑》也说:"于是上神降临,授以九州真师,理治人鬼之政。佐国扶命,辅导真君,成太平之化"④,这段话也没有提及"君权神授",而只是提及了"师权神授",而"佐国扶命,辅导真君"也是"师权"之一。而按照寇谦之的说法,授予寇谦之"天师"称号和命令寇谦之"辅佐北方泰平真君"的实施者和实施方式都有等级的差异。这是否表明,寇谦之认为在太上老君那里,寇谦之本人的地位甚至比世俗的君主更为重要呢?解决这个问题需要从寇谦之编造这两个故事的逻辑进入分析,亦即分析故事编造与现实行事之间的关系来看寇谦之需要达成的目的。

除去这两个编造的故事,还有太武帝亲受符箓的记载可资比较。《释老志》记载太武帝受符箓,只提到"于是亲至道坛,受符录。备法驾,

---

① 《老君音诵诫经》,《道藏》第18册,第212页上栏。
② 姜生:《汉魏两晋南北朝道教伦理论稿》,四川大学出版社,1995年,第10页。
③ 《魏书》卷一一四《释老志》,第3314页。
④ 毛远明:《汉魏六朝碑刻校注》第3册,第225—233页。

旗帜尽青,以从道家之色也。自后诸帝,每即位皆如之"①。史料不但没有记载此时有太上老君临凡出世,甚至也没有牧土上师这样的仙人参与。仙人降世时"乘云驾龙,导从百灵,仙人玉女,左右侍卫"的各种神异现象,应当也没能实现。《释老志》说:"谦之奏造静轮宫,必令其高不闻鸡鸣狗吠之声,欲上与天神交接,功役万计,经年不成。"②也正由于寇谦之得老君亲授"天师"之位和接受牧土上师"辅佐北方泰平真君"的任务皆出虚构,技术上也绝无实现老君或牧土上师等仙人降世之可能。其结果就是,除了寇谦之及其弟子,大约也没有其他的与老君拉上关系的人物了。由此,太武帝亲受符箓的仪式,只能通过李谱文的代理人寇谦之来完成。寇谦之通过造作这两个故事,首先确保的是自己的地位,也就将自己塑造成唯一一位能沟通天人的人物。这就在逻辑上决定了太武帝得到的神授权威只能通过间接的方式,神圣性也与寇谦之得老君亲授"天师"之位有很大的差距。

  不能忽略的是,在寇谦之的说法中确有将道教的神圣性凌驾于世俗君主权力之上的倾向。在《老君音诵诫经》中,寇谦之借老君之口提到:"若国王天子治民有功,辄使伏杜如故。若治民失法,明圣代之。安民平定之后,还当升举,伏宅昆仑。"③大意是说,世俗的国王天子如能以道教的准则治民,便可以保持统治地位;否则就将被"明圣"之君取代,似乎"安民平定之后"还可以得道成仙④。对于其背后的涵义,钟国发认为:"显然太武帝在寇谦之的神学框架中,就是这样一位为老君'治民有功'的'明圣',所以能享有'太平真君'的神圣称号。"⑤这是一个层面的意思,另一层意思是太上老君拥有对世俗国王天子的绝对处置权。姜生

---

① 《魏书》卷一一四《释老志》,第 3315 页。
② 《魏书》卷一一四《释老志》,第 3315—3316 页。
③ 《老君音诵诫经》,《道藏》第 18 册,第 212 页上栏。
④ 按"安民平定之后,还当升举,伏宅昆仑"一句缺乏主语,导致语意不明。唐长孺特别提出:"这句不太清楚,是指老君自己功成之后升举呢,还是指那些当国王天子的'明圣'。"唐长孺:《史籍与道经中所见的李弘》,《魏晋南北朝史论拾遗》,第 217 页。从前后文意来看,确实两种解释都有可能。不过,《云笈七签》有可资比对的内容:"天师以建安元年正月七日出下四治,名备治,合前二十八宿治。星宿治随天立,历运设教,劫劫有受命为天师者,各各申明济世度人,以至太平。太平君出,更加有司,随其才德,进位神仙。"如果寇谦之沿用天师道的这种说法的话,则似乎"进位神仙"者不是"太平君",而是"劫劫有受命为天师者"。参见《云笈七签》卷二八《天师所立四治》,中华书局,2003 年,第 651—652 页。
⑤ 钟国发:《寇谦之评传》,《陶弘景评传》附编,南京大学出版社,2005 年,第 506 页。

就说:"寇氏在道经中曾以老君之口吻,赋予道教几乎要超越君主政治之上的神圣权威。"① 按照《老君音诵诫经》的说法,老君强调"吾数未至,不应见身于世",绝不会轻易降世转生②。这就暗示老君不降世之时,对天子治民"有功"或"失法"的处理,代理天师之命的寇谦之拥有很高的话语权。

学界业已注意到,寇谦之的道教改革,在世俗权力方面向北魏政权进行了某些重要的屈服③。特别是"除去三张伪法,租米钱税及男女合气之术"④,废除"不达幽冥情状,故用蜀土盟法,板署治职"⑤ 的"三张伪法",其目的自是废除道教与世俗国家对立的教团组织制度;强调"并教生民,佐国扶命",则在于宣传民众顺从世俗政权的统治;反对男女关系混杂的黄赤房中之术,是让道教的规则符合世俗伦理纲常的意识形态。这些当然对北魏政权巩固统治有极为重要的意义。不过,"并教生民,佐国扶命"的改革是教团和教民向君主政权的屈服,作为教主的天师和国家政权更多的却是一种妥协。通过改革,寇谦之也由张角、张鲁式的组织民众的"天师"变成了统治者的"天师"。在"沟通天人"方面,寇谦之强化了自身沟通天(太上老君)人(世俗皇帝)的使者的身份,甚至通过"符箓受命"的方式强调道教在皇帝废立方面的话语权。也即是说,寇谦之认为皇帝(太平真君)不是直接受命于天,而是需要通过"天师"这个媒介获得天命。虽然这也是一种宣扬君主天命的理论,但却为"天师"本人获取了一种代天立言的话语权。在这一点上,道教并未完全向君主权力屈服,尽管"符箓受命"这种方式获取的神圣话语权可能只是形式上的。

二、"究览天人"与"敬畏天命":"天师"得势的信仰基础

寇谦之利用一套编造的神话,以"符箓受命"的方式将君主的统治

---

① 姜生:《汉魏两晋南北朝道教伦理论稿》,第 10 页。
② 《老君音诵诫经》,《道藏》第 18 册,第 212 页上栏。
③ "屈服"一词是沿用葛兆光的概念,他认为,在中古中国,被斥责的道教有一个自觉自愿地与批评者协调,主动修正自己的思想、知识和方法,去趋近主流意识形态与官方政治立场的过程。参见葛兆光:《屈服史及其他:六朝隋唐道教的思想史研究》,生活·读书·新知三联书店,2003 年。
④ 《魏书》卷一一四《释老志》,第 3313 页。
⑤ 《老君音诵诫经》,《道藏》第 18 册,第 216 页下栏。

纳入道教世界的框架之中。不得不说,寇谦之为自己编造的神话游诞无根,其理论的缺陷很容易显现。更重要的是,寇谦之的说法并不全是维护君权,也有对君主权力的威胁和反制。也即是说,寇谦之对自己的神化即使达到很高的程度,但对北魏政权的神化却无法取得太好的实际效果。这也无怪乎景穆太子说"谦之欲要以无成之期,说以不然之事"①了。这套今人看来有些荒诞而又冒犯君权的理论,为什么会得到太武帝的提倡和尊崇,并按其要求行事呢?

本章第一节已经提到,寇谦之之所以能得到太武帝的信任,崔浩居功至伟。这里需要补充强调的是,崔浩在给太武帝的上书中强调过"人神接对,手笔粲然,辞旨深妙,自古无比"②,也就是寇谦之在"人神接对"过程中的媒介作用。至于这"人神接对"的证据,应当就是寇谦之所编造的老君亲授寇谦之"天师"与命令寇谦之"辅佐北方泰平真君"两个故事了。君主应对这种"人神接对"的关键,就是准确解读所谓的"圣王受命,则有大应"。在宣扬这样的好处之后,崔浩还暗示若"忽上灵之命",则"臣窃惧之",制造一种对违背天命的恐惧。由于对天命的恐惧而作出决策,在北魏早期很常见,如《魏书·崔浩传》就记载:"太史奏:荧惑在匏瓜星中,一夜忽然亡失,不知所在。或谓下入危亡之国,将为童谣妖言,而后行其灾祸。太宗闻之,大惊,乃召诸硕儒十数人,令与史官求其所诣。"③又记:"三年,彗星出天津,入太微,经北斗,络紫微,犯天棓,八十余日,至汉而灭。太宗复召诸儒术士问之曰:'今天下未一,四方岳峙,灾咎之应,将在何国?朕甚畏之,尽情以言,勿有所隐。'"④所谓"大惊""朕甚畏之",皆是出于对天命的畏惧。前文提到,崔浩以"今兹日蚀于胃昂,尽光赵代之分野"而劝明元帝立太平王⑤,也是一个典型的例子。

观诸史籍所记之崔浩行事,其得势于拓跋氏也正是凭借某种沟通天人的超自然能力。这样的提法在《魏书·崔浩传》中甚至不止一处,如

---

① 《魏书》卷一一四《释老志》,第 3316 页。
② 《魏书》卷一一四《释老志》,第 3315 页。
③ 《魏书》卷三五《崔浩传》,第 897 页。
④ 《魏书》卷三五《崔浩传》,第 899—900 页。
⑤ 《魏书》卷三五《崔浩传》,第 900—901 页。

"浩综核天人之际,举其纲纪,诸所处决,多有应验。恒与军国大谋,甚为宠密"①。明元帝说:"崔浩博闻强识,精于天人之会。"②史臣评论也说:"崔浩才艺通博,究览天人,政事筹策,时莫之二。"③至于"筮吉凶,参观天文,考定疑惑"④言而有验的事例,浩本传更是不厌其烦地记载了多次,正是时人认为崔浩"究览天人"的证据。崔浩本传又说:"浩明识天文,好观星变。常置金银铜铤于酢器中,令青,夜有所见即以铤画纸作字以记其异。世祖每幸浩第,多问以异事。或仓卒不及束带,奉进疏食,不暇精美。世祖为举匕箸,或立尝而旋。"⑤从这段文字可知,崔浩对于星变的观测极为专注,至少在太武帝面前的表现如此。北魏时人公孙崇提及崔浩著有《五行论》⑥,《隋志》子部"历数"类亦著录崔浩撰《历术》一卷,也当是关于"天人之会"的专门学问⑦。《旧五代史》云后唐清泰帝时期"有瞽者张濛自言知术数,事太白山神,其神祠即元魏时崔浩庙也。时之否泰,人之休咎,濛告于神,即传其吉凶之言"⑧。这种情况出现的因由,应当是由于崔浩以擅长"究览天人"而有应验见诸史乘,后世演绎而成预测吉凶的"太白山神"。

士人因"究览天人"而受重用,是拓跋政权之传统。早在什翼犍时期被重用的两个汉人燕凤和许谦,就有类似能力见诸史籍。《魏书·燕凤传》云:"好学,博综经史,明习阴阳谶纬。昭成素闻其名,使人以礼迎致之。"⑨《许谦传》云:"少有文才,善天文图谶之学。建国时,将家归附,昭成嘉之。"⑩二人一擅长"阴阳谶纬",一擅长"天文图谶"。此外又有刘洁祖父刘生"颇解卜筮。昭成时,慕容氏来献女,为公主家臣,仍随入

---

① 《魏书》卷三五《崔浩传》,第896页。
② 《魏书》卷三五《崔浩传》,第901页。
③ 《魏书》卷三五《崔浩传》,第916页。
④ 《魏书》卷三五《崔浩传》,第895页。
⑤ 《魏书》卷三五《崔浩传》,第907页。
⑥ 《魏书·律历志》载公孙崇上疏曰:"浩博涉渊通,更修历术,兼著《五行论》。"参见《魏书》卷一〇七上《律历志上》,第2906页。
⑦ 《隋书》卷三四《经籍志三》,第1160页。按《隋志》解释"历数"云:"历数者,所以揆天道,察昏明,以定时日,以处百事,以辨三统,以知厄会,吉隆终始,穷理尽性,而至于命者也。"
⑧ 《旧五代史》卷四六《唐书·末帝纪上》,中华书局点校本修订本,2015年,第725页。
⑨ 《魏书》卷二四《燕凤传》,第683页。
⑩ 《魏书》卷二四《许谦传》,第685页。

朝"①。道武帝时期进入拓跋政权的邓渊"长于《易》筮"②,李先则"善占相之术"③。另有晁崇,亦以天文术数见宠,"崇善天文术数,知名于时。为慕容垂太史郎。从慕容宝败于参合,获崇,后乃赦之。太祖爱其伎术,甚见亲待"。道武帝对这类知识的需求倾向,《魏书·李先传》的这段史料较为典型:

> 太祖曰:"卿既宿士,屡历名官,经学所通,何典为长?"先对曰:"臣才识愚暗,少习经史,年荒废忘,十犹通六。"又问:"兵法风角,卿悉通不?"先曰:"亦曾习读,不能明解。"④

此段谈论,是皇始初年李先归顺道武帝见面时所谈论的内容。道武帝问李先所学以何典为长,最关注的又是兵法和风角。兵法与风角都与军事行为密切相关,"风角谓候四方四隅之风,以占吉凶也"⑤,《隋志》子部"五行类"著录"风角"字样的著作二十余种,盖亦与"天人之会"的技术相类。天文、阴阳、谶纬、卜筮、风角这些技术,基本上都属于《汉志》中术数略即天文、历谱、五行、蓍龟、杂占、形法六种学问的范畴,《隋志》则归入子部的天文、历数、五行三类。由此可见,拥有术数类技术的士人很早就被拓跋贵族所重用,其中尤以精于天文者最多,这些知识和技术,大略都与"究览天人"相关。

华夏早期的宇宙观认为天象异动会影响人事的成败、政权的兴亡,因而形成了久远的观测和解读天象的传统,后世逐渐成为专门的学问。顾炎武在《日知录》中就说过:"三代以上,人人皆知天文。'七月流火',农夫之辞也。'三星在天',妇人之语也。'月离于毕',戍卒之作也。'龙尾伏晨',儿童之谣也。"⑥又,顾炎武在《日知录》中也提到胡人信鬼的现象,列举匈奴、慕容氏、拓跋氏多个事例,称:"蕃俗之畏鬼神,则又不可以常情论也。"⑦一般而言,天文是人类通过观察天象运行而形成的知识,

---

① 《魏书》卷二八《刘洁传》,第 769 页。
② 《魏书》卷二四《邓渊传》,第 709 页。
③ 《魏书》卷三三《李先传》,第 874 页。
④ 《魏书》卷三三《李先传》,第 875 页。
⑤ 《后汉书》卷三〇下《郎顗传》李《注》,第 1053 页。
⑥ 《日知录集释》卷三〇"天文"条,第 1673 页。
⑦ 《日知录集释》卷三〇"胡俗信鬼"条,第 1720—1721 页。

而其神秘性常常能引起人类的思考。拓跋氏由于文化水平不够高,不大可能像汉人那样形成复杂的理论体系,很容易对汉人的解释感兴趣。因此,基于天文现象等直接经验联系人事进行解释和预测的天文图谶之学,较容易为早期拓跋鲜卑所主动接受。

这一问题还可以从北魏早年的一些政治运作得到佐证。按《魏书》卷二《太祖纪》载天兴元年"秋七月,迁都平城,始营宫室,建宗庙,立社稷",十月"起天文殿",十一月诏令"太史令晁崇造浑仪,考天象"[①]。可见考察天文象数的活动在北魏立国之际的活动中占有重要地位,以致魏收在不多的文字中对这类活动反复申说。道武帝初年的许多政治活动皆以天象为据,典型者如早年的官制改革,《太祖纪》天兴三年纪事说:"时太史屡奏天文错乱,帝亲览经占,多云改王易政,故数革官号,一欲防塞凶狡,二欲消灾应变。"[②] 官制改革的具体内容此处不做讨论,但这则史料已足够说明,这类改革活动都与道武帝接受了太史所奏的天文占象一类知识有关。道武晚年大肆诛杀臣民的行动,依史籍记载即是因天文占象而起。拓跋珪因灾变滥杀无辜之事流传到南方,《宋书·索虏传》云:

> 有神巫诫开当有暴祸,唯诛清河杀万民,乃可以免。开乃灭清河一郡,常手自杀人,欲令其数满万。或乘小辇,手自执剑击檐辇人脑,一人死,一人代,每一行,死者数十。[③]

按此事《魏书》亦有多处记载可资印证,并非全是南朝污蔑不实之词。所谓"神巫之戒",《魏书·卫王仪传》云:"天赐六年,天文多变,占者云'当有逆臣伏尸流血'。太祖恶之,颇杀公卿,欲以厌当天灾。"[④] 又《崔玄伯传》云"太祖季年,大臣多犯威怒,玄伯独无谴者"[⑤],崔宏是清河人,道武虽没有如《宋书·索虏传》所云"灭清河一郡"而被牵连诛杀,但"太祖尝使人密察",是崔宏亦颇受道武怀疑,南朝记载道武信神巫之说而"诛清河杀万民"之事未必不实,只是这个"神巫"同时也是占天文者。

---

① 《魏书》卷二《太祖纪》,第37页。
② 《魏书》卷二《太祖纪》,第41页。
③ 《宋书》卷九五《索虏传》,第2550页。
④ 《魏书》卷一五《昭成子孙卫王仪传》,第432页。
⑤ 《魏书》卷二四《崔玄伯传》,第696页。

道武朝朝臣无论胡汉,《魏书》诸传记载被诛者实多,未入史册者不知又有几何。各人被诛原因当然是复杂的,但诸多史料都指向一点,就是与道武迷信"天文之占"有关。天文占象被当做了大屠杀的理由,其影响当然是消极的。但对于今人来说,要理解北魏早期政治的诸多现象,对拓跋君主以信仰指导现实政治的事实不能视而不见。

北魏前期祭天之礼并不同于华夏传统,见诸史料者有南郊祭天与西郊祭天,而与汉人传统不同的西郊祭天礼出现的次数更多。北魏早期各类原始崇拜屡见于史,但崇拜对象混杂多样,祭祀方式亦很混乱。盖北魏初年拓跋氏的信仰,本不是华夏传统的天命信仰,而有浓郁的草原民族色彩。不过,其时既有郊配之礼,甚至自诩"祀天之礼用周典",则接受了部分汉人礼仪因素无疑。拓跋祭祀活动的原始与混乱,正说明其信仰世界有很大的解释空间可以填充,为华夏知识的进入提供了空间。在代魏政权中,明习天文谶纬一类知识的汉族士人最早见诸记载,是与其时统治阶层文化水平的现实情况分不开的。

关于崔浩以"究览天人"影响北魏皇帝,《魏书·崔浩传》所记明元帝时期的一则故事可作例证:

> 三年,彗星出天津,入太微,经北斗,络紫微,犯天棓,八十余日,至汉而灭。太宗复召诸儒术士问之曰:"今天下未一,四方岳峙,灾咎之应,将在何国?朕甚畏之,尽情以言,勿有所隐。"咸共推浩令对。浩曰:"古人有言,夫灾异之生,由人而起。人无衅焉,妖不自作。故人失于下,则变见于上,天事恒象,百代不易。《汉书》载王莽篡位之前,彗星出入,正与今同。国家主尊臣卑,上下有序,民无异望。唯僭晋卑削,主弱臣强,累世陵迟,故桓玄逼夺,刘裕秉权。彗孛者,恶气之所生,是为僭晋将灭,刘裕篡之之应也。"诸人莫能易浩言,太宗深然之。五年,裕果废其主司马德文而自立。南镇上裕改元赦书。时太宗幸东南舄卤池射鸟,闻之,驿召浩,谓之曰:"往年卿言彗星之占验矣,朕于今日始信天道。"①

这个故事由彗星之天象引发,而明元帝表达"朕甚畏之"之态度诚恳地

---

① 《魏书》卷三五《崔浩传》,第899—900页。

向儒生术士寻求答案时,崔浩向明元帝深入阐发了"夫灾异之生,由人而起。人无衅焉,妖不自作。故人失于下,则变见于上,天事恒象,百代不易"的天人感应理论,最后以"彗星之占验矣,朕于今日始信天道"结束。通过理论的解释以及预言结果的应验,崔浩成功地将拓跋统治者变成了"天道"的信仰者。

《魏书·世祖纪》载太武帝始光四年征赫连昌,"至于黑水,帝亲祈天告祖宗之灵而誓众焉"[①]。太武帝所祈之"天"与"祖宗之灵"与华夏传统的天命信仰和祖宗信仰是否相同,《魏书》并无更多记载。不过,嘎仙洞石壁祝文也提到了两种神祇,一是"皇天之神",二是"惟祖惟父",文末又称:"荐于皇皇帝天,皇皇后土。以皇祖先可寒配,皇妣先可敦配,尚飨"[②],太武帝所祈之"天"或许就是"皇天之神"或"皇皇帝天",而"祖宗之灵"就是"惟祖惟父"或"皇祖先可寒"及"皇妣先可敦"。"皇皇帝天"或"皇天之神"两个称号都源自曹魏,不过这两个称号都是"皇天上帝"的变称,其产生和使用都有儒家经典的根据[③]。"惟祖惟父"更是直接出自《尚书》,而以"皇祖先可寒""皇妣先可敦"配享皇皇帝天、皇皇后土,除"可寒""可敦"之号以外,也都是基本符合儒家礼制宗庙的形式的。如果说将石室作为宗庙与华夏传统仍有某种相异之处的话,太武帝所尊崇的神祇,已经穿上了华夏化的"天"和"祖宗"的外衣。而《世祖纪》所记载的战前"亲祈天告祖宗之灵而誓众"的行为,则并非华夏礼制传统的方式。或者说,华夏化的天命信仰和祖先信仰本身,已经在繁文缛节的礼制规范之前侵入拓跋皇室的信仰系统之中了。

寇谦之的天师道得到拓跋统治者的重视,也与拓跋氏传统的鬼神信仰和对未知事物的敬畏之心密切相关。以易于被接受的信仰外衣包裹华夏文化的内核,或许是改造异族政权最便利的工具之一。或者说,由华夏传统的天命观、宗教观来重新解释并替代拓跋氏原有北族传统,

---

① 《魏书》卷四上《世祖纪上》,第85页。
② 米文平:《嘎仙洞北魏石刻祝文考释》,《中国魏晋南北朝史学会成立大会暨首届学术讨论会论文集》,1984年,第353页。
③ 按《三国志》卷三《明帝纪》裴注引《魏书》载明帝诏曰:"曹氏系世出自有虞氏,今祀圜丘,以始祖帝舜配,号圜丘曰皇皇帝天,方丘所祭曰皇皇后地,以舜妃伊氏配。天郊所祭曰皇天之神,以太祖武皇帝配;地郊所祭曰皇地之祇,以武宣后配。"参见《三国志》,第110页。

正是以崔宏、崔浩父子为代表的汉人士族改造北族文化的一种策略。崔浩以寇谦之乃所谓"俾踪轩黄,应天之符"来说服太武帝,将寇谦之作为"人神接对"的媒介,其背后的逻辑也仍旧是这种策略的延续。二者在理论上的不同在于,"究览天人"是通过人对天象的观察来体察天的意志,而"人神接对"则是通过神的使者寇谦之直接建立与天的关系。崔浩上书中强调对违背天命的后果"臣窃惧之",正是利用了太武帝以及统治集团的信仰和畏惧之心,而寇谦之又为信仰的诠释增加了新鲜血液。

三、由人到神的张良:崔浩师事寇谦之的因由

尚需解释的一个问题是,崔浩所擅长者,乃是"究览天人",多是基于天文占相知识来预测未来的技术;而寇谦之的新天师道,利用道教的方式"辅佐北方泰平真君",二者并非基于相同的知识基础,实施方式也大不相同。那么寇谦之的新天师道,何以能够得到崔浩的全力支持呢?或者说,寇谦之的新天师道,又为崔浩带来了什么呢?

崔浩本传云:"浩纤妍洁白,如美妇人。而性敏达,长于谋计。常自比张良,谓己稽古过之。既得归第,因欲修服食养性之术,而寇谦之有《神中录图新经》,浩因师之。"① 从这段材料看来,"浩因师之"的缘由,主要在于其"自比于张良",而"修服食养性之术"正是张良功成身退后的理想。《史记·留侯世家》记张良自称:"今以三寸舌为帝者师,封万户,位列侯,此布衣之极,于良足矣。愿弃人间事,欲从赤松子游耳。"② 寇谦之则宣称与张良退隐后"从赤松子游"的赤松子有密切联系,前引《释老志》载牧土之来,就有"赤松、王乔之伦"为翼从③。但是,崔浩之"自比张良"也绝非只是"修服食养性之术",魏收说"崔浩才艺通博,究览天人,政事筹策,时莫之二,此其所以自比于子房也"④。史籍中的张良笔墨最重的部分毕竟是以谋臣辅佐汉高祖平定天下的事业,崔浩的主要事迹也是"政事筹策",也就是《魏书》反复申说的"究览天人"。而《释老志》所记《神中录图新经》的内容,除"服食养性之术"以外,更重要的是"辅佐北

---

① 《魏书》卷三五《崔浩传》,第 903 页。
② 《史记》卷五五《留侯世家》,第 2487 页。
③ 《魏书》卷一一四《释老志》,第 3314 页。
④ 《魏书》卷三五《崔浩传》,第 916 页。

方泰平真君,出天宫静轮之法"①,更有"佐国扶命"的理想在内。因此,可以认为政治上有特殊的意义才是崔寇二者能够结合的主要原因,并非仅仅是"服食养性"的方士之术。前引崔浩上书说"昔汉高虽复英圣,四皓犹或耻之,不为屈节。今清德隐仙,不召自至"②,以商山四皓而非赤松子来比拟寇谦之,可以作为这一观点的一个旁证。当然崔浩的话也若隐若现地暗示,向太武帝推荐"商山四皓",也正是他"自比于子房"行事的表现。

无疑,张良辅佐汉高祖平定天下的事迹,正是汉代以后士大夫的理想。这种情形屡见于魏晋以来的史籍,如曹操称荀彧曰:"吾之子房也"③;钟会"寿春之破,会谋居多,亲待日隆,时人谓之子房"④,这是时人对股肱之臣的最高赞誉。张宾自称"吾自言智算鉴识不后子房,但不遇高祖耳"⑤,则是对自身怀才不遇理想的表达。崔浩自比子房,最初也应该是表明这样一种理想。张良是汉初黄老家的代表人物之一,有学者将张良列为汉初道家的代表人物,并指出张良所代表的道家和神仙思想融合的道路,具有普遍意义⑥。王子今亦指出,张良的形迹有明显的道家色彩,在讨论黄老之学在汉初的历史作用时,"当然不应当忽略张良和'四皓'等人曾经发生的作用"⑦。崔浩在思想上与张良也颇有共通之处。崔浩是一位怀有天下理想的士人,又以"究览天人"为标榜,这或许是其"自比于子房"的最初来源。

以张良寄托士大夫理想之外,汉代以来还出现了一种将张良神化的倾向。这种倾向,西汉时期就已经出现,也曾经令太史公困惑:"学者多

---

① 《魏书》卷一一四《释老志》,第3314页。
② 《魏书》卷一一四《释老志》,第3315页。
③ 《三国志》卷一〇《荀彧传》,第308页。
④ 《三国志》卷二八《钟会传》,第787页。
⑤ 《晋书》卷一〇五《石勒载记下附张宾传》,第2756页。
⑥ 参见金谷志:《汉初道家思想的派别》,载刘俊文主编:《日本学者研究中国史论著选译》,第7卷,中华书局,1995年,第32—34页。国内学者将张良列入汉初黄老道家代表人物者也不少,如章太炎、牟宗三、唐君毅、熊铁基等。参见章念驰编订:《章太炎全集·演讲集·下卷》,上海人民出版社,2015年,第1003页;牟宗三:《中国哲学十九讲》,上海古籍出版社,2005年,第76页;唐君毅:《唐君毅全集》第18卷《中国哲学原论》,九州出版社,2016年,第128页;熊铁基:《秦汉新道家》,上海人民出版社,2001年,第94页。
⑦ 王子今:《"四皓"故事与道家的关系》,《人文杂志》2012年第2期。

言无鬼神,然言有物。至如留侯所见老父予书,亦可怪矣。"①《史记·留侯世家》司马贞《索隐》引《诗纬》云:"风后,黄帝师,又化为老子,以书授张良。"②在司马迁那里,圯上老人具体是何人并没有得到明确的说明,《诗纬》此说则明确认为乃是一个兼有"黄帝师"和"老子"双重身份的人物。按《诗纬》的成书时间已经无从判断,有人认为是汉代纬书的一种③,大体应该不差。两汉之际的其他纬书中,也多有记载张良以大命授予汉高祖者。《后汉书·班彪传》注引《河图》曰:"期之兴,天授图,地出道,予张兵钤刘季起。"④《太平御览》卷八〇二引《诗含神雾》曰:"圣人受命,必顺斗,张握命图,授汉宝。宋均注:'圣人,谓高祖也。受天命而王,必顺旋衡法。故张良受兵钤之图命以授汉,为珍宝也。'"⑤《后汉书》卷二二《朱景王杜马刘傅坚马列传》史臣论注曰:"《易通卦验》曰:'黄佐命。'郑玄注云:'黄者,火之子。佐命,张良是也。'"⑥颇可注意的是,与《史记》《汉书》等史书记载不同,纬书中张良的现实作为被湮灭,却重点描绘其将神秘的"命图""命"授予汉室的"佐命"功绩。这种逻辑也影响到了之后的史书记载,如《宋书·符瑞志》就抄录了张良巧遇黄石公的故事,并演绎道:"良以《黄石篇》为他人说,皆不省,唯高帝说焉。良曰:'此殆天所授矣。'五年而成帝业。"⑦

与对张良本人的神化相对应,对与张良相关的人物,如黄石公、商山四皓的神化也屡见于文献。如葛洪《抱朴子内篇》引孔安国《秘记》说便是典型一例:

> 良得黄石公不死之法,不但兵法而已。又云,良本师四皓,甪里先生、绮里季之徒,皆仙人也,良悉从受其神方,虽为吕后所强饮食,寻复修行仙道,密自度世,但世人不知,故云其死耳。如孔安国之言,则良为得仙也。⑧

---

① 《史记》卷五五《留侯世家》,第 2474 页。
② 《史记》卷五五《留侯世家》,第 2474 页。
③ 孙蓉蓉:《〈诗纬〉考论》,《中国文化研究》2006 年冬之卷。
④ 《后汉书》卷四〇上《班彪传附班固传》,第 1337 页。
⑤ 《太平御览》卷八〇二《珍宝部一》,第 3558 页。
⑥ 《后汉书》卷二二《朱景王杜马刘傅坚马列传》,第 788 页。
⑦ 《宋书》卷二七《符瑞志》上,第 786 页。
⑧ 王明校释:《抱朴子内篇校释》卷五《至理》,第 113 页。

在这里,黄石公、商山四皓、赤松子都成为神仙,张良的事迹也主要集中在与这些仙人的交往。东晋南朝以来道教著作中,张良也已成为仙传中的人物。

汉代以来对张良的神化,成为道教"天师"说的重要资源。索安称张良为"纬书与道教之间的中枢角色"①。"天师"之称,在《庄子·徐无鬼》中已经出现过。不过潘雨廷《论天师与天师道》一文中认为,《庄子》中的天师,"与汉后所谓天师道之天师,早已名同实异"②,该书另一处又提及"事实上留侯天师可备一说"③,这一提示很有价值,可惜该文未及完成定稿。按,早期道教经典《大道家令戒》云:

> 夏商周三代,转见世利。秦始五霸,更相克害。有贼死者,万亿不可胜数。皆由不信其道。道乃世世为帝王师,而王者不能尊奉,至倾移颠陨之患,临危济厄,万无一存。……五霸世衰,赤汉承天,道佐代乱,出黄石之书以授张良。道亦形变,谁能识真。汉世既定,末嗣纵横,民人趣利,强弱忿争,道伤民命,一去难还,故使天授气治民,曰新出老君。言鬼者何? 人但畏鬼不信道,故老君授与张道陵为天师,至尊至神,而乃为人之师。④

这一"帝王师"的谱系中,张良成为了"道"选定的辅佐汉室的关键人物,也是张道陵之前的转折人物。"世世为帝王师"的"道"形变以后"出黄石之书以授张良"可以看作是对前引《诗纬》云"风后,黄帝师,又化为老子,以书授张良"的说法的沿袭和发展,张良以书助"赤汉承天"则与其他几种纬书所载之"佐命"说能相契合。不过,诚经为了突出张道陵的地位,将其塑造成了"至尊至神"的"天师",地位似乎高于持道以为"帝王师"的张良,便未使用"佐命"这一称号称呼张良了。更为重要的是,天师道还有一种说法,称张道陵是张良的后代,应当也是对神性化的张良形象的利用。出于晋宋之间的《三天内解经》中有"自光武之后,

---

① 索安著,刘屹译:《国之重宝与道教秘宝——谶纬所见道教的渊源》,载《法国汉学》第4辑,第80页。
② 潘雨廷:《道教史发微》,上海社会科学院出版社,2003年,第85页。
③ 潘雨廷:《道教史发微》,第279页。按该篇篇名《天师道序》,遗稿整理者在《后记》称"《天师道序》与书中《论天师与天师道》等有同有异,可以参阅"。
④ 《正一法文天师教戒科经》,《道藏》第18册,第236页上栏。

第三章 "太平""天师"等道教名号与崔浩的政治理想　183

汉室渐衰,太上悯之,故取张良玄孙道陵,显明道气,以助汉室"①云云。有学者据此指出,"所谓张道陵与汉帝朝臣白马盟誓的向壁虚构,目的在于突显张道陵的帝王师角色,也是借此强调张道陵与张良之间并不可信的血缘关系"②,道书中为了凸显张道陵的帝王师角色,也确实多有借重张良者,这类证据颇多,毋庸多举。张道陵与汉帝朝臣白马盟誓的事迹是否真为"向壁虚构"已经无法考证,但也有某些旁证可资补充。

刘玲娣说,包括《三天内解经》在内的汉魏南北朝时期出现的多种以"老君""老子"命名的道经,包括《老君变化无极经》《太上老君开天经》《太上妙始经》《太上老君虚无自然本起经》《老子变化经》《老子化胡经》《文始传》等,都以老子善变化为中心,展现了道教特殊的宗教理论,内容其实都是大同小异③。不过在刘玲娣提出的数种道经中,除《三天内解经》以外,都没有提及张良与张道陵的血缘关系。又如前引《大道家令戒》就提及汉初"出黄石之书以授张良"与末嗣"老君授与张道陵为天师"两件事,却完全没有提及张道陵和张良的血缘关系。另外,《云笈七签》引《张天师二十治图》云:

> 以汉安元年丁丑诏书迁改,不拜。遂解官入益州部界。以其年于蜀郡临邛县渠亭山赤石城中,静思精至,五月一日夜半时,有千乘万骑来下至赤石城前,金车羽盖,步从龙虎鬼兵不可称数。有五人,一人自言吾是周时柱下史也;一人自言吾是新出太上老君也;一人云吾是太上高皇帝中黄真君也;一人言吾是汉师张良子房也;一人言吾是佐汉子渊天师外祖也。子骨法合道,当承老君忠臣之后。今授子鬼号,传世子孙为国师,抚民无期。于是道陵方亲受太上质敕,当步纲蹑纪,统承三天,佐国扶命,养育群生,整理鬼气,传为国师。④

一般认为《张天师二十治图》不像《云笈七签》所说的那样是张道陵自

---

① 《三天内解经》卷上,《道藏》第28册,第415页中栏。
② 刘屹:《神格与地域:汉唐间道教信仰世界研究》,上海人民出版社,2011年,第145页。
③ 刘玲娣:《汉魏六朝老学研究》,华中师范大学出版社,2012年,第74页。
④ 《云笈七签》卷二八《二十八治部》,第632页。

撰,至少已经不是三张时期的原貌①。不过这段材料是反映汉末张鲁所置二十四治的直接史料,可能也反映了东汉魏晋以来道教的某些史实。这段记载关于张道陵亲受太上质敕的细节比《三天内解经》《大道家令戒》都要丰富,也特别提及"汉师张良子房",却没有提及张良和张道陵有血缘关系之事。这有可能表明《三天内解经》所提到的张道陵为张良玄孙的内容,正是该书产生的晋宋之际时代加入进来的。

《三天内解经》内提及的另外一种血缘关系,或许对理解其中所提及的张良和张道陵有血缘关系有帮助。该经有云:

> 刘氏之胤,有道之体,绝而更续。天授应图,中岳灵瑞,二十二璧、黄金一饼,以证本姓。九尾狐至,《灵宝》出世,甘露降庭,三角牛到,六钟灵形,巨兽双象,来仪人中,而食房庙之祇,一皆罢废。治正以道,荡除故气。此岂非太上之信乎? 宋帝刘氏是汉之苗胄,恒使与道结缘,宋国有道多矣。汉时已有前谟,学士不可不勤之哉!②

此经中所见"二十二璧、黄金一饼"等祥瑞又见诸《宋书·祥瑞志》:

> 冀州有沙门法称将死,语其弟子普严曰:"嵩皇神告我云,江东有刘将军,是汉家苗裔,当受天命。吾以三十二璧,镇金一饼,与将军为信。三十二璧者,刘氏卜世之数也。"普严以告同学法义。法义以十三年七月,于嵩高庙石坛下得玉璧三十二枚,黄金一饼。③

值得注意的是,《祥瑞志》所记又见诸《高僧传》,二者皆说这些祥瑞本是佛教中人发现,却被天师道作为刘裕"恒使与道结缘,宋国有道多矣"的依据。前文已经提及,东汉以来,"张握命图,授汉宝"的谶纬已经流传广远,这就是汉以张良"天授应图"的来历;而刘裕试图制造"宋帝刘氏是汉之苗胄"的身世,是欲以此身份重获汉之天命。天师道大约试图利用重复张良"握命图,授汉宝"的过程,获取政治利益,从而将佛教中人

---

① 对《云笈七签》称《二十四治图》为张道陵自撰的说法,饶宗颐《张道陵著述考》云:"《崇文总目》《通志略》道书类有正一真人《二十四治图》一卷,唐道士令狐见尧撰。则此图未必为陵自作。"参见《老子想尔注校证》,上海古籍出版社,1981年,第97页。
② 《三天内解经》卷上,《道藏》第28册,第415页下栏。
③ 《宋书》卷二七《符瑞志上》,第857页。

炮制的祥瑞糅合进道教理论之中①。只是由于道教强调太上老君"世世为帝王师"的神圣地位,因此在东汉张良谶纬的基础上加入了"新出老君"的内容,这就是经文中所说"太上之信"的基本涵义。天师道以张道陵与张良的血缘关系为刘裕"恒使与道结缘"提供合理性,让天师道的理论较之佛教徒的祥瑞更为精致。由此可见,刘裕与道教徒的相互利用,才是晋宋之际天师道制造张良与张道陵血缘关系之关键。东晋义熙十三年正月,刘裕戎马之间次留城修张良庙,傅亮作文称"张子房道亚黄中,照邻殆庶,风云玄感,蔚为帝师。夷项定汉,大拯横流,固以参轨伊望,冠德如仁"②,庙成,刘裕还曾命僚佐赋诗,称颂张良"辉辉天业昌",也即纬书所谓"摄天之业使之理"之功绩③。重拾"刘帝"之"天业",正是刘裕所力图达成的④。从前文所揭示的背景来看,这些行动或许也与刘裕表明代晋之态度有关。

《三天内解经》等文献所提及的"中岳灵瑞",正是在寇谦之隐居的嵩山制造的。从时间上看,晋宋之际道教徒在嵩山大肆制造晋宋禅代的祥瑞之时,寇谦之恰好在嵩山隐居修道。其与刘宋制造此等祥瑞有无关系虽无从考证,但史籍称他与刘裕身边的将领毛修之关系密切⑤,能知道这些祥瑞的主要内容应当并非难事⑥。也正是寇谦之将刘宋制造的"天授应图,中岳灵瑞"各种祥瑞,包括"新出老君"降世说,以张良"天授应

---

① 按其中"三""二"等细节区别,可能也是源自道教徒的改编。"三十二璧者,刘氏卜世之数也",沈约"史臣谨按"称:"冀州道人法称所云玉璧三十二枚,宋氏卜世之数者,盖卜年之数也。谓卜世者,谬其言耳。三十二者,二三十,则六十矣。宋氏受命至于禅齐,凡六十年云。"见《宋书》卷二七《符瑞志上》,第859页。然而刘屹发现此解释甚为牵强,所谓"刘氏卜世之数"当是《宋书·武帝纪》所记刘裕世系,自刘邦以下至刘裕恰为二十二世,而非"三十二"。参见刘屹:《寇谦之的家世与生平》,《华林》第2卷,2002年,第278页。
② 《文选》卷三六傅季友《为宋公修张良庙教》,上海古籍出版社,1987年,第1640页。
③ 《文选》卷二一谢宣远《张子房诗》及李善注引《易巛灵图》,第999页。
④ 保科季子指出,刘裕改修张良庙,正是"刘氏受命、张良佐汉"的一次重演,是刘裕禅让工作的重要一环。不过,她尚未注意到刘宋初年的禅让与天师道世系造作的互动关系。参见保科季子:《張良と太公望:漢六朝期受命思想における「佐命」》,《寧樂史苑》第59号,2014年,第11页。
⑤ 《宋书》卷四八《毛修之传》,第1555页。
⑥ 刘屹发现寇谦之居嵩高庙的时间和慧义等在嵩高庙发现玉璧三十二枚、黄金一饼的时间重合,并推测"当慧义在嵩高庙寻求信物之时,谦之或许就在此庙中"。这一推测虽不能坐实,但也不是完全没有可能。参见刘屹:《寇谦之的家世与生平》,《华林》第2卷,2002年,第278页。

图"说,稍加改造以后带到了北魏。《魏书·释老志》所记寇谦之受成公兴点化、受老君天书的记载,其情节都与张良受圯上老人之书的过程颇为相似,皆是经过若干考验而后授天书而为"天师"或"帝师"。甚至寇谦之受成公兴的点化"政可为帝王师耳"的话,与《史记》所记黄石公赐书称"读此则为王者师矣"的记载,都给人以似曾相识之感。庄宏谊认为,寇谦之宗教理论变革的关键是成功地结合了长生与富贵的追求,在现实政治方面追求"贵为帝王师",使道教成为国教[1]。追求长生与帝师功业,这两点恰好都在张良身上体现出来。

刘宋的天师道对张良与张道陵关系的包装,正是基于刘裕强调其与汉高祖的血缘关系的要求;寇谦之与张道陵本无血缘关系,正如崔浩与张良之间也没有血缘关系一样。《老君音诵诫经》则称老君强调"诸道官祭酒,可简贤授明",而天师道则"末复按前,父死子系,使道教不显"。反复强调"道尊德贵,惟贤是授,若子胤不肖,岂有继承先业?有祭酒之官,子之不肖,用行颠倒,逆节纵横,错乱道法,何有承系之理者乎?铁券首云父死子系何?是近世生官王者之法制耳"[2]。因此,天师道的原则是"天道无亲,惟贤是授"。老君强调"从陵升度以来,旷官真职,来久不立系天师之位"[3],寇谦之成为老君选定的新出天师,也正好符合这样的情状。在"天道无亲,惟贤是授"的基础上,血缘关系还可以重新建立,《释老志》说牧土自称"老君之玄孙",又说"牧土命谦之为子",如此则寇谦之也变成老君子孙了。寇谦之虽然没有明确表达对于刘宋伪托汉高祖与南方天师道伪托张良后代的态度,但反对三张伪法的"父死子系",强调"天道无亲,惟贤是授",正可符合崔浩虽与张良无血缘关系而能继张良之功业的要求;甚至对于拓跋氏以北族身份继承华夏正统的事实,也能提供合理的解释。

---

[1] 庄宏谊:《立志为帝王师——寇谦之的宗教理想与实践》,《辅仁宗教研究》第21期(2010年)。按葛洪《抱朴子内篇·论仙》说:"夫求长生,修至道,诀在于志,不在于富贵也。苟非其人,则高位厚货,乃所以为重累耳。"即修道长生与高位厚货之富贵不可兼得。参见王明校释:《抱朴子内篇校释》,第17页。庄氏据此认为寇谦之道教思想的关键,就是改变了这种观点,而强调成仙需得仙人下降传授方法与赐神药,符合统治者的需要,使道教的信仰层面更加扩大。
[2]《老君音诵诫经》,《道藏》第18册,第211页上栏。
[3]《老君音诵诫经》,《道藏》第18册,第210页下栏—211页上栏。

于崔浩而言,其最初"自比张良"可能只是张良辅佐汉高祖成就功业的理想;而寇谦之的到来,则让崔浩"自比张良"的内涵大为丰富。前文提及,崔浩将寇谦之的出现当作"斯诚陛下侔踪轩黄,应天之符也",也即寇谦之降世本身即被当作祥瑞。其背后的涵义可有如下数点:其一,"轩黄"说源于崔宏以黄帝为拓跋之祖的说法,中岳嵩山"乃天道所以除伪宁真,而圣哲通灵受命之处所"①。由此可知,自中岳受老君之命的寇谦之,早已和代表北魏政权的黄帝以及土德联系起来了。其二,天师道强调太上老君"世世为帝王师",即每到圣君出现的时候太上老君就将现世,作为老君使者的"天师"寇谦之来到北魏,恰好就是老君"世世为帝王师"的"应天之符",也预示着"太平真君"将可与古代的圣君并列,即"侔踪轩黄"。其三,谶纬的"黄佐命"说亦即郑玄所说"黄者,火之子。佐命,张良是也"本与土德说极为契合②,而寇谦之带来的经过刘宋包装过的"张良",则融合了老君"帝师"说与张良"佐命"说。张良"佐命"的角色,指向的则是崔浩本人,为崔浩"自比张良"的行为带来了新的诠释。也即是说,太武帝能获得崔浩的辅佐,也是天授的"佐命"。这三方面的内容对崔浩都极具意义,而又以对张良的神化最有价值。这或许才是《魏书》的记载将崔浩"自比张良"与"而寇谦之有《神中录图新经》,浩因师之"联系起来的真正缘由。

四、"究览天人"与"人神接对":崔寇合作与太武朝政治

如果说寇谦之为崔浩提供了"自比张良"的全新的思想资源,正是崔浩要全力向太武帝推荐寇谦之的最主要原因的话,那么崔浩在寇谦之到达平城时的政治处境,则是促成二者结合的直接原因。《魏书·释老志》说,寇谦之"始光初,奉其书而献之",其献书的时间恰好在太武帝即位之初;而据《魏书·崔浩传》,"世祖即位,左右忌浩正直,共排毁之。

---

① 毛远明:《汉魏六朝碑刻校注》第3册,第230页。
② 汉是火德,而黄石公是土德的标志,汉代以后的学者不得不曲为之说。如隋萧吉《五行大义》卷四:"汉以火德,镇星之精,降为黄石,授子房以兵信,助沛公而灭楚,非五运之色,相扶为用。"然而崔宏以北魏为土德,这一理论上的矛盾不复存在,崔浩模仿张良之"佐命"说也就更具合理性。

世祖虽知其能,不免群议,故出浩,以公归第。及有疑议,召而问焉"①。正是在崔浩"既得归第"期间,乃有了师事寇谦之事。崔浩受到群议的排挤罢官归第,只能在"及有疑议"之时"召而问焉",失去了在北魏朝堂之上的话语权;但他迅速利用寇谦之这一同盟者,也正是寇谦之对崔浩的鼎力支持,促成了崔浩在朝政中重获话语权。庄宏谊说,虽然史书记载崔浩拜寇谦之为师,其实是崔浩推崇之,以推荐之于朝廷的一种手法②。从现有史料看来,"天师"在北魏政权之中似乎并没有像崔浩一般的朝臣身份,而是以一种"清德隐仙"身份在实际政治中起作用。

这一切的关键,就在于寇谦之在拓跋政权中的身份定位问题。神(老君、道)的使者要完成"佐国扶命"的任务,必须获取对神秘现象的话语权。崔浩在政治生活中的作为,主要是通过"究览天人"来为现实政治提供决策参考。而持天命为言,最重要的是应验,否则就难以为用,这也就是时人高允对崔浩所言:"天文历数不可空论,夫善言远者必先验于近。"③前文已经提及,崔浩正是"综核天人之际,举其纲纪,诸所处决,多有应验"④。而在崔浩的观点受到质疑的时候,经常需要更具备神性的寇谦之的帮助。不过正如寇谦之自己对崔浩说的,"学不稽古,临事暗昧",因缺乏历史经验而无法对复杂的政治军事局势作出判断;崔浩则"常自比张良,谓己稽古过之",因深知历史经验而对现实有超强的判断能力。因此,崔寇二人的合作,仍旧是崔浩作出判断,寇谦之借天命助成之。《魏书·崔浩传》记载神䴥二年议击蠕蠕事,是一次争夺神异现象话语权的例证:

> 尚书令刘洁、左仆射安原等乃使黄门侍郎仇齐推赫连昌太史张渊、徐辩说世祖曰:"今年己巳,三阴之岁,岁星袭月,太白在西方,不可举兵。北伐必败,虽克,不利于上。"又群臣共赞和渊等,云渊少时尝谏苻坚不可南征,坚不从而败。今天时人事都不和协,何可举动!"世祖意不决,乃召浩,令与渊等辩之。

---

① 《魏书》卷三五《崔浩传》,第903页。
② 庄宏谊:《立志为帝王师——寇谦之的宗教理想与实践》,《辅仁宗教研究》第21期(2010年)。
③ 《魏书》卷四八《高允传》,第1178页。原标点有改动。
④ 《魏书》卷三五《崔浩传》,第896页。

> 浩难渊曰:"阳者,德也;阴者,刑也。故日蚀修德,月蚀修刑。夫王者之用刑,大则陈诸原野,小则肆之市朝。战伐者,用刑之大者也。以此言之,三阴用兵,盖得其类,修刑之义也。岁星袭月,年饥民流,应在他国,远期十二年。太白行仓龙宿,于天文为东,不妨北伐。渊等俗生,志意浅近,牵于小数,不达大体,难与远图。臣观天文,比年以来,月行奄昴,至今犹然。其占:'三年,天子大破旄头之国。'蠕蠕、高车,旄头之众也。夫圣明御时,能行非常之事。古人语曰:'非常之原,黎民惧焉,及其成功,天下晏然。'愿陛下勿疑也。"①

崔浩据天时人事力辩,而其依据亦主要在天命,二者辩论一共包括四种天象。其一是"三阴之岁",崔浩利用"日蚀修德,月蚀修刑"说,主张三阴用兵为修刑之义;其二是"岁星袭月"的天象,崔浩认为虽然是表示年饥民流的天象,但"应在他国";其三是"太白在西方"的天象,崔浩认为是"太白行仓龙宿","于天文为东,不妨北伐";其四是崔浩所提出来的"月行奄昴,至今犹然"的天象,乃是"天子大破旄头之国"之象。从《魏书》所记来看,似乎崔浩的理据更为充分,而张渊也只能"惭赧而不能对"。

不过,由于今人所看到的历史记载是已知结果以后的记载,因而《魏书·张渊传》对此评价说:"渊专守常占,而不能钩深致远,故不及浩。"② 正是因为对张渊下了"不及浩"的结论,史书只重视崔浩所预见的准确性,对于张渊等人说法的依据则未进行较多的记载。因此,需要在当时的知识背景下对这一辩论进行还原。第一个天象即所谓"己巳三阴之岁"者,胡三省有过解释:"己巳皆阴,而干支合于己巳,是为三阴之岁。"③ "三阴"指的应当是《易》之三阴爻,象盛阴之气。《易·否》王弼注:"居《否》之时,动则入邪;三阴同道,皆不可进。"④《易·损》王弼注:"三阴并行,以承于上,则上失其友,内无其主,名之曰'益',其实乃

---

① 《魏书》卷三五《崔浩传》,第 904—905 页。
② 《魏书》卷九一《术艺张渊传》,第 2107 页。
③ 《资治通鉴》卷一二一"宋文帝元嘉六年四月"条胡注,第 3807 页。
④ 《周易正义》卷二《否》,影印阮元校刻《十三经注疏》,第 56 页。

'损'。"① "三阴同道"或"三阴并行"皆不吉,"三阴之岁"也当是不吉之象。至于崔浩所说"日蚀修德,月蚀修刑"来反驳,又见诸《史记·天官书》引《星传》,其原文为"日变修德,月变省刑,星变结和"②。《汉书·天文志》虽引作"日食修德,月食修刑",但班固解说云"月必食于望,亦诛盛也"③,实则仍为"省刑"之意。崔浩将"省刑"变为"修刑",并强调称"战伐者,用刑之大者也",虽是一字之差,而文意则截然相反。第二个天象"岁星袭月"者,唐瞿昙悉达《开元占经》卷一二"月与五星相犯蚀"条引《黄帝占》曰:"岁星入月中,不出一旬,天下有大灾,人君不平。"又引《海中占》曰:"岁星蚀月,有大丧,女主死,臣弑君易位。"又引《荆州占》曰:"岁星入月中,大臣贼其主。"又引《荆州占》曰:"月犯岁星,其国民饥死,一曰主死,期三年。"④可见张渊所说"不利于上"乃有依据。至于崔浩说"远期十二年"亦有依据,《开元占经》同卷引《帝览嬉》曰:"月贯岁星,有流民,不出十二年,国饥亡。"⑤崔浩对"年饥民流"表示同意,然所谓"应在他国"者,则并无依据。第三个天象"太白在西方"者,太白本为用兵之象⑥,所谓"太白晨出东方为启明,昏见西方为长庚"者是也⑦。太白出西方就是所谓的"失舍"现象,《史记·天官书》说"当出不出,当入不入,是谓失舍,不有破军,必有国君之篡"⑧。太白失舍的两种后果,即"破军"与"国君之篡",与张渊所说的"北伐必败"与"不利于上"完全一致。对"太白在西方"的天象,崔浩竟然辩称是"太白行仓龙宿","于天文为东",指斥精于天象的张渊东西不分,则更似强词夺理。

　　从以上分析看来,《魏书》批评张渊"专守常占",正表明张渊说其实多有依据,而崔浩的"钩深致远",只是作了更多理据不足的发挥而已。在这场辩论之前,《魏书》记载说:"议击蠕蠕,朝臣内外不欲行。保太后

---

① 《周易正义》卷四《损》,影印阮元校刻《十三经注疏》,第108页。
② 《史记》卷二七《天官书》,第1602页。
③ 《汉书》卷二六《天文志》,第1291页。
④ 悉见瞿昙悉达:《唐开元占经》卷一二《月占二》,中国书店,1989年,第106—107页。
⑤ 瞿昙悉达:《唐开元占经》卷一二《月占二》,第107页。
⑥ 《汉书》卷二六《天文志》:"太白,兵象也",又曰:"太白主兵。"参见《汉书》第1283页。
⑦ 《史记》卷二七《天官书》司马贞《索隐》引《韩诗》,第1571页。
⑧ 《史记》卷二七《天官书》,第1571页。

固止世祖,世祖皆不听,唯浩赞成策略。"①无论是朝臣内外还是保太后阻止,太武帝"皆不听",这表明崔浩在这场辩论中获胜的原因其实是太武帝本人的态度。崔浩说太武帝"夫圣明御时,能行非常之事",可能也正是利用了太武帝急于出兵的心理。不过,张渊所说理据充分,而且"北伐必败"与"不利于上"两种后果,对于北魏政权来说都是难以承受的,所以太武帝不得不有所犹疑,这也表现在具体的军事行动上。乃至于寇谦之,也对此次军事行动犹疑不定:

> 天师谓浩曰:"是行也,如之何,果可克乎?"浩对曰:"天时形势,必克无疑。但恐诸将琐琐,前后顾虑,不能乘胜深入,使不全举耳。"②

在得到崔浩的肯定答复以后,寇谦之对崔浩的意见全力支持,并在随军的过程中以崔浩的意见为准,向太武帝提出建议:

> 世祖沿弱水西行,至涿邪山,诸大将果疑深入有伏兵,劝世祖停止不追。天师以浩曩日之言,固劝世祖穷讨,不听。③

其事最后的结果是:"后闻凉州贾胡言,若复前行二日,则尽灭之矣。世祖深恨之。"此事的最后结果,以崔浩的预见应验而告终。在这则记载中,似乎是崔浩的"天人之术"较之寇谦之的"人神接对"更为有效,而寇谦之"固劝世祖穷讨"所用的理据,史籍记载并未遗留下来。而对于寇谦之来说,似乎不会仅仅只是重复崔浩的观点,否则难以体现出"人神接对"的神秘性。寇谦之和崔浩利用神异现象打击政敌长孙嵩之事,便是另一例:

> 世祖将讨赫连昌,太尉长孙嵩难之,世祖乃问幽征于谦之。谦之对曰:"必克。陛下神武应期,天经下治,当以兵定九州,后文先武,以成太平真君。"④

---

① 《魏书》卷三五《崔浩传》,第904页。
② 《魏书》卷三五《崔浩传》,第906页。
③ 《魏书》卷三五《崔浩传》,第906页。
④ 《魏书》卷一一四《释老志》,第3315页。

《魏书·长孙嵩传》有更为详细的记载,可为参照:

> 后闻屈丐死,关中大乱,议欲征之。嵩等曰:"彼若城守,以逸代劳,大檀闻之,乘虚而寇,危道也。"帝乃问幽微于天师寇谦之,谦之劝行。杜超之赞成之,崔浩又言西伐利。嵩等固谏不可。帝大怒,责嵩在官贪污,使武士顿辱。①

崔浩所言的"西伐利",其内容又见于《魏书·崔浩传》:

> 往年以来,荧惑再守羽林,皆成钩己,其占秦亡。又今年五星并出东方,利以西伐。天应人和,时会并集,不可失也。②

综合几则材料,太武帝询问的所谓"幽征"③,在难以决策的情况下成为了关键因素。在这场讨论中,崔浩的依据是"天应人和",主要以天象作为决策的理据。而寇谦之所说的幽征"陛下神武应期,天经下治,当以兵定九州,后文先武,以成太平真君",则只是预言未来的趋势,没有具体的利弊分析,也没有提及诸如天象一类的根据,对太武帝的征讨行动也没有提出具体的策略。也即是说,寇谦之所说的"幽征"其实是一种对未来的宗教预言,而不是如长孙嵩对军事局面的分析或崔浩以天象来言说"西伐利"之类的利弊分析。以"幽征"作为宗教预言的方式,在佛教中也可见到。如僧祐《弘明集后序》说"现世幽征,备详典籍;来生冥应,布在尊经"④,以"现世幽征"与"来生冥应"论证一种宗教的宿命。这在《中岳嵩高灵庙碑》中也可见到:"运报反真,乱穷则治。是以《周易》贵变通,《春秋》大复古,泰平之基,将在于斯。"⑤这句话预言"运报反真,乱穷则治"的实现,尚有一个节点,即"泰平之基,将在于斯"。"幽征"所起到的作用,可能还包括在军事行动中获得神灵的护佑,就如《中岳嵩

---

① 《魏书》卷二五《长孙嵩传》,第720页。
② 《魏书》卷三五《崔浩传》,第903页。
③ 按此事《魏书》两出,《长孙嵩传》作"幽微",《释老志》作"幽征",当以"幽征"是。参见《魏书》卷二五《长孙嵩传》"校勘记",第726页。又按该卷校勘记一,《魏书》该卷可能是后人据《北史》补,但其所附《长孙稚传》溢出语较多。此段《北史》文除"征"字外,其他无文意区别。参见《北史》卷二二《长孙嵩传》,第806—807页。
④ 僧祐:《弘明集》卷一四《弘明集后序》,《弘明集·广弘明集》,上海古籍出版社,1991年,第97页中栏。
⑤ 毛远明:《汉魏六朝碑刻校注》第3册,第225—233页。

高灵庙碑》所强调的:"国家征讨不庭,所向克捷,虽云人谋,抑有神祇之助矣。"①

崔宏、崔浩父子之"究览天人"是以人来认识神异现象,而寇谦之的"人神接对"则是其本人被塑造成神的代言者。通过观察天象来"究览天人"的可以有很多人,但能使"上神降临,授以九州真师,理治人鬼之政"就不是一般人能做到的了。也即是说,寇谦之被神(老君)选作使者,本身就决定了他的地位独一无二。不过,相对于天象可以由观测得来并可借助古人经典作为依据,"人神接对"毕竟更为游诞无根,寇谦之奏造静轮宫,"功役万计,经年不成"②,其"幽征"也难以得到验证,因此也引发了诸多怀疑。如果说崔宏的时代,对于神异现象只是利用已有的知识加以解释,为拓跋统治者提供参考的话,随着寇谦之的道教理论在政治生活中占据上风,崔浩与寇谦之对北魏政权神异现象的干预,就由解释权转向控制权了。这种目标的实现不是一步达成的,从《魏书》的记载来看,崔浩通过自己的"究览天人"和寇谦之的"人神接对"而打击的政敌,有拓跋氏的元老如长孙嵩等,更有不少与崔浩一样借助"究览天人"而得到太武帝重用的人,如精于天人之事的太史张渊,与寇谦之同样身为道士的祈纤等。由崔浩揭发而株连甚广的刘洁案,其罪名也在利用方士张嵩制造图谶,"穷治款引,搜嵩家,果得谶书"③,且刘洁之祖、父本也是"颇解卜筮"的汉人。而刘洁所利用的"刘氏应王,继国家后"谶纬,也有可能与《老君音诵诫经》中提到的"称刘举者甚多,称李弘者亦复不少"的刘举相关,已见前节。随着政敌逐渐被打击,崔浩对神异现象的解释越发独断专行,而对与之不同的意见,则想方设法以打击之。为学界广为关注的灭佛事件,也可以就此角度得到新的解释。

被当作崔浩灭佛"首当其祸"的释玄高事件,首先见诸《南齐书·魏虏传》等南方史料的记载,而以《高僧传》所记最为详细。《高僧传》称:释玄高"冯翊万年人也。母寇氏,本信外道"④。从其籍贯以及其母的情况看,玄高之家世宗教文化渊源可能还与寇谦之颇有关系。其后弃道事

---

① 毛远明:《汉魏六朝碑刻校注》第3册,第225—233页。
② 《魏书》卷一一四《释老志》,第3315—3316页。
③ 《魏书》卷二八《刘洁传》,第772页。
④ 《高僧传》卷一一《宋伪魏平城释玄高传》,中华书局,1992年,第409页。

佛,"伪太子拓跋晃,事高为师"。"晃一时被谗,为父所疑,乃告高曰:'空罗枉苦,何由得脱?'高令作金光明斋,七日恳忏。焘乃梦见其祖及父,皆执剑烈威,问:'汝何故信谗言,枉疑太子?'焘惊觉,大集群臣,告以所梦。诸臣咸言:'太子无过,实如皇灵降诰。'焘于太子无复疑焉,盖高诚感之力也。"又云:"时崔浩、寇天师先得宠于焘,恐晃纂承之日夺其威柄,乃谮云:'太子前事,实有谋心。但结高公道术,故令先帝降梦。如此物论,事迹稍形,若不诛除,以为巨害。'焘遂纳之,勃然大怒,即敕收高。"① 如果抛开今人的无神论观念而仅仅依据史料的记载,玄高"道术"甚高,甚至有能使神人降梦的超自然能力,也即所谓"通灵感众"之效②,甚或较寇谦之"人神接对"尤有过之。南方史料记崔、寇二人"恐晃纂承之日夺其威柄",乃是因为影响其对神异现象的话语权,从逻辑上说是非常合理的③。

对于拓跋的传统神祀,崔浩也以类似的方式对待。《魏书·礼志一》载崔浩以"神祀多不经,案祀典所宜祀,凡五十七所,余复重及小神,请皆罢之"④,这或许也可解释灭佛的原因。毕竟从时间上看,太武帝正式下诏灭佛、禁谶纬和禁绝神祀几件事都发生在太平真君五年,前后仅相差四个月的时间⑤。其后,道教的轨仪则是"遂起天师道场于京城之东南,

---

① 《高僧传》卷一一《宋伪魏平城释玄高传》,第411、412页。
② 《广弘明集·元魏书释老志》"集论者曰":"时有沙门玄高者,空门之秀杰也,通灵感众,道王河西。凉平东归,太武信重,为太子晃之师也。晃孝敬自天,崇仰佛法。崔、寇得倖于帝,恐晃摄政,或见危逐,遂密谗于帝。"其记玄高事与《高僧传》同,而"通灵感众"一句,则可能是道宣所总结。参见《广弘明集》卷二《归正篇》,《弘明集·广弘明集》,第106页上栏。
③ 按《高僧传·玄畅传》云:"本名慧智,后遇玄高,事为弟子,高每奇之,事必共议,因改名玄畅,以表付嘱之旨。其后虏虐剪灭佛法,害诸沙门,唯畅得走。以元嘉二十二年闰五月十七日发自平城,路由岱郡上谷,东跨太行,路经幽冀,南转将至孟津。唯手把一束杨枝,一掬葱叶。虏骑追逐将欲及之,乃以杨枝击沙,沙起天暗,人马不能得前。有顷沙息,骑已复至,于是投身河中,唯以葱叶内鼻孔中通气度水。以八月一日达于扬州。"参见《高僧传》卷八《玄畅传》,第314页。玄畅是玄高诸弟子中幸存南奔者,其事迹与玄高诸事皆见诸《高僧传》,以此推测,其书有关玄高诸事的记载,可能本于玄畅所亲历。除去某些渲染神异的内容,《高僧传》等南朝史料所记其事背后之政治关系颇为可信。
④ 《魏书》卷一〇八之一《礼志一》,第2991页。
⑤ 按太平真君五年春正月戊申诏曰:"愚民无识,信惑妖邪,私养师巫,挟藏谶记、阴阳、图纬、方伎之书;又沙门之徒,假西戎虚诞,生致妖孽。非所以壹齐政化,布淳德于天下也。自王公已下至于庶人,有私养沙门、师巫及金银工巧之人在其家者,皆遣诣官曹,不得容匿。限今年二月十五日,过期不出,师巫、沙门身死,主人门诛。明相宣告,咸使闻知。"参见《魏书》卷四下《世祖纪下》,第113—114页;上引崔浩奏议则在同年六月。

重坛五层,遵其新经之制。给道士百二十人衣食,齐肃祈请,六时礼拜,月设厨会数千人"①。禁绝拓跋传统祭祀而大张旗鼓地兴起道教仪式,让人不能不怀疑崔浩的目的。值得注意的是,《官氏志》载:"太和以前,国之丧葬祠礼,非十族不得与也"②,其主导者在拓跋旧族,起到沟通神人关系的可能也是拓跋祭司或者女巫之类;而道教仪式中,寇谦之是作为"人神接对"的媒介而存在,其参与者主要也是道教的信徒。崔浩禁绝神祀,虽只是拓跋祭典的边缘部分而未涉及其核心如西郊祭天等,但神祀应当也是显示"十族"参与权的重要活动之一。以寇谦之的"符箓受命"等道教仪式作为国家典礼同时罢除旧有神祀,对十族在祭祀活动中的参与权是一种打击。

本节小结

崔浩之"自比于子房",其以魏晋高门辅佐异族王朝,确与五代相韩的张良辅佐汉初布衣皇帝颇为相似。崔浩承其父业辅佐北魏三代君主,借助于"究览天人"的能力对北魏政治军事基本航向的规划和政治决策的谋略起着极为重要的作用。寇谦之被崔浩比为商山四皓并亲自"师之",是表示其承认并支持神授的"天师"角色。寇谦之的角色实为黄石公与四皓之结合,亦即充当授予崔浩"佐命"角色的天使。寇谦之用"人神接对"的方式将宗教因素导入政治之中,并能在北魏大政方针上与崔浩形成密切的配合,对太武朝的政治变革产生影响。

魏收说崔浩善于"究览天人",而崔浩则说尊崇寇谦之是"人神接对",也正点明了崔浩政治行事在崔寇结合前后两个不同阶段的鲜明特色。"究览天人"和"人神接对"两个看起来相似的概念,其内涵其实有根本性的区别:"究览天人"的主体是人(崔浩),基于人对天象的观察以及对"天人感应"思想的认识和理解,因此是可以解释和争论的;"人神接对"的内容直接来源于神(老君及其使者),通过寇谦之传达给世俗的君主和百姓,而神的旨意(主要是《神中录图新经》)是不容置疑的。这种宗教的理念决定了寇谦之的"天师"身份必须来自于神授,进入现实

---

① 《魏书》卷一一四《释老志》,第 3315 页。
② 《魏书》卷一一三《官氏志》,第 3266 页。

政治之中就会影响到世俗权力的整合。宗教领袖以"人神接对"的方式涉足实际政治，与皇权其实是难以兼容的，因而也只能是在北魏太武朝这一特殊时代下形成的特殊现象。

第三节 "太平""天师"号与政治文化变迁

"太平"与"天师"两个名号，都是中国历史上非常常见的称号，而这两个名号在与北魏政治深度结合以后，创造了政治文化层面新的变革，引领了北魏王朝发展过程中的新阶段。本节拟在上文考证的基础上，对"太平""天师"名号背后的政治文化之"实"作进一步的清理与辨析。

一、"太平"理想的内容："偃武修文"

崔浩和寇谦之以"太平"之号加诸太武帝，而利用道教之"天师"作为辅佐，着眼点不仅仅是用来为北魏政权寻求虚幻的"天命"，更重要的是寄托拓跋氏的君主来实现一种建立"太平"社会的理想。然则"太平"一词渊源久矣，在具体的学说和时代下有很大的不同。在阐释崔寇的"太平"理想之前，需要对秦汉魏晋以来社会上所宣扬的"太平"理想的具体涵义作一番梳理。

"太平"一词，自战国以来便在诸子著作中多有出现。作为一种儒道两家普遍认同的政治理想，其涵义是非常复杂的。按照葛志毅的总结，秦汉以前诸子学说的"太平"理想有儒家与阴阳家之别。儒家太平主要表现为一种政治方案，人事举措，目标在政通人和。阴阳家太平主要是由天地瑞应与四时和气编织而成的天人感应图景，强调的是阴阳和合。他进一步指出，后来纬书中所言"太平"在很大程度上富有阴阳家色彩①。

汉代以后，"太平"一词被诸儒多所阐发，也为黄老家直至道教所极力宣扬，涵义逐渐丰富。儒家的太平理想，根据陈苏镇的总结，其核心是与"礼治"和"德化"结合起来，最终目的是重现"三皇五帝之治"或者

---

① 葛志毅：《谭史斋论稿四编》，黑龙江人民出版社，2008年，第306页。

"三王之治"。具体而言,实现"太平"理想的途径,在穀梁家和左氏学那里是"以礼为治",而在公羊家那里是"以德化民",这种不同主张的分歧一直持续到曹魏以后①。无论是"礼治"还是"德化",太平理想的实现都必须经历一个长期的过程,西汉大儒公孙弘说:"昭至德,开大明,配天地,本人伦,劝学修礼,崇化厉贤,以风四方,太平之原也。"② 也即是说,达成"太平"的条件,需要君主通过长期的德化治理实践才能实现。因此,班固引用孔子之言说:"孔子曰:'如有王者,必世而后仁;善人为国百年,可以胜残去杀矣。'言圣王承衰拨乱而起,被民以德教,变而化之,必世然后仁道成焉;至于善人,不入于室,然犹百年胜残去杀矣。此为国者之程式也。"③东汉的公羊家何休,则推演出据乱、升平、太平世的"公羊三世说"。"三世说"引入夷夏关系,称所传闻世是据乱世,所闻世是升平世,所见世为太平世;"据乱世"之时"内其国外其夏","升平世"之时"内诸夏外夷狄","太平世"则"夷狄进至于爵,天下远近大小若一"④。总体上说,儒家"太平"理想的实现,都是从乱世开始,经过长期的"礼治"或"德化",由"据乱"到"升平"再到"太平"一步一步达成。

　　道教的太平理想则大体上在阴阳家的"太平"理想基础上有所发展,强调天人关系,逐渐走向宗教神秘主义。有学者指出,魏晋以后的道教"太平"理想,最重要的发展是结合了宗教末世论,成为一种在社会领域产生重大影响的社会思潮⑤。宗教末世论有一个重要的特点,就是强调在某个具体的时间会发生某种灾劫,在成功渡过灾劫以后,会有某个救世主出现,"太平"理想会立刻达成⑥。《太平经》反复强调"立致太平",并以儒家太平说作比较称:"古者但敬事四时五行,故致太平迟,三十年

---

① 参见陈苏镇:《〈春秋〉与"汉道"——两汉政治与政治文化研究》第二章《"以礼为治"和"以德化民"——汉儒的两种政治学说》,中华书局,2010年,第133—206页。
② 《汉书》卷八八《儒林列传》,第3594页。
③ 《汉书》卷二三《刑法志》,第1108页。
④ 《春秋公羊传注疏》卷一隐公元年,影印阮元校刻《十三经注疏》,第4774页。
⑤ 钟国发:《魏晋南北朝隋唐的道教末世太平理想》,收入《传统中国研究集刊(第九、十合辑)》,上海人民出版社,2012年,第250—269页。
⑥ 日本学者小林正美曾经总结六朝时期道教的"末世论":"所谓道教的终末论(eschatology),其思想就是:在不久的将来,人类世界将发生巨大的灾难,天崩地裂,恶人灭绝;而善人——种民、种臣将得以幸免,太平之世到来,这些善人可以见到金阙后圣帝君。"参见小林正美:《六朝道教史研究》之"道教的终末论"章,第387页以下。

致平。今乃并敬事其神,故疾,十五年而平也。"① 这表明"太平"能很快达成的思想就已经有所萌发。而汉末太平道所宣扬的"苍天已死,黄天当立,岁在甲子,天下大吉"②,也即是说在甲子年的灾劫之后,黄天取代苍天,就能立即实现"天下大吉"的太平景象。东晋以来天师道所宣扬的"真君不远,甲申灾起,大乱天下,天下荡除,更生天地,真君乃出"③ 也是同样的逻辑。也即是说,道教末世论的太平理想与儒家的主要区别,就是根本无需经过长期的"礼治"或"德化"的过程,末世灾劫之后可以不经过"升平"世,直接由大乱变为"太平"。

虽然经过不断的分化和重组,儒家和道教的"太平"理想特别是实现"太平"的途径仍旧有明显的区别。"太平"理想内涵的复杂,为崔浩等人的再阐释提供了丰富的素材,成为寻求北魏"治道"的理想途径。分析太武帝时期"太平"诸号的内涵,可以结合当时的政治局势来解读"今典"。关于寇谦之主导"符箓受命"活动的细节,《魏书·释老志》说:

> 真君三年,谦之奏曰:"今陛下以真君御世,建静轮天宫之法,开古以来,未之有也。应登受符书,以彰圣德。"世祖从之。于是亲至道坛,受符录。备法驾,旗帜尽青,以从道家之色也。自后诸帝,每即位皆如之。④

"受命"之礼在天师道的历史上从未有过,看来这一仪式崔浩与寇谦之是花了一番功夫的。虽然史料对于"受命"之礼的脉络没有清晰的记载,但很明显"受命"说借用了汉代儒家的学说。秦汉以来的儒家传统认为"太平"一词与"始受命"有关,《白虎通义·封禅》说:

> 始受命之日,改制应天,天下太平功成,封禅以告太平也。⑤

崔浩力荐寇谦之的上书中有"圣王受命,则有大应"一句,后又称"应天之符"云云,与"始受命之时,改制应天"极为相似。如果结合太武帝时期宣示天命的政治运作,可以发现北魏对《白虎通义》这句话的更多运

---

① 王明编:《太平经合校》卷九三《敬事十五年太平诀》,第412页。引文对原标点有调整。
② 《后汉书》卷七一《皇甫嵩传》,第2299页。
③ 《太上洞渊神咒经》卷一《誓魔品》,《道藏》第6册,第5页中栏。
④ 《魏书》卷一一四《释老志》,第3315页。
⑤ 陈立:《白虎通疏证》,第278页。

用。关于所谓"始受命、改制应天",寇谦之乃借"符箓授命"的方式进行了实践。比对《释老志》的符箓受命之礼,在细节上能发现不少与儒家学说内容不相符合的地方。按《春秋繁露》对"受命"有如下解说:

> 何以谓之王正月?曰:王者必受命而后王。王者必改正朔,易服色,制礼乐,一统于天下,所以明易姓,非继人,通以已受之于天也。①

董生对《春秋》的这一解说大体成为后世"受命"之礼的准则。拓跋焘登坛受符箓的时间恰好是在太平真君三年"春正月",而以正月受命,与拓跋族原有的北亚祭典重大礼仪活动如西郊祭天之礼均安排在四月的时间不同②,似乎有隐晦的"改正朔"的表达,但毕竟与《春秋》王者受命改正朔的做法全然不同。崔浩对《春秋》的"王正月"问题的阐释,从今存史料中约略可以得到一些线索。《史记·高祖本纪》汉元年正月条《正义》引崔浩注云:"史官以正月纪四时,故书正月也"③,回避了"王者受命"的命题。实际上,《高祖本纪》的"王正月"本具有改易正朔的重大政治意义,《汉书》此处颜师古注引如淳云:"以十月为岁首,而正月更为三时之月。"颜师古云:"凡此诸月号,皆太初正历之后,纪事者追改之,非当时本称也。"④亦即是说,史书中"汉元年正月"的意义,正是依据汉武帝时期依据公羊学说而阐释的"王正月"而书写的,历代注家的解释为得其实。崔浩说"史官以正月纪四时"回避了"王正月"的笔法具有的政治意义,也与公羊家的学说有一定距离。

又,《释老志》特别提及"旗帜尽青,以从道家之色也",看来"易服

---

① 《春秋繁露义证》二三《三代改制质文篇》,中华书局,1992年,第185页。
② 按《魏书》所载,太武帝之前在正月举行重大礼仪活动只有两次,一为登国元年"春正月戊申,帝即代王位,郊天,建元,大会于牛川";二为"天兴二年正月,帝亲祀上帝于南郊,以始祖神元皇帝配"。按登国元年郊天,据康乐说,应当是西郊,而日期不符是因为当时情况所迫,不能再等到传统的四月祭天之期。参见康乐:《从西郊到南郊:国家祭典与北魏政治》,第175—176页。按两次活动,一为拓跋焘即代王位,一为正式称帝后的郊天,"代王"或"皇帝"皆为华夏名号,其礼仪活动依汉仪安排在正月倒也不是没有可能。不过,崔宏为北魏设计的"祀天之礼用周典,以夏四月亲祀于西郊"制度,在"周典"的外衣下却隐藏着一个西郊祭天的北族礼仪的内核。此后,正月举行的华夏仪制绝少出现在北魏史籍记载中也是事实。
③ 《史记》卷八《高祖本纪》"汉元年正月"条张守节"正义",第459页。
④ 《汉书》卷一上《高祖本纪上》,第28页。

"色"之说在"符箓受命"活动中也有体现,不过这与董仲舒所称的黑、白、赤三种服色皆不相同,与崔宏土德尚黄的精神也不相符。至于"制礼乐"则是一个系统工程,崔浩和寇谦之也有意识地进行礼制改革。受符箓之外,还有相关法物的制造。如陶弘景《古今刀剑录》记:"至真君元年,有道士继天师白为帝造剑,长三尺六寸,隶书,因改元真君。"[1]也即是说,由于寇谦之铸造神剑得到某种符命,因而改年号。符命的作用,正如郭璞所说:"盖王者之作,必有灵符,塞天人之心,与神物合契,然后可以言受命矣。"[2] 与之对应的还有礼制建筑的修建,最重要的是《魏书·释老志》和《崔浩传》都反复提及的静轮天宫。无论是修建静轮天宫、改年号、受符箓还是铸剑,都可以看作是以皇帝的身份对"太平真君"的神圣性进行宣示的活动。但以"符箓受命"为中心的一系列活动都按照天师道的礼仪来执行,也与汉儒的精神不相符合。因此,崔浩以"符箓受命"为核心的活动饱受后世儒家的批评[3]。另一方面,"符箓受命"的方式也不是纯粹的道教仪式,如受命的大道坛庙,就具有某种儒家礼制建筑的特色,郦道元记其制度云:"其庙阶五成,四周栏槛,上阶之上,以木为员基,令干相枝梧,以板砌其上,栏陛承阿。上员制如明堂,而专室四户,室内有神坐,坐右列玉磬。"[4] 其意义,索安称作"将天师的祭坛等同于象征上古帝王权力的仪式中心(明堂)"[5],姜望来认为可能还起着类似明堂的作用[6]。

---

[1] 陶弘景:《古今刀剑录》,陶氏涉园影印宋咸淳百川学海刊本,第二十七册壬集上,第5b页。"白为帝造剑"不可解,按《御览》引文略同,作:"太武帝至真君元年,有道士继天师自为帝造剑,因改元为真君。剑长三尺六寸,隶书。"据此"白"字或为"自"之讹。参见《太平御览》卷三四三引陶弘景《刀剑录》,第1579页。
[2]《晋书》卷七二《郭璞传》,第1901页。
[3] 如王通称崔浩乃是"执小道,乱大经",参见张沛:《中说校注》卷四《周公篇》,第103页。真德秀称:"崔浩名为研精经术,不喜老佛,而乃怵于一道士之言,以谶妄为可信,是又出于老佛之下矣。"真德秀:《大学衍义》卷一三《格物致知之要》,台湾商务印书馆影印文渊阁四库全书本,1986年,第628页。王船山称崔浩"及其后与寇谦之比,崇淫祀以徼福于妖妄而已矣"。王夫之:《读通鉴论》,中华书局,1975年,第405页。
[4]《水经注疏》卷一三"灢水",第1148页。
[5] 索安著,刘屹译:《国之重宝与道教秘宝——谶纬所见道教的渊源》,载《法国汉学》第4辑,第87页。
[6] 姜望来认为孝文帝太和十五年之前北魏代都并未立明堂,而寇谦之所立道坛,则起着类似作用。参见姜望来:《崔浩所谓"拓跋之祖本李陵之后"试释》,《唐研究》第18卷,第140—143页。

至于达成太平之后的"功成封禅",乃是崔寇后续计划的一部分。前节引《魏书·灵征志》所载石文中,"太平天王继世主治"的下一块石文所记的内容,就是太子拓跋晃的名讳"昌封太山"。由此也可以看出,这一宣示天命的行动乃是一个长期的计划,到石文出现时,距离"太平"诸号提出已经超过二十年,就连改元"太平真君"也已近五年,而封禅仍要到皇太子即位后才能实行。由此可知,以"天下太平"而"功成封禅",也是崔浩、寇谦之"符箓授命"长期计划的纲领。"太平"并未随真君的出世而立即出现,而是需要数代君主长期的努力而实现,这是与儒家学说较为接近而不同于道教末世说的。只是实现"太平"的纲领没有直接向天下宣布,而是通过符箓和石文等神秘方式作出某种暗示以后,才逐步付诸实施,则又采用了道教传承自汉代阴阳家的方式。

"太平真君"实现的途径,寇谦之曾于始光三年借"幽征"提出一种"以兵定九州,后文先武,以成太平真君"的方略①。太延五年,也就是使用"太平真君"年号的前一年,拓跋焘灭北凉,正式扫平北方。"武功"确已经告一段落,而"文治"即将提上日程,看来宣示"太平真君"称号的活动在紧随其后的时间出现,绝非偶然。不过,早在确立"太平真君"年号之前,宣示"偃武修文"的方略就已经多次出现。而在这些诏书中,"偃武修文"策略之后附带"太平"口号以为目标也成为一个基本写法。如神䴥四年的征士诏书中云:"今二寇摧殄,士马无为,方将偃武修文,遵太平之化,理废职,举逸民,拔起幽穷,延登俊乂。"②类似记载还可找到一些,如《宋书·索虏传》中就载有拓跋焘以拓跋晃为监国的诏书,中有"武功既昭,而文教未阐,非所以崇太平之治也"③一句。值得注意的是,这道诏书在《魏书》中也有记载,文字差异也很少。不过《索虏传》中所载较《魏书》更为详细,此句即是《索虏传》多出文句之一。除此之外,《高僧传·宋伪魏平城释玄高传》也载有这道诏书④,文句稍有出入,但这一句与《索虏传》基本一致。据此可以推测,拓跋晃以太子监国的诏书曾经宣示天下,南方政权通过某种途径得到了这道诏书的原文,因此

---

① 《魏书》卷一一四《释老志》,第 3315 页。
② 《魏书》卷四上《世祖纪上》,第 92 页。
③ 《宋书》卷九五《索虏传》,第 2566 页。
④ 《高僧传》卷一一《习禅》,第 411 页。

《索虏传》予以记录①；《高僧传》的记载也可能源于此。北朝史官在收录这道诏书的时候对其进行了一定的删节，而"武功既昭，而文教未阐，非所以崇太平之治也"这一类句子，由于与当时大多数诏书完全一致，而与太子监国诏书主旨关系也不大，史官以为酿辞而删之。相近用例在群臣上书中也可以找到，是可作为旁证。如《魏书·刘洁传》载其上书中有"威之所振，无思不服；泽之所洽，无远不怀。太平之治，于是而在"②云云，虽未提及文教，但也以偃武息民为"太平"的依皈。连崔浩的政敌刘洁在上书中都要提及"太平"口号及其内涵，看来"太平"口号与偃武修文连用似已成朝中文书的"标准格式"。实际上，《魏书》所载的诏书和上书篇幅大都非常短，无疑多数是经过删节的，类似的删节情况可能远不止一两处。能找到如此多的用例，正说明具有偃武修文内涵的"太平"口号在当时的影响。

也即是说，在崔浩和寇谦之那里，实现"太平"理想的方式主要有两种，第一是"武功"，第二是"文教"，而二者的实施有先后次序，就是"后文先武"。在太武帝统一北方以后，则"武功既昭，而文教未阐"，重点转移到"文教"上来。"偃武修文"与"太平"口号连用现象的大量出现，表明当时可能出现了一场以"文教"为途径，以"太平"为目标的大规模运动。

以"文教"致"太平"的做法汉代以来就有渊源，如西汉末"（王）莽秉政，方欲文致太平"，颜师古注曰"言欲以文教致太平"③，即是显例。至于寇谦之说的"以兵定九州，后文先武"，班固曾有过类似解说："夏有甘扈之誓，殷、周以兵定天下矣。天下既定，戢臧干戈，教以文德。"④这应当也是代表着汉儒的思想的。"文"与"武"之关系，早期道教理论也多

---

① 按刘知几《史通》卷一七《杂说中》"后魏书"条云："又崔浩谗事狄君，曲为邪说，称拓跋之祖，本李陵之胄。当时众议抵斥，事遂不行。或有窃其书以渡江者，沈约撰《宋书·索虏传》，仍传伯渊所述。"见刘知几著，浦起龙通释：《史通通释》，第459页。《索虏传》之其他内容，或也有源出崔浩《国史》之可能。
② 《魏书》卷二八《刘洁传》，第770页。
③ 《汉书》卷一〇〇上《序传上》，第4204页。按公羊家何休对"文致太平"的解说，与颜师古不同："《春秋》定、哀之间，文致太平者，欲见王者治定，无所复为讥，唯有二名，故讥之，此《春秋》之制也。"何休这里的"文致太平"，是《春秋》在政乱之际的一种理想，并不涉及"文教"。参见《春秋公羊传注疏》卷二六"定公六年"条，第651页。
④ 《汉书》卷二三《刑法志》，第1081页。

有言说,如《太平经》说:"文者主相文欺,失其本根,故欺神出助之也;上下相文,其事乱也。武者以刑杀伤服人,盗贼亦以刑杀伤服人;夫以怒喜猛威服人者,盗贼也。故盗贼多出,其治凶也。"又云:"乱君以文服人;凶败之君将以刑杀伤服人。是以古者上君以道德仁治服人也,不以文刑杀伤服人也。"① 从中可见,《太平经》以道德为尚,而"文"主相文欺,是乱君之治;"武"则最下,凶败之君所为。"文""武"二者,均与道教理想的太平之治有一定的距离②,这与儒家强调文教有所不同。从"偃武修文"而致太平的思想来看,崔寇的"太平"宣示虽然融合了儒家学说和道教理论,但其思想内核抛弃了道教的太平说而更接近于儒家学说。

二、"道教"与"儒教":崔寇"文教"之纲领

寇谦之的道教在崔浩的帮助下融合了儒家思想,在《魏书》中有明确的记载。《崔浩传》说寇谦之谓崔浩曰:"吾行道隐居,不营世务,忽受神中之诀,当兼修儒教,辅助泰平真君,继千载之绝统。"③ 有趣的是,寇谦之提出的是兼修"儒教",而不是"儒学"或者"儒术"。《魏书·释老志》亦载老君命寇谦之"宣吾《新科》,清整道教,除去三张伪法,租米钱税及男女合气之术",而修道之方法,则是"专以礼度为首,而加之以服食闭炼"④。寇谦之借老君之口清整"道教","儒教"与"道教"的说法都在寇谦之这里出现了,并且二者应该是相关的概念。从时间上说,"兼修儒教"的提出在寇谦之初见崔浩之时,受老君之命"清整道教"在《释老志》的记载中更早,但实际可能也是在入平城前后造作的⑤,"后文先武,

---

① 王明编:《太平经合校》卷三五《分别贫富法》,第32—33页。
② 按《太平经》又论述了道、德、文、武与上古时代之联系,称:"故上三皇乃教化以道,其人民尽有道,物亦然。五帝教化多以德,其人民多类经德也,物亦然。三王教化多以文,其人民多文,物亦然。五霸教化多以武,其人民多悉武好怒,尚强勇,此非悉化之首也。"参见王明编:《太平经合校》卷一一五至一一六(原文阙题),第668页。这一序列是太平而衰世的发展过程,同卷又提到:"帝气乐,三皇象之,如天也。王气乐,五帝法之,象地,好德养物,而时复刑也。微气者,三王象之,无常法。衰囚亡之气,五霸象之,其气乱。"王明编:《太平经合校》卷一一五至一一六(原文阙题),第663页。
③《魏书》卷三五《崔浩传》,第903页。
④《魏书》卷一一四《释老志》,第3313页。
⑤ 刘屹认为,授给寇谦之《音诵诫经》的所谓第一次神遇,可能是在《嵩岳庙碑》之后才编造出来的。参见刘屹:《寇谦之的家世与生平》,《华林》第2卷,第279页。这种可能性也不是没有,不过似乎理据不足,笔者还是倾向于寇谦之带着两次神遇的神话北上见崔浩的观点。

以成太平真君"则是稍晚向太武帝提出的。前文已经说明,崔浩实现理想社会的途径是"文教",那么"儒教""道教"与崔浩以"文教"致"太平"方式的联系,也可以在此基础上作进一步的申说。

多有学者认为"道教"之名由寇谦之提出,在道教史上有很重要的意义①。小林正美认为,"把道教称为'道教'是从北朝的北魏寇谦之开始的"②。事实上"道教"二字连用,寇谦之之前的文献中已有使用,多数指的是利用儒家的学说进行教化③。魏晋以来的"道"和"教"的意思,应当就是"善道"和"教化",如张角"以善道教化天下"④。钟国发注意到了较早的"道教"用例,认为:"严格地说来,在寇谦之以前没有专门的'道教'。所谓道教,原义只是符合于道、把握了道的教化体系。战国诸子百家各言其道。虽然汉初黄老学因谈'道'最为系统而独享'道家'之名,但黄老强调自然无为,不重教化,而儒家仍强调自家有道,这个道是重视教化的,是为'道教'。"⑤是否只有到寇谦之这里,"道教"一词才真正转化为后世意义上的"宗教"涵义似乎难以坐实,不过,"道教"一词有"善道"和"教化"的涵义,在寇谦之这里也无根本改变。小林正美《中国的

---

① 按饶宗颐先生指"道教"一词源出敦煌《老子想尔注》残卷(S6825号)"智慧出,有大伪"条注:"真道藏,邪文出,世间常称伪伎为道教,皆大伪,不可用。何谓邪文?五经半入邪。五经之外,众书、传记为尸人所作,悉邪。"参见饶宗颐:《老子想尔注校证》,上海古籍出版社,1993年,第53页。
② 小林正美:《六朝道教史研究》,第301页。小林正美还认为,南朝最早使用"道教"一词,刘宋泰始三年左右顾欢所作《夷夏论》的用例是最初期的。李养正也说:"因老子是道家,五斗米道将道家宗教化,推尊和崇奉老子及其'道',自然而然,别家也就不再自谓'道教',而'道教'一词也就成了五斗米道的专用称呼。这在公元五世纪的北魏时便已明确,《魏书·释老志》记载:'寇谦之……以神瑞二年十月乙卯,忽遇大神,乘云驾龙,导从百灵,仙人玉女,左右侍卫,集止山顶,称太上老君。谓谦之曰:……汝宣吾新科,清整道教。'至南齐,顾欢《夷夏论》便明确说:'佛教文而博,道教质而精。'"参见李养正:《道教概说》,中华书局,1989年,第2页。
③ 如《三国志·高柔传》记高柔上书有云:"臣以为博士者,道之渊薮,六艺所宗,宜随学行优劣,待以不次之位。敦崇道教,以劝学者,于化为弘。"参见《三国志》卷二四《高柔传》,第686页。又如《晋辟雍碑》云:"戎夏既泰,九域无事,以儒术久替,古隆未典,乃兴道教,以熙帝载,廓开太学,广延群生。"参见毛远明:《汉魏六朝碑刻校注》第3册,拓本见第267页,录文见269页。《抱朴子外篇》也提到:"三、五迭兴,道教遂隆。辩章劝沮,德盛刑清。明良之歌作,荡荡之化成。"参见杨明照:《抱朴子外篇校笺(下)》,中华书局,1997年,第517—518页。
④《三国志》卷四六《吴书·孙破虏讨逆传》,第1094页。
⑤ 钟国发:《神圣的突破:从世界文明视野看儒佛道三元一体格局的由来》,四川人民出版社,2003年,第643页。

道教》讨论寇谦之《老君音诵诫经》中"道教"一词的用法时,就强调了这一点①。

《魏书·释老志》说老君要寇谦之"清整道教,除去三张伪法,租米钱税及男女合气之术",并"专以礼度为首,而加之以服食闭炼",在《老君音诵诫经》中可以找到类似的语句:"谦之汝就系天师正位,并教生民佐国扶命,勤理道法,断发黄赤,以诸官祭酒之官,校人治箓符契,取人金银财帛,众杂功、跪愿,尽皆断禁,一从吾乐章诵戒新法,其伪诈经法科,勿复承用。"②比对前述两段文字,《老君音诵诫经》的这段文字可以与《魏书》记载的内容非常吻合,但并没有使用"道教"这一概念。不过,"并教生民佐国扶命,勤理道法"与"清整道教"表达的是同样的意思,"断发黄赤"之后的部分则是"除去伪法"的内容。由此理解,所谓"道教",似乎就是以"道法"而"教生民佐国扶命","道教"仍旧是用道法来"教化"的涵义。

实际上,《老君音诵诫经》中颇有"道教"的用例,最多用于反对"黄赤之术"的内容中,如"妄传(张)陵身所授黄赤房中之术,授人夫妻,淫风大行,损辱道教"。又云持黄赤之术者"相领弟子,惑乱百姓,犯罪者众,招延灾考,浊欲道教,毁损法身"。又云"吾今以黄赤贪浊,道教来久无有,真正愚闇相传,尽各不得其中正"③。所谓"黄赤之术",北周甄鸾《笑道论》曾经对此有所描述:"臣年二十之时,好道术,就观学。先教臣《黄书》合气、三五九七男女交接之道,四目两舌正对,行道在于丹田,有行者度厄延年。教夫易妇,唯色为初,父兄立前,不知羞耻,自称中气真术。今道士常行此法,以之求道,有所未净。"④葛兆光认为,甄鸾等人对黄赤之术的批评虽然站在佛教的立场,但其背后的价值判断标准,其实来自中国古代传统的意识形态和伦理道德⑤。黄赤之术,本就与《老子》《河上公章句》等道教经典所阐述的少私寡欲、清净无为以及宝精爱气

---

① 小林正美认为:"寇谦之使用的道教,其意义并非在于强调其有必要与儒教和佛教相区别的特定宗教,而是认为他们信奉的教说是关于道的正确的教说,所以将其用道教这个词进行表达。"参见小林正美:《中国的道教》,齐鲁书社,2010年,第3页。
② 《老君音诵诫经》,《道藏》第18册,第211页。
③ 均见《老君音诵诫经》,《道藏》第18册,第211页以下。
④ 《广弘明集》卷九《笑道论》,《弘明集·广弘明集》(合集),第157页下栏。
⑤ 葛兆光:《屈服史及其他:六朝隋唐道教的思想史研究》,第65页。

养神等道教基本宗旨相背离,更与儒家伦理水火不容。身为道教中人的寇谦之,也对黄赤之术极力批判,其依据也包括了儒家传统的伦理教化思想。换言之,寇谦之认为黄赤之术"损辱道教"或者"浊欲道教"的核心,其实是导致"淫风大行",违背儒家所强调的伦常关系亦即"教化"。

不过,确如钟国发所说,《老子》的思想是不重教化的。与儒家特别强调"教化"不同,教化本非黄老的特色。《老子·淳德》云:"古之善为道者,非以明民,将以愚之。"一般认为代表东汉黄老思想的河上公注①说:"不以道教民明智巧诈也。"②《老子·制惑》"而为奇者,吾得执而杀之,孰敢"条河上公注云:"以道教化,而民不从,反为奇巧,乃应王法执而杀之,谁敢有犯者?"③虽也有教化之方式,而更强调德刑并用。在这一点上,崔浩的思想较之寇谦之更接近于黄老刑名之学的传统。崔浩"留心于制度、科律及经术之言",为政重刑德并用,其称"阳者,德也;阴者,刑也。故日蚀修德,月蚀修刑。夫王者之用刑,大则陈诸原野,小则肆之市朝"④云云,实是其一贯之思想。以此来看太武帝灭佛之际崔浩与寇谦之的分歧,似乎也可得一别解。崔浩怂恿太武帝以残酷方式镇压佛徒,甚至采用"沙门无少长悉坑之"的极端方式,正是黄老思想因自然运行而刑德并用传统的延续⑤。而寇谦之对灭佛极力反对,乃至"苦与浩争,浩不肯,谓浩曰:'卿今促年受戮,灭门户矣。'"⑥除《魏书·释老志》记载寇谦之反对灭佛以外,南齐陆杲也记载了一个寇谦之劝太武帝对佛教徒网开一面的故事。南齐陆杲《系观世音应验记》云:

> 宋元嘉时,魏虏攻凉,城中力少,乃取道人引用。及城破,虏主曰:"道人当坐禅行道,而乃作贼耶?"克明日中时,当一时斩杀。尔时,围置三千道人,待期至,当杀之。朗尔时间有赤气,长数丈,贯

---

① 王卡指出:"《河上公章句》作为东汉黄老学的著作,其主要内容是以汉代流行的黄老学派无为治国、清净养生的观点解释《老子》经文。"参见王卡:《老子道德经河上公章句·前言》,第8页。
② 王卡:《老子道德经河上公章句》,第254页。
③ 王卡:《老子道德经河上公章句》,第286页。
④ 《魏书》卷三五《崔浩传》,第904页。
⑤ 战国以来黄老学说中有"黄帝刑德"说,《尉缭子》:"黄帝有刑德,刑以伐之,德以守之。"以自然运行变化的节律来规范整治行为中的"刑"与"德",正是基于这一传统。
⑥ 《魏书》卷一一四《释老志》,第3297页。

曰。寇谦之谓虏主曰："此乃变,正为道人不可杀也。"寇是虏主所信,虏主弟赤坚王亦言之。于是乃听不杀,而尽取作奴。①

这类故事虽不见得全部属实,但寇谦之对佛教较为宽容的态度,则有可能是有实据为基础的。汉代以来的道教的主流传统是将佛教视作道教的一个分支,将佛教徒视作接受道法教化的对象,而非不能共存、难以两立的宗教异端。寇谦之对待佛教的态度其实同汉代以来的道教主流传统是一致的。据《魏书·释老志》载,寇谦之所受《箓图真经》云:"佛者,昔于西胡得道,在三十二天,为延真宫主。勇猛苦教,故其弟子皆髡形染衣,断绝人道,诸天衣服悉然。"②可见在寇谦之的道教天界观中,佛陀在三十六天中是位居第三十二天的主神,佛教亦为得道者所传教法的一种。寇谦之主张以"教"的方式"教生民佐国扶命",绝非借助世俗政权的严刑酷法坑杀佛教徒以灭绝佛教。重道德教化而轻严刑酷法,也是道教自《太平经》以来的传统③。《老君音诵诫经》的内容,也主要是以宗教传播的方式"教生民佐国扶命",以"教"配合"道"的无为而治,也没有很强的刑名法术特色。

需要稍加辨析的是,宗教行为强调的"教化"还可能有一层涵义,那就是利用传播教义吸引更多的信徒,以扩大宗教信仰的基础;以所谓"礼度"为名的道教经义,则可能有利用某种制度、仪式、戒律等强化对教徒行为的约束,保持宗教的神圣性和纯洁性的目的。这与儒家所说的教化和礼治的政治理论虽有某种契合的地方,但二者的内涵和外延都是不一样的。这种不同就很容易引发寇谦之的"清整道教"与"兼修儒教"是一种宗教行为还是一种政治行为的讨论。葛兆光曾经指出,"清整道教"是寇谦之改革的核心问题,并且这项改革主要是建立一种政治体系

---

① 董志翘:《〈观世音应验记三种〉译注》,江苏古籍出版社,2002年,第180页。
② 《魏书》卷一一四《释老志》,第3314页。
③ 《太平经》重道德教化之语甚多,如:"今要道善德出之以教化,小人得之守道德,更相仿学,不敢为非。其中小贤得善道德,可为良顺之吏。其中大贤,可上为国家辅。其中最下极无知者,犹为善人。"参见王明编:《太平经合校》卷九七《妒道不传处士助化诀》,第443页。重道德而轻刑法之说,如前文曾引用的"是以古者上君以道德仁治服人也,不以文刑杀伤服人也",是其例。

而非改革宗教本身①。刘昭瑞、刘屹等学者也通过出土文献中的情况,对寇谦之的"道教改革"提出质疑,认为寇谦之主要进行的是服务皇权的政治活动而非宗教改革,主张对寇谦之的道教改革重新评价②。数位学者指明的一个问题,就是寇谦之的"清整道教"最主要的影响其实并不在道教本身,而在于北魏的政治文化。不过,就寇谦之而言,"清整道教"是宗教行为还是政治行为本身并不成其为问题。崔浩和寇谦之"清整道教"与"兼修儒教"的方式,走的是一条与世俗权力相结合的道路,君主本身已经成为道教选定的"太平真君",道教的"教化"和"礼度"自然也就会随着国家权力向社会推进,至于其实际效果,则可能随君主兴趣的转移而产生变化。郦道元说其时的盛况云"皇舆亲降,受箓灵坛,号曰天师,宣扬道式,暂重当时"③,利用"皇舆亲降,受箓灵坛"的方式来"宣扬道式,暂重当时",便是以国家的形式来宣扬道教的仪式和教化。

也正是因为寇谦之的道教改革走的是上层路线,所以道教的"礼度"成为一种国家行为。因此,无论是"符箓受命"的活动还是制造各种"真君出世"的祥瑞,都与儒家传统的国家政治建构纠葛不清。因此,"清整道教"的主要内容是以融合儒家伦理和道教传统的"礼度"来"教生民佐国扶命",是非常符合逻辑的。在这样的背景下,表面上是宗教行为的"清整道教"与"兼修儒教",与国家层面的"偃武修文"的文教策略,都是崔浩和寇谦之推动的文化革新计划的一部分。或者说,强调教化与礼度的"道教"与"儒教",其实也是崔寇"文教"行动的纲领。

---

① 葛兆光认为寇谦之"想构建一个以道兼儒、政教合一的政治体系,而不是完善一个宗教的理论、仪式及方法体系"。参见葛兆光:《道教与中国文化》,上海人民出版社,1987年,第144页。
② 刘昭瑞通过北魏太和二十年的道教石刻《姚伯多造像碑》的研究,发现碑文内容反映出其时道教"并无'清整'的迹象",因而应该重新认识和评价寇谦之道教改革的历史地位和实际效果。参见刘昭瑞:《北魏姚伯多道教造像碑考论》,载陈鼓应主编:《道家文化研究》第9辑,上海古籍出版社,1996年,第311—315页。刘屹进一步指出:"《嵩岳碑》只将谦之作为一个上神与朝廷之间的神媒来看待,几乎没有提及他的道教改革。现在所知的谦之入魏后活动,也是以服务于王廷的政治活动为主。这就使人怀疑:谦之究竟从何时开始,在多大的范围内真正实践过他的道教改革计划?《释老志》所载又有多少是谦之当世的真实情况?这样的怀疑可能有助于对谦之道教改革做出新的评价。"参见刘屹:《寇谦之的家世与生平》,《华林》第2卷,2002年,第281页。
③《水经注疏》卷一三"漯水",第1148页。

三、以"师"行教:崔浩"文教"理想之行事

无论是"清整道教""兼修儒教"还是"以礼度为先",都只是崔浩和寇谦之推进"文教"以实现"太平"理想的方略。从史料中对这些事件记载的时间看,这些原则大约在太武帝即位前后就已经提出。而崔浩和寇谦之的合作直到寇谦之死去、崔浩被杀才告一段落,前后长达二十余年,几乎贯穿太武朝的始终。崔浩和寇谦之对于"文教"的实际推动的策略和方式,以及"文教"推进过程中的诸多细节,都还有待阐明。

儒家"文教"的核心,乃是圣人制礼作乐。《礼记·中庸》:"虽有其位,苟无其德,不敢作礼乐焉。虽有其德,苟无其位,亦不敢作礼乐焉。"郑玄注:"言制礼乐者,必圣人在天子之位。"亦即是说,能制礼作乐者,"圣人"和"天子之位"缺一不可。孔颖达《正义》:"孔子时,礼坏乐崩,家殊国异,而云此者,欲明己虽有德,身无其位,不敢造作礼乐。"①孔子有其德而无其位,其后亦无圣人有德有位完成制礼作乐之业,其统遂绝②。寇谦之"兼修儒教",是要达成"辅助泰平真君,继千载之绝统"的目的。从寇谦之的时代上推千年,恰好是儒家的圣人孔子与道家的教主老子的时代,可能崔浩与寇谦之也已经涉及到了圣人"绝统"的问题。从寇谦之的口气看,辅佐太平真君"继千载之绝统"的重任,还在"天师"的身上。寇谦之自称"学不稽古,临事暗昧",并要崔浩"为吾撰列王者治典,并论其大要",正是确立"继千载之绝统"的原则和方向。更进一步说,崔寇利用"清整道教"和"兼修儒教"进行的"文教"行动,利用太武帝的"太平"宣示来推动,其推动者却在崔浩这位"帝师"和寇谦之这位"天师"身上。

这一点可以从道家传统中的"圣君"与"帝师"思想求得解释。儒家"祖述尧、舜,宪章文、武,宗师仲尼",儒家经典所强调的是"唐、虞之

---

① 《礼记正义》卷五三《中庸下》,影印阮元校刻《十三经注疏》,第 3546 页。
② 按"有德有位"说成为后世朱熹"道统"说的渊源。余英时指出:"以圣人而在天子之位者,因此才有资格'继天立极',传授'道统'。在这个意义上,'道统'是'道'在人的世界的外在化,也就是'放之则弥六合',内圣外王无所不包。所以'道统'之'统'与孟子所谓'创业垂统'(《孟子·梁惠王下》)之'统'是相通的。这是《中庸序》中'道统'二字的确诂,毫无可疑。"参见余英时:《宋明理学与政治文化》,吉林出版集团有限责任公司,2008 年,第 19 页。

隆,殷、周之盛,仲尼之业"①,尧、舜、文、武、周公、仲尼构成了儒家的圣人体系,除仲尼以外,都是有德而在其位的圣人。而在儒家的圣人体系之外,战国的黄老家另外构建了一套"帝师"的体系与圣人相配合②。《吕氏春秋·尊师》说:

> 神农师悉诸,黄帝师大挠,帝颛顼师伯夷父,帝喾师伯招,帝尧师子州支父,帝舜师许由,禹师大成贽,汤师小臣,文王、武王师吕望、周公旦,齐桓公师管夷吾,晋文公师咎犯、随会,秦穆公师百里奚、公孙枝,楚庄王师孙叔敖、沈尹巫,吴王阖闾师伍子胥、文之仪,越王句践师范蠡、大夫种。此十圣人、六贤者,未有不尊师者也。③

这一思想带有浓厚的黄老色彩,黄老学说视君臣为师友的观念,在早期道家的著作中还多可以见到。如马王堆帛书《黄帝四经·称》中称:

> 帝者臣,名臣,其实师也。王者臣,名臣,其实友也。朝(霸)者臣,名臣也,实宾也。危者臣,名臣也,其实庸也。亡者臣,名臣也,其实虏也。④

类似的说法在刘向的《说苑》中也可以见到,不过是借类似于帝师身份的郭隗之口说出的⑤,据王葆玹说,这段话正是以《老子》的相关内容为根源的⑥。除此以外,以"道"辅佐君主的思想,在《老子》中也有明显的

---

① 《汉书》卷三〇《艺文志》,第1728页。
② 儒家也强调"师"的作用,如孔子就曾多次强调"师"的作用,但不及黄老家的"帝师"思想系统;后世儒家强调"师道",则受到黄老家的影响。孙瑞雪注意到,"天地君父师"的排列,即是《太平经》首次提出的。参见孙瑞雪:《道教"师道"——神圣与世俗》,《宗教学研究》2014年第1期。
③ 许维遹:《吕氏春秋集释》卷四《孟夏纪·尊师》,第91—92页。
④ 魏启鹏:《马王堆汉墓帛书〈黄帝书〉笺证》,中华书局,2004年,第191页。按"宾也危者"四字原漫漶,为整理者补。
⑤ 原文为:"帝者之臣,其名,臣也,其实,师也;王者之臣,其名,臣也,其实,友也;霸者之臣,其名,臣也,其实,宾也;危国之臣,其名,臣也,其实,虏也。"参见向宗鲁:《说苑校正》卷一《君道》,中华书局,1987年,第16页。
⑥ 王葆玹认为:"所谓'王者臣,名臣,其实友也',亦即《老子》所谓'太上,下知友之'。所谓'霸者臣,名臣,其实宾也',或'霸者与臣处',都指《老子》所谓'其次,亲誉之'。所谓'亡国与役处',或'亡者臣,名臣也,其实虏也',都可与《老子》所说的'其次,畏之'和'其次,侮之'联系起来。"王葆玹:《黄老与老庄》,第163—165页。

第三章 "太平""天师"等道教名号与崔浩的政治理想　211

证据,如《老子》第三十章就有"以道佐人主者,不以兵强天下"①的说法。作为"师"的身份以"道"辅佐圣人的理想,乃是道家"君道无为臣道有为"的传统,并非是崔浩或者寇谦之的新创。

拓跋氏自称黄帝之后,天师道最高神乃是由老子演化而成的太上老君。在东汉以来道教的说法里,老子本人又化作圣王的"帝师",而且早就与黄帝建立了君师关系。本章前节已经提到,寇谦之的自称"天师"与崔浩的自比张良,以"人神接对"的方式将这种君师关系神圣化。其目的,是利用君主的宗教信仰以减小实施"文教"理想的阻力。崔浩和寇谦之对此加以利用,也使得他们推进的"文教"措施加入了浓郁的宗教色彩。太武帝即位前后,崔浩应寇谦之要求,"乃著书二十余篇,上推太初,下尽秦汉变弊之迹,大旨先以复五等为本"②,大约是这场"文教"行动的开始,而政治层面"文教"的践行,也多在崔浩身上。

崔浩被杀前不久,在《上五寅元历表》中曰:"今遭陛下太平之世,除伪从真,宜改误历,以从天道。是以臣前奏造历,今始成讫。谨以奏呈。唯恩省察,以臣历术宣示中书博士,然后施用。非但时人,天地鬼神知臣得正,可以益国家万世之名,过于三皇、五帝矣。"③从《五寅元历》标题可知应当是历元用寅,陈寅恪指出:"道家之说,以历元当用寅,否则天下大乱","浩之用力数十年之久于制历正元者,正儒家及道家合一之焦点所在。盖历元正则阴阳和,阴阳和则年谷熟,人民安乐,天下太平矣。"④这一历法改易之目的,崔浩虽也表明他的活动都是为太武帝创造"万世

---

① 王弼注,楼宇烈校释:《老子道德经注校释》,第77页。按,此句可见于出土的数种简牍、帛书《老子》,可证此句的出现不会晚于战国时期。又按,朱谦之《老子校释》"佐"作"作",误。帛书老子甲、乙本均作"佐",郭店楚简本作"差",按廖明春考证"差""佐"可通,其说可从。分见朱谦之:《老子校释》,中华书局,1984年,第119页;高明:《帛书老子校注》,中华书局,1996年,第381页;廖名春:《郭店楚简老子校释》,清华大学出版社,2002年,第59—61页。
② 《魏书》卷三五《崔浩传》,第903页。
③ 《魏书》卷三五《崔浩传》,第914页。
④ 陈寅恪:《崔浩与寇谦之》,收入《金明馆丛稿初编》,第157页。按陈寅恪认为崔浩改易历法的知识来自于寇谦之,而寇谦之的天文历算知识又出自佛教带来的外来文化。罗独修《陈寅恪之"寇谦之采用释家(天竺)天算医药之学以改进道教说"之商榷》(载台湾《史学汇刊》第21期,1999年6月)一文对此观点提出了质疑,认为这些内容均出自中国传统天算阴阳之学,与黄帝及道家有最深厚之关系。此点笔者不作过多申说,然崔浩作《五寅元历》与寇谦之以及道教的说法密切相关,则似无疑问。

之名"而"过于三皇五帝"的不世功业,但他首先强调的是"天地鬼神知臣得正"。这句话可能有两层意思,第一是历法的改易能够获得"天地鬼神"的认可,为国家提供护佑;第二是天地鬼神认可的对象是崔浩之"正"而非太武帝的功业或天命。实际上崔浩此语之目的,乃有自得于"帝师"身份的情绪在内。按崔浩上表之首,便强调"太宗即位元年,敕臣解《急就章》《孝经》《论语》《诗》《尚书》《春秋》《礼记》《周易》。三年成讫。复诏臣学天文、星历、易式、九宫,无不尽看"①。这段文字文意看似突兀,强调先帝从自己的学习经历,似乎与崔浩改易历法无甚关系,甚或太宗最初从崔浩所学之内容,也与历法无关②。不过,如果从崔浩以道家"帝师"身份创制道教新历的目的来看,崔浩强调自己先帝之师的身份,乃与其理想暗合无间。

也正是在这道上书中,崔浩自称"遂得周公、孔子之要术,始知古人有虚有实,妄语者多,真正者少",而"自秦始皇烧书之后,经典绝灭"③,这与寇谦之"辅助泰平真君,继千载之绝统"的说法多有暗合。崔浩强调秦以后诸儒所说皆非周公、孔子之要术,借此对《五经》等儒家经典进行重新注释。崔浩注《五经》是否也与《五寅元历》一般多用道家之说,今已难以考知。不过崔浩注应当与郑玄旧说多有不同,《魏书·儒林陈奇传》说奇所注《论语》,"其义多异郑玄,往往与司徒崔浩同"④,是崔浩说亦颇异于郑玄。颇值得注意的是,崔浩对其所注《五经》的传播颇费心力,强调其书的教化之功。于其目的,《高允传》云:

> 是时,著作令史闵湛、郄标性巧佞,为浩信待。见浩所注《诗》《论语》《尚书》《易》,遂上疏,言马、郑、王、贾虽注述《六经》,并多疏谬,不如浩之精微。乞收境内诸书,藏之秘府。班浩所注,命天下习业。并求敕浩注《礼传》,令后生得观正义。浩亦表荐湛有著述之才。既而劝浩刊所撰国史于石,用垂不朽,欲以彰浩直笔之迹。⑤

---

① 《魏书》卷三五《崔浩传》,第914页。
② 按周一良指出,崔浩所举诸经次序,亦即童蒙学习之次序。参见周一良:《魏晋南北朝史札记》,第42页。
③ 《魏书》卷三五《崔浩传》,第914页。
④ 《魏书》卷八四《儒林陈奇传》,第1996页。
⑤ 《魏书》卷四八《高允传》,第1180页。

刊布国史后来成为崔浩被杀的导火索,这一点无需多做阐释。从时间上看,首先颁布的是崔浩所注之儒家经典,且其内容应当要比《国史》多得多。值得注意的是其规模,《崔浩传》说"请立石铭,刊载《国书》,并勒所注《五经》",其后"遂营于天郊东三里,方百三十步,用功三百万乃讫"①,并提到"而石铭显在衢路"②。对于这一浩大的工程,南朝史书也有记载:"城西三里,刻石写《五经》及其国记,于邺取石虎文石屋基六十枚,皆长丈余,以充用。"③ 张金龙注意到,所谓"天郊东三里"和"城西三里",恰好就是在京城和西郊祠天坛最中间的通衢大道上,表明其目的是要让更多的士子学人得以阅读其所修撰的国史和注解的儒家经书④。除了对儒家经典的重新注释刊布以外,崔浩还主持了对律令的修订⑤。甚至还有文学作品总集的编集,《隋志》就著录有"《赋集》八十六卷,后魏秘书丞崔浩撰"⑥。此外,崔浩名下见诸隋唐志目录的还有《急就章》《历术》《汉纪音义》《汉书音义》⑦,另外可能还有《女仪》⑧《婚仪祭仪》⑨以及《五行论》⑩《晋后书》⑪《食经》⑫等多种著作。这场以重新注释《五经》、重订历法、重修律令、编集文学作品,包括"刊所撰国史于石"等系列举措为内容的文化革新,应该说规模是非常宏大的。如此多的著述可能也非崔浩

---

① 《魏书》卷三五《崔浩传》,第 913 页。
② 《魏书》卷三五《崔浩传》,第 914 页。
③ 《南齐书》卷五七《魏虏传》,第 1091 页。
④ 张金龙:《北魏政治史(四)》,第 324—326 页。
⑤ 《魏书》卷一一一《刑罚志》,第 3130 页。
⑥ 《隋书》卷三五《经籍志四》,第 1229 页。不过,《隋志》称崔浩为"后魏秘书丞",按《魏书·崔浩传》,浩"给事秘书"之时早在道武帝天兴年间,修国史时则为司徒监秘书事,不知职官是否有讹。
⑦ 按《新唐志》以《汉书音义》《汉纪音义》分别著录,卷数分别为二卷、三卷,不知是否为同一书。分见《新唐书》卷五八《艺文志二》,第 1454、1459 页。
⑧ 按《女仪》不见于隋唐诸《志》,但《初学记》卷四"岁时部下""冬至"条、《御览》卷二八、卷六九七等均有引,其中《御览》卷二八两引,分别题作"后魏崔浩"与"后魏北京司徒崔",当即崔浩无疑。皆见《御览》第 132 页。
⑨ 按《新唐志》之《婚仪祭仪》之作者著录作"崔皓",按古籍中"崔浩"误作"崔皓"用例颇多,此也有可能为崔浩之讹。参见《新唐书》卷五八《艺文志二》,第 1489 页。
⑩ 《魏书·律历志》载公孙崇上疏曰:"浩博涉渊通,更修历术,兼著《五行论》",参见《魏书》卷一〇七上《律历志上》,第 2906 页。
⑪ 《北史·崔宏传附崔浩传》:"浩又以《晋》诸家并多误,著《晋后书》未就,传世者五十余卷。"参见《北史》卷二一,第 789 页。
⑫ 《食经》事见于《魏书·崔浩传》,关于《食经》,相关考证参见逯耀东:《〈崔氏食经〉的历史与文化意义》,收入《从平城到洛阳:拓跋魏文化转变的过程》,第 96—128 页。

一人之力可以完成，应当是集合汉人的力量而推动的①。按《北史》崔浩本传在《魏书》所载"综理史务，述成此书，务从实录"事后，插入一段内容："浩有鉴识，以人伦为己任。明元、太武之世，征海内贤才，起自仄陋。及所得外国远方名士，拔而用之，皆浩之由也。至于礼乐宪章，皆归宗于浩。"②李延寿所加入的文字，总结了崔浩修史背后的文化理想。他总结的两点即征用人才、礼乐宪章，正是崔浩所为的核心，修史只是其中的一个部分而已。崔浩用力尤巨者，还在于全力推动其学说的传播。用"圣人制礼作乐"的标准，崔浩乃是以"帝师"身份"制礼作乐"，以实现其"太平"的理想。

不过"制礼作乐"毕竟是一项需要"圣王"在位的事业，雄武的太武帝很难成为理想的文治之主。《宋书·索虏传》说太武帝"壮健有筋力，勇于战斗，忍虐好杀，夷、宋畏之。攻城临敌，皆亲贯甲胄"③。《魏书·世祖纪》也说其"临敌常与士卒同在矢石之间，左右死伤者相继，而帝神色自若。是以人思效命，所向无前。命将出师，指授节度，从命者无不制胜，违爽者率多败失。性又知人，拔士于卒伍之中，惟其才效所长，不论本末。兼甚严断，明于刑赏。功者赏不遗贱，罪者刑不避亲，虽宠爱之，终不亏法"④。然而南北史书，对其文化素养全无记载。杜佑概述其时郊天之礼时说：

> 后魏道武帝西平姑臧，东下山东，足为雄武之主。其时用事大

---

① 按崔浩整理经典，颇得河西士人助力，陈寅恪说："盖当日中原古谊，久已失传，崔浩之解，或出其家学之仅存者，然在河西则遗说犹在，其地学者，类能言之。此浩所以喜其与家学冥会，而与河西学者所以特多荐拔之故欤？"参见陈寅恪：《隋唐制度渊源略论稿》，第44页。又按，崔浩之文化革新，也颇得晋末降魏的江南士人之力。如《袁式传》载其"与司徒崔浩一面，便尽国士之交。是时，朝仪典章，悉出于浩。浩以式博于古事，每所草创，恒顾访之"。袁式出自东晋武陵王遵咨议参军，在晋末的政治斗争中先降姚兴，后入魏，正是江南士人的代表。参见《魏书》卷三八《袁式传》，第880页。又按，《宋书·毛修之传》说："初，荒人去来，言修之劝诱焘侵边，并教焘以中国礼制，太祖甚疑责之。"参见《宋书》卷四八《毛修之传》，第1556页。所谓"中国礼制"者，其事不明，然所载毛修之与寇谦之关系密切，寇氏或从其中获得某些晋宋禅代天命创制的内容，已见前文。又，《魏书·毛修之传》说："浩以其中国旧门，虽学不博洽，而犹涉猎书传。每推重之，与共论说。"可见崔浩也与毛修之多有交往。参见《魏书》卷四三《毛修之传》，第1062页。
② 《北史》卷二一《崔宏传附崔浩传》，第787页。
③ 《宋书》卷九五《索虏传》，第2558页。
④ 《魏书》卷四下《世祖纪下》，第125—126页。

> 臣崔浩、李顺、李孝伯等,诚皆有才,多是谋猷之士,全少通儒硕学,所以郊祀,帝后六宫及女巫预焉。余制复多参夷礼,而违旧章。①

以今人观点来看,女巫、夷礼之类,自不应该归因于崔浩等人不是"通儒硕学"。不过,雄武的太武帝虽然对寇谦之的道教表现出极大的兴趣,但对于崔寇兴"文教"的行为,却未必能有对"人神接对"以及服药长生等内容那么大的兴趣。彼时之学风,也是"是时戎车屡驾,征伐为事,贵游子弟未遑学术"②,鲜卑子弟以文化水准低下者为多。大规模的"文教"多少会损害以武为雄的拓跋贵族之利益,也容易引发他们的忌恨。崔浩得太武帝之信任,主要在于以"谋猷之士"的身份服务于"武功",而非以"帝师"身份推动所谓的"文教"③。因此,崔寇以"太平"诸号强调文教的必要性,可能也是崔浩用以取得太武帝信任和支持的策略。实际上,崔浩主持下的诸多文化活动,包括大张旗鼓地"立石铭,刊载《国书》,并勒所注《五经》"的行为,以《国书》和《五经》并列,其目的有可能还在于宣扬北魏王朝的功业。毕竟在崔浩之前的华夏王朝,国史也只能存于秘阁,难以获得与《五经》并列而刊之碑石、用垂不朽的地位。只是崔浩之死最后的罪名竟然是以《国书》来"宣扬国恶",崔浩本人可能也是始料未及。

太武帝与崔寇的君臣关系,仍旧是沿着崇尚武功的"代人"与拥有文化优势的华夏士族合作的轨迹前行的。考诸崔浩行"文教"的行事,首先在以宣扬天命来强化君权,然后利用强势的君权对神秘现象的信仰和畏惧获取自身的权力。因此,在强势的君权之下获取的权力,仍旧是依附于君权的。然而崔浩"师"与"君"关系的设计,在不知不觉中超出了君强臣弱的代魏合作关系的范畴,乃至于"刊所撰国史于石,用垂不朽,欲以彰浩直笔之迹"。当君主一旦不满这种"君""师"关系时,崔浩

---

① 《通典》卷四二《礼·沿革·吉礼·郊天上》,第1179页。按此"道武"或当作"太武"。顾炎武也称"其时用事大臣崔浩、李顺、李孝伯等,多是谋猷之士,少有通儒硕学,所以郊祀上帝,六宫及女巫预焉",虽非直接批评崔浩的"符箓受命"之礼,但也是批评崔浩用事之时的北魏之礼不纯。参见《日知录集释》卷一四"女巫"条,第864页。
② 《魏书》卷八四《儒林常爽传》,第1997页。
③ 按清人万斯同说:"然以佛狸之骁雄嗜杀,岂能爱好经术,此必崔浩所为。浩自祖父以来,世擅书名于北土,宜其有是美举尔。"参见万斯同《万氏石经考》卷上《后魏石经·南齐书魏鹵传》,影印文渊阁四库全书本,第683册,第876页。

的权力就只能走向消亡,其兴"文教"以致"太平"的事业也就只能以悲剧收场了。

本节小结

朱熹曾经评价张良、崔浩说:"子房分明是得老子之术,其处己、谋人皆是",而崔浩"也是个博洽底人,他虽自比子房,然却学得子房呆了,子房之辟谷,姑以免祸耳,他却真个要做。"① 朱子揭示张良、崔浩之思想倾向,可谓深刻。然崔浩与张良的思想好尚、政治作为接近而终不能免祸者,自是由于其面临的历史环境不同,并不能归结于"学得子房呆了"。崔浩师事寇谦之,利用"帝师"身份来推进革新乃至于使用"人神接对"这样迂回的方式,与雄武的太武帝绝非文治之主大有相关。这其中自有儒家所说的"有其德而不在其位"的苦衷,这也是北魏政权的历史发展阶段所决定的。历史的发展有其独特之处,看似失败的活动,其效果总是会在合适的时候重新浮现。偃武修文的治国之道,在文成、献文帝时期一直延续下来了。四十年后,孝文帝进行了一场全面的文化革新,虽然没有使用"太平"或"天师"这样的名号,但其革新的广度和深度则远超崔浩。事实上,孝文帝时代的文化革新,是由君主亲自推动而非士人领袖引领,亦无需过多地借助宗教的力量。从历史发展的大局来看,孝文帝时代的变革与崔浩所要达成的目的,也有诸多契合之处。

---

① 黎靖德编,王星贤点校:《朱子语类》卷一三五《历代二》,中华书局,1986年,第3222页。

第四章　孝文帝改制名号与北魏国家转型

北魏孝文帝时期的文化革新及其历史意义，一直是学界关注的重要议题。特别是在文明太后死后到迁都洛阳后的一系列文化革新，作为一种对平城时代以来百年拓跋华夏化变革的系统总结，更成为学界讨论的核心问题之一。从已有成果来看，改革的相关细节得到较为深入的发掘，改革历史进程的意义也不难阐释。如果就孝文帝改革的文化背景而言，早已不只是"代"和"魏"两种文化因子的结合，而较广泛地融入了河西和江东的文化因子而具有极强的文化整合性质；就改革的主导者而言，较之魏土的士人领袖崔浩以帝师的身份在太武帝时代推动的文化革新，太和年间的文化改革则是在依附于皇权的太后或者皇帝本人的主导下推动的。其参与者不仅有北魏原有范围内的士人，来自江南的王肃等人也逐渐发挥了重要的作用。就名号系统而言，孝文帝时代完成了诸多汉制名号的定型，以中央政权的名义宣布拓跋国家的发展路向朝着汉魏晋中央政权的轨道上转变，诸如礼制、德运、都城等名号莫不如此。对孝文帝政治文化改革的全面梳理并非本章所能承载，这里拟通过几个名号的分析，希望能够发掘孝文帝改革在政治与文化方面的种种面相，以期达到见微知著之效。

第一节　庙号改制与孝文帝对北魏诸帝的历史定位

北魏太和十五年的庙制改革是北魏文明太后死后，孝文帝对外宣布的第一项见诸史籍的重大改革措施，历来不乏学者关注。不过，由于北魏早期庙制有可能不严格遵循华夏礼制的规则，而文献中有关庙制的细节记载又含混不清，所以学界对这一重大问题争议不断，至今仍留下不少疑点。庙制改革表现为礼制问题,但本质上是一个政治问题。对于北魏庙制改革所涉七庙序列的细节,还应该结合北魏礼制的具体史料和当时政治变迁的细节出发来进行还原和解读。本节意在深入检讨学界已有观点的基础上考察北魏庙制改革的基本情况,为理解孝文帝改革的政治背景提供某种新的思路。

一、庙制改革前七庙归属的争议及其检讨

太和十五年改革前北魏宗庙祭祀的太祖、二祧以及昭穆序列等基本情况,在《魏书》中并无明确记载。《魏书》在本纪中以庙号为题的,历代史家都试图将诸帝纪中所见的世系和庙号进行比对以还原改革前的七庙体系。不过,《魏书》诸本纪所记载的北魏庙号却又颇为混乱。《魏书·太祖纪》称拓跋珪为太祖,又载:"永兴二年九月甲寅,上谥宣武皇帝,葬于盛乐金陵。庙号太祖。"[1] 然《序纪》又称平文帝于"天兴初,尊曰太祖"[2]。李延寿《北史》亦照录不疑,遂成为清代以来史家所关注的"元魏两太祖"问题。王鸣盛较早注意到这一问题:"天兴是道武帝纪年,而其后道武崩,子嗣立,改元永兴,是为太宗,永兴二年,亦追尊道武曰太祖,《魏书》同,二帝庙号相同,未详。"[3] 赵翼亦提及这一问题,"至元魏则更有两太祖,道武既追尊平文帝为太祖,及道武崩,其庙号又称太祖,此列朝所未见也"[4]。

事实上,元魏不只有两"太祖"。西魏文帝大统二年(536)十一月,又曾"追改始祖神元皇帝为太祖,道武皇帝为烈祖"[5],是力微也曾被称作"太祖"。非但如此,元魏还有两高祖。《魏书·序纪》称昭成帝什翼犍"太祖即位,尊曰高祖"[6]。《高祖纪》下则载孝文帝死,"上谥曰孝文皇帝,庙曰高祖"[7]。《魏书》点校者注意到拓跋珪的"太祖"庙号出于孝文帝时的追改,因而在《太祖纪》"庙号太祖"条校勘记云:"按本书卷八四

---

[1]《魏书》卷二《太祖纪》,第49页。
[2]《魏书》卷一《序纪》,第10页。
[3] 王鸣盛:《十七史商榷》卷六六"庙号二帝相同"条,第545页。
[4] 赵翼著,王树民校证:《廿二史札记校证》卷一四"后魏追谥之滥"条,第298页。
[5]《北史》卷五《魏本纪五》,第176页。
[6]《魏书》卷一《序纪》,第16页。
[7]《魏书》卷七下《高祖纪下》,第220页。

《孙惠蔚传》及卷一〇八之一《礼志一》,永兴二年(410)上拓跋珪的庙号是'烈祖',至太和十五年改'太祖'。此处'太祖'本应作'烈祖',疑为后人所改。"①校记所言甚是,"太祖""烈祖"的问题并非版本流传的讹误,而是北魏政治文化的反映,其关键时间节点则在太和十五年的庙制改革。对于北魏两个"高祖"的问题,也可作此理解,即什翼犍的"高祖"庙号也应当是在太和十五年改革中被孝文帝本人所取代的。

在清理诸本纪所见庙号的讹混之后,学界排列出了数种孝文帝改革前七庙归属的推论。康乐认为其时七庙依次是神元(始祖)、平文(太祖)、道武(烈祖)、明元(太宗)、太武(世祖)、文成(高宗)与献文(显祖)七个祖先②;梁满仓则认为当时已经确立了太祖平文之庙百世不迁,太祖庙下的三昭三穆为:烈祖道武帝拓跋珪、太宗明元帝拓跋嗣、世祖太武帝拓跋焘、恭宗景穆帝拓跋晃、高宗文成帝拓跋濬、显祖献文帝拓跋弘③。郭善兵则认为太和十五年之前没有迁毁制度,北魏史料中所谓的"七庙"其实是泛称,不见得就真是七庙,并进一步认为当时实行的是神元(高祖)、平文(太祖)、昭成(高祖)、献明、道武(烈祖)、明元(太宗)、太武(世祖)、文成(高宗)、献文(显祖)皆入宗庙的"九庙之制"④。三者的排列似乎都有其合理性,但又都有其滞碍难通之处。

按,北魏太和五年法秀事件爆发后,程骏上《庆国颂》十六章,其中有"於皇大魏,则天承祜。叠圣三宗,重明四祖"之语,似是指当时北魏有四祖三宗;又,太和十四年冬文明太后死后议礼,安定王元休表文中称"自皇代革命,多历年祀,四祖三宗,相继篡业",太尉元丕也提到"伏惟远祖重光世袭,至有大讳之日,唯侍送梓宫者凶服,左右尽皆从吉。四祖三宗,因而无改"⑤。关于其时的"四祖三宗",胡三省认为是"四祖者,高祖昭成帝,太祖道武帝,世祖太武帝,显祖献文帝;三宗者,太宗明元帝,恭宗景穆帝,高宗文成帝"⑥,胡注应当有讹误,道武帝当时并不是太祖,而

---

① 《魏书》卷二《太祖纪》修订校勘记〔三六〕,第 55 页。
② 康乐:《从西郊到南郊——国家祭典与北魏政治》,第 248—249 页。按李书吉所考亦全同康说,参李书吉:《北朝礼制法系研究》,第 62 页。
③ 梁满仓:《魏晋南北朝五礼制度考论》,第 254 页。
④ 郭善兵:《中国古代帝王宗庙礼制研究》,人民出版社,2007 年,第 322 页。
⑤ 《魏书》卷一〇八之三《礼志三》,第 3031、3032 页。
⑥ 《资治通鉴》卷一三七"齐武帝永明八年十月"条,第 4297 页。

是烈祖;而《魏书·礼志一》有材料表明太祖平文帝庙是在数月后迁毁的,胡注则遗漏了。不过,当时北魏宗庙是"四祖三宗"则应当不会有疑问。因此,郭善兵提出的"九庙之制"就有些根据不足了。康乐和李书吉的排列变成了"五祖二宗",忽略了没有正式登上皇位但显然进入北魏宗庙的恭宗拓跋晃,因而也是不准确的。实际上,《魏书》明确记载恭宗是与世祖太武帝一起被奉祀太庙的,时在文成帝太安元年①。三种观点只有梁满仓的排列照顾到了"四祖三宗"的记载,且只有他的排列排除了"始祖"力微,不过这一点仍需辨析。

需要指出的是,北魏的史料均表明始祖神元帝是北魏早期宗庙祭祀的首庙。《魏书·太祖纪》载天兴二年"冬十月,太庙成,迁神元、平文、昭成、献明皇帝神主于太庙"②。这一点由南郊的配享制度也可以看出来。道武帝天兴"二年春正月甲子,初祠上帝于南郊。以始祖神元皇帝配,降坛视燎,成礼而反"③;《礼志一》也载"二年正月,帝亲祀上帝于南郊,以始祖神元皇帝配",并详述祭礼细节④。神元帝的地位在《魏书》的书写中也留下了痕迹,《魏书·皇后传》中提到"魏氏王业之兆虽始于神元"⑤,《北史》也是如此。现有材料可以证明,《魏书》所立诸宗室传亦自神元子孙始。至少从道武帝模仿汉制建立宗庙制度开始,始祖就已经确立了"百世不迁"的首庙地位⑥。李书吉就指出:"神元既非太祖,却是首庙,这是由拓跋氏特殊的历史背景造成的。"⑦

---

① 按《魏书·高宗纪》载:"太安元年春正月辛酉,奉世祖、恭宗神主于太庙",参见《魏书》卷五《高宗纪》,第136页。
② 《魏书》卷二《太祖纪》,第40页。
③ 《魏书》卷二《太祖纪》,第38页。
④ 《魏书》卷一〇八之一《礼志一》,第2986页。
⑤ 《魏书》卷一三《皇后传》,第377页。
⑥ 按楼劲先生对道武帝天兴庙制确立神元帝力微始祖(大祖)地位的原因进行了细致的考辨,参见楼劲:《天兴庙制所示拓跋早期"君统"与"宗统"》,《北魏开国史探》,第201—257页。又按,楼劲又对道武帝之后的庙制进行了推论,称:"道武帝所立太庙,由始祖神元、太祖平文、高祖昭成及皇考献明庙构成,至道武崩后庙号烈祖,太庙五庙已足。明元崩后庙号太宗,太武帝当时若仍维持五庙制,则献明庙应迁,若改行七庙制则仍存献明预留己庙。太武崩后庙号世祖,文成帝同时又追尊景穆帝庙号恭宗,至此已不能不行七庙制而迁撤献明庙。文成崩后庙号高宗,则应迁撤高祖昭成庙,故太和十五年(491)重定庙制时,孝文帝有'远祖平文功未多于昭成,然庙号为太祖'之说。"参见楼劲:《〈元和姓纂〉所叙拓跋昭成帝及其子孙史事》,《北魏开国史探》,第258—292页。
⑦ 李书吉:《北朝礼制法系研究》,第62页。

从现有史料看,道武帝天兴议礼以始祖为首庙的制度应当是延续下来了。《魏书·高祖纪下》载,太和十年"冬十月癸酉,有司议依故事,配始祖于南郊"①。太和十四年李彪、崔光议礼时也提到"然此帝业,神元为首"②。梁满仓自己在另外一个地方也提到,在此次宗庙制度改革的第二年正月南郊祭天的时候,方才一改以始祖配享的旧制,始以太祖配南郊③。他还曾明确指出:"在北魏前期直到孝文帝改制前的郊天之礼一直是以神元皇帝力微配飨,'太祖'的地位比不上'始祖',五庙之祖以始祖为贵。"④若如此,则表明北魏此前仍旧保留始祖神元帝在祭典中独一无二的地位。这样,梁说对于同一问题的解释就免不了有些自相矛盾了。没有证据能表明平文帝的太祖庙曾经取代过神元帝的始祖庙的地位,梁先生七庙排列的依据并不充分。

综合学界考察排列改革前七庙的三种观点,在太和十六年改革前的七庙神主应该是神元(始祖)、平文(太祖)、昭成(高祖)、道武(烈祖)、明元(太宗)、太武(世祖)、景穆(恭宗)、文成(高宗)与献文(显祖)九个祖先中的七位。更进一步地说,既然改制前北魏五庙之祖始终以始祖为贵,始祖的地位仍旧未变,应当是太祖、高祖、烈祖、世祖和显祖中的某二位应当不在"四祖"序列之中。更多的情况,则仍需其他的证据加以辨析。

虽然《魏书》对太和改制前的七庙没有明确记载,但其《礼志》保留了十五年的改制诏书,可以提供某些有价值的线索。按《礼志一》载其诏云:

> 祖有功,宗有德,自非功德厚者,不得擅祖宗之名,居二祧之庙。仰惟先朝旧事,舛驳不同,难以取准。今将述遵先志,具详礼典,宜制祖宗之号,定将来之法。烈祖有创基之功,世祖有开拓之德,宜为祖宗,百世不迁。而远祖平文功未多于昭成,然庙号为太祖;道武建业之勋,高于平文,庙号为烈祖。比功校德,以为未允。朕今奉尊道

---

① 《魏书》卷七下《高祖纪下》,第192页。
② 《魏书》卷一〇八之一《礼志一》,第2998页。
③ 梁满仓:《魏晋南北朝五礼制度考论》,第190页。
④ 梁满仓:《魏晋南北朝五礼制度考论》,第250页。

武为太祖,与显祖为二祧,余者以次而迁。平文既迁,庙唯有六,始今七庙,一则无主。唯当朕躬此事,亦臣子所难言。夫生必有终,人之常理。朕以不德,忝承洪绪,若宗庙之灵,获全首领以没于地,为昭穆之次,心愿毕矣。①

对这段材料的解读,历代多有争议。既称"奉尊道武为太祖,与显祖为二祧",但前文又提及"烈祖有创基之功,世祖有开拓之德,宜为祖宗,百世不迁",则百世不迁的"二祧"到底是道武帝和献文帝还是道武帝和太武帝,抑或是另有其人,诏书的文本表达得不是很清晰。《资治通鉴》则对这一问题进行了调和,将"奉尊道武为太祖,与显祖为二祧"改作"朕今奉尊烈祖为太祖,以世祖、显祖为二祧"②。有学者指出《通鉴》此条显非本于《魏书》,应另有来源",《魏书》的记载实有脱讹③。相对于《魏书》的文本,《通鉴》其实只是多了"世祖"二字,恐怕并非不同史源导致的。不过,《通鉴》添加"世祖"二字确实很有道理,只有如此文意才能贯通,且符合宗庙昭穆的编排次序。

《通鉴》只是解决了改制后的宗庙秩序问题,有关改制前的宗庙排列顺序的逻辑矛盾仍未解决。诏书开始提出"自非功德厚者,不得擅祖宗之名,居二祧之庙",即改革讨论的首先是确定"二祧"的问题④。按《礼记·王制》云:"天子七庙,三昭三穆,与大祖之庙而七",郑玄注:"此周制。七者,大祖及文王、武王之祧与亲庙四。大祖,后稷。"孔颖达疏:"周所以七者,以文王、武王受命,其庙不毁,以为二祧,并始祖后稷及高祖以下亲庙四,故为七也。若王肃则以为天子七庙者,谓高祖之父及高祖之祖庙为二祧,并始祖及亲庙四为七。"⑤

又按《礼记·祭法》云:

---

① 《魏书》卷一〇八之一《礼志一》,第 3000 页。
② 《资治通鉴》卷一三七"齐武帝永明九年闰七月"条,第 4310 页。
③ 王铭:《〈魏书〉孝文帝太和十五年改易庙号诏考订》,《中国史研究》2009 年第 3 期。
④ 高明士认为孝文帝的七庙制"是指道武帝为太祖,献文帝为显祖,并为二祧,余为亲庙五,依次而迁"。高氏不曾注意《通鉴》的史料而认为不再设始祖庙而亲庙有五,可能理解有误。但他注意到这次讨论的主要是二祧而不仅仅是太祖的问题,则是正确的。参见高明士:《皇帝制度下的庙制系统——以秦汉至隋唐作为考察中心》,《中国传统政治与教育》,文津出版社,2003 年,第 229 页。
⑤ 《礼记正义》卷一二《王制》,影印阮元校刻《十三经注疏》,第 2890 页。

> 天下有王,分地建国,置都立邑,设庙、祧、坛、墠而祭之,乃为亲疏多少之数。是故王立七庙,一坛一墠,曰考庙、曰王考庙、曰皇考庙、曰显考庙、曰祖考庙,皆月祭之。远庙为祧,有二祧,享尝乃止。去祧为坛,去坛为墠,坛墠有祷焉,祭之;无祷,乃止。去墠曰鬼。

郑玄注:"祖,始也。名先人以君、明、始者,所以尊本之意也。天子迁庙之主,以昭穆合藏于二祧之中。诸侯无祧,藏于祖考之庙中。"孔颖达疏:"王立七庙者,亲四、始祖一,文武不迁,合为七庙也。"① 按照周制,孔疏中的"始祖"和前引王肃说的"始祖"即是前文郑注所说的"太祖后稷"。亦即是说,天子之庙有七,包括始祖或称太祖(后稷)和二祧(文王、武王)为不迁之庙,另外的四个亲庙是要逐次迁毁的。无论依据郑玄说还是王肃说,太祖与二祧是并列关系,太祖不包括在二祧之内。平文帝时为太祖,既是针对"二祧",却为何牵涉本为"太祖"的平文帝的地位呢?

联系到北魏的庙制实践,便可以发现问题关键所在。因为按照郑玄或者王肃的说法,"始祖"和"太祖"是同一人,这一点在郑、王以后的朝代基本都是如此②。但是北魏的宗庙制度则并非如此,在太祖平文帝之上还有始祖神元帝力微。如果当时按照汉制确立了始祖和二祧的话,那么太祖平文帝最多只能居于二祧之一了。由于这一既有制度没有根本性改变,应当就是讨论"二祧"问题却将讨论的矛头指向了拥有"太祖"庙号的平文帝的原因。事实上,以始祖和太祖为二人在汉儒的学说中也可见到,如《白虎通·宗庙》说:"周以后稷、文、武特七庙,后稷为始,与文王为太祖,武王为太宗。"③ "始祖"和"太祖"为二人,是太和十五年改革前宗庙制度最值得注意的关键,这与孝文帝改制后的北魏庙制基本符合郑玄说是不同的。④ 实际上,这种处理方式在十六国时代也有先例,如后秦以姚弋仲为始祖,姚苌为太祖⑤,可能也是北族政权的权变之制,未必

---

① 《礼记正义》卷四六《祭法》,影印阮元校刻《十三经注疏》,第3448页。
② 李衡眉:《历代昭穆制度中"始祖"称呼之误厘正》,《求是学刊》1995年第3期。
③ 陈立:《白虎通疏证》卷一二《阙文》,第570页。
④ 金子修一认为,南朝郊祀、宗庙制度接近王肃学说,而北魏则一直实行基于郑玄学说的郊祀、宗庙制度。参金子修一:《关于魏晋到隋唐的郊祀、宗庙制度》,载刘俊文主编:《日本中青年学者论中国史·六朝隋唐卷》,上海古籍出版社,1995年,第357页。
⑤ 参见《晋书》卷一一六《姚弋仲载记》,第2961页;《姚苌载记》,第2973页。

远采汉儒经说。

那么太祖平文帝应当是属于昭祧还是穆祧呢?《魏书·礼志一》载,拓跋珪曾"立神元、思帝、平文、昭成、献明五帝庙于宫中"①。按照这一排列,神元是始祖庙,思帝以下四帝是高、曾、祖、祢四亲,平文、献文属于"昭"的序列,思帝、昭成属于"穆"的序列。这一处理方式将原本血统混乱的拓跋世系排列得非常整齐,此后直到孝文帝,全部都是父子相继,不曾中断。以此为基础依次排列,则道武帝和昭成帝的昭穆相同,二者皆与平文属于不同的序列。道武帝立庙之初,连完整的七庙序列也无法整齐,自然不涉及迁毁的问题,或许还有为自己身后预留位置的考虑,可能不曾考虑"百世不迁"的二祧问题。昭的序列并无功业超越平文帝者,因而平文帝一直被默认作昭祧庙;穆祧庙的则不得不面临在昭成和道武帝之间作选择的问题。而且随着历史的发展,还会有更极端的情况发生,即太和十六年改易庙号诏中提到的世祖太武帝,也和昭成、道武处于同一昭穆序列,只是世祖太武帝距孝文帝只有四代,还属于四亲庙的范畴,因而暂时不必面临迁毁的问题。在确立昭序列的祖先迁毁时,功业比太祖平文帝大得多的三位君主不得不面临三选一的难题。或许这就是在诏书中,还念念不忘"平文功未多于昭成"和"道武建业之勋,高于平文",并强调"世祖有开拓之德"的原因。

回到前文提出的问题,从昭穆的从属关系看,孝文帝改制前高祖、烈祖、世祖属于同一序列,太祖和显祖则属于另一序列。按礼依次迁毁的话,高祖昭成帝应该在文成帝进入宗庙时迁毁;显祖献文帝进入宗庙时,迁毁的则应当是平文帝或者太宗明元帝了。考虑七庙"四祖三宗"的情况,则此次议礼之前只可能有两种情况:要么就是太祖(平文帝)已经迁毁,要么就是显祖尚未进入宗庙。结合议礼诏书的文字,可知"奉尊道武为太祖,与显祖为二祧"所解决的问题,答案似乎就是唯一的了,即以显祖替代原来的太祖并确定新的太祖和二祧。

二、显祖入庙与庙制改革的政治背景

通过上文的分析,可以看出孝文帝礼制改革蕴含着使混乱的早期庙

---

① 《魏书》卷一〇八之一《礼志一》,第 2987 页。

制与儒家经典礼仪相一致的用意,包括"始祖"和"太祖"合一的问题,太祖与二祧的确定问题。从昭穆的排列来看,议礼所直接解决的问题则是迁毁太祖(平文帝)而以显祖入替的问题。不过,议礼之时献文帝已经去世十多年了,按理说应当早已进入宗庙祭祀,这就不得不让人怀疑了。仅仅在七庙迁毁的制度框架内讨论,似乎完全无法破解这些矛盾。

如果考虑到太和十五年的议礼的时间,庙制问题的解答或许还能有更多的可能。孝文帝在文明太后尸骨未寒之际讨论宗庙改革的重大问题,绝非一时的心血来潮,而应当有史书不曾明言的因由。《魏书·高祖纪下》记太和十六年正月"己未,宗祀显祖献文皇帝于明堂,以配上帝"①。按礼制的规定,宗祀明堂正与郊天相配合,南郊祭天,明堂祀地。北魏人源子恭即是如此认为:"至如郊天飨帝,盖以对越上灵;宗祀配天,是用酬膺下土。大孝莫之能加,严父以兹为大,乃皇王之休业,有国之盛典。"②按《孝经·圣治》云:"昔者周公郊祀后稷以配天,宗祀文王于明堂,以配上帝。"③祭天和祀明堂的例行公事,《魏书》中却仅仅在太和十六年出现了一次,之前不见有类似记载。史官特意记载太和十六年正月的宗祀明堂,点明以显祖献文帝配享,应当是有特殊原因的。很有可能,这是孝文帝重新确立献文帝地位的首次向天下宣示。

"显祖"之庙号无先例,但前文所引《礼记·祭法》云七庙有"显考庙",孔颖达疏:"'曰显考庙'者,高祖也。显,明。高祖居四庙最上,故以高祖目之。"④"显祖"应当就是"高祖"的变形⑤,原因或许是孝文帝打算将"高祖"庙号留给自己,其父献文帝则以"显祖"代之。无论如何,以"祖"为庙号在历朝历代都代表着在宗庙体系中具有极高的地位,"显祖"亦不例外。

献文帝本无太多功业值得表彰,赵翼曾经对其获得"显祖"庙号进行了批评:"后魏献文帝、北齐武成帝诸君,不过蒙业继体,在位仅数年,

---

① 《魏书》卷七下《高祖纪下》,第 201 页。
② 《魏书》卷四一《源贺传附源子恭传》,第 1034 页。
③ 《孝经注疏》卷五《圣治章》,影印阮元校刻《十三经注疏》,第 5551 页。
④ 《礼记正义》卷五五《祭法》孔颖达疏,影印阮元校刻《十三经注疏》,第 3448 页。
⑤ 按去孝文帝不久的北齐文宣帝高洋的庙号就经历过"高祖""显祖"的变化,可资参照。周一良考证指出:"乾明时谥文宣,庙号高祖;天统初改谥景烈,庙号威宗;武平时又复谥文宣,庙号显祖也。"参周一良:《魏晋南北朝史札记》"高洋庙号"条,第 411—412 页。

无功可纪,乃亦以祖为庙号,僭伪之朝,苟为崇奉,固不可为法也。"①除此之外,献文帝称祖还有更大的不合理之处。献文帝与文明太后是名义上的母子关系,在文明太后生前就超越其父文成帝获得宗庙中称"祖"的地位,多少显得有些不合常理,毕竟此时的掌权者还是居于文成皇后身份的文明太后。实际上,《魏书》也恰好没有记载献文帝获得"显祖"庙号的时间,只记皇兴六年六月"辛未,太上皇帝崩。壬申,大赦,改年"②。通常意味着对先皇不甚尊重的年中改元,不算崇美的谥号"献文",多少都与称"显祖"的庙号不大相称。

更令人心生疑惑的是,以文明太后对待献文帝的态度,何以会赋予其"显祖"的庙号。献文帝和文明太后的矛盾和斗争,是北魏政治史上广受关注的热点之一。献文帝的死因在今存《魏书》的记载中晦暗不明,只是《皇后传》云"显祖暴崩,时言太后为之也"③。元行冲《后魏国典》甚至还记载:"太后伏壮士于禁中,太上入谒,遂崩。"温公并有按语云:"事若如此,安得不彰?而中外恬然不以为怪,又孝文终不之知。按《后魏书》及《北史》皆无杀事,而《天象志》云'显文暴崩',盖实有鸩毒之祸。今从之。"④周一良据《魏书·节义传》载王玄威、娄提悲悼献文帝事反驳温公说云:"献文帝在位不久,死时年才二十三岁。又非任何勋绩,嘉惠百姓之皇帝,而王玄威、娄提如此悲悼者,提传暴崩二字透露其消息,盖二人皆哀献文无辜为其嫡母文明太后所害也","王玄威与娄提二人之事,即足证明当时并非'中外恬然不以为怪'"⑤。刘精诚对这一时期的政治斗争进行了梳理,并指出文明太后打击献文帝政治势力的行动一直持续到太和四年襄城王韩颓被削爵戍边⑥。史称李䜣"既宠于显祖,参决军国大议,兼典选举,权倾内外"⑦。李惠是孝文帝的外祖父,亦为献

---

① 赵翼著,王树民校证:《廿二史札记校证》卷一四"后魏追谥之滥"条,第298—299页。
② 《魏书》卷七上《高祖纪上》,第169页。
③ 《魏书》卷一三《文成文明皇后冯氏传》,第384页。按一般认为《魏书》此卷散佚,今见者为后人据《北史》补。但此句《北史》所记为"遂害帝"三字,疑今本《魏书》此条乃《魏书》原文。
④ 《资治通鉴》卷一三四"苍梧王元徽四年二月"条《考异》,第4187页。
⑤ 周一良:《魏晋南北朝史札记》,第378—379页。
⑥ 刘精诚:《北魏冯太后与献文帝、孝文帝的关系》,收入刘心长、马忠理主编:《邺城暨北朝史研究》,河北人民出版社,1991年,第230页。
⑦ 《魏书》卷四六《李䜣传》,第1148页。

文帝所信任,"素为文明太后所忌,诬惠将南叛,诛之。惠二弟,初、乐,与惠诸子同戮。后妻梁氏亦死青州。尽没其家财。惠本无衅,故天下冤惜焉"①。李䜣、李惠之死无疑与文明太后肃清献文帝余党有关,手段极为残忍。史料很清楚地显示,献文帝死后,文明太后镇压其余党的活动延续达数年之久,这一点不可忽视。

《魏书》对文明太后与献文帝的矛盾与斗争讳莫如深,吕思勉曾说《魏书》记文明太后杀乙浑史事"魏史之阙略,诚令人如堕五里雾中也"②,其实《魏书》对文明太后时期的几次政治事件的记载,几乎都是阙略之极。献文帝为文明太后所杀应该是事实,只是其后史料多有阙失而已。文明太后还曾对孝文帝掩饰了许多历史真相,太后本传即说"迄后之崩,高祖不知所生"③,献文帝被杀的真相始末应该也很难知晓。尚可重视者,还有考古学界特别是云冈石窟研究中提出的一些旁证。云冈石窟群今存有一组规模宏大的停工洞窟(第11窟),经研究者考订,其开凿时间在延兴末、太和初,即公元476年前后。研究者并指出,这组石窟的停工是由于涉及到献文帝之死的政治事件,该石窟可能一度被视为禁地而无人涉足④。另一个可供对比的证据是云冈石窟第5、第6两窟,开窟上限约在太和十四年,下限约在太和十九年,分别为献文帝和文明太后而开凿⑤。其中为献文帝祈福的第5窟释迦佛洞,是现存云冈石窟群中最蔚然壮观的一个洞窟,在云冈的地位始终居于上首。研究者并指出:"盖因此窟的开凿是在文明太皇太后冯氏逝世以后,孝文帝掌握了政权的情况下,能够不受限制地为其父树立形象,平冤昭雪,品评功德,才创造出这种宏伟规模。"⑥

种种迹象显示,在文明太后生前,献文帝很有可能没有进入北魏宗

---

① 《魏书》卷八三上《外戚传上》,第1971页。
② 吕思勉:《两晋南北朝史》,第451页。
③ 《魏书》卷一三《文成文明皇后冯氏传》,第386页。
④ 赵昆雨:《云冈第11窟营凿的几个问题》,收入《2005年云冈国际学术研讨会论文集》,文物出版社,2006年,第321—323页。
⑤ 宿白指出,"5、6窟这一组双窟的雕凿,约在孝文帝都平城的后期"。参见宿白:《云冈石窟分期试论》,收入《中国石窟寺研究》,文物出版社,1996年,第80页。赵一德、李恒成将其明确为太和十四年到十九年,参见赵一德:《云冈石窟文化》,北岳文艺出版社,1998年,第125页;李恒成:《云冈石窟与北魏时代》,山西科学技术出版社,2005年,第118页。
⑥ 赵一德:《云冈石窟文化》,第123页。

庙序列，其地位也可能被刻意压低。直到太后死后，孝文帝才大幅度提升其父地位，此后方才获得"显祖"的地位。或许这才是"宗祀显祖献文皇帝于明堂，以配上帝"之事直到太和十六年才见诸记载的真正原因，也是太和十五年孝文帝议定庙号的目的。可以肯定的是，太和十五年的议礼确立的不仅是拓跋珪的太祖地位，更重要的是确立显祖献文帝二祧之一的地位。

王鸣盛讨论孝文帝孝事文明太后事云："文成皇帝凡七男，无一为冯氏所生，然则冯氏无子，又以献文帝杀其所私而行弑逆，则恩义已绝，孝文帝当思谁杀我父，谓宜告于宗庙，废而诛之，乃犹奉事不懈，孝谨有加，孝文帝孝而过者也，且孝而愚者也。"① 类似的感叹早已出自《魏书·天象志三》的作者，其记延兴四年天象之征应云："是时，献文不悟，至六月暴崩，实有酖毒之祸焉。由是言之，皇天有以睹履霜之萌，而为之成象久矣。其后，文明皇太后崩，孝文皇帝方修谅阴之仪，笃孺子之慕，竟未能述宣《春秋》之义，而惩供人之党，是以胡氏循之，卒倾魏室，岂不哀哉！"②《天象志三》的作者和王鸣盛都注意到一个问题，即文明太后与献文帝二者是势不两立的敌人，而孝文帝在文明太后死后，并没有采取为父复仇的措施，反而以一种"毁慕过礼"的方式为文明太后营办葬礼。孝文帝为文明太后严格守孝，史载"高祖毁瘠，绝酒肉，不内御者三年"③，也是南北朝时期君主中极为罕见的。

然而这只是历史的一个方面，孝文帝对献文帝的尊崇行为，显示其在保持冯太后身后荣宠的同时也有一定的反动。死于非命的献文帝获得了"显祖"的庙号，还获得了"百世不迁"的二祧之一的地位。这样的安排不是由于献文帝的功业，更有孝文帝与文明太后关系的因素在内。文明太后生前，孝文帝和她之间的摩擦实际上已经表现出来。李凭指出，文明太后死后，孝文帝因"修谅阴之仪，笃孺子之慕"而未曾对文明太后采取措施，但孝文帝"内心深处并非对他受到的虐待毫不在意"④。

---

① 王鸣盛：《十七史商榷》，第547页。
②《魏书》卷一○五之三《天象志三》，第2634页。
③《魏书》卷一三《皇后传》，第387页。
④ 按李凭对孝文帝迁都的感情因素进行过考证，指出孝文帝摆脱文明太后母权阴影的感情因素是迁都洛阳的催化剂。参见李凭：《北魏平城时代》，第253—258页。

文明太后与孝文帝的关系,李凭的另一处总结可谓把握极为得当:"他们前后相承地在太和改革中发挥了主导作用,但两人的政治关系却长期处于猜疑状态。"①

文献记载可见,除生父献文帝外,孝文帝之生母李氏、宠妃林氏均因"子贵母死"旧制而死于文明太后之手。李氏死时孝文帝年方一岁,李氏之父李惠死于文明太后在献文帝死后的残酷报复行动,已见前节。孝文帝也未停止过对自己身世的追寻,李惠本传云:"太和十二年,高祖将爵舅氏,诏访存者。而惠诸从以再罹孥戮,难于应命。"直到"十五年,安祖昆弟四人,以外戚蒙见"②。这两个时间颇值得注意,太和十二年文明太后尚在,而十五年则恰为文明太后去世不久的事,与孝文帝重新议定宗庙次序在同一年。孝文帝从"不知所生"到追寻舅氏不得,再到文明太后死李氏遗孤"以外戚蒙见",孝文帝前后的感情变化今人已无从得知,但能够得知事情真相应该是无疑问的。孝文帝宠妃林氏以"子贵母死"之制被文明太后赐死,亦为孝文帝感情上至难接受者。林氏本传载"以恂将为储贰,太和七年后依旧制薨。高祖仁恕,不欲袭前事,而禀文明太后意,故不果行。谥曰贞皇后,葬金陵"③。孝文帝对林氏的怀念以及对文明太后的微妙情感,迁洛后孝文拒绝赴冯熙之葬事件中有一些显现。冯熙乃文明太后兄,于太和十九年死去,死后代北群臣力请孝文帝参加其葬礼。孝文帝借口拒绝,将上书群臣一概贬官,而诏赴代奔丧的太子恂云:"太师薨于恒壤,朕既居皇极之重,不容轻赴舅氏之丧,欲使汝展哀舅氏,拜汝母墓,一写为子之情。"④所谓"拜汝母墓,一写为子之情"者,当即是祭拜其生母林皇后之墓。因为此时母养太子的皇后冯氏尚在,并无其他人可称太子之母。冯熙死去,"皇后诣代都赴哭,太子恂亦赴代哭吊"⑤之际,孝文帝诏令太子"展哀舅氏,拜汝母墓",既合乎人情,亦别有意味。

抛开个人感情来说,政治考量可能也是孝文帝决策的关键因素。宗

---

① 李凭:《北魏文明太后与孝文帝——兼答力高才、辛长青二同志》,《李凭学术经典文集》,山西人民出版社,2015年,第372页。
② 《魏书》卷八三上《外戚李惠传》,第1971页。
③ 《魏书》卷一三《皇后传》,第388页。
④ 《魏书》卷二二《孝文五王传》,第662页。
⑤ 《魏书》卷八三上《外戚冯熙传》,第1966页。

庙祭祀活动所围绕的中心问题,乃是北魏皇权父子相承的血统关系。文明太后以太后身份执掌北魏权力,只是北魏政治史上的一段插曲。虽然文明太后拒绝死后以皇后身份陪葬金陵,死后的永固陵甚至成为北魏帝后陵墓中规模最大者①,但母权毕竟不能摆脱无法确保世系传承的固有缺陷。对于孝文帝来说,他权力的来源仍然是太祖以下直到显祖的血统传承,这是他政权合法性的基础。献文帝受到文明太后母权的打压甚至无法确保在宗庙中的地位,无疑也是孝文帝血统传承合法性的威胁。文明太后一死,孝文帝便立即启动了宗庙改革,背后的深层逻辑或许也在于此。孝文帝抛开个人感情而对文明太后"毁慕过礼",则可能是考虑到文明太后改革政策的延续性。以"孝"的名义延续文明太后改革的方向,同时完整地确立皇权父系传承的次序,孝文帝做到了最大限度的调和。史载太和十六年九月,孝文帝"大序昭穆于明堂,祀文明太皇太后于玄室"②。"大序昭穆"与"祀文明太皇太后"同时进行,正可说明孝文帝为此事的安排极具深意。实际上,孝文帝在文明太后去世以后短短几年间,颁布了一系列新的改制措施,礼制改革包括庙制改革正是对文明太后时代进行继承和扬弃的一个突破点③。

太和十五年的庙制改革,直接起因是文明太后去世,孝文帝欲以其父献文帝进入宗庙并利用提升献文帝地位巩固皇权。以此来看,孝文帝庙制改革除了整合北魏传统祭典中不符合华夏礼制的成分以外,背后更为关键的目的则是对皇权的血统传承进行重新确认。通过对宗庙体系的整理,孝文帝将母后专权带来的权力传承断裂进行了弥合。孝文帝意

---

① 按上世纪曾经对永固陵进行过考古发掘,并有学者对其陵寝制度进行过考察。参见解廷琦:《大同方山北魏永固陵》,《文物》1978年第7期,第29—36页;冈村秀典、向井佑介:《北魏方山永固陵の研究》,《東方學報》第80册,2007年,第69—151页;王雁卿:《北魏永固陵陵寝制度的几点认识》,《山西大同大学学报(社会科学版)》2008年第4期,第46—49页。
② 《魏书》卷七《高祖纪》,第203页。
③ 楼劲在讨论太和十六年的《律》《令》制度改革时指出:"太和十六年四月新《律》《令》的颁行既是一个结束,是对太皇太后时代整顿刑政和陆续展开制度改革的总结;同时又是一个开始,是孝文帝完全在自身主导下,通过各种制度包括《律》《令》的进一步修订,来全面反思和改造北魏前期以来政治、社会和文化的起点。"楼劲同时还指出,修订祭祀诸制,实际上也是在编纂"祀令",且可看出其至太和十六年二月已大体告竣。参见楼劲:《太和元年至十六年定〈律〉、〈令〉及相关问题》,载《田余庆先生九十华诞颂寿论文集》,中华书局,2014年,第460、468页。太和十五年开始的庙制改革,正是这一系列改革引发的时代转变的关键节点之一。

在通过庙制改革向天下表明自己的皇权来自于道武帝以来不曾中断的父系血统传承,并借此预定了自己在宗庙中的位置和身后的"高祖"庙号。至于此后全面推进的汉化革新,则是通过一系列政治行动确保了皇权的稳固之后才真正得以铺开的。

三、"太祖"的重新确定及其意义

孝文帝的庙制改革,是太和十四年文明太后去世以后礼制改革的一个重要步骤,虽然确立了道武帝太祖的地位,但同时也是对道武帝开国建制的重新洗牌。这一改革在礼制方面的实践在太和十六年正月的南郊、明堂祭祀活动完成后告一段落。不过,孝文帝利用庙制改革的机会,颁布了一系列的诏书,也深刻影响了北魏的政治和社会变革进程。

太和十五年议礼之后,十六年庙制改革的直接结果便是对太祖子孙范围的重新确认。太和十六年春正月乙丑,"制诸远属非太祖子孙及异姓为王,皆降为公,公为侯,侯为伯,子男仍旧,皆除将军之号"[1]。这里所谓的"太祖子孙"指的无疑是道武帝拓跋珪的后代,在此前位至太尉的东阳王元丕,就因为是平文子烈帝翳槐之后而"例降王爵,封平阳郡公"[2]。平文帝之子高凉王孤因有让国什翼犍之勋,世代封王,直到元大曹,"高祖时,诸王非太祖子孙者,例降爵为公。以大曹先世让国功重,曾祖乐真勋著前朝,改封太原郡公"[3]。此诏的颁布在庙制改革同月,确认了属于太祖子孙范围者爵位和相关利益,可以说是直接附加在庙制改革之上的改革措施。

很明显,孝文帝借此机会对宗室的范围作了进一步区分,非太祖(道武帝)之后的成员都被排除出王爵之外,其他爵位也都要降爵一级。这一新制,在一定程度上冲击了拓跋传统的直勤制度。依据罗新的研究,北魏早期的直勤制度的范围就是力微子孙[4],将非道武之后的力微子孙排除出王爵之外,无疑会影响他们从制度得到的某些利益。不过,这一改革也不似学者所说是将道武子孙以外的元氏成员"一同庶姓"的制

---

[1] 《魏书》卷七下《高祖纪下》,第 201 页。
[2] 《魏书》卷一四《神元平文诸帝子孙·元丕传》,第 417 页。
[3] 《魏书》卷一四《神元平文诸帝子孙·高凉王孤传》,第 408 页。
[4] 罗新:《北魏直勤考》,收入《中古北族名号研究》,第 104—105 页。

度,毕竟他们只是降爵一级,并非取消爵位,也不曾提及"宗室"一类的内容。或许此次爵制改革对神元子孙的影响还需进一步分析。身为烈帝之后的元志,可以作为典型的事例来分析:

> 为洛阳令,不避强御,与御史中尉李彪争路,俱入见,面陈得失。彪言:御史中尉避承华车盖,驻论道剑鼓,安有洛阳县令与臣抗衡?志言:神乡县主,普天之下谁不编户?岂有俯同众官,避中尉?高祖曰:"洛阳我之丰、沛,自应分路扬镳。自今以后,可分路而行。"及出,与彪折尺量道,各取其半。高祖谓邢峦曰:"此儿竟可,所谓王孙公子,不镂自雕。"峦曰:"露枝霜条,故多劲节,非鸾则凤,其在本枝也。"①

元志与李彪的争论仅仅是就御史中尉和洛阳令的地位不对等,元志也仅就"神乡县主"为自己辩护,完全不提及有宗室成员(直勤)的地位。《魏书》不见元志有受封爵位的记载。不过,孝文帝仍旧认可元志是"王孙公子",邢峦也说"非鸾则凤,其在本枝也",显然仍旧认同元志的宗室成员地位,虽然他附加在爵位上的相关权益早已不存在。

实际上,孝文帝对于"太祖子孙"也以宗法传统的以世系远近对宗室成员的身份进行了区分,其内涵与爵制改革并无必然关系。《魏书·高祖纪下》记太和十七年五月,"壬戌,宴四庙子孙于宣文堂,帝亲与之齿,行家人之礼"②;《任城王澄传》亦载:"时诏延四庙之子,下逮玄孙之胄,申宗宴于皇信堂,不以爵秩为列,悉序昭穆为次,用家人之礼。"③所谓"四庙子孙"或"四庙之子",依据《礼记·丧服小记》的说法,就是"王者禘其祖之所自出,以其祖配之,而立四庙"。郑注:"高祖以下。与始祖而五。"孔疏:"而立四庙者,既有配天始祖之庙,而更立高祖以下四庙,与始祖而五也。"④也就是说,孝文帝对宗庙序列的四亲庙以下诸帝的子孙划定了一个范围,具体说来就是太武帝、景穆帝、文成帝、献文帝四帝子孙。用"家人之礼"的四庙之子,较之"太祖子孙"的范围又大为

---

① 《魏书》卷一四《神元平文诸帝子孙·河间公齐传附元志传》,第421—422页。
② 《魏书》卷七下《高祖纪下》,第204页。
③ 《魏书》卷一九中《任城王云传附元澄传》,第534页。
④ 《礼记正义》卷三二《丧服小记》,影印阮元校刻《十三经注疏》,第3240页。

缩小。"不以爵秩为列,悉序昭穆为次"也具有重要的象征意义,因为血缘关系较远的道武子孙,其大宗也是拥有王爵的;而血缘关系近得多的景穆、文成子孙,其小宗也都是没有王爵的。他们的排序"不以爵秩",溢出了爵制改革的范围,但却非常符合庙制改革的精神。依据庙制确立的原则,孝文帝重建了一套符合宗法传统的以世系远近决定宗亲地位的制度。

实际上,就太和十六年的爵制改革本身而言,只是利用庙制划定了王爵的外延,主要针对的对象其实并不是拓跋宗室。需要提及的是,这道诏书《南齐书·魏虏传》的记载更为详细:"王爵非庶姓所僭,伯号是五等常秩。烈祖之胄,仍本王爵,其余王皆为公,公转为侯,侯即为伯,子男如旧。虽名易于本,而品不异昔。公第一品,侯第二品,伯第三品,子第四品,男第五品。"[1] 这里的"烈祖之胄"应该是保留了诏书的原貌,内容也能和《魏书》对应。依据《魏虏传》的记载,孝文帝改革所指向的是"王爵非庶姓所僭",相对于神元、平文、昭成子孙,北魏前期受封王爵者还有数量更大的异姓王群体。这一问题赵翼其实已经注意到,并列举太武帝到孝文帝所封异姓王31例,并称"自是功臣无有不王者"[2]。赵翼所列多有遗漏,但均为封王的情况,未及前后降爵和国除者。到太和十六年异姓王按例降爵为公者,据万斯同《魏异姓诸王世表》所列有17例,《魏外戚诸王世表》3例,共得20例[3],另有刘昶为齐郡开国公,加宋王之号[4],是为特例。而《魏书》卷十四、十五所见神元、平文、昭成子孙封王爵者20例,绝大多数在孝文帝之前就已降爵或者国除,太和十六年降爵者仅得高凉王、东阳王2例,且东阳王丕还是因功受封于孝文帝时期。当然,神元以下子孙公爵以下被降爵的数量可能要多一些,但多数是太和之前早已经历过降爵的,对于朝廷政治的影响本也小得多。可以肯定的是,受到爵制改革影响最大的群体是异姓爵位,神元以下子孙群体只是较小的一部分。另一个数据是,据万斯同《魏诸王世表》所列降爵之

---

[1]《南齐书》卷五七《魏虏传》,第1097页。
[2] 赵翼著,王树民校证:《廿二史札记校证》卷一四"异姓封王之滥自后魏始"条,第300页。
[3] 二十五史刊行委员会编:《二十五史补编》第4册,第4485—4487页。
[4]《魏书》卷五九《刘昶传》,第1431页。

后道武帝子孙保留王爵者为23例①。也就是说,爵制改革之前同姓王与异姓王在数量上旗鼓相当,通过改革完全摧毁了异姓王的制度。其他级别的降爵,也应当是异姓者的比例大得多。

进一步观察可以看出,异姓王包括同姓的元大曹、元丕基本上都是来源于鲜卑勋臣,多数都是在太武帝以来的政治事件中发挥过重要作用或者军事上立有功勋的人物,其王爵是因功由低而高升上来的;而道武子孙封王基本上是来源于与皇帝的血缘关系,王爵多数都是直接受封或继承而来。就北魏爵制发展本身来说,功臣封爵与宗法分封两类获爵方式的形成最早也要在道武帝天赐年间。力微到昭成子孙的获爵方式基本上都与宗法分封无关,北魏历史上最早凭借"巨胤鸿源"的高贵出身而自动封王的是道武帝的四位皇子拓跋嗣、拓跋绍、拓跋熙和拓跋曜②。因此,太和十六年爵制改革的实质,其实就是将以血缘关系受爵的皇族封爵的地位提升,将功臣封爵的地位降低而已,绝非针对其他神元子孙和道武子孙进行区分,更没有剥夺他们的宗室地位。

同时,孝文帝的爵制改革在很大程度上是对道武帝确立的某些制度的追认和强化,这一点确实是与庙制改革互为表里的。为便于分析,需要对道武帝天赐元年的爵制改革作一个回顾。对此,《魏书·官氏志》云:

> 九月,减五等之爵,始分为四,曰王、公、侯、子,除伯、男二号。皇子及异姓元功上勋者封王,宗室及始蕃王皆降为公,诸公降为侯,侯、子亦以此为差。于是封王者十人,公者二十二人,侯者七十九人,子者一百三人。王封大郡,公封小郡,侯封大县,子封小县。王第一品,公第二品,侯第三品,子第四品。③

史书明确记载,"天赐十王"包括道武帝四位皇子,分别是齐王嗣、清河王绍、阳平王熙、河南王曜,其他六位,按刘军的考证,应当是高凉王拓跋乐真、卫王拓跋仪、常山王拓跋遵、毗陵王拓跋顺、朱提王拓跋悦、豫章王拓跋夔,其受爵情况均见诸《魏书·神元平文诸子孙传》和《昭成子孙

---

① 二十五史刊行委员会编:《二十五史补编》第4册,第4480—4484页。
② 相关研究可参刘军:《北魏宗室阶层授爵略论》,《社会科学辑刊》2013年第4期。
③ 《魏书》卷一一三《官氏志》,第3233页。

传》,当无疑问①。因此,道武帝天赐元年的爵制改革,其实就已经强化了宗室诸王的地位,封王者除拓跋乐真为平文子孙以外,全部都是昭成子孙。显然,拓跋内部的部族势力如帝室十姓一类全部被排除出了王爵的范围。从强化宗室成员地位的方面来说,孝文帝太和十六年爵制改革无疑是继承了这一精神的。

从降爵的具体内容来看,从天赐和太和两次改革的比较中还能看出更多的信息。《南齐书·魏虏传》所载太和十六年爵制改革按照"虽名易于本,而品不异昔"的原则所确立的"公第一品,侯第二品,伯第三品,子第四品,男第五品"品制,与天赐元年爵制改革确立的"王第一品,公第二品,侯第三品,子第四品"品制也颇相似,地位还各高一级。可见孝文帝的爵制改革,就是参照道武帝天赐爵制文本的内容而实行的。实际上,天赐元年爵制"皇子及异姓元功上勋者封王,宗室及始蕃王皆降为公",从封王的成员来看,属于以血缘关系受爵的情况仅限于道武帝的皇子,而其他六位同姓王虽然都是平文帝的子孙,也只能归属到"异姓元功上勋者"了。这一点可以从六王与道武帝的血缘关系远近不一,但均以功勋卓著见诸记载得到验证。也正因为这样的标准,与道武帝血缘关系极近而不见有功勋的阴平公烈②,也没能得到王爵。以血缘受爵仅限道武子孙这一点也被孝文帝利用,太和十六年爵制改革"诸远属非太祖子孙及异姓为王,皆降为公"的范围,其实与天赐元年皇子以外皆为"异姓元功"的范围是完全相同的。只是道武帝时皇子只有四位,而孝文帝时期的道武子孙已经成为数量庞大的群体了。

需要特别指出的是,天赐元年的爵制改革所确立的原则,在当时并没有获得明显的效果。天赐元年的爵制改革,是道武帝利用传统宗法制度对拓跋社会进行的改革中较激进的一次,很快便引发反弹。六王中功勋最著的卫王仪、常山王遵、毗陵王顺、朱提王悦四人都在道武帝去世前后的倾轧中死于非命,明元帝即位之时宗室力量也大为弱化。异姓不王的情况很快被打破,太武帝时期便已经是满朝异姓勋贵封王封公的场

---

① 刘军:《北魏"天赐十王"考辨》,《南京晓庄学院学报》2013年第2期。
② 按《魏书》卷一五《昭成子孙传》载卫王仪、阴平公烈和秦愍王孤为兄弟,而《皇后传》载秦愍王孤为道武帝母贺后之幼子。三人或皆为道武帝同母弟。相关考证参见李凭:《北魏平城时代》,第97—107页。

面了。到孝文帝亲政时,赵翼所说"自是功臣无有不王者"的情况,也已经延续好几十年了。政治生活中,异姓勋贵的地位也仍旧是根深蒂固。"太和以前,国之丧葬祠礼,非十族不得与"①的拓跋旧制,在天赐元年以后、太和以前的数十年仍旧存在。孝文帝从尘封近百年的历史中找出道武帝时期的文本作为爵制改革的依据,显然有现实的政治目的。

庙制改革重新调整了"太祖"的归属,在历史断限方面确认了北魏时代的起始,也削减了部落时代的地位。来源于部落时代各部的鲜卑勋贵,特别是在政治话语中占据重要地位的"帝室十姓",其权力的根源主要是道武帝之前的部落时代。这一点在太和十九年的定族姓诏书中可以作为一个典型:

> 代人诸胄,先无姓族,虽功贤之胤,混然未分。故官达者位极公卿,其功衰之亲,仍居猥任。比欲制定姓族,事多未就,且宜甄擢,随时渐铨。其穆、陆、贺、刘、楼、于、嵇、尉八姓,皆太祖已降,勋著当世,位尽王公,灼然可知者,且下司州、吏部,勿充猥官,一同四姓。自此以外,应班士流者,寻续别敕。原出朔土,旧为部落大人,而自皇始已来,有三世官在给事已上,及州刺史、镇大将,及品登王公者为姓。若本非大人,而皇始已来,职官三世尚书已上,及品登王公而中间不降官绪,亦为姓。诸部落大人之后,皇始已来官不及前列,而有三世为中散、监已上,外为太守、子都,品登子男者为族。若本非大人,而皇始已来,三世有令已上,外为副将、子都、太守,品登侯已上者,亦为族。②

诏书开始提及的"代人诸胄,先无姓族,虽功贤之胤,混然未分。故官达者位极公卿,其功衰之亲,仍居猥任",此皆是对道武之前部落时代的情况进行判别。其具体措施中出现"太祖以降"一次,"皇始已来"四次,其中的时代断限已经非常明白,就是以定庙号诏所确立的"太祖"时代为当世的起始。需要指出的是,"太祖"的时代可能在国家体制建构方面

---

① 《魏书》卷一一三《官氏志》,第3266页。
② 《魏书》卷一一三《官氏志》,第3274—3275页。按,"代人诸胄",点校本修订本写作"代人请胄",不通。核之百衲本、南监本、北监本、汲本、殿本、局本及中华书局1974年初印本,皆作"代人诸胄",今从诸本。

有重要意义,但在鲜卑社会层面的变革幅度要小得多。社会变革层面的"以太祖为断"的标准可能比爵制改革还要难以把握,孝文帝也难以找到类似天赐元年诏书这样的"旧制"了。

既然需要以道武帝的措施作为改革的依据,而道武帝的地位在北魏庙制中本又受到不太合理的对待,利用庙制改革的机会重塑道武帝的形象也就成为必要。在庙制改革的基础上,孝文帝利用"太祖"至高无上的原则,利用天兴旧制进行了具有重要意义的爵制改革,这是孝文帝改革链条中的重要环节。爵制改革与庙制改革似乎是在两条不同的轨道上运行,不过爵制改革的出现,说明孝文帝利用庙制改革为基础,迅速将相关的改革措施推进到政治变革层面,这也是庙制改革的重要意义。此后的文书中,无论是否变革旧制都免不了要以"太祖"作为依据,如迁都之际,要宣扬"太祖道武皇帝神武应天,迁居平城。朕虽虚寡,幸属胜残之运,故移宅中原,肇成皇宇"①,以效法道武帝迁居平城为言。孝文帝为咸阳王禧等诸弟聘汉人大族为室的诏书中,便提到"太祖龙飞九五,始稽远则,而拨乱创业,日昃不暇。至于诸王娉合之仪,宗室婚姻之戒,或得贤淑,或乖好逑"②,本来"太祖"并未有提倡宗室与汉人士族通婚之事,孝文帝在诏书中却要以其作为解释改革合理性的话语。用孝文帝自己的话说:"仰惟先朝旧事,舛驳不同,难以取准。今将述遵先志,具详礼典,宜制祖宗之号,定将来之法。"③ 很多情况下,孝文帝所提倡的"述遵先志"的理念,并不是真正继承道武帝的传统,而是依据太和改制的现实政治的需要以"定将来之法"。

四、孝文帝预留"高祖"庙号的政治用意

孝文帝庙制改革还有"庙唯有六,始今七庙,一则无主。唯当朕躬此事,亦臣子所难言"④一项,为自己在宗庙中预留了位置。太和二十三年,

---

① 《魏书》卷一四《神元平文诸帝子孙·元丕传》,第418页。
② 《魏书》卷二一上《咸阳王禧传》,第607页。
③ 《魏书》卷一〇八之一《礼志一》,第3000页。
④ 《魏书》卷一〇八之一《礼志一》,第3000页。

孝文帝死,因彭城王勰之议而确定了"高祖"庙号①,宗庙仍旧延续四祖三宗的格局。

孝文帝的"高祖"庙号原先为昭成帝什翼犍所拥有,按理说是不应该再用这一庙号的。孝文帝将昭成帝与其他诸帝一起迁毁,并以道武帝替换平文帝的"太祖"庙号,使"高祖"庙号空缺,很可能暗含了将"高祖"庙号留给自己的考虑。需要提及的是,虽然孝文帝以世祖太武帝和显祖献文帝为二祧,但"世祖"和"显祖"之号的地位在礼制传统中是不及"高祖"的。北魏之前的王朝,获得"高祖"庙号的多是王朝的开创者,如曹魏的曹丕,晋的司马懿,刘宋的刘裕。十六国时期曾使用"高祖"庙号的还有刘渊、石勒、张寔、慕容廆、苻健、姚兴、乞伏乾归等;孝文帝之后的梁武帝萧衍、陈武帝陈霸先也是用的"高祖"庙号。一般而言,"高祖"的地位要么与太祖相当,要么仅次于太祖。孝文帝在道武帝建国百年之后仍能获得"高祖"庙号的情况,在北魏之前是不曾有过的。

需要提出的是,依据礼制,庙号是死后进入宗庙才能为后人所加的,在世便给自己加庙号是违礼的。魏明帝曹叡就曾因为生前给自己加庙号而受到晋人孙盛的批评:"夫谥以表行,庙以存容,皆于既没然后著焉,所以原始要终,以示百世也。未有当年而逆制祖宗,未终而豫自尊显。"②沈约也说:"按宗庙之制,祖宗之号,皆身没名成,乃正其礼。故唯功赫天壤,德迈前王,未有豫定之典。此盖言之不从,失之甚者也。"③胡三省也批评说:"明帝在阼而其下先拟定庙号,非礼也。"④事实上,孝文帝班诏之后,穆亮等人就上书称"七庙之祀,备行日久,无宜阙一,虚有所待"⑤,明确表示反对。处处试图以传统礼制为准的孝文帝,生前便不顾众议将自己列入宗庙序列,其动机也就值得探讨了。

与魏明帝自定庙号的情况不同,孝文帝确定自己在宗庙序列的位置的时间在文明太后死后半年刚刚亲自主持大局之际。文明太后死后,孝

---

① 具体内容为"上尊号为孝文皇帝,庙曰高祖,陵曰长陵"。参见《魏书》卷二一下《彭城王勰传》,第650页。
② 《三国志》卷三《明帝纪》裴注引"孙盛曰",第109页。
③ 《宋书》卷三一《五行志二》,第982页。
④ 《资治通鉴》卷七三"魏明帝景初元年六月"条胡注,第2318页。
⑤ 《魏书》卷一〇八之一《礼志一》,第3000页。

文帝最先涉及的便是礼制改革。康乐曾对孝文帝的改革措施做过细致的排列,发现文明太后死后到迁洛之前(491—493)见诸记载的改革项目有45项,包含有关礼制的改革35项,其中与祭典相关者27项。有关国家祭典的数十项改革,总体特点是以中原系统的祭典为范本来整顿拓跋的国家祭典①。很明显,文明太后死到迁洛前的礼制改革以立新制为主,而迁洛后的礼制改革才是以破旧制为多。这显然是一种妥协,其原因与平城的旧势力掣肘有很大关系。对于孝文帝来说,文明太后去世是他按照自己的规划大展宏图的机会;但同时也失去了一位有足够威信推行改制的强势人物。孝文帝最迫切的任务就是树立皇权,强化皇帝的威信。对孝文帝而言,强化皇权的方式可能有两种,第一种是打击掣肘皇权的力量,第二种是神化自己以树立威信。孝文帝的庙制改革其实是这两种方式的结合。前文所提及与庙制改革相关的爵制改革、姓族改革可算作是一种打击鲜卑旧势力的措施,而正统建构、宗族序列重构都可算作树立皇帝威信的措施。

值得注意的是,历代君主强化皇权所采取的方式如制造祥瑞一类,在孝文帝亲政以后极少见诸记载。另一个事实是,文明太后去世前后灾异不断,特别是自然灾害层出不穷。就《魏书·高祖纪》所见,太和年间几乎每年都有旱灾,而太和十五年的平城大旱,孝文帝甚至不得不发罪己诏,称"万方有罪,在予一人。今普天丧恃,幽显同哀,神若有灵,犹应未忍安飨,何宜四气未周,便欲祀事?唯当考躬责己,以待天谴"②。旱灾以外,《魏书·灵征志》还记太和十年二月、三月平城连续发生三次地震③;太和十二年五月、六月,平城连日大风,"发屋拔树";十四年七月,平城又"大风,拔树发屋"④;太和十二年"十一月丙戌,土雾竟天,六日不开,到甲夜仍复浓密,勃勃如火烟,辛惨人鼻"⑤。孝文帝迁都之前逐渐增多的这些自然灾害已经为学界所注意,在今人看来大部分灾害极有可能

---

① 康乐:《从西郊到南郊——国家祭典与北魏政治》,第185—186页。
② 《魏书》卷七下《高祖纪下》,第199页。
③ 《魏书》卷一一二上《灵征志上》,第3153页。
④ 《魏书》卷一一二上《灵征志上》,第3158页。
⑤ 《魏书》卷一一二上《灵征志上》,第3169页。

是因为环境破坏导致的①。但这些在当时都被视作灾异。在灾异屡见的背景下,文明太后和孝文帝禁断谶纬巫觋,"自今图谶、秘纬及名为《孔子闭房记》者,一皆焚之","又诸巫觋假称神鬼,妄说吉凶,及委巷诸卜非坟典所载者,严加禁断"②。

孝文帝强化皇权的过程中,对于华夏传统的思想以及制度也是有所选择的。像卜筮这类学说,孝文帝也非一概信从。移居永乐宫,穆亮请求"讯之蓍龟",孝文帝答"人生定分,修短命也,蓍蔡虽智,其如之何。当委之大分,岂假卜筮"③;迁洛之际,元丕提出"凡欲迁移,当讯之卜筮,审定吉凶,然后可",孝文帝亦答"然卜者所以决疑,此既不疑,何须卜也"④。"外示南讨,意在谋迁"之际,则"诏太常卿王谌,亲令龟卜,易筮南伐之事,其兆遇《革》。高祖曰:'此是汤武革命,顺天应人之卦也。'"任城王澄表示反对,孝文帝私下解释说:"向者之《革卦》,今更欲论之。明堂之忿,惧众人竞言,阻我大计,故厉色怖文武耳。"⑤孝文帝的这种态度,与之前从道武帝到太武帝时代重视"究览天人"的政治文化有了很大的区别。

既不借助于天命,便是以超越先王的功业为权力提供合法性,这便是孝文帝所说的"圣人之大宝,惟位与功,是以功成作乐,治定制礼"⑥。孝文帝的"功成作乐,治定制礼",是符合汉代公羊学的核心内容的⑦。这

---

① 如佐川英治考察过北魏平城鹿苑的机能变迁,而鹿苑作为放牧场的机能在献文帝时代迅速衰退,他认为这与阴山周围自然环境的变迁有密切关系。参见佐川英治:《游牧与农耕之间——北魏平城鹿苑的机能及其变迁》,收入《中国中古史研究:中国中古史青年学者联谊会会刊》第 2 卷,中华书局,2011 年,第 102—136 页。又如安介生认为,太和十一年前后发生连续的自然灾害超出了代都的人口承载力,而大批人口外迁动摇了平城的首都地位,迁都洛阳是适应平城地区人口承载力的无奈之举。参见安介生:《北魏代都人口迁出考》,收入《历史地理与山西地方史新探》,山西人民出版社,2008 年,第 98—110 页。
② 《魏书》卷七上《高祖纪上》,第 184 页。
③ 《魏书》卷二七《穆崇传附穆亮传》,第 750 页。
④ 《魏书》卷一四《元丕传》,第 418 页。
⑤ 《魏书》卷一九中《任城王云传附元澄传》,第 535 页。
⑥ 《魏书》卷五三《李冲传》,第 1300 页。
⑦ 陈苏镇认为,"以礼为治"和"以德化民"是汉代穀梁学和公羊学最重要的分野,"以礼为治"的关键在于通过制礼作乐才能达到太平,亦即在太平之前就要制礼作乐;而"以德化民"的关键在于通过"德化"达到太平,达成太平以后才制礼作乐。参见陈苏镇:《〈春秋〉与"汉道"——两汉政治与政治文化研究》第二章《"以礼为治"和"以德化民"——汉儒的两种政治学说》,第 133—206 页。

一理念,则在孝文帝的实际作为中体现出来。孝文帝对于自己未来的功业颇有信心,任城王澄曾云:"今陛下以四海为家,宣文德以怀天下,但江外尚阻,车书未一,季世之民,易以威伏,难以礼治。愚谓子产之法,犹应暂用,大同之后,便以道化之。"元澄此言深得孝文帝之心,"高祖心方革变,深善其对,笑曰:'非任城无以识变化之体。朕方创改朝制,当与任城共万世之功耳。'"① 孝文帝在新建洛阳宫引见群臣,称:"此东曰步元庑,西曰游凯庑。此堂虽无唐尧之君,卿等当无愧于元、凯。"② 实以唐尧自命。又太和十九年孝文帝颁行《品令》时对群臣说:"故令班镜九流,清一朝轨,使千载之后,我得仿像唐虞,卿等依稀元、凯。"③ 孝文帝的言论,大有超越历史的气概。孝文帝死后,李彪上书表求复旧职,修史官之事,其中有总结孝文帝的功绩云:

> 伏惟孝文皇帝,承天地之宝,崇祖宗之业,景功未就,奄焉崩殒,凡百黎萌,若无天地。赖遇陛下,体明叡之真,应保合之量;恢大明以烛物,履静恭以安邦;天清其气,地乐其静,不愆不忘,率由旧章。可谓重明叠圣,元首康哉。惟先皇之开创造物,经纶浩旷,加以魏典流制,藻缋垂篇,穷理于有象,尽性于众变,可谓日月出矣,无幽不烛也。《记》曰:善流者欲人继其行,善歌者欲人继其声。故《传》曰:文王基之,周公成之。又曰:无周公之才,不得行周公之事。今之亲王,可谓当之矣。然先皇之茂献圣达,今王之懿美洞鉴,准之前代,其德靡悔也。时哉时哉,可不光昭哉!合德二仪者,先皇之陶钧也;齐明日月者,先皇之洞照也;虑周四时者,先皇之茂功也;合契神鬼者,先皇之玄烛也;迁都改邑者,先皇之达也;变是协和者,先皇之鉴也;思同书轨者,先皇之远也;守在四夷者,先皇之略也;海外有截者,先皇之威也;礼田岐阳者,先皇之义也;张乐岱郊者,先皇之仁也;銮幸幽漠者,先皇之智也;燮伐南荆者,先皇之礼也;升中告成者,先皇之肃也;亲虔宗社者,先皇之敬也;衮实无阙者,先皇之德也;开物成务者,先皇之贞也;观乎人文者,先皇之蕴也;革弊创

---

① 《魏书》卷一九中《任城王云传附元澄传》,第 534 页。
② 《魏书》卷一九中《任城王云传附元澄传》,第 538 页。
③ 《魏书》卷五九《刘昶传》,第 1433 页。

新者,先皇之志也;孝慈道洽者,先皇之衷也。先皇有大功二十,加以谦尊而光,为而弗有,可谓四三皇而六五帝矣。诚宜功书于竹素,声播于金石。①

李彪详举孝文帝的"大功二十",几乎将所有能够用上的褒词都用上了。将孝文帝的历史地位提升到"四三皇而六五帝"的地位,这也超越了任何一位北魏皇帝。如此之高的评价,在历史上其他皇帝身上也是相当少见的。史称李彪"刚直",孝文帝也说"吾之有李生,犹汉之有汲黯",又说"崔光之博,李彪之直,是我国家得贤之基"②,对孝文帝如此评价绝非只是他的谄媚之举。核诸《魏书》便可知,太和十五年到十六年的礼制改革,包括对北魏历史影响深远的承晋正统而为水德的理论体系、重新建构北魏祖先体系、将国史创为纪传表志之目、参议律令等,李彪都参与其事。可见,太和年间历史重新评价中出现的许多意见,首倡者正是李彪。李彪太和年间主持国史之事,史称"彪在秘书岁余,史业竟未及就,然区分书体,皆彪之功"③,奠定了《魏书》体例的基础。核诸《李彪传》,李彪恰好就是在文明太后崩后"特迁秘书令"④,正与议定庙号时间相合。虽然太和十六年议定祖宗的参与者不见记载,可以推测李彪也应是参与者之一,毕竟同一年的"水德"之议便是他首倡。

北魏对孝文帝的评价,在其他材料中仍可见到。2004年出土的《大代持节豳州刺史山公寺碑》说:"孝文皇帝睿哲钦明,渊晖洞远,玄化迈于唐轩,道风超于三代。"⑤按碑文所记,该碑正是北魏正始元年(504)豳州刺史山累为孝文皇帝立追献寺时所刻,其中对孝文帝的历史定位"迈于唐轩""超于三代"则与李彪之议很相似,在一定程度上也反映了当时北魏对孝文帝的评价。另外,张彝上表宣武帝也说:"高祖迁鼎成周,永兹八百,偃武修文,宪章斯改,实所谓加五帝、登三王,民无德而名焉"⑥,

---

① 《魏书》卷六二《李彪传》,第1519—1520页。
② 《魏书》卷六二《李彪传》,第1515页。
③ 《魏书》卷六二《李彪传》,第1523页。
④ 《魏书》卷六二《李彪传》,第1514页。
⑤ 吴荭、张陇宁、尚海啸:《新发现的北魏〈大代持节豳州刺史山公寺碑〉》,《文物》2007年第7期。
⑥ 《魏书》卷六四《张彝传》,第1557页。

这"加五帝、登三王"也和"四三皇而六五帝"如出一辙。

无论是李彪还是山累、张彝,作出对孝文帝超乎寻常的评价都在孝文帝死后不久,这些评价可能在孝文帝生前就已经酝酿成型了。孝文帝自己说:"昔平日之时,公卿每奏称当今四海晏安,诸夏清泰,礼乐日新,政和民悦。踪侔轩唐,事等虞禹,汉魏已下,固不足仰止圣治"①,便是他生前便接受这类历史定位的实据。佐川英治指出,李彪修国史的目的,"真正重要的并不是道武帝和太武帝的业绩,而是要在史书里留下孝文帝的功绩"②。文明太后死后李彪聘齐,曾对南齐主客刘绘说:"五帝之臣,臣不若君,故君亲揽其事;三王君臣智等,故共理机务;五霸臣过于君,故事决于下。我朝官司皆五帝之臣,主上亲揽,盖远轨轩唐。"③虽是交聘场合的外交辞令,却恰恰反映了李彪为建构孝文帝历史地位的良苦用心。回到太和十六年的庙制改革的历史情境上,可以理解在新制刚刚开始建构、破除拓跋旧制阻力重重的时候,孝文帝肯定不能只是强化太祖以下的直系祖先的地位,更需要确保皇帝本人在祭祀体系中的地位。超越汉魏历史,贯彻"臣不若君""远轨轩唐"的治国理念,也是孝文帝对自己未来功业的预期和对宗庙的承诺。强化宗庙祭祀中皇帝独尊的地位当然是其中重要的一环,这便是孝文帝之所以要在宗庙中为自己预留位置的原因。功业要达到"四三皇而六五帝"的程度,可谓"太平"的目的业已达成,并将开始制礼作乐之大业,为自己预留"高祖"的庙号也可说实至名归。

孝文帝既要"四三皇而六五帝",拓跋先君的功业自然也得超越;不过他既奉道武为太祖,在生前亦不便以自身功业凌驾于太祖之上。孝文帝遗诏"惟我太祖丕丕之业,与四象齐茂",不过最终还是要落实到自己的"兢兢业业,思纂乃圣之遗踪。迁都嵩极,定鼎河瀍,庶南荡瓯吴,复礼万国,以仰光七庙,俯济苍生"④。孝文帝死后,"太祖"与"高祖"并称的情况便开始增多。由此,"太祖"与"高祖"的对比也就不可避免地出

---

① 《魏书》卷一〇八之三《礼志三》,第3038页。
② 佐川英治:《东魏北齐革命与〈魏书〉的编纂》,收入陈锋、张建民主编:《中国古代社会经济史论:黄惠贤先生八十华诞纪念论文集》,湖北人民出版社,2010年,第436页。
③ 《魏书》卷六二《李彪传》,第1514页。
④ 《魏书》卷七下《高祖纪下》,第219—220页。

现了。

宣武帝时，张彝曾作《历帝图》，具载庖牺氏以下直到晋末的帝王。书成后在给皇帝的上表中，对北魏四祖有过评价：

> 伏惟太祖拨乱，奕代重光。世祖以不世之才，开荡函夏；显祖以温明之德，润沃九区。高祖大圣临朝，经营云始，未明求衣，日昃忘食，开翦荆棘，徙御神县，更新风轨，冠带朝流。①

考虑到张彝《历帝图》的评价历代帝王的性质，应该说这一表文反映了北魏对诸祖的一般评价。张彝的轻重很清楚，太祖道武帝只有"拨乱"之功，二祧世祖太武帝、显祖献文帝分别是"不世之才"和"温明之德"，而高祖孝文帝则是"大圣临朝"，文德、功业显然都在诸祖之上。

类似的例子还可以见到不少，如长孙稚、祖莹上书称："太祖道武皇帝应图受命，光宅四海，义合天经，德符地纬，九戎荐举，五礼未详。太宗、世祖重辉累耀，恭宗、显祖诞隆丕基，而犹经营四方，匪遑制作。高祖孝文皇帝承太平之绪，篡无为之运，帝图既远，王度惟新。"② 从太祖的"五礼未详"到太宗以下四帝"匪遑制作"，再到高祖的"承太平之绪，篡无为之运，帝图既远，王度惟新"，对比鲜明，太祖到显祖诸帝简直成了反衬孝文帝文治兴盛的背景。如果对比《魏书》诸帝的"史臣曰"，可以发现魏收对高祖孝文帝的评价无论，从字数方面还是从评价本身来看，都要比其他诸帝高得多。更重要的是，史论还对北魏前后两个时代进行了区分，即孝文帝之前的是"威武"的时代，而孝文帝开创了"文教"的时代③。这当然也是有依据的，孝文帝自己曾说："祖宗情专武略，未修文教。朕今仰禀圣训，庶习古道，论时比事，又与先世不同。"④ 此虽针对特定问题而发，但却也是孝文帝自己施政目标的表达。

孝文帝以高祖之号"四三皇而六五帝"而"承太平之绪"，也确实在其死后得到一定程度的认可。北魏后期政治中很重要的一条原则便是

---

① 《魏书》卷六四《张彝传》，第1555页。
② 《魏书》卷一〇九《乐志》，第3089页。
③ 按佐川英治亦曾注意到这一问题，但他认为这是因为《魏书》的历史观是要将对孝文帝的全面肯定与魏齐革命联系起来。参上揭佐川英治：《东魏北齐革命与〈魏书〉的编纂》，收入《中国古代社会经济史论：黄惠贤先生八十华诞纪念论文集》，第438页。
④ 《魏书》卷一〇八之三《礼志三》，第3032页。

"远遵尧舜,宪章高祖"①,孝文帝所立制度已经成为不容置疑的法度。宣武帝延昌年间,孙绍上表议律令便提到"主议之家,太用古制。若全依古,高祖之法,复须升降,谁敢措意有是非哉,以是争故,久废不理"②,"谁敢措意有是非哉"当即是所谓"高祖之法"便不容置疑的直接例证。孝明帝时,高阳王雍也提到"仰惟孝文皇帝,德迈前王,睿明下烛,不刊之式,事难变改"③,这里的"不刊之式"与"高祖之法"内涵大体相近。何德章还发现,北魏末帝位异动所蕴含的政治内容都是确立孝文帝的法统,这也是帝位"一年三易换"的主要政治内涵④。当时权臣也是以配享高祖为荣,尔朱荣死后,普泰元年(531)三月追赠其假黄钺、相国、司州牧,追封晋王,加九锡,配享宗庙时,曾引发讨论。按《洛阳伽蓝记》云:

> 复命百官议太原王配飨。司直刘季明议云不合。世隆问其故。季明曰:"若配世宗,于宣武无功;若配孝明,亲害其母;若配庄帝,为臣不终,为庄帝所戮。以此论之,无所配也。"世隆怒曰:"卿亦合死!"⑤

尔朱荣本"于宣武无功",与宣武帝之父孝文帝更无关联,最后却诏"宜遵旧典,配享高祖庙庭"⑥,亦是一例。不尊高祖则视为非礼,当孝庄帝追崇其父彭城王勰为文穆皇帝,庙号肃祖,而以高祖孝文帝为伯考时,临淮王彧便上书极力反对:"此乃君臣并筵,嫂叔同室,历观坟籍,未有其事。"⑦孝庄帝此事也受到魏收的恶评:"高祖不祀,武宣享庙,三后降鉴,福禄固不永矣。"⑧

本节小结

史书对太和十五年庙制改革的记载晦暗不明,本身也与孝文帝太和

---

① 《魏书》卷七七《高崇传附高谦之传》,第1846页。
② 《魏书》卷七八《孙绍传》,第1863页。
③ 《魏书》卷一九上《广平王洛侯传附元匡传》,第525页。
④ 何德章:《北魏末帝位异动与东西魏的政治走向》,《魏晋南北朝隋唐史资料》第18辑,2001年。
⑤ 杨衒之著,杨勇校笺:《洛阳伽蓝记校笺》卷二《城东·平等寺》,第102页。
⑥ 《魏书》卷七四《尔朱荣传》,第1792页。
⑦ 《魏书》卷一八《临淮王谭传附元彧传》,第489页。
⑧ 《魏书》卷一〇《孝庄纪》,第317页。

改革的时代背景密切相关。理解这段史事的真相,在解读相关礼制规定的基础上,还需要放在文明太后去世以后的历史语境中来理解和辨析。此次改革的直接起因是文明太后去世,孝文帝欲以其父献文帝进入宗庙为契机,提升献文帝的地位并借以巩固自身的权力。改革前北魏的七庙序列应当是始祖神元帝、太祖平文帝、烈祖道武帝、太宗明元帝、世祖太武帝、恭宗景穆帝、高宗文成帝,献文帝尚未进入宗庙;经过改革,七庙序列变为太祖道武帝、太宗明元帝、世祖太武帝、恭宗景穆帝、世宗明元帝、显祖献文帝,虚置高祖之庙以为孝文帝的身后打算。

孝文帝庙制改革整合了北魏传统祭典中不符合华夏礼制的成分,背后更为核心的内容则是对皇权的血统传承与自身在宗庙中的位置进行重新确认。孝文帝重新确定"太祖",确立二祧的地位,以及预留高祖庙号,都是太和庙制改革的有机组成部分,但其核心则在树立孝文帝自身的权力,并明确皇权和宗室的边界。宗庙礼制的变革传达了孝文帝"稽古复礼"的改革理念和改变旧俗的意志,借"高祖"之号将自身地位超脱于太祖以下诸帝之上,也是此后改革对平城时代的旧制进行全面反思的重要助力。此后全面推进的汉化革新,也是通过一系列政治行动确保了皇权的稳固之后才真正得以铺开的。孝文帝生前预定身后的"高祖"庙号,历代都未见非议,应当与孝文帝本人的文治武功相关。附带提及,《魏书》中出现的"元魏两太祖""元魏两高祖"的问题,其实是道武天兴庙制所确立的制度被太和新制取代的结果,《太祖纪》以后的文字中保留的庙号是太和议礼之后的庙制内容,《序纪》所见的庙号则是道武庙制的遗存。这只是政治事件在史书中留下的遗迹,而非表示历史书写者的主观目的。毕竟庙制改革的本身是一个礼制问题,其背后则是一个政治问题,最后才是历史书写的问题。

第二节　北魏"水德"说与十六国北魏历史之清理

与重新议定宗庙秩序约略同时,孝文帝开启了另一项与讨论北魏历史相关的改革,便是重新议定北魏的德运。德运问题目前已经得到学界较多的关注,讨论的核心均在正统确立与汉化改革诸问题。特别是关于北魏初年确立"土德"说而孝文帝改为承晋之"水德"说的意义问题上，罗新、郑小容、胡克森等均进行过颇有价值的讨论①。诸家的考察以正统观为视角，对十六国北魏的情况作较长时段的梳理和比较，而较少重视德运的重定与孝文帝时代特殊政治文化的关系。德运问题与正统问题密切相关，但孝文帝君臣所着眼的不只是正统本身，尚有更为切实的政治文化目的。"水德"说也并不只是简单地取代"土德"说，对于魏初崔宏所议定的祖先、德运体系，既有继承也有扬弃。这些问题都还有继续讨论的空间，相关的历史细节也还有不少有待厘清的。

一、"古典"与"旧事"：太和年间的历史课题

太和十四年八月，孝文帝下诏"议国之行次"。讨论在十五年正月取得了相对一致的意见，群臣上书以为"宜承晋为水德"，一年以后的十六年春正月"壬戌，诏定行次，以水承金"②。按《魏书·礼志一》载其诏曰："丘泽初志，配尚宜定，五德相袭，分叙有常。然异同之论，著于往汉，未详之说，疑在今史。群官百辟，可议其所应，必令合衷，以成万代之式。"③从诏书来看，需要议定国之行次的原因是"未详之说，疑在今史"，也就是说此前北魏的德运行次并无定论。但事实是，北魏立国之初就已经议定德运为土德。高闾所议土德说便称"五纬表验，黄星曜彩，考氏定实，合德轩辕，承土祖木，事为著矣"④，几乎是转述了道武帝群臣所议之"以国家继黄帝之后，宜为土德，故神兽如牛，牛土畜，又黄星显曜，其符也"⑤的理由。当然，孝文帝既然要下诏重新议定行次，无疑倾向于改变土德的旧说，道武帝时期议定德运的理由也就很难起到作用。孝文帝为何要改变道武帝时期的成说而改为水德，才是问题的关键。

孝文帝的诏书以"未详之说"为名，或许是为了隐晦地避开直接评

---

① 罗新：《十六国北朝的五德历运问题》，《王化与山险：中古边裔论集》，第273—286页；郑小容：《浅谈十六国北朝时期五行帝德推演所反映的不同正统观》，象牙塔网络首发，2004—12—22，http://xiangyata.net/data/articles/a01/571.html. 胡克森：《北魏的正统与汉化》，《史林》2015年第5期。
② 《魏书》卷七下《高祖纪下》，第201页。
③ 《魏书》卷一〇八之一《礼志一》，第2996页。
④ 《魏书》卷一〇八之一《礼志一》，第2997页。
⑤ 《魏书》卷一〇八之一《礼志一》，第2986页。

议北魏祖制,但重议德运是对北魏祖制的背离是无疑的了。自文明太后临朝称制以来即对北魏早期制度多有变革,如俸禄制、三长制和均田制均对北魏社会的发展意义重大。这些变更虽然多在经济社会的具体实践层面,但变更北魏祖制的特点却早已显现,只是程度有深浅而已。变革不可避免要对道武帝以来的北魏祖制进行评价,其内容和性质可以从当时的诏书中寻求到一些蛛丝马迹。

《魏书·高祖纪》载太和七年十二月禁绝同姓之娶的诏书云:

> 淳风行于上古,礼化用乎近叶。是以夏殷不嫌一族之婚,周世始绝同姓之娶。斯皆教随时设,治因事改者也。皇运初基,中原未混,拨乱经纶,日不暇给,古风遗朴,未遑厘改,后遂因循,迄兹莫变。朕属百年之期,当后仁之政,思易质旧,式昭惟新。自今悉禁绝之,有犯以不道论。①

这道诏书将改革的理由归结于"教随时设,治因事改",并隐晦地将同姓之娶的非礼行为的原因归结于"皇运初基,中原未混,拨乱经纶,日不暇给,古风遗朴,未遑厘改,后遂因循,迄兹莫变",并从儒家学说中找来"夏殷不嫌一族之婚,周世始绝同姓之娶"这类理由以为标举②。而诏书的本意显然不是回护类拓跋遗制,而是彻底改革同姓通婚这类"不道"的风俗。文书中这些看似平常的套话的背后,蕴含着深刻的历史背景。张金龙发现类似风格的诏书在北魏历史中属于首次发布,此前的诏书往往讳言中原华夏王朝的历史,以之为鉴则更少;其后的诏书则都具有一个特点,即以儒家经典作为理论准则,总结历史经验教训,对北魏前朝政事及现实状况有较清醒的认识,然后作出"变法改度"的决定③。这一总结是很到位的。不过,稍早的例证在《魏书·礼志一》仍可以发现:

> (太和)六年十一月,将亲祀七庙,诏有司依礼具仪。于是群官

---

① 《魏书》卷七上《高祖纪上》,第182页。
② 《太平御览》引《礼外传》云:"夏殷五世之后,则通婚姻,周公制礼,百世不通,所以别禽兽也。"参见《太平御览》卷五四〇《礼仪部一九·婚姻上》,第2450页;《礼记·丧服小记》孔颖达《正义》云:"殷无世系,六世而昏,故妇人有不知姓者。"参见《礼记正义》卷三二《丧服小记》,影印阮元校刻《十三经注疏》,第3249页。
③ 张金龙:《北魏孝文帝政治思想散论》,收入《北魏政治与制度论稿》,第72页。

> 议曰："昔有虞亲虡,祖考来格,殷宗躬谒,介福遒降。大魏七庙之祭,依先朝旧事,多不亲谒。今陛下孝诚发中,思亲祀事,稽合古王礼之常典。臣等谨案旧章,并采汉魏故事,撰祭服冠屦牲牢之具,罍洗簠簋俎豆之器,百官助祭位次,乐官节奏之引,升降进退之法,别集为亲拜之仪。"制可。①

北魏七庙之祭不亲谒的"先朝旧事"在《礼志一》中还有更详细的记载,"(天兴二年)冬十月,平文、昭成、献明庙成。岁五祭,用二至、二分、腊,牲用太牢,常遣宗正兼太尉率祀官侍祀"②云云,即是其事。太和六年的这段记载中,"群臣"明确提出了两个不同的范畴,一为"先朝旧事",用以指代拓跋旧制或者道武以来的北魏新立制度;一为"古王礼之常典",则指代的是以儒家经典作为理论准则的华夏传统制度。从文意来看,二者是对立的,孝文帝要"亲祀七庙"显然是更倾向于改革"多不亲谒"的旧制。当然对于"群臣"而言,他们还是在表面上做到"谨案旧章,并采汉魏故事",似乎仍旧是以"旧事"为主,"汉魏故事"为辅,不管实质上是否真是如此。

相较于群臣的小心翼翼,文明太后对"旧事"与"古典"之争的态度抉择,则明确得多。《魏书·程骏传》:

> 初迁神主于太庙,有司奏:旧事,庙中执事之官,例皆赐爵,今宜依旧。诏百僚评议,群臣咸以为宜依旧事,骏独以为不可。表曰:"臣闻:名器为帝王所贵,山河为区夏之重。是以汉祖有约,非功不侯。必当属有命于大君之辰,展心力于战谋之日,然后可以应茅土之锡。未见预事于宗庙,而获赏于疆土;徒见晋郑之后以夹辅为至勋,吴邓之俦以征伐为重绩。周汉既无文于远代,魏晋亦靡记于往年。自皇道开符,乾业创统,务高三、五之规,思隆百王之轨,罚颇减古,赏实增昔。时因神主改祔、清庙致肃,而授群司以九品之命,显执事以五等之名。虽复帝王制作,弗相沿袭,然当时恩泽,岂足为长世之轨乎?乖众之愆,伏待罪谴。"书奏,从之。文明太后谓群臣曰:

---

① 《魏书》卷一〇八之一《礼志一》,第 2992—2993 页。
② 《魏书》卷一〇八之一《礼志一》,第 2987 页。

"言事固当正直而准古典,安可依附暂时旧事乎?"①

程骏之议的指向很明显,即对制度的取舍标准是改变北魏"旧事"而准"古典",而"周汉既无文于远代,魏晋亦靡记于往年"之事,即目为不足为长世之轨的"当时恩泽"而摒弃之。程骏是凉州大儒,太武帝平凉后被迁平城,在北魏朝廷中属于孤立少援的儒臣。而废除执事之官赐爵的旧制,势必损害大批相关职僚的利益,但对北魏国家则是有利的。文明太后力排众议而取程骏之议,当有更多的利益考量。值得注意的是,文明太后利用程骏之议之外,还特意对"旧事"与"古典"的取舍问题定性,确立群臣言事"当正直而准古典,安可依附暂时旧事"的原则。这种明确的政治态度,正是太和以来北魏朝堂上"旧事"与"古典"反复争论,且往往是持"古典"者的观点获得采纳的重要原因。

在文明太后当政时期,北魏君臣讨论问题时援引"古典"以为依据的做法已经成为惯例,这在各种诏书和表疏之中得到足够的体现,毋庸多言。更有甚者,对于北魏政府的诸多改革措施的争论,君臣之间无论观点是否一致,却都以遵"古典"改"旧制"作为立论依据。太和八年八月甲辰所颁布的实行俸禄制的诏书中,便强调"故变时法,远遵古典,班制俸禄,改更刑书"的古典②,薛虎子上书申其弊端,却仍然要强调"远崇古典,留意治方,革前王之弊法,申当今之宜用"。最后,文明太后令曰:"俸制已行,不可以小有不平,便亏通式"③,则不见"古典"与"旧制"的相关内容的记载,不知史官有无删节。多数情况下,在"古典"与北魏"旧事"相冲突的时候,宜尊"古典"而革"旧事"的原则在北魏朝堂之上已达成某种共识。

当然,北魏朝堂上强调"古典"绝非是将北魏"旧事"全然废弃,其中有更多的现实政治考量。某些拓跋"旧事"仍旧被文明太后利用,如子贵母死制度,孝文林皇后即"以徇将储贰,太和七年后依旧制薨"④。孝文帝本人也不惮以祖宗"旧事"作为依据,如迁洛之际便声称:"昔平文

---

① 《魏书》卷六〇《程骏传》,第 1468—1469 页。
② 《魏书》卷七上《高祖纪上》,第 184 页。
③ 《魏书》卷四四《薛野䐗传附薛虎子传》,第 1100 页。
④ 《魏书》卷一三《皇后传》,第 388 页。

第四章 孝文帝改制名号与北魏国家转型

皇帝弃背率土,昭成营居盛乐,太祖道武皇帝神武应天,迁居平城。朕虽虚寡,幸属胜残之运,故移宅中原,肇成皇宇。"① 另一方面,文明太后时期所利用的"古典",往往只是各类新政的理据,而非真的抄袭前人成制。《魏书·陆凯传》云:

> 初,高祖将议革变旧风,大臣并有难色。又每引刘芳、郭祚等密与规谟,共论时政,而国戚谓遂疏己,怏怏有不平之色。乃令凯私喻之曰:"至尊但欲广知前事,直当问其古式耳,终无亲彼而相疏也。"国戚旧人意乃稍解。②

这里的"旧风"与"旧事"相类,而"古式"则与"古典"近同。朝臣之中熟知"古式"者,无疑是饱读诗书的文臣;而习惯于北魏"旧风"者,则多为拓跋"国戚旧人"。孝文帝与刘芳、郭祚"密与规谟,共论时政",恐怕不只是"问其古式"而已,其立足点实在变革旧制。不过孝文帝议"革变旧风",大臣则"并有难色";而以"问其古式"作为解释,国戚旧人却能"意乃稍解"。这段材料说明了"古式"这一解释工具在历史变革中的作用,而这种作用是建立在"国戚旧人"对"古式"的认同的基础上的。

太和年间的"古典"与"旧事"问题,实际上关涉到北魏对自身历史进行评价的问题,也关涉到北魏王朝与历代中原王朝的关系定位问题。事实上,北魏王朝自进入中原以来即对外表明自身与中原王朝存在某种承继关系,《魏书·太祖纪》所录议定国号诏便强调:"逮于朕躬,处百代之季,天下分裂,诸华乏主"③,自我归属于"处百代之季"的位置。北魏皇帝自称黄帝之后,道武帝的立国制度也是按照中原王朝的模式建立起来的。随着历史的发展,以"古典"变革"旧事"的行事方式则成为一种历史定位的默许态度在史料中的表现,文明太后时期这种转变尤为明显。这种转变,也是留给日后孝文帝大规模变革旧制的一项思想遗产。只是"佛狸已来,稍僭华典,胡风国俗,杂相揉乱"④的状况还在延续,此时北魏政权对于本朝之制与中原王朝制度的承续关系尚待明确。

---

① 《魏书》卷一四《神元平文诸帝子孙·元丕传》,第 418 页。
② 《魏书》卷四〇《陆俟传附陆凯传》,第 1002 页。
③ 《魏书》卷二《太祖纪》,第 36 页。
④ 《南齐书》卷五七《魏虏传》,第 1096 页。

文明太后时期以魏晋旧制为立足点的"古典"在朝堂话语中的权重大为提升,为北魏政权重新清理承继关系,确立朝代的历史地位提供了契机。另一方面,基于儒家因循先朝礼制的理论①,北魏急需为全面改制提供一个较近的参照体系。江式曾经上书云"皇魏承百王之季,绍五运之绪"②,以五德终始说"绍五运之绪"乃是"承百王之季"的同义互文。五德终始说作为历代王朝奉行的一种阐释政权合法性的理论工具,是古代中国正统论的核心内容。历代德运之争大抵都在政权的承继关系上做文章,正统主要取决于政权的来历③,而北魏的德运之争却更多的是偏向于利用正统理论重新清理承继关系。北魏末,祖莹在讨论历代乐制因循时,曾提到"虽三统互变,五运代降,莫不述作相因,徽号殊别者也"④,以"五运"学说来界定"相因"关系,能为制度变革提供全面的理论依据。太和十四年的重议德运诏书,正是在全面清理历史承继关系的客观要求下出台的。

二、"以水承金"与对十六国史的清理

如果说北魏朝堂之上对"旧事"的态度不得不采取暧昧态度的话,对于对"旧事"有所影响的五胡十六国的历史进行评判,乃是北魏政权首先要突破的。与"古典"相对应,以制度变迁来界定五德承继关系成为水德说的关键理由。李彪、崔光在水德之议中认为:"且秦并天下,革创法度,汉仍其制,少所变易。犹仰推五运,竟踵隆姬。而况刘、石、苻、燕,世业促褊,纲纪弗立。魏接其弊,自有彝典,岂可异汉之承水,舍晋而为土耶?"⑤李彪、崔光将刘、石、苻、燕诸政权排除在正统之外的理由重点在"纲纪弗立",而魏"自有彝典"则与这些政权不同,很明显李彪等人界定刘石等政权是否为正统的依据是制度特别是礼制方面是否传承了中原王朝的先进制度。对此,还需结合当时情况综合分析。

---

① 孔子称"殷因于夏礼,所损益可知也;周因于殷礼,所损益可知也。其或继周者,虽百世,可知也"。这句话的变体数次见于《魏书》孝文帝及其后的朝堂讨论之间,这一思想应当也对北魏君臣影响颇大。
② 《魏书》卷九一《术艺江式传》,第2127页。
③ 刘浦江:《"五德终始"说之终结》,《中国社会科学》2006年第2期。
④ 《魏书》卷一〇九《乐志》,第3094页。
⑤ 《魏书》卷一〇八之一《礼志一》,第2998页。

第四章 孝文帝改制名号与北魏国家转型

首先需要涉及的是,在北魏朝堂之上所用的"古典"中,汉、魏、晋制度特别是晋制的地位问题。"古典"作为一种解释工具,从表面的意义来看,主要是源于儒家经典的上古制度。孝文帝在诏书中曾称"夫先王制礼,所以经纶万代,贻法后昆"①,强调自己"每览先王之典,经纶百氏"②,死后被称颂"高祖孝文皇帝,天纵大圣,开复典谟,选三代之异礼,采二汉之典法"③,似乎孝文帝所据"古典"皆是首先以三代先王之礼为依据的。不过在政治实践中,汉代制度或者魏晋制度可能才是北魏君臣首先承续的"古典"。观察文明太后时期到孝文帝主政以后的诏书或群臣奏疏,援引"古典"时大体上都形成一种固定的程式,即由"先王"或"三代"起始,而以汉魏或者魏晋之制作为落脚点。此类例证甚多,如"《周礼》有食禄之典,二汉著受俸之秩。逮于魏晋,莫不聿稽往宪,以经纶治道"④;"案《周官》祀昊天上帝于圆丘,礼之大者。两汉礼有参差,魏晋犹亦未一"⑤;"此乃二汉所以经纶治道,魏晋所以纲理政术"⑥;等等。乃至高闾在议定德运时也将立足点放在魏晋,"故尧舜禅揖,一身异尚;魏晋相代,少纪运殊。桀纣至虐,不废承历之叙;厉惠至昏,不阙周晋之录"⑦。甚或对某些中原传统制度的批评,也以汉魏或魏晋为立足点。如孝文帝谓穆亮曰:"三代之礼,日出视朝,自汉、魏已降,礼仪渐杀。"⑧如果对"古典"的范围加上一种较为明确的限定的话,可以说即是所谓的"先代之成轨,近世所不易"⑨的制度,亦即自三代以来直到魏晋仍有广泛影响的制度,晋制是时间最晚的。

北魏对刘、石、苻、燕诸政权制度的评价是另一个参照体系。处于十六国之末的北魏,对十六国诸政权的制度有明显的继承关系。前引李彪等议以"秦并天下,革创法度,汉仍其制,少所变易"而"仰推五运,竟踵

---

① 《魏书》卷一〇八之一《礼志一》,第 3003 页。
② 《魏书》卷七上《高祖纪上》,第 185 页。
③ 《魏书》卷七七《辛雄传》,第 1831 页。
④ 《魏书》卷七上《高祖纪上》,第 183 页。
⑤ 《魏书》卷一〇八之一《礼志一》,第 3004 页。
⑥ 《魏书》卷一〇八之三《礼志三》,第 3030 页。
⑦ 《魏书》卷一〇八之一《礼志一》,第 2997 页。
⑧ 《魏书》卷二七《穆崇传附穆亮传》,第 750 页。
⑨ 《魏书》卷一〇八之三《礼志三》,第 3030 页。

隆姬"的故事作为不宗十六国的理由,似乎也隐晦地说明虽然有制度的继承也不一定能奉为正统,且北魏"自有彝典"。而《魏书》本身的记载,非但"中原秦、赵之代,元氏膜拜稽首,自同臣妾,而反列之于传"①,对北魏与十六国的制度传承关系更是一概不予承认。亦即是说,以《魏书》的形式表现的北魏前期历史中,表明北魏政权与十六国政权继承关系的史料实际上是没有的。非但如此,在今本《魏书》中,道武帝正式称帝到太和十四年之前的各类讨论中,以北魏之前的刘、石、苻、燕等政权为僭伪政权的材料竟然极少见到。至于从华夷之辨的角度来指斥刘石等政权的事例,则更是无法找到②。

与之形成鲜明对比的是,在北魏"水德"说确立以后,《魏书》中明确以刘、石、苻、燕等十六国政权为僭伪的材料大量出现,并多有表明"华夷之辨"的涵义者。现略举几例,如刘芳上书云:"晋氏失政,中原纷荡。刘石以一时奸雄,跋扈魏赵;苻姚以部帅强豪,趑趄关辅。于是礼坏乐隳,废而莫理。大魏应期启运,奄有万方,虽日不暇给,常以礼乐为先。"③张彝上书提到:"晋惠闇弱,骨肉相屠,终使聪曜鸮视并州,勒虎狼据燕赵",又云:"及惠帝失御,中夏崩离,刘苻专据秦西,燕赵独制关左,姚夏继起,五凉竞立,致使九服摇摇,民无定主,礼仪典制,此焉埋灭。暨大魏应历,拨乱登皇,翦彼鲸鲵,龛靖神县,数纪之间,天下宁一,传辉七帝,积圣如神。"④崔鸿也说:"赵燕既为长蛇,辽海缅成殊域,穷兵锐进,以力相雄,中原无主八十余年。"⑤李苗上书:"昔晋室数否,华戎鼎沸,三燕两

---

① 刘知几著,浦起龙通释:《史通通释》卷四《内篇·断限》,第90页。
② 以十六国为僭伪的思想可能很早就有,但可能没有得到北魏君主的重视。《魏书》卷八八《良吏张恂传》:"恂言于太祖曰:'金运失御,刘石纷纭,慕容窃号山东,苻姚盗器秦陇,遂使三灵乏响,九域旷君。大王树基玄朔,重明积圣,自北而南,化被燕赵。今中土遗民,望云冀润。宜因斯会,以建大业。'太祖深器异,厚加礼焉。"按张恂称拓跋珪为"大王",又称"宜因斯会,以建大业",时间实在拓跋珪称帝之前。这是《魏书》中可见的太和十四年以前君臣言论中以十六国为僭伪的一例,是张恂向拓跋珪提出的宏观建国构想。参《魏书》,第2056页。又,刘宋元嘉十九年北魏移书徐州:"往者刘、石、苻、姚,递居三郡,司马琅邪,保守扬、越,绵绵连连,绵历年纪。"见《宋书》卷九五《索虏传》,第2562—2563页。又,《嵩高灵庙碑》也说:"刘石慕容,及以苻氏,叼窃一时,朱紫杂错,耶(邪)伪纷然。"这是北魏平城时代少见的两例以刘石等政权为僭伪的用例,但都不曾从华夷之辨的角度指斥其胡族政权之性质。
③ 《魏书》卷一〇九《乐志》,第3085页。
④ 《魏书》卷六四《张彝传》,第1556、1557页。
⑤ 《魏书》卷六七《崔光传附崔鸿传》,第1633页。

秦,咆勃中夏,九服分崩,五方圮裂。"①类似例证还可举出许多。至于在南朝史料中习见的"夷狄乱华""刘石乱华"的称法,北魏则较早见诸太和十七年(493)成淹的一段话中:"中因刘石乱华,仍随司马东渡。"②比较《魏书》前后所记,北魏前期刘、石、秦、燕等政权的缺位是不合常理的,毕竟其时离十六国更近,对当时政治文化的影响也比其后更大。

十六国政权在朝堂讨论中缺位的原因,有两种可能性。一是北魏君臣形成了一种不讨论十六国政权的默契,二是原本是有讨论的,但全部被史官删削而不见于记载。类比文明太后之前汉、魏、晋制度在北魏朝堂之上也曾有过缺位的情况,或许在文明太后之前的一段历史时期,群臣对讨论北魏以前的历史确实有所避忌。北魏前期,史官之诛自邓渊始而以崔浩案为最剧,致使史官视撰写北魏前期历史为畏途而功无寸进③,与北魏前期历史密切相关的十六国历史应当也在群臣避忌之列。这一情况可由北魏时期十六国史的编纂情况略知大概。按北魏史家修撰的"十六国史"可考者共计六部凡一百四十卷④,其中高谦之《凉书》、崔鸿《十六国春秋》《纂录》皆成于孝文帝死后,封懿《燕书》和姚和都《秦纪》乃后燕、后秦旧臣所撰,成书时间很早。只有韩显宗《燕志》成于太和年间,然记北燕冯跋史事,当与文明太后追思北燕有关⑤。看来,北魏前期对十六国历史的评价或许确是有所忌讳,史书撰写也多有畏避,以至于史著寡少。又,崔鸿撰《十六国春秋》成,"世宗闻其撰录,遣散骑常侍赵邕诏鸿曰:'闻卿撰定诸史,甚有条贯,便可随成者送呈,朕当于机事之暇览之。'鸿以其书有与国初相涉,言多失体,且既未讫,迄不奏闻",又"鸿意如此,然自正光以前,不敢显行其书。自后以其伯光贵重当朝,知时人未能发明其事,乃颇相传读"⑥。崔鸿撰《十六国春秋》已在孝文帝死后,况

---

① 《魏书》卷七一《李苗传》,第1729页。
② 《魏书》卷七九《成淹传》,第1891页。
③ 田余庆:《〈代歌〉、〈代记〉和北魏国史——国史之狱的史学史考察》,收入《拓跋史探》,第217—243页。
④ 韩杰:《北魏时期"十六国史"的撰述》,《史学史研究》1989年第3期。
⑤ 文明太后对北燕的追思有诸多举措,她曾"立思燕佛图于龙城,皆刊石立碑",参见《魏书》卷一三《皇后·文成文明皇后冯氏传》,第385页。又曾对其父"追赠假黄钺、太宰、燕宣王,立庙长安",参《魏书》卷八三上《外戚冯熙传》,第1964页。
⑥ 《魏书》卷六七《崔鸿传》,第1632—1633、1635页。

且如此避忌十六国史事"与国初相涉,言多失体",北魏前期情况可得而推知。

北魏重新议定德运最主要的目的是为北魏王朝自身理清历史承续关系。这一点还可以从被孝文帝否决的高闾说的内容出发进行分析。高闾所持的北魏正统承续关系为:

> 魏承汉,火生土,故魏为土德。晋承魏,土生金,故晋为金德。赵承晋,金生水,故赵为水德。燕承赵,水生木,故燕为木德。秦承燕,木生火,故秦为火德。秦之未灭,皇魏未克神州,秦氏既亡,大魏称制玄朔。故平文之庙,始称"太祖",以明受命之证,如周在岐之阳。若继晋,晋亡已久;若弃秦,则中原有寄。推此而言,承秦之理,事为明验。①

高闾说相对于承晋说有几个明显的优势,时间上的延续即是重要的一点。北魏立国的时间距离晋亡已久,承晋说在时间上无法承续,属于"断而不属"一类,是很可能招致"曲而不通"的批评的。对北魏而言,"中原有寄"是另外一个优势,然西晋之血胤与后代之所承皆在十六国政权。若以北魏越过十六国承晋,对于禅让体制下相承而来的东晋南朝政权绝无优势可言。对于前代旧都所在来说,北魏也没有理由将秦赵燕诸政权剔除出正统之列。孝文帝的诏书中也不得不承认"越近承远,情所未安。然考次推时,颇亦难继",正是针对高闾说的这几点优势的。以让孝文帝自己都觉得"情所未安"的理论去与南朝争夺正统,承晋说肯定难以成为孝文帝的选择。

结合北魏水德说确立前夕的历史背景来看,魏晋"古典"的开始盛行和十六国制度的失语表明了北魏君臣的一种态度。魏晋"古典"北魏朝堂之上缺位的情况,在文明太后时期已然逐渐变化;十六国的历史评价缺位的情况,则在北魏水德说确立以后方才得到改变。北魏对十六国政权的历史评价由忌讳而变为僭伪,也已势所必至。由此,北魏直承魏晋中原王朝统治历史的障碍也就此扫清。变革的时间节点便在议定德运的这场讨论。虽然还有高闾坚持土德说主张保留十六国政权的正统

---

① 《魏书》卷一〇八之一《礼志一》,第2997页。

地位,但已经是孤掌难鸣,无力回天了。

三、祖先建构与"水德"说对"土德"说的整合

相较于太和年间的其他变革,"以水承金"改变的是一套由河北大儒崔宏所设计的理论体系。崔宏设计的"北魏土德说"在太和年间可以算作是一种北魏"旧事",但在性质上和其他北魏"旧事"有本质的区别。崔宏体系的许多内容也是符合"古典"的要求的,而且已经在北魏君臣之中根深蒂固,全盘废弃不大现实也没有必要。如何将"土德"说有效整合进"水德"说之中,成为摆在北魏君臣面前的一个问题。五德始终说从汉代以来即已定型,在祖先、正朔、方位、服色以及郊祀礼仪等方面都有具体的规定,还需要有祥瑞相配合。如孝文帝自己所说,水德的主要标志还有"曾坎司玄以秉黑"[1]等内容,这与土德说并不容易融合,因而某些内容也会对土德说有所变易。事实上,在确定承续关系的同时,李彪等人从"水德说"出发而整合"土德说"而对北魏历史进行了重构。

拓跋祖先起源问题是李彪等人历史重构活动的核心。自汉代学者炮制出"汉家尧后"的理论以来,五德说便逐渐与远古的圣人祖先纠缠起来,经过王莽的宣扬和东汉光武帝的钦定之后便成为一个影响深远的命题[2]。曹魏苦心建构"魏祖虞舜"说以配合其土德,也成为论证其易祚正统性与合法性的文化工程[3]。北魏建国之际,"群臣奏以国家继黄帝之后,宜为土德",秦汉以来,黄帝土德的旧说从来没有改变。而以黄帝为祖先的说法在北魏君臣中不但已经获得普遍认同,而且也是符合孝文帝的改革精神的。如何调和黄帝土德与北魏水德说的矛盾,成为北魏君臣所首先面临的两难困境。

对这一问题,高闾称:"考氏定实,合德轩辕,承土祖未,事为著矣"[4],显然是从祖先的角度坚持崔宏土德说。李彪、崔光的反驳也有这方面的内容:"臣职掌国籍,颇览前书,惜此正次,慨彼非绪。辄仰推帝始,远

---

[1] 北魏孝文帝:《吊比干文》,毛远明《汉魏六朝碑刻校注》第3册,第279页;《北京图书馆藏中国历代石刻拓本汇编》第3册,中州古籍出版社,1989年,第21页。
[2] 杨权:《新五德理论与两汉政治:"尧后火德"说考论》,中华书局,2006年,第160页。
[3] 朱子彦:《汉魏禅代与三国政治》,东方出版中心,2013年,第54—60页。
[4]《魏书》卷一〇八之一《礼志一》,第2997页。

寻百王。魏虽建国君民,兆朕振古,祖黄制朔,绵迹有因。"李彪、崔光受诏"改析国记"在太和十一年十二月①,至此已经"执掌国籍"三年余;而"仰推帝始,远寻百王"便是探求北魏"祖黄制朔"的依据。"百王"可以虚指作为"帝始"的前代君王数量很多,然而在北魏却可能是实指。类似情况在《魏书·官氏志》中也可见到,如其内入诸姓、四方诸姓分别是六十八姓和三十二姓,正好合为百姓,似乎也有将虚指落实的用意。又,《周书·文帝纪》载西魏恭帝元年事云:"魏氏之初,统国三十六,大姓九十九,后多绝灭。至是,以诸将功高者为三十六国后,次功者为九十九姓后,所统军人,亦改从其姓。"② 这段史料所记"统国三十六,大姓九十九"即是《魏书·序纪》所记成帝毛时事,元魏曾多次以当世功业对传说中的甚至是虚构的"百姓"进行坐实,直到宇文泰掌权时尚有余波。这也可侧证《官氏志》所见诸姓恰好为十、百整数的情况绝非巧合,而是孝文帝君臣以现实政治的需要将"百姓"的虚指坐实为整数的结果③。按《魏书·序纪》所载"始均之裔,不交南夏,是以载籍无闻焉。积六十七世,至成皇帝讳毛立"④ 云云,既然"载籍无闻",又如何知道是"六十七世"呢?因此,"六十七世"的来历成为了史家争论不休的问题⑤。事实上,从

---

① 《魏书》卷七上《高祖纪上》,第 193 页。
② 《周书》卷一下《文帝纪下》,中华书局点校本修订本,2022 年,第 36 页。
③ 按,唐长孺指出:"我想九十九姓加上拓跋自己合成百姓,这正是原始的百姓意义,即是氏族社会中氏族十进制的组织。……这些记载在《官氏志》上的诸姓从地理分布上与人种上都表现了极其广泛的规模,我想这与原先的三十六国、九十九姓是不尽相符的,可能很多是全不相干的。"参见唐长孺:《拓跋国家的建立及其封建化》,《魏晋南北朝史论丛》,中华书局,2011 年,第 185—186 页。
④ 《魏书》卷一《序纪》,第 1 页。
⑤ 学界对于"六十七世"的性质争讼已久,目前学界占统治地位的观点认为这是北魏时人依据所谓"标准年代学"的算法计算得来的。最先使用"标准年代学"的算法计算拓跋氏世系的大约是白鸟库吉。由于《序纪》中最早的纪年神元帝力微元年距离成帝毛有十四代之多,白鸟氏认为成帝毛之前的记载"大抵皆荒诞无稽",但使用了"三十年一世"的算法推断成帝毛的时代。参见白鸟库吉:《东胡民族考》,第 122 页。其后,卜弼德认为北魏将始均的年代确定为公元前 2210 年,成帝毛的年代设定为公元前 200 年,亦即匈奴的冒顿时代,按"三十年一世"的算法确定了"六十七世"的来源。参见 Peter A. Boodberg, The Language of the T'o-Pa Wei, *Harvard Journal of Asiatic Studies*, Vol.1, No.2, 1936, pp.179. 由于卜弼德推定的成帝毛年代存在颇多争议,国内学者如干志耿和孙秀仁、曹熙、林幹、杜士铎、杨军等,均依据类似"标准年代学"的算法,或改变毛与始均所处的年代,或将每世的时间缩短,对卜弼德的结论进行修正,算出了多种不同的结果。分别参见干志耿、孙秀仁:《关于鲜卑早期历史及其考古遗存的几个问题》,《民族研究》1982 年第 1 期;曹熙:《早期鲜卑史初探》,《齐(转下页)

孝文帝往上推"百王"亦即一百世,除去成帝毛以下获得确认的三十四帝,到始均为止正好是第六十七代①。又,《魏书·高佑传》载高佑、李彪上书云:"惟圣朝创制上古,开基《长发》。自始均以后至于成帝,其间世数久远,是以史弗能传。臣等疏陋,忝当史职,披览《国记》,窃有志焉。"同传又云:"时李彪专统著作,佑为令,时相关豫而已"②,此历史重构活动当由李彪主持。李彪本传说:"自成帝以来至于太和,崔浩、高允著述《国书》,编年序录,为《春秋》之体,遗落时事,三无一存。"③似乎也是说之前崔浩、高允之《国书》的断限是"自成帝以来至于太和",可为佐证。由此看来,这一段"世数久远,史弗能传"的史事,最后被限定为"六十七世"应当是李彪"仰推帝始,远寻百王"而倒推出来的,始均则是"水德"说的关键人物。

自孝文帝上推百世的始均与北魏"水德"说似乎也颇有联系。《魏书·序纪》中涉及的"六十七世"之前的祖先有三人,分别是黄帝、昌意、始均,而其中对始均事迹的描述文字是最多的。《序纪》称:"其裔始均,入仕尧世,逐女魃于弱水之北,民赖其勤,帝舜嘉之,命为田祖。"④按始均这个人物并非北魏虚构,《山海经·大荒西经》云:"西北海之外,赤水

(接上页)齐哈尔师范学院学报》1985年第1期;林幹:《东胡史》,内蒙古人民出版社,1989年,第88—89页;杜士铎:《北魏史》,第10—11页;杨军:《拓跋鲜卑早期历史辨误》,《史学集刊》2006年第4期。就笔者所见,目前学界对这种计算方式提出质疑的只有姚大力,他批评卜弼德"想来正是为着算术的需要,卜弼德才会在他的论证里安排这两个未经坐实的预设",然而他并未提出新的解决办法,只是提出了另一种类似的"标准年代学"版本。参姚大力:《北方民族史十论》,广西师范大学出版社,2007年,第3—4页。不过,正如姚大力所质疑的,"标准年代学"的致命缺陷是没有任何证据能表明这种算法符合当时人的普遍观念,更没有证据能说明古人采用类似算法来计算祖先的世系。与"标准年代学"的计算方法的聚讼纷纭相比,吕思勉早年曾经提出另一种思路,却很少引起学界的重视。他指出:"自受封至成帝六十七世,又五世至宣帝,又七世至献帝,再传而至神元,凡八十一世,九九之积也。自成帝至神元十五世,三与五之积也。九者,数之究也。三与五,盖取三才、五行之义,比拟于三皇、五帝。"这一观点与"标准年代学"计算法的根本区别在于认为"六十七世"本就出于杜撰,根本无需与历史上的确切年代精确配合,其目的只是配合三才五行之义,比拟三皇五帝的现实政治需要。参见吕思勉:《两晋南北朝史》,第81页;《拓跋氏先世考上》,《吕思勉读史札记》,第895页。

① 按《序纪》文意,始均之裔"积六十七世",应当包括成皇帝毛这一代在内。三十四帝加上六十七代为101代,这是因为重复计算了成帝毛。
② 《魏书》卷五七《高佑传》,第1378、1379页。
③ 《魏书》卷六二《李彪传》,第1505—1506页。
④ 《魏书》卷一《序纪》,第1页。

之西……有北狄之国。黄帝之孙曰始均,始均生北狄。"① 显然,始均的"北狄"身份恰好对应了鲜卑的族属来源,也对应了水德以北为尚的方位。只是"北狄"二字不便明言,《魏书》中略去不记而已。按《魏书》所见始均的故事又见于《山海经·大荒北经》,只是主人公被替换了:"应龙畜水,蚩尤请风伯雨师,从大风雨。黄帝乃下天女曰魃,雨止,遂杀蚩尤。魃不得复上,所居不雨。叔均言之帝,后置之赤水之北。叔均乃为田祖。"② 按汉代以来的观念,女魃乃是旱神③,逐旱神者则与水相关④。《魏书》以叔均逐女魃事置于始均头上,或许也隐含有水德的用意。

除始均以外,《魏书·序纪》所提到的另外一位远古祖先是昌意。《序纪》云:"昔黄帝有子二十五人,或内列诸华,或外分荒服。昌意少子,受封北土,国有大鲜卑山,因以为号。"⑤ 昌意为黄帝之子,见于《史记》的记载:黄帝正妃嫘祖"生二子,……其二曰昌意,降居若水。昌意娶蜀山氏女,曰昌仆,生高阳,高阳有圣德焉。黄帝崩,葬桥山。其孙昌意之子高阳立,是为帝颛顼也"⑥。这一记载与《魏书》有很明显的矛盾,即是昌意居若水,娶蜀山氏女,所居之地在蜀地而非"受封北土"。《水经注》卷三六"若水"条云:"黄帝长子昌意,德劣不足绍承大位,降居斯水,为诸侯焉。娶蜀山氏女,生颛顼于若水之野,有圣德,二十登帝位,承少皞金官之政,以水德应历矣。"⑦ 其说与《魏书》大相径庭。可见,《魏书》"昌意少子,受封北土"的说法连在孝文帝朝中做官的郦道元也不能认同。既然昌意居若水,而始均生北狄,二者相去甚远,似乎以始均为昌意之子也不尽符合逻辑。事实上,除去《魏书》的记载以外,没有其他史料能说明始均即是昌意之子。不过,关于昌意还有一个重要的信息,即是昌意之子颛顼,在五德历运中正是以水德而王⑧,与北魏水德说完全吻

---

① 袁珂校注:《山海经校注》卷一六《大荒西经》,巴蜀书社,1992年,第452页。
② 袁珂校注:《山海经校注》卷一七《大荒北经》,第490—491页。
③ 《后汉书》卷五九《张衡列传》注云:"女魃,旱神也。"参《后汉书》,第1905页。
④ 《后汉书志》卷五《礼仪中》注云:"耕父、女魃皆旱鬼。恶水。"参《后汉书》,第3128页。
⑤ 《魏书》卷一《序纪》,第1页。
⑥ 《史记》卷一《五帝本纪》,第12页。
⑦ 《水经注疏》卷三六"若水"条,第2945页。
⑧ 颛顼以水德王的说法在汉代就已经盛行,非自郦道元始。如汉扬雄《太玄经》卷八《玄数》:"一六为水……帝颛顼,神玄冥。"参扬雄著,司马光集注:《太玄集注》,第230—231页。

合。按照秦汉以来的观念，黄帝本人固然是土德，但"古帝王无非黄帝之子孙"①，这些黄帝子孙并不必然是土德。事实上，《魏书》所见北魏远祖为自黄帝以下三代，按照土生金、金生水的德运传承顺序，黄帝孙辈而王者正应当为水德，或者说北魏君臣实际上用始均取代了颛顼的位置。

需要进一步确认的是，北魏祖先建构过程中是否与颛顼发生过联系呢？这一问题没有留下直接的史料，但还是留下了线索。按《宋书·索虏传》《南齐书·魏虏传》均云拓跋氏系李陵之后，刘知几也曾称："又崔浩谄事狄君，曲为邪说，称拓跋之祖，本李陵之胄。"②此说是否崔浩杜撰，本书第一章已有解说。崔浩认可此说，则又是另一问题。北周《李贤墓志》称："本姓李，汉将陵之后也。十世祖俟地归聪明仁智，有则哲之。监知魏圣帝齐圣广渊，奄有天下，乃率诸国定扶戴之义，凿石开路，南越阴山，竭手爪之功，成股肱之任。建国拓跋，因以为氏。"③另外，托祖李陵降匈奴部众之后的还有孝昌三年（527）的《刘玉墓志》，其曾祖初万头也为很早跟随拓跋氏者，道武帝"依地置官，为何浑地汗"④。可见其说此后仍有市场。姜望来认为，拓跋祖李陵与"继赵李"的道教谶纬相关，为崔浩和寇谦之道教传授道统李姓说之核心⑤。李陵说虽在太武帝死后被放弃，但对拓跋氏祖先建构的影响是显而易见的。

在当时的观念中，李陵与颛顼存在着血缘上的联系。《北史·序纪》详述李氏世系云："李氏之先，出自帝颛顼高阳氏……仲翔曾孙广，仕汉，历文、景、武三帝，位前将军，立功沙漠。广子当户、椒、敢。当户子陵，战殁匈奴。"⑥《元和姓纂》卷一"李"氏条亦云："帝颛顼高阳之裔，……尚生李广也。广以后生唐高祖李渊。"⑦北魏正始二年的《李蕤墓志》云"胄延业祉，名族唯李，本系高阳，分命伊土"⑧；稍后的《彭城武宣王妃李

---

① 《古史辨》第七册，上海书店出版社，1941年，第209页。
② 刘知几著，浦起龙通释：《史通通释》，第459页。
③ 宁夏回族自治区博物馆、宁夏固原博物馆：《宁夏固原北周李贤夫妇墓发掘简报》，《文物》1985年第11期。
④ 赵超：《汉魏南北朝墓志汇编》，第212页。
⑤ 姜望来：《崔浩所谓"拓跋之祖本李陵之胄"试释》，《唐研究》第18辑，第127—144页。
⑥ 《北史》卷一〇〇《序纪》，第3313—3314页。
⑦ 林宝撰，岑仲勉校记：《元和姓纂》，第1页。
⑧ 赵超：《汉魏南北朝墓志汇编》，第48页。

氏墓志铭》亦称"远胄高阳,遥源姬水,蕴无名于柱下,播奇功于塞上"①。李蕤为陇西李冲从子,彭城王妃李氏为李冲女,皆称颛顼高阳之后;而李陵是李广孙,李广是"陇西成纪人"②,后来被奉为陇西李氏之祖。由此可知,按照北魏隋唐的普遍观念,李陵是颛顼的后裔,尊李陵为祖即相当于同时尊颛顼。《南齐书·魏虏传》提到拓跋祖李陵事"虏甚讳之,有言其是陵后者,辄见杀"③。是不是由于此时北魏君臣讳言拓跋氏为李陵之后,连同为颛顼之后的说法也一同避讳而改曰始均之后,则因为拓跋氏祖尊李陵的史料被删芟殆尽,今人已经无法考知其细节。

无论是颛顼还是始均,北魏君臣在祖先建构的活动中确立了一位祖先以与黄帝相区分,以适应"水德"的要求。如同《史记》所见的从上古到先秦的诸王与诸侯都是黄帝子孙一样,最后被确定为元氏祖先的始均也是黄帝之孙,从而有效地调和了拓跋先世自称黄帝之胄的既定事实。此后元氏为黄帝之后的说法仍旧广为流行。这在北魏墓志中可以找到很多例证,如身为明元帝之后的乐安王绪,其墓志称:"开基轩符,造业魏历"④,孝文帝七弟北海王详墓志云:"纂乾席圣,启源轩皇"⑤,献文帝之孙宁陵公主墓志云:"遥源远系,肇自轩皇"⑥,冯邑之妻元氏墓志也说"盖轩皇之派流"⑦,这些所谓的"轩符""轩皇"均指黄帝。或者"帝轩诞圣,皇魏受命,御运视宝,披图握镜"⑧,强调黄帝子孙与北魏天命的关系。又如《资治通鉴》载薛宗起谓孝文帝云:"伏以陛下黄帝之胤,受封北土,岂可亦谓之胡邪!"按此事不见于《魏书》,而《北史·薛聪传》有类似记载,作"臣今事陛下,是虏非蜀也",无"黄帝之胤,受封北土"一类的内容。按温公《考异》云此从元行冲《后魏国典》⑨,可见直到唐代,元氏后裔仍对"黄帝之胤"怀有浓厚的感情。不过,这并不代表黄帝的地位在

---

① 赵超:《汉魏南北朝墓志汇编》,第149页。
② 《史记》卷一〇九《李将军列传》,第3447页。
③ 《南齐书》卷五七《魏虏传》,第1099—1100页。
④ 赵超:《汉魏南北朝墓志汇编》,第53页。
⑤ 赵超:《汉魏南北朝墓志汇编》,第54页。
⑥ 赵超:《汉魏南北朝墓志汇编》,第57页。
⑦ 赵超:《汉魏南北朝墓志汇编》,第128页。
⑧ 赵超:《汉魏南北朝墓志汇编》,第274页。
⑨ 《资治通鉴》卷一四〇"齐明帝建武三年正月"条,第4395页。

孝文帝以后和北魏前期完全一致。在孝文帝时期的政治实践中,黄帝作为拓跋始祖在祭祀方面享有的独尊地位也发生了一定程度的动摇。康乐发现,"拓跋先帝皆还祭祀黄帝,大概是因为至少传说中拓跋人是假托为黄帝后裔。然而黄帝在孝文帝圣人崇拜的系统中却无丝毫地位"①。更为典型的事例是,太和十六年二月,在宗祀显祖献文皇帝于明堂、始以太祖配南郊、诏定行次以水承金等一系列祭典的次月,"丁酉,诏祀唐尧于平阳,虞舜于广宁,夏禹于安邑,周文于洛阳。丁未,改谥宣尼曰文圣尼父,告谥孔庙"②。所祀者唐尧、虞舜、夏禹、周文、宣尼凡五圣,黄帝却未能厕身其中。黄帝祭祀在孝文帝时期地位的下降,与其他中原祭典在孝文帝时期的全面复兴形成了鲜明的反差,背后或许也是有某种原因的。

李彪等人利用始均替换了黄帝的位置,在祖先建构的层面为北魏水德说扫清了障碍,"水德"的其他理论准备也就顺理成章了。水德对应的方位毋庸置疑,北魏本就起源于北方,高闾也不得不承认"大魏称制玄朔",以北为尚几乎没有遇到阻力;水德对应黑色,如李彪等所说"自有晋倾沦,暨登国肇号,亦几六十余载,物色旗帜,率多从黑。是又自然合应,玄同汉始"。依李彪所言,似乎只是道武帝登国年间以前尚黑,这一问题似乎还值得分析。按《南齐书·魏虏传》载北魏前期事云:"轺车建龙旗,尚黑",又云:"胡俗尚水,又规画黑龙相盘绕,以为厌胜。"③1978年发掘的内蒙古石子湾北魏古城遗址,据考建筑时代在北魏前期建都平城时期。该遗址出土的所有各类瓦当和默面纹"贴面砖",都是胎灰、表黑,表面皆涂以黑色,也可以与尚黑的记载相印证④。至于水德说最重要的因素水本身,除去《魏虏传》"胡俗尚水"的记载以外,水崇拜现象也是十六国、北朝的游牧民族的一个重要特点,水是拓跋鲜卑最重要的自然崇拜对象⑤。以此看来,水德说似乎更能与北魏的鲜卑旧俗相适应,在一定程度上缓和改制的反对力量。李彪等人在与高闾的辩论中对方位、服

---

① 康乐:《从西郊到南郊——国家祭典与北魏政治》,第186页,注17。
② 《魏书》卷七下《高祖纪下》,第201页。
③ 《南齐书》卷五七《魏虏传》,第1092页。
④ 崔璿:《石子湾北魏古城的方位、文化遗存及其它》,《文物》1980年第8期。
⑤ 参见刘长旭:《十六国、北朝游牧民族的水崇拜与投尸入河习俗稽释——以拓跋鲜卑族为主要对象》,《社会科学辑刊》2002年第3期。

色、水瑞等因素所涉不多,或许也是因为不需要特别提及。

李凭指出,"拓跋氏远认昌意少子为其初祖,正是为了表示,虽然他们居处偏僻,但是与黄帝的血缘关系却是至亲至近的,其氏姓最为优越"①。调和"水德"说与祖黄帝之间的矛盾,在这一层面的意义至关重要。也正因为如此,李彪在历史建构方面的努力获得了北魏君臣的广泛支持。穆亮、陆叡等人上书支持李彪,最主要的理由便是"彪等职主东观,详究图史,所据之理,其致难夺"②。何德章说,《魏书》正统义例之渊源出于李彪所撰北魏史书《国书》,属于魏收所独创的不过是在《魏书》中称孝武帝为"出帝"并摒弃西魏史事而已③。事实上,李彪在确立《魏书》的正统义例的同时也进行了一系列的史事建构,这些建构都是为孝文帝改革的现实政治服务的。从崔宏"土德说"确立《魏书·序纪》中有关黄帝的内容以后,始均以后直到成帝毛的内容都是通过李彪的推演而确立的。看来,从祖先起源的方面重构拓跋历史,完善北魏皇室与黄帝血缘关系的理论建构,也是北魏"水德"说的重要副产品。

四、北魏"水德"说的现实意义

经过太和十四、十五年间的讨论,北魏的德运问题终于以诏书的形式确定下来,北魏自身在朝代序列中的位置也得到重新确认。北魏"水德"说解决的历史评价问题主要是两项,其一是厘清北魏政权承继的正统问题,其二是确认北魏皇室族姓起源的血统问题。这两个问题皆未超出汉朝人的理论框架,李彪对水德说和祖黄帝的调和,可以说也并没有太多的新意可言。北魏水德说的意义,并不在于对五德终始说的创新,而在于其在北魏的政治实践中的现实意义。

一般而言,五德终始说对于一个王朝的意义主要表现在塑造正统来源与标明合法性。《艺文类聚》引魏收《檄梁文》曰:"虽五运相推,百王革命,此道所行,孰云能易?而皇家承统,光配彼天,义洽幽明,化周动

---

① 李凭:《黄帝历史形象的塑造》,《中国社会科学》2012年第3期。
② 《魏书》卷一○八之一《礼志一》,第2999页。
③ 何德章:《〈魏书〉正统义例之渊源》,收入《魏晋南北朝史丛稿》,第380页。

植。"① 魏收明确地向南方的梁朝表明，北魏在五德推移方面具有无可置疑的正统，即算是在经历数代禅让的梁朝面前也不例外。不过，若从十六国北朝历史发展的整体来分析北魏水德的问题，其意义或许还不只是宣扬五运正统本身这么简单。

五德终始说在十六国时期为北族政权广泛利用，其主要目的是消弭华夷问题给五胡政权合法性带来的困境，实际上开启了中古政治文化的新变局②。在十六国早期，"自古无胡人为天子者"③的观念盛行，不过到了十六国后期，北方胡人社会中逐渐形成一股肯定胡人政权正统地位的趋势④。至迟到前秦时期，胡族社会出现了一种"五胡次序"的说法，即苻坚所说的"五胡次序，无汝羌名"⑤。按这句话的本意原有多种说法，陈寅恪曾予以澄清："'五胡次序'乃图谶名，'汝'乃单数人称代词，'羌'为姚苌之代称；意即谓：'图谶中并无汝姚苌名'也。"⑥ 吕思勉亦称："此羌字指姚苌言之，非指凡羌人。当时最重图纬，故苌以是求而坚斥其诬。"⑦ 在此基础上，有学者指出，"五胡次序"是指当时社会上出现的有广泛影响且流传甚广的一种谶纬，其涵义是"胡人的五行次序"或"五行中的胡人次序"，主要内容是论证胡族建立政权的合法性⑧。陈勇更进一步梳理出，"五胡"范畴在十六国时期有一个从刘渊、刘聪、刘曜、石勒、石虎五人扩展到进入中原各胡族政权的过程⑨。"五胡次序"图谶的广泛使用，

---

① 《艺文类聚》卷五八《杂文部四·檄》，第1048页。按《艺文类聚》所引作魏收文，而《文苑英华》卷六四五、《资治通鉴》卷一六〇引作杜弼文，参见《文苑英华》，中华书局，1966年，第3310—3312页；《资治通鉴》卷一六〇"梁武帝太清元年十二月"条，第4963—4967页。何德章认为两篇文章的作者都应是魏收，参见何德章：《两篇东魏〈檄梁文〉的作者与相互关系》，《文史》2018年第3辑。
② 罗新：《十六国北朝的五德历运问题》，《王化与山险：中古边裔论集》，第273—286页。
③ 《资治通鉴》卷九〇"晋元帝太兴元年八月"条，第2862页。类似言论又见于《晋书·石勒载记》，刘琨予石勒称："自古以来诚无戎人而为帝王者，至于名臣建功业者，则有之矣。"王子春也说："且自古诚胡人而为名臣者实有之，帝王则未之有也。"《晋书》卷一〇四《石勒载记上》，第2715、2721页。姚弋仲也说"自古以来未有戎狄作天子者"，参见《晋书》卷一〇六《姚弋仲载记》，第2961页。
④ 彭丰文：《试论十六国时期胡人正统观的嬗变》，《民族研究》2010年第6期。
⑤ 《晋书》卷一一四《苻坚载记》，第2928页。
⑥ 陈寅恪：《五胡问题及其他》，收入《讲义及杂稿》（原载1949年4月3日《星岛日报》），第453页。
⑦ 吕思勉：《五胡次序无汝羌名》，收入《吕思勉读史札记》，第808页。
⑧ 吴洪琳：《"五胡"新释》，《陕西师范大学学报（哲学社会科学版）》2009年第4期。
⑨ 陈勇：《从五主到五族："五胡"称谓探源》，《历史研究》2014年第4期。

说明当时社会出现了五胡政权也可以被纳入五德终始说的序列而为正统的认识。或者说,十六国时期的五德终始说正是为论证胡族政权的合理性而被广泛采用的,胡族君主在称帝的同时也自守"五胡"身份。

在孝文帝确立北魏水德说之后,这种情况发生了变化。正如李彪等人所强调的理由:"(桓、穆)二帝志摧聪、勒,思存晋氏,每助刘琨,申威并冀。是以晋室衔扶救之仁,越石深代王之请。平文、太祖,抗衡苻石,终平燕氏,大造中区。"①李彪所申说的是北魏先祖在晋的功业,这无疑是以水承金即承晋说所要求的。如果说早期十六国政权所用的五德始终说或多或少都有一些与晋对抗的目的在的话,李彪所用的五德始终说完全是站在继承西晋的角度的。北魏虽然出于鲜卑,但并不愿意与五胡十六国的胡族政权为伍,"水德"说是其理论前提。有趣的是,《序纪》的记载中,也不忘与各胡族划清界限:"獯鬻、猃狁、山戎、匈奴之属,累代残暴,作害中州,而始均之裔,不交南夏,是以载籍无闻焉。"②将"始均之裔"拓跋氏与"作害中州"的诸胡族划清界限,也当与李彪的历史编纂有关。又,《晋书·卫瓘传》云:"幽并东有务桓,西有力微,并为边害。"③《晋书·武帝纪》也载,咸宁三年(277)春正月"使征北大将军卫瓘讨鲜卑力微"④。可见拓跋氏与西晋政权既有和平往来,也有军事冲突存在。然而在北魏史臣编纂进《魏书》的史料中,却全然不见拓跋氏与魏晋中央政权有直接冲突的记载,特别避讳曾经为"边害"的事实。这也与李彪强调拓跋先祖在西晋功业的思想相吻合。另外,对"始均之裔"血统的强调也表明北魏已经抛弃了"五胡"政权的身份。

北魏与胡族政权划清界限而传承魏晋,更为有力的证据表现在北魏政权对"华夷之辨"的强调上。北魏水德说确立以后,华夷之辨在朝堂之上已经不是禁忌。以"深慎言语"为行为准则的杨椿,太和末年上书中有云:"臣以古人有言:裔不谋夏,夷不乱华;荒忽之人,羁縻而已。是以先朝居之于荒服之间者,正欲悦近来远,招附殊俗,亦以别华戎、异内

---

① 《魏书》卷一〇八之一《礼志一》,第 2998 页。
② 《魏书》卷一《序纪》,第 2 页。
③ 《晋书》卷三六《卫瓘传》,第 1057 页。
④ 《晋书》卷三《武帝纪》,第 67 页。

外也。"① 杨椿对"别华戎、异内外"的强调,只能是在北魏君臣自居"华夏"而御"四夷"的观念下方可成立。其后,袁翻的上书中更指称:"夷不乱华,殷鉴无远,覆车在于刘石,毁辙固不可寻。"② 无疑,北魏朝堂之上对于五胡乱华历史的评价已经和东晋南朝的态度趋于一致。

何德章指出,《魏书》将东晋南朝及十六国诸政权编入列传等同僭逆的做法,渊源于李彪所撰北魏当代史书《国书》,而非魏收所创③。进一步说,魏收以"华夷之辨"来区分僭逆与否的历史观,也当源出李彪,至少不是魏收自创。如果说北魏前期拓跋氏不称胡而自居鲜卑仍是以胡族身份自居的话,孝文帝之后的元氏多已自居华夏而贬斥四夷了。太武帝得意于"我鲜卑常马背中领上生活"④的情形,也已不复存在。刘、石、慕容、苻、姚等政权论证德运与胡族的关系,目的还在于保守胡族身份。李彪对历史进行系统总结以后,元氏乃自居华夏身份,大方地在朝堂之上强调"华夷之辨",这无疑是一个根本性的转变。陈寅恪云:"汉人与胡人之分别,在北朝时代文化较血统尤为重要。凡汉化之人即目为汉人,凡胡化之人即目为胡人,其血统如何,在所不论",又举鲜卑秃发氏之后的源师被目为"汉儿"之例,"此为北朝汉人、胡人之分别,不论其血统,只视其所受教化为汉抑为胡而定之确证,诚可谓'有教无类'矣"⑤。此观念并非一直就有,其在北魏后期的定型,其实经历了一个长期的发展过程。北魏"水德"说对十六国北朝历史和拓跋氏血统的清理和总结,则为这一转变从理论上进行了论证。

在这一转变的历史背景下理解北魏"水德"说的政治文化意义,亦可看到北魏君臣在此学说的引领下,产生了一种超脱于"王朝合法性"的文化心态。利用德运推演清理王朝天命的承继关系,更多地表现为对历史的认识与总结,不仅包括西晋与十六国的历史,也包括拓跋氏自身的历史。借此机会,北魏走出了五胡十六国时代而与汉晋历史对接,将自身置于华夏王朝的序列,名正言顺地接续三皇五帝直到秦汉魏晋的华

---

① 《魏书》卷五八《杨播传附杨椿传》,第1406页。
② 《魏书》卷六九《袁翻传》,第1676页。
③ 何德章:《〈魏书〉正统义例之渊源》,收入《魏晋南北朝史丛稿》,第376—380页。
④ 《宋书》卷九五《索虏传》,第2576页。
⑤ 陈寅恪:《唐代政治史述论稿》,第200页。

夏历史文化。历史的参照作用对于北魏君臣而言，无疑更具有引领王朝发展方向的价值。《魏书·咸阳王禧传》有一段材料颇可留意：

> 高祖引见朝臣，诏之曰："卿等欲令魏朝齐美于殷周，为令汉晋独擅于上代？"禧曰："陛下圣明御运，实愿迈迹前王。"高祖曰："若然，将以何事致之？为欲修身改俗，为欲仍染前事？"禧对曰："宜应改旧，以成日新之美。"高祖曰："为欲止在一身，为欲传之子孙？"禧对曰："既卜世灵长，愿欲传之来叶。"高祖曰："若然，必须改作，卿等当各从之，不得违也。"①

在孝文帝的变革政策之中，无时无刻不体现着这种"迈迹前王"或者说超越前人的理想。具体到孝文帝的改革措施而言，"令魏朝齐美于殷周"更多的是尊周复古为标榜，更多的还有模仿汉晋制度规模，使北魏王朝的礼乐文化改革有章可循。在孝文帝这里，尊周不仅仅是因循汉晋旧制，其着眼点还有对汉晋历史的超越。孝文帝在《祭嵩高山文》中说："曰乎皇魏，飞虬玄并，螭腾穹象，用九黔嬴。新邦兴略，不猷罔清。"②"飞虬玄并"即是说北魏龙兴于北方，黔嬴有水神之义③，这两句当都与宣扬北魏水德相关。然则对北魏飞虬螭腾之德运的强调，其着眼点还在"新邦兴略"，这自然也就伴随着"改作"了。这些"改作"的措施，也不仅仅止于改作十六国的制度，还包括北魏立国以来的各种不合时宜的"旧事"，甚或也需要超越汉晋制度的某些不合理的内容。以此来理解孝文帝的文化改革措施，或许能获得一种更深层次的认识。

本节小结

孝文帝重新议定北魏的德运，既有对五胡十六国历史的清理，也有对拓跋魏自身历史的清理。将十六国政权全数打入僭伪而以继承西晋自居，背后是全面清理道武帝时代以来的"旧事"的政治目的。对于"旧事"中的某些成分，如崔宏等人所阐发的黄帝祖先说等内容与"水德"说

---

① 《魏书》卷二一上《咸阳王禧传》，第607—608页。
② 《初学记》卷五《地部上》引，中华书局，1962年，第104页。
③ 《史记》卷一一七《司马相如列传》"左玄冥而右含雷兮"句裴骃集解引《汉书音义》："含雷，黔嬴也，天上造化神名也，或曰水神。"参《史记》，第3682页。

的矛盾,李彪等人也利用华夏传统的典据进行了弥缝,添加了始均这一关键人物并"上推百世"确立了自始均至孝文帝的帝系传承。利用改造德运和祖先,北魏走出了五胡十六国时代而将自身置于汉晋华夏王朝的序列,有效整合了汉魏制度与拓跋传统的文化因素,也超越了华夷之隔背后的历史观念,最终的理想可能还是公羊家所说的"天下远近大小若一"的"太平世"。从这一角度上说,孝文帝对历史的清理,面向的其实是现实的政治需要,是北魏君臣统一华夷、"新邦兴略"的理想所致。

第三节 洛阳"中京"称号与孝文帝的政治理想

北魏孝文帝迁都洛阳的原因及意义长期以来为学界关注,前人也提出过很多重要的观点[1]。自太和十七年魏孝文帝正式宣布"卜迁中京,垂美无穷"[2]以后,洛阳作为北魏的新都被确定下来并开始了大规模的都城建设,而"中京"这一名号在北魏文献中也成为洛阳最为常见的专称。北魏迁都洛阳,对"中京"这一称号进行强调[3],不只是名号变迁问题,还关涉到洛阳政治文化建构的核心问题,其中的委曲因由还需从洛阳的历史文化特质和孝文帝的政治理想两方面来寻求。本节拟对"中京"名号

---

[1] 前人关于孝文帝迁洛的研究颇多,其中影响较大者有赵翼、劳幹、逯耀东、何德章、张金龙、黄桢等。参见赵翼著,王树民校证:《廿二史札记校证》卷一四"魏孝文迁洛"条,第306—307页;劳幹:《论魏孝文之迁都与华化》,《历史语言研究所集刊》第8本第4分,1939年;逯耀东:《从平城到洛阳:拓跋魏文化转变的历程》,第129—180页;何德章:《论北魏孝文帝迁都事件》,《魏晋南北朝隋唐史资料》第15辑,武汉大学出版社,1997年;张金龙:《北魏政治史(七)》,甘肃教育出版社,2011年,第248—336页;黄桢:《论北魏孝文帝太和十八年之北巡》,《文史》2022年第2辑。综述性的研究可参戴雨林:《北魏孝文帝迁都洛阳问题研究综述》,《洛阳大学学报》2005年第1期,同参上引张金龙《北魏政治史(七)》。

[2] 《文馆词林》卷六六五《后魏孝文帝迁都洛阳大赦诏》,影印日本弘文馆藏唐钞本,日本古典研究会,1969年,第284页。

[3] 按陈建军、郑美蓉《汉魏洛阳故城名称考略》一文考证汉魏时期的洛阳名称三十余种,而不见有"中京"之名,文参《黄河科技大学学报》2013年第5期;蔡运章、赵晓军《"中国"、"河南"诸名称与古都洛阳》亦考证与洛阳相关名称九种,也没有提及北魏常用的"中京"称号,参《河南科技大学学报》2011年第6期;此外,孟令俊《洛阳古今》、桑晓夫《千年阁一城:汉魏洛阳故城与汉魏王朝》等专著也有专门章节考证洛阳名称,但均未提及"中京"称号。参孟令俊:《洛阳古今》,中州古籍出版社,1991年,第3—6页;桑永夫:《千年阁一城:汉魏洛阳故城与汉魏王朝》,中州古籍出版社,2005年,第101—104页。

的典据源流以及迁洛后的北魏对其涵义的演绎进行考订,以期对北魏迁洛及其政治文化意义作进一步的探讨。

一、"光宅土中":"中京"称号的涵义

"中京"称号的"京"字,应当解读为"京都"之意,而这一称号的关键在于"中"表达的意涵。《魏书·阳固传》云:"固乃作《南北二都赋》,称恒代田渔声乐侈靡之事,节以中京礼仪之式,因以讽谏。辞多不载。"①阳固之赋虽已失传,但从其体裁来说,应当是模仿班固《两都赋》、张衡《二京赋》体裁的赋作。所谓的"恒代"指的是平城,"中京"则是洛阳,亦即南、北《二都赋》所谓的北都、南都。不过以"恒代"和"中京"对举,则"中京"似乎与南、北之方位无干。看来,在北魏人的观念中,与汉代洛阳因位于长安之东而命名"东都"不同,"中京"并非与北面的平城对举而称的。"中京"的确切意义,还要从孝文帝迁都的具体史事入手来分析。

孝文帝迁都在《魏书》史臣的笔下,被记载成一个颇有传奇色彩的事件。按《魏书·李冲传》叙其事始末云:

> 车驾南伐,加冲辅国大将军,统众翼从。自发都至于洛阳,霖雨不霁,仍诏六军发轸。高祖戎服执鞭御马而出,群臣启颡于马首之前。高祖曰:"长驱之谋,庙算已定,今大军将进,公等更欲何云?"冲进曰:"臣等不能折冲帷幄,坐制四海,而令南有窃号之渠,实臣等之咎。陛下以文轨未一,亲劳圣驾,臣等诚思亡躯尽命,效死戎行。然自离都淫雨,士马困弊,前路尚遥,水潦方甚。且伊洛境内,小水犹尚致难,况长江浩汗,越在南境。若营舟楫,必须停滞,师老粮乏,进退为难,矜丧反旆,于义为允。"高祖曰:"一同之意,前已具论。卿等正以水雨为难,然天时颇亦可知。何者?夏既炎旱,秋故雨多,玄冬之初,必当开爽。比后月十间,若雨犹不已,此乃天也,脱于此而晴,行则无害。古不伐丧,谓诸侯同轨之国,非王者统一之文。已至于此,何容停驾?"冲又进曰:"今者之举,天下所不愿,唯陛下欲

---

① 《魏书》卷七二《阳尼传附阳固传》,第1740页。

之。汉文言：吾独乘千里马，竟何至也？臣有意而无其辞，敢以死请。"高祖大怒曰："方欲经营宇宙，一同区域，而卿等儒生，屡疑大计，斧钺有常，卿勿复言！"策马将出。于是大司马、安定王休，兼左仆射、任城王澄等并殷勤泣谏。高祖乃谕群臣曰："今者兴动不小，动而无成，何以示后？苟欲班师，无以垂之千载。朕仰惟远祖，世居幽漠，违众南迁，以享无穷之美，岂其无心，轻遗陵壤？今之君子，宁独有怀？当由天工人代、王业须成故也。若不南銮，即当移都于此，光宅土中，机亦时矣，王公等以为何如？议之所决，不得旋踵。欲迁者左，不欲者右。"安定王休等相率如右。前南安王桢进曰："夫愚者暗于成事，智者见于未萌。行至德者不议于俗，成大功者不谋于众，非常之人乃能建非常之事。廓神都以延王业，度土中以制帝京，周公启之于前，陛下行之于后，固其宜也。且天下至重，莫若皇居，人之所贵，宁如遗体？请上安圣躬，下慰民望，光宅中原，辍彼南伐。此臣等愿言，苍生幸甚。"群臣咸唱"万岁"。①

关于孝文帝为何会迁都洛阳的问题，学术界有相当多的讨论，正如学者所说"迁都事件本身并不带有任何戏剧性色彩"，而是孝文帝因改革受阻而采取的行动②。或许这一故事的戏剧性之处是经过孝文帝和李冲等人精心设计的，但也更能反映出关于洛阳的某些历史信息。孝文帝率大军南征南齐途中遇雨而停住洛阳，而大雨在北魏的军事行动中是被视作祥瑞的。自太和十五年议定德运以后，与水德相对应的大雨便成为北魏军事行动中与胜利息息相关的瑞应。《魏书·彭城王勰传》载："其夜，大雨。高祖曰：'昔闻国军获胜，每逢云雨。今破新野、南阳及摧此贼，果降时润。诚哉斯言。'勰对曰：'水德之应，远称天心。'"③孝文帝利用天降大雨的天象以及群臣畏惧进军的心理，强调"天工人代、王业须成"的理由，而提出应当"移都于此，光宅土中"。由此，"霖雨不霁"这一让北魏大军苦不堪言的天气，竟然成为了孝文帝迁都洛阳"光宅土中"的瑞应。"卜迁中京"即南安王桢所言之"廓神都以延王业，度土中以制帝京"，

---

① 《魏书》卷五三《李冲传》，第 1296—1298 页。
② 何德章：《论北魏孝文帝迁都事件》，收入《魏晋南北朝史丛稿》，第 24—25 页。
③ 《魏书》卷二一下《彭城王勰传》，第 645—646 页。

"中"的涵义则是因为洛阳即是"土中"。

事实上,在北魏君臣的言论中,经常可见以"光宅土中"或类似的用语来指代迁都洛阳之事的用例。如李彪也以"巡时南徙,轨仪土中"指代迁都;张伦在上书中称"高祖光宅土中,业隆卜世"[1];源子恭称"窃惟皇魏居震统极,总宙驭宇,革制土中,垂式无外"[2]。当然,"土中"并非唯一指代洛阳的专名,当时也有以"中区"或者"中土"或径称"中"一类说法代替"土中"的用例。"中区"用例,如"自皇基徙构,光宅中区""徙县中区,光宅天邑"[3];又如刘昶称"陛下光宅中区,惟新朝典"[4],鹿树生移书南齐"肇经周制,光宅中区"[5];等等。"中土"用例,如"迁宅中土"[6];径称"中"者,如《吊比干碑》"维皇构迁中之元载"[7],《后魏定鼎碑》"定鼎迁中之十年"[8],似是径以"迁中"纪年。这些"光宅土中""徙县中区""迁宅中土""迁中"等不同说法,与孝文帝迁都诏书中的"卜迁中京"以及时人口中的"迁都中京"[9]"凤举中京"[10]"移构中京"[11]"徙鼎中京"[12]等表示迁都洛阳的词句的涵义实际上是相同的。可以认为,"中京"的涵义,也应当与"土中""中土""中区"诸说法密切相关,是洛阳具有的独特标志。

利用洛阳"土中"的文化优势也是孝文帝君臣在迁都之前经过反复权衡的。孝文帝的迁都行动之前并未在朝廷公开张扬,只是与少数亲信

---

[1]《魏书》卷二四《张衮传附张伦传》,第692页。
[2]《魏书》卷四一《源贺传附源子恭传》,第1034页。
[3]《魏书》卷八《世宗纪》,第237、244页。
[4]《魏书》卷五九《刘昶传》,1433页。
[5]《南齐书》卷五七《魏虏传》,第1099页。
[6]《魏书》卷一九中《任城王云传附元顺传》,第555页。
[7] 北魏孝文帝:《吊比干文》,毛远明《汉魏六朝碑刻校注》第3册,第279页;《北京图书馆藏中国历代石刻拓本汇编》第3册,第21页。
[8] 欧阳修:《集古录》卷四"后魏定鼎碑"条,《石刻史料新编》第一辑,第24册,新文丰出版公司,1977年,第17871页上栏。
[9] 郭建邦:《北魏宁懋石室和墓志》,《河南文博通讯》1980年第2期。
[10]《魏书》卷一九中《任城王云传附元澄传》,第541页。
[11]《魏书》卷六五《邢峦传》,第1564页。
[12]《缑静墓志》,王连龙:《新见北朝墓志集释》,中国书籍出版社,2013年,拓本见第74页,录文见第75页。

进行暗处谋划,因而迁都事件也给人一种"突然而机密"的感觉①。不过,现有史料中却可以很清晰地看到,"土中"这一因素在孝文帝选择都城过程中的权重。《魏书·任城王云传附元澄传》:"(帝)乃独谓澄曰:'今日之行,诚知不易。但国家兴自北土,徙居平城,虽富有四海,文轨未一,此间用武之地,非可文治,移风易俗,信为甚难。崤函帝宅,河洛王里,因兹大举,光宅中原,任城意以为何如?'澄曰:'伊洛中区,均天下所据。陛下制御华夏,辑平九服,苍生闻此,应当大庆。'"②任城王澄以"伊洛中区,均天下所据"作为择都洛阳的依据,则明显是与"土中"观念密切相关的。又,《魏书·李韶传》载:"高祖将创迁都之计,诏引侍臣访以古事",李韶曰"洛阳九鼎旧所,七百攸基,地则土中,实均朝贡,惟王建国,莫尚于此",高祖称善③。看来,孝文帝在迁都洛阳之前还专门引侍臣寻访过"古事"以寻求迁都的依据,李韶明确地向孝文帝强调了洛阳"土中"的象征意义。而"土中"的实际意义乃是"实均朝贡",则与任城王澄所说的"均天下所据"的内涵是一致的。

在孝文帝看来,洛阳的"均天下所据"的事实毋庸置疑,不过涵义则更为丰富。《魏书·咸阳王禧传》:

> 高祖有事于方泽,质明,群臣问起居。高祖曰:"昨日方泽,殊自大暑,遇天云荫密,行人差得无弊。"禧对曰:"陛下德感天地,故云物凝彩,虽复雨师洒扫,风伯清尘,岂过于此。"高祖曰:"伊洛南北之中,此乃天地氤氲,阴阳风雨之所交会,自然之应,非寡德所能致此。"④

大暑之际天云荫密本是很正常的天气现象,却被北魏君臣当作重要的瑞应,史官也郑重其事地记录在案。当咸阳王禧将瑞应归因于孝文帝"德感天地"之时,孝文帝却将这一气象的原因归结于"伊洛南北之中,此乃天地氤氲,阴阳风雨之所交会"的"自然之应"。孝文帝将奉送给自己的

---

① 逯耀东:《从平城到洛阳:拓跋魏文化转变的历程》,第135页;李凭:《襄助北魏孝文帝迁都的三位关键人物》,《江海学刊》2012年第3期。
② 《魏书》卷一九中《任城王云传附元澄传》,第534—535页。
③ 《魏书》卷三九《李宝传附李韶传》,第980页。
④ 《魏书》卷二一上《咸阳王禧传》,第609页。

符应转移到洛阳"土中"的自然之应,有意无意地提升洛阳的地位,更明显地体现出北魏君臣对洛阳的认识。这句话中,孝文帝的逻辑包含有一个洛阳是"南北之中"的预设前提,而后推理出洛阳乃是"天地氤氲,阴阳风雨之所交会"的宝地,这就与古人的世界观相关了。孝文帝迁都洛阳的诏书中也反复强调"土中"与北魏天命相关的重要性:"神龟呈祥,食维瀍洛。固天地之所合,阴阳之所和,万物阜安,乃建王国,是用绍上帝于土中,光宅大邑,时配皇天,祚永历年,化郁二代",又称:"乃考鉴上下之征,览观九地之祜,唯以嵩中为最,故应天授。"① 自河图洛书出现在伊洛之中这一"神龟呈祥"的征兆之后,洛阳这一地域在文化上早已具有了"绍上帝于土中"的神圣意义,而"唯以嵩中为最"的唯一性则确保了洛阳作为首都而"应天授"的独特地位。在孝文帝诏书的文字中,明确表明洛阳"土中"的特质是北魏王朝最具象征意义的天命标志,因而迁都洛阳的行为也就具有无可置疑的合理性。"考鉴上下之征"即是结合了上天和地下的征应,"天地之所合,阴阳之所和"与"阴阳风雨之所交会"的涵义相似,都是天地之中心的意思。

以此看来,北魏君臣以洛阳为"中京"所要表达的确切涵义,应当是与其都城洛阳居于"土中"而能"均天下所据""实均朝贡"或者"南北之中"的地理位置密切相关的。这里的"土中"强调的可能不是五行学说"土"的方位即为"中"的合意②,而是表示洛阳位于地理位置的中心,亦即天下之中。更进一步地说,作为"地中"的洛阳也是宇宙间"天地之所合,阴阳之所和"的中心,与"天之中"也具有一种对应关系。

二、"边裔"与"土中":洛阳的地位与孝文帝的选择

永嘉之乱后直到隋唐以前,占领过洛阳的政权有十来个,将洛阳作为都城却只有孝文帝的卜迁中京这唯一一次。孝文帝迁都时,洛阳进入北魏控制之下已经有六十余年,现存史料中也找不到北魏君臣此前有定都洛阳计划的证据。既然北魏君臣认为洛阳是"土中",定都土中便应当

---

① 《文馆词林》卷六六五《后魏孝文帝迁都洛阳大赦诏》,影印日本弘文馆藏唐钞本,第282、284页。
② 按《逸周书·作洛》"乃作大邑成周于土中"条,孔晁注:"王城也,于天下土为中。"孔说即以五行学说以土之方位为中来解释"土中"的意义。参黄怀信等:《逸周书汇校集注》,第560页。

是天经地义的事。那么如此多的政权都不愿意定都于此,便有些让人费解了。这就需要考虑一个基本背景,就是中国在这数百年间一直处于分裂纷争的状态,洛阳则是风暴的中心。

如果揆之以迁都时的实际情况,仅仅依据某种历史典据而以洛阳为"土中"就显得有些名不副实了。以北魏当时所控制的地域而言,洛阳之地距离南方的南齐边界不远,并非北魏控制的核心区域。事实上,自洛阳、长安失守而司马叡立足江东以后,南方东晋政权并未完全放弃对中原的经略,洛阳也是在南北政权之间数易其手。太武帝神䴥三年,北魏再次从刘宋手中夺取了洛阳。此后洛阳虽在北魏的控制之下,但一直都是南北战争的前线。虽然文成、献文帝时期北魏逐步取得了青徐、淮北之地,但淮河一线以西的边界一直没有太大的变化。到孝文帝迁都之前,洛阳南面的义阳、南阳等地都在南齐控制之下。长期以来,洛阳都是北魏面向南朝前线的军事据点。孝文帝前期担任洛州刺史的冯熙(南齐称为冯莎)实际上就是北魏面向南齐司州、雍州方向的军事统帅,战事也多在义阳、南阳、汝南以北,洛阳以南的狭小区域内反复争夺。以北魏实际控制的地域而言,洛阳是名副其实的"边裔"之地。

不仅如此,洛阳经过蓄意破坏之后又经战火,荒残程度也颇见诸史料。自晋永嘉五年为刘曜所焚掠以后,洛阳实际上没有真正重建过。到东晋义熙十二年刘裕收复洛阳时,已是"山川无改,城阙为墟,宫庙堕顿,钟簴空列,观宇之余,鞠为禾黍,廛里萧条,鸡犬罕音"①的荒残景象。刘裕在洛阳并未进行实质性的重建行动,其后洛阳又在宋魏之间几经易手,遭受战火的进一步破坏。时人所谓"洛阳虽历代所都,久为边裔,城阙萧条,野无烟火"②,当为不虚。直到孝文帝时期,冯熙主政洛阳时,仍对洛阳的石经等文化遗迹有破坏行为。《魏书》卷八三上《外戚冯熙传》云:"洛阳虽经破乱,而旧《三字石经》宛然犹在,至熙与常伯夫相继为州,废毁分用,大至颓落。"③太和十七年九月,亦即孝文帝迁都洛阳之际,"周巡故宫基址。帝顾谓侍臣曰:'晋德不修,早倾宗祀,荒毁至此,用伤

---

① 《文选》卷三八傅季友《为宋公至洛阳谒五陵表》,第1726页。
② 《魏书》卷三一《于栗磾传》,第820页。
③ 《魏书》卷八三上《外戚冯熙传》,第1965页。

朕怀.'遂咏《黍离》之诗,为之流涕"①。孝文帝的触景伤怀当是真情流露,洛阳遭受严重破坏的情况亦可见一斑。郑道昭在上书中也提到:"城南太学,汉、魏《石经》,丘墟残毁,藜藿芜秽。游儿牧竖,为之叹息,有情之辈,实亦悼心。"②以此来看,孝文帝迁都之前的洛阳,不仅"边裔"而且"荒毁",汉晋都城的宏大气象可以说早已荡然无存。

长期以来有一种观点认为,孝文帝迁都洛阳的主要目的是率军南伐以统一全国,迁都只是其南征战略的一个环节③。孝文帝的南征与迁都确实是相伴随的行动,迁都前是以南征为借口的,迁都后又立即发动南征的战争,这样说也未尝不可。不过,孝文帝要进行南征不一定非得定都洛阳,也没有将首都定在边境上以便于南征的必要;反而是定都洛阳则不得不南征,毕竟洛阳位居边境无险可守,不打开守卫都城的纵深是非常危险的。用萧子显的话说,南齐"雍、司北部,亲近许、洛,平涂数百,通驿车轨,汉世驰道,直抵章陵,镳案所弩,晨往暮返"④,从军事形势上说这是利于南齐一方的。《通鉴》载太和二十年伐齐之前,孝文帝曾称:"寇戎咫尺,异日将为社稷之忧,朕何敢自安!"该句前后文见于《魏书·李冲传》,此句虽不见于《魏书》,也应当不是温公杜撰。胡三省据此指出:"魏既都洛,逼近淮、汉,故急于南伐以攘斥境土。"⑤事实上,李冲表文中也有类似观点,称"今钟离、寿阳,密迩未拔;赭城、新野,跬步弗降","今建都土中,地接寇壤,方须大收死士,平荡江会"⑥。李冲"建都土中,地接寇壤"八字,将洛阳"土中"的观念与靠近边境的实际情况的矛盾说得极为透彻。又,《南齐书·魏虏传》云:拓跋宏"既新移都,兼欲大示威力。是冬,自率大众分寇豫、徐、司、梁四州"⑦,似乎是发动了对南朝的全面进攻。不过仔细分析孝文帝迁洛后直到死去前军事行动的方向,可以发现所谓分寇"豫、徐、司、梁四州"却实以不在四州之内的雍州

---

① 《魏书》卷七下《高祖纪下》,第205页。
② 《魏书》卷五六《郑羲传附郑道昭传》,第1356页。
③ 参张金龙:《北魏政治史(七)》,第281—316页;王永平:《北魏孝文帝之南征战略及其相关争议考论》,《学术研究》2013年第3期。
④ 《南齐书》卷五七《魏虏传》,第1107页。
⑤ 《资治通鉴》卷一四〇"齐明帝建武三年十月"条胡注,第4404页。
⑥ 《魏书》卷五三《李冲传》,第1299页。
⑦ 《南齐书》卷五七《魏虏传》,第1100页。

第四章 孝文帝改制名号与北魏国家转型

为重点,与之前南北战争的主要方向在淮河流域寿春以东的地区大为不同。孝文帝最后以惨重的代价攻取了雍州的沔北五郡,亦即南阳、新野、顺阳、北襄城及西汝南北义阳二郡①,都是洛阳的西南、东南方向邻近地区。至于取得沔北五郡的目的,《魏书·李佐传》有一条材料值得注意:"及大军凯旋,高祖执佐手曰:'沔北,洛阳南门。卿既为朕平之,亦当为朕善守。'"②孝文帝取得"洛阳南门"之后,还要特别嘱咐李佐"为朕善守",显然此次军事行动更主要的是获取并且守住洛阳南部的屏障,而非真正是借此统一全国,毕竟此时北魏的军事实力其实并没有获得一边倒的优势,在战争中甚至放弃了原有的某些军事优势③。

也正因为洛阳作为北魏都城有诸多的不利因素,在孝文帝迁都的过程中,除了各类保守势力主张留都平城而激烈反对迁都以外,主张迁都邺城或长安的声音也时常见诸史料,他们构成另一种反对迁洛的势力。这一观点的代表人物是高闾,"闾上疏陈伐吴之策,高祖纳之。迁都洛阳,闾表谏,言迁有十损,必不获已,请迁于邺"④。所谓"陈伐吴之策"当即高闾支持孝文帝迁都之前的南征行动,而孝文帝决定迁都洛阳之后,高闾则表示反对,主张弃洛而迁邺。又《太平御览》卷一六一引《后魏书》云:

> 文帝太和十八年卜迁都,经邺登铜雀台。御史崔光等曰:"邺城平原千里,漕运四通,有西门使起旧迹,可以饶富。在德不在险,请都之。"孝文曰:"君知其一未知其二,邺城非长久之地,石虎倾于前,慕容灭于后,国富主奢,暴成速败。且西有拒人山,东有列人县,

---

① 按《资治通鉴》卷一四一"齐明帝永泰元年三月"条胡注:"五郡,谓南阳、新野、南乡、北襄城并西汝南、北义阳二郡",参《资治通鉴》,第4420页。不过"南乡"是魏人延用魏晋旧称,在南齐为顺阳郡,而魏后来亦因齐旧名置顺阳郡。参周一良:《魏晋南北朝史论集》,第51页注释①。
② 《魏书》卷三九《李宝传附李佐传》,第989页。
③ 按台湾学者易毅成注意到孝文帝迁都之际对南朝的战争与之前攻略淮水流域的模式有了转变,且将以往攻略而不作永久占领之作风改以固守的方式,并指出迁都导致的这种战略的转变与其后北魏北镇之乱与国家的灭亡有密切关联。参易毅成:《北魏的南进政策与国势的消长》,收入张国刚主编:《中国中古史论集》,天津古籍出版社,2003年,第451—457页。
④ 《魏书》卷五四《高闾传》,第1321页。

北有柏人城,君子不饮盗泉,恶其名也。"遂止。①

按这则史料不见于今本《魏书》,但《太平御览》两见,又见于《太平寰宇记》卷五十五《河北道四》②,当系《魏书》佚文。崔光的理由主要是两点,一是邺城的经济条件极为优越,二是在德不在险,不应单纯凭借险阻。事实上,邺城虽不如长安的险阻,但亦被张宾称作"有三台之固,西接平阳,山河四塞"③,仍较洛阳险要,更兼在河北;而洛阳位在河南且南面无可供戍守的天险重镇。其后北魏内乱,陈庆之以江南数千之众,数日之间即长驱入洛,便是如此。从避免受到军事攻击的险阻方面考虑,邺城较之洛阳的优势很大④。这一点孝文帝迁都百年之前的慕容垂早已看得非常明白:"洛阳四面受敌,北阻大河,至于控御燕赵,非形胜之便,不如北取邺都,据之而制天下。"⑤当然,孝文帝拒绝迁邺的理由并不在形势方面,一是定都邺城的政权均不长久的历史教训,主要指曾经认为邺城优于洛阳的石赵和慕容燕;二是邺城附近地名不祥,非定都之地。

孝文帝所列举邺城的政权不长久、地名不祥两点劣势,在长安即不存在。长安在北魏前期的地位虽不如"魏土"中心邺城重要,但北魏群臣中主张迁都长安的也有人在。《魏书·李顺传附李同传》云:

> 二十一年,高祖幸长安,同以咸阳山河险固,秦汉旧都,古称陆海,劝高祖去洛阳而都之。后高祖引见,笑而谓之曰:"卿一昨有启,欲朕都此。昔娄敬一说,汉祖即日西驾。尚书今以西京说朕,仍使朕不废东辕,当是献可理殊,所以今古相反耳。"同对曰:"昔汉高祖起于布衣,欲借崄以自固,娄敬之言,合于本旨。今陛下百世重光,德洽四海,事同隆周,均其职贡,是以愚臣献说,不能上动。"高祖大悦。⑥

---

① 《太平御览》卷一六一《州郡部七》,第 782 页。又见于《太平御览》卷一五六"京都"条,内容略同,唯"崔光"作"崔吉",或系形近而讹。参《太平御览》卷一五六《州郡部二》,第 758 页。
② 《太平寰宇记》卷五五《河北道四》,第 1134 页。
③ 《资治通鉴》卷八八"晋怀帝永嘉六年二月"条,第 2777 页。
④ 参逯耀东:《从平城到洛阳:拓跋魏文化转变的历程》,第 130—131 页。
⑤ 《晋书》卷一二三《慕容垂载记》,第 3081 页。
⑥ 《魏书》卷三六《李顺传附李同传》,第 931—932 页。

李冏主张迁都长安的依据,乃是"山河险固,秦汉旧都",这一点显然与邺城"石虎倾于前,慕容灭于后"的"非长久之地"完全不同;孝文帝只是以"今古相反"的观点含糊回应。大约清楚建议不可能被采纳,李冏的态度很快转变。不过其获得孝文帝认可的观点,也仍旧是洛阳具有"均其职贡"的"土中"的优势而已。

若从十六国北朝的历史来看,无论是邺还是长安都更容易被北族政权选作都城,而都洛阳则仅有孝文帝迁洛一次,尽管这次迁都在史书上留下的痕迹很多。北魏之前都邺的石赵、前燕,都长安的刘曜前赵、苻秦,北魏分裂后都邺的北齐、都长安的北周,都选择邺和长安为都城,绝非偶然。邺的经济优势,长安的山河险阻,都能反映出它们被选为都城的优势。虽然对于早已统一北方的北魏来说,邺和长安作为都城可能都有某些缺点,但也不失为理性的选择。在南北未曾完全统一的分裂时期,选择都城时经济和军事的考虑无疑要实际得多。而从北魏君臣的话语中看来,洛阳"土中"的属性,似乎成为了相对于长安、邺城的仅剩的优势了。孝文帝选择一个名为"土中"实则位居边境之上的"边裔"之地作为都城,并不断强调其"土中"的优势,在于其背后有深厚的历史文化的积淀。也可以说,北魏洛阳"土中"的优势,亦是得益于孝文帝的选择而重新发挥其光彩的。

三、"天下之中"与"迁都改邑":洛阳土中说的典据

洛阳为"土中"的观念并非是北魏才出现的,孝文帝大力宣扬洛阳的"土中"优势,也可以说就是利用了这种历史遗产。长期以来,洛阳的发展历史都与"土中"或者"天下之中"密切相关。至迟在汉代,洛阳"土中"的理论已经成熟。

洛阳为"土中"即"天下之中"的观念大约是来源于先秦经典关于"周公卜洛"的记载。按《史记》载此事云:"成王在丰,使召公复营洛邑,如武王之意。周公复卜申视,卒营筑,居九鼎焉。曰:'此天下之中,四方入贡道里均。'作《召诰》《洛诰》。"① 《尚书·召诰》云:"王来绍上帝,自服于土中。旦曰:'其作大邑,其自时配皇天。毖祀于上下,其自时中乂。

---

① 《史记》卷四《周本纪》,第170页。

王厥有成命治民,今休。"孔传云:"言王今来居洛邑,继天为治,躬自服行教化于地势正中。称周公言,其为大邑于土中,其用是大邑,配上天而为治。为治当慎祀于天地,则其用是土中大致治。用是土中致治,则王其有天之成命治民,今获太平之美。"① 显然,《史记》中的"天下之中"与《召诰》中的"土中"的意思是一致的。《召诰》文字的意义,孔颖达疏云:"周公之作洛邑,将以反政于王,故召公述其迁洛之意。今王来居洛邑,继上天为治,躬自服行教化于土地王中之处",主要是说周公确定洛邑位居"天下之中",是有利于躬行教化的理想建都之处。这也是后世儒生寄托德治理想的理想都城。

至于周公确立洛阳为"土中"的方法,孔颖达疏引《周礼·大司徒》云:"以土圭之法测土深,正日影,以求地中。日南则景短多暑,日北则景长多寒,日东则景夕多风,日西则景朝多阴。日至之景尺有五寸,谓之地中,天地之所合也,四时之所交也,风雨之所会也,阴阳之所和也。然则百物阜安,乃建王国焉。"又引马融云:"王国,东都王城,今河南县是也。"② 按《周礼·大司徒》该条原文与孔疏所引内容相同,然郑玄注引郑众说:"土圭之长尺有五寸,以夏至之日立八尺之表,其景适与土圭等,谓之地中,今颍川阳城地为然。"孔颖达《正义》:"颍川郡阳城县,是周公度景之处,古迹犹存,故云地为然也。"③ 这里,马融注和郑众注出现了一个矛盾,即马融称"土中"在"东都王城,今河南县",而郑众则认为在"颍川阳城"。王邦维经过实地考察,指出所谓的"周公测影台"的遗迹在登封告成镇即"颍川阳城",与洛阳的关系是古人以豫州即洛阳一带为天下之中,如果从建表观天而言,阳城则更被认为是中心的中心④。由"土中"观念而生发出来的测影传统,巧妙利用测影台的构造而制造出洛阳在夏至之时"无影"的事实,以证明洛阳附近的阳城即是"天下之中"⑤。有学者指出,洛邑之卜建最重要的原因,乃是以太室山为夏人"圣显"之天

---

① 《尚书正义》卷一五《召诰》,影印阮元校刻《十三经注疏》,第 451 页。
② 《尚书正义》卷一五《召诰》,影印阮元校刻《十三经注疏》,第 452 页。
③ 《周礼注疏》卷一〇《大司徒》,影印阮元校刻《十三经注疏》,第 1517 页。
④ 王邦维:《"洛州无影"与"天下之中"》,《四川大学学报(哲学社会科学版)》2005 年第 4 期。
⑤ 王邦维:《关于"洛州无影"》,《文史》2000 年第 3 辑。同参《"洛州无影"与"天下之中"》,《四川大学学报(哲学社会科学版)》2005 年第 4 期。

中,乃可通天之神圣空间,亦兼有丐受天之明命之意①。洛阳为天下之中的测影之地,在这里天之中和地之中能相互沟通,在中古的知识世界中已是一种常识了②。

在汉朝人关于都城的争论中,洛阳"天下之中"往往是与长安的"金城千里,天府之国"相对应的。汉初力主都长安的娄敬,对洛阳"天下之中"的情况进行了分析:"成王即位,周公之属傅相焉,乃营成周洛邑,以此为天下之中也,诸侯四方纳贡职,道里均矣,有德则易以王,无德则易以亡。凡居此者,欲令周务以德致人,不欲依险阻,令后世骄奢以虐民也。"③娄敬之言获用,除了归功于张良对长安优势的补充分析以外,也在于刘邦冷静地考虑长安和洛阳的实际情况,以至于乐意接受"欲比隆于成康之时,臣窃以为不侔也"的观念。与娄敬类似的观点,在汉代人引用周公的言论中颇可见到。如《淮南子·氾论训》:"武王克殷,欲筑宫于五行之山。周公曰:'不可!夫五行之山,固塞险阻之地也,使我德能覆之,则天下纳其贡职者回也;使我有暴乱之行,则天下之伐我难矣。"④刘向《说苑·至公》亦云:"南宫边子曰:'昔周成王之卜居成周也,其命龟曰:"予一人兼有天下,辟就百姓,敢无中土乎?使予有罪,则四方伐之,无难得也。"周公卜居曲阜,其命龟曰:'作邑乎山之阳,贤则茂昌,不贤则速亡。'"⑤《白虎通义·京师》则直接称:"王者京师必择土中何?所以均教道,平往来,使善易以闻,为恶易以闻,明当惧慎,损于善恶。"⑥相对于长安的"金城千里,天府之国"的山川形势,洛阳无险可守的缺陷是统治者必须考虑的实际问题。由周公卜洛的故事而生发出来的"在德不在险"之说,表明定都洛阳而实行德政,成为汉儒德治理想的表达。由此也引申出定都洛阳就意味着表明打算施行德政的态度,以达成"周公启之

---

① 刘长东:《武王周公作洛原因考论》,《第三届中国俗文化国际学术研讨会暨项楚教授七十华诞学术讨论会论文集》,2009 年,第 359 页。
② 孙英刚:《神文时代:谶纬、术数与中古政治研究》,上海古籍出版社,2014 年,第 35—62 页。
③ 《史记》卷九九《刘敬叔孙通列传》,第 3272 页。
④ 何宁:《淮南子集释》卷一三《氾论训》,第 951 页。
⑤ 《说苑校证》卷一四《至公》,中华书局,1987 年,第 346 页。
⑥ 陈立:《白虎通疏证》卷四《京师》,第 157 页。

于前,陛下行之于后"的效果①。

洛阳"土中"的理论在汉代仍有新的内容加入。热衷于复古改制的王莽,即有定都洛阳的计划。始建国五年,莽曰:"玄龙石文曰:'定帝德,国洛阳。'符命著明,敢不钦奉!以始建国八年,岁缠星纪,在洛阳之都。"②次年,王莽宣布:"予以二月建寅之节行巡狩之礼……毕北巡狩之礼,即于土中居洛阳之都焉。"因条件不成熟,乃"更以天凤七年,岁在大梁,仓龙庚辰,行巡狩之礼。厥明年,岁在实沈,仓龙辛巳,即土之中洛阳之都"③。王莽都洛的计划并未真正实现,但这些材料反映出两汉之际谶纬学说的盛行,洛阳出现了"定帝德,国洛阳"的谶语,并且出现了因"行巡狩之礼"而迁都的定都方式。传统的洛阳"土中"理论因为谶纬的润色而显得更加丰满。经过汉代谶纬对"河图洛书"的推演,河、洛之地成为圣王受命的标志,亲临伊洛之地受河图便成为帝王受命的重要仪式④。谶纬的河洛受命说结合了洛阳"天下之中"的观念,把天命说与河洛地区这个特殊的文化地理概念结合起来,构拟出一个思想理论体系⑤。

西汉末的谶纬学说中出现了"迁都更始"之说。中郎翼奉上疏元帝"愿陛下因天变而徙都,所谓与天下更始者也",是史料首见徙都更始以延汉祚之说。此后王莽迁都未成,光武帝迁都洛阳,则被认为是"迁都更始"中兴汉室的谶言获得了实现。《汉书·礼乐志》云:"世祖受命中兴,拨乱反正,改定京师于土中。"世祖即光武帝刘秀。"改定京师于土中",颜师古注:"谓都洛阳。"⑥在班固那里,"改定京师于土中"成为光武帝"中兴"汉室的重要功绩。同样的思想亦见于《东都赋》,班固强调"迁都改邑,有殷室中兴之则焉;即土之中,有周成隆平之制"。班固将"迁都改邑"与"即土之中"对举,作为其"中兴之则",在此基础上则"案《六

---

① 李久昌指出,东汉光武帝定都洛阳,奉行以儒术治国的方略,有继承"周制"、修文偃武、崇尚节俭、实行"德政"的意味。参李久昌:《"天下之中"与列朝都洛》,《河南社会科学》2007年第4期。
② 《汉书》卷九九中《王莽传中》,第4132页。
③ 《汉书》卷九九中《王莽传中》,第4133—4134页。
④ 吴从祥:《汉代纬书中的河图洛书文化》,《广西大学学报(哲学社会科学版)》2010年第4期。
⑤ 葛志毅:《汉代谶纬河洛说的历史文化意义》,《邯郸学院学报》2007年第1期。
⑥ 《汉书》卷二二《礼乐志》,第1035—1036页。

经》而校德,眇古昔而论功,仁圣之事既该,而帝王之道备矣"①。经过长期的发展演变,洛阳"土中"说到东汉已经形成了与"迁都改邑"相联系的中兴理论。

如果联系到北魏孝文帝迁都洛阳的实践,可以很清楚地看到洛阳的历史文化为迁都行为提供的典据。洛阳既是"天地之中"的测影之地而能与天命相联系,又能与周公德政的儒家理想相切合,成为洛阳的独特文化优势。到东汉以后,"迁都改邑"的理论也已成熟,为迁都行为提供了理据。联系到前文所见的孝文帝君臣对"光宅土中"的宣扬,几乎全部都是对汉代以前的典据的杂糅运用。从另外一个层面说,正因为洛阳有如此的历史文化传统,北魏孝文帝迁都洛阳,对洛阳"天下之中"或者"土中"这一文化传统进行宣扬是顺理成章的。

不过这只是问题的一个方面。洛阳"天下之中"的地位毕竟是出于先秦的宇宙观念而人为建构出来的,而非不可移易的客观事实。秦汉以来的观念中,出现"天下之中"意象的地方也不止洛阳一处。刘长东指出:"九州岛之内,除洛邑或太室山之外,尚有其它'天下之中'十处:西南之广都(或曰都广),西北之昆仑,东方之泰山、陶、齐、曲阜(或曰空桑、穷桑),东方与中原交会之商丘、安阳,中原之冀州、汝南也。"②刘说大略以先秦文献为据,其中大部分是传说中的上古帝王建都之处。《史记·周本纪》张守节《正义》引《帝王世纪》云:"炎帝自陈营都于鲁曲阜。黄帝自穷桑登帝位,后徙曲阜。少昊邑于穷桑,以登帝位,都曲阜。颛顼始都穷桑,徙商丘"③,其中的曲阜、商丘皆是其例。《诗经·商颂·殷武》称:"商邑翼翼,四方之极。"毛传:"商邑,京师也。"郑玄笺:"极,中也。"④清陈奂疏:"极,中也,中,土中也。商邑翼翼,四方之极,言成汤都亳,宅四方之中。"⑤看来,文献中出现定都于"土中"的原则并非是由周公卜洛开始的,某些地方亦成为后世建都之地。如曾经为商人定

---

① 《文选》卷一班孟坚《东都赋》,第31—32页。
② 刘长东:《武王周公作洛原因考论》,《第三届中国俗文化国际学术研讨会暨项楚教授七十华诞学术讨论会论文集》,2009年,第345页。
③ 《史记》卷四《周本纪》,第164—165页。
④ 《毛诗正义》卷二〇《殷武》,第1355页。
⑤ 《诗毛氏传疏》,商务印书馆《国学基本丛书》本,1933年,第7册,第82页。

为"天下之中"的安阳之于邺城,空间关系亦大略相当于阳城之于洛阳。

先秦古典出现多种"土中"以外,后世的都城也或隐或显地包含有某种"土中"或"天下之中"的意象。作为国都的地方经常免不了要被说成"天下之中",以为皇权制造天命根据。两汉之际,寇恂向光武帝说"长安道里居中","从容一处可以制四方也"①,有学者指出此"道里居中"实即"天下之中"之义②。刘歆《甘泉宫赋》亦云:"冠高山而为居,乘昆仑而为宫。按轩辕之旧处,居北辰之闳中"③,实是将帝都长安与上天的中心部位相勾连④。至于邺城,左思《魏都赋》亦称"考之四隈,则八埏之中;测之寒暑,则霜露所均"⑤,以邺为"天下之中"的意思也很明显。宋代甚至进行了大规模的重新确定开封为"天下之中"的运动,将测影之地由阳城转而定为开封的岳台⑥。

从逻辑上说,如果孝文帝要定都于洛阳之外的邺城或长安,需要从理论上寻找"天下之中"的依据,也并非不可能。尽管如此,魏晋以来以洛阳为"天下之中"的说法仍占据着绝对统治地位,这当与东汉魏晋三朝定都于此相关。北魏君臣迁都洛阳并发挥"天下之中"或者"土中"的历史典据,是历史长期以来发展的结果,而非仅仅由这些典故本身而生发的。其中因由,还需要从魏晋以来特别是南北政权对立的政治文化背景中来寻求。

四、"中朝"与"中原":江左政权的汉晋洛阳记忆

孝文帝迁都洛阳,将汉晋故都重新建设成一个文化气息浓郁的新都,触动最深的未免不是南北士人的故国之思。讨论南北朝时期的洛阳,不能不注意洛阳被毁、东晋君臣鼎玉东迁的历史。东晋南渡以来,今存史料中也看不到任何政权明确将南方的建康确定为"天下之中",虽然对金陵"王者之宅"也不免多有宣扬。而沦落于北方政权的洛阳,在南

---

① 《后汉书》卷一六《寇恂列传》,第625页。
② 东湖:《释汉人所说的"长安道里居中"》,《中国历史地理论丛》1996年第3期。
③ 《艺文类聚》卷六二《居处部·宫》,第1113页。
④ 李炳海:《帝都中心论的文化承载——古代京都赋意蕴管窥》,《齐鲁学刊》2000年第2期。
⑤ 《文选》卷六左太冲《魏都赋》,第266页。
⑥ 王静:《中古都城建城传说与政治文化》,社会科学文献出版社,2013年,第130—140页。

朝君臣的话语中仍旧保留着故都的位置,这是与东晋南朝的特殊历史背景密切相关的。

洛阳"中京"的称号,并不是最先出现在北魏的史料中的,而有稍早的用例出现在南朝的史料中。刘宋泰始初,朝臣与袁顗书中有云"汝中京冠冕,儒雅世袭,多见前载,具鉴忠邪"①;南齐明帝建武二年诏书中亦云"昔中京沦覆,鼎玉东迁,晋元缔构之始,简文遗咏在民"②。此第一例"中京"当是指代西晋,第二处则确指洛阳无疑。南齐明帝之诏书虽在孝文帝宣布迁都之后,但时间相去不远,应当不会是采自北魏的说法。虽然只能找到两处用例,但其在诏书中获得使用,表明这一说法在南朝社会应该是被广泛接受的。与"中京"意思相类而可以见到较早用例的,还有一种"中都"的称法。《宋书·五行志》记服妖事引干宝曰:"元康中,氐、羌反,至于永嘉,刘渊、石勒遂有中都。自后四夷迭据华土,是其应也。"③干宝东晋初人,可见"中都"在史料中出现较"中京"要早。北方遗民亦有称"中都"者,如《宋书·索虏传》所见盖吴上书云:"伏愿陛下给一旅之众,北临河、陕,赐臣威仪,兼给戎械,进可以厌捍凶寇,覆其巢窟,退可以宣国威武,镇御旧京。使中都有鸣鸾之响,荒余怀来苏之德";又云:"昔中都失统,九域分崩,群凶丘列于天邑,飞鸮鸱目于四海。"④这几处"中都"的用例,是特指洛阳或者泛指以洛阳为中心的地区,应当也是没有疑问的。

与北魏"中京"概念所强调的"土中"或"天下之中"的情况不同,"中都"一词古已有之,最初亦不特指"天下之中"的意义。《史记·平准书》:"漕转山东粟,以给中都官。"司马贞《索隐》:"中都犹都内也,皆天子之仓府。"⑤"中都"为汉内府即京师仓储机构,自与"天下之中"地理观念无涉。曹魏时又有地理概念上的"中都"之设。魏文帝"改长安、谯、许昌、邺、洛阳为五都;立石表,西界宜阳,北循太行,东北界阳平,南

---

① 《宋书》卷八四《袁顗传》,第 2360 页。
② 《南齐书》卷六《明帝纪》,第 94 页。
③ 《宋书》卷三〇《五行志一》,第 970 页。按此段文字又见于《晋书》卷二七《五行志上》,但没有提到是干宝的说法。参《晋书》,第 823—824 页。
④ 《宋书》卷九五《索虏传》,第 2568 页。
⑤ 《史记》卷三〇《平准书》,第 1705 页。

循鲁阳,东界郏,为中都之地"①。这里的"中都之地"从地理范围上说指的是洛阳及附近区域,约略相当于对曹魏的"畿内"之地的范围作一地理界定,似乎也与洛阳"天下之中"的观念并不相干。曹魏强调其接受汉献帝的"禅让",但对定都"土中"洛阳的重要意义似乎并无太多着墨。实际上,洛阳"天下之中"的地位早已被默认为常识,"中都"一类的名词也不具备强调这一地位的功能。

洛阳的情况发生根本变化主要是由于两晋之际中原大乱,鼎玉东迁的事件。随着洛阳沦陷非所,南迁士人只得将中原的繁华留存于记忆之中。东晋以后,建都于洛阳的西晋经常被称作"中朝",洛阳则多称"洛中"。如刘宏及兄粹、弟潢"并有名中朝。时人语曰:'洛中雅雅有三嘏'"②,是其例。"洛中"一词自汉代即有出现,且意义变化不大;"中朝"一词则在两晋之间经历了重要的变迁。在东晋南朝时代,"中朝"之称号演变为一个历史时代的概念,同时也成为一个地理概念。在使用场合上,多数情况下都是"中朝"与"江左"或者"江表"合用,分别指代西晋和东晋两个不同的时期。此类例证颇多,毋庸赘言。"江表""江左"原本都是地域概念,与之对应的"中朝"也带有一定的地域特色。东晋播迁江左,原来的京师洛阳成为了故都。"中朝"的涵义由"朝廷"衍生为故国,其原因当在原来的都城沦陷非所,这一专名寄托着时人的故都之思。

可以与之相比对的还有"中原"一词的使用。《文选》卷十九谢灵运《述祖德诗》"中原昔丧乱,丧乱岂解已"条李善注:"中原,谓洛阳也。"③有学者据此指出,因三国时期的曹魏政权建都于洛阳,故自汉魏以降,"中原"一词多指以洛阳为中心的河洛地区而言④。征诸文献可以发现,以"中原"一词指代洛阳为中心的北方地区的用例绝大多数都见于分裂时期,而以东晋南朝和南宋为著。需要指出的是,东晋"中原"一词所指代的意义范围要比"洛阳""中都"广泛得多,乃至整个北方地区都可以

---

① 《三国志》卷二《魏书·文帝纪》注引《魏略》,第 77 页。
② 《晋书》卷七五《刘惔传》,第 1990 页。
③ 《文选》卷一九谢灵运《述祖德诗》,第 914 页。
④ 蔡运章、赵晓军:《"中国"、"河南"诸名称与古都洛阳》,《河南科技大学学报(社会科学版)》2011 年第 6 期。

包括进来,因此"中原"在东晋的话语体系中也常用的多。如祖逖以"戎狄乘隙,毒流中原"而慷慨渡江,击楫中流:"祖逖不能清中原而复济者,有如大江!"① 陶侃朝运百甓于斋外,暮运于斋内,称:"吾方致力中原,过尔优逸,恐不堪事。"② 皆是脍炙人口的故事。当然由于洛阳的特殊地位,东晋北伐中原的首要目的自然是河洛地区,即孔坦临终所念念不忘的"封京观于中原,反紫极于华壤"③。如周访"练兵简卒,欲宣力中原,与李矩、郭默相结,慨然有平河洛之志"④。庾亮"开复中原之谋"的目标也是"比及数年,戎士习练,乘衅齐进,以临河洛"⑤。此后桓温、刘裕的中原经略更是以收复洛阳为其最重要的功业。

考察"中朝""中原"这些专名的涵义变迁,可以发现这些词汇在两晋之交,皆与"天下之中"的西晋故都洛阳联系起来了。作为"中朝"京师、"中原"核心的洛阳,在东晋以后的话语中占据极为重要的地位。桓温曾上书晋哀帝说:"臣知舍此之艰危,敢背之而无怨,愿奋臂投身造事中原者,实耻帝道皇居仄陋于东南,痛神华桑梓遂埋于戎狄。"⑥ 在桓温这里,东晋都城建康不过是"仄陋于东南"的偏安之都,而"遂埋于戎狄"的洛阳才应当是真正的"神华桑梓"。当然桓温的还都之议不过是进一步获取权力的工具,但桓温上书中所反映的洛阳与建康的关系,则是东晋君臣所不得不承认的。反对桓温还都之议的王述也不得不说:"永嘉不竞,暂都江左。方当荡平区宇,旋轸旧京。"⑦ 孙绰也承认"反皇居于中土,正玉衡于天极"是"超世之弘图,千载之盛事",偏安江左不过是"时隆则宅中而图大,势屈则遵养以待会"⑧。晋末刘裕又施桓温故智,"欲迁都洛阳,众议咸以为宜",但王懿认为:"非常之事,常人所骇。今暴师日久,士有归心,固当以建业为王基,俟文轨大同,然后议之可也。"⑨ 王懿

---

① 《晋书》卷六二《祖逖传》,第 1695 页。
② 《晋书》卷六六《陶侃传》,第 1773 页。
③ 《晋书》卷七八《孔愉传附孔坦传》,第 2059 页。
④ 《晋书》卷五八《周访传》,第 1581 页。
⑤ 《晋书》卷七三《庾亮传》,第 1923 页。
⑥ 《晋书》卷九八《桓温传》,第 2575 页。
⑦ 《晋书》卷七五《王湛传附王述传》,第 1964 页。
⑧ 《晋书》卷五六《孙楚传附孙绰传》,第 1545—1546 页。
⑨ 《宋书》卷四六《王懿传》,第 1512 页。

所谓"文轨大同,然后议之",仍旧是将还都洛阳作为一种理想。王述、孙绰、王懿都很清楚,对于权臣所提议的还都洛阳之事,凭东晋的实力是不足以保守洛阳的。权臣之所以如此提议,是由于洛阳是西晋山陵所在的故都,其象征意义远在迁都本身的意义之上。这也在无形中强化了洛阳"天下之中"的地位。

自北魏兴起以来,其势力自代北扩展到河北,西进关中、河西,东及辽东,北方地区逐步重新统一,南北格局为之一变。宋文帝尝"闻王玄谟陈说,使人有封狼居胥意",但在实际军事行动中,却根本没有能力以黄河以北为意。北伐前,文帝"遣殿中将军田奇衔命告焘:'河南旧是宋土,中为彼所侵,今当修复旧境,不关河北。'焘大怒,谓奇曰:'我生头发未燥,便闻河南是我家地,此岂可得河南。必进军,今权当敛戍相避,须冬行地净,河冰合,自更取之。'"[1] 田奇所说的"河南",实际上就是洛阳及附近区域[2],刘裕曾由姚秦手中收复,其后少帝景平元年(423)没于北魏[3]。文帝北伐一度攻占洛阳但迅速失败,泰始年间连青齐之地也没于北魏。从北魏方面来说,拓跋焘所谓"我生头发未燥,便闻河南是我家地"虽言过其实,却也表明北魏君主已经有强烈的以洛阳为"我家地"的意识。

南朝人称洛阳为"中京"或者"中都",可能更多的是强调一种"中朝"故都、"中原"故地的文化记忆和政治象征。也正因为"中原"与"中朝"的存在,洛阳为"天下之中"的认识在南朝人的知识体系中便无法抹去,反而会更加强化。洛阳"中京"的故都之思与建康江左的偏安之痛,在南朝人的心目之中恐怕也还是挥之不去的。这种背景正也是洛阳带着"中"的标签在南朝的史料中仍旧不断出现的原因。对于南北朝时期的华夏世界而言,洛阳是南北双方都能认可的华夏文化中心,这一点也是邺城乃至长安所不具备的。

---

[1]《宋书》卷九五《索虏传》,第 2560 页。
[2]《宋书》卷三六《州郡志二》,司州河南郡领洛阳等十一县,狭义的河南可以专指洛阳。参《宋书》,第 1200 页。
[3]《宋书》卷四《少帝纪》,第 70 页;参《魏书》卷三《太宗纪》,第 73 页。

五、"居中得正"与"稽古复礼":洛阳新都象征意义的建构

在北魏新都建构的过程中,也有诸多新的因子产生,而这些因子也有诸多强调"中"的特质。《洛阳伽蓝记》卷三"宣扬门外四里"条:

> 永桥以南,圜丘以北,伊洛之间,夹御道:东有四夷馆,一曰金陵,二曰燕然,三曰扶桑,四曰崦嵫。道西有四夷里,一曰归正,二曰归德,三曰慕化,四曰慕义。吴人投国者,处金陵馆,三年已后,赐宅归正里。北夷来附者,处燕然馆,三年已后,赐宅归德里。东夷来附者,处扶桑馆,赐宅慕化里。西夷来附者,处崦嵫馆,赐宅慕义里。①

北魏置"四夷馆"事,《通鉴》系于梁武帝普通元年(520)②,当是因事带叙,其设置时间当远在此前。按《洛阳伽蓝记》原文所见最早居住四夷馆者为萧宝夤,"景明初,伪齐建安王萧宝夤来降,……为筑宅于归正里",则四夷馆之设当在景明初之前,即当在迁洛以后不久。值得注意的是四夷馆的命名方式。御道东的四馆皆因四方之地为名,金陵、燕然、扶桑、崦嵫分指南、北、东、西四裔;御道西的归正以下四馆则有慕德义来朝的涵义。很清楚,四夷馆的名称有北魏居天下之中而"冠冕万国,朝宗四海"之意。有趣的是,燕然、扶桑、崦嵫三处皆为传说或现实中的极远之处,金陵则是南朝的都城,有很明显的贬斥南朝的目的。事实上,金陵馆和归正馆正是对应南朝政权降人的,也即所谓"吴人投国者"。

北魏的处理方式并非无的放矢,当时也确有一种将江南看作中国范围之外的说法。迁洛后,高闾曾劝孝文帝封禅,《魏书·高闾传》略载其事云:

> 闾曰:"司马相如临终恨不见封禅。今虽江介不宾,小贼未殄,然中州之地,略亦尽平,岂可于圣明之辰,而阙盛礼。齐桓公霸诸侯,犹欲封禅,而况万乘?"高祖曰:"由此桓公屈于管仲。荆扬未一,岂得如卿言也。"③

---

① 杨衒之著,杨勇校笺:《洛阳伽蓝记校笺》卷三《宣阳门》,第144—145页。按杨氏校笺本详析原书正文注语,与他本颇有不同,今从之。
② 《资治通鉴》卷一四九"梁武帝普通元年十一月"条,第4661页。
③ 《魏书》卷五四《高闾传》,第1322—1323页。

"功成封禅,以告太平"本是儒家政治学说的至高理想,孝文帝说"圣人之大宝,惟位与功,是以功成作乐,治定制礼"①,太平之后的制礼作乐,功成封禅,皆当在王朝极盛之时所为。然而孝文帝抱有"荆扬未一"的遗憾,对高闾的建议自不能轻易认可。

虽然由于"荆扬未一"而未能实践封禅之事业,然而孝文帝还是必须推动他"制礼作乐"的文化变革②。对于"荆扬未一"缺憾的调和正来源于迁都洛阳。这不仅源于洛阳在地理方位上的"中",也源于其统治法理上的"正"。按《周易》"正位居体,美在其中"条《正义》:"'正位居体'者,居中得正,是正位也'③,"居中得正"即是长期以来的一种正统依据,在北魏迁洛以后影响尤大。孝文帝"断诸北语,一从正音"问题即是显例。《魏书·咸阳王禧传》:

> 高祖曰:"自上古以来及诸经籍,焉有不先正名而得行礼乎?今欲断诸北语,一从正音。年三十以上,习性已久,容或不可卒革;三十以下,见在朝廷之人,语音不听仍旧。若有故为,当降爵黜官,各宜深戒。如此渐习,风化可新。若仍旧俗,恐数世之后,伊洛之下复成被发之人。王公卿士,咸以然不?"禧对曰:"实如圣旨,宜应改易。"高祖曰:"朕尝与李冲论此,冲言:'四方之语,竟知谁是?帝者言之,即为正矣,何必改旧从新。'冲之此言,应合死罪。"④

缪钺先生指出,"一从正音"之正音,应当即以洛阳地区语音为标准。又《隋书·经籍志一》著录有《河洛语音》一卷,缪先生说:"此书殆即孝文禁北语时所作,以便于鲜卑人学习汉人洛阳语之用。"⑤孝文帝拒绝以"帝者言之"为正,而以洛阳地域之"中"为正音以正名行礼,所包含的信息不可小觑。

首先,东晋南朝亦以洛中语音为正。《世说新语·雅量》"谢公作洛

---

① 《魏书》卷五三《李冲传》,第1300页。
② 按太和十六年春,孝文帝诏曰:"礼乐之道,自古所先,故圣王作乐以和中,制礼以防外。"可谓孝文帝认识到的礼乐之意义,所以魏收有"高祖垂心雅古,务正音声"之说。迁洛之前,孝文帝就下诏开始了较为全面的礼乐创制活动。参见《魏书》卷一〇九《乐志》,第3081页。
③ 《周易正义》卷一《坤》,影印阮元校刻《十三经注疏》,第34页。
④ 《魏书》卷二一上《咸阳王禧传》,第608页。
⑤ 缪钺:《北朝之鲜卑语》,收入《读史存稿》,生活·读书·新知三联书店,1982年,第57页。

生咏"条注引宋明帝《文章志》:"安能作洛下书生咏,而少有鼻疾,语音浊。后名流多学其咏,弗能及,手掩鼻而吟焉。"① 陈寅恪指出:"永嘉南渡之士族其北方原籍虽各有不同,然大抵操洛阳近傍之方言,似无疑义。故吴人之仿效北语亦当同是洛阳近傍之方言,如洛生咏即其一证也。"② 有学者则提出此与玄学有关,魏晋玄学原本主要是流行于洛阳地区,南渡以后洛阳的玄风也被士人带到了江南,清谈所使用的洛阳正音也成为南朝的官话③。直至宋齐以后,侨人必谓中原语音为上,并以此文化标识形成一种侨人自尊心理④。汉末魏晋以来,洛阳是当之无愧的文化中心,在此发展出的新学风,深刻影响了东晋南渡以后的历史。永嘉南渡以后,正是江东保留了中原的文化传统,这一文化传统却是以西晋以来洛阳及其附近的文化作为核心的。延及南朝,这种观念虽会淡化,然并不会真正消弭。

其次,孝文帝所强调的"先正名而得行礼",其落脚点仍然在"行礼"亦即以"土中"洛阳而制礼作乐。用时人韩显宗的话说,是"光隆先业,迁宅中土,稽古复礼,于斯为盛"⑤。按《荀子·大略》说:"欲近四旁,莫如中央,故王者必居天下之中,礼也。"⑥ "王者必居天下之中"的观念,本来就是儒家礼治的一条原则。孝文帝《迁都洛阳大赦诏》称:"改营周为成魏,移北师于南夏。使衮华不喧仪于玄塞,朱绂获斯皇于上京。修文德以怀远,洽礼训以辉化。"⑦ 这或许并非文书中的套话,迁洛后的大规模文化变革即是其制礼作乐的直接证据。陈寅恪有一个著名的说法:"洛阳为东汉、魏、晋故都,北朝汉人有认庙不认神的观念,谁能定鼎嵩洛,谁

---

① 余嘉锡:《世说新语笺疏》卷上之下《雅量第六》注引宋明帝《文章志》,第437页。
② 陈寅恪:《东晋南朝之吴语》,收入《金明馆丛稿二编》,第309页。
③ 参郑欣:《洛阳玄风与南朝文化》,收入《魏晋南北朝史探索》,山东大学出版社,2009年,第100—104页。
④ 参周一良:《南朝境内之各种人及政府对待之之政策》,收入《魏晋南北朝论集》,第52—54页。
⑤ 《魏书》卷六〇《韩麒麟传附韩显宗传》,第1462页。按《魏书》卷一〇九《乐志》所引孝文帝诏书中亦有"厘革时弊,稽古复礼"一句,张金龙认为这是孝文帝礼制改革的纲领。参见张金龙:《北魏孝文帝政治思想散论》,收入《北魏政治与制度论稿》,第89页。又,张金龙《北魏政治史》辟专章论述孝文帝改革思想的理论源泉为儒家经典,并详细分析孝文帝言论与诏书中的典据与儒家经典的关系,可参。参见张金龙:《北魏政治史(七)》第7章《孝文帝改革思想及其理论源泉》,第587—643页。
⑥ 王先谦撰,沈啸寰、王星贤点校:《荀子集解》卷一九《大略篇》,中华书局,1988年,第485页。
⑦ 《文馆词林》卷六六五《后魏孝文帝迁都洛阳大赦诏》,影印日本弘文馆藏唐钞本,第284页。

便是文化正统的所在。正统论中也有这样一种说法,谁能得到中原的地方,谁便是正统。如果想被人们认为是文化正统的代表,假定不能并吞南朝,也要定鼎嵩洛。当然,单是定鼎嵩洛,不搞汉化也不行。孝文帝迁都洛阳,厉行汉化,其目的正在统一胡汉,确保北魏统治。"① 所谓的"厉行汉化",基本上都是以儒家学说的成规加上魏晋洛阳传统为依据进行的。前节引到康乐的研究指出,孝文帝在文明太后死后的45项改革项目中有35项礼制方面的改革②。时人袁翻也说:"迁都之始,日不遑给,先朝规度,每事循古,是以数年之中,悛换非一",目的则是"稽古则天,宪章文武,追踪周孔,述而不作,四彼三代,使百世可知"③。其背后的因缘应当就是儒家"制礼作乐"理想的某种实践。除礼制本身以外,还有儒学教育。任城王澄上书宣武帝说:"臣每于侍坐,先帝未常不以《书》《典》在怀,《礼经》为事,周旋之则,不辍于时。自凤举中京,方隆礼教,宗室之范,每蒙委及,四门之选,负荷铨量。"④ 魏收评价说:"高祖稽古,率由旧则,斟酌前王,择其令典,朝章国范,焕乎复振"⑤,盖非虚言。孝文帝的遗诏说其"迁都嵩极,定鼎河瀍,庶南荡瓯吴,复礼万国,以仰光七庙,俯济苍生"⑥,此"南荡瓯吴,复礼万国"即他迁都洛阳的理想,此理想未能实现也是其英年早逝的遗憾。从这一层面上来说,迁洛后采取的诸措施诸如改官制、禁胡服、断北语、改姓氏、定族姓,与在洛阳进行大规模的礼制建设一起,都算得上是移构中京在文化层面的配套措施。迁都洛阳与制礼作乐,可谓"居中得正"思想的一体两面。

北魏孝文帝迁洛以后,所竭力宣扬的"中京"称号,仍是以传统的"土中"亦即"天下之中"理论作为典据的。也正如北魏政权所宣扬的那样,"中京"及其内涵其说虽旧,实质却是"中原兆建,百礼维新"⑦,催生着新的政治心态和文化意识。如果从洛阳规建的本身来看,似乎是走出永嘉之乱以来的破坏与荒毁,竭力恢复汉晋旧制与衣冠礼乐。然而自

---

① 万绳楠整理:《陈寅恪魏晋南北朝史讲演录》,第 200 页。
② 康乐:《从西郊到南郊:国家祭典与北魏政治》,第 185—186 页。
③ 《魏书》卷六九《袁翻传》,第 1672 页。
④ 《魏书》卷一九中《任城王云传附元澄传》,第 541 页。
⑤ 《魏书》卷一〇八之一《礼志一》,第 2985 页。
⑥ 《魏书》卷七下《高祖纪下》,第 219—220 页。
⑦ 《魏书》卷一〇八之四《礼志四》,第 3063 页。

迁洛以来,北魏君臣在新都的文化建设,却是以继承汉晋历史为手段,而以儒家之制礼作乐、诗书教化为标的。李崇上表北魏孝明帝云:孝文帝"徙驭嵩河,光宅函洛,模唐虞以革轨仪,规周汉以新品制,列教序于乡党,敦《诗》《书》于郡国"[1],这也可以算作是对孝文帝"移构中京"背后某种深刻内涵的阐释。

本节小结

孝文帝"移构中京",面临的问题并不止于一个"移"字,因为一旦迁都就得面对新都的建设,即如何"构"出一个理想的都城,并以此实现北魏王朝的政治文化理想。在南北对峙的现状下,如何挖掘和利用洛阳已有的历史积累和地理优势,并将其建构成为一个"垂之千载"的都城,这是诸多配套的政治文化举措中最为突出的。对"中京"称号的强调,突出洛阳"天下之中"的文化内涵,正是北魏新都在政治文化象征的建构方面的核心之义。孝文帝虽然没有完成江南的统一,但其对"中京"涵义的阐释已经表明,北魏政权在文化上超越了"代""魏"地域文化结合的状态,走上了全面实践汉晋以来华夏政权中原核心本位的道路。在洛阳的文化革新与制礼作乐,则仍旧寄托着孝文帝"功成业定"之后的"载隆太平之懋心"[2],政治思想的主流也回到汉晋儒家本位的方向上来。这在政治文化方面的意义主要在于,孝文帝迁洛后的北魏进入了一个以新都建设为核心,以儒家礼乐为标榜的时代。

---

[1]《魏书》卷六六《李崇传》,第1599页。
[2]《文馆词林》卷六六五《后魏孝文帝迁都洛阳大赦诏》,影印日本弘文馆藏唐钞本,第283—284页。

第五章　外戚、女主、权臣名号与北魏后期的政治文化

孝文帝死在南征途中，此后北魏的政治局面出现逐渐衰败的景象。在孝文帝死后的不到三十年间，北魏先后出现外戚高肇弄权、胡太后秉政，再到权臣尔朱荣把持朝政的几个时期。皇帝权力一步步衰颓，不够稳定的政局伴随着屡经反复的文化调试，是这个时期政治文化的主要底色。

第一节　制造外戚：高肇专权与高丽高氏的中原之路

在以鲜卑显贵—华夏士人为主体的北魏朝廷中，来自高丽的外戚高肇是北魏权臣中的一个特例。以传统政治史的角度对高肇其人及其家族的研究也不少见，其关注点主要在于对旧史负面评价的翻案，以及高肇在鲜汉政治集团中所获取权力的评估[①]。近年来，随着以墓志为代表的出土材料被广泛收集和利用，高肇及其家族的面貌也发生了很大的变化。《魏书》等传统史料记载与目前出土的十余方与高肇家族相关的墓志碑刻对高氏的族属、迁徙经历的记载有很大的不同，最典型的就是几乎所有出土材料都将其家族渊源指向河北的华夏高门勃海高氏。高肇本是高丽出身，通过攀附而自称勃海高氏已为学界所关注[②]，但仅仅讲

[①] 较早为高肇翻案者，当是吕思勉，其称"景明而后，魏政不纲，朝臣之公忠体国者，高肇一人而已"。参见《吕思勉读史札记》，第911页。此后较有影响的研究还有张金龙：《高肇专权与北魏宣武帝时期统治集团内部矛盾》，《兰州大学学报》1992年第3期，扩充改写后成为《北魏政治史（八）》第2章《高肇专权》，甘肃教育出版社，2008年，第43—80页；李文才：《高肇伐蜀与所谓"高肇专权"》，《北朝研究》第1辑，北京燕山出版社，2008年，第82—94页。
[②] 如李凭：《北魏两位高氏皇后族属考》，《北朝研究存稿》，商务印书馆，2006年，第163—180页；仇鹿鸣：《"攀附先世"与"伪冒士籍"——以渤海高氏为中心的研究》，《历史研究》2008年第2期。

攀附与伪冒的事实本身,还不足以对高肇及其家族的历史进行整体的把握,更值得追问的问题也还有很多。按照《魏书》的记载,"出自夷土"又"既无亲族"的高肇,入魏在孝文帝初年,到宣武帝时期"高肇专权"的出现,其间不过三十年。在毫无宗族背景与政治根基的情况下,高丽高氏到底是通过何种途径进入权力中心的?被追认为外戚的高肇家族,由高丽高氏变成渤海高氏,对于当时的社会究竟意味着什么?以高丽高氏为代表的"边缘"因素进入华北士族社会,又对鲜卑—华夏的政治文化产生了何种影响?诸如此类的问题,或许都应该囊括进研究视域中来,以便澄清正史记载与出土材料中的诸多矛盾,并将这些不同性质的史料安置进北魏后期的历史脉络中去解读。

一、没有太后的外戚:"子贵母死"制度背后的高丽高氏

《北史》卷五六《魏收传》记载魏收改《魏书》事云:

> 杨愔家传本云"有魏以来,一门而已",至是改此八字。又先云"弘农华阴人",乃改"自云弘农",以配王慧龙"自云太原人",此其失也。①

这段著名的批评,正是针对魏收以"自云"为标志对当时诸多显贵不可靠的谱系进行存疑。魏收给其族属来源加上"自云"二字的,还有孝文帝高皇后之兄高肇的族属来源的记载。今本《魏书》卷八三下《外戚高肇传》云,高肇"自云本勃海蓚人,五世祖顾,晋永嘉中避乱入高丽"②,《北史》所见略同③。对于高氏由高丽经龙城入北魏事,《魏书》之《高肇传》与《皇后传》均有记载,时在孝文帝初年,《高肇传》且记其父飏"与弟乘信及其乡人韩内、冀富等入国,拜厉威将军、河间子,乘信明威将军,

---

① 《北史》卷五六《魏收传》,第 2037 页。
② 《魏书》卷八三下《外戚高肇传》,第 1977 页。
③ 参见《北史》卷八〇《外戚高肇传》,第 2684 页。按今本《魏书》该卷有宋人校语云:"魏收书《外戚传》亡,史臣论全用《隋书·外戚传》卷七九。"《隋书》并不载北魏事,中华书局点校本认为此卷乃以《北史》卷八〇《外戚传》补。参见《魏书》卷八三《外戚传》校勘记〔一〕,第 1986 页。按今本《魏书·高肇传》文字略详于《北史》,且多为职官、赏赐等信息,其书法颇异于《北史》而同《魏书》,颇疑今本《魏书》更存魏收书之实。

俱待以客礼,赐奴婢牛马彩帛"诸事①。《皇后传》又称,肇兄弟姊妹"凡四男三女,皆生于东裔"②。

从史书的记载来看,高肇家族来自高丽的事实是比较清楚的,学界也早有结论③。高飏兄弟入魏后得到厉威将军、明威将军军号,均为第六品上之杂号将军,地位并不算高,或许还是因为带有宗族、乡人的势力。差不多就在高飏入魏的同时,《魏书·高祖纪》也记载了一次高丽民来降的事件:"(延兴元年,471)九月,高丽民奴久等相率来降,各赐田宅。"④此时正值文明太后第二次执政,高丽"贡献倍前,其报赐亦稍加"⑤的时期,接受并表彰高丽降人对二者关系多少会有些影响。终高飏之世其官职也未见升迁,也说明他们带领乡人来投对北魏而言本不值得重视。如若不是因为后来其女高氏入宫并生下了宣武帝,高飏也许最多只是一位类似奴久这样在史书上留下少许痕迹的人物。《魏书·皇后传》说"孝文昭皇后高氏,司徒公肇之妹也"⑥,只言司徒公高肇之妹,而不言厉威将军高飏之女,这一记载显得别有意味。

《魏书》记高飏西迁、高氏入宫事云:

> 高祖初,乃举室西归,达龙城镇,镇表后德色婉艳,任充宫掖。及至,文明太后亲幸北部曹,见后姿貌,奇之,遂入掖庭,时年十三。⑦

从这段记载来看,高氏先由龙城镇表送入宫,后来被文明太后赏识而入掖庭,是由地位较低的宫人而升上来的,这与北魏通过和亲或高门选聘的后妃的出身是不一样的。按《魏故比丘尼统慈庆墓志铭》记载其经历说:"值玄瓠镇将汝南人常珍奇据城反叛,以应外寇。王师致讨,掠没奚官,遂为恭宗景穆皇帝昭仪斛律氏躬所养恤,共文昭皇太后有若同生。

---

① 《魏书》卷八三下《外戚高肇传》,第1977页。按"赐奴婢牛马彩帛"诸事,《北史》不载。
② 《魏书》卷一三《皇后传》,第391页。
③ 李凭:《北魏两位高氏皇后族属考》,《北朝研究存稿》,第163—180页。
④ 《魏书》卷七上《高祖纪上》,第161页。
⑤ 《魏书》卷一〇〇《高句丽传》,第2400页。
⑥ 《魏书》卷一三《皇后传》,第391页。
⑦ 《魏书》卷一三《皇后传》,第391页。

太和中,固求出家,即居紫禁。"① 此文昭皇太后就是高氏,与高氏有若同生的慈庆人生可谓悲惨,高氏受宠于孝文帝之前在宫中的地位,也当与慈庆相当。可以判断,无论是高氏的入宫受宠还是后来的高肇崛起,都有相当的偶然性,与高飏的家室地位关系不大。

如所周知,学界主流的研究一般将北魏时期的政治势力分为鲜卑显贵与华夏士族两类。李凭则突破这一体系,关注源自北燕龙城的几位太后及其附属的外戚政治势力,即被他统称为"龙城诸后"的势力。表面上看,常氏、冯氏、高氏以后权为核心的政治势力,跨越北魏文成、献文、孝文、宣武四朝,确是北魏鲜卑—华夏二元权力结构之外不可忽略的力量。李凭推断,高氏受到其同乡文明太后的重视与文明太后的故国情结密切相关,也合乎文明太后的政治需要②。

高氏能够受宠于孝文帝,或许与文明太后有某种关系,但对其地位之改变意义不大。在文明太后生前,高氏大约也不可能知道自己所诞下的儿子最终会成为皇帝。文明太后时期所立之太子,乃是林皇后所生之废太子恂。《魏书》恂本传云:"生而母死,文明太后抚视之,常置左右。年四岁,太皇太后亲为立名恂,字元道,于是大赦。"③ 孝文帝本人也曾打算让太子恂与冯氏联姻,"高祖将为恂娶司徒冯诞长女,以女幼,待年长。先为娉彭城刘长文、荥阳郑懿女为左右孺子,时恂年十三四"④。按恂本传,恂于太和二十二年孝文帝在长安时被赐死,时年十五。亦即孝文帝欲为其娶冯氏时文明太后已去世数年。孝文帝本人先后以文明太后兄冯熙的两个女儿为皇后,高氏则在二者的政治斗争中以惨死告终。《魏书·皇后传》说:"及冯昭仪宠盛,密有母养世宗之意。后自代如洛阳,暴薨于汲郡之共县,或云昭仪遣人贼后也。世宗之为皇太子,三日一朝幽后,后拊念慈爱有加。"⑤ 盖其时两位冯后均无子,废皇后母养"生而母死"的废太子恂,因而南方的萧子显直接称"小冯为宏皇后,生伪太子

---

① 周玉茹:《北魏比丘尼统慈庆墓志考释》,《北方文物》2016 年第 2 期。
② 李凭:《北魏龙城诸后考实》,《历史研究》2007 年第 3 期。
③ 《魏书》卷二二《废太子恂传》,第 661 页。
④ 《魏书》卷二二《废太子恂传》,第 663 页。
⑤ 《魏书》卷一三《皇后传》,第 392 页。

询",亦记有"大冯有宠,日夜谗询"事①。太子恂被废前后,地位较低而育有皇子的高氏也成了冯氏姊妹利益斗争的牺牲品。今高氏墓志已经出土,称"太和二十年□□四更时,薨乎洛宫"②,对其死去之地点和死因有所回护,但提供了死亡时间在太和二十年的信息。太子恂被废在是年十二月,两事不知孰先孰后。值得注意的是,北魏自道武帝以来就有"子贵母死"的传统,太子恂之母林皇后就是"子贵母死"之制的牺牲品。高氏之死并未引起大的波澜,除了地位不够高以外,还可能与太子恂被废、宣武帝被立为太子时间颇为接近,北魏朝中又对"子贵母死"之事习以为常有关。

在太子恂被废的政治斗争的背后,连宣武帝的生年甚至也成了史学界的一段公案。《魏书·世宗纪》记载"太和七年闰四月,生帝于平城宫"③,又云其死时"时年三十三"④,《北史》同。然而《资治通鉴》却说齐和帝中兴元年(501)时事云"魏主时年十六,不能亲决庶务,委之左右"⑤,若如此则宣武帝则当生于太和十年(486)。学界一般认为宣武帝"时年十六"是司马光推算有误⑥。不过,欧阳修《集古录》著录有《后魏定鼎碑》,提及碑文中有"定鼎迁中之十载"等内容⑦,而赵明诚《金石录》卷二一亦著录此碑,命名为"后魏御射碑",提到"沈馥书,有碑阴"等内容,并引碑文"惟魏定鼎迁中之十载"及"皇上春秋一十有七"等细节,考证说:"又《史》云:'宣武以太和七年生。'景明三年当作二十,而《碑》言'年十七',则当以碑为据。然则宣武终于延昌四年,盖寿三十岁,而《史》以为寿'三十三'者,亦误也。"⑧此碑碑文明代尚有人见到,书家丰坊曾以其碑书法风格与孝文帝《吊比干文》相比较:"沈馥书《魏宣武帝

---

① 《南齐书》卷五七《魏虏传》,第1102页。
② 罗新、叶炜:《新出魏晋南北朝墓志疏证》,中华书局,2016年,第86页。
③ 《魏书》卷八《世宗纪》,第229页。
④ 《魏书》卷八《世宗纪》,第257页。
⑤ 《资治通鉴》卷一四四"齐和帝中兴元年正月"条,第4483页。
⑥ 许福谦:《北朝若干闻人疑年录》,《北朝史研究》,商务印书馆,2004年,第256页;许福谦:《南北朝八书二史疑年录》,北京出版社、文津出版社,2003年,第113页。
⑦ 欧阳修:《集古录跋尾》卷四《后魏定鼎碑》,《历代碑志丛书》第1册,江苏古籍出版社,1998年,第50页。
⑧ 赵明诚撰,金文明校证:《金石录校证》,中华书局,2019年,第405页。

御射碑》,与《吊比干文》相似。"① 是可见《资治通鉴》之记载亦信而有征。而《魏书》所记宣武帝之出生年月,竟然与同书记载的废太子恂出生在同年同月。篡改宣武帝出生年月背后的因由今人已难于知晓,如果联系到《魏书》对宣武帝出生祥瑞的渲染②,其时皇位争夺背后的复杂性或也可想而知。

可以确定的事实是,在这场皇位争夺战中,后宫的主角是两位冯氏,朝堂之上的权力斗争就更为错综复杂。宣武帝的生母高氏在其中起的作用并不大,而且直到死去也未能改变其低微的地位。高氏虽然为孝文帝诞下二子一女,然而生前甚至未能获得贵人的封号,本传称其死后,"有司奏请加昭仪号,谥曰文昭贵人,高祖从之",而且"先葬城西长陵东南,陵制卑局"③。高氏本人尚且如此,其家人也未能在其生前获得飞黄腾达的机会。直至孝文帝死去,高肇兄弟仍旧寂寂无闻。《魏书》高肇本传说:"始世宗未与舅氏相接,将拜爵,乃赐衣帻引见肇、显于华林都亭。皆甚惶惧,举动失仪。"④ 这种情形的出现,当也与高氏在孝文帝时代未受重视有密切关系。

有趣的是,与文明太后的故国北燕关系密切的另一支高丽高氏,即被后世认作北燕创立者的高云,采用了与高肇"自云本勃海蓚人"颇为不同的追认华夏祖先的方式。《晋书·慕容云载记》云:"慕容云,字子雨,宝之养子也。祖父和,高句骊之支庶,自云高阳氏之苗裔,故以高为氏焉。"⑤ 高云字子雨,名与字的涵义严格对应,可以反映出其制名汉化程度已经较高⑥;自称高阳氏颛顼的后裔,也是当时胡族人群构建华夏认同的普遍做法。与冯熙、冯诞父子因文明太后的原因而获得无限尊宠的地位不同,高肇崛起之时,其妹文昭太后早已死去多年。文明太后起自罪

---

① 丰坊:《书诀》,《丛书集成续编》第 99 册,影印四明丛书约园刊本,台湾新文丰出版公司,第 14 页。
② 关于宣武帝怀孕及出生之事被神圣化的史事,可参李凭:《北魏孝文昭皇后高氏梦迹考实》,《社会科学战线》2013 年第 8 期。
③《魏书》卷一三《皇后传》,第 392 页。
④《魏书》卷八三下《外戚高肇传》,第 1977 页。
⑤《晋书》卷一二四《慕容云载记》,第 3108 页。
⑥ 罗新认为北魏皇室制名的鲜卑文化立场被打破的标志,就是完全按照华夏传统取一个汉名,同时给予一个与汉名相应的"字"。参见罗新:《北魏皇室制名汉化考》,《王化与山险:中古边裔论集》,第 241 页。

孥,然而尚可凭借难以质疑的北燕皇室血统,也无需借中原高门身份以自重;高肇大约没有理由借助冯氏的力量攀附高云的皇室血统,而只能选择攀附华夏高门勃海高氏作为自己的祖先。久已死去的文昭太后高氏,也未能提供多少实际的凭借。或者可以说,外戚身份只是高肇崛起的必要条件而非充分条件。这也许正反映出身份低微的高肇崛起专权,与历史上常见的因皇帝年幼、太后在位而出现的外戚专权,走的是截然不同的路径。

二、"追思舅氏":宣武帝亲政政争中开始的高肇政治生涯

高肇的政治生涯起始于孝文帝死后"世宗追思舅氏,征肇兄弟等",史料记载得很明白,学界对此也并无争议。只是《魏书》记载高肇兄弟见到宣武帝时"皆甚惶惧,举动失仪",下一句即是"数日之间,富贵赫奕",如何到达"富贵"的过程,却并无详细记录。对于高肇在宣武帝朝中任官以后权力的获取与巩固的过程,《魏书》提到了两点,其一是"肇出自夷土,时望轻之。及在位居要,留心百揆,孜孜无倦,世咸谓之为能",其二是"肇既无亲族,颇结朋党,附之者旬月超升,背之者陷以大罪"①。《魏书》中这些充满恶意的记载,以之作为"因此专权,与夺任己"的原因似乎也没有足够的解释力。对其"出自夷土,时望轻之"和"既无亲族"的强调,倒可能反映了某种事实,但这种情况与高肇所获取显赫权力的鲜明对比,反而令人更生疑窦。毕竟,"世咸谓之为能"与"颇结朋党"都是需要足够的资历与能力才能达成的事情。

《资治通鉴》对宣武帝即位初年的政治状况以及高肇开始用事有一段总结:

> 魏主时年十六,不能亲决庶务,委之左右。于是幸臣茹皓、赵郡王仲兴、上谷寇猛、赵郡赵修、南阳赵邕及外戚高肇等始用事,魏政浸衰。②

美国学者艾安迪提到,世宗宣武帝在统治的整个时期,除了502年曾经

---

① 《魏书》卷八三下《外戚高肇传》,第1978页。
② 《资治通鉴》卷一四四"齐和帝中兴元年正月"条,第4483页。

巡视邺城之外,从未离开过洛阳。艾氏进一步推断说,由于宣武帝缺乏孝文帝那样的个人魅力和直接影响力,因而只能通过精心安排不同党派之间的权力分割和游戏规则来让朝廷维持秩序和平衡,高肇正是宣武帝精心安排的一枚棋子①。确如所说,宣武帝一朝的政治风气,与之前经常出现强势的君主很不相同,党争蜂起是最直接的表现。如司马光等人所见,从孝文帝时期的极盛到"魏政浸衰"的转变,正与党争的激化密切相关,这是由皇帝年幼"不能亲决庶务,委之左右"而产生的。换句话说,宣武帝初年党争的出现正应是皇帝对朝政的控制弱化的表现。

宣武帝即位时年幼而又较为文弱,他即位之初的政治变迁多与孝文帝去世前的安排有密切关系。孝文帝于南征途中突然病死,死时正值壮年,对后事的安排也颇为仓促。《南齐书·魏虏传》以敌国观察者的视角记载孝文帝死、宣武帝即位事云:

> (孝文帝)闻太尉陈显达经略五郡,围马圈,宏复率大众南攻,破显达而死。丧还,未至洛四百余里,称宏诏,征伪太子恪会鲁阳。恪至,䍤以宏伪法服衣之,始发丧。至洛,乃宣布州郡,举哀制服,谥孝文皇帝。②

《魏书·高祖纪》所记载的史事没有南朝史料描述的紧张感,然诸事皆能印证:

> 庚子,帝疾甚,车驾北次谷塘原。甲辰,诏赐皇后冯氏死。诏司徒䍤征太子于鲁阳践阼。诏以侍中、护军将军、北海王详为司空公,镇南将军王肃为尚书令,镇南大将军、广阳王嘉为尚书左仆射,尚书宋弁为吏部尚书,与侍中、太尉公禧,尚书右仆射、任城王澄等六人辅政。③

虽然事出仓促,但孝文帝还是对后事有了安排,核心就是下遗诏处死幽皇后冯氏,征太子赴军中即位,安排六大臣辅政。孝文帝辅政大臣的安

---

① 艾安迪著,杨英译:《北魏朝廷政治生活片段考察(500—528年)》,《社会科学战线》2015年第3期。
② 《南齐书》卷五七《魏虏传》,第1105页。
③ 《魏书》卷七下《高祖纪下》,第219页。

排,由四位宗室、两位汉人大族组成,显然有维持权力平衡的考虑,其中完全没有母权的位置。北魏素有母权控制朝政的传统,而"子贵母死"之制又给了母养太子的女性以干预朝政的机会。孝文帝的身后安排,首先也是杜绝类似文明太后临朝听政的局面再度出现,故而首先处死母养宣武帝的冯后。《魏书·幽皇后冯氏传》记其事云:

> 高祖疾甚,谓彭城王勰曰:"后宫久乖阴德,自绝于天。若不早为之所,恐成汉末故事。吾死之后,可赐自尽别宫,葬以后礼,庶掩冯门之大过。"高祖崩,梓宫达鲁阳,乃行遗诏。北海王详奉宣遗旨,长秋卿白整等入授后药,后走呼不肯引决,曰:"官岂有此也,是诸王辈杀我耳!"整等执持,强之,乃含椒而尽。殡以后礼。梓宫次洛南,咸阳王禧等知审死,相视曰:"若无遗诏,我兄弟亦当作计去之,岂可令失行妇人宰制天下,杀我辈也。"①

杀皇后与顾命六大臣辅政的安排,用意非常明显。咸阳王元禧等人的看法,实际上也是孝文帝的思虑,就是不能出现"妇人宰制天下"以"成汉末故事"。冯后被杀,冯氏影响北魏朝政的可能性彻底排除。这是孝文帝的身后安排,在一定程度上也代表了北魏辅政大臣群体的共识。除此之外,孝文帝防范外戚的措施,还不止于针对冯氏一族,对其生母李氏家族的势力也多有限制。文明太后死后,李氏多人获封爵,但都未能获取实际官职。孝文帝还针对其事特意下诏称:"官必用才,以亲非兴邦之选。外氏之宠,超于末叶。从今已后,自非奇才,不得复外戚谬班抽举。既无殊能,今且可还。"②从孝文帝这些举措来看,应当也不会愿意宣武帝生母高氏的家族势力坐大的。只是高肇此时籍籍无名,后因宣武帝"追思舅氏"而被找到,孝文帝甚至都未必知晓高肇其人的存在,因而未予提及。

孝文帝始料未及的是,六辅政大臣的权力平衡很快就出现了问题。先是宋弁在受遗诏之前突然死去,"高祖每称弁可为吏部尚书。及崩,遗诏以弁为之,与咸阳王禧等六人辅政,而弁已先卒,年四十八"③。接着出

---

① 《魏书》卷一三《皇后传》,第391页。
② 《魏书》卷八三上《外戚李惠传》,第1972页。
③ 《魏书》卷六三《宋弁传》,第1540页。

现任城王澄贬斥王肃的事件,《魏书·王肃传》云:"任城王澄以其起自羁远,一旦在己之上,以为憾焉。每谓人曰:'朝廷以王肃加我上尚可,从叔广阳,宗室尊宿,历任内外,云何一朝令肃居其右也?'肃闻其言,恒降而避之。寻为澄所奏劾,称肃谋叛,言寻申释。"① 其事任城王澄本传也有记载:"世宗初,有降人严叔懋告尚书令王肃遣孔思达潜通宝卷,图为叛逆,宝卷遣俞公喜送敕于肃,公喜还南,肃与裴叔业马为信。澄信之,乃表肃将叛,辄下禁止。咸阳、北海二王奏澄擅禁宰辅,免官归第。"② 王肃谋叛之事得到申释,导致任城王澄被免官,王肃此后也外任都督淮南诸军事、扬州刺史,远离了洛阳的权力中枢,不久于景明二年薨于寿春。另一位辅政大臣广阳王嘉是太武帝之后,年老而较少干预朝政,史称:"嘉好饮酒,或沉醉,在世宗前言笑自得,无所顾忌。帝以其属尊年老,常优容之。"③ 孝文帝死后六大臣辅政的格局被迅速打破,实际上形成孝文帝诸弟主要是咸阳王禧、北海王详共同掌控朝政的局面。

高肇恰好是在宣武帝即位以后,因帝"追思舅氏"而被诏入朝的。宣武帝开始亲政,首先打击的就是咸阳王兄弟,高肇很可能在其中谋划,起到重要作用。《魏书·北海王详传》说:"初,世宗之亲政也,详与咸阳王禧、彭城王勰并被召入,共乘犊车,防卫严固。"④ 此事可能与高肇之建议有关,《魏书·高肇传》云:"又说世宗防卫诸王,殆同囚禁"⑤,当即其事。《魏书》咸阳王禧本传也说:"世宗既览政,禧意不安。而其国斋帅刘小苟,每称左右言欲诛禧。禧闻而叹曰:'我不负心,天家岂应如此!'由是常怀忧惧。"⑥ 咸阳王兄弟与宣武帝矛盾迅速激化。咸阳王发动政变失败,高肇起到的作用未见更多记载,但事后高肇所受赏赐最多。《魏书·咸阳王禧传》说:"禧之诸女,微给资产奴婢,自余家财,悉以分赉高肇、赵修二家。"⑦《高肇传》也说:"是年,咸阳王禧诛,财物珍宝奴婢田宅多入高氏。"又云:"世宗初,六辅专政,后以咸阳王禧无事构逆,由是遂

---

① 《魏书》卷六三《王肃传》,第1534—1535页。
② 《魏书》卷一九中《任城王云传附元澄传》,第540—541页。
③ 《魏书》卷一八《广阳王建传附元嘉传》,第497页。
④ 《魏书》卷二一上《北海王详传》,第634页。
⑤ 《魏书》卷八三下《外戚高肇》,第1978页。
⑥ 《魏书》卷二一上《咸阳王禧传》,第610页。
⑦ 《魏书》卷二一上《咸阳王禧传》,第611页。

委信肇。"①

咸阳王事件以后，孝文帝另外两弟北海王详、彭城王勰被废杀，也都与高肇有密切联系。《魏书·北海王详传》称，"后为高肇所谮，云详与皓等谋为逆乱"，中尉崔亮奏其罪状云："贪害公私，淫乱典礼。朝廷比以军国费广，禁断诸蕃杂献，而详擅作威令，命寺署酬直。驱夺人业，崇侈私第。蒸秽无道，失尊卑之节；尘败宪章，亏风教之纪。"② 其中"蒸秽无道，失尊卑之节"事，乃详本传所记"详又蒸于安定王燮妃高氏，高氏即茹皓妻姊"事。按《魏书·茹皓传》云："皓娶仆射高肇从妹，于世宗为从母。"③ 由此可见，与北海王详淫乱的高氏，其实正是高肇的从姊妹。北海王之得罪，与高氏淫乱成为把柄，高肇的谮言更成为北海王详被废杀的直接原因。

因受孝文帝疑忌而未能位列辅政六大臣的彭城王勰，其后也被宣武帝设计谋杀，更经高肇反复构陷。《魏书》勰本传记："肇于是屡谮勰于世宗，世宗不纳。因僧固之同愉逆，肇诬勰北与愉通，南招蛮贼。勰国郎中令魏偃、前防阁高祖珍希肇提携，构成其事。肇初令侍中元晖以奏世宗，晖不从，令左卫元珍言之。世宗访之于晖，晖明勰无此。世宗更以问肇，肇以魏偃、祖珍为证，世宗乃信之。"④ 于是设计诏勰与高肇等入宫宴饮，"武士又以刀镮筑勰。勰乃饮毒酒，武士就杀之。向晨，以褥裹尸，舆从屏门而出，载尸归第，云王因饮而薨"⑤。位列辅政大臣但先已远离权力中枢的任城王澄，也颇受高肇疑忌："于时高肇当朝，猜忌贤戚。澄为肇间构，常恐不全，乃终日昏饮，以示荒败。所作诡越，时谓为狂。"⑥ 后又谋去宣武帝诸弟，《魏书·清河王怿传》云："司空高肇以帝舅宠任，既擅威权，谋去良宗，屡谮怿及愉等。愉不胜其忿怒，遂举逆冀州。因愉之逆，又构杀勰。怿恐不免。"⑦

宣武帝时代与辅政诸王的政治斗争中，高肇在其中出谋划策，然多

---

① 《魏书》卷八三下《外戚高肇传》，第 1978 页。
② 《魏书》卷二一上《北海王详传》，第 634—635 页。
③ 《魏书》卷九三《恩倖茹皓传》，第 2170 页。
④ 《魏书》卷二一下《彭城王勰传》，第 654—655 页。
⑤ 《魏书》卷二一下《彭城王勰传》，第 655 页。
⑥ 《魏书》卷一九中《任城王云传附元澄传》，第 544 页。
⑦ 《魏书》卷二二《清河王怿传》，第 665 页。

以阴谋得逞,故多受骂名。彭城王勰死,妃李氏号哭大言曰:"高肇枉理杀人,天道有灵,汝还当恶死。"行路士女,流涕而言曰:"高令公枉杀如此贤王!"① 宣武帝弟京兆王愉谋反,也以诛高肇为名:"及在州谋逆,愉遂杀长史羊灵引及司马李遵,称得清河王密疏,云高肇谋杀害主上。"② 高肇家族出身高丽的背景,自然也成为了指斥对象。北海王详治罪以后,其母高太妃痛骂:"汝自有妻妾侍婢,少盛如花,何忽共许高丽婢奸通,令致此罪。我得高丽,当啖其肉。"③ 此"高丽婢"即高肇从姊妹高氏,"高丽"亦成为叱骂对象。尽管高肇身背恶名,但他的出谋划策对于急于掌控权力的宣武帝来说,无疑是非常重要的。因此终宣武帝一朝,高肇一直颇受倚重,而史书遂有"高肇专权"之说。孝文帝防范外戚而以宗室辅政,高肇以外戚身份剪除宗室诸王而"专权"又恰恰成为历史的巧合。但如果细细分析宣武帝亲政前后发生的事件,"出自夷土"的高肇由边缘进入北魏权力中心,显然也不仅仅是因为宣武帝"追思舅氏",而是经过无数残酷的权力斗争得来的。

三、《嵩显寺碑》的秘密:高肇联宗勃海高氏的因由

随着宣武帝对权力的掌控日渐成熟,高肇也随之成为北魏朝中炙手可热的权势人物。由于高肇最后成为政治斗争的失败者,《魏书》对高肇的描述与评价总是充满恶意的,对于其中的某些记载今人几乎无从判断。可以肯定的是,这位在宣武一朝位高权重的历史人物,其面相其实也是非常复杂的。幸运的是,与高肇有关的出土材料提供的蛛丝马迹,让今人还能够看到高肇及其家族的另一面。

比较重要的是立于北魏永平二年(509)的《嵩显寺碑》。该碑清代以来多有金石学者注意,有必要对其情况作一简要说明,并重点利用该碑的记载来辨析高肇及其家族的有关情况。《嵩显寺碑》较早于孙星衍《寰宇访碑录》见诸著录,王昶《金石萃编》、张维《陇右金石录》有碑阳录文,鲁迅《鲁迅辑校石刻手稿》有碑阳和碑阴录文,《北京图书馆藏中

---

① 《魏书》卷二一下《彭城王勰传》,第 655 页。
② 《魏书》卷二二《京兆王愉传》,第 664 页。
③ 《魏书》卷二一上《北海王详传》,第 636 页。

国历代石刻拓本汇编》存碑阳拓本,可辨识的文字与诸家录文稍有出入。据张维《陇右金石录》录文,款识存"大魏□平二年岁在己丑四月戊申朔八日乙卯使持节都督泾"一行①,残泐字为"永"字,"泾"下并残。关于立碑者信息,清叶昌炽《缘督庐日记抄》卷十二"光绪乙巳年七月初五日"条云:"李佶至高公寺拓碑回,视篆额为'嵩显寺碑',记无所谓高公也,当是误读嵩字耳。"②不过,《陇右金石录》收录泾川县南嵩山唐《重修高公佛堂碣》,称郡东有碑,"其额曰嵩显,有西魏此郡守高公,余烈名爵,岁时碑亦存也"。此"西魏"与"郡守"或有讹误,然高公寺与嵩显寺碑,都应属实,碑为北魏泾州刺史高公所立。据秦明智考证,此"高公"就是北魏名臣高允之孙高绰,时任泾州刺史③。

与一年后由奚康生督造的《北石窟寺碑》相比,碑文中较为独特的信息,便是提及碑主与高肇家族的关系。碑序云:"自惟启踪冀方,树基渤海,弈世冠冕,著姓神州,灵降盛□□□□□得戚联朝旭,昵亲夕囧,内秉望舒之赞,外整阿衡之翼。"④这段首叙碑主的家世为冀州大姓勃海高氏,又表明其家族是内与皇帝联姻,外有阿衡之任的当世显贵。赞辞中也称:"灵降圣德,二后经纶,内光椒掖,外充九臣,帝思渭阳,嘉爵交臻",此"二后"显然指宣武母文昭皇太后及宣武皇后高后,"帝思渭阳"即是《魏书·高肇传》所说的"帝思舅氏"。碑文中有很大篇幅都是称颂宣武帝之功德以及勃海高氏的累世显贵,表明高肇家族已经成功伪冒了勃海高氏的郡望,并已经与高允之孙高绰联宗。高肇家族内与皇帝联姻,外有阿衡之任的地位,也成为高绰引以为荣的资本。按碑额篆书"敕赐嵩显禅寺碑记"八字,可见此碑有宣武帝敕赐的背景,一定程度上代表着北魏官方的态度。勃海高氏与高肇联宗,不知是否源自北魏皇权的推

---

① 张维:《陇右金石录》卷一《嵩显寺碑》,《历代碑志全书》第 16 册,江苏古籍出版社,1998 年,第 476 页。
② 叶昌炽著,王季烈辑:《缘督庐日记抄》,《中国史学丛书初编》第 5 册,台湾学生书局,1964 年,第 411 页。
③ 秦明智:《北魏泾州二碑考》,李红雄、宋文玉主编:《北石窟寺》,甘肃文化出版社,1999 年,第 155—158 页。
④ 引文系笔者据拓本及诸家录文重新校录,下同。参见《北京图书馆藏中国历代石刻拓本汇编》第 3 册,第 124 页;张维:《陇右金石录》卷一《嵩显寺碑》,《历代碑志全书》第 16 册,第 476 页;《鲁迅辑校石刻手稿》,李新宇、周海婴编:《鲁迅大全集》第 23 册,长江文艺出版社,2011 年,第 202—209 页;毛远明:《汉魏六朝碑刻校注》第 4 册,第 124—127 页。

动,但已经获得北魏官方的认可是没有疑问的。

高绰党附高肇,《魏书》中也颇有记载。《魏书·高允传附高绰传》载,高肇死后,"御史中尉元匡奏高聪及绰等朋附高肇,诏并原罪"①。高聪也是勃海高氏党附高肇的代表,高聪本传云:"肃宗践祚,以其素附高肇,出为幽州刺史,将军如故。寻以高肇之党,与王世义、高绰、李宪、崔楷、兰氛之为中尉元匡所弹,灵太后并特原之。聪遂停废于家,断绝人事,唯修营园果,以声色自娱。"②《魏书》所见勃海高氏的高肇同党,以高绰、高聪二人为首。高绰是高允之孙,早年入魏成为北魏名臣;高聪曾祖高轨,早年随慕容德徙青州,后入刘宋,青齐入魏后徙平城成为平齐民。二人虽属勃海高氏的不同支系,但世系传承都没有什么疑问。高聪入魏后"窘困无所不至",正是得到高绰祖父高允的周济和帮助,本传称:"族祖允视之若孙,大加赒给。聪涉猎经史,颇有文才,允嘉之,数称其美,言之朝廷,云:'青州蒋少游与从孙僧智,虽为孤弱,然皆有文情。'由是与少游同拜中书博士。"③实际上,高肇与勃海高氏联宗的史事,也在《高聪传》中留有痕迹。先是"赵修嬖幸,聪深明附",赵修获罪死后,"而聪先以疏宗之情,曲事高肇,竟获自免,肇之力也"④。又云:"聪在并州数岁,多不率法,又与太原太守王椿有隙,再为大使、御史举奏,肇每以宗私相援,事得寝缓。"⑤所谓"疏宗之情""每以宗私相援",即是说高聪、高肇业已联宗,朝堂内外也以疏宗互称了。

高肇因"宗私"而对高聪屡屡施以援手,或许也是对高聪、高绰接纳高肇进入勃海高氏家族的回报。高肇一家在孝文朝社会地位不高,高氏籍贯由辽东向勃海的改变似乎并未进行,而且可能到宣武帝征召高肇兄弟以后仍然如此。《魏书》高肇本传称"肇弟显,侍中、高丽国大中正,早卒"⑥,罗新、叶炜指出"高丽国大中正"表明此时高肇一家还保留着"高丽高氏"的身份,"勃海高氏"的身份尚未确立⑦。又,《韩贿夫人高氏墓

---

① 《魏书》卷四八《高允传附高绰传》,第 1201 页。
② 《魏书》卷六八《高聪传》,第 1655 页。
③ 《魏书》卷六八《高聪传》,第 1652—1653 页。
④ 《魏书》卷六八《高聪传》,第 1654 页。
⑤ 《魏书》卷六八《高聪传》,第 1654 页。
⑥ 《魏书》卷八三下《外戚高肇传》,第 1978 页。
⑦ 罗新、叶炜:《新出魏晋南北朝墓志疏证》,第 71 页。

志》提供了一则信息:"至景明三年,宣武皇帝以夫人皇姨之重,兼韵动河月,遂赐汤沐邑,封辽东郡君。"[1] 按照惯例,"辽东郡君"的封号也当与其本郡相关。也就是说,直到宣武帝景明三年,高肇家族很可能还未及伪冒勃海郡望。宣武帝亲政,咸阳王禧谋反事都在景明二年,这就说明,高绰、高聪与高肇联宗,应该是在宣武帝杀死咸阳王禧,辅政大臣权力被尽数剥夺之后的事。现存高肇一族最早称勃海高氏的证据,就是《嵩显寺碑》,稍晚的还有延昌三年(514)的《高琨墓志》,高琨是高肇长兄,志文中详述其里籍为"冀州勃海郡鯈(蓨)县崇仁乡孝义里"[2]。按《高雅墓志》云"以熙平四年遘疾卒于孝义里",又云"以天平四年十月壬辰朔六日丁酉即安于孝义里"[3]。高雅是高祐孙,附见于《魏书·高祐传》,世系比较清楚,可知"孝义里"正是勃海高氏聚居区。高飏、高琨父子改葬事,《魏书·高肇传》称:"父兄封赠虽久,竟不改瘗。三年,乃诏令迁葬。肇不自临赴,唯遣其兄子猛改服诣代,迁葬于乡。时人以肇无识,哂而不责也。"[4] 从高琨墓的发掘情况来看,高琨最后葬于北魏旧都平城,可见"迁葬于乡"的诏令并未真正实施。罗新、叶炜推断可能是由于高肇粗劣无文而不懂改葬的礼法意义,改葬不过是丰大封丘,将封赠之荣大加以标示而已[5]。此时高肇已经是北魏朝中炙手可热的人物了,却对攀附郡望、迁葬乡里之事做得极不认真。不过对于宣武帝而言,其母、后皆来自高肇一家,按照孝文帝确立的聘中原大族之女为后妃的政策,以政治手段提升高氏的门户反而是很重要的事。这或许是高肇对迁葬不甚积极,而宣武帝却要专门诏令迁葬的主要原因。

勃海高氏的高聪、高绰党附高肇,还不仅仅是联宗而已,更多的是一种政治的结合。高聪在宣武帝初年与辅政大臣的斗争中出谋划策甚多。高聪太和末年因罪徙平州为民,"世宗初,聪复窃还京师。六辅之废,聪之谋也。世宗亲政,除给事黄门侍郎,加辅国将军"[6]。高聪以白身参与

---

[1] 赵超:《汉魏南北朝墓志汇编》,第153页。
[2] 罗新、叶炜:《新出魏晋南北朝墓志疏证》,第71页。
[3] 赵超:《汉魏南北朝墓志汇编》,第322、323页。
[4] 《魏书》卷八三下《外戚高肇传》,第1980页。
[5] 罗新、叶炜:《新出魏晋南北朝墓志疏证》,第72页。
[6] 《魏书》卷六八《高聪传》,第1653页。

"六辅之废"的谋划,高肇也是谋去"六辅"的核心成员,他应当是从这时起就与高肇结成了密切的联系。高肇之党,《高聪传》所见被元匡弹奏的高聪、王世义、高绰、李宪、崔楷、兰氛之数人,其中李宪和崔楷《魏书》皆有附传,分别来自赵郡李氏和博陵崔氏,率皆河北大族。除此以外,见诸《魏书》记载的还有颇多。姓高氏者,尚有高双,"专肆贪暴,以罪免。后货高肇,复起为幽州刺史"[1]。按高双弟高道悦《魏书》本传及墓志,皆称辽东新昌人,然墓志云太和二十年葬于冀州勃海郡條(蓨)县西南之崇仁乡孝义里[2],与《高琨墓志》所见里籍全同。《魏书·高道悦传》说,"父玄起,武邑太守,遂居勃海蓨县"[3],看来高道悦一支也已和勃海高氏联宗。又高肇构陷彭城王勰时,魏偃、高祖珍二人颇为关键,高祖珍不知是否也是勃海高氏族人;魏偃是魏收族叔,《北史·魏收传附魏偃传》亦记其事称:"性浮动,晚乃曲附高肇。彭城王勰之死也,偃构成其事,为时所患。"[4] 此外,见诸《魏书》记载的高肇党羽或与高肇子高植交游甚密者尚有刘廞[5]、崔孝芬[6]、程灵虬[7]、宋维[8]、邢峦[9]、李世哲[10]、崔光韶[11]、甄琛[12]、王显[13]、宋世景[14]、孙伏连[15]等人,多数都来源于河北几个重要的高门。虽然河北高门中也不乏拒绝迎合高肇者如勃海封轨[16]、广平

---

[1]《魏书》卷六二《高道悦传附高双传》,第1526页。
[2] 赵超:《汉魏南北朝墓志汇编》,第105页。
[3]《魏书》卷六二《高道悦传》,第1524页。
[4]《北史》卷五六《魏收传附魏偃传》,第2039页。
[5]《魏书》卷五五《刘芳传附刘廞传》,第1342页。
[6]《魏书》卷五七《崔挺传附崔孝芬传》,第1835页。
[7]《魏书》卷六〇《程骏传附程灵虬传》,第1473页。
[8]《魏书》卷六三《宋卞传附宋维传》,第1541页。
[9]《魏书》卷六五《邢峦传》,第1572页。
[10]《魏书》卷六六《李崇传附李世哲传》,第1603页。
[11]《魏书》卷六六《崔亮传附崔光韶传》,第1610页。
[12]《魏书》卷六八《甄琛传》,第1647页。
[13]《魏书》卷八三下《外戚高肇传》,第1979页;《魏书》卷九一《术艺王显传》,第2134页。
[14]《魏书》卷八八《良吏宋世景传》,第2058页。
[15]《魏书》卷三一《于栗䃅传附忠传》,第827页。
[16]《魏书》卷三二《封懿传附封轨传》云:"轨既以方直自业,高绰亦以风概立名。尚书令高肇拜司徒,绰送迎往来,轨竟不诣。"参见《魏书》,第852页。

游肇①、勃海刁冲②等,但高肇党羽的不完全名单已经足以代表河北高门的很大一部分势力了。其实,咸阳王禧死后不久,"肇为尚书左仆射、领吏部、冀州大中正"③,此后河北士人的仕途很大程度上就已经掌握在高肇手上了。《魏书·任城王云传附元顺传》云"时尚书令高肇,帝舅权重,天下人士,望尘拜伏"④,反映的也确是事实。这事实的背后,更有宣武帝的皇权与河北高门势力相互利用的影子。

由高丽高氏向勃海高氏的身份转变,在高肇以帝舅之尊如日中天的时候已经变成了现实。勃海高氏乡里势力的反对声音,在高绰、高聪等人攀附帝舅的背后湮没无闻。从高肇父子与河北士族的关系来看,位高权重的高肇已经在某种程度上被士族社会接纳,其基础则是宣武帝与辅政诸王的斗争以及其后的党争。《魏书》说高肇"既无亲族,颇结朋党",在构筑河北士族的"朋党"圈子同时,其实也利用了勃海高氏的社会资源。高绰、高聪等勃海高氏族人,也利用高肇的权势各取所需,形成了《嵩显寺碑》这类以伪冒者为家族荣耀的奇观。

四、士族社会的接纳与反馈:高肇身后的争议及其家族

随着宣武帝的突然死去,高肇在政变中成为失败者,随之而来的是高肇及其家族的身败名裂。此后,以高肇为中心的政治势力分崩离析,"高肇专权"成为史书中经常出现的字眼,也成为太和改制走向"魏政浸衰"的转折点。以高肇一人承担这样的负面评价或许不太公平,但政治变故以及随后的负面评价对高肇的家族来说,确实是相当严重的打击。

对高肇家族来说,政治上的失败带来的首先是家族核心成员被废或被杀。因高氏势力而得以荣显的宣武高皇后,在宣武帝死后也晚景凄凉,"寻为尼,居瑶光寺,非大节庆,不入宫中",其后更是"时天文有变,灵太后欲以后当祸,是夜暴崩,天下冤之"⑤。高后墓志今已出土,题作

---

① 《魏书》卷五五《游雅传附游肇传》:"尚书令高肇,世宗之舅,为百僚慑惮,以肇名与己同,欲令改易。肇以高祖所赐,秉志不许,高肇甚衔之。"参见《魏书》,第1330页。
② 《魏书》卷八四《儒林刁冲传》:"延昌中,世宗舅司徒高肇擅恣威权,冲乃抗表,极言其事,辞旨恳直,文义忠愤。太傅、清河王怿览而叹息。"参见《魏书》,第2007页。
③ 《魏书》卷八三下《外戚高肇传》,第1978页.
④ 《魏书》卷一九中《任城王云传附元顺传》,第552页。
⑤ 《魏书》卷一三《皇后传》,第393页。

《魏瑶光寺尼慈义墓志铭》,可见其最后亦是葬以尼礼,且志文简略,规格颇低①。不幸中的幸运,是高肇死后"自余亲党,悉无追问,削除职爵,葬以士礼"②,家族成员并没有在政治风波中被赶尽杀绝。不过,这个家族在史书中的记载,在高肇死后变得黯淡无光,出自高丽的事实也总是被提及,《魏书·天象志四》的评价可为代表:"肇故东夷之俘,而骤更先帝之法,累构不测之祸,干明孰甚焉,魏氏之悖乱自此始也。"③《魏书·高肇传》称,肇死后,"灵太后临朝,令特赠营州刺史"④,北魏营州治龙城(今辽宁朝阳),正是北燕的旧都。从当时刺史的追赠多以本州的情况看,这个封赠对于出自辽东的高肇家族来说,显得别有意味。不过,这个家族的生活状态,还难以仅凭史书记载来考究。自清代开始出土了多方与高肇家族相关的碑刻与墓志,且多数都是在高肇死后下葬的。这批宝贵的材料,给今人提供了观察这个家族鲜活的历史面相的机会。

北朝高肇家族出土的碑志已达10方之多,分别出土于平城、洛阳、山东德州等地,全部都称出自勃海高氏,没有一方提及高顾及其与高丽或辽东的关系。除《高贞碑》名字中的"羽真"字样⑤,封赠的"营州刺史"职官以外,也没有留下太多的能与高丽联系起来的痕迹。墓志中的世系,《高庆碑》和《高贞碑》均提及其先世出自炎帝,《高贞碑》又提及乃是春秋时代齐国公族高子之后,而近世祖先基本上都只追溯到高肇之父高飏⑥。不过,《高猛墓志》提及"其氏族之出,奕叶之华,固已备诸方策,可得而详焉,不复一二言也"⑦,《高植墓志》也说"茂烈皆备之国籍,家传不复更录"⑧,可见北魏的官方谱学体系中,本已经将其世系列入渤

---

① 赵超:《汉魏南北朝墓志汇编》,第102页。
② 《魏书》卷八三下《外戚高肇传》,第1979页。
③ 《魏书》卷一〇五之四《天象志四》,第2661页。
④ 《魏书》卷八三下《外戚高肇传》,第1979页。
⑤ 按姚薇元有考证:"辽东高氏,本高丽族,由燕归魏,赐姓羽真氏。"参见姚薇元:《北朝胡姓考》,第293页。
⑥ 按有学者认为《文昭皇后高照容墓志》中提到其高祖名孝,实系误读。今观拓本,墓志于"高祖孝"后残断,下文接"皇帝之贵人",中间残损只有一到两字,且"皇帝"二字顶格,当系照顾平阙制度;残损之字应是"文"字,即"高祖孝文皇帝之贵人",而不是其高祖名孝。实际上该墓志完未曾记载高氏的家世,不及父、祖,岂会只载高祖之名。高氏墓志拓本参见毛远明:《汉魏六朝碑刻校注》第5册,第42页。
⑦ 罗新、叶炜:《新出魏晋南北朝墓志疏证》,第97页。
⑧ 王昶:《金石萃编》卷二九,《历代碑志丛书》第4册,第498页。

海高氏的谱系之中了。高肇"特赠营州刺史"之事,自高植、高湛的墓志都没有提及,而只提及其生前的官职。高肇家族墓志对其祖先与高丽的关系避而不谈,似乎也表明高丽出身已经是他们避之不及的忌讳了。

清代以来在山东德州出土有高肇家族碑志四方,墓主分别是:高肇弟高偃之子高庆,卒于北魏正始五年(508)八月,葬年不详,但志文中出现了"世宗宣武皇帝"之庙谥,葬年当在高肇死后①;高偃之子高贞,卒于北魏延昌三年(514)四月,立石于北魏孝明帝正光四年(523)六月②;高肇之子高植,葬于神龟年间(518—520)③;高肇之子高湛,卒于东魏元象元年(538)正月,葬于元象二年十月④。除高湛以外,高庆、高贞、高植都应下葬于高肇死后十年之内。《高植墓志》出土情况,王昶引田雯《长河志籍考》云:"按景州城东十八里有村名六屯,本蓚地,割属德州。河岸雨圻得一石,土人取之置野寺中。"⑤《金石续编》则称《高贞碑》"与高植、高湛二志皆出于德州卫河第三屯"⑥。《鲁迅辑校石刻手稿》称《高庆碑》"近年德州出土"⑦,或也在附近。几方墓志的出土表明古勃海蓚县之地,应有北朝高肇家族的葬区。《高湛墓志》还提到"迁葬于故乡司徒公之茔"⑧,"司徒公"就是其父高肇,可见高肇死后也葬于此地。显然,勃海蓚县已经成为高肇家族成员死后魂归的"故乡",高肇死后也没有被葬到辽东的营州去。颇具意味的是,高庆、高贞都死于高肇权势正盛之时,但归葬勃海都迁延多年,直至高肇死后才得以安葬。仇鹿鸣推测高贞归葬勃海迁延的原因,是由于勃海高氏强大的乡里势力抵制,而最后迁葬勃海是高绰、高聪党附高肇的政治默契⑨。不过,高贞迁葬之时,高绰、高聪均已死去,也正是高肇死去、其党羽遭到清算几年之后。且如

---

① 《鲁迅辑校石刻手稿》,李新宇、周海婴主编:《鲁迅大全集》第23册,第188—194页。
② 陆耀遹:《金石续编》卷一,《历代碑志丛书》第7册,第668—670页。陆增祥:《八琼室金石补正》卷一五,《历代碑志丛书》第9册,第277—280页;《鲁迅辑校石刻手稿》,李新宇、周海婴主编:《鲁迅大全集》第23册,第256—268页。
③ 王昶:《金石萃编》卷二九,《历代碑志丛书》第4册,第498—499页。
④ 王昶:《金石萃编》卷三〇,《历代碑志丛书》第4册,第520—523页。
⑤ 王昶:《金石萃编》卷二九,《历代碑志丛书》第4册,第498页。
⑥ 陆耀遹:《金石续编》卷一,《历代碑志丛书》第7册,第669页。
⑦ 《鲁迅辑校石刻手稿》,李新宇、周海婴主编:《鲁迅大全集》第23册,第192页。
⑧ 王昶:《金石萃编》卷三〇,《历代碑志丛书》第4册,第521页。
⑨ 仇鹿鸣:《"攀附先世"与"伪冒士籍"——以渤海高氏为中心的研究》,《历史研究》2008年第2期。

第五章　外戚、女主、权臣名号与北魏后期的政治文化　　313

上文所见,高绰、高聪攀附高肇之时,也不见高氏乡里势力有抵制高肇的蛛丝马迹。勃海高氏在高肇权盛时要加以抵制,高肇死后反而能予以默许,这种解读似乎也不太合情理。无论如何,高肇身死以后,还能与家人葬于勃海高氏聚居区,说明他们已经被勃海高氏族人所接纳,融入勃海乡里了。

　　高肇家族成员并没有都葬在勃海"故乡",出土于洛阳的《高猛墓志》,就是直接的例证。高猛是高肇兄高琨之子,死于正光四年四月,于是年十一月"窆于茫(邙)山之阳"①,与高贞迁葬勃海恰好在同一年。高猛妻长乐公主元瑛的墓志也已出土,志载其孝昌元年(525)"薨于洛阳之寿安里",次年"将合葬于司空文公之穴"②。高猛和长乐公主合葬于洛阳北邙山的小李村,位于北魏统治集团大墓区之外缘。据宿白的研究,洛阳北邙山的大墓区,既包括了帝陵,又包括了元氏皇室、"九姓帝族""勋旧八姓"和其他内入的"余部诸姓"以及此外的一些重要降臣的墓葬,其内部的次第,是以父子(女)辈左右夹处,兄弟行并排成列为其特点的③。高猛从兄弟辈都归葬于勃海蓨县乡里,而高猛却能跻身等级森严的北魏核心族葬群,其原因或许与其尚长乐公主又与公主合葬有关。同时,高猛是高飏嫡孙,又没有受到高肇事件的太多牵连,表面上的政治地位没有受到太多影响。当然,无论是代北贵族还是河北大族,当时都有死后葬于洛阳的情况,出自渤海高氏的也有其例。据《洛阳出土石刻时地记》,出自勃海高氏、葬于北魏孝昌二年(526)的《高广墓志》,就是"洛阳城东北马沟村北岭出土"④,志文也称其"薨于洛阳",不久"窆于洛阳之北原"⑤。高猛葬于洛阳,并不表示其与勃海高氏的联系疏远或者中断。从高飏到高猛祖孙三代传袭勃海郡公爵位,死后均赐冀州刺史,保留着勃海高氏乃至冀州士人领袖的印迹。

　　出土墓志的证据表明,高飏家族在宣武帝时代凭借高肇及两位高皇

---

① 罗新、叶炜:《新出魏晋南北朝墓志疏证》,第97页。
② 罗新、叶炜:《新出魏晋南北朝墓志疏证》,第114页。
③ 宿白:《北魏洛阳城和北邙陵墓》,《魏晋南北朝唐宋考古文稿辑丛》,文物出版社,2011年,第30—37页。
④ 郭玉堂著,郭培育、郭培智整理:《洛阳出土石刻时地记》,大象出版社,2005年,第31页。
⑤ 赵超:《汉魏南北朝墓志汇编》,第195页。

后的权势成功冒入渤海高氏,在高肇死后也没有被清除出去。事实上,高丽高氏内迁人群中,通过冒入渤海高氏而进入士族社会的还不止高肇一支。《魏书·高崇传》云:

> 高崇,字积善,勃海蓨人。四世祖抚,晋永嘉中与兄顾避难奔于高丽。父潜,显祖初归国,赐爵开阳男,居辽东,诏以沮渠牧犍女赐潜为妻,封武威公主。①

《高崇传》这段文字提及的高抚之兄顾,正是《高肇传》中所提及的高肇五世祖高顾。姚薇元指出,高崇本是高丽人②,甚是。高丽高氏的高崇一支,也通过高顾、高抚之兄弟关系与高肇家族实现联宗并冒入渤海高氏。按《魏书·高崇传》又云:"初,崇舅氏坐事诛,公主痛本生绝胤,遂以崇继牧犍后,改姓沮渠。景明中,启复本姓。"③可见高崇一支复姓高氏,是相当晚的事情,且仍以子谨之"继沮渠氏后"④。高崇三十七岁卒于洛阳令任上,后被追赠为渔阳太守,永安二年(529)改赠沧州刺史,沧州是勃海高氏的本州。仇鹿鸣认为高崇最初是想冒入渔阳高氏,改赠沧州应是高崇之子高道穆的推动,意味着高崇一支转而伪冒地位更高的勃海高氏⑤。此外,《北史》称高道穆"自云辽东人也"⑥,又史载道穆兄谦之"永安中,赠营州刺史"⑦,出自辽东的痕迹也多有遗留。这些证据或可表明,高崇一支成功冒姓渤海高氏可能晚至永安年间,时间上要比高肇一支晚得多;史书记载的高抚与高顾的兄弟关系,表明他们其实是通过联宗高肇家族而冒入渤海高氏的。

《魏书》时常有意无意地提及高肇与辽东、高丽的关系,"自云本勃海蓨人"的标签也被永久地留在史书中;尽管高崇家族冒入勃海高氏利用的是高肇家族的历史记叙,不过《魏书》并没有刻意提起高崇家族的

---

① 《魏书》卷七七《高崇传》,第1844页。
② 姚薇元:《北朝胡姓考》,第294页。
③ 《魏书》卷七七《高崇传》,第1844页。
④ 《魏书》卷七七《高崇传附高谨之传》,第1855页。
⑤ 仇鹿鸣:《"攀附先世"与"伪冒士籍"——以渤海高氏为中心的研究》,《历史研究》2008年第2期。
⑥ 《北史》卷五〇《高道穆传》,第1826页。
⑦ 《魏书》卷七七《高崇传附高谦之传》,第1849页。

高丽渊源,"勃海蓚人"前也没有加上"自云"的标记。史书记载的这些细节,只是表明北魏官方乃至魏收本人对高肇的历史评价,并不反映高崇与高肇家族伪冒渤海高氏是否成功的事实。高肇家族的中原之路,并没有因为高肇政治上的失败而中断,甚至因为高崇一支的加入在政治上又获得了新的活力。永熙二年(533),在北魏王朝风雨飘摇之际,魏孝武帝赠高肇"使持节、侍中、中外诸军事、太师、大丞相、太尉公、录尚书事、冀州刺史"①,算是为高肇平反,同时又重新将高肇的本州从营州迁回了冀州,承认了其渤海高氏的身份。

本节小结

《魏书》等传世史料对高肇专权的记载与评价,与高氏家族墓志、《嵩显寺碑》等出土文献中的信息,有相当大的反差。这种反差恰恰反映出高肇及其家族对宣武帝及其后时代的影响,其面相也是复杂而多元的。高肇家族出身于高丽还是勃海,之所以会被当作一个至关重要的问题被反复争论,是因为门第已经成为北魏社会对该家族属于中心还是边缘的判断标准。冒姓渤海高氏表明在当时的社会崇尚下,高肇家族改变其"边缘"身份的种种努力。冒姓行为最初能够被认可,当然与高肇本人的政治作为分不开;但与高肇在政治上的最终结局不同,这种冒姓的努力在某种程度上仍是较为成功的。

高肇家族从所谓的"东夷之俘"到获取"勃海高氏"这个华夏高门的招牌,北魏王朝特殊的政治文化因素非常关键。在北魏王朝的权力结构中,华夏高门虽然有一定的地位,但毕竟不能越过鲜卑贵族有效掌控政治实权。权力架构与社会风气中门第的重要性,也不是鲜卑贵族乃至皇权能够有效掌控或轻易改变的。士族社会的谱系与身份的罅隙,经常被权力加以改变和填补。高肇家族本是高丽移民出身,但同时又是宣武帝的外戚,这个家族在北魏的政治结构中寻找合适的位置,与各种社会力量的博弈密不可分。宣武帝以拥有了勃海郡望的高肇为冀州大中正,把控了原来由河北士族控制的冀州地区的选官事宜,由对选官权力的控制实现皇权对地方力量的制衡。冀州高门接纳高肇家族,也能获取可观

---

① 《魏书》卷八三下《外戚高肇传》,第1979页。

的政治利益,维系家族的发展乃至提升门第。北魏强势的皇权与地方高门的不断互动,可以让处于边缘地位的各种力量,在位于中心的文化的接纳与包容中,获得改变的机会。渤海高氏在接纳了高肇家族以后,又陆续容纳了几个世系不清的支系,体现了这个家族的包容性,也体现了北朝政治文化的包容性。

第二节　从"非礼"到"越礼":北魏的太后名号与文化调适

宣武帝突然死去,外戚高肇被杀,北魏开始进入新的太后临朝听政时代。《魏书·皇后传》史臣评论说:"始祖生自天女,克昌后叶。灵后淫恣,卒亡天下。倾城之戒,其在兹乎?"[1] 所谓"生自天女",本是拓跋氏的祖先传说;而以"亡天下"归因于灵太后胡氏,则有归因红颜祸水之嫌。胡太后秉政十余年,确实是北魏走向衰亡的关键时期,这也是无可否认的。胡太后并非北魏唯一秉政的太后,史臣对其他太后不作评论,也不无偏颇之处。北魏一朝的太后临朝,在整个中国历史上都是极为独特的。前期的保太后,为地位低下的乳母出身;开启孝文帝改革的冯太后,为前朝皇后出身;开启北魏败亡序幕的胡太后,则是皇帝的亲生母亲。几位太后的执政特色各不相同,结局迥异,不过也有明显的延续性。从名号的角度来说,北魏的太后位号多以违越礼法为特点,也成为后世指斥的焦点。饱受史官指责的胡太后,更是对孝文帝奠定的礼制文化造成了极大的冲击。若要理解北魏太后秉政与政权衰亡之关系,还需要进一步追寻北魏太后名号的制度性本源。

一、从"保太后"到"皇太后":太后尊号"非礼"的来历

太武帝时期的窦太后和文成帝时期的常太后先后以保(乳)母身份称为"保太后"再为"皇太后"的史事,是后世史家以"非礼"抨击的焦点。现存最早的批评始自《魏书》的《皇后传序》:"又世祖、高宗缘保母

---

[1]《魏书》卷一三《皇后传》,第397页。

第五章 外戚、女主、权臣名号与北魏后期的政治文化

劬劳之恩,并极尊崇之义,虽事乖典礼,而观过知仁。"①《通鉴》胡注则于窦氏、常氏被尊为皇太后时两次强调:"尊保姆为母,非礼也"②;很少直接评价史事的郑樵,也于此事加按语云:"以乳母而谓皇太后行郊祀礼,神其听之乎?称崩而使天下临之,人其哀之乎?"③这类"非礼"制度产生的原因,宋人胡寅在讨论"魏尊保太后窦氏为皇太后"事说:"夷狄之人,知母而不知父,至此,则于母亦无差等,曾是以为礼乎?"④明人沈德符也说:"古来惟元魏有保太后,元文宗亦封乳母夫为营都王,此夷狄不足讶。"⑤清牛运震《读史纠谬》则称:"按世祖、高宗尊崇保母,曰保太后,或竟尊为皇太后,此夷狄之俗,有乖典礼也大矣。"⑥今天的史家虽较少使用"夷狄之俗"这类带有贬义的说法,但将其原因归结于鲜卑传统,也几乎成为学界不言而喻的常识。

沈德符所指北魏之保太后与元文宗封乳母之夫事,洞悉史料的赵翼对此皆有评论。《廿二史札记》卷一四"保太后"条云:"乃后魏自道武创例立太子则先杀其母,以防母后预政。自是遂著为令。而帝即位,皆无太后,于是转奉保母为太后。"⑦同书卷三〇"元封乳母及其夫"条亦提及保太后之事:"乳母之贵无有过于元魏者,盖魏制子为皇太子,其母必先赐死,故登极后反以乳母为保太后,其崇奉与皇太后无二也。"⑧赵翼的说法实际上否定了以保母为太后之事直接出自"鲜卑旧俗"的可能性,其理由有如下数点:首先,赵翼在另一条札记中提出:"立子先杀其母之例,实自道武始也。遍检《魏书》,道武以前实无此例,而传何以云魏故事耶?"⑨赵翼说不误,"子贵母死"之制也不是出自鲜卑旧俗,而是道武帝创立的"故事",其衍生品保母为太后之制自然就更不是鲜卑旧俗了。

---

① 《魏书》卷一三《皇后传》,第377页。
② 《资治通鉴》卷一二二宋文帝元嘉九年正月"魏主尊保太后窦氏为皇太后"条胡注,第3836页。同样的评价又见于《资治通鉴》卷一二七宋文帝元嘉三十年三月"魏主尊保太后为皇太后"条,第3992页。
③ 《通志》卷二〇《后妃传二·后魏》,中华书局,1987年,第395页上栏。
④ 胡寅:《读史管见》卷一〇《宋纪》,岳麓书社,2011年,第355页。
⑤ 沈德符:《万历野获编》卷二一,中华书局,1959年,第542页。
⑥ 牛运震:《读史纠谬》卷一一《魏书》,齐鲁书社,1989年,第435页。
⑦ 赵翼著,王树民校证:《廿二史札记校证》卷一四"保太后"条,第299—300页。
⑧ 赵翼著,王树民校证:《廿二史札记校证》卷三〇"元封乳母及其夫"条,第712页。
⑨ 赵翼著,王树民校证:《廿二史札记校证》一三"魏书纪传互异处"条,第264页。

其次,赵翼除《廿二史札记》提及"亲母则必赐死,保母转极尊崇,魏法之矫枉过正,莫不善于此"以外,《陔余丛考》对子贵母死制度还有评价云:"子贵母死,本属矫枉过正。汉之马、邓,宋之章献、宣仁,何尝不有功于国家?乃必使人主先绝其天性之亲,则已大悖乎孝治天下之义,何以君临天下?卒之防患虽严,而偶一破例,前此数代之冤祸,即中于此一人以报之,驯至破家亡国。"① 概言之,赵翼注意到这一系列的制度的确立,其目的无非是巩固皇帝权力而防止后宫专政,亦即出于现实考虑而非基于某种胡族传统。而这种矫枉过正的措施,也导致了严重的后果。赵翼将保(乳)母专政与"子贵母死"之制联系起来,无疑要比简单地以"夷狄之人,知母而不知父"来解释切实得多,也是迄今都值得重视的一种解释。

"子贵母死"制度与"保母为母"制度,有着显而易见的因果承继关系。不过从逻辑上说,可以将"子贵母死"制度看作"保母为母"制度的必要条件,但不能将其看作充分条件。毕竟"太后"和皇帝不同,"国不可一日无君"而太后却不是必不可少的。就北魏而言,太武帝之前的两个皇帝道武帝和明元帝,在位期间就没有太后存在,似乎也没有太后的名号见诸记载。其中道武帝母贺氏,在道武帝建立政权的过程中起过不小的作用,于皇始元年六月死去,时年四十六。按《魏书·太祖纪》记其事为"丁亥,皇太后贺氏崩。是月,葬献明太后"②,不过这里所谓"太后"者皆是后来追记,因为贺氏死后的次月,拓跋珪方"始建天子旌旗,出入警跸,于是改元"③。至于建立皇帝制度,正式"追尊成帝已下及后号谥",则在两年以后了。《献明皇后贺氏传》也称:"后追加尊谥,配飨焉。"④ 至于明元帝之母刘氏,则由于道武帝使用"子贵母死"之制而处死,即位以后也就没有"太后"这一角色的存在,其位号也都是事后追尊。需要提及的是,由于贺氏、刘氏在道武帝、明元帝即位之前死去,这些追尊的位号应当都是"皇后",而不是"太后",如《太宗纪》所记:"追尊皇妣为宣

---

① 赵翼:《陔余丛考》卷一六《元魏子贵母死之制》,商务印书馆,1957年,第257页。
② 《魏书》卷二《太祖纪》,第31页。
③ 《魏书》卷二《太祖纪》,第31页。
④ 《魏书》卷一三《皇后传》,第381页。

穆皇后。"①

也即是说,太武帝以保母为太后,实际上是北魏历史上首次出现"太后"的名号。就太武帝的实际情况来说,"太后"也并不是必不可少的。一般而言,"太后"角色不可或缺主要是由于主幼时艰的特殊时期,需要以太后的身份掌控权力②。首先,太武帝时期不存在需要太后助理国政的必要。太武帝生于天赐五年(408),即位时已经16岁,虽然仍属年轻,但在北魏历史上却已经可算作是长君了。实际上,"及太宗崩,世祖即位,大檀闻而大喜,始光元年秋,乃寇云中"③,太武帝亲自"大简舆徒,治兵于东郊,部分诸军五万骑",北伐柔然,"车驾次柞山,蠕蠕北遁,诸军追之,大获而还"④。即位之初便率军亲征柔然,可见太武帝对权力特别是军事力量的掌控,已经相当成熟。就保母窦氏本人来说,其家并无雄厚的实力,保母身份本也低微,本人"初以夫家坐事诛,与二女俱入宫"⑤,也谈不上有什么势力能够为太武帝利用以巩固权力。从逻辑上来说,太武帝在亲母死去之后,其实并没有另奉一位"太后"的必要性。

按照《魏书》的记载,窦氏"性仁慈,勤抚导。世祖感其恩训,奉养不异所生。及即位,尊为保太后,后尊为皇太后,封其弟漏头为辽东王"⑥。这一记载清楚地表明,太武帝对窦氏感恩恐怕才是奉其为太后的主要原因。袁枚是清代以来少有的对太武帝尊窦氏表示肯定的学者,《随园随笔》卷十二《典礼类》"乳母缌"条:"乳母缌者,谓母死莫养之儿,非谓人人乳母皆有服也",并称"北魏佛狸竟尊乳母为'保太后',又称'玉京太后',亦非礼之礼矣"⑦。袁氏立论,也自是从报答乳母抚养之恩义的角度而言。值得注意的是,《魏书·皇后传》所说"及即位,尊为保太后"事,

---

① 《魏书》卷三《太宗纪》,第58页。
② 祝总斌先生总结古代皇太后"称制"能存在和延续的主要原因时说:"一方面因'少帝即位',无法处理全国政务,如同时还存在内忧外患,统治危机严重,必须立即有人代替少帝摄政,'行天子事',稳定人心、政局,保证天下即王朝统治的延续,这便是古代其所以实行皇太后'称制'制度的客观条件,或曰客观需要。"参见祝总斌:《才不才斋史学丛稿》,中华书局,2009年,第551—552页。
③ 《魏书》卷一〇三《蠕蠕传》,第2490页。
④ 《魏书》卷四上《世祖纪上》,第82页。
⑤ 《魏书》卷一三《皇后传》,第382页。
⑥ 《魏书》卷一三《皇后传》,第382页。
⑦ 《袁枚全集》第5集《随园随笔》,江苏古籍出版社,1993年,第210页。按所谓"玉京太后"者不知所出,佛狸先封保母为"保太后"再奉为"皇太后",未见"玉京太后"之记载。

实际上距离太武帝即位已近两年；而尊为"皇太后"，则更在七年之后的延和元年。其间，见诸《魏书》的有一次保太后参与朝政的记载：神䴥二年，"议击蠕蠕，朝臣内外尽不欲行。保太后固止世祖，世祖皆不听，唯浩赞成策略"，此后"而保太后犹难之，复令群君臣于保太后前评议。世祖谓浩曰：'此等意犹不伏，卿善晓之令悟。'"①此事的结局虽然是太武帝对保太后的意见"不听"，但毕竟让其参与政事并给予了足够的尊重。此点也可验证《皇后传》中"太后训厘内外，甚有声称"之记载，绝非无根。终于在窦氏获取"皇太后"之号后，太延五年"世祖征凉州，蠕蠕吴提入寇，太后命诸将击走之"②，这是《魏书》中见到的窦氏"干预了北魏朝政的最高决策"③的首次记载。这很有可能表明，太武帝尊保母为太后之事，是通过树立起"训厘内外，甚有声称"的形象，并通过"保太后"的封授让其一步一步走上"皇太后"的位置，其权力也是在这一过程中逐步增大的。显然，这与历史上的绝大多数太后干政，有着本质的区别④。

太武帝突然在政变中死去，经过一连串的政治斗争以后，其孙文成帝登上皇位，其时的北魏后宫，出现了从未有过的"三太后并存"格局。其时，只有景穆帝的嫡母贺氏死于子贵母死之制，而太武帝皇后赫连氏尚在，名义上当为太皇太后；文成帝由于不曾被立为皇储，因而其生母郁久闾氏也得以在文成帝即位之前幸免于难；除此之外，还有文成帝的乳母常氏，在名义上也符合太武帝以乳母为太后的旧例。此三后在文成帝即位之初展开了一场争夺"太后"位号的政争，这就是文成帝即位初年的"三后之争"⑤。

"太后"的位号不过是表面现象，实质当然是这一位号背后的荣宠和权力。从性质上说，三后之争是北魏制度与汉制传统太后制度之争；现

---

① 《魏书》卷三五《崔浩传》，第905页。
② 《魏书》卷一三《皇后传》，第382页。
③ 李凭：《北魏明元帝两皇后之死与保太后得势》，《史学月刊》2007年第5期。
④ 蔡幸娟将北魏保太后政治界定为一种"'长期'发展的模式"，并指出："窦氏保皇太后政治运作之实际权力当然是小于至尊皇帝的；相较前代诸临朝太后而言，更是无法相提并论。""纵然窦氏被尊重而可以临朝知事与政，不过，太武帝至尊支配的统治权力却是不能被窦氏取代的。"参见蔡幸娟：《北魏保皇太后政治研究》，《成大历史学报》（台北）第25号，1999年。
⑤ 关于文成帝即位初年"三后之争"的相关细节，李凭有极为精到的考证，此处只引述李凭考证的结果，其余细节从略。参见李凭：《北魏文成帝初年的三后之争》，收入《北朝研究存稿》，第137—161页。

实的背景就是,文成帝即位以后各种势力对皇帝和皇权控制权的政争。更为基础的背景是,虚龄13岁的文成帝在政变中即位,并未完成对朝政的控制;久为强势君主所压抑的母权,正在悄然生长。三后之争的结局颇为吊诡,熬到其子登上帝位的郁久闾氏,也是三后之中唯一一个与皇帝有血缘关系的人,却最先败下阵来,死于"子贵母死之制"[①];三者之中辈分最高、在太武帝生前地位最显贵的太武皇后赫连氏,由于在太武帝之死的政争中被宗爱势力利用,实际上被架空,最后的结局也非常微妙[②];而原本地位最卑贱的文成帝乳母常太后获取了这场斗争的最终胜利,并沿用太武帝时期窦太后的旧制,由"保太后"走向"皇太后",并开启了近十年的太后干政之路。这场政争中被利用并得以延续的两种制度都是北魏确立的制度,即子贵母死之制和保母为太后之制。

常氏登上太后之位的形式与窦氏全然相同,但内在的背景是完全不一样的,因而常氏由乳母到"保太后"而为"皇太后"的过程就大大加速了。按《魏书·高宗纪》,文成帝于"正平二年十月戊申,即皇帝位于永安前殿",是年十一月"甲申,皇妣薨","壬寅,追尊景穆太子为景穆皇帝,皇妣为恭皇后;尊保母常氏为保太后"[③]。也即是说,从文成帝即位到皇妣死去再到尊常氏为保太后,全部在不到两个月的时间内完成。而太武帝尊保母窦氏为保太后的时间,却用了将近两年的时间。文成帝即位次年"三月壬午,尊保太后为皇太后",接着"闰月乙亥,太皇太后赫连氏崩"[④],这一系列的事件,也在文成帝即位不到一年的时间内完成。反观太武帝保母窦氏,从"保太后"成为"皇太后"则用了长达7年的时间。李凭先生指出,郁久闾氏与常氏一死一荣的转化这一回合,是整个三后

---

① 按此处采用李凭的考证,参见前揭李凭:《北魏文成帝初年的三后之争》,收入《北朝研究存稿》,第137—161页。
② 李凭发现今存所有史料只字不言尊赫连氏事,虽云"附葬金陵"却无配飨太庙之语。所以,赫连氏被尊为太皇太后的时间无从得知。联系当时的形势,让人不能不怀疑赫连氏是否曾被尊为太皇太后,或者也可以猜测她的太皇太后名位是在死后被追尊的。这些疑问,虽然已难查实,但却反映了赫连氏在文成帝即位后确实处于困难的境地。其说甚是。参前揭李凭:《北魏文成帝初年的三后之争》,《北朝研究存稿》,第142页,又参见《北魏平城时代》,第176页。按此处采用李凭的考证,对此张金龙持一种更为谨慎的态度,可供参考:"然而史书中并无关于二人斗争的蛛丝马迹,因此宁可相信赫连太后属于自然死亡。"参见张金龙:《北魏政治史(五)》,甘肃教育出版社,2008年,第62页。
③ 《魏书》卷五《高宗纪》,第133、134页。
④ 《魏书》卷五《高宗纪》,第134、135页。

之争的关键①。指明这一点有助于说明,常氏成为"保太后"以后,专权的格局就已经明朗;而由"保太后"成为"皇太后"的进程,则更多的像是完成礼仪层面的固定程式。常氏获取太后名位完全是政治斗争的产品,与窦氏由于受到太武帝的尊重而成为"皇太后"的性质全然不同,她只是利用了窦氏的成例而已。

也正由于常氏登上太后之位的道路与窦氏截然不同,其干政的方式和程度也就具备了不同的特色。窦氏虽贵为太后,但其时的太武帝是一位毋庸置疑的强势皇帝,太后权力很难凌驾于皇权之上。相较而言,虚龄13岁即位的文成帝显然要弱势得多,这是太后专权的客观条件。不过,常太后是否临朝听政,在现存史料中并没有明确的记载,因而学界也就出现了此时的政权是掌握在常氏手中还是鲜卑贵族手中的争议②。尽管有此争议,史家也都认可常太后干政是事实,唯一不同的是太后的权力到底有多大或者说权力在太后和贵族之间如何分配的问题。有一个问题必须明确,现存史料对于常太后干政的记载并不多,并非是由于没有这样的事实,而是由于史料对这一段史事的记载过于缺失。在崔浩国史事件之后,纪事本就隐晦简略的《魏书》对这段史事的记载变得更加含混不清,关涉后宫的权力斗争时尤其如此。吕思勉先生感慨"魏史之阙略,诚令人如堕五里雾中也"③,也是针对这段时间的史事有感而发。

核诸《魏书》,直接反映常太后行使权力的事件不过两件,均见于《皇后传》。其一,文成元皇后李氏"高宗登白楼望见,美之,谓左右曰:'此妇人佳乎?'左右咸曰'然'。乃下台,后得幸于斋库中,遂有娠。常太后后问后,后云:'为帝所幸,仍有娠。'时守库者亦私书壁记之,别加验问,皆相符同。及生显祖,拜贵人。太安二年,太后令依故事,令后具

---

① 前揭李凭:《北魏文成帝初年的三后之争》,《北朝研究存稿》,第156—161页。
② 李凭认为:"文成帝即位以后,北魏宫内的生杀荣辱大权已完全控制在昭太后常氏的手中,常氏的地位和权力绝不亚于皇帝嫡亲的太后。"《北魏平城时代》,第178页。张金龙则认为:"当时文成帝保母(乳母)常氏虽被尊为保太后,但并不意味着常氏在此之前就已经掌握着生杀予夺的大权。分析文成帝即位之际的政治局势,在当时实际掌握政权的是拥戴文成帝即位的以禁卫长官为核心的鲜卑贵族,常太后是被他们推上北魏政治舞台的,而这一过程当时才刚刚开始。闾(郁久闾)氏之死是当政权臣为了控制朝政、缓和局势、防止外戚干政而采取的措施。"参见张金龙:《北魏政治史(五)》,第63页。
③ 吕思勉:《两晋南北朝史》,第451页。

第五章 外戚、女主、权臣名号与北魏后期的政治文化

条记在南兄弟及引所结宗兄洪之,悉以付托。临诀,每一称兄弟,辄拊胸恸泣,遂薨"①。其二,孝文贞皇后林氏"叔父金闾,起自阉官,有宠于常太后,官至尚书、平凉公。金闾兄胜为平凉太守"②。两条材料涉及"子贵母死"遗制的执行和外朝官吏的任命;此外,李凭所考证的常太后与掌控朝政的乙浑之间的联系,也是言有根据的③。当然,无论是宦官林金闾还是出身不明的乙浑,原本都是身份低微的"小人",很有可能是常太后用以行使权力的工具。这些史实当然只能说明常太后干政的部分事实,特别是对其是否临朝听政的关键问题,仍旧无从考证。

另外一种可能掌控权力的力量则是拥立文成帝的鲜卑贵族,还需从当时政局进行评估。按《高宗纪》纪事,在"皇妣薨"之前死去的有骠骑大将军、太宰、都督中外诸军事、录尚书事元寿乐,尚书令、加仪同三司长孙渴侯,广阳王建,临淮王谭;三月"尊保太后为皇太后"之前的纪事还有"太尉张黎、司徒古弼,以议不合旨,黜为外都大官","太尉、乐陵王周忸有罪,赐死","司空、京兆王杜元宝谋反,伏诛;建宁王崇、崇子济南王丽为元宝所引,各赐死"。同年七月,"濮阳王闾若文、征西大将军、永昌王仁谋反。乙丑,赐仁死于长安,若文伏诛"④。其中,《世祖纪》称"殿中尚书长孙渴侯与尚书陆丽迎立皇孙,是为高宗焉"⑤,长孙渴侯即其一;拓跋(元)寿乐"高宗即位,寿乐有援立功,拜太宰、大都督、中外诸军、录尚书事"⑥;广阳王建、临淮王谭为太武帝诸子中当时仅剩的两位;太尉张黎、司徒古弼为几场政变中幸存下来的太武帝时期老臣;建宁王崇为明元帝之子中当时仅剩的一位;杜元宝为太武帝母杜皇后兄子;永昌王仁为明元帝子永昌王健之子;闾若文无考,不知与明元帝母闾氏有无亲缘关系。由此可见,文成帝即位一年之内,明元、太武诸帝子孙基本被清除干净,为帝室近亲的长孙氏以及前代外戚势力也被清除。实际上,整

---

① 《魏书》卷一三《皇后传》,第 387 页。
② 《魏书》卷一三《皇后传》,第 388 页。
③ 李凭:《北魏平城时代》,第 180—184 页。
④ 均见《魏书》卷五《高宗纪》,第 133—135 页。
⑤ 《魏书》卷四下《世祖纪下》,第 125 页。
⑥ 《魏书》卷一四《神元平文诸帝子孙传》,第 404 页。

个帝室十姓在文成帝时代显贵者都较之前代大为减少①。也即是说,在文成帝即位之际的政治变动中,太武帝时期显贵的鲜卑贵族元气大伤,政治力量甚至比太武帝在位时还不如。

拥立明元帝的骨干中,没有在即位之初的政治斗争中罹难的主要有前引《魏书·世祖纪》中提到的尚书陆丽以及《魏书·陆丽传》中所见的尚书源贺、羽林郎刘尼等人。这些人多出自禁卫武官将领,过去一般也将他们归为拓跋贵族一类。值得注意的是,这批人父祖不显且原本位望不高,如文成帝即位前陆丽与刘尼的爵位都很低②。陆丽等人家族在太武帝时期也不算很显贵,陆丽父陆俟是"高宗践阼,以子丽有策立之勋,拜俟征西大将军,进爵东平王",以陆丽的拥立之功而获王爵③。刘尼更是父祖不显,其祖为"方面大人",父为"冠军将军,卒赠并州刺史"④。至于源贺,则是南凉君主秃发氏之后,源贺本传称太武帝谓贺曰:"卿与朕源同,因事分姓,今可为源氏。"⑤不过源氏灭国奔魏,朝中孤立无援,与长孙氏、奚氏、叔孙氏等传统鲜卑贵族也难以相提并论。陆丽、刘尼、源贺等人无论从血缘上还是功业上都和太武帝时期以帝室十姓为主的贵族相距甚远,如若细致地辨析,将这批人看作拥立文成帝而显贵的"新贵"可能是较为恰当的态度。又,陆丽本传记文成帝即位后,固辞侍中、辅军大将军、司徒之职,改领太子太傅,"丽好学爱士,常以讲习为业"⑥,似乎有意远离朝政;源贺本传则记"出为征南将军、冀州刺史"⑦,刘尼本传记

---

① 张金龙注意到,文成帝即位之初"长孙渴侯被赐死后,北魏初期势力强大的长孙(拔拔)氏家族从此衰微,再也未能恢复往日的景象"。参见张金龙:《北魏政治史(五)》,第17页。事实上,从太武帝末年以来,崔浩事件、太子晃被废死、拓跋焘被杀,每一场事件都有大量胡汉权贵卷入,原有权贵家族大多受到打击,实力退化严重。即算没有卷入这些事件的家族,如帝室十姓中的奚(达奚)氏、叔孙(乙旃)氏在太武帝时期出现了奚斤、叔孙建等重臣,文成帝即位后也都不再有显贵之臣见诸记载。
② 按陆丽时为章安子,刘尼时为昌国子。有学者指出,从标识人的地位来说,北魏前期爵位远比官位重要,参见胡鸿:《能夏则大与渐慕华风:政治体视角下的华夏与华夏化》,北京师范大学出版社,2017年,第263页。
③ 《魏书》卷四〇《陆俟传》,第1000页。又陆丽为其父向文成帝求取王爵之细节,见《魏书》卷四〇《陆俟传附陆丽传》,第1004页。
④ 《魏书》卷三〇《刘尼传》,第803页。
⑤ 《魏书》卷四一《源贺传》,第1019页。
⑥ 《魏书》卷四〇《陆俟传附陆丽传》,第1004页。
⑦ 《魏书》卷四一《源贺传》,第1020页。

"出为征南将军、定州刺史"①;三人所任虽然多为大州刺史或朝中高官,但出为地方官也说明全面掌控朝政的可能性极小,至少在文成帝即位之初距离掌控朝政还颇有一段距离。从常太后和鲜卑贵族两方面来说,在文成帝年龄不大的情况下,朝廷的实权很有可能还是掌握在常太后的手中的。

  常太后外戚势力的崛起与掌权更是一个重要的佐证。如果与太武帝时期的窦太后进行比较,问题可以更为明晰。太武帝时期的窦太后虽极受尊崇,虽然"初以夫家坐事诛,与二女俱入宫",但窦氏原本在代北地位很高,还有强大的部落势力②。不过,在《魏书》中却只有太武帝封其弟漏头为辽东王而已,不见窦氏利用其身份形成了某种外戚势力的记载。相较而言,常太后"本辽西人",常氏家族也没有较高官位者,政治地位可谓低下③。在文成帝即位以后,其家族势力迅速膨胀,形成了一股不容小觑的外戚势力,而且在礼制上也有不小的突破。这在《外戚传》中有明确的记载,研究者也多所征引,此不赘。更重要的是常太后兄英除曾经"为侍中、征东大将军、太宰,进爵为王"以外,"(太安)三年,英领太师、评尚书事、内都大官"④。按严耕望《北魏尚书制度考》所考,魏"录尚书事"之职"'位总阿衡',其权极重。然'录尚书事'仅为职称,而非官名";"评尚书事"则只在文成帝时期出现,严耕望认为或为参录或分录之职⑤。北魏此二职一向属掌控中央权力的实职⑥,就连文明太后时期的冯氏外戚也不曾染指。

---

① 《魏书》卷三〇《刘尼传》,第804页。
② 按窦氏是代北大姓,《新唐书·柳冲传》载冲论南北朝世胄云:"代北则为'虏姓':元、长孙、宇文、于、陆、源、窦首之。"参见《新唐书》卷一九九《儒学传中·柳冲传》,中华书局,1975年,第5678页。《元和姓纂》卷九"窦"条云:"(窦武后人)为没鹿回部大人,赐姓纥豆陵氏。魏孝文改为窦氏。女为元帝后,六代孙漏头蓬东王。"按此"元帝"当为"明元帝"之讹,"蓬"当为"辽"之讹。参见林宝撰,岑仲勉校记:《元和姓纂》卷九"窦"条,第1364页。关于没鹿回部窦氏,《魏书·序纪》载:"西部内侵,国民离散,依于没鹿回部大人窦宾。始祖有雄杰之度,时人莫测。后与宾攻西部,军败,失马步走。始祖使人以所乘骏马给之。宾归,令其部内求与马之人,当加重赏,始祖隐而不言。久之,宾乃知,大惊,将分国之半以奉始祖。始祖不受,乃进其爱女。"《魏书》卷一《序纪》,第3页。
③ 按张金龙先生对常氏的家族势力进行过细致的考证,参见《北魏政治史(五)》,第31—39页。
④ 《魏书》卷八三上《外戚传上》,第1963页。
⑤ 严耕望:《北魏尚书制度考》,《严耕望史学论文集》,上海古籍出版社,2009年,第93—98页。
⑥ 《魏书》诸传在"录尚书事"的记载后常有"军国大事总而裁决""总统内外""统摄内外"字样,"评尚书事"权力或稍小,但也不可小觑。

尽管史料记载晦暗不清,常太后干政的情形仍能得出一个较为明确的结论。从太武帝时期奉乳母为太后之事,发展成保皇太后专权,其对政治的实际影响随着政局的变化而有所增长;而由保母到保太后再尊为皇太后的进程,则基本沿用了类似的礼制过程。所不同者,在于对常氏外戚的封授规格超出了窦氏,这也许是权力所带来的实际利益。直到北魏正光四年(523),常太后侄孙女常季繁的墓志中对此仍念念不忘:"初照皇太后籍圣善之德,正坤元之位,阿保高宗,母仪天下,惠训迈于当时,洪勋济于来世。朝廷式稽旧章,褒崇懿戚,是以王爵加隆于父兄,世禄广贻于子侄。虽丁傅扬光于盛汉,羊庾振赫于有晋,无以过也。"①

从窦太后到常太后,虽然只是两次出现保母为太后的事例,但这两位太后都影响了北魏政局,而常太后的影响力更是超越了窦太后,更是明显超过了中间出现的以太武帝皇后身份成为太后的赫连氏。有了窦太后和常太后两个类似的事例之后,史家一般认为以保母为太后之事已经制度化。

二、不从夫谥与别葬方山:"文成文明皇后"谥号的形成

以保母为太后之制饱受争议,不过北魏一朝,这样的情况也仅有两例,此后便不再出现。文成帝和平元年(460)四月,皇太后常氏崩于寿安宫;仅仅过了5年,年仅二十六岁的文成帝崩于太华殿。虚龄12岁的献文帝即位,北魏又一次出现幼主当国的情况。不过,这一次没有出现三后之争的局面,因为冯氏的文成皇后之位已经在常太后在位之时确立;献文帝的生母也在常太后的主持下执行"子贵母死"旧制而死去;只有献文帝的乳母不见于记载,献文帝即位后,走上政治舞台的是日后开启太和改制的冯太后。冯太后于北魏虽功勋卓著,但在名号问题上也多受批评。对于冯太后的号谥,清人王鸣盛曾经提出一个"不可解"的北魏"后多别立谥"问题:

> 妇人当从夫谥,而魏一朝,后多别立谥。如冯氏者,谥尤过美,本传言其崩后,孝文追谥为"文明太皇太后",故传首称之曰"文成

---

① 赵超:《汉魏南北朝墓志汇编》,第132页。

文明皇后冯氏"，《魏书》同，盖因其临朝日久，直待以帝礼，且因其粉饰文治，特为造此美谥，此其不可解一也。①

从北魏一朝的情况看，道武皇后慕容氏和太武皇后赫连氏皆未独立立谥，而明元帝、景穆太子皇后皆后世追尊，皇后别立谥实际上是从文明太后开始的。从传统谥法的角度来看，"后别立谥"是一种"非礼"的做法。在东汉出现这种情况时，遭到了儒生的激烈批评，蔡邕还专门写了《和熹邓后谥议》一文以正之②。王鸣盛从文明太后执掌权力过久直至"待以帝礼"与孝文帝"粉饰文治"的现实需要入手追寻原因，实际上已经为这个问题作了某种解释。不过，冯太后的谥号作为孝文帝君臣对其盖棺论定的评价，还需要从其政治经历来入手考察。

冯氏本为文成帝的皇后。史载，太安二年春正月乙卯，"立皇后冯氏"；两天后，也就是二月丁巳，"立皇子弘为皇太子，大赦天下"③。这两件事究竟有何关联，史料并无记载。不过，鉴于"立太子"与"子贵母死"一般同时进行的北魏旧制，且《魏书》详细记录了常太后对献文帝生母李氏施行"子贵母死"旧制的史事，有学者对这两件事之间的关联进行了合理推断："一悲，一喜，紧相衔接，但这决非偶然，说明两人的死与荣密切关联。说穿了，杀李氏正是为了立冯氏。倘如是，冯氏之立自然就是出于昭太后的意志。"④关于常太后和冯氏之间关系的间接证据还有不少，比如常太后是辽西人，而冯氏是北燕冯弘之孙女，同是出自龙城的北燕国遗民；直到后来的外戚高氏，皆出自龙城，常氏集团、冯氏集团与高氏集团构成了活跃了数十年的"龙城诸后"势力⑤，甚至她们之间还有共同的姻亲关系⑥。因其父冯朗"坐事诛"而入宫的冯氏，能够击败生子的

---

① 王鸣盛：《十七史商榷》卷六六"孝文帝孝事文明太后"条，第547—548页。
② 《后汉书》卷一〇下《皇后纪论》及李贤注，第455、456页。
③ 《魏书》卷五《高宗纪》，第138页。
④ 李凭：《北魏平城时代》，第173页。
⑤ 李凭：《北魏龙城诸后考实》，《历史研究》2007年第3期。
⑥ 殷宪发现，高丽乐浪王氏婚姻圈在北魏辽东政治圈中起到了独特的作用。《魏书·皇后传》和《海夷冯跋传附冯文通传》记载，文明太后母王氏、祖母王氏都属于乐浪王氏；《外戚传》记有常太后封三妹夫王睹"本州、郡公"之事，即是任命到家乡做州刺史并赐爵辽东郡公，其地望很可能也是乐浪。参见殷宪：《从北魏王礼斑妻舆砖、王斑残碑说到太和辽东政治圈》，《中华文史论丛》2006年第4期。

李氏成为皇后,原因复杂。换言之,"子贵母死"制度杜绝了"母以子贵"的可能,但李氏之死只是冯氏成为皇后的必要条件而非充分条件,冯氏自身获得了文成帝特别是常太后的支持才是最重要的条件。唯其如此,冯氏才有可能在某种鲜卑旧俗适应的范畴内登上皇后之位①。

到文成帝死去时,冯氏已经当了十年皇后,然而冯氏的专政之路走得并不顺畅。虽然和平六年五月,献文帝即皇帝位的同一天就"尊皇后曰皇太后"②,但顺利成为太后仅仅是获得了一个名号而已,此时的冯氏仍面临着重重危机。是年七月,"太尉乙浑为丞相,位居诸王上,事无大小,皆决于浑"③。到次年二月,乙浑伏诛,《皇后传》记曰:"丞相乙浑谋逆,显祖年十二,居于谅暗,太后密定大策,诛浑,遂临朝听政。"④这是《魏书》中所见最早的"临朝听政"之记载,且"临朝"字样不止一次见诸记载,如《高闾传》也有"文明太后临朝诛浑,引闾与中书令高允入于禁内,参决大政"云云。蔡幸娟指出,历史上的太后临朝"听政"与"称制""摄政"虽然创立之时可能有某种制度的区别,但自《后汉书》以后基本都趋于相同意义而混淆使用,都是指称女主直接临朝统治的习惯用词⑤。从制度上来说,"临朝听政"表示文明太后在短期内掌控了北魏的大权,应该是没有疑问的,史料的证据也很充分,毋庸多举。

北魏立国以来,以前朝皇后身份登上"太后"之位的,第一位是太武皇后赫连氏,第二位就是文成皇后冯氏了。就历史而言,此前只有保皇太后干政,不过似乎也不是以"临朝听政"的形式直接进行的;以先帝皇

---

① 按北魏登上皇后之位者,必须通过"手铸金人"等仪式,冯氏可能也经历了这一过程。《魏书》卷一三《皇后传序》:"又魏故事,将立皇后必令手铸金人,以成者为吉,不成则不得立也。""手铸金人"失败的情况也颇多见,如道武宣穆皇后刘氏"专理内事,宠待有加,以铸金人不成,故不得登后位"。明元帝昭哀皇后姚氏"以铸金人不成,未升尊位,然帝宠幸之,出入居处,礼秩如后焉"。又,《魏书》卷七四《尔朱荣传》云:"犹疑所立,乃以铜铸高祖及咸阳王禧等六王子孙像,成者当奉为主,惟庄帝独就。"又云:"荣既有异图,遂铸金为己像,数四不成。时幽州人刘灵助善卜占,为荣所信,言天时人事必不可尔。荣亦精神恍惚,不自支持,久而方悟,遂便愧悔。""手铸金人"大约成功的几率不大,因而这种选择方式可能具有很强的偶然性;刘氏、姚氏与尔朱荣铸金人失败的事例说明这种传统的惯性很强,甚至世俗权力对此结果亦无可奈何。
② 《魏书》卷六《显祖纪》,第151页。
③ 《魏书》卷六《显祖纪》,第152页。
④ 《魏书》卷一三《皇后传》,第384页。
⑤ 蔡幸娟:《史传中之女主临朝"称制""摄政"与"听政"》,《成大历史学报》(台北)第23号,1997年。

后升级为太后的身份"临朝听政",则此前并无先例;至于以皇帝生母身份而获取对朝中事务的某种发言权,也至少要追溯到道武帝之母贺氏。冯氏临朝听政的来由与性格,在复杂的政治斗争的明线之下,还潜伏着一条"故事"与"创新"的暗线。这条暗线牵制着冯氏的一举一动,也在冯氏行为的记载中不知不觉地浮现出来。

"高宗崩,故事:国有大丧,三日之后,御服器物一以烧焚,百官及中宫皆号泣而临之。后悲叫自投火中,左右救之,良久乃苏。"① 史书记下这一奇怪的举动,引起了史家的不同推测。吕思勉先生说:"案此事极可异,其时殆有欲杀后者?其即乙浑邪?抑非也?"② 在此基础上,一些史家从现实政治的角度进行了进一步的辨析,如李凭先生认为:"文明太后的'自投火中'之举,不过是应付当时复杂形势的韬光养晦之策而已。"张金龙先生则推断:"这一举动为她后来在朝中的政治地位奠定了基础,因为它标志着她与已故皇帝的无可替代的亲密关系。此外,当时北魏王朝统治集团中,鲜卑贵族尤其是宗室贵族力量十分强大,冯后如不采取惊人之举便很难牢固地控制易代之际复杂的政治局势,大臣是否拥立她为太后并进而临朝听政当然更是未知数。"③ 另外一些学者则从北方民族的传统风俗角度入手进行分析,如王晓卫指出,这种行为与北方部族殉夫之俗相关,原本可能并不是什么"惊人之举"④。

---

① 《魏书》卷一三《皇后传》,第 384 页。
② 吕思勉:《两晋南北朝史》,第 451 页。
③ 张金龙:《北魏政治史(五)》,第 200 页。
④ 王晓卫发现,后世的契丹有类似的殉夫习俗,女真也有古老的焚人殉葬的风气,并指出"文明太后欲投火殉夫的举动,应与她那由胡化汉人和高丽人组合而成的家族的教育影响相关"。参见王晓卫:《论北魏文明太后的族属及所受教育》,《历史教学》1998 年第 1 期。可资补充的是,北方民族还有更多的自残形式的殉葬习俗,如割耳剺面之俗等。相关研究可参见雷闻:《割耳剺面与刺心剖腹——从敦煌 158 窟北壁涅槃变王子举哀图解起》,《中国典籍与文化》2003 年第 4 期;张庆捷:《"剺面截耳与椎心割肠"图解读》,《民族汇聚与文明互动——北朝社会的考古学观察》,商务印书馆,2010 年,第 559—569 页。又按,《三国志》记乌丸丧葬之俗:"贵兵死,敛尸有棺,始死则哭,葬则歌舞相送。肥养犬,以采绳婴牵,并取亡者所乘马、衣物、生时服饰,皆烧以送之。特属累犬,使护死者神灵归乎赤山。赤山在辽东西北数千里,如中国人以死之魂神归泰山也。至葬日,夜聚亲旧员坐,牵犬马历位,或歌哭者,掷肉与之,使二人口颂咒文,使死者魂神径至,历险阻,勿令横鬼遮护,达其赤山,然后杀马、衣物烧之。"见《三国志》卷三〇《乌丸鲜卑东夷传》注引王沈《魏书》,第 833—834 页。《周书》记突厥葬俗:"死者,停尸于帐,子孙及诸亲属男女,各杀羊马,陈于帐前,祭之。绕帐走马七匝,一诣帐门,以刀剺面,且哭,血泪俱流,如此者七度,乃止。择日,取亡者所乘马及经服用之物,与尸俱焚之,收其余灰,待时而葬。"《周书》卷五〇《突厥传》,第 988 页。(转下页)

综合两种意见,可以认为冯氏的行为正是利用了一种北族久远的旧传统,在特定的背景下获取了所需要的政治筹码。值得注意的是,冯氏殉夫的行为虽有某种渊源,但并非北魏的"故事"。在北魏立国以来的政治传统中也是不曾见过的,至少在《魏书》和其他史料中没有找到殉夫而死的实例。反而在汉人的传统观念中,对殉夫这种行为是极为提倡的①。冯氏"自投火中"的关键在于从古老的北族旧俗和汉人的贞烈观念之间找到了一个重合点,足以树立起一种道德典范的意义。无论如何,冯氏的行为在当时引起了震撼应当是确实无疑的,因而被史官郑重记入国史之中。

久远的拓跋历史中有女主专权的故事,而北魏立国之后的近世历史中则建立了一套防止太后专权的子贵母死之制,有利于冯氏的那种旧制当然就是久远的鲜卑"故事"了。田余庆曾说道武帝发明"子贵母死"之制"更重要的是出于斩断拓跋历史中母强立子的传统,获得一种巩固帝国的手段"②,诚为洞悉之见;而道武帝、太武帝相继发明的"子贵母死""保母为太后"两种制度,到冯氏成为太后的时代又已经成为新的历史传统,所谓"魏故事"也往往会将这种新传统囊括进去。冯氏对旧传统和新传统之冲突的利用,也成为其政治艺术中的巧妙之处,而"自投火中"仅仅只是一个开始。

冯氏首次临朝听政只持续了一年多,史载:"及高祖生,太后躬亲抚养。是后罢令,不听政事。"③关于冯氏在获取权力之后为何迅速放弃,史家也进行多种推测。最著名的一种当属吕思勉先生的"因生孙而罢政"

(接上页)此两条与《魏书·皇后传》所记"国有大丧,三日之后,御服器物一以烧焚,百官及中宫皆号泣而临之"的"故事"都极为相似,不过不见有人投火殉葬之记载。又按回纥亦有烧葬、殉葬之俗,《新唐书·仆固怀恩传》"怀恩至鸣沙,病甚,还死灵武,部曲焚其尸以葬",见《新唐书》卷二〇四上《仆固怀恩传》,第6372页;又《旧唐书·回纥传》:"毗伽阙可汗初死,其牙官、都督等欲以宁国公主殉葬,公主曰:'我中国法,婿死,即持丧,朝夕哭临,三年行服。今回纥娶妇,须慕中国礼。若今依本国法,何须万里结婚。'然公主亦依回纥法,劓面大哭,竟以无子得归。"见《旧唐书》卷一九五《回纥传》,第5202—5203页。

① 如时人高允为勃海封卓妻刘氏殉夫的行为写诗,其中有云:"毕志守穷,誓不二醮。何以验之?殒身是效。"参见《魏书》卷九二《列女传》,第2145页。
② 田余庆:《拓跋史探》,第6页。
③《魏书》卷一三《皇后传》,第384页。

说①。虽然冯氏私生孝文帝之事并无依据②,但冯太后归政的真正动机也是值得考虑的。文明太后亲自母养孝文帝的行为与保母为太后故制的关系,早已为田余庆所注意:"富有权力欲望的冯皇后目睹常太后因曾乳养文成帝而在宫中拥有如此权力,不能无所感触。她当能理解到,母养皇储,从而控制新帝,是她自己所图掌握权力的最有效的手段,是使冯门得以昌盛的捷径。所以,献文帝即位二年之后,皇兴元年(467)皇子宏(即后来的孝文帝)生,冯太后躬亲抚养实际上是要把新生皇子攫取于自己之手,使自己得以发挥前此诸帝时的保太后作用。"③田先生的推断还可以从孝文帝废太子恂之事中获得佐证。恂本传载:"生而母死,文明太后抚视之,常置左右。"④ 这与冯太后抚育孝文帝之事如出一辙。冯太后的时代,保母已经全然不见诸记载,但文成帝即位初年常太后以乳母得势的故事,作为一种旧例可能还对政治产生了影响。

在实现了对权力的全面控制之后,冯太后的行为仍然游走在传统"太后"制度与北魏"保皇太后"的传统之间。除别立谥以外,被后世指斥为"非礼"者,还有拒绝陪葬金陵一事。清人黄恩彤《鉴评别录》云:"冯太后别营寿宫,不从先帝之兆,或以内行不谨,无复面目于泉下相见邪? 魏文动辄师古,何不以礼裁之?"⑤ 实际上,文明太后"不从先帝之兆"是有先例的,之前的保皇太后窦氏、常氏皆是如此。对此,史官留下了两段极为相似的记载:

> 后尝登崞山,顾谓左右曰:"吾母养帝躬,敬神而爱人,若死而不灭,必不为贱鬼。然于先朝本无位次,不可违礼以从园陵。此山之上,可以终托。"故葬焉。别立后寝庙于崞山,建碑颂德。⑥

---

① 吕思勉先生说:"窃谓文明后为好专权势之人,岂有因生孙而罢政? 且亦何必因此而罢政? 当高祖实为后私生之子,因娩乳,乃不得不罢朝欤! 此事固无证据可举,然以事理推之,实不得不作如是想。"参见吕思勉:《两晋南北朝史》,第452页。
② 较为全面的辨析,可参见李凭《北魏平城时代》第四章第一节《孝文帝非私生辨》,第186—198页。
③ 田余庆:《拓跋史探》,第43页。
④ 《魏书》卷二二《孝文五王·废太子恂传》,第661页。
⑤ 黄恩彤:《鉴评别录》卷二九《齐纪一》"魏葬太皇太后于永固陵"条,《四库未收书辑刊》第二辑,第29册,北京出版社,1997年,第522页下栏。
⑥ 《魏书》卷一三《皇后传》,第382—383页。

太后与高祖游于方山,顾瞻川阜,有终焉之志。因谓群臣曰:"舜葬苍梧,二妃不从。岂必远祔山陵,然后为贵哉!吾百年之后,神其安此。"高祖乃诏有司营建寿陵于方山,又起永固石室,将终为清庙焉。太和五年起作,八年而成,刊石立碑,颂太后功德。①

两段材料中,第一段记载的是窦太后选择自己身后墓地之事,第二段记载的是文明太后选择自己身后墓地之事,形式都是太后亲自游览某山,亲自交代身后之事,具体的行事则包括别立寝庙、建碑颂德。至于二后之间的常太后,《魏书》也有记载:"葬于广宁磨笄山,俗谓之鸣鸡山,太后遗志也。依惠太后故事,别立寝庙,置守陵二百家,树碑颂德。"②虽然文字表述稍有不同,但常太后亲自安排身后之事以及别立寝庙、建碑颂德,都与二位相同。冯太后对自己身后的安排,实属沿用"保皇太后"的传统故事。也正因为如此,孝文帝虽"动辄师古",也不会随便"以礼裁之",改变这一安排。所不同者,只是"不从山陵"所持的理由,而文明太后所用舜二妃的旧典,多少也有粉饰之义。窦太后和常太后都是保(乳)母出身,"于先朝本无位次",没有陪葬金陵的理由;而冯太后则是文成帝皇后,曾经伉俪君王,陪葬金陵本属理所应当。而这一待遇,却被冯太后主动放弃。

上文提到的北魏"后多别立谥"谜题,于此也可找到根据。冯太后的"不从夫谥",可以从"保皇太后"的传统中寻到渊源。从《皇后传》之例来看,文明太后之前正位的皇后皆从夫谥,如道武皇后慕容氏、太武皇后赫连氏;而道武宣穆皇后刘氏系"太宗即位,追尊谥号,配飨太庙",且"自此后宫人为帝母,皆正位配飨焉"③,这种别谥是针对未获正位的皇帝生母的;另外一种追谥即是保皇太后,包括窦太后死后谥"惠"、常太后死后谥"昭",这种别谥最初恐怕也与"于先朝本无位次"相关。李凭先生指出,窦太后和常太后之别葬表面上是谦恭的表示,实际上却含有视陪葬金陵为委屈的含义,它反映出两位太后都具有与北魏皇家抗礼的意

---

① 《魏书》卷一三《皇后传》,第 385 页。
② 《魏书》卷一三《皇后传》,第 384 页。
③ 《魏书》卷一三《皇后传》,第 381 页。

识,后来文明太后又将这种抗礼的意识发展为凌驾于皇帝之上的做法①。与此相似,到冯太后为止获得"太后"位号的三位女性,除别葬以外都是别谥,可能也蕴含着某种抗礼的意识,虽然这种意识的发展有程度的差异。

文明太后的权力和地位较之两位保皇太后无疑大有增强。从伦理辈分上来说,文明太后与文成帝是夫妇关系,与孝文帝则是祖孙关系。不过,《魏书》中似乎不见二者以祖孙相称之例。由于冯太后曾经母养孝文帝,北魏朝堂之间,似是以"母子"为称,二者并称"二圣"。如杨椿兄弟自相诫曰:"今忝二圣近臣,母子间甚难,宜深慎之。又列人事,亦何容易,纵被瞋责,慎勿轻言。"孝文帝也曾谓诸王、诸贵曰:"北京之日,太后严明,吾每得杖,左右因此有是非言语。和朕母子者唯杨椿兄弟。"② 又文明太后死后服丧之议,李彪议称:"虽论功比德,事有殊绝,然母子之亲,抑亦可拟。"③ "二圣"之称,除上引杨椿之言中多次出现外,亦见于高闾上表"二圣钦明文思,道冠百代"④,程骏《庆国颂》"於穆二圣,仁等春生"⑤,李彪上表"今二圣躬行俭素,诏令殷勤","今二圣哀矜罪辜,小大二情","二圣清简风俗,孝慈是先"⑥ 等多处。出土文物中,太和五年定州石函铭有"二圣乃亲发至愿"之语⑦;太和十二年七月《宕昌公晖福寺碑》也有其例:"于本乡南北旧宅上,为二圣造三级佛图各一。"⑧ 宿白指出,晖福寺碑提到的"为二圣造三级佛图各一"乃双窟形式,即今云冈第9、10窟。他还指出,文明太后秉政时期,云冈流行开凿双窟成组的窟室,是当时既有皇帝在位,又有太后临朝的反映⑨。无论如何,文明太后与孝文帝之间,属于长辈女性与晚辈皇帝之间的虚拟血亲关系,在某种程

---

① 李凭:《北魏平城时代》,第244—250页。
② 《魏书》卷五八《杨播传附杨椿传》,第1410页。
③ 《魏书》卷一〇八之三《礼志三》,第3034页。
④ 《魏书》卷五四《高闾传》,第1313页。
⑤ 《魏书》卷六〇《程骏传》,第1471页。
⑥ 《魏书》卷六二《李彪传》,第1507、1510页。
⑦ 河北省文化局文物工作队:《河北定县出土北魏石函》,《考古》1966年第5期。又见毛远明:《汉魏六朝碑刻校注》第3册,第260—261页。
⑧ 毛远明:《汉魏六朝碑刻校注》第3册,第269—273页。
⑨ 宿白:《平城实力的集聚和"云冈模式"的形成与发展》,《中国石窟寺研究》,文物出版社,1996年,第114—144页。

度上消解了男女之间的不平等地位。儒家伦理中的"孝",甚至可以利用母子辈分之别,造就二者之间的不平等关系。"初,高祖孝于太后,乃于永固陵东北里余,豫营寿宫,有终焉瞻望之志。"① 永固陵的规模较之孝文帝预营的寿宫要大得多,这也在某种程度上宣示着太后与皇帝的尊卑关系。与此同时,"二圣"并称成为惯例,也在制度上消解了皇帝独一无二的地位,可能会引发皇权的反弹。文明太后死后是葬在永固陵了,不过孝文帝预营的陵墓,却随着南迁洛阳而虚置。"及迁洛阳,乃自表瀍西以为山园之所,而方山虚宫至今犹存,号曰'万年堂'云。"②

文明太后死后,孝文帝开始着手在礼制上降低保皇太后的规格。《魏书·礼志》载太和十五年八月诏云:"明堂、太庙,并祀祖宗,配祭配享,于斯备矣。白登、崞山、鸡鸣山庙唯遣有司行事。"③ 这道诏书中配祭配享的对象,显然应当包括《皇后传》中所明确记载的"配飨太庙"的皇后们,而"于先朝本无位次"的保皇太后则不具备这样的资格;白登庙是道武、明元二帝在白登山为昭成、献明、道武诸帝所立别庙,崞山、鸡鸣山庙则是两位保皇太后的专庙。通过这道诏书,以明堂、太庙的配祭配享之制占据了绝对的统治地位,而崞山、鸡鸣山庙的保皇太后祭祀,便不再由皇帝亲祀,其地位当然也就急剧下降了。太武帝以来形成的保太后等"非礼"之制的制度基础,也就随着礼制改革而不复存在。文明太后死后,孝文帝还在大享明堂后为其举行过专祀。太和十六年"九月甲寅朔,大享于明堂,祀文明太后于玄室,帝亲为之词"④。孝文帝南迁以后,北魏皇帝拜谒永固陵的记录,也留在了太和二十一年正月甲戌,此后再无记载。别立谥与别葬方山,也终究未能保证冯太后身后在皇家祭祀中的地位。在此后的宗庙祭祀中,文明太后也不得不居于她生前所不愿意的位置——文成皇后。这种尴尬局面,也就是冯太后虽获得了不从夫谥的"文明太皇太后"之号,但在史传中仍旧摆脱不了"文成文明皇后"称号的直接原因。冯太后所力图确立的新传统,也就随着她的死去而让位于宗庙秩序中"从夫"的旧传统了。

---

① 《魏书》卷一三《皇后传》,第387页。
② 《魏书》卷一三《皇后传》,第387页。
③ 《魏书》卷一〇八之一《礼志一》,第3001页。
④ 《魏书》卷一〇八之一《礼志一》,第3003页。

三、"称诏"与"太上":胡太后听政时代的名号与文化调适

胡太后是北魏继冯太后之后又一位专政的太后。胡太后的行事,多可以看到某些模仿冯太后的痕迹。与冯太后以皇后身份直接成为太后不同的是,胡太后走上太后之位首先是由于母凭子贵,同时也源于当时的政治局势影响下的特殊机缘。

北魏延昌四年正月丁巳,宣武帝突然死去,孝明帝即位,时年仅七岁。宣武帝时号为"专权"的外戚高肇,此时正率军伐蜀,朝政实际控制在以高阳王雍为首的宗室诸王以及禁军首领于忠手中。其间发生"孙伏连等密欲矫太后令,以高肇录尚书事,(王)显与高猛为侍中"之事,以"忠即于殿中收显杀之"而告终①。《魏书·肃宗纪》称:"己未,征下西讨东防诸军。庚申,诏太保、高阳王雍入居西柏堂,决庶政。又诏任城王澄为尚书令,百官总己以听于二王。"②盖为实情。高肇闻讯归朝,刚入舍人省便迅速被高阳王雍等设计诛杀,并"下诏暴其罪恶,又云刑书未及,便至自尽,自余亲党,悉无追问,削除职爵,葬以士礼"③。两天后,"太保、高阳王雍进位太傅、领太尉,司空、清河王怿为司徒,骠骑大将军、广平王怀为司空"④,三公、尚书令等要职均为宗室诸王垄断,于忠则"既居门下,又总禁卫,遂秉朝政,权倾一时"⑤。

在这个过程中,宣武帝皇后高氏一度被尊为皇太后,但皆为制度上的固定程式,高氏本人并未能对朝政产生实际影响。孝明帝本纪称:"二月庚辰,尊皇后高氏为皇太后。辛巳,司徒高肇至京师,以罪赐死。"⑥从时间上说,高氏被尊为皇太后,距离孝明帝即位已经二十余日,离宣布高肇"以罪赐死"却仅有一天。高肇既死,高氏无所依傍,紧接着"三月甲辰朔,皇太后出俗为尼,徙御金墉"⑦。高氏的皇太后生涯,仅持续了二十余日。高氏本传说,"寻为尼,居瑶光寺,非大节庆,不入宫中"⑧,彻底淡

---

① 《魏书》卷三一《于栗磾传附于忠传》,第 827 页。
② 《魏书》卷九《肃宗纪》,第 265 页。
③ 《魏书》卷八三下《外戚传下》,第 1979 页。
④ 《魏书》卷九《肃宗纪》,第 265 页。
⑤ 《魏书》卷三一《于栗磾传附于忠传》,第 827 页。
⑥ 《魏书》卷九《肃宗纪》,第 265 页。
⑦ 《魏书》卷九《肃宗纪》,第 266 页。
⑧ 《魏书》卷一三《皇后传》,第 393 页。

出北魏政坛。宣武帝死后,高氏一度欲诛杀胡氏,故史载"世宗崩后,高太后将害灵太后",崔光言于于忠称,"宜置胡嫔于别所,严加守卫,理必万全,计之上者",胡氏因于忠的保护而获全①。高肇被杀以后,胡充华虽以诞育皇子而被尊为皇太妃,但对政局的影响力应该也非常微弱。

胡氏开始走上政治舞台,实际上源于半年后的另一场政变。宗室诸王和于忠合力除掉高肇以后,朝政看似平静,背后则暗流涌动。这场政变,也是禁军首领于忠与宗室诸王矛盾的总爆发,事先被于忠保护起来的胡氏成为重要的工具。《魏书·肃宗纪》记载是年"八月乙亥,领军于忠矫诏杀左仆射郭祚、尚书裴植,免太傅、领太尉、高阳王雍官,以王还第。丙子,尊皇太妃为皇太后"②。此时,"诏命生杀,皆出于忠"③,胡太后并未取得实际的权力。于忠"尊灵太后为皇太后,居崇训宫,忠为仪同三司、尚书令、领崇训卫尉,侍中、领军如故"④。于忠控制禁卫军权,甚至亲自担任负责太后寝宫侍卫之责的崇训卫尉,控制太后的意图非常明显。彼时高阳王雍虽被废,但清河王怿、广平王怀、任城王澄三人仍在三公之位,与于忠矛盾激化。于忠专权不得人心,"朝野愤怒,莫不切齿,王公之下,畏之累迹"⑤,又无法控制朝臣,于是"群臣奏请皇太后临朝称制"⑥,胡氏就此被推向前台。胡太后临朝称制以后,很快便将专权的于忠处置。于忠本传称,"灵太后临朝,解忠侍中、领军、崇训卫尉,止为仪同、尚书令,加侍中"⑦,军权被剥夺。紧接着又"出忠使持节、都督冀定瀛三州诸军事、征北大将军、冀州刺史"⑧,调离洛阳权力中心,于忠的威胁就此解除。至于清河王怿等上书称"暨皇上纂历,圣后别宫,母子隔异,温凊道绝,皆忠等之咎","又忠专权之后,擅杀枢纳,辄废宰辅,令朝野骇心,远近怪愕"⑨,则是针对于忠失势的落井下石之举。

---

① 《魏书》卷三一《于栗䃅传附于忠传》,第829页。
② 《魏书》卷九《肃宗纪》,第266页。
③ 《魏书》卷三一《于栗䃅传附于忠传》,第827页。
④ 《魏书》卷三一《于栗䃅传附于忠传》,第827页。
⑤ 《魏书》卷三一《于栗䃅传附于忠传》,第827页。
⑥ 《魏书》卷九《肃宗纪》,第266页。
⑦ 《魏书》卷三一《于栗䃅传附于忠传》,第827页。
⑧ 《魏书》卷三一《于栗䃅传附于忠传》,第828页。
⑨ 《魏书》卷三一《于栗䃅传附于忠传》,第828页。

胡太后首次临朝听政即果断处置于忠,且能"亲览万机,手笔断决"①,但自身的支持力量毕竟有限,难以有效执掌朝政。为了巩固权力,胡太后在人事方面的努力,史书可考者大致有三个关键点。第一是拉拢当政的宗室近亲,特别是与孝明帝叔父清河王怿建立情人关系。胡后本传称"时太后得志,逼幸清河王怿,淫乱肆情,为天下所恶"②,元怿本传则说胡太后"以怿肃宗懿叔,德先具瞻,委以朝政,事拟周霍","怿竭力匡辅,以天下为己任"③。《洛阳伽蓝记》也称:"时帝始年六岁,太后代总万机,以怿名德茂亲,体道居正,事无大小,多咨询之。"④此外,胡氏还与清河王怿建立紧密的联姻关系,胡太后父胡国珍本传称:"国珍子祥妻长安县公主,即清河王怿女也"⑤;又"初国珍无男,养兄真子僧洗为后"⑥,"(真长子宁)女为清河王亶妃,生孝静皇帝"⑦,清河王亶即清河王怿之嫡子。第二是利用姻亲执掌禁卫军权,即宗室疏属元继、元叉父子。元继则在禁卫军中颇有基础,孝文帝时代即已获得"江阳良足大任"的赞誉,不过"继疾患积年,枕养于家,每至灵太后与肃宗游幸于外,时令扶入,居守禁内"⑧。元继的身体并不足以支撑禁卫军首领之责,军权实际上落入其子元叉手中。元叉为道武帝后裔,更是胡太后妹夫,不过资历太浅,宣武帝死时尚为员外郎。按太和二十三年《官氏志》,员外郎为正七品上阶,一般仅为勋贵的起家官;"灵太后临朝,以叉妹夫,除通直散骑侍郎"⑨,也不过从五品上阶。很短时间内,元叉便超升掌控禁卫军大权的领军将军,应与胡太后的信用有关。第三是重用外戚,主要是其父胡国珍。胡氏临朝以后不久,"尚书令、任城王澄奏,安定公属尊望重,亲贤群瞩,宜出入禁中,参谘大务。诏可。乃令入决万几。寻进位中书监、仪同三司,侍中如故,赏赐累万"⑩。胡国珍身兼中书省、门下省长官,任属机

---

① 《魏书》卷一三《皇后传》,第 394 页。
② 《魏书》卷一三《皇后传》,第 395 页。
③ 《魏书》卷二二《清河王怿传》,第 666 页。
④ 杨衒之著,杨勇校笺:《洛阳伽蓝记校笺》卷四《城西·冲觉寺》,第 163 页。
⑤ 《魏书》卷八三下《外戚传下》,第 1982 页。
⑥ 《魏书》卷八三下《外戚传下》,第 1983 页。
⑦ 《魏书》卷八三下《外戚传下》,第 1983 页。
⑧ 《魏书》卷一六《京兆王黎传附元继传》,第 466 页。
⑨ 《魏书》卷一六《京兆王黎传附元叉传》,第 468 页。
⑩ 《魏书》卷八三下《外戚胡国珍传》,第 1981 页。

要,但在胡国珍身上则仅为进身之阶。本传又称:"珍与太师、高阳王雍,太傅、清河王怿,太保、广平王怀,入居门下,同厘庶政",不久又"迁司徒公,侍中如故,就宅拜之"①。除胡国珍外,受到重用的还有太后舅皇甫集、皇甫度兄弟。皇甫度,"累迁尚书左仆射,领左卫将军。度顽蔽,每与人言,自称仆射,时人方之毛嘉"②。其人后来"又摄吏部事,迁司徒,兼尚书令,不拜。寻转太尉,孜孜营利,老而弥甚。迁授之际,皆自请乞"③。

胡氏走上临朝听政的历程颇为曲折,所用之人也颇不得当,这些都与文明太后有很大的不同。在名号与制度方面,多有沿用文明太后临朝称制之前例者,如胡太后与孝明帝并称"二圣"之例,今存史料尤其是出土材料中出现很多。经过孝文帝改制,华夏礼制对太后听政的限制,也远比文明太后的时代强得多。不过,胡太后在临朝称制规格方面,可能超越了文明太后。胡氏本传称:

> 及肃宗践阼,尊后为皇太妃,后尊为皇太后。临朝听政,犹称殿下,下令行事。后改令称诏,群臣上书曰陛下,自称曰朕。④

改"令"称"诏",群臣上书称"陛下",自称"朕"一事,应为胡太后首开其例。文明太后时似未见其例。按《魏书》载文明太后称"令"之例颇多,称"诏"仅有一例,见诸《魏书·节义传》:"显祖暴崩,(娄)提谓人曰:'圣主升遐,安用活为!'遂引佩刀自刺,几至于死。文明太后诏赐帛二百匹。"⑤按《校勘记》称此卷后人所补,此段文字极为简省,疑为后人简略不当导致,非文明太后称诏之实证。至于胡太后称"诏"以及诏书的文字,《魏书》中留下不少,此不赘。考诸史籍,群臣上书称"陛下",自称曰"朕"之例,也仅见于胡太后。胡太后的做法,是有秦汉旧典可循的。蔡邕《独断》称:"秦汉已来,少帝即位,后代而摄政,称皇太后诏,不言制。"⑥两汉摄政太后称"诏",自称"朕",群臣上书称"陛下"的史料,都

---

① 《魏书》卷八三下《外戚胡国珍传》,第1982页。
② 《北史》卷八〇《外戚皇甫集传》,第2692页。
③ 《北史》卷八〇《外戚皇甫集传》,第2692页。
④ 《魏书》卷一三《皇后传》,第394页。
⑤ 《魏书》卷八七《节义娄提传》,第2046页。
⑥ 蔡邕:《独断》卷下,第19页。

可以见到用例①。不过整个南北朝,胡太后"改令称诏,群臣上书曰陛下,自称曰朕"之事,也是仅见之例,魏晋以来很少见。

胡太后称诏宇内,在神龟二年(519)正月丁亥。《魏书·肃宗纪》载其诏书云:

> 朕以冲眇,纂承宝位,夙夜惟寅,若涉渊海。赖皇太后慈仁,被以凤训。自临朝践极,岁将半纪,天平地成,四海宁乂。天道高远,巍巍难名,犹以擴挹自居,称号弗备,非所以崇奉坤元,允协亿兆者也。宜遵旧典,称诏宇内,以副黎蒸元元之望。②

用孝明帝诏书中的话说,此时"自临朝践极,岁将半纪"。胡氏临朝听政已久,此时改令称诏,其原因值得考究。按,神龟元年四月太后父胡国珍死后,因上尊号"太上秦公",大儒张普惠"以前世后父无'太上'之号,诣阙上疏,陈其不可"③,随后又密表其事,于是太后"亲至国珍宅,召集王公、八座、卿尹及五品已上,博议其事,遣使召普惠与相问答"④,终于引发一场大规模的论辩。张普惠上表中涉及"天子称诏,太后称令"的问题,任城王澄称"前代太后亦有称诏,圣母自欲存谦光之义,故不称耳",遭到张普惠的激烈回应:"未审太后何故谦于称诏,而不谦于太上。窃愿圣后终其谦光。"⑤

事实上,外戚名号尤其是胡国珍夫妇之"太上"名号,正是胡太后违越礼制受到最多争议的问题。胡太后之母皇甫氏先亡,"太上"之号最早也是用以追尊皇甫氏的。按胡氏临朝听政之初,即"追崇国珍妻皇甫氏为京兆郡君,置守冢十户",其后则进一步追崇。胡国珍本传云:

> 又追京兆郡君为秦太上君。太上君景明三年薨于洛阳,于此十六年矣。太后以太上君坟塋卑局,更增广,为起茔域门阙碑表。侍中崔光等奏:"案汉高祖母始谥曰昭灵夫人,后为昭灵后,薄太后母

---

① 相关研究,可参见韩旭《魏晋南北朝太后命令文书考论——以"诏"与"令"的辨析为中心》,《古代文明》2021年第3期。
② 《魏书》卷九《肃宗纪》,第273页。
③ 《魏书》卷七八《张普惠传》,第1870页。
④ 《魏书》卷七八《张普惠传》,第1872页。
⑤ 《魏书》卷七八《张普惠传》,第1872页。

曰灵文夫人,皆置园邑三百家,长丞奉守。今秦太上君未有尊谥,陵寝孤立,即秦君名,宜上终称,兼设扫卫,以慰情典。请上尊谥曰孝穆,权置园邑三十户,立长丞奉守。"太后从之。①

据史料中所见之时间线索,追封"秦太上君"之事,应在熙平二年(517)四月以胡国珍为司徒事之后。"太上君"之号前所未见,初授时史料中也未见更多争论。这个追尊的称号未见周汉旧例,甚至还被认为不足以体现太后之母的尊荣。崔光以汉代太后母追谥的旧例,上"孝穆"之谥号,坟墓设扫卫之户,才算是符合礼制。次年,胡国珍去世,胡太后顺势追赠"太上秦公"之号,葬以殊礼,胡国珍本传记其事云:

> 追崇假黄钺、使持节、侍中、相国、都督中外诸军事、太师、领太尉公、司州牧,号太上秦公,加九锡。葬以殊礼,给九旒銮辂,虎贲、班剑百人,前后部羽葆鼓吹,辒辌车;谥文宣公;赐物三千段、粟一千五百石。……及国珍神主入庙,诏太常权给以轩悬之乐、六佾之舞。②

针对胡国珍"太上秦公"之号,张普惠上表的焦点便在君臣之义:

> 《易》称:"天尊地卑,乾坤定矣。"故曰"大哉乾元",又曰"至哉坤元"。明乾坤不可并大。《礼记》曰:"天无二日,土无二王。尝禘郊社,尊无二上。"明君臣不可并上。伏见诏书,以司徒为太上秦公,夫人为太上秦君。夫人蒙号于前,司徒系之于后,尊光之美盛矣。窃惟高祖受禅于献文皇帝,故仰尊为太上皇,此因上上而生名也。皇太后称令以系敕下,盖取三从之道,远同文母,列于十乱,则司徒之为太上,恐乖系敕之意。③

张普惠所言"太上"本为君主尊父之名号,施于人臣有僭越之嫌;又提及"皇太后称令以系敕下",是"三从之道"。嗣后胡太后组织的论辩,群臣所涉及的礼制问题各不相同,张普惠则坚持其核心观点"太上者,尊极之

---

① 《魏书》卷八三下《外戚胡国珍传》,第1982页。
② 《魏书》卷八三下《外戚胡国珍传》,第1983页。
③ 《魏书》卷七八《张普惠传》,第1870页。

位,岂得通施于臣下"①,最终也未被驳倒。胡国珍的"太上"之号,最后因"议者咸以太后当朝,志相崇顺"而获赠,但辩论中张普惠获得了一些支持的声音,东平王匡也以为"晋之小子侯,以号同称僭。今者,太上公名同太上皇,比晋小子,义似相类"②。士人也给予了张普惠"一昨承胡司徒第,当面折庭诤,虽问难锋至,而应对响出,宋城之带始紫,鲁门之柝裁警,终使群后逡巡,庶僚拱默,虽不见用于一时,固已传美于百代"的赞誉③。魏收在史传评论中说:"张普惠明达典故,强直从官,侃然不挠,其有王臣之风矣。"④

"太上"号之争,以胡太后获胜而告终。张普惠所说的"太后何故谦于称诏,而不谦于太上"之事,本是指责"太上"之号不合理的口实。胡太后则反其道而行之,不久直接称诏,干脆省去了"谦"的表面工夫。张普惠所言之"皇太后称令以系敕下,盖取三从之道"的伦理关系,也就越发名不副实了。不过,张普惠敢于直谏,这本身也能说明儒家传统君臣观念对于胡太后任性行为的反抗。大规模的公开论辩得以展开,并在史书上留下痕迹,也说明传统的政治逻辑仍具备某种制约作用。在北魏群臣的逻辑里,"三从之道"应用到胡太后这里,既包括君臣之道,也包括夫妻之序。更进一步说,胡太后虽贵为太后,群臣仍欲施加很多约束。在胡太后家人问题上,群臣以"臣道"约束之;对胡太后本人,则以"妇道"规劝。此事在《魏书》可见很多史例,较为典型者当属元顺,本传记其事云:

> 灵太后颇事妆饰,数出游幸。顺面诤曰:"《礼》,妇人夫丧,自称未亡人,首去珠玉,衣不被彩。陛下母临天下,年垂不惑,过甚修饰,何以示后世?"灵太后惭而不出。还入宫,责顺曰:"千里相征,岂欲众中见辱也!"顺曰:"陛下盛服炫容,不畏天下所笑,何耻臣之一言乎?"⑤

---

① 《魏书》卷七八《张普惠传》,第1872页。
② 《魏书》卷七八《张普惠传》,第1872页。
③ 《魏书》卷七八《张普惠传》,第1874页。
④ 《魏书》卷七八《张普惠传》,第1885页。
⑤ 《魏书》卷一九中《任城王云传附元顺传》,第553页。

胡太后"颇事妆饰，数出游幸"之事，也曾为他人劝诫。如崔光也曾上书劝胡太后"专荐郊庙，止决大政，辅养神和，简息游幸"①。元顺以"妇人夫丧，自称未亡人，首去珠玉，衣不被彩"之旧典规谏胡太后，实际上是以儒家的女性观作为标准的。崔光本传还记载一例，"时灵太后临朝，每于后园亲执弓矢，光乃表上中古妇人文章，因以致谏"，要她"息弯挟之劳，纳闲拱之泰，颐精养寿，栖神翰林"②；元孚本传也说："灵太后临朝，宦者干政，孚乃总括古今名妃贤后，凡为四卷，奏之。"③ 这些"中古妇人文章"与"古今名妃贤后"，无疑是以儒家的女性观为标准选出来的。除此之外，北魏一朝特别是文明太后的旧例也被援引，如任城王澄曾"表上《皇诰》《宗制》并《训诂》各一卷，意欲皇太后览之，思劝戒之益"④。其中《皇诰》乃文明太后所作，文明太后本传说"太后以高祖富于春秋，乃作《劝戒歌》三百余章，又作《皇诰》十八篇"⑤，即是其事。南朝史臣也记载说："冯氏有计略，作《皇诰》十八篇，伪左仆射李思冲称史臣注解。"⑥

在实际政务的操作中，古名妃贤后的旧例，也多被作为典范而加以采用。胡太后本传称：

> 太后以肃宗冲幼，未堪亲祭，欲傍《周礼》夫人与君交献之义，代行祭礼，访寻故式。门下召礼官、博士议，以为不可。而太后欲以帏幔自鄣，观三公行事，重问侍中崔光。光便据汉和熹邓后荐祭故事，太后大悦，遂摄行初祀。⑦

胡太后欲代行祭礼，须"访寻故式"，又须"门下召礼官、博士议"，最后大都凭据汉代乃至更早之旧例来实施。所谓"傍《周礼》夫人与君交献之义，代行祭礼"而从崔光议引汉和熹邓后故事为例，其故事《后汉书·和熹邓皇后纪》有记载："（永初七年正月）庚戌，谒宗庙，率命妇群妾相礼仪，与皇帝交献亲荐，成礼而还。"章怀注云："《周礼》，宗庙祭之日，旦，

---

① 《魏书》卷六七《崔光传》，第1624页。
② 《魏书》卷六七《崔光传》，第1622、1623页。
③ 《魏书》卷一八《临淮王谭传附元孚传》，493页。
④ 《魏书》卷一九中《任城王云传附元澄传》，第545页。
⑤ 《魏书》卷一三《皇后传》，第385页。
⑥ 《南齐书》卷五七《魏虏传》，第1096页。
⑦ 《魏书》卷一三《皇后传》，第394页。

王服衮冕而入,立于阼;后服副袆,从王而入。王以圭瓒酌郁鬯以献尸,次后以璋瓒酌郁鬯以献尸,此谓交献也。卒事凡九献焉。"①这类前代有其先例、有经典可据的制度,具体实施也会经过儒臣的斟酌确定,《魏书·常景传》就说:"时灵太后诏依汉世阴邓二后故事,亲奉庙祀,与帝交献。景乃据正,以定仪注,朝廷是之。"②

东汉和熹邓皇后"上欲不欺天愧先帝,下不违人负宿心,诚在济度百姓,以安刘氏"③,在古太后中也可称得上典范。崔光上书规劝胡太后,即两次提到邓后之典:"是以汉后马邓,术迈祖考;羊嫔蔡氏,具体伯喈",又"德逾文母,仁迈和熹"。元熙上表也提到"皇太后圣敬自天,德同马邓;至尊神叡纂御,神鉴烛远"④。无论是周之文母还是汉之马邓,皆是历史上的贤明太后。群臣上书历数其事迹,有借此规范胡太后的目的,也不自觉地熔铸了君臣夫妇的伦理观念。无论是群臣援引旧例谏言的方式还是北魏长期的议事制度,都未能达成理想的效果。胡太后的任性作为,史籍斑斑可见,宋人胡寅对此即多有感慨,条列胡太后不听劝谏之例十余条,称:"魏中外之臣,非不能为国深虑,而一切不听,然则非尔朱荣、高欢能为毒也,魏自亡耳。"⑤既有传统无法发挥作用,内部的争权夺利日趋激化,因而北魏朝政大坏,用胡太后本传的话说,"自是朝政疏缓,威恩不立,天下牧守,所在贪婪","文武解体,所在乱逆,土崩鱼烂,由于此矣"⑥。

胡太后秉政期间君臣、夫妇的伦理被破坏,实际上也影响到了胡太后与孝明帝之间的关系。孝明帝一朝的权臣专权,都是禁军首领通过控制太后或者皇帝发号施令,因而权臣的军权一旦被剥夺,就立刻失去了反抗能力。前期的于忠、后期的元叉皆是如此。元叉发动政变,杀清河王怿,胡太后一度被软禁。在权势最盛的时候,元叉也只能通过控制乃至讨好孝明帝操控朝政,也即元叉本传所称"肃宗徙御徽音殿,叉亦入居

---

① 《后汉书》卷一〇上《和熹邓皇后纪》,第 425 页。
② 《魏书》卷八二《常景传》,第 1947 页。
③ 《后汉书》卷一〇上《和熹邓皇后纪》,第 429 页。
④ 《魏书》卷一九下《南安王桢传附元熙传》,第 575 页。
⑤ 胡寅:《读史管见》卷一三《梁纪》,第 464 页。
⑥ 《魏书》卷一三《皇后传》,第 396 页。

殿右。既在密近,曲尽佞媚,以承上旨,遂蒙宠信"①。不过,胡太后与孝明帝之间的权力之争,是结构性的矛盾,乃至母子之间的血缘关系也无法调和。及至最后"母子之间,嫌隙屡起。郑俨虑祸,乃与太后计,因潘充华生女,太后诈以为男,便大赦改年。肃宗之崩,事出仓卒,时论咸言郑俨、徐纥之计。于是朝野愤叹"②。郑俨本传也说:"肃宗崩,事出仓卒,天下咸言俨计也。尔朱荣举兵向洛,以俨、纥为辞。"③尔朱荣兴兵入洛,北魏政局的崩溃,终于再也无法挽回了。

本节小结

北魏一朝的几位秉政的太后,其名号皆有与传统礼法不符之处。其关要之处,都在标识太后与皇帝之间的地位区隔。前期的保皇太后,因出身问题而"于先朝本无位次",其干政乃至专权都是凭借母养皇帝,其实与历代专权的佞幸、宦官性质类似。冯太后凭借文成帝皇后而走上首次临朝听政的道路,不久便发生后权与皇权之争,最后以献文帝暴死而告终。第二次临朝听政,除了太皇太后的身份以外,更重要的是通过母养孝文帝而有效控制皇权,多有沿用保太后旧例之处。由于孝文帝的隐忍,皇权与后权的矛盾终于没有爆发。冯太后身后的别谥与别葬,隐含着对夫权的反抗,但最后也不得不随着礼制改革而归于"文成皇后"之旧秩序。胡太后在塑造后权方面有更进一步的发展,给予其父"太上"之号与自己"称诏",皆违背旧例而有僭越之嫌。名号背后母子之间的权力分割,也为其后的母子相残之祸埋下隐患。君臣、夫妇、母子之伦理问题,既是儒家传统留给北魏王朝的文化调试问题,也是北魏数度太后专政都未能解决的问题。伴随着北魏的衰亡,这些问题被掩盖,但这些结构性的弊端并不会消失,后续影响及于隋唐。

---

① 《魏书》卷一六《京兆王黎传附元叉传》,第 469 页。
② 《魏书》卷一三《皇后传》,第 396 页。
③ 《魏书》卷九三《恩倖郑俨传》,第 2175 页。

第三节 "天柱"与"伊霍":尔朱荣评价之争与正统竞逐

讨论北魏的衰亡,尔朱荣以及尔朱氏家族是不可绕过的一支势力。尔朱氏勃兴于六镇叛乱的风潮中,兴兵入洛发动河阴之变,其后掌控北魏政局数年,主导并影响了很多重大的历史事件,学界也有相当多的研究[①]。由于尔朱氏残暴屠戮华夏衣冠、把持北魏朝政的奸雄形象在史书中被定格,尔朱荣及其家族的形象已经相当脸谱化。由于尔朱荣与北魏后期诸种势力,包括高欢、宇文泰都存在着复杂的纠葛,对其评价不只是史书的盖棺定论,也受当时政治环境的影响并继续影响着当时的政治走向,其后续影响及于隋唐之际。各种史料中的尔朱荣形象复杂而多元,各种力量对尔朱荣的功过也是态度各异,如果仅就《魏书》或《北史》写成定格的文本来讨论,其面貌仍旧是模糊不清的。正史而外,出土墓志以及保存在集部文献中的诏表文书,特别是其中各具特色的用典和微妙的表述,为后世观察尔朱荣评价问题提供了窗口。本节拟在前人研究的基础上,检讨各类史料生成的历史背景,重点分析北魏末年以来各种势力对尔朱荣及其政治符号的运用,在更宏大的背景下观察多种尔朱荣评价的生成及其影响,以期在前人研究的基础上有进一步的推进。

一、从"柱国"到"天柱":尔朱荣评价之争的名号渊源

对尔朱荣的评价,首先是来自于《魏书》。《魏书》将尔朱荣比作彭、韦、伊、霍,这也是《魏书》秽史说被诟病最多的内容之一。在今本《北齐书》中,关于魏收曲笔评价尔朱荣的记载出现了两次,其一是在《魏收传》:

[①] 自陈寅恪等学者以政治集团的思路研究魏末齐周之际的政治史开始,尔朱氏集团及其与六镇鲜卑、洛阳士族集团之关系等,长期都是学界绕不过的问题,学界研究也有很多。本世纪以来直接相关的代表性研究有长部悦弘:《北魏尔朱氏军阀集团考》,《魏晋南北朝史研究:回顾与探索》,第304—325页;王延武:《北魏末的文化模式与尔朱荣的败亡》,《中南民族大学学报(人文社会科学版)》2003年第6期;苏小华:《试论尔朱氏集团的兴亡》,《晋阳学刊》2005年第3期;李文才等:《尔朱氏兴衰的政治与文化考察》,《南京晓庄学院学报》2007年第4期;薛海波:《论北魏末年尔朱荣军事集团中的六镇豪强酋帅》,《东北师大学报(哲学社会科学版)》2013年第6期。

> 尔朱荣于魏为贼，收以高氏出自尔朱，且纳荣子金，故减其恶而增其善，论云："若修德义之风，则韦、彭、伊、霍夫何足数。"①

其二是在尔朱荣之子尔朱文略本传文末：

> （尔朱）文略尝大遗魏收金，请为其父作佳传，收论尔朱荣比韦、彭、伊、霍，盖由是也。②

这两段记载同时又出现在《北史》相关传记中，且文字略无区别③。李延寿对魏收所作的《尔朱荣传》确有不满，因而作了大幅度的改写，并删去"则韦、彭、伊、霍夫何足数"一类评论，《尔朱荣传》遂成为《北史》与《魏书》区别最大的传，这一点早为前人注意④。与李延寿类似，刘知几也曾对魏收受金之事大加挞伐，似可见唐初以来史家对此事的主流态度，矛头皆指向魏收⑤。

现有研究对史书相关记载的几大关键问题已经有了较为明确的结论，这里先在前人基础上对相关史事稍作归纳阐发。第一，魏收在《魏书》中的评论，并不是直接将尔朱荣比作"彭韦伊霍"，而是用的否定假设语气："向使荣无奸忍之失，修德义之风，则彭、韦、伊、霍夫何足数。"⑥魏收指责尔朱荣的奸忍之失与不修德义，传文中对尔朱荣发动河阴之变以及执政专横跋扈的基本事实，也作了较为明确的记录和评价，与尔朱文畅"为其父作佳传"的目的并不契合⑦。同时，《魏书》对尔朱荣多有谀词，连篇累牍地收录北魏皇帝称颂尔朱荣功业的诏书，并在文末史臣论

---

① 《北齐书》卷三七《魏收传》，第 488 页。
② 《北齐书》卷四八《外戚尔朱文畅传附尔朱文略传》，第 667 页。
③ 由于《北齐书》散佚严重，中华书局点校本校勘记均已判定此二传为后人所补，此记载究竟是先出自《北齐书》还是《北史》，今人已难以考知。下文引用今本《北齐书》判定为后人所补之史料，与《北史》无明显异同者不另作说明。
④ 赵翼和王鸣盛均曾对此有讨论。参见赵翼：《廿二史札记校证》卷一三"尔朱荣传"条，第 265 页；王鸣盛：《十七史商榷》卷六八"尔朱荣传魏书北史互有得失"条，第 577 页。
⑤ 刘知几抨击"魏收称尔朱可方伊、霍"之事，参见《史通通释》卷四《内篇·论赞》，第 77 页。
⑥ 《魏书》卷七四《尔朱荣传》，第 1794 页。
⑦ 大多数为魏收辩诬的文章都指出了这一点，参见周一良：《魏收之史学》，《魏晋南北朝史论集》，第 229 页；孙同勋：《"秽史"辩诬》，《拓拔氏的汉化及其他》，第 229—230 页；张莉：《〈魏书〉研究》，第 216 页；屈超耘：《为〈魏书〉的"秽史"辩诬》，《唐都学刊》1998 年第 2 期，第 41—42 页等。

中说他"末迹见猜,地逼贻毙,斯则蒯通致说于韩王也"①,将尔朱荣之死拟于韩信,避讳其"不忠"而归因于皇帝的猜忌,曲笔回护也较为明显②。

第二,将尔朱荣比作"彭韦伊霍",并不是魏收的发明,而是出自北魏皇帝的诏书③。《魏书·尔朱荣传》所见诏书中将尔朱荣比为"伊霍"之例即出现四次,比作"彭韦"一次;另有将尔朱荣比作伊尹、姜尚一处,"功格天地,锡命之位必崇;道济生民,褒赏之名宜大。是以有莘赞亳,不次之号爰归;渭叟翼周,殊世之班载集"④。此有莘、渭叟,即伊尹、姜尚。除《魏书》所见诏书外,《洛阳伽蓝记》载元天穆语,亦有"若能行废立之事,伊霍复见今日"之说⑤,其事尚在尔朱荣谋划起兵之时。尔朱氏控制下北魏皇帝发布的诏书反复提及伊霍彭韦,某种程度上正是尔朱荣态度的反映。

从简略的梳理可以看出,将尔朱荣与"彭韦伊霍"相提并论的做法,真正的制造者其实是尔朱氏集团自己。柴芃曾考察"彭韦"之典在魏晋以来禅代文书中的用例,指出"彭韦"有特殊的涵义;伊霍废立也非人臣所当轻拟⑥。不过,从孝庄帝发布诏书的时代背景来看,尔朱荣在河阴之变杀灵太后及幼主,早已有伊霍行废立之实;至于彭韦桓文,在尔朱荣掌控北魏朝政之后,也可谓名副其实。以尔朱荣当时所处地位来说,做伊霍还是做曹马只在一念之间。除伊霍外,曹马典故也多次出现。元颢称"尔朱荣不臣之迹,暴于旁午"⑦,即化用曹魏高贵乡公"司马昭之心,路人所知"之典。孝庄帝孤注一掷"宁作高贵乡公死,不作汉献帝生"⑧,设

---

① 《魏书》卷七四《尔朱荣传》,第1794页。
② 瞿林东指出,魏收对尔朱荣的曲笔不应有意掩饰,为他作某种开脱;柴芃则更全面地讨论了魏收对尔朱荣史料的处理以及曲笔回护的问题。参见瞿林东:《说〈魏书〉非"秽史"》,《江汉论坛》1985年第5期,第70—75页;柴芃:《〈魏书〉"秽史"问题新证》,《中华文史论丛》2017年第4期,第101—129页。
③ 陈爽就指出,所谓"韩、彭、伊、霍"之拟只是转述了一段时期内北魏朝廷对尔朱荣的官方评价。参见陈爽:《河阴之变考论》,《中国社会科学院历史研究所学刊》第4集,商务印书馆,2007年,第309—344页。
④ 《魏书》卷七四《尔朱荣传》,第1786页。
⑤ 杨衒之著,杨勇校笺:《洛阳伽蓝记校笺》卷一《城内·永宁寺》,第14页。
⑥ 柴芃:《〈魏书〉"秽史"问题新证》,《中华文史论丛》2017年第4期,第114页。
⑦ 杨衒之著,杨勇校笺:《洛阳伽蓝记校笺》卷一《城内·永宁寺》,第15页。
⑧ 杨衒之著,杨勇校笺:《洛阳伽蓝记校笺》卷一《城内·永宁寺》,第16页。按《北史》作"宁与高贵乡公同日死,不与常道乡公同日生",前后事均不同,疑别有史源,然孝庄帝此言义同。参见《北史》卷四八《尔朱荣传》,第1761页。

计手刃尔朱荣,也正是在这样的形势下不得已而为之。

另外一个值得重视的事实是,北魏皇帝的几道诏书,在将尔朱荣拟于"伊霍"之外,出现最多的其实是"桓文"。"桓文"与"彭韦"古义类似,《国语》"大彭、豕韦为商伯矣"条韦昭注"殷衰,二国相继为商伯"①,即商衰时之霸主;"桓文"则周之霸主。孝庄帝诏书中有"周道中缺,齐晋立济世之忠;殷祚或亏,彭韦振救时之节"②,其实是互文见义的关系。"伊霍"与"桓文(或彭韦)"两个典故的"今典",分别指向尔朱荣的两大功勋。"伊霍"是拥立孝庄帝的废立之功,即诏书中反复提及的"俾朕寡昧,获承鸿绪";"桓文"则包括平定葛荣、元颢之功,即"葛荣跋扈,仍乱中原,建旗伐罪,授首歼馘;元颢凶顽,构成巨衅,阻弄吴楚,亏污宗社","王闻难星奔,一举大定,下洽民和,上匡王室"③。在尔朱氏的控制之下,对尔朱荣的负面评价很难见诸史料,连墓志也是如此。尔朱荣发起的河阴之变,死难者的墓志已经大量出土。陈爽曾对自河阴之变到尔朱荣被杀两年多的时间内死难者的墓志进行研究,发现墓志均讳言其事,只称"暴薨""暴卒""薨于位""终于其第",最为激烈者也不过说是"横罹乱兵"④。尔朱荣以正面形象出现在各类文字叙述中,也是尔朱荣及其残余势力赖以立足的政治基础。

无论是"伊霍桓文"还是"曹马",其实都是文人用典的修饰之词。事实上,尔朱荣生前每次用到"伊霍桓文"之典,基本都是在其任官或者增封的诏书中。最能代表尔朱荣意图的,可能还是典故背后的官号。从《魏书》来看,"彭韦伊霍"之拟最早出现在孝庄帝封尔朱荣柱国大将军诏中,称:"太原王荣爱戴朕躬,推临万国,勋逾伊霍,功格二仪,王室不坏,伊人是赖。可柱国大将军、兼录尚书事,余如故。"⑤"柱国大将军"之号正是河阴之变以后,孝庄帝首次授予尔朱荣的军号。"柱国""上柱国"本先秦楚国官名,"柱国大将军"军号前朝和北魏均有先例,如两汉之际的李通,"更始立,以通为柱国大将军、辅汉侯。从至长安,更拜为大

---

① 徐元诰:《国语集解》卷一六《郑语》,中华书局,2002年,第467页。
② 《魏书》卷七四《尔朱荣传》,第1789页。
③ 《魏书》卷七四《尔朱荣传》,第1789页。
④ 陈爽:《河阴之变考论》,《中国社会科学院历史研究所学刊》第4集,第309—344页。
⑤ 《魏书》卷七四《尔朱荣传》,第1785页。

将军,封西平王"①。北魏太武帝神䴥四年九月"庚申,加太尉长孙嵩柱国大将军"②。不过,追随这些先例可能都不是尔朱荣的本意。河阴之变之前,"荣奉(孝庄)帝为主,诏以荣为使持节、侍中、都督中外诸军事、大将军、开府、兼尚书令、领军将军、领左右,太原王,食邑二万户"③。这道诏书《魏书》未予详载,其中用何典故已经无从考究。从地位来看,此次孝庄帝授予尔朱荣的官职,已经是正常情况下人臣之职的巅峰了。尤其是"大将军"之号,历来都是军号之最高者。"柱国大将军"是尔朱荣"既有异图,遂铸金为己像,数四不成"之后的首次迁官,其实已非人臣所当有之职了。故此诏书中除比拟伊霍以外,尚有"功格二仪"之语,已经将尔朱荣之功比之天地日月了。"柱国"一词,本有国之柱臣义④,也应即诏书中所称的"王室不坏,伊人是赖"。

其后尔朱荣又数次增封,但已有名号已经无法更进一步,于是又先后授予"大丞相""天柱大将军"之号。在此前的史料中,这两个名号均未见到先例。在封授大丞相的诏书中,称尔朱荣"抗高天之摧柱,振厚地之绝维,德冠五侯,勋高九伯"⑤。这个表述,其实已经暗含"天柱"之号的涵义。而在封授"天柱大将军"时,更是称其"鸿勋巨绩,书契所未纪;饮至策勋,事绝于比况。非常之功,必有非常之赏,可天柱大将军。此官虽访古无闻,今员未有,太祖已前增置此号,式遵典故,用锡殊礼"⑥。所谓"太祖已前增置此号"者,并不见于今存史料。数道诏书无论封授之官职还是所用之语词,皆非人臣所用,也确是"访古无闻,今员未有"。在这样的情况下,孝庄帝有汉献帝与高贵乡公之忧,也是再自然不过的事情。

尔朱荣死后,其亲行曹马之事的可能性已经随之消散,伊霍、桓文之比成为尔朱氏余部的最优选择。随着孝庄帝被尔朱氏缢杀,为尔朱世隆控制的前废帝,不得不延续尔朱荣专权时的态度。见诸《魏书·尔朱荣传》的三份赠谥诏书,将尔朱荣比作伊霍桓文的同时,还反复强调"功

---

① 《后汉书》卷一五《李通传》,第575页。
② 《魏书》卷四上《世祖纪上》,第92页。
③ 《魏书》卷七四《尔朱荣传》,第1784页。
④ 按《后汉书·杨震传赞》"杨氏载德,仍世柱国"条章怀注:"言世为国柱臣也。"参见《后汉书》卷五四《杨震传》,第1791页。
⑤ 《魏书》卷七四《尔朱荣传》,第1786页。
⑥ 《魏书》卷七四《尔朱荣传》,第1789页。

济区夏","一匡邦国,再造区夏"的不世功勋[1]。前废帝普泰元年八月下葬的《元天穆墓志》,也强调其"孝昌三年,牝鸡失德,雄雉乱朝。肃宗暴崩,祸由鸩毒。天柱为永世恒捍,王实明德茂亲,同举义兵,克定京邑"。又称"与天柱潜结玄图,显成大义,一奋威灵,再造区夏"[2]。此两处出现"天柱"尔朱荣,虽未直接提及"伊霍桓文"之典,但文义很明确,第一处即强调起兵废立的"伊霍之功",第二处即强调再造区夏的"桓文之举"。

二、尔朱荣的功过论与高欢集团的态度

尔朱荣身后的评价,出现了伊霍桓文或者逆贼这样截然不同的态度。在尔朱氏影响尚存之际,"功过论"则是较主流的方式。一旦涉及功过评价,用典虽然不一定会使用较正面的"伊霍彭韦(桓文)",但拥立孝庄帝之功与平定葛荣、元颢之功仍会被提及。尔朱荣的"过",比如河阴之变的残酷屠杀,对北魏政权的不臣之心乃至滥授官职等负面评价,也都出现在今存的各类文书诏册乃至碑刻之中,为今人的分析提供了便利。

《魏书·孝庄帝纪》记载帝杀荣、天穆等于明光殿后,下诏之首即称:"盖天道忌盈,人伦嫉恶,疏而不漏,刑之无舍。是以吕霍之门,祸谴所伏;梁董之家,咎征斯在。"[3]这里仍旧使用了霍光的典故,只是并立的人变成了诸吕、梁冀、董卓等外戚权臣。这道诏书最主要的内容,是提出尔朱荣的功过论,先表明其起兵行废立、拥立孝庄帝之事,"论其始图,非无劳效";又提及平葛荣、灭元颢之事,称"以此论功,且可补过"。此所论之功,分别是对尔朱荣"伊霍"和"桓文"之功的沿用,而删去其典。又对其"河阴之役,安忍无亲","假弄天威,殆危神器"进行了声讨,实是强调伊霍桓文并无尔朱荣之过。尔朱荣的不忠,也成为诏书声讨的核心:"既见金革稍宁,方隅渐泰,不推天功,专为己力,与夺任情,臧否肆意,无君之迹,日月以甚","方复托名朝宗,阴图衅逆,睥睨天居,窥觎圣历",因而"将而必诛,罪无容舍"[4]。这道诏书论功补过,有其特殊背景。孝庄

---

[1]《魏书》卷七四《尔朱荣传》,第1791—1792页。
[2] 赵超:《汉魏南北朝墓志汇编》,第277、278页。
[3]《魏书》卷一〇《孝庄帝纪》,第313页。
[4]《魏书》卷一〇《孝庄帝纪》,第313—314页。

帝本是尔朱荣所立,不能否定尔朱荣的废立之举。另外,孝庄帝谋杀尔朱荣蓄谋已久,但尔朱余部尚手握重兵,便吸取王允杀董卓的教训,以为"王允若即赦凉州人,必不应至此",不敢清除尔朱世隆、司马子如、朱元龙等尔朱氏亲信。在尔朱氏余党城下索尔朱荣尸丧时特意派人解释,称:"太原王立功不终,阴图衅逆,王法无亲,已依正刑,罪止荣身,余皆不问。"① 可以说,对尔朱荣"论功补过",是孝庄帝无奈之下的权宜之计。

这种妥协没能换来尔朱氏的服从,随着孝庄帝被杀,这道诏书也很快被尔朱氏余部全盘否定。不过,诏书中对尔朱荣"论功补过"的做法,很快为高欢所改造利用。普泰元年(531),高欢举兵讨尔朱氏,上前废帝《出师表》云:"故天柱大将军荣援立圣明,中兴宝历。而屠戮衣冠,升降自己。其勋虽大,厥咎亦深。将过比功,则功不补过。永安之末,国祀权移,疑贰已彰,遂加大戮。"② 高欢称尔朱荣"将过比功,则功不补过",较之孝庄帝"以此论功,且可补过",似乎对尔朱荣的功过进行了重新评价,但所谓功过与孝庄帝诏书如出一辙。高欢《表》与孝庄帝《诏》最大的不同,在于对尔朱荣的不忠之举的评价。高欢将尔朱荣被杀归因于"疑贰已彰",即君臣相互猜忌。下文又强调"君犹天也,理绝仇怨",即尔朱荣因猜忌被杀,臣下也无报仇之理。这个定性将尔朱荣的不忠之过变成了孝庄帝的猜忌之过,隐没了尔朱荣的罪恶。同时将重点放在指责尔朱氏余部以报仇为名杀害孝庄帝,声讨"世隆等鸠集犬羊,倾覆京邑,大行幽执,酷害贼首"之过。

尔朱氏余部以报仇为名囚杀孝庄帝之事,史料中颇可见到。《洛阳伽蓝记》记尔朱世隆拒绝孝庄帝招降时云:"太原王功格天地,道济生民,赤心奉国,神明所知。长乐不顾信誓,枉害忠良,今日两行铁字,何足可信?吾为太原王报仇,终不归降!"③《周书·贺拔胜传》亦云:"及荣被诛,事起仓卒,胜复随世隆至于河桥。胜以为臣无仇君之义,遂勒所部还都谒帝",其后又对尔朱兆言:"天柱被戮,以君诛臣,胜宁负朝廷?"④ 又《北齐书·神武纪》亦云:

---

① 杨衒之著,杨勇校笺:《洛阳伽蓝记校笺》卷一《城内·永宁寺》,第16页。
② 《文苑英华》卷六一四高欢《出师表》,第3183页。
③ 杨衒之著,杨勇校笺:《洛阳伽蓝记校笺》卷一《城内·永宁寺》,第16页。
④ 《周书》卷一四《贺拔胜传》,第235、236页。

> 尔朱兆责神武以背己。神武曰:"本戮力者,共辅王室,今帝何在?"兆曰:"永安枉害天柱,我报仇耳。"神武曰:"我昔日亲闻天柱计,汝在户前立,岂得言不反邪?且以君杀臣,何报之有,今日义绝矣。"乃合战,大败之。①

高欢出自尔朱荣麾下,且曾与尔朱兆结为兄弟。孝庄帝死后高欢起兵,所持主要理由是声讨尔朱世隆、尔朱兆等人以报仇为名杀死孝庄帝的暴行。此时尔朱荣虽已不存,然高欢早年追随之事无从洗清,且部下多是尔朱旧部,不可能与尔朱荣彻底切割。高欢虽以"昔日亲闻天柱计"指证尔朱荣谋反之事,但对尔朱荣尚存忌讳,称"天柱"而讳称其名,与其《出师表》称"故天柱大将军荣"颇相一致。对真正的敌人尔朱兆、尔朱世隆等人,则真正"义绝矣",成为你死我活的对手,在各类文书中亦全盘否定,不留情面。

"天柱"之号,在魏末北齐之间成为尔朱荣的专称,是由于该号是尔朱荣生前所获之最高官职。尔朱荣生前的"天柱"之号,北魏也曾打算授予其后的权臣,尔朱余部与高欢都选择了辞让。前废帝欲以尔朱兆为天柱大将军,兆谓人曰:"此是叔父终官,我何敢受。"②遂固辞不拜。又"孝武既即位,授神武大丞相、天柱大将军、太师、世袭定州刺史,增封并前十五万户。神武辞天柱,减户五万"③。《魏书·出帝纪》也记载:"以齐献武王固让,听解天柱大将军,减封五万户,余悉如故。"④高欢固辞"天柱大将军"号的原因虽未见直接史料,但可推测应与尔朱兆类似。按北魏孝武帝即位之前,"废帝进神武大丞相、柱国大将军、太师"⑤,皆为高欢接受。大丞相与柱国大将军之职,皆是尔朱荣生前所用之号,与尔朱兆所受者全无区别。只是高欢辞让"天柱大将军"以后,"柱国大将军"因位较轻也不再使用,遂以"大丞相、勃海王"为称。上文所见高欢称"天柱"而讳称尔朱荣名之例,在《北齐书》中多见,也可为佐证。

东魏迁邺后,对尔朱荣的评价之争也不是没有出现过。《北齐

---

① 《北齐书》卷一《神武纪上》,第8页。
② 《魏书》卷七五《尔朱兆传》,第1800页。
③ 《北齐书》卷一《神武纪上》,第9页。
④ 《魏书》卷一一《废出三帝纪》,第333页。
⑤ 《北齐书》卷一《神武纪上》,第7页。

书·封隆之传》有"于时朝议以尔朱荣佐命前朝,宜配食明帝庙庭"的事,因封隆之反对而作罢①。出现这样的"朝议",提议者很可能是揣摩了高欢的态度。封隆之所持的理由是:"荣为人臣,亲行杀逆,安有害人之母,与子对飨?"杀逆之事指的是河阴之变中尔朱荣将胡太后沉河之事。事实上,高欢集团内的河阴之变受害者当不少,对尔朱荣的看法很难与高欢保持一致。尔朱荣政治评价的复杂性也可见一斑。争议既然无法弥合,最稳妥的办法就是沿用原有评价不作改变。重新评价尔朱荣的动议虽然搁置,但由于涉及高欢政权之正统,尔朱氏的遗留影响仍不可忽视。北齐初的国史撰作,魏齐断限问题曾引发争议,《北齐书·阳休之传》说:"魏收监史之日,立《高祖本纪》,取平四胡之岁为齐元。收在齐州,恐史官改夺其意,上表论之。武平中,收还朝,敕集朝贤议其事。休之立议从天保为限断。魏收存日,犹两议未决。"②所谓"平四胡"即消灭尔朱氏余党,魏收以该年作为北齐起元之始,与阳休之所主魏齐禅代的天保元年作为断限不同。魏收以"平四胡"作为魏齐天命转移的重要时间断限,应与高齐政权在论证高欢的"天命"时,将尔朱荣和尔朱氏余党进行切割有某种联系。

东魏时期多有称颂高欢的文字存世,有明显的切割尔朱荣和尔朱氏余党的痕迹。高欢"平四胡"即消灭尔朱氏余党,是大书特书的对象;对尔朱荣的功过及高欢追随尔朱氏的历史则几乎一字不提。东魏温子昇称颂高欢功业的《寒陵山寺碑》称:"永安之季,数钟百六,天灾流行,人伦交丧。尔朱氏既绝彼天纲,断兹地纽,禄去王室,政出私门,铜马竞驰,金虎乱噬,九婴暴起,十日并出,破璧毁珪,人物既尽,头会箕敛,杼柚其空。"③《印山寺碑》亦称:"永安之末,时各异谋,蜂虿有毒,豺狼反噬,縠弩临城,抽戈犯跸,世道交丧,海水群飞。"④这些碑文记高欢功业,均从永安之末开始,也即孝庄帝末年被尔朱荣余部杀害,高欢起兵"平四胡"开始。高欢早年跟随尔朱荣的事迹,尔朱荣永安年间的专权行为,在这些文字中都被悄悄隐去了。类似的例证,还有魏收《后魏节闵帝讨尔朱文

---

① 《北齐书》卷二一《封隆之传》,第302页。
② 《北齐书》卷四二《阳休之传》,第563页。
③ 《艺文类聚》卷七七引温子昇《寒陵山寺碑》,第1311页。
④ 《艺文类聚》卷七七引温子昇《印山寺碑》,第1312页。

畅等诏》:"自永安失驭,天下横流,尔朱宗属,分割海内,不臣著于远近,社稷倾于旦夕。苍生荼苦,冠带寒心。故天柱大将军所有诸子,实惟逆徒,论之刑典,义不蠲免。"① 此诏照例以永安失驭开始记事,由于要诛杀尔朱荣的儿子而不得不提到尔朱荣,但讳言其名,只称"故天柱大将军",显得别有意味。

佐川英治指出,《魏书》的编纂与齐文宣帝树立北齐的正统性密切相关,对《魏书》的编纂问题应该站在魏齐禅代延长线的位置上观察②。若从高欢集团态度的角度来观照《魏书》对尔朱荣的评价,可以看到"功过论"影响的鲜明痕迹。《魏书·尔朱荣传》史臣论部分,先述及尔朱荣"遂有匡颓拯弊之志,援主逐恶之图","扶翼懿亲,宗祐有主"之功,又记"擒葛荣,诛元颢,戮邢杲,翦韩娄,丑奴、宝夤咸枭马市"的"克夷大难"之功,遂总结"然则荣之功烈,亦已茂乎"③;下文称"希觊非望,睥睨宸极","河阴之下,衣冠涂地"之过,皆与高欢《出师表》之"将过比功"如出一辙。最后"末迹见猜,地逼贻毙",也与《出师表》之"疑贰已彰"颇相符契。假设的"彭、韦、伊、霍"之拟,其实也与高欢所持尔朱氏功过论一脉相承。

三、北魏孝武帝和宇文泰的尔朱荣评价及"柱国"诸号的新用

高欢起兵反尔朱荣,先立后废帝元朗,尔朱氏平定之后改立平阳王修,即孝武帝。高欢此时虽专国政,但局面并未完全控制。孝武帝之立,某种程度上是各方力量妥协下的结果。彼时尔朱兆尚盘踞晋阳;洛阳方面,曾擒获尔朱天光、尔朱度律等人的斛斯椿,孝文朝以来的宿将长孙稚父子,皆非高欢所能控制;雄踞关中的贺拔岳,更与高欢久有宿怨。高欢率军离开洛阳前去平定尔朱兆时,洛阳政权很快出现了脱离控制之势,以致"军谋朝政,一决于(斛斯)椿"④。此点高欢集团内部也有人曾言及:

---

① 《文馆词林》卷六六二《后魏节闵帝讨尔朱文畅等诏》,第 242—244 页。
② 佐川英治:《东魏北齐革命与〈魏书〉的编纂》,陈锋、张建民主编:《中国古代社会经济史论:黄惠贤先生八十华诞纪念论文集》,第 426—448 页。胡胜源亦持类似观点,见胡胜源:《帝纪微言:〈魏书〉北魏末诸帝的书写与东魏北齐正统性的建构》,《文史哲》2022 年第 1 期。
③ 《魏书》卷七四《尔朱荣传》,第 1793—1794 页。
④ 《魏书》卷八〇《斛斯椿传》,第 1914 页。

"(普泰元年)七月壬寅,神武帅师北伐尔朱兆。封隆之言:'侍中斛斯椿、贺拔胜、贾显智等往事尔朱,普皆反噬,今在京师,宠任,必构祸隙。'"①在对待尔朱荣的态度上,孝武帝方面也与高欢有着微妙的区别。

多有史料表明,直到孝武帝时,北魏政权才对尔朱荣起兵以来被杀的主要人物进行追谥乃至平反。《魏书·出帝纪》称,泰昌元年十一月,"葬灵太后胡氏"②,胡后本传亦称"出帝时,始葬以后礼而追加谥"③。"灵"虽是恶谥,但毕竟给予后礼安葬,亦可算有限度的平反。被尔朱氏杀害的官员,此时获得赠谥者颇多,史传和墓志皆多见。更重要的是,一度入洛称帝而被尔朱荣诛杀的元颢及其核心党羽,孝武帝也进行了追赠。元颢"出帝初,赠使持节、侍中、都督冀定相殷四州诸军事、骠骑大将军、大司马、冀州刺史"④。颢弟项"出帝初,赠侍中、都督雍华岐三州诸军事、骠骑大将军、太尉公、尚书令、雍州刺史"⑤。元颢入洛时受颢委寄,后死于江南的元延明,"出帝初,赠太保,王如故,谥曰文宣"⑥。杀灵太后与幼主改立孝庄帝,是尔朱荣拟于伊霍的功绩;平定元颢、葛荣,是尔朱荣拟于彭韦桓文的功绩。从某种意义上说,孝武帝时对灵太后与元颢集团的追谥封赠,是对尔朱氏政策的拨乱反正。

所幸的是,孝武帝时下葬的这些带有官方色彩的墓志多有出土,从中可以窥见对尔朱荣全然不同的评价。太昌元年八月《元颢墓志》是极为重要的一方。志称"皇上缅追休烈,载申盛礼,诏赠殊荣,一无所假",可见墓志下葬正是孝武帝给元颢追赠之后。该墓志对涉及尔朱荣事迹的记录,与史传截然不同。志文记河阴之变,称:"属明皇暴崩,中外怔骇。尔朱荣因籍际会,窥兵河洛。始称废立,仍怀觊觎。群公卿士,磬于锋镝。衣冠礼乐,殆将俱尽。"又记尔朱氏专政,称:"既而政出权胡,骄恣惟甚。爰自晋阳,远制朝命。征伐非复在国,牧守皆出其门。天下之望,忽焉将改。"⑦此墓志提及的河阴之变和尔朱荣专权,尽皆负面评

---

① 《北齐书》卷一《神武纪》,第 9 页。
② 《魏书》卷一一《出帝平阳王纪》,第 336 页。
③ 《魏书》卷一三《皇后传》,第 396 页。
④ 《魏书》卷二一上《北海王详传附元颢传》,第 638 页。
⑤ 《魏书》卷二一上《北海王详传附元项传》,第 638 页。
⑥ 《魏书》卷二〇《安丰王猛传附元延明传》,第 602 页。
⑦ 赵超:《汉魏南北朝墓志汇编》,第 292 页。

价;以"权胡"称尔朱荣,指斥其权臣身份和羯胡出身,褒贬之意甚明。此外,《元延明墓志》也提到"政出权强,深猜后杰","权强"即指尔朱荣;墓志记载其逃亡江南是由于"既睹浞莽之形,实深宗祐之虑,方借力善邻,讨兹君侧"①。此句的浞莽即寒浞、王莽,显然指的是尔朱荣。又如《张太和墓志》记尔朱荣专政时情况云:"忠义竞奋,权奸互起。废置去来,莫适定主。无罪见逃,募以列爵。非事滥刑,祸避覆族。"②此外,尚有多方墓志对志主死于尔朱氏刀下不再避讳,以"羯胡""凶羯"等侮辱性称谓称之者亦颇多见,与尔朱专政时下葬的河阴之变遇难者墓志相比较,形成鲜明的对比。

孝武帝尚未与高欢彻底决裂之时,派人联络宇文泰。泰遂移檄州郡,其文称:

> (高欢)不能竭诚尽节,专挟奸回,乃劝尔朱荣行兹篡逆。及荣以专政伏诛,世隆以凶党外叛,欢苦相敦勉,令取京师。又劝吐万儿复为弑虐,暂立建明,以令天下,假推普泰,欲窃威权。并归废斥,俱见酷害。于是称兵河北,假讨尔朱,亟通表奏,云取谗贼。既行废黜,遂将篡弑。③

此段文字指斥高欢之罪恶,皆与尔朱氏密切相关。其中直接涉及尔朱荣的,是"乃劝尔朱荣行兹篡逆"一条。其事又见《周书·贺拔岳传》,"荣既杀害朝士,时齐神武为荣军都督,劝荣称帝,左右多欲同之,荣疑未决"④。其事甚为高欢所讳,且曲笔回护。《魏书·尔朱荣传》称荣有异图,"于是献武王、荣外兵参军司马子如等切谏,陈不可之理"⑤。《北齐书》亦称荣将篡位,"神武谏,恐不听,请铸像卜之,铸不成,乃止"⑥。檄文既言高欢劝尔朱荣篡逆之事,尔朱荣的不臣之心也就不可能避讳;檄文称"荣以专政伏诛,世隆以凶党外叛",用词亦全为负面,与高欢对尔朱荣的

---

① 赵超:《汉魏南北朝墓志汇编》,第288页。
② 王连龙:《南北朝墓志集成》,上海人民出版社,2020年,第444页。
③ 《周书》卷一《文帝纪上》,第10页。按其文又见《文苑英华》卷六四五《为周太祖檄齐神武高欢文》,第3309—3310页。
④ 《周书》卷一四《贺拔胜传附贺拔岳传》,第240页。
⑤ 《魏书》卷七四《尔朱荣传》,第1784页。
⑥ 《北齐书》卷一《神武纪》,第3页。

评价闪烁其词形成鲜明对比。

贺拔岳、宇文泰集团对尔朱荣的评价,似乎有过变化,《金石录》著录有《后魏贺拔岳碑》,赵明诚《跋尾》称:"尔朱荣凶残狂悖,盖魏之莽、卓也,而《碑》乃以为'图伊、霍之举',岂不可笑也哉!"①陈思《宝刻丛编》则记"碑以永熙三年正月立"②,事在贺拔岳死之同月。据《魏书·贺拔岳传》,岳死后,"岳部下收岳尸葬于雍州北石安原"③。该碑可能也是其部下所立,其时尚以伊霍拟尔朱荣。贺拔岳死,宇文泰成为该集团首领后,积极向孝武帝靠拢,对尔朱荣的态度出现变化。宇文泰虽也是出自尔朱氏势力,但长期以别将跟随贺拔岳征战,并不与尔朱荣发生直接联系。从个人关系而言,尔朱荣则于宇文泰有杀兄之仇。《周书·太祖纪》云:"荣以太祖兄弟雄杰,惧或异己,遂托以他罪,诛太祖第三兄洛生,复欲害太祖"④。宇文泰在屠刀下得以幸免于难,也不太可能像高欢那样紧紧追随尔朱荣左右。与高欢相比,宇文泰对尔朱荣的评价不需要投鼠忌器,可以直接指斥高欢追随尔朱荣的历史污点,也深得孝武帝及其拥护者之心。

高欢深讳"天柱"之号,自己使用尔朱荣用过的"柱国大将军""大丞相"之号,导致这些名号在东魏北齐要么无人敢用,要么使用者极少。在西魏,宇文泰虽一度行用"大丞相"之号,但似乎是与"丞相"号混称⑤。《北史》载元欣"恭帝初,迁大丞相"⑥,则宇文泰之后大丞相号还曾另授他人。宇文泰也未使用过"天柱大将军"之号。卢辩仿《周礼》改革官制,尔朱荣所创"访古无闻"之号,也不符合《周礼》的精神。只有"柱国大将军"之号,成为日后府兵制下极为重要的官职。《周书》记其

---

① 赵明诚撰,金文明校证:《金石录校证》,第410页。
② 《宝刻丛编》卷八《咸阳县》"后魏贺拔岳碑"条,《石刻史料新编》第一辑第24册,台湾新文丰出版公司1982年影印本,第18238页。
③ 《魏书》卷八〇《贺拔胜传附贺拔岳传》,第1924页。
④ 《周书》卷一《太祖纪》,第2页。其事又见《周书》卷一〇《莒庄公洛生传》,第169页。
⑤ 《周书·文帝纪》不载宇文泰曾为大丞相,只言其自永熙三年八月孝武帝入关后进位丞相,到废帝二年春,诏去丞相、大行台,其间所任似是丞相。不过诸列传多有记载曾为大丞相府佐吏者,甚或有大丞相、丞相混称者。《周书·寇洛传》载大统初魏文帝诏书,有"遂能纠合义军,以待大丞相"之语,可见大统初年宇文泰曾有"大丞相"之称。参见《周书》卷一五《寇洛传》,第258页。
⑥ 《北史》卷一九《魏宗室广陵王羽传附元欣传》,第699页。

事云：

> 初，魏孝庄帝以尔朱荣有翊戴之功，拜荣柱国大将军，位在丞相上。荣败后，此官遂废。大统三年，魏文帝复以太祖建中兴之业，始命为之。其后功参佐命，望实俱重者，亦居此职。自大统十六年以前，任者凡有八人。太祖位总百揆，督中外军。魏广陵王欣，元氏懿戚，从容禁闱而已。此外六人，各督二大将军，分掌禁旅，当爪牙御侮之寄。当时荣盛，莫与为比。故今之称门阀者，咸推八柱国家云。①

宇文泰受柱国大将军号在西魏大统三年（537）沙苑之战后。大统元年五月，魏文帝还曾"加安定公宇文泰位柱国"②。从这段文字来看，此前似无人任此。"柱国大将军""大将军"诸重号皆以多人并居，则是西魏的独创。虽其名源自尔朱荣所创旧号，但其意义已经完全改变了。

西魏北周留下的文字，颇可见到对尔朱荣专政的朝局进行批评者，与东魏文献避免直接批评尔朱荣很不相类。如庾信即多次写下这类文字："魏永安中，任子都督，翻原州城，受陇西王节度。于时洛邑乱离，当涂危逼，礼乐征伐不出于天子，举贤诛暴实在于强臣。"③"自永安以来，魏室大坏。海水群飞，天星乱动。礼乐征伐，不出于人主；举贤诛暴，议在于强臣。"④"永安中，洛城昼掩，黄河凌合。翟泉会盟之地，苍鸟忽飞；武库兵栏之中，鳞鱼遂上。三帅北继，五马南浮。梁武帝大造中原，树君伊、洛，公之凭轵栈车，言归旧壤，起为通直散骑侍郎。天厌魏德，政在强臣，公耻入乱阶，乃于陈留起义。"⑤这三段文字分别出自当时的神道碑、传记或墓志铭，第一段之"陇西王"即是尔朱天光，即碑主随尔朱天光镇压关陇叛军；第三段文字之"三帅北继，五马南浮"指河阴之变后北魏宗室大量南逃，"梁武帝大造中原，树君伊、洛"指元颢入洛，"陈留起义"指志主起兵拥护孝庄帝。三段文字叙事时间在永安中，所称的"强臣"都

---

① 《周书》卷一六《赵贵独孤信侯莫陈崇传附论》，第295—296页。
② 《北史》卷五《魏本纪五》，第175页。
③ 庾信撰，倪璠注，许逸民点校：《庾子山集注》卷一四《周柱国大将军纥干弘神道碑》，中华书局，1980年，第836页。
④ 《庾子山集注》卷一一《周使持节大将军广化郡开国公丘乃敦崇传》，第663—664页。
⑤ 《庾子山集注》卷一五《周大将军襄城公郑伟墓志铭》，第937页。

是尔朱荣,批评的焦点也是强臣导致"礼乐征伐不出于天子"。

无论指斥出身的"羯胡""凶羯"或指向行为的"权奸""强臣",还是兼而有之的"权胡"称谓,还包括使用的动词如"篡逆""伏诛",都指向对尔朱荣的负面评价。这个负面评价不仅仅指尔朱荣河阴屠杀衣冠、滥授官职,重点还在于其篡逆和专权行为背后的"不臣之心",乃至声讨其"契胡"出身。西魏北周政权与尔朱荣的渊源不像东魏北齐那么直接,对尔朱荣的批评也有更宽松的空间,孝武帝和宇文泰便将政敌高欢与尔朱荣放在一起进行批判,将高欢指斥为尔朱氏的帮凶和北魏的逆臣。不能否认,西魏北周一方或也有少量早年追随尔朱氏的北镇旧人,在墓志等更具私人性质的文字中称颂尔朱荣,这种情况明显不是主流。尔朱荣的所作所为,突破了人臣应有的界限,尔朱氏灭亡之后大概也无人能够否认。隋代大儒王通曾言"谓尔朱荣忠,吾不信也"①,大概也代表了士人的普遍看法。北周以迄隋唐,对尔朱荣的负面评价可能是主流。这是魏末以来尔朱荣评价的第三种面相。

四、附论:隋唐以后《魏书·尔朱荣传》争议的背景和影响

魏收《魏书》甫成,迅疾争议大哗,隋唐以来,更是批评不断。前文的梳理业已指出,《魏书·尔朱荣传》的处理,基本只是沿用了高欢起兵时所确立的功过论,并未有什么新的创制,尔朱荣评价似乎不应成为焦点。然而,唐初史家几乎异口同声地将批判对象指向《魏书·尔朱荣传》,以尔朱荣比"彭韦伊霍"的发明权也给了魏收,还将魏收受金之说郑重写入史书。此种现象出现的背景和影响,似还可在上文基础上作进一步的讨论。

征诸史料,《魏书》撰作之初在北齐引发的争议,焦点似乎不在《尔朱荣传》。魏收本传说:"时论既言收著史不平,文宣诏收于尚书省与诸家子孙共加论讨。前后投诉,百有余人,云遗其家世职位;或云其家不见记录;或云妄有非毁。收皆随状答之。"这些争议其实都是士族对其家世职位的争论,并未涉及尔朱荣这种影响整个政局的人物。而"尔朱荣于魏为贼,收以高氏出自尔朱,且纳荣子金,故减其恶而增其善",则更

---

① 王通著,张沛校注:《中说校注》卷八《魏相篇》,第201页。

像是后来追加的记录,也被后世史家作为魏收"党齐毁魏"之典型事例。魏收撰史,与高欢父子有着密切的关联。高欢对魏收说:"我后世身名在卿手,勿谓我不知"①,这是人所熟知的典故。消解或否定北齐正统的观点,似乎不是北齐时代所能允许的②。自西魏北周以迄隋唐,无论是政权还是史书,都是持西魏正统论,即北魏正统应随孝武帝入关而属于西魏北周一脉。批评魏收"党齐毁魏"的观点,也与西魏北周对高欢党附尔朱氏尔朱荣的声讨一脉相承。从现存史料来看,《魏书·尔朱荣传》"党齐毁魏"的争议,也主要存在于隋唐以来的史学撰作实践中。

自魏收以后,隋唐史家作史可能直接涉及尔朱荣的,至少应有三家。其一是隋文帝时魏澹重撰的《魏书》,其二是隋初史家王劭的《尔朱氏家传》,其三是李延寿的《北史》。魏澹和王劭书涉及尔朱荣的史料未见存世,仅能从某些旁证稍作推理。《隋书·魏澹传》称"高祖以魏收所撰书,褒贬失实,平绘为《中兴书》,事不伦序,诏澹别成《魏史》"③。今按《北齐书》《北史》对魏收的记载,对尔朱荣"减其恶而增其善"就是史家反复强调的褒贬失实的例证。魏澹以西魏为正统,西魏的政治合法性与尔朱荣的关系也不像东魏那么密切。魏澹书明确针对魏收,对尔朱荣的评价也很可能与西魏北周的态度更为接近。至于王劭《尔朱氏家传》,还需稍作辨析。家传累见于魏晋以来的世家大族,本多溢美之词。不过《隋志》著录的二十多种家传中,尔朱氏是唯一出自胡族的。又按,王劭曾撰《隋书》《齐书》,刘知几以其为直笔之典型,称"案于时河朔王公,箕裘未陨;邺城将相,薪构仍存。而二子书其所讳,曾无惮色"④,又称"叙元、高时事,抗词正笔,务存直道"⑤。在刘知几笔下,王劭对魏齐之际的史事"抗词正笔"与魏收"党齐毁魏"形成了鲜明的对比,称魏收的曲笔"固

---

① 《魏书》卷一〇四《自序》,第 2528 页。同参《北齐书》卷三七《魏收传》,第 486 页;《北史》卷五六《魏收传》,第 2029 页。
② 周一良指出:"魏收身仕齐朝,奉敕修史,固非闭门著书不求问世之比。试思处收之时,居收之位,欲斥北齐所承之东魏,而尊宇文泰所拥之西魏,虽直笔如董狐南史,亦知势有所不行矣。"参见周一良:《魏收之史学》,《魏晋南北朝史论集》,第 219 页。瞿林东指出《魏书》"秽史"说有两次"升级",从门阀子弟阋之争到"党齐毁魏"的正统问题,在不同的时间产生,可参考瞿林东:《说〈魏书〉非"秽史"》,《江汉论坛》1985 年第 5 期,第 71—72 页。
③ 《隋书》卷五八《魏澹传》,第 1595 页。
④ 刘知几著,浦起龙通释:《史通通释》卷七《内篇·鉴识》,第 193 页。
⑤ 刘知几著,浦起龙通释:《史通通释》卷六《内篇·浮词》,第 151 页。

以仓颉已降,罕见其流",而"如王劭之抗词不挠,可以方驾古人"①。从王劭的生平来看,其《尔朱氏家传》更像是《齐书》的前史,不太像当时常见的世家大族的家传。从王劭的著史风格看,似乎也不太可能对尔朱家族加以虚誉溢美之词。

　　《北史·尔朱荣传》的文本今存,从中可以清晰地看到李延寿对《魏书》所作的改写和评判。从叙事看,李延寿的处理包括删、增、改。删除的内容,主要是文书和具体事迹。《魏书》载孝庄帝诏书和尔朱荣表奏共计9篇,尔朱荣死后前废帝封赠诏书3篇;《北史》仅尔朱荣起兵入京前抗表1篇,且文字大有删略,其余仅保留封授诏书中所授职官而已。尔朱荣早年历官亦删去不少,引起争议的高欢劝谏事亦删去。此外删除尔朱荣征讨柔然、平定并州小股势力诸事多条,平定葛荣、元颢事亦大为节略。增加文字方面,主要在河阴之变逼作禅文、滥授官职、荣女为孝庄后诸事、荣令人重衣空手搏猛兽、荣下人凌侮帝左右等事,更增尔朱荣造作祥瑞等数事,孝庄帝谋划诛杀尔朱荣事亦增加诸多细节,荣死后又增刘季明反对尔朱荣配享孝明帝事。改写亦颇多,如河阴之变"责天下丧乱,明帝卒崩之由,云皆缘此等贪虐,不相匡弼所致",改作"妄言丞相高阳王欲反"②;"灵太后、少主其日暴崩"改作"沉灵太后及少主于河"③之类。从论赞看,李延寿的处理则主要是删、改。《北史》史臣论所删者,首先是将拥立孝庄帝的"桓文之举"尽皆删去,其功仅余平葛荣、元颢等人之事;其次是将拟于古人者尽数删去,包括桓文、彭韦伊霍、韩信之典,引曹操之"不知几人称帝,几人称王"亦皆删去。改写方面,《魏书》以其死于"末迹见猜",《北史》则改为"末迹凶忍",将尔朱荣之死的责任由皇帝猜疑改为荣之凶忍。从《北史》的处理可以看出,李延寿的改写幅度很大且很有针对性,所增尔朱荣事迹全是负面的,对河阴之变的定性也由有功有过变成了完全负面,仅仅剩下镇压葛荣、元颢等人的功业。结合《北史》对魏收的评价,可以看出李延寿这种改写极具针对性,也更符合西魏北周以来社会主流对尔朱荣的评价。

---

① 刘知几著,浦起龙通释:《史通通释》卷七《内篇·曲笔》,第184页。
② 《北史》卷五八《尔朱荣传》,第1753页。
③ 《北史》卷五八《尔朱荣传》,第1754页。

批评《尔朱荣传》"党齐毁魏"而外，尚有批评魏收纳金之事。魏收纳金事是否属实今已不可考，然"纳金"所涉还有一方，就是尔朱子孙。征诸墓志，隋唐之际尔朱子孙确实有以"彭韦伊霍"说溢美尔朱荣之功业的情况。高欢击败尔朱氏以后，大批尔朱氏族人在变乱中被诛杀。历经劫难后幸存的尔朱氏后代，见诸史传或有世系可考的墓志出土者，主要出自尔朱荣从弟尔朱彦伯一系。尔朱彦伯之子尔朱敞，由东魏逃亡到西魏，周隋两代颇有军功，《隋书》有传，现存隋唐两代其家族可考查的墓志达8方之多。从墓志的情况看，尔朱荣在北魏末年的作为，是尔朱敞及其子孙墓志中强调的重点。开皇十一年（591）《尔朱敞墓志》提到，"巨猾滔天，门有勤王之力；牝鸡倾国，家兴练石之功"，这段文字的前两句指的是尔朱荣镇压六镇叛乱，后两句指的是河阴之变诛杀北魏胡太后之事。墓志还提到其家"列钟陈鼎之盛，服冕乘轩之重，固以跨蹑袁、杨，鞭辔梁、窦，高视百辟，独步一时"①，将尔朱氏与东汉世代公卿的汝南袁氏、弘农杨氏，长期掌控东汉朝政的外戚梁、窦家族相提并论，也是对其家族短暂的权势煊赫的一种怀念。尔朱敞子尔朱端的墓志中则提到，"补天纽地之力，冠冕韦、彭；扶倾定业之功，牢笼伊、霍"②。墓志中的评价表明尔朱敞及其诸子对尔朱氏特别是尔朱荣的历史记忆仍较深刻，也有意洗刷了史书记载中的负面评价，尽管尔朱荣并不是他们的直接祖先。这可算是尔朱荣正面评价在隋代的尾声，已经全无政治上的涵义。私家墓志所为，影响或也不及太远。不过，隋代尔朱氏子孙对魏收赞语的曲解，应也为"纳金"说提供了言论土壤。

隋唐之际史家对尔朱氏的评价与魏收"秽史"说的争议，似乎也反映到了墓志中。与隋代尔朱氏墓志仍旧致力于"彭韦伊霍"评价不同，在入唐以后的几方墓志中，尔朱荣在北魏的作为基本就不再被提及，只是记录其直系祖先尔朱彦伯、尔朱敞等人的官爵等信息。可以推测，尔朱敞与尔朱端墓志中所描写的尔朱荣，毕竟与唐修正史中定型的官方历史评价有很大差距。尔朱敞孙、曾辈数方墓志，则都对尔朱荣的事迹略

---

① 王其祎、周晓薇：《隋代墓志铭汇考》，线装书局，2017年，第16、17页。
② 按该志亦葬于开皇十一年，与其父同日而葬。参见王其祎、周晓薇：《隋代墓志铭汇考》，第39、40页。

去不言,还经常提到"祖德家风,今可略而言矣"①,或者"自□厥后,人物载扬,并备列图书,可得略而言矣"②,或者"本枝百世,厥族惟绵,可略言矣"③。"备列图书"的尔朱氏,和今天唐修诸史中的形象,应该是较为接近。唐代史臣对魏收受金写史的抨击,让本就非议不断的尔朱氏形象更加不堪。为尔朱氏撰写墓志的文士以"略言"的方式回避这种尴尬的争议,当然也是比较务实的处理方式。

本节小结

自尔朱荣发动河阴之变以后,风雨飘摇的北魏政权已经无力维持原有的制度结构。尔朱荣自以为功格天地,遂多有自立名号之举。行伊霍还是曹马之事,事实上也在尔朱荣一念之间。柱国大将军、天柱大将军的军号还有大丞相之职,均非北魏之常制,亦非正常人臣之职。自比伊霍桓文之举,也自尔朱荣生前即已有之。特立名号与标举古人一体两面,皆是权臣用以树立个人形象的工具。尔朱荣既以不臣之举而身死,然这些名号的影响并未随之消散,反而成为继起者争相利用的资源,影响深远,延续到东魏和西魏分裂以后。

无论是东魏北齐还是西魏北周,其统治集团的核心人物,都是源出六镇而又以从属于尔朱氏起家的。不过高欢和宇文泰与尔朱氏的关系亲疏有别,面临的环境也颇相异,因而对尔朱氏遗产的态度也颇不一致。对尔朱荣的评价出现几种不同的态度,其实都源出北魏时代。孝庄帝在诏书中对尔朱荣"论功补过",其评价被高欢利用并作了改造,也被《魏书》基本沿用,成为北齐正统的重要依据。孝武帝即位后,对尔朱荣的篡逆之举和背后的"不臣之心"进行全面清算,乃至声讨其"契胡"出身。宇文泰对此进行发挥利用,并将政敌高欢作为尔朱荣的帮凶和继任者进行声讨。自尔朱荣死后直到北周结束与北齐的对峙,史书或是官方文书对尔朱荣的评价,以及对尔朱氏制度遗产的继承与转用,都是牵涉到两方立国根本的政治问题。高欢自称"大丞相",对尔朱荣以其最高军号

---

① 周绍良、赵超:《唐代墓志汇编》,第 618 页。
② 周绍良、赵超:《唐代墓志汇编》,第 737 页。
③ 李献奇:《武周尔朱昊及夫人韦氏墓志考释》,《中原文物》1998 年第 4 期。

"天柱"相称而讳其名,正是高欢无法与尔朱荣切割的实证。西魏北周以高欢作为尔朱荣的承续者,进而否定东魏北齐政权的合理性,才是西魏以迄隋唐正统论中最核心的内容。尔朱荣所用之"柱国大将军"号,却成为西魏北周府兵制下的重要军号,或许是尔朱荣生前所始料未及的。尔朱荣专权时代的政治遗产,也就巧妙地融入到东西两个政权乃至重新统一以后的政治文化之中了。

第六章 名号背后的政权竞争与华夷观念转型

在十六国北朝的大环境下，北魏政权的存在与发展，一直都离不开与其他政权的互动。名号作为一种简洁的符号，往往有对内统治和对外宣示的双重意义。对并立的敌对政权，创制某种具有宣传效力的称呼，往往也成为惯例。对内和对外，也有可能采用不同的策略。与一般的互动不同，南北政权之间的差异和实力的交替变化，往往会带来一种不同的面貌。政权竞争背后的名号变迁，反映出北魏国家转型的某些特有的面相，这也为我们重新审视南北之间的文化交往以及拓跋与华夏的关系提供了新的可能。

第一节 从"索头"到"魏虏"：南朝对拓跋氏称谓的变化

南朝政权对北魏历史的记录，有两篇文献非常重要，分别是《宋书·索虏传》和《南齐书·魏虏传》。两篇文献的开篇，就解释了北魏的渊源。《宋书·索虏传》称："索头虏姓托跋氏，其先汉将李陵后也。陵降匈奴，有数百千种，各立名号，索头亦其一也。"① 《南齐书·魏虏传》则称："魏虏，匈奴种也，姓托跋氏。晋永嘉六年，并州刺史刘琨为屠各胡刘聪所攻，索头猗卢遣子曰利孙将兵救琨于太原，猗卢入居代郡，亦谓鲜卑。被发左衽，故呼为索头。"② 两书的说法引发了学界长期的讨论，其焦点在于拓跋氏的种族与血统③。这里不打算对其族源进行进一步的探讨，

---

① 《宋书》卷九五《索虏传》，第2549页。
② 《南齐书》卷五七《魏虏传》，第1089页。
③ 姚薇元：《北朝胡姓考》，第3—6页。

不过南朝史料的说法,反映的是南朝人对拓跋氏的看法,而且二者的写法实际上是有不同的。这些材料中出现的称谓,如"索头""索虏""魏虏"之间,有没有微妙的差别,这些差别又说明了什么,便是本节要讨论的核心问题。

一、"索头"称号缘由的争议概说

北魏的建立者拓跋鲜卑在南方史料中被称作"索头虏",关于这一名号的来源,《南齐书·魏虏传》称"被发左衽,故呼为索头"①。《资治通鉴》"魏文帝黄初二年"条"臣光曰"之"宋、魏以降,南北分治,各有国史,互相排黜,南谓北为索虏,北谓南为岛夷"句胡三省注:"索虏者,以北人辫发,谓之索头也。"② 这几则材料至少可以说明,"索头"名号是南人对拓跋鲜卑的称呼,而这一称呼源自其辫发的发式。由于史籍记载宇文部、慕容部等东胡族系多有髡发习俗,也有学者解释"索头"是区分拓跋鲜卑与其他种鲜卑的标志,如王仲荦先生说:"因为鲜卑族、乌桓族都把头发剃去一部,而拓跋部还打着辫子,因此当时人称他们作'索头鲜卑'。"③ 白翠琴也说:"由于拓跋部众还梳着辫子,故当时人又称其为'索头'鲜卑或'索虏',以区别于剃去部分头发的其他鲜卑部。"④ 李志敏对拓跋鲜卑的"索头"发式进行详细的考辨,认为"索头"乃辫发之谓,为蓄留全发之一种,并非既辫且髡,亦非前剃后辫⑤。拓跋鲜卑的发式与汉人大异,也与其他鲜卑部族不同,应该是没有什么疑问的。《魏虏传》记孝文帝太子恂(《南齐书》写作询)事云:"宏初徙都,询意不乐,思归桑干。宏制衣冠与之,询窃毁裂,解发为编,服左衽"⑥,直至孝文帝迁都之际北魏的发型仍旧是"解发为编",乃是萧子显时代所目见之事。

不过有不少学者对"索头"称号的来源为辫发说提出了质疑,而认

---

① 《南齐书》卷五七《魏虏传》,第1089页。
② 《资治通鉴》卷六九"魏文帝黄初二年"条,第2186页。又,"索头郁鞠帅众三万降于赵"条胡注亦云:"索头,鲜卑种。言索头,以别于黑匿郁鞠;以其辫发故称谓索头。"参《资治通鉴》卷九五"晋成帝咸康二年十一月"条,第3007页。
③ 王仲荦:《魏晋南北朝史》,第476页。
④ 白翠琴:《魏晋南北朝民族史》,第62页。
⑤ 李志敏:《"索头"为既辫且髡发式说辨误》,《民族研究》2005年第4期。
⑥ 《南齐书》卷五七《魏虏传》,第1102页。

为"索头"称号实际上源于音译。最早提出此说的是清代学者郝懿行，他在《宋琐语·言诠》中云："索虏号'索头虏'，今京师骂人曰'索头子'，又曰'杂种'，皆鲜卑语。"① 有学者考证《南齐书·魏虏传》之"索干"一词语源时提出，"索"字乃是以汉字音写出的鲜卑语词，并无汉字"绳子"之意，更不能引申为"辫子"。"索干"乃是"索国"的同音异写，是鲜卑语和汉语的合璧词②。其后又有学者利用语言学的方法发挥类似观点，按《酉阳杂俎》载：

> 北虏之先索国有泥师都，二妻生四子。一子化为鸿，遂委三子，谓曰："尔可从古旀。"古旀，牛也。三子因随牛，牛所粪，悉成肉酪。③

李树辉据此认为，此条材料之"古旀"可对译为 Cgyz（公牛、犍牛）。"索国"或作"索头""索虏""索头虏"，皆为突厥语粟特的别译④。这段史料明确说"古旀"是"牛"，其对应关系可以得到更多史料的支持，《南齐书·魏虏传》称什翼犍，"字郁律旀"⑤，按《魏书》云什翼犍父平文帝名郁律，不知是否有混淆，但"旀"应该是什翼犍的音译鲜卑名的一部分。按照一般的规律，《宋书》《南齐书》书鲜卑名多以汉名为名，以鲜卑名为字，可以推测"犍"与"旀"可能都是犍牛的别译。另外，"博学多通，尤善音律及诂训之书"的北魏宗室之后元行冲，曾在所著《魏典》中考证说："初魏明帝时，河西柳谷瑞石有牛继马后之象，魏收旧史以为晋元帝是牛氏之子，冒姓司马，以应石文。行冲推寻事迹，以后魏昭成帝名犍，继晋受命，考校谣谶，特著论以明之"⑥，可以肯定昭成帝之名和"牛"有直接的关联。以"古旀"对译为"犍牛"应当说是较为合理的。

不过李树辉的观点有非常明显的难解之处。即现有史料中的"粟特"之名，最早出现于《魏书》，本是"在康居西北，去代一万六千里"的

---

① 郝懿行：《宋琐语·言诠》，齐鲁书社，2010年，第4255页。
② 梁祚腾："桑干"考，《北朝研究》第1辑，第210页。
③ 《酉阳杂俎》卷一六《毛篇》，第159页。
④ 李树辉：《乌古斯和回鹘研究》，民族出版社，2010年，第10页。
⑤ 《南齐书》卷五七《魏虏传》，第1089页。
⑥ 《旧唐书》卷一〇二《元行冲传》，第3177页。

西域民族①。有关拓跋氏起源的传世史料,从未有指向西域的。北魏为何会用自身的别译称呼他人?粟特与拓跋的族属来源本不相同,生活习性大异,应当也不难区分,二者又如何会以同一个名号作为族称呢?现有史料很难支持粟特与拓跋鲜卑同源的观点,将"索头"与"粟特"看作同音别译也不合情理,李说或许也不无可商之处。

进一步的分析仍旧需要从史料出发。首先值得分析的是《酉阳杂俎》这则史料的价值,因为这毕竟是唐代人的笔记小说,号称"多诡怪不经之谈,荒渺无稽之物,而遗文秘籍,亦往往错出其中"②,且段成式也不曾注明史料来源。不过,由现有材料可以知道,《酉阳杂俎》的记载与他书有许多吻合之处,或可稍作分析。《周书·突厥传》记载了突厥的数种祖先传说故事,其一云:

> 或云突厥之先出于索国,在匈奴之北。其部落大人曰阿谤步,兄弟十七人。其一曰伊质泥师都,狼所生也。谤步等性并愚痴,国遂被灭。泥师都既别感异气,能征召风雨。娶二妻,云是夏神、冬神之女也。一孕而生四男。其一变为白鸿;其一国于阿辅水、剑水之间,号为契骨;其一国于处折水;其一居践斯处折施山,即其大儿也。③

显然《酉阳杂俎》这则史料的前半部分与《周书》这则史料是完全吻合的,而唐人多称突厥为"北虏",在唐代史料中很常见。由此,唐人眼中的"北虏"与东晋南朝以"北虏"指称的拓跋鲜卑显然不是一回事。段成式所说的"北虏之先索国"与拓跋鲜卑有没有关系,还需要另作考虑。

比对史料可以发现《酉阳杂俎》后半部分的内容与《周书》完全不同,而且与突厥的习俗也不同。突厥人以狼为瑞兽,《周书》下文所称"此说虽殊,然终狼种也"云云,即反映了这一事实④。史料可见突厥祖先传说多种,也不见有以牛为图腾者。实际上,牛是拓跋鲜卑的瑞兽。《魏

---

① 《魏书》卷一〇二《西域传》,第2462页。
② 《四库全书总目》卷一二四《子部·小说家类三》"《酉阳杂俎》并《续集》条",中华书局,1964年,第1214页。
③ 《周书》卷五〇《异域传下》,第986页。
④ 有关突厥与狼图腾的源流,可参马长寿:《突厥人和突厥汗国》,广西师范大学出版社,2006年,第5—6页。

书》卷一《序纪》载拓跋部早年南迁事云：

> 献皇帝讳邻立。时有神人言于国曰："此土荒遐，未足以建都邑，宜复徙居。"帝时年衰老，乃以位授子。圣武皇帝讳诘汾。献帝命南移，山谷高深，九难八阻，于是欲止。有神兽，其形似马，其声类牛，先行导引，历年乃出。始居匈奴之故地。①

按道武帝议定德运的时候群臣也提到"故神兽如牛，牛土畜"②，拓跋祖先随牛迁徙的故事应当流传广远。比对《酉阳杂俎》后半部分的记载，可以发现这两则史料记载的以牛为引路者的故事非常相似，因此这一部分可以看作是记载同一故事的不同版本。二者相较，则《酉阳杂俎》所记载的"北虏之先索国"的祖先传说故事同时包含了突厥和拓跋鲜卑的内容。

值得注意的是几则史料提到的"索国"，其唯一的信息就是"在匈奴之北"；而拓跋鲜卑最初也是"不交南夏，是以载籍无闻"③的北方部族，经南迁而到达鲜卑故地。有学者认为二者同源，皆源于《后汉书·夫余传》中的"北夷索离国"，又据《晋书·武帝纪》"参离四千余落内附"事与卫瓘离间力微事的时间吻合，认为"力微诸部"即是"参离"，皆为"索离"音译④。按照郭锡良《汉字古音手册》，"参"古有三音，声母属齿头音类"清"母和正齿音"初"母、"山"母，"索"则属齿头音类"心"母，中古均属齿音类；韵部则"参"分属覃部、侵部，"索"属铎部和陌部，似有不同⑤。"参离"与"索离"的考证虽然缺乏直接的证据，不过依据现有史料，"索离""索头""索国"部族名称相近，发源的地理区域也都被指为北方极远之地，被不了解他们的汉人认为出于同一族源是完全可能的。

需要指出的是，"索国"说只是突厥祖先传说中的一种，汉文史料所

---

① 《魏书》卷一《序纪》，第2页。
② 《魏书》卷一〇八之一《礼志一》，第2986页。
③ 《魏书》卷一《序纪》，第1页。
④ 温玉成：《论"索国"与突厥部的起源》，《新疆师范大学学报（哲学社会科学版）》2011年第1期；同氏《论拓跋部源自索离》，《新疆师范大学学报（哲学社会科学版）》2012年第6期。
⑤ "索"见《汉字古音手册》，第33页；"参"见《汉字古音手册》第191、230、231页。参见郭锡良：《汉字古音手册》，北京大学出版社，1986年。

见的不同起源故事有五种之多①。这些不同的祖先起源故事,往往都会与不同族属联系起来,作为论证其发祥地和族源的依据。《周书》在突厥源于索国说之外,又称"突厥者,盖匈奴之别种"②,《隋书》则称"突厥之先,平凉杂胡也"③,各自附载祖先故事,诸说纷陈莫衷一是。现代学界的研究则依据突厥《阙特勤碑》碑文指出突厥实是铁勒的一支,先世即战国秦汉的丁零、魏晋南北朝的高车(敕勒)④。即算如此,汉文文献记载的价值也仍旧存在,因为这些材料所反映的或许不是突厥的血统,而是反映了当时人们的某种认识,或者说是文化认同。突厥与拓跋鲜卑在血统上或许没有直接的传承关系,但突厥对拓跋鲜卑的文化传承却是存在的。突厥原本通过柔然继承了不少拓跋鲜卑的部族传统,如可汗号以及若干官职名,又如突厥从柔然那里接受了拓跋的族称 tabγač 用以指代中国⑤。《酉阳杂俎》所记载的突厥祖先起源故事糅合了拓跋鲜卑的某些成分,也是完全合乎情理的。

以此来看,《酉阳杂俎》这段史料糅合突厥和拓跋鲜卑祖先起源故事的记载,正是由于突厥对鲜卑文化的传承而形成的。"索国"的祖先传说,正是拓跋鲜卑和突厥传承的直接纽带。因此,学者们推断"索国"与"索头"是同一北族词汇的同音别译,应当也不会离事实太远。"索头"音译说较为合理。那么,《南齐书·魏虏传》中"被发左衽,故呼为索头"的确切记载又当作何解释呢?这一点仍旧需要结合史料进行进一步的阐释。

二、"索头"本为不含贬义的部落名

要探讨"索头"一词的确切性质,还必须结合其出现的语境,对其意义进行剖析。值得注意的是,"索头"一词不只是出现在南朝史料中,在郦道元的《水经注》中也出现了以"索头"命名的地名。

《水经注·濡水》云:"濡水又东南,索头水注之。水北出索头川,南

---

① 参见薛宗正:《突厥史》,中国社会科学出版社,1992年,第29—42页。
② 《周书》卷五〇《异域传下》,第985页。
③ 《隋书》卷八四《北狄传》,第1863页。
④ 马长寿:《突厥人和突厥汗国》,第5页;林幹:《突厥与回纥史》,第3—4页。
⑤ 罗新:《论拓跋鲜卑之得名》,《中古北族名号研究》,第53页。

流,径广阳侨郡西。魏分右北平置,今安州治。又南流注于濡水。"杨守敬注云:"今承德府北之宜逊河,索头水发源围场内。"① 按《魏书·地形志》云:"安州,皇兴二年置,治方城,天平中陷,元象中寄治幽州北界。"② 郦道元死于魏孝昌三年(527),在天平元年安州陷落之前,所指之安州当为方城之旧治。据王仲荦先生所考,广阳侨郡在今河北隆化县隆化镇伊逊河东岸,陷落后之寄治之方城,则与后魏之密云县相近③。无论如何,索头水、索头川均在今河北承德境内。问题是,郦道元所指称的"索头水"和"索头川"与拓跋鲜卑有何联系呢?

索头水附近曾经发掘过某些北魏早期的文物。北魏安州旧址已经进行过一些考古调查,即今所称的隆化皇姑屯土城子遗址。这里发现有北魏时期佛寺遗迹,并出土北魏明元帝时期题有"李翟手用同(铜)四斤,泰常五年五月习五日佛弟子刘惠造弥勒佛像"的弥勒像,是国内目前发现北朝造像中较早的一例④。不过,这些遗迹也都在北魏立国以后了,而且"李翟""刘惠"看起来都像是汉人的名字,不能算是拓跋鲜卑的遗迹。按《序纪》的记载,拓跋部南迁以后,"始居匈奴之故地",到力微"三十九年,迁于定襄之盛乐"⑤。此后直到道武帝定都平城,盛乐附近都是拓跋鲜卑势力发展的中心。盛乐位于阴山南麓的今内蒙古和林格尔县,离位于幽州以东的河北隆化直线距离超过600公里。南方史料最早提及拓跋鲜卑在《晋书·卫瓘传》,称:"幽并东有务桓,西有力微,并为边害。"⑥力微活动的区域在幽并以西,与《魏书》的记载吻合;卫瓘时为幽州刺史,当时活动于幽州以东的是务桓的势力。西晋末以后,见诸史料的活动于幽州以东的势力主要是鲜卑段部,段部衰败后一直到拓跋珪战胜后燕之前,代郡以东的区域主要被慕容燕控制。可以确定的是,"索头川"或者"索头水"附近的区域,至少是远离3—4世纪拓跋部活动的核心区域的。

---

① 《水经注疏》卷一四"濡水"条,第1245—1246页。
② 《魏书》卷一〇六上《地形志上》,第2723页。
③ 王仲荦:《北魏延昌地形志北边州镇考证》,《北周地理志》,第1120—1121页。
④ 河北省文物研究所、承德地区文物管理所、隆化县文物管理所:《隆化皇姑屯辽北安州及其附近遗迹调查简报》,《文物春秋》1991年第2期。
⑤ 《魏书》卷一《序纪》,第2、3页。
⑥ 《晋书》卷三六《卫瓘传》,第1057页。

如果"索头川"或者"索头水"是以拓跋鲜卑命名,似乎也不应该将一个远离拓跋部活动中心的地域冠以族名。要么是在文献记载阙如的南迁抵达匈奴故地之前,拓跋鲜卑曾在此活动过,那么命名时间一定很早;要么其得名本就与拓跋鲜卑无干。对于拓跋鲜卑南迁的路线,学界虽多有研究,但迄今未达成共识,实际上也不可能有太明确的结论。不过,如果取嘎仙洞到盛乐之间较近的路线的话,是不需要取道滦河流域的皇姑屯一带的,而其附近也不大可能出现"南迁大泽,方千余里,厥土昏冥沮洳"的情况;"索头川""索头水"更早的名称也已经无从考证,这一名称的出现时间也就无从得知了。不过,"索头川""索头水"与"索头鲜卑"几种名号既然用同一个汉语词来表示,很有可能的一种情况是它们来自同一个北族语词的音译。

从郦道元的记载还可以稍作进一步的推断。"索头水"和"索头川"虽然都与拓跋的族名重合,但北魏政权本身并不避讳"索头"这一称法。不然的话,北魏政权在控制了这一地区后,绝不会允许这两个地名继续使用,毕竟重新命名一个地名并非难事。《水经注》本身在"索头虏"已经成为指摘北魏的专名以后成书,郦道元也仍旧记下"索头水"与"索头川"两个地名,也说明"索头"这一名号在北魏并不会触犯忌讳。这可能说明一个问题,在北族语言体系中,"索头"一词原本就不是一个贬称,而是别有其义。

"索头"的词性还可以从《晋书》获得某些旁证。东晋时,慕容氏使者刘翔说东晋中常侍彧弘云:"石虎苞八州之地,带甲百万,志吞江汉,自索头、宇文暨诸小国,无不臣服。"① 这里"索头"与宇文并列,均称"小国",也不似贬称。"宇文"本属鲜卑语音译,其本义见诸史料,《周书》云:"其俗谓天曰宇,谓君曰文,因号宇文国,并以为氏焉"②;《通鉴》胡注引《何氏姓苑》曰:"宇文氏出自炎帝,其后以尝草之功,鲜卑呼草为俟汾,遂号为俟汾氏,后世通称俟汾,盖音讹也。"③ 无论是《周书》的美称还是《何氏姓苑》的解释,其鲜卑本义应当都不会含有贬义。二者并列,

---

① 《资治通鉴》卷九六"晋成帝咸康七年二月"条,第 3043 页。
② 《周书》卷一《文帝纪上》,第 1 页。
③ 《资治通鉴》卷八一"晋武帝太康六年"条,第 2590 页。

"索头"的性质也应当与此相近。

需要加以辨析的是"索头"称号和"拓跋"之号的关系。罗新先生业已注意到,拓跋鲜卑与中原政权的早期交往中,"拓跋"的名号在《晋书》等史料中完全没有出现,包括刘琨的各种上书中也绝无出现[①]。现存史料中称拓跋鲜卑为"索头"的用例,却在刘琨时代就已经出现了。东晋初,慕容廆遣使封抽等上书陶侃,侃报书中有云:"西讨段国,北伐塞外,远绥索头,荒服以献。"[②]这里的"索头"指的就是拓跋鲜卑,而控制索头川或索头水地域的鲜卑段部,则称为"段国"。此时拓跋部和段部都是东晋赖以抵抗刘、石的力量,而且都与慕容鲜卑有联姻关系,陶侃的指称也仅仅是表示拓跋部的部落名称而已,似乎也不需要特意贬斥其名,这也可以印证前文的观点。需要指出的是,刘琨的上书中可以见到称"鲜卑猗卢"一类名号,与陶侃称"索头""段国"不同,这也是极为正常的。因为索头、段部、慕容都属于鲜卑,陶侃需要对他们加以区分,肯定不能直接以"鲜卑"称呼之;刘琨则在"鲜卑"后直接加以人名,则已经具备区分意义。总之,"索头"是较"拓跋"更早出现的一种指代拓跋鲜卑的专名,是很有可能的。

值得注意的是,《通鉴》首次记载拓跋鲜卑事便称"鲜卑索头部大人拓跋力微"[③],而力微在《晋书》中首次出现则称"鲜卑力微"[④]。稍加比较即可发现,温公在处理文献时称"鲜卑索头部"而非"拓跋部"或仅称"鲜卑",在力微之前加其姓"拓跋"。核诸《通鉴》,可发现温公对拓跋鲜卑的称呼有一个做法,即在受封代公之前,凡是涉及部落名者皆称"索头",而以"拓跋"作为其姓。这一点与宇文部、段部、慕容部部落名与部落首领之姓完全相同的情况颇有差异。不过,族名音译与首领姓不统一的情况在历史上是很常见的,特别是与拓跋鲜卑有传承关系的几种北边族系皆是如此。较早的情况如"匈奴"系族名音译,其单于姓挛鞮氏,又作虚连题氏;其后的情况如"柔然"系族名音译,其可汗姓郁久闾氏;"突厥"亦为族名音译,其可汗姓阿史那氏。温公以"索头"作为部落名而以

---

① 罗新:《论拓跋鲜卑之得名》,《中古北族名号研究》,第70页。
② 《晋书》卷一〇八《慕容廆载记》,第2811页。
③ 《资治通鉴》卷七七"魏元帝景元二年"条,第2459页。
④ 《晋书》卷三《武帝纪》,第65页。

"拓跋"作为可汗姓的区分,也可以体现出《通鉴》精心剪裁史料的独特价值所在。

依据现有材料,可以推断"索头"的称号应当是一个与"索头水""索头川"同源的某种北族语词,较早就已作为拓跋鲜卑的部落名而被使用。而后世广泛使用的"拓跋部"则可能相对晚出,是作为索头部首领的姓而使用的。以此辨析作为基础,对于《南齐书》所见的索头为"被发左衽"的涵义变迁,或许能提供更清晰的线索。

三、族称与贬称的组合:南朝史书对音译名号的"再解释"

"索头"作为部落名的性质发生变化,首先来自于"索头"和"虏"两个称法的结合。如所周知,在刘宋时代,"索头虏"的称号已经经常出现在南方的史料中,那么这一结合发生在什么时候呢?

如前文所见,唐修《晋书》中多次出现以"索头"的名号称呼拓跋鲜卑的用例,但称为"索头虏"或"索虏"的用例却完全没有。事实上,在《晋书》的书法中可见一普遍现象,就是对拓跋魏的书法不用贬词。王鸣盛早已发现这一《晋书》纪事的特点,并推断说:"晋臣之词决不如此,此唐人所追改也。窃谓魏与各国不可以并论,此书书法亦自稳安,至于李延寿且以北为正矣。盖唐人承隋,故其词如此。"① 对王氏的观点,田余庆先生曾经从江左政权与拓跋部的关系角度作出过很有说服力的辨正,指出"东晋官方文书,对北魏事本来就另有书法",至于后来出现变化的原因,是"东晋与拓跋部基于历史原因形成的亲近关系,到刘宋时不复存在,这一来是由于晋鼎已移,传统已断,二来是由于拓跋部业已坐大,威胁南方之故"②。

田先生的观点其实还有旁证。检索《宋书》中的"索头"一词可以发现,除《索虏传》对"索头"进行专门介绍外,该词只出现在《天文志》中,且全部都是记载东晋史事的。更有意思的是,在该志中,"索虏"一词在东晋史事记载中从未出现,只出现在刘宋建立以后的史事中。另外,该志中"虏"出现很多,单称"虏"主要是记载两晋之交的刘、石政权

---

① 王鸣盛:《十七史商榷》卷四五"拓跋魏书法"条,第334页。
② 田余庆:《东晋门阀政治》,第30页。

残暴事,也有多处以"西虏"指代赫连夏,未见一处以"虏"指东晋时期的拓跋氏的。检索整部《宋书》,除《索虏传》进行介绍外,"索虏"最早出现的史事是在东晋义熙年间,本纪最早出现是义熙五年"伪徐州刺史段宏先奔索虏,十月,自河北归顺"①。诸志中"索虏"一词的出现,皆在刘宋建立之后。列传中最早出现是《长沙景王道怜传》,"义熙元年,索虏托跋开遣伪豫州刺史索度真、大将军斛斯兰寇徐州"②。这一条也是《宋书》中最早者,尚不能排除后世史官改写的可能。需要说明的是,晋宋之际北方诸族政权还有多个,皆有明确区分,并无将北魏简称"虏"之例,反倒有以慕容氏简称"虏"者之例。以《宋书》中的这些情况结合田余庆的提示,我们大致也可以推断,《宋书》对拓跋政权的称谓其实是与《晋书》吻合的,对拓跋氏不用贬词,并非是唐修《晋书》史官统一改写而来。"索头虏"这一称号在南朝被广泛使用,其实也出现在北魏开始对南方构成威胁的晋宋之际。

不过,在《通鉴》的记载中可以看到两例十六国时期的"索虏"的用例,分别来自前秦苻坚和后燕慕容麟的言论中③,或许是温公保留了这一用法的原貌。这两个用例的时间显然早在晋宋之际北魏和南方政权的关系恶化之前,"索虏"的称号实际上很有可能来源于北方的与拓跋部为敌的政权。按,《说文》释"虏"的本意是"获也",段注"谓拘之以索也"④,以"虏"为称是一个带有污蔑意味的名号。及至汉末三国,以"虏"称敌对势力非常多见,而不限于周边诸族。如称黑山贼、吕布等为"虏",称蜀汉政权为"蜀虏",称孙吴为"吴虏",就屡见于《三国志》,应是当时的习称。给予四方诸族以类似"拘之以索"涵义的名号,亦是华夏世界早已有之的传统⑤。至于"北虏"一类的称法,也成为了一种纯粹的鄙称,三国以来非常多见,后来北魏也用之指称北边的柔然。高允《北伐

---

① 《宋书》卷一《武帝纪上》,第 18 页。
② 《宋书》卷五一《长沙景王道怜传》,第 1593 页。
③ 参见《资治通鉴》卷一〇四"晋孝武帝太元元年"条,第 3277 页;卷一〇八"晋孝武帝太元二十年"条,第 3423 页。
④ 许慎撰,段玉裁注:《说文解字注》,上海古籍出版社,1981 年,第 316 页。
⑤ 按某些名号如夏商时期就有的"羌",字形形似一个被绳子系颈的羌人,这也是一个带有污蔑意味的称号,而不是羌人的自称。参王明珂:《华夏边缘》,浙江人民出版社,2013 年,第 195—196 页。

颂》便说："北房旧隶,秉政在藩,往因时故,逃命北辕。"① 不过,在西晋以后,以"虏"专门指称鲜卑的情况非常普遍,指称他族的用例则越来越少见。从现有史料看,称鲜卑人为"虏"的时间也远远早于晋宋之际。《晋书·苻坚载记》云："谣曰：'长鞘马鞭击左股,太岁南行当复虏。'秦人呼鲜卑为白虏。"苻坚也哀叹："吾不用王景略、阳平公之言,使白虏敢至于此！"这几处"白虏"的记载,指的或许都是东部的慕容鲜卑,但冠鲜卑以"虏"之号的做法,已经较为普遍。更早的记载便是所谓"赀虏",《三国志》卷三十裴注引《魏略·西戎传》云："赀虏,本匈奴也,匈奴名奴婢为赀。始建武时,匈奴衰,分去其奴婢,亡匿在金城、武威、酒泉北黑水、西河东西,畜牧逐水草,钞盗凉州,部落稍多,有数万,不与东部鲜卑同也。"② 虽然赀虏本来不是鲜卑,但时人既然以之与东部鲜卑并列,即是将他们当做了鲜卑③。在这样的文化背景下,以拓跋鲜卑原有部落名加上"虏"的标志而称为"索头虏"或简称"索虏",是一个很常规的命名方式。

相较于"索头"和"虏"的结合,"索头"本身涵义的衍化具有更重要的文化意义。为了方便分析,有必要将《宋书·索虏传》与《南齐书·魏虏传》对"索头虏"来历的叙述稍加比较。《索虏传》云：

> 索头虏姓托跋氏,其先汉将李陵后也。陵降匈奴,有数百千种,各立名号,索头亦其一也。

> 晋初,索头种有部落数万家在云中。惠帝末,并州刺史东嬴公司马腾于晋阳为匈奴所围,索头单于猗䍠遣军助腾。怀帝永嘉三年,䍠弟卢率部落自云中入雁门,就并州刺史刘琨求楼烦等五县,琨不能制,且欲倚卢为援,乃上言："卢兄䍠有救腾之功,旧勋宜录,请移五县民于新兴,以其地处之。"琨又表封卢为代郡公。愍帝初,又

---

① 《文馆词林》卷三四七高允《北伐颂》,影印日本弘文馆藏唐钞本,第121页。
② 《三国志》卷三〇《乌丸鲜卑东夷传》注引《魏略·西戎传》,第859页。
③ 唐长孺：《魏晋杂胡考》,《唐长孺文集·魏晋南北朝史论丛》,第424—425页。按周伟洲曾对唐先生的论点提出质疑,称赀虏"只是受鲜卑的影响而已,把两者完全等同起来缺乏根据,难以令人置信"。参周伟洲：《赀虏与费也头》,《文史》第23辑,中华书局,1985年,第73—83页。不过,赀虏不等于鲜卑并不代表他者不会将他们看作鲜卑,周先生的观点不影响本文观点。

第六章　名号背后的政权竞争与华夷观念转型

进卢为代王,增食常山郡。①

《魏虏传》则云:

> 魏虏,匈奴种也,姓托跋氏。晋永嘉六年,并州刺史刘琨为屠各胡刘聪所攻,索头猗卢遣子曰利孙将兵救琨于太原,猗卢入居代郡,亦谓鲜卑。被发左衽,故呼为索头。②

这两段叙述所包含的基本信息相差不大,但细节上有很大的区别。首先,《索虏传》称"其先汉将李陵后"而《魏虏传》径称"匈奴种"。李陵在时人的观念里显然属于汉人的范畴,将本无血统渊源的异族称为李陵之后在心理上能拉近其与汉人的距离;而径称"匈奴种"则明确将拓跋鲜卑列入了"异类"的范畴。事实上关于拓跋鲜卑与李陵的关系,《魏虏传》也有记载,还包含了更多的细节,但将其位置移到了孝文帝迁洛以后进行倒叙:"是岁,宏徙都洛阳,改姓元氏。初,匈奴女名托跋,妻李陵,胡俗以母名为姓,故虏为李陵之后,虏甚讳之,有言其是陵后者,辄见杀,至是乃改姓焉。"③尽管也涉及到李陵,《魏虏传》多出的细节也在更多地强调"胡俗"的荒诞性,这与强调"匈奴种"是契合无间的。不论《索虏传》和《魏虏传》的说法是否有根据,二书对同一问题的不同处理方式,本身反映了史书作者观念的变化。

第二个细节是拓跋鲜卑和西晋政权关系的记载。二书最明显的不同是《索虏传》对拓跋鲜卑遣军助晋的事迹记载详细得多,而被《魏虏传》所略去的信息则包括如下几点:其一为猗㐌救司马腾事,这一删省就将猗㐌、猗卢两代拓跋君长和司马腾、刘琨两任西晋代理人的长久关系,减省为猗卢遣子将兵救刘琨一次事件。其二为西晋官方对猗卢封公、封王事以及刘琨上书内容,仅以"猗卢入居代郡"六字代之。事实上,拓跋氏作为唯一一个获得西晋政权以实土封王爵的异族政权,这一封授后来成为北魏承西晋正统的基本依据。《索虏传》还或多或少地保存了这些痕迹,但经过《魏虏传》的删省,则完全略去了西晋主动封爵封

---

① 《宋书》卷九五《索虏传》,第 2549 页。
② 《南齐书》卷五七《魏虏传》,第 1089 页。
③ 《南齐书》卷五七《魏虏传》,第 1099—1100 页。

地的史事,连鲜卑入居代郡的合法性也变得不明不白。

最后一个重要细节是"索头"名号来源的解释。《索虏传》只是说"陵降匈奴,有数百千种,各立名号,索头亦其一也",亦即表示"索头"只是李陵的后代"各立名号"的结果,并没有特殊的文化涵义。《魏虏传》则明确称索头的原因是"被发左衽,故呼为索头",暗含的意思为"索头"是源于他称。如所周知,"被发左衽"出自《论语·宪问》,乃是指代"夷狄"的标准用法。这一充满文化偏见的称法在《索虏传》中其实是没有的。

如果结合《索虏传》与《魏虏传》各自叙述的语境的话,对于《魏虏传》的解释应该不会有违和感。这些对史料的重新解释其实都来源于一点,就是对北魏政权合法性的质疑。包括出身于"夷狄"的血统、"被发左衽"的胡俗,都在《魏虏传》中得到了强化,但与西晋政权的关系则被最大程度地弱化。如果考虑北魏政权汉化程度的实际情况的话,《索虏传》的时代是完全无法和《魏虏传》的时代相提并论的。恰恰相反的是,《魏虏传》的时代,北魏的汉化程度已经非常成熟,迁都洛阳并宣布接续西晋正统,在正统性问题上对南朝形成了全面的挑战,这在之前是完全没有的。虽然文化上的差距日趋缩小,南朝文人仍免不了要不顾事实地引经据典指斥北魏:"夫虏人面兽心,狼猛蜂毒,暴悖天经,亏违地义,逋审烛幽,去来幽朔","而蠢尔獯狄,敢仇大邦,假息关河,窃命函谷,沦故京之爽垲,变旧邑而荒凉,息反坫之儒衣,久伊川之被发"①,其实对于"至于东都羽仪,西京簪带,崔孝伯、程虞虬久在著作,李元和、郭季祐上于中书,李思冲饰虏清官,游明根泛居显职"②的情况也已明了于心。至于孝文帝发动全面的南征之后,也要被比作"戎狄兽性,本非人伦,鸱鸣狼踞,不足喜怒,蜂目虿尾,何关美恶",其实上书的目的却是迫于军事压力"发衷诏,驰轻驿,辩辞重币,陈列吉凶"③来与北魏通和。自然,我们不能将这些贬斥之词当作北魏的实际情况,它反映的只是一种文化态度。

---

① 《南齐书》卷四七《王融传》,第 906、909 页。
② 《南齐书》卷四七《王融传》,第 907 页。
③ 《南齐书》卷四八《孔稚圭传》,第 928、930 页。

类似的"再解释"方式,在南北朝时代并不罕见。北魏对柔然的命名方式也是类似的一例。《魏书·蠕蠕传》称"自号柔然",《宋书》《南齐书》称"芮芮虏",且在与齐高帝的表文中自称"皇芮",皆是来自音译;但在北魏则经历了另外一番解释,"后世祖以其无知,状类于虫,故改其号为蠕蠕"。"蠕蠕"仅仅是"柔然"或"芮芮"的音转,"自号柔然"当然不会是贬称,也与无知、状类于虫毫无关系。北魏太武帝在使用贬词进行同音替代的同时,显然改变了这一名号本身的涵义。这也许可以作为"索头"涵义再解释的一个旁证。

可以认为,由于与北魏政权的关系发生变化,"索头"的涵义也不断被南方政权进行演绎而发生了"再解释"的过程,其中所反映的并非名号本身的真实情况,而是南北关系变迁的历史真实。

四、从"索虏"到"魏虏":北魏称谓由种族到国号的变化

虽然《魏虏传》的叙述对北魏的血统和文化多所指摘,但这一历史叙述毕竟不能反映出北魏政权在南朝政权地位的全部情形,北魏的地位变化还需要更多的证据支撑。就《魏虏传》本身来说,"魏虏"的名号已经将"索头"的痕迹去掉,而改以北魏的国号和"虏"字的结合方式,本身就能说明南方对北魏观念的某些微妙的变化。如果以《宋书》和《南齐书》整书为分析对象,探讨"索头""索虏""魏虏"三个名号的使用频率,或许能得到更为全面的认识。

以"中国基本古籍库"收录的《宋书》和《南齐书》作为基本资料,检索"索虏""魏虏""索头(虏)"的出现频次,同时统计简称"虏"的情况以资参照(经前后文逐条核实,剔除"狡虏""丑虏""残虏""夷虏""蛮虏"等可能表泛称者、"征虏将军"等职官以及表示"虏获"等不同意义者,但包括"北虏"等情况,筛选得出有效样本),其结果如下表:

	索虏	魏虏	索头(虏)	虏(简称)
《宋书》	124	0	11	553
《南齐书》	11	13	2	439

由统计可以看出,《南齐书》中"索虏"和"索头"的名号出现次数不到《宋书》的10%;而《宋书》不曾出现过的"魏虏"名号,在《南齐书》

中的使用频率则超过了"索虏"名号。如果进一步分析,可以发现《南齐书》"索头"的两处用例均在《魏虏传》介绍拓跋族源的一小段文字中,而"索虏"的11处用例则有5例记述的历史事件发生在东晋或刘宋。相较于两书篇幅比约3/5、提及北魏(四类总和)的次数比约2/3的情况,可以发现"索虏"和"索头"的使用频率是有大幅下降的,可以说在南齐的史料中已经很罕见了。

如果说"索头"本是拓跋鲜卑的部落名,而"魏"是汉化后的国号,那么要达成在血统和文化上贬斥对方的效果,使用"索虏"应当更为有效。但由《宋书》和《南齐书》在相关名号的出现频率来看,是不支持这一推断的。实际上,这些名号的出现频率可能与北魏政权本身的发展水平相关。刘宋时代,北魏太武帝曾自称"鲜卑",如他与宋文帝书曰:"彼年已五十,未尝出户,虽自力而来,如三岁婴儿,复何知我鲜卑常马背中领上生活。"①《宋书·张畅传》亦记张畅与北魏使节李孝伯对答事云:"畅因问虏使姓,答云:'我是鲜卑,无姓。且道亦不可。'畅又问:'君居何任?'答云:'鲜卑官位不同,不可辄道,然亦足与君相敌耳。'"② 盖亦自称鲜卑。不过,《宋书》可见"鲜卑"用例57次,大多数指的都是慕容鲜卑,另有河西鲜卑数例,确指拓跋鲜卑的只有这三处用例,皆是北魏人自称。不过,魏人不自称国号而称"鲜卑"完全可以与"索头"称号仍然在南方广泛使用的情况相对应。

到南齐时代特别是孝文帝迁洛以后,孝文帝在正统建构方面极为强势,每以"华夏"自称。对于南方政权的实际政治运作来说,北面的政权是一个必须正视的事实,"魏"的国号也不得不经常使用。自刘宋时期开始,南北交聘的场合《宋书》《南齐书》一般都将北魏皇帝记作"魏主",而《魏书》则记作"魏帝",其区别或是南北史臣各自书法不同,但"魏"国号则是史臣也不得不承认的事实。《南齐书·东南夷传》有一则材料可以说明这一问题:

---

① 《宋书》卷九五《索虏传》,第2576页。
② 《宋书》卷五九《张畅传》,第1749页。按今本《宋书》之《张畅传》重出,又附见于《张绍传》,文末有宋人校语云:"约之史法,诸帝称庙号,而谓魏为虏。今帝称帝号,魏称魏主,与《南史》体同,而传末又无史臣论,疑非约书。"见《宋书》卷四六,第1522页。

第六章　名号背后的政权竞争与华夷观念转型　　381

> 永明七年,平南参军颜幼明、冗从仆射刘思效使虏。虏元会,与高丽使相次。幼明谓伪主客郎裴叔令曰:"我等衔命上华,来造卿国。所为抗敌,在乎一魏。自余外夷,理不得望我镳尘。况东夷小貊,臣属朝廷,今日乃敢与我蹴踵。"思效谓伪南部尚书李思冲曰:"我圣朝处魏使,未尝与小国列,卿亦应知。"思冲曰:"实如此。但主副不得升殿耳。此间坐起甚高,足以相报。"思效曰:"李道固昔使,正以衣冠致隔耳。魏国必缨冕而至,岂容见黜。"幼明又谓虏主曰:"二国相亚,唯齐与魏。边境小狄,敢蹑臣踪!"①

"所为抗敌,在乎一魏"与"二国相亚,唯齐与魏",两国交聘中的地位趋于平等。"处魏使,未尝与小国列"的做法说明南方政权对于北魏政权身份的认同,也说明交聘场合不可简单地将北魏视作少数民族政权,而必须承认其华夏政权特性。无论史书中承不承认,南北双方以平等地位对等交聘,已经成为惯例。

与南北政权的发展水平相对应的,是南朝史书对北魏君臣特别是孝文帝的评价趋于正面,或者说对他们予以正视。《南齐书·魏虏传》对孝文帝有总体的评价是"知谈义,解属文,轻果有远略"②。这个评价即算放在南朝皇帝里,也是不低的。萧子显对孝文帝的善于清谈、长于诗文、能谋善断的优点,从不避讳。《魏虏传》引用其《吊比干文》云:"脱非武发,封墓谁因?呜呼介士,胡不我臣!"③这篇文字甚至在《魏书》中都没有记载。又,《魏虏传》记载孝文帝建武二年(495)至寿阳"不攻城,登八公山,赋诗而去"④,在《裴叔业传》则在裴叔业以寿春降魏之后补记孝文帝"赋诗而去"背后不凡的判断力:"初,虏主元宏建武二年至寿春,其下劝攻城。宏曰:'不须攻,后当降也。'"⑤同书《萧遥昌传》也大段记载了孝文帝在战场上与南齐使臣的交流⑥,其才华与个性跃然纸上。这种描述可能源自萧子显钦敬孝文帝的个人魅力,但这种形象来自于从未亲见

---

① 《南齐书》卷五八《东南夷高丽传》,第 1117—1118 页。
② 《南齐书》卷五七《魏虏传》,第 1096 页。
③ 《南齐书》卷五七《魏虏传》,第 1096 页。
④ 《南齐书》卷五七《魏虏传》,第 1100 页。
⑤ 《南齐书》卷五一《裴叔业传》,第 964 页。
⑥ 参见《南齐书》卷四五《宗室传》,第 878—880 页。

孝文帝的萧子显笔下,自应与南朝士人的普遍认识相差不至太远。

"索头"称号消失的原因可能是北魏本身文化的发展,原有部落时代的痕迹已经在政治生活中逐渐消失,再以"索头"称号称呼已经名不副实。南朝政权在努力对北魏进行夷狄化的"再解释",只能停留在史书的若干细节上。南齐君臣虽有对北魏"改易毡裘,妄自尊大"①的指责,但对北魏"即礼旧都"的事实无可奈何,日常政治生活中也不得不正视北魏政权的社会文化发展水平,使用相对符合实际情况的称号称呼对方。

这一推断可以得到一些旁证的支持。前文提到,《魏虏传》以"被发左衽"作为"索头"的得名原因,胡三省干脆解释作"北人辫发",这是南朝依据鲜卑发式进行"再解释"的结果。北魏迁洛以后,内迁鲜卑族后裔全面改穿汉服,辫发的鲜卑传统早已不存。更直接的证据是,北魏还将"辫发"这类标志用在正式的文书中,用以贬斥其他民族政权。宣武帝时,张彝在上书中提到"海东杂种之渠,衡南异服之帅,沙西毡头之戎,漠北辫发之虏,重译纳贡,请吏称藩"云云②。这里的"漠北辫发之虏"当然不会是指北魏自身了,而是指北方的柔然等政权。在以"辫发之虏"贬斥柔然的同时,还不忘对南朝政权以"异服之帅"加以贬斥。如果南朝习惯以经过再解释的"索头"标志指称北魏,张彝应当会有所顾忌,不至于在向皇帝的上书中使用此类语句。这种情况仍非孤证,魏收在《匈奴刘聪羯胡石勒等传序》中也有"戎方椎髻之帅,夷俗断发之魁,世崇凶德,罕闻王道""辫发之渠,非逃则附;卉服之长,琛赆继入"一类语句③。这表明,北魏政权对南朝史书中"被发左衽"的指斥,早已建立起了自信。北魏自身既不忌讳,南朝反复申说"索头"的文化标记也就价值不大了。

无可怀疑,将北魏简称为"虏"的称法和"魏虏"的称呼并也没有像"索头"这样的称号一样大量减少,这需要从南北敌对的角度另外解释。"索头"的称号因为其文化标识的性质而失去了效应,但是"虏"在更多的情况下是表示贬斥的词语。孝文帝迁洛以后,虽然南北的文化差距逐

---

① 南齐将领曹虎语。参见《南齐书》卷三〇《曹虎传》,第 625 页。
② 《魏书》卷六四《张彝传》,第 1554 页。
③ 《魏书》卷九五《匈奴刘聪羯胡石勒铁弗刘虎徒何慕容庞临渭氐苻健羌姚苌略阳氐吕光传序》,第 2211、2212 页。

渐缩小,但因为洛阳临近南朝边境,对南朝的威胁比平城要大得多。也是由于洛阳的地理位置,北魏发动了对南朝的全面战争,南北的敌对情绪却比之前还要严重。宣武帝即位以后,曾多次出兵齐、梁,双方在淮河流域反复争夺,也曾夺取过寿春等地。在蜀地也曾占领汉中等地,深入巴西、剑阁、涪城等地。南朝的抵抗很激烈,梁武帝时期还发动过大规模的北伐行动,但最后亦无果而终。在不断的战争中,双方可以说是两败俱伤。梁普通元年(520)十二月,魏遣使者刘善明聘于梁,南北双方"始复通好"①,南北之间的交聘关系才又重新恢复。但此次交聘以后,北魏内乱,梁武帝利用此时机,陈庆之一度攻占了北魏首都洛阳。至此直到北魏分裂,南北之间再也没有见于史载的交聘活动。《梁书》中虽然完全不见"索虏""魏虏"称号,但称北魏为"虏"或"贼"的痕迹仍时有出现,特别是在南人言论的直接引文中还较多见。对北齐降将侯景,也多以"虏"称之。可以推测,在南北关系极度恶化的情况下,贬斥对方的"虏"等称号仍旧有一定的生命力。

需要说明,由于南朝的梁、陈二代没有当时的官修正史传世,梁代的情况相对难以推断。《梁书》中已改变了宋齐二史的传统,没有将关于北魏的史事列入类似《索虏传》或者《魏虏传》的专传中,对北魏也大多直接称"魏"。这可能与姚思廉仕唐有所避讳有关,其父姚察仕陈时的旧稿中是否如此处理已无从查考。我们无从知晓《梁书》书法的变化是否说明南梁对于北魏的看法发生了变化。另外今可见的梁陈史料,只有梁《高僧传》和《出三藏记集》可见十来处"魏虏"用例,唐《法苑珠林》《续高僧传》也有数处"魏虏"用例,以上史料均不见有"索头""索虏"用例,"虏"的用例则仍旧在各种史料中出现,与《南齐书》情况类似。《续高僧传》载昙鸾由魏入梁,乃通名云:"北国虏僧昙鸾,故来奉谒。"② 以"北国"加诸"虏"上,或许也是当时通例。

值得注意的是,梁《高僧传》和唐《法苑珠林》分别出现了数次"伪

---

① 《资治通鉴》卷一四九"梁武帝普通元年十二月"条,第 4662 页。按《通鉴》云"始复通好",其义当是南北双方重新有了通好关系,则梁当有回聘;但此次北魏南聘,笔者搜检史料,并不见有梁朝回聘的记载,且存疑。
② 道宣撰,郭绍林点校:《续高僧传》卷六《义解篇二·魏西河石壁谷玄中寺释昙鸾传》,中华书局,2014 年,第 188 页。

魏"的用例,还多有"伪都""伪国""伪台"指代平城、北魏、北魏政权之例,又多有以"伪"加诸北魏年号之上者。《宋书》和《南齐书》只有以仕宦北魏官职作"伪"某官的情况,却不曾有过称"伪魏"的情况。梁称北魏为"伪魏",《魏书》记载临淮王元彧奔梁事,可为旁证:

> 衍亦先闻名,深相器待,见彧于乐游园,因设宴乐。彧闻乐声歔欷,涕泪交下,悲感傍人,衍为之不乐。自前后奔叛,皆希旨称魏为伪,唯彧上表启,常云魏临淮王。衍体彧雅性,不以为责。①

降人"皆希旨称魏为伪",说明梁代确实大量存在称北魏为"伪"的情况。元彧上表自称"魏临淮王"而未被责罚,乃是出自梁武帝的特殊看重。如果按照当时惯例,则应是称"伪魏临淮王"或"伪临淮王"了。除"虏"之外,加"伪"的称谓大量使用,也能反映出梁陈以后对北魏称呼方式的某些变化。

五、南朝君臣眼中的北魏洛阳与南北胡汉区隔的消弭

如果要追寻南朝对北魏的称谓发生变化的原因,除了从南北实力变迁来进行追问以外,还要从北魏自身所发生的变化来追寻。实际上,北魏王朝在百年来发生的变化,影响最大也与南朝关联最为密切的,就是迁都洛阳。萧子显在《南齐书·魏虏传》对迁洛一事,用极为简洁的八个字作了总结:"穹庐华徙,即礼旧都。"② 在南朝的士人看来,北魏迁都不仅仅是改换都城而已,还有"制礼作乐"的成分存在。北魏迁都对南朝的冲击,的确不能低估。

太和十七年八月,恰好是孝文帝以南征为名南下洛阳的当月,听闻齐武帝去世的消息,便立即下敕书命前线徐州刺史府移书南朝,"乃称闻丧退师"。《南齐书·魏虏传》记载了孝文帝的这道敕书:

> 皇师雷举,摇旆南指,誓清江滨,志廓衡霍。以去月下旬,济次河洛。会前使人邢峦等至,审知彼有大艾。以《春秋》之义,闻丧寝伐。爰敕有司,辍銮止轫,休马华阳,戢戈嵩北。便肇经周制,光宅

---

① 《魏书》卷一八《临淮王谭传附元彧传》,第488页。
② 《南齐书》卷五七《魏虏传》,第1107页。

中区,永皇基于无穷,恢盛业乎万祀。辰居重正,鸿化增新,四海承休,莫不铭庆。①

将这道敕书的内容与孝文帝迁都的诏书进行比较,可以发现其内容多有相似之处,也即强调周公卜洛的旧典,"光宅中区"的行动,以及"辰居重正"的正统地位,"鸿化增新"的文化革新②。颇值得注意的是这道诏书发布的时间。据《魏书·高祖纪》,孝文帝南征因大雨不止,"群臣稽颡于马前,请停南伐,帝乃止,仍定迁都之计"的时间是当年九月丁丑③,告于行庙、向天下宣布迁都更在当年十月④。也就是说,孝文帝在向群臣宣布迁都大业之前,已经将要迁都洛阳"光宅中区""辰居重正"的消息,发布到南朝方面乐都。也是在九月丁丑纪事之前,孝文帝还正式遣使南齐,"九月壬子,诏兼员外散骑常侍高聪、兼员外散骑侍郎贾祯使于萧昭业"。此次遣使的直接目的应该是吊齐武帝之丧,而使臣与南朝方面具体讨论的内容,因史料缺载今已不得而知。从更早的这道移书来看,北魏使臣向南齐方面正式通告迁都的相关内容,可能性是非常大的。

孝文帝向南朝宣布迁都洛阳的消息比向国内宣布更早,一方面是由于北魏国内的阻力很大,另一方面则是急于向南朝表明,北魏都洛,对南朝的正统优势已经形成。北魏旧都平城"土气寒凝,风砂恒起,六月雨雪"⑤,无论从繁华程度还是文化传统上来说与南朝建康本不能相提并论。由南朝北奔的王肃,曾在尚书省咏《悲平城》诗云:"悲平城,驱马入云中。阴山常晦雪,荒松无罢风。"北人祖莹乃作《悲彭城》曰:"悲彭城,楚歌四面起。尸积石梁亭,血流睢水里。"彭城王勰大为叹赏,退谓莹曰:"今日若不得卿,几为吴子所屈。"⑥虽则祖莹敏捷的才思让彭城王勰避免了尴尬,但王肃所咏平城寒凉的环境,当是事实。这则故事,从侧面反映了南北文化竞争中平城的地理劣势。在南北互动的过程中,北魏

---

① 《南齐书》卷五七《魏虏传》,第1099页。
② 这四层意思,在太和十七年十月十八日孝文帝迁都洛阳大赦的诏书中均有体现,参见《文馆词林》卷六六五《后魏孝文帝迁都洛阳大赦诏》,影印日本弘文馆藏唐钞本,第282—285页。
③ 《魏书》卷七下《高祖纪下》,第205页。
④ 《魏书》卷七下《高祖纪下》,第205—206页。
⑤ 《南齐书》卷五七《魏虏传》,第1096页。
⑥ 《魏书》卷八二《祖莹传》,第1943—1944页。

旧都平城是很难有优势可言的。

对于北魏来说,强调自身在地域上的优势,又是非常必要的,这在南北交聘的场合经常可以看到。事实上,由于淮水以北地域的丢失,南齐立国的合法性,早就在交聘场合中受到北魏方面的质疑。《南齐书·魏虏传》记载建武元年南齐使者车僧朗出使北魏,与孝文帝对话云:

> 虏又问:"南国无复齐土,何故封齐?"僧朗曰:"营丘表海,实为大国。宋朝光启土宇,谓是吕尚先封。今淮海之间,自有青、齐,非无地也。"①

北魏取得了中原的土地,是向南朝宣示正统的第一层优势;迁都洛阳,则是向南朝宣示正统的最重要资源。南朝士人在礼乐方面,本就存有一种中土优势论的观念。《南齐书·刘瓛传》:"时济阳蔡仲熊礼学博闻,谓人曰:'凡钟律在南,不容复得调平。昔五音金石,本在中土;今既来南,土气偏陂,音律乖爽。'瓛亦以为然。"②在蔡仲雄知识体系中,中土五音的调平,是由土气的中决定的。这种居中得正方能"五音调平"而制礼作乐的说法,在南方也得到一定程度的认可。北魏的国号,也没有理由再弃之不顾了。萧子显在《魏虏传》的赞语中称"天立勃胡,窃有帝图。即安诸夏,建号称孤"③,虽仍要指斥北魏帝图乃是"窃"来的,也不得不承认北魏"有帝图"与"安诸夏"之事实。

洛阳自孝文帝迁都以来,一直就是北魏王朝的中心。孝文帝汉化改革以后,北魏政权的性质已经与汉族政权相差不大。《洛阳伽蓝记》称陈庆之护送元颢入洛称帝,兵败回建康后说:"此中谓长江以北,尽是夷狄,昨至洛阳,始知衣冠士族,并在中原;礼仪富盛,人物殷阜。目所不识,口不能传。"④这虽然出自北人的一面之词,但洛阳在人们心中的地位却已经成为事实。梁武帝以陈庆之奉元颢北伐,其时距元嘉之乱已两百余年,距离北魏明元帝夺取洛阳也已经一百余年。南方失去河洛如此之久,更兼北魏定都洛阳后很快繁盛,北方人民未必还会认为南方的

---

① 《南齐书》卷五七《魏虏传》,第1094页。
② 《南齐书》卷三九《刘瓛传》,第756页。按"瓛亦以为然"五字为后人据《南史》补。
③ 《南齐书》卷五七《魏虏传》,第1107页。
④ 杨衒之著,杨勇校笺:《洛阳伽蓝记校笺》卷二《城东·景宁寺》,第114页。

梁武帝是"中国之君",而认为北魏统治者是"非类"。因此梁武帝虽有克复中原的理想,但对北魏统治已经在中原根深蒂固的现实不得不有所顾忌。河洛之地的地域正统性,对偏安江南的萧梁政权,也会有其影响。失去黄河流域的旧都以后,南朝免不了要强调江左的都城建康及其"东南有天子气"的故实,利用"黄旗紫盖"和"帝出乎震"的符命①。孝文帝迁洛40余年之后,东魏使臣李谐聘梁,面对萧梁主客郎范胥诘问"所访邺下,岂是测影之地"时,李谐答曰"皇居帝里,相去不远";范胥宣扬"金陵王气"与"黄旗紫盖"之说,李谐反诘:"帝王符命,岂得与中国比隆?紫盖黄旗,终于入洛,无乃自害也?"②此时东魏已经迁邺,范胥以洛阳"天下之中"的测影之地来诘问李谐;最后面对建康符命时,洛阳仍旧被李谐拿来作为正统依据,这正是孝文帝迁都洛阳带来的影响。

本节小结

南朝史书对北魏政权的称谓,从最初的"索头"到南北对立之际称"索虏",再到南朝后期称之为"魏虏",显然并非南朝士人的别出心裁,而是南北互动中双方的实力对比使然。给任何实体命名,必定需要符合一定是实际,才能得到更广泛的认同而得以使用和传播。对南朝而言,除了可能面临北方少数民族政权的正统威胁之外,北方铁骑南下"饮马长江"才是最直接的威胁。北魏政权的武力威胁,是南朝政权借用"北虏"旧典加在"索头"族名之上的主要原因。至于将"索头"与"被发左衽"联系起来,不过是根据儒家经典进行的再解释而已,并不需要什么实际的学理基础。虽然偏安江左的政治格局是此前历史中从未有过的,但北方游牧民族的威胁,却是秦汉以来中原王朝面临的最为常见的问题。在这样的背景下理解东晋刘宋君臣口中的"索虏""匈奴"与"北狄"称谓,其实可以从这一背景来理解。

"索虏"称号之所以发生变化,北魏迁都洛阳可能是最重要的因素。北魏迁都洛阳"即礼旧都",创造出"衣冠士族,并在中原"的文化局面,

---

① 参王静:《从"东南有天子气"论六朝都城》,《中古都城建城传说与政治文化》,社会科学文献出版社,2013年,第46—74页;孙英刚:《"黄旗紫盖"与"帝出乎震"——中古时代术数语境下的政权对立》,收入《神文时代:谶纬、术数与中古政治研究》,第63—100页。
② 《魏书》卷六五《李平传附李谐传》,第1587页。

这才是偏安江南的齐梁君臣从未见过而又极为震撼的历史局面。对于南朝君臣来说,随着北魏的都城来到洛阳,北方政权带来的危机感比之前都要更加强烈,这不仅仅是军事上的,更是文化上的。梁武帝在建康与群臣吟诵"洛阳有曲陌,陌曲不通驿"[①]与"洛阳开大道,城北达城西"[②]的时候,心中浮现出的北方洛阳政权,或许会有恍如隔世的感觉。北魏的文化变革让"索头"之号变得名不副实,在齐梁政权内部也完全失去了解释力,在史书中不再被使用,也属极为正常之事。在这潜移默化之间,南北之间的差异与隔阂,已经趋于消弭无形。

第二节 寄寓北魏的南朝国号:正统之争的另一面

从"索头"到"索虏",抑或径以"匈奴"代之,北魏政权源出北族的事实,成为东晋南朝政权最重要的口实。与南朝政权相比,北魏这一劣势是挥之不去的。应对南朝的文化攻势,北魏政权的处理方式更为务实。一个现实问题是,北魏在结束十六国政权更替的状态以后,皇位继承相对比较稳定,在军事上也逐渐处于攻势;而东晋南朝则进入内乱不断、政权更替频繁的时代。从史书来看,北魏对南朝降人特别是宗室降人的处理,是一个非常重要的应对南朝正统威胁的工具。对于这些人的故国采用何种名号以相称呼,这些降人对自己的故国又以何种称谓名之,无疑是一个值得考究的问题。显然,北魏在对待和利用南朝宗室降人方面,也经历了较长的发展过程,而南朝的反应及其与北魏的互动也是颇具意义的,其间的政治文化背景值得进一步追索。

一、"存立司马,诛除刘族"与"故晋"之号

《宋书·索虏传》载有元嘉十九年北魏南伐仇池时移书徐州的一道檄文,声称"十道并进,连营五千,步骑百万,隐隐桓桓",所谓"十道"实

[①] 徐陵编,吴兆宜注:《玉台新咏笺注》卷七梁武帝《拟长安有狭邪》,中华书局,2017年,第300页。
[②] 徐陵编,吴兆宜注:《玉台新咏笺注》卷七梁简文帝《洛阳道》,第361页。按此诗作者《乐府诗集》系于梁元帝名下。

有八路大军,统军将领中保留了颇多有价值的信息,今略引如下:

> 使持节、侍中、都督雍秦二州诸军事、安西将军、建兴公吐奚爱弼,率南秦王杨难当自祁山南出,直冲建安,令南秦自遣信臣,招集旧户。使持节、侍中、都督雍梁益三州诸军事、安西将军、开府仪同三司、淮阴公皮豹子,员外散骑常侍、平南将军、南益州刺史、建德公库拔阿浴河引出斜谷,厄白马之险。散骑常侍、安南将军、雍州刺史、南平公娥后延出自骆谷,直截汉水。冠军将军、南蛮校尉、荆州刺史、建平公宗罴,使持节、员外散骑常侍、冠军将军、梁州刺史、顺阳公刘买德,平远将军、永安侯若干内亦千出自子午,东袭梁、汉。使持节、侍中、都督荆梁南雍三州诸军事、领护南蛮校尉、征南大将军、开府仪同三司、荆州刺史故晋谯王司马文思,宁远将军、荆州刺史、襄阳公鲁轨南趋荆州。使持节、都督洛豫州及河内诸军事、镇南大将军、开府仪同三司、淮南王直勒它大翰为其后继。使持节、侍中、都督梁益宁三州诸军事、领护西戎校尉、镇西大将军、开府仪同三司、扬州刺史晋琅邪王司马楚之南趣寿春。使持节、侍中、都督扬豫兖徐四州诸军事、征南将军、徐兖二州刺史、东安公刁雍东趣广陵,南至京口。使持节、侍中、都督青兖徐三州诸军事、征东将军、青徐二州刺史、东海公故晋元显子司马天助直趣济南。①

这段文字中,前面述及的四路大军分别从祁山道、斜谷道、傥骆道、子午道南出,是真正南伐仇池、汉中一带的军队;后面提到的四路大军,多是虚张声势,造成北魏全面进攻的假象,其实并未真正大举南下。颇值得注意的是,这四路大军的领兵将领,都是东晋降人。这四人中除刁雍是东晋名臣刁协曾孙以外②,其余三人均为东晋宗室或其后裔,为司马文思之副的鲁轨,也是刘裕政敌鲁宗之之子。檄文所载司马氏诸人的爵位信息颇具意味,司马文思称"故晋谯王",盖指其谯王本为东晋封授,北魏沿用。司马楚之称"晋琅邪王",实际上楚之是"晋宣帝弟太常馗之八世孙"③,与两晋皇室血脉颇远,有晋一代也从未获得"琅琊王"之封。司马

---

① 《宋书》卷九五《索虏传》,第2564页。
② 《魏书》卷三八《刁雍传》,第959页。
③ 《魏书》卷三七《司马楚之传》,第947页。

天助被称作"东海公故晋元显子",司马天助自称司马元显之子,元显在晋是会稽王世子,自身并无王爵,天助之"东海公"是北魏所封。在"东海公"爵位之下加以"故晋元显子"字样,显然也有类似的政治意味。檄文下文又称"晋余黎民,将云集雾聚,仇池之师,骹隁山谷之中,何能自固"①,明确无疑地表露出以故晋宗室来争取"晋余黎民"的目的。

刘宋深知北魏移书实乃虚张声势,徐州答移指出"移书本诣梁、益,而谬来鄙府,大人不远,幸无过谈",对北魏进军梁、益却移书徐州的行为不屑一顾。下文又对北魏反唇相讥:"又讥窃兴师旅,不相关移,若如来言,又非所受。黄龙国王受我正朔,且渠茂虔父子归款,彼皆残灭俘馘,岂有先言。"这里的"黄龙国王"指的是北燕末代君主冯弘,"且渠茂虔"即北凉君主沮渠茂虔,分别代表北魏统一北方最后灭亡的两个政权。刘宋将其列入宾附之国,指责北魏灭亡诸国之过。对北魏以东晋遗民率军南下事,则仅仅是轻描淡写:"司马楚、文思亡命窜伏,鲁轨、刁雍实为蚕尾,而拥其遁逃,开其疆埸。元显无子,焉得天助,谬称假托,何足以云"②,除对司马天助的血统真伪提出质疑外,没有给北魏方面以实质性的答复。

这道檄文发布于元嘉十九年,其时刘宋政权业已稳定,这些东晋宗室很难对刘宋构成实质的威胁。值得注意的是,自晋宋禅代以来,北魏和刘宋已经发生多次冲突,然而类似的檄文是第一次在史料中出现。魏军历次南下,也从未以东晋宗室所率军队为主力。就是此次南伐仇池的军队,其实也都是以拓跋族人为主。可以推测,北魏以东晋宗室的政治影响作为威胁刘宋的工具,并故意将檄文发到与此次军事活动本无干系的徐州,只是一次试探。事实上,北魏对东晋宗室的利用,经历了一个比较长的过程。司马楚之等人举兵反抗刘裕的活动,早在东晋末年就已经开始。在刘裕自立之际,司马楚之"规欲报复,收众据长社,归之者常万余人"③,已经组织起一支武装力量。东晋义熙十四年,赫连夏攻占关中以后,司马氏后裔纷纷起兵反抗刘裕。其时王镇恶之弟王康率关中余部

---

① 《宋书》卷九五《索虏传》,第2564页。
② 《宋书》卷九五《索虏传》,第2565页。
③ 《魏书》卷三七《司马楚之传》,第955页。

共保洛阳金墉城,史载其时情况云:

> 时有一人邵平,率部曲及并州乞活一千余户屯城南,迎亡命司马文荣为主。又有亡命司马道恭自东垣率三千人屯城西,亡命司马顺明五千人屯陵云台。顺明遣刺杀文荣,平复推顺明为主。又有司马楚之屯柏谷坞。①

《通鉴》亦引其文,并在句首概括云:"时宗室多逃亡在河南。"②祝总斌先生分析这一形势说:"如果一旦这些宗室在北朝支持下打回来,晋恭帝只要活着,马上会被重新拥戴,复辟晋室,在长期的司马氏为正统的观念支配下,自己的宋朝就很被动了。"③祝先生所作的假设并没有出现,首先与刘裕杀掉晋恭帝有关,其实北魏也没有给予司马氏宗室太多的支持。北魏最初对降魏的司马氏宗室颇有防范,接纳和利用的过程颇为曲折。下文即梳理司马文思、司马楚之、司马天助三人在北魏的际遇,以明晰他们在元嘉十九年檄文中成为南伐主帅之背景。

司马文思是东晋宗室司马休之长子,司马休之一族也是东晋宗室中最早投降北魏的。司马休之是司马懿弟谯王逊之后,早年为司马道子的党羽。司马休之奔魏事,《魏书·崔逞传》多有记载。崔逞于道武帝天兴二年(399)以答书事件被杀,"后司马德宗荆州刺史司马休之等数十人为桓玄所逐,皆将来奔,至陈留南,分为二辈:一奔长安,一归广固。太祖初闻休之等降,大悦,后怪其不至,诏兖州寻访,获其从者,问故,皆曰:'国家威声远被,是以休之等咸欲归阙,及闻崔逞被杀,故奔二处。'太祖深悔之"④。按诸《晋书》司马休之本传,此事指的应该是东晋元兴元年(402)司马休之在历阳之战中为桓玄所败,投奔南燕的事⑤。休之在南燕的时间很短,不久便南归。当时承制的大将军司马遵以为监荆益梁宁秦雍六州军事、领护南蛮校尉、荆州刺史、假节⑥,遂发展成东晋末期重要的地方势力。刘毅死后,休之"遂结雍州刺史鲁宗之,将共诛执政",刘裕

---

① 《宋书》卷四五《王镇恶传附王康传》,第1490页。
② 《资治通鉴》卷一一八"晋恭帝元熙元年正月"条,第3727页。
③ 祝总斌:《晋恭帝之死与宋初政争》,《材不材斋文集》上册,第245页。
④ 《魏书》卷三二《崔逞传》,第844页。
⑤ 《晋书》卷三七《宗室·谯刚王逊传附司马休之传》,第1109页。
⑥ 《晋书》卷三七《宗室·谯刚王逊传附司马休之传》,第1109页。

率军亲征,休之兵败,遂与鲁宗之等北投后秦。此后"裕平姚泓,休之将奔于魏,未至,道死"①。据《晋书·安帝纪》,司马休之奔后秦,时在义熙十一年五月②。《魏书·司马休之传》则说:"裕灭姚泓,休之与文思及德宗河间王子道赐,辅国将军温楷,竟陵内史鲁轨,荆州治中韩延之、殷约,平西参军桓谧、桓璲及桓温孙道度、道子,勃海刁雍,陈郡袁式等数百人,皆将妻子诣嵩降。月余,休之卒于嵩军。"③《晋书》说休之"未至,道死",《魏书》则说投魏后"卒于嵩军",这种记载的歧异属于无关大局的细节。司马休之死后,其子司马文思在北魏为官,"为廷尉卿,赐爵郁林公。善于其职,听讼断狱,百姓不复匿其情"④。虽颇有政绩,但毕竟远离军务。其本传又说:"刘义隆遣将裴方明击杨难当于仇池,世祖以文思为假节、征南大将军,进爵谯王,督洛豫诸军南趣襄阳,邀其归路。"⑤ 其事又见于《魏书·世祖纪》"真君三年七月丙寅"条,并特别说明:"郁林公司马文思为征南大将军,进爵谯王,督洛豫诸军事南趣襄阳。"⑥ 从时间来看,此事就是《宋书·索虏传》所见元嘉十九年檄文中所称南伐事。从这些史料来看,司马文思之"谯王"号,是此次南伐临时封授的。其实,"谯王"号乃是来自东晋早年的封授。《晋书·谯忠王尚之传》云:"安帝反正,追赠尚之卫将军,以休之长子文思为尚之嗣,袭封谯郡王。"⑦《魏书》也记载休之为"晋宣帝季弟谯王逊之后",其任东晋荆州刺史之际,"休之子文思继休之兄尚之为谯王",在晋已有王爵。也即是说,直到司马文思奔魏二十多年以后的刘宋元嘉十九年,司马文思"故晋谯王"等政治符号才被重新拾起,被北魏用来作为消解刘宋政权合法性的工具。附带提及,与司马休之同投北魏的司马国藩、司马道赐,与司马文思深有矛盾,其后为文思所告,以谋反伏诛,这批宗室降人也就衰败不显。随司马休之降魏的刁雍、袁式等人,后来都在北魏声名大显,刁雍也成为檄文中广陵方向大军中的统帅。

---

① 《晋书》卷三七《宗室·谯刚王逊传附司马休之传》,第1110—1111页。
② 《晋书》卷一〇《安帝纪》,第265页。
③ 《魏书》卷三七《司马休之传》,第946页。
④ 《魏书》卷三七《司马休之传》,第946页。
⑤ 《魏书》卷三七《司马休之传》,第946页。
⑥ 《魏书》卷四下《世祖纪下》,第111页。
⑦ 《晋书》卷三七《宗室·谯刚王逊传附忠王尚之传》,第1109页。

司马楚之奔魏与司马休之约略同时而稍晚。据《魏书·太宗纪》,司马楚之、司马顺明、司马道恭三人"遣使请降",时在泰常四年正月。与司马休之等人在东晋地位颇高,但兵败之后流离姚秦再"将妻子"入北魏不同,司马楚之等人入魏时各拥军队,但在东晋并无官职。楚之上给北魏明元帝的表文中称:"今皆白衣,无以制服人望。若蒙偏裨之号,假王威以唱义,则莫不率从。"①不过,楚之等被北魏收降以后并没有立即受到重用,其统率的势力迅速被北魏遣散。楚之本传记其投魏以后,"奚斤既平河南,以楚之所率户民分置汝南、南阳、南顿、新蔡四郡,以益豫州",楚之本人则"遣妻子内居于邺,寻征入朝"②。从这些举措来看,北魏对其应当是多有防范,军权也迅速被剥夺。

司马天助,元嘉十九年檄文中称其是司马元显之子,然《魏书》本传说"自云司马德宗骠骑将军元显之子"③,身份成疑。司马元显是东晋权臣,会稽王司马道子世子,曾一度代父掌权。桓玄以诛杀道子、元显父子为名攻入建康,元显兵败被擒,"于是送付廷尉,并其六子皆害之"④。司马道子、元显父子声名狼藉,晋宋之际其家被诛杀殆尽,司马天助的身份也确实值得怀疑。司马天助入魏时间,本传记载也比较含糊,《魏书·世祖纪上》称,延和二年"三月,司马德宗骠骑将军司马元显子天助来降"⑤。延和二年即刘宋元嘉十年,比司马休之、司马楚之入魏晚得多。本传称其归降后,"除平东将军、青徐二州刺史,东海公",此时青徐之地尚在刘宋控制之下,所谓"青徐二州刺史"并无实土,这其实是直接以边境地方官许诺,让其"召率义士"向刘宋拓展领地了。立有军功之后,又"拜侍中、都督青徐兖三州诸军事、征东将军、青兖二州刺史,公如故"⑥,此时都督区和刺史均增加了兖州,时兖州有实土,治滑台,为北魏面对刘宋的军事重镇。下文记载"真君三年,与司马文思等南讨",当即上文所见元嘉十九年檄文所见南伐事。不过,元嘉十九年檄文中称其为"青徐二州

---

① 《魏书》卷三七《司马楚之传》,第 947 页。
② 《魏书》卷三七《司马楚之传》,第 947 页。
③ 《魏书》卷三七《司马天助传》,第 955 页。
④ 《晋书》卷六四《会稽文孝王道子传》,第 1740 页。
⑤ 《魏书》卷四上《世祖纪上》,第 96 页。
⑥ 《魏书》卷三七《司马天助传》,第 955 页。

刺史"而非"青兖二州刺史",不知本传是否有误。从简略的记载可以看出,司马天助并未入京为官,北魏对其以羁縻的方式加以利用,也与司马休之、司马楚之入魏之初的境遇颇不相同。

北魏对司马氏宗室降人态度的转折实际上始于司马楚之,时间稍早于司马天助北奔。北魏朝堂上发生的"存立司马,诛除刘族"之争,乃是北魏政策转变的关键。北魏神䴥三年,刘宋以到彦之北伐,宋魏之间爆发战争。是年,太武帝正亲率魏军主力西征赫连定,故《魏书·长孙道生传》称"昌弟定走保平凉,刘义隆遣将到彦之、王仲德寇河南以救定"①,直接认为到彦之北伐的目的是救赫连定。在北魏得知"南藩诸将表刘义隆大严,欲犯河南","诸将复表贼至,而自陈兵少",因"欲遣骑五千,并假署司马楚之、鲁轨、韩延之等,令诱引边民",这是由于魏军主力不在中原的权宜之策。《魏书·世祖纪上》也说:"刘义隆将到彦之,自清水入河,溯流西行。帝以河南兵少,诏摄四镇"②,可为佐证。对于"存立司马,诛除刘族"之策,崔浩表示强烈反对:"必举国骇扰,惧于灭亡,当悉发精锐,来备北境。后审知官军有声无实,恃其先聚,必喜而前行,径来至河,肆其侵暴,则我守将无以御之。"又称:"且楚之之徒,是彼所忌,将夺其国,彼安得端坐视之。故楚之往则彼来,止则彼息,其势然也。且楚之等琐才,能招合轻薄无赖,而不能成就大功。为国生事,使兵连祸结,必此之群矣。"③崔浩虽然一直反对对南朝用兵④,但其反对意见只是战术性的。崔浩所担心的是"官军有声无实",导致"我守将无以御之",这是考虑到魏军主力远在河西的实际情况。对于存立司马楚之而刘宋必"举国骇扰,惧于灭亡"而"悉发精锐"来攻,也阐释得甚为明白,主张不轻开战端,采取守势。最后,太武帝对崔浩之议"不从","遂遣阳平王杜超镇邺,琅邪王司马楚之等屯颍川"⑤。

《魏书·世祖纪》载,是年"六月,诏平南大将军、假丹阳王太毗屯

---

① 《魏书》卷二五《长孙道生传》,第722页。
② 《魏书》卷四上《世祖纪上》,第89页。
③ 《魏书》卷三五《崔浩传》,第908页。
④ 吕思勉先生说:"浩称虏朝名臣,然细观所言,便见其设谋划策,无一非为中国计者。"参见吕思勉:《两晋南北朝史》,第338页。
⑤ 《魏书》卷三五《崔浩传》,第821页。

于河上,以司马楚之为安南大将军、琅邪王,屯颍川"①。《司马楚之传》亦云:"时南藩诸将表刘义隆欲入为寇,以楚之为使持节、安南大将军,封琅邪王,屯颍川以拒之。"②次月,宋军迅速进至碻磝、滑台、虎牢、金墉、洛阳、潼关一线,北魏守军则已经撤退到黄河沿线。元太毗屯于河上,是为正面应对宋军的北魏主力;而司马楚之所屯的颍川,很快就成为悬置在宋军后方的孤城了。好在魏军应对得力,战场局势迅速扭转,而"楚之渡河,百姓思旧,义众云集,汝颍以南,望风翕然,回首革面",也让太武帝"大悦,玺书劳勉,赐前后部鼓吹"③。《魏书·世祖纪上》也对司马楚之所部战况有所记载,神䴥三年十一月,"琅邪王司马楚之破刘义隆将于长社",次年"二月辛酉,安颉、司马楚之平滑台,擒义隆将朱修之、李元德及东郡太守申谟",取得这次战争的决定性胜利。其事又具见楚之本传。七天后,"义隆将檀道济、王仲德东走,诸将追之,至历城而还",战争以刘宋惨败告终。或许也是因为司马楚之在这场战争中的表现,让北魏看到了利用司马氏宗室力量的价值,政策也随之有所改变。

  需要解释一下的是"存立司马,诛除刘族"策略与司马楚之"琅邪王"封号的关系。东晋一代,琅邪王的爵位具有非同寻常的象征意义。自司马睿以琅邪王登上皇位以后,简文帝、康帝、哀帝、废帝海西公、恭帝都是先受封琅邪王而继而即位为皇帝的。以司马楚之为"琅邪王"显然有以其继承东晋遗绪的涵义在内。上文已经说明,司马楚之本属东晋宗室疏属且无官职,其父在东晋曾任益州刺史等职,地位也不突出,楚之在入魏诸宗室的地位也不是最高。那么为何是楚之被封为琅邪王而不是地位更高的司马休之的后代如司马文思呢?最主要的原因可能如魏收在"史臣曰"中评价云:"诸司马以乱亡归命。楚之风概器略,最可称乎?其余未足论也。"④楚之的军事能力大约远远胜出诸司马氏后裔。另有一个原因,大约是司马楚之原来的活动范围主要在河南,早年曾有一支军事力量,可能还有余部尚存,而司马休之父子在河南的影响力则不及楚之。经此一战,司马楚之取得出乎意料的战果,此后保留其"琅邪

---

① 《魏书》卷四上《世祖纪上》,第 89 页。
② 《魏书》卷三七《司马楚之传》,第 947—948 页。
③ 《魏书》卷三七《司马楚之传》,第 948 页。
④ 《魏书》卷三七《司马休之司马楚之司马景之司马叔璠司马天助传》"史臣曰",第 955 页。

王"封号也就顺理成章了。

元嘉十九年的南伐,司马楚之也是实际参与者。值得注意的是,楚之本传记其事云:"义隆遣将裴方明、胡崇之寇仇池。以楚之为假节,与淮阳公皮豹子等督关中诸军从散关西入,击走方明,擒崇之。仇池平而还。"① 其事《魏书·世祖纪》也有记载:"(真君三年)秋七月丙寅,诏安西将军、建兴公古弼督陇右诸军及殿中虎贲与武都王杨保宗等从祁山南入,征西将军、淮阳公皮豹子与琅邪王司马楚之等督关中诸军从散关西入,俱会仇池。"② 又见《魏书·岛夷刘裕传》:"是岁,义隆梁州刺史刘真道将裴方明攻击杨难当,难当舍仇池,将妻子来奔。三年,世祖诏琅邪王司马楚之等讨之。安西将军古弼、平西将军元济等邀义隆秦州刺史胡崇之于浊水,破擒之,余众奔汉中。"③ 这则史料中的"三年"指太平真君三年,即刘宋元嘉十九年。司马楚之实际的出兵方向是从关中出散关,由斜谷道南下仇池,与檄文称楚之将"南趣寿春"风马牛不相及。

其后的历史发展或可说明,元嘉十九年南伐檄文以东晋宗室为号召,可能仅仅只是一次不太成功的尝试而已。南伐结束,司马文思"还京,为怀朔镇将"④;司马天助"还,又从驾北征。在阵殁"⑤。司马楚之则"车驾伐蠕蠕,诏楚之与济阴公卢中山等督运以继大军",此次战事结束以后,"寻拜假节、侍中、镇西大将军、开府仪同三司、云中镇大将、朔州刺史,王如故。在边二十余年,以清俭著闻"⑥。此后三人均无统军南向的记载。此后太武帝南征瓜步,统军将帅中也未见司马氏的身影。也即是说,元嘉十九年南伐檄文所作的尝试,也就此匆匆结束,再未掀起什么波澜。

尽管如此,北魏所作的尝试还是颇有意义。司马文思、司马楚之等人的爵位,原本都是北魏加以确认过的魏爵,檄文所用"故晋"云云,也等于变相地承认了东晋爵位的正当性。北魏所针对的,是刘宋代晋的正

---

① 《魏书》卷三七《司马楚之传》,第 948 页。
② 《魏书》卷四下《世祖纪下》,第 111 页。
③ 《魏书》卷九七《岛夷刘裕传》,第 2313 页。
④ 《魏书》卷三七《司马休之传》,第 946 页。
⑤ 《魏书》卷三七《司马天助传》,第 955 页。
⑥ 《魏书》卷三七《司马楚之传》,第 949 页。

当性，而不是南方王朝立国的合理性。借此，北魏尝试了一种面对南朝的思路，即以前朝宗室否认南方政权更迭的合法性。

二、刘昶与"宋王"之号

在太武帝时期一度实施"存立司马，诛除刘族"之策之后，实际效果可能并不明显。不过，北魏在宋齐禅代、齐梁禅代之际故技重施，以南方王朝的前朝遗绪作为政治工具，却起到了与之前颇不相同的作用。这种做法最终成为一项贯穿北魏始终的政策，其中宋齐易代之际的刘昶起到了承前启后的关键作用。

与司马楚之、司马休之均出身于东晋宗室疏属不同，刘昶为宋文帝第九子，封为义阳王，算得上宗室近亲。因受前废帝疑忌，在使持节、都督徐兖南兖青冀幽六州豫州之梁郡诸军事、征北将军、徐州刺史任上奔魏[1]。刘昶入魏后，北魏亦曾利用其名号对刘宋发动宣传攻势。《宋书·索虏传》载泰始初北魏对南方的诏书云："纳昶反国，定其社稷，使荆、扬沾德义之风，江、汉被来苏之惠。边疆将吏，不得因宋衰乱，有所侵损，以伤我国家存救之义。主者明宣所部，咸使闻知，称朕意焉。"[2] 不过，刘昶本人虽三尚公主，拜侍中、征南将军、驸马都尉，封丹阳王，但宋齐禅位之前仍可算是未得重用，甚至"虽在公坐，诸王每侮弄之，或戾手啮臂，至于痛伤，笑呼之声，闻于御听"[3]。

直到宋齐禅代之际，刘昶成为北魏的一枚重要棋子，开始在南北关系中发挥重要作用。宋齐禅代的同一年，北魏发动了一次较大规模的南伐。《魏书·高祖纪》记其事云：太和三年十一月"癸丑，进假梁郡公元嘉爵为假王，督二将出淮阴；陇西公元琛三将出广陵；河东公薛虎子三将出寿春"[4]。南伐遇到南齐方面的激烈抵抗，《魏书·高祖纪》还留下了派遣援军和接应魏军返回的记载。太和四年"二月，遣尚书游明根率骑二千南讨"[5]，"三月丙午，诏车骑大将军冯熙督众迎还假梁郡王嘉等诸

---

[1]《宋书》卷七二《晋熙王昶传》，第1869页。
[2]《宋书》卷九五《索虏传》，第2584页。
[3]《魏书》卷五九《刘昶传》，第1430页。
[4]《魏书》卷七上《高祖纪上》，第176页。
[5]《魏书》卷七上《高祖纪上》，第176页。

军"①。从本纪看,此次战事自始至终都没有提及刘昶。不过,南齐方面的记载就大不相同了。《南齐书·魏虏传》云:"建元元年,伪太和三年也。宏闻太祖受禅,其冬,发众遣丹阳王刘昶为太师,寇司、豫二州。"②这段记载有明显的问题,刘昶在北魏从未任太师之职,当系传闻之误。更具迷惑性的是,从这个记载来看,似乎魏军统帅就是刘昶了,这与实际情况显然不合。

南齐方面留下刘昶为魏军统帅的印象,可能并非是南齐的情报工作出现了失误,而是北魏方面有意为之。《魏书·刘昶传》载:

> 及萧道成杀刘准,时遣诸将南伐,诏昶曰:"卿识机体运,先觉而来。卿宗庙不复血食,朕闻斯问,矜忿兼怀。今遣大将军率南州甲卒,以伐逆竖,克荡凶丑,翦除民害。氛秽既清,即胙卿江南之土,以兴蕃业。"③

孝文帝诏书中以萧道成为"逆竖""凶丑""民害",皆就篡夺刘宋江山而言。许诺"胙卿江南之土",当然是利用刘昶来动摇萧道成的立国基础了。其后,孝文帝引见昶于宣文堂,云:"卿投诚累纪,本邦湮灭,王者未能恤难矜灾,良以为愧。出蕃之日,请别当处分。"④ 在刘昶"投诚累纪"之后的宋齐革代之际宣布帮助刘昶兴蕃业,自是有其政治目的的。孝文帝自称"王者",体恤刘昶之"本邦湮灭",也可算是将刘宋与北魏南北政权作对等看待,只是萧道成篡夺之后刘宋的合法性已经归到刘昶这里来了。是《刘昶传》称:"高祖临经武殿,大议南伐,语及刘、萧篡夺之事,昶每悲泣不已"⑤云云。其后的措施更可以很好地说明这一点,"开建五等,封昶齐郡开国公,加宋王之号"⑥。

"丹阳王""齐郡开国公"和"宋王"之号都有特殊的涵义。《魏书·僭晋司马叡传》云:"遂都于丹阳,因孙权之旧所,即禹贡扬州之地,

---

① 《魏书》卷七上《高祖纪上》,第177页。
② 《南齐书》卷五七《魏虏传》,第1092—1093页。
③ 《魏书》卷五九《刘昶传》,第1430页。
④ 《魏书》卷五九《刘昶传》,第1431页。
⑤ 《魏书》卷五九《刘昶传》,第1431页。
⑥ 《魏书》卷五九《刘昶传》,第1431页。

去洛二千七百里"①,丹阳郡乃南朝都城建康所在,封刘昶于丹阳显然是虚封,用意甚明。"齐郡开国公"则是实封,但也有政治涵义。萧道成先封齐公、后以齐为国号,并创造出各种以齐为名义的祥瑞,但却有一个致命的缺陷,就是齐地已经完全在北魏控制之下。北魏质疑南朝使者车僧朗"南国无复齐土,何故封齐"②,刘昶"齐郡开国公"的实封爵位,正在齐地的实土之上,可以看作对这一质疑行动上的配合。

至于"宋王"则也是虚封国号,其背景则是萧齐代宋以后,刘氏子孙几乎被诛杀殆尽,北魏有以刘昶绍续刘宋宗庙血食之意。值得注意的是,北魏孝文帝爵制改革以后,不再有异姓王存在,同姓王也只有郡王,"宋王"之号在北魏乃是唯一的。《通鉴》记齐高帝即位后,"魏以宋王刘昶为使持节、都督吴越楚诸军事、大将军,镇彭城",胡注云"江南皆春秋时吴、越、楚三国之地"③。"都督吴越楚诸军事"前所未见,背后的用意,无疑是利用刘宋的余威为北魏获取利益,仍旧是"存立司马,诛除刘族"政策的延续。只是孝文帝对刘昶的利用,要比太武帝对司马氏的利用圆熟多了。甚至当时高丽与南齐通使,孝文帝诏责高丽王高琏称:"道成亲杀其君,窃号江左,朕方欲兴灭国于旧邦,继绝世于刘氏,而卿越境外交,远通篡贼,岂是藩臣守节之义!"④以刘昶绍续刘宋宗庙血食,北魏俨然成了宋齐禅代中主持正义的宗主,对南齐也隐隐约约产生了威慑。

另有一个值得注意的史事。刘昶死后的待遇"赠假黄钺、太傅、领扬州刺史,加以殊礼,备九锡,给前后部羽葆鼓吹,依晋琅邪武王伷故事,谥曰明"⑤,其中加殊礼、备九锡诸项,在之前的北魏诸重臣中似乎尚无先例,此后也只有冯诞、任城王澄等极少数人享受此待遇。给予刘昶以非人臣的待遇,实际上北魏迁都之前就是如此准备的。平城时代被废弃的丹阳王刘昶墓,是一个很有说服力的证据。丹阳王墓位于山西省北部怀仁县北七里村附近,现已被考古发掘。墓区地处大同盆地中部偏北,

---

① 《魏书》卷九六《僭晋司马叡传》,第 2092 页。
② 《南齐书》卷五七《魏虏传》,第 1094 页。
③ 《资治通鉴》卷一三九"齐高帝建武元年七月"条,第 4354 页。按《通鉴》此处系综合《魏书》卷七下《高祖纪下》、卷五九《刘昶传》相关记载而成,按《魏书·刘昶传》作"都督吴越楚彭城诸军事"。
④ 《魏书》卷一〇〇《高句丽传》,第 2400 页。
⑤ 《魏书》卷五九《刘昶传》,第 1432 页。

北距北魏平城遗址不足30公里。墓室部分采用模印人物砖和花纹砖铺砌，并有砖铭"丹扬王墓砖"，是孝文帝时期重臣刘昶与三位公主夫人的合葬墓，后因迁葬而空穴①。倪润安曾将墓室规模和文明太后永固陵以及孝文帝虚宫万年堂的规模进行比较：刘昶墓二主室面积约为34.8平方米，二侧室面积约为27平方米；冯太后永固陵前室面积约为16.2平方米，后室面积约为43.7平方米；孝文帝虚宫万年堂，后室面积约为32.3平方米②。也即是说，平城刘昶墓墓室的规格接近文明太后永固陵，甚至还略大于孝文帝虚宫万年堂，表明刘昶墓实际上享受着帝陵级别的待遇。迁都洛阳以后，刘昶"豫营墓于彭城西南，与三公主同茔而异穴。发石累之，坟崩，压杀十余人。后复移改，为公私费害"③。其墓葬规模应当也不小。平城附近被废弃的丹阳王墓，与迁洛以后刘昶去世时北魏给予的殊礼可以相互印证。以刘昶在北魏的功业和地位来看，是难以匹配这种待遇的，政治目的应是更为重要的原因。

宋齐禅代，萧道成尽诛刘宋诸帝子孙，刘宋诸帝不复血食，事后南齐皇帝心理其实十分畏惧。齐武帝曾"梦太祖曰：'宋氏诸帝尝在太庙，从我求食。可别为吾祠。'上乃敕豫章王妃庾氏四时还青溪宫旧宅，处内合堂，奉祠二帝二后，牲牢服章，用家人礼"④。齐武帝亲历宋齐禅代，其父对刘宋宗室子孙屠戮之惨亦有感触，这种梦是心虚的反映。从南齐方面的史料来看，尊崇刘昶正是利用禅代之际皇帝心理虚弱的政策。这种政策起到了明显的作用，刘昶也成为萧道成的重点防范对象。《南齐书·垣崇祖传》载：太祖践阼，谓崇祖曰："我新有天下，夷房不识运命，必当动其蚁众，以送刘昶为辞。贼之所冲，必在寿春。能制此寇，非卿莫可。"⑤《刘善明传》也说太祖践阼，以善明勋诚，欲与善明禄，召谓之曰："淮南近畿，国之形势，自非亲贤，不使居之。卿为我卧治也！"善明至郡，上表陈事，其中有云："匈奴未灭，刘昶犹存，秋风扬尘，容能送死，境上诸城，

---

① 怀仁县文物管理所：《山西怀仁北魏丹扬王墓及花纹砖》，《文物》2010年第5期；王银田：《丹扬王墓主考》，《文物》2010年第5期；倪润安：《怀仁丹扬王墓补考》，《考古与文物》2012年第1期。
② 倪润安：《怀仁丹扬王墓补考》，《考古与文物》2012年第1期。
③ 《魏书》卷五九《刘昶传》，第1432页。
④ 《南齐书》卷九《礼志上》，第143页。
⑤ 《南齐书》卷二五《垣崇祖传》，第516页。

宜应严备，特简雄略，以待事机，资实所须，皆宜豫办。"①从南齐君臣的话语中可以看出，"刘昶犹存"几乎成了南齐的心腹大患，甚至被放到了和北魏政权同等的位置上。

对刘昶的恐惧甚至延续到南齐政权的后期。《南齐书·魏虏传》记齐建武四年（魏太和二十一年）孝文帝大举南下事云：

> 宏时大举南寇，伪咸阳王元禧、彭城王元勰、常侍王元嵩、宝掌王元丽、广陵侯元燮、都督大将军刘昶、王肃、杨大眼、奚康生、长孙稚等三十六军，前后相继，众号百万。②

此条记载多有与史实不符处，而以刘昶事最为离谱。丁福林《南齐书校议》云："《魏书·高祖孝文帝纪》《北史·魏本纪》皆云太和二十一年四月癸丑，宋王刘昶卒；是年八月庚辰，魏孝文帝元宏南侵。《魏书·刘昶传》亦云刘昶于太和二十一年四月，薨于彭城。《通鉴》卷一百四十一从之。是元宏此次南侵之时，刘昶卒已数月，此乃记刘昶在元宏南侵三十六军之中，亦与事实不合。"③丁说甚是。不过，这显然不是后世的传刻之误，而是《南齐书》记载失误。南齐方面出现"死刘昶南征"的记载，而且将刘昶列在除元氏宗室外的首位，正反映出南齐方面对刘昶的印象。这个误解，一直到萧子显写作《南齐书》的时候尚未得以纠正。不得不说，北魏对刘昶刘宋宗室身份的利用，给南齐君臣留下了很大的心理负担，甚至延续到刘昶死后。这个时候，南齐皇位已经从萧道成后代转到了萧鸾手中，距离齐梁禅代也仅有不到5年时间了。

三、萧宝卷"齐王"始末

与北魏相比，南朝皇权更替颇不稳定。南齐短短二十余年，其间还发生了萧鸾夺权篡位的事件。虽国号未改，实际上与前后两个王朝类似。孝文帝为此大做文章，甚至还专门"遣使临江数萧鸾杀主自立之罪恶"④。《魏书·房伯玉传》谓孝文帝南征沔北，遣使劝降南齐南阳太守房

---

① 《南齐书》卷二八《刘善明传》，第584—585页。
② 《南齐书》卷五七《魏虏传》，第1103—1104页。
③ 丁福林：《南齐书校议》，中华书局，2010年，第388页。
④ 《魏书》卷七下《高祖纪下》，第209页。

伯玉:"且卿早蒙萧赜殊常之眷,曾不怀恩,报以尘露。萧鸾妄言入继道成,赜子无孑遗。卿不能建忠于前君,方立节于逆竖,卿之罪一。"①此事又见《南齐书·魏虏传》,只是"一罪"被拆成"二罪":"卿先事武帝,蒙在左右,不能尽节前主,而尽节今主,此是一罪。……武帝之胤悉被诛戮,初无报效,而反为今主尽节,违天害理,此是三罪。"②南北方的史料相互印证,可见孝文帝以萧鸾篡位和诛杀高武子孙事来劝降南齐守将,绝不会放弃这个道义上的依据。只是以"作事不可在人后"为座右铭的齐明帝,疑忌"我及司徒诸儿子皆不长,高、武子孙日长大"③,将高武子孙诛杀殆尽,几无孑遗,未见有能够逃亡北魏者。因此,孝文帝只得重用北来士人如王肃者领兵南征,未能找到类似刘昶这样的南齐代理人。

齐明帝萧鸾父子的政权只持续了数年。随着梁武帝代齐自立,北魏又将针对刘昶的政策,实施在北逃的东昏侯母弟萧宝夤身上。萧宝夤为齐明帝第六子,封建安王,早年曾出镇江州、郢州等地。东昏侯即位后,返回建康,曾以车骑将军、开府仪同三司镇石头城。萧衍起兵后,齐和帝以萧宝夤为南徐州刺史,东昏侯则以宝夤为荆州刺史,不知宝夤是否离开石头城。梁武帝诛杀明帝诸子时,萧宝夤或未在建康城内,故未与诸兄弟一同被杀。《魏书·萧宝夤传》说:"萧衍既克建业,杀其兄弟,将害宝夤,以兵守之,未至严急。其家阉人颜文智与左右麻拱、黄神密计,穿墙夜出宝夤。"④入魏后,萧宝夤先为"丹阳郡开国公、齐王",不久又"改封梁郡开国公"⑤,盖因萧衍立国号为梁。这种处理,与刘昶先封丹阳王,开建五等之后又"封昶齐郡开国公,加宋王之号"如出一辙。

萧宝夤自建康渡江奔魏,历经千辛万苦,到达寿春时"时年十六,徒步憔悴,见者以为掠卖生口也"⑥。不似刘昶在徐州刺史任上壮年奔魏,天下皆知。年龄既轻,资历亦浅,虽"寿春多其故义",也无法像刘昶那样迅速获得一呼百应的号召力。《南齐书·萧宝夤传》直接称"中兴二年,谋

---

① 《魏书》卷四三《房法寿传附房伯玉传》,第 1075 页。
② 《南齐书》卷五七《魏虏传》,第 1103 页。
③ 《南齐书》卷四〇《临贺王子岳传》,第 791 页。
④ 《魏书》卷五九《萧宝夤传》,第 1435 页。
⑤ 《魏书》卷五九《萧宝夤传》,第 1436、1437 页。
⑥ 《魏书》卷五九《萧宝夤传》,第 1435—1436 页。

反诛"①,不言其奔魏事。对此,钱大昕分析说:"宝夤起兵不克奔魏,事见《魏史》。此云诛者,据梁人之词,以为宝夤已死,其在魏者伪也。"②钱大昕的推断甚是,梁人不愿承认萧宝夤奔魏的事实,故意称其伏诛。不过,萧宝夤奔魏的事实,南梁方面也不可能完全采取掩耳盗铃的态度。事实上,梁武帝还曾经手书劝降信给萧宝夤,其文今存《魏书·萧宝夤传》。《南齐书·和帝纪》的记载就与本传不同:"鄱阳王宝寅奔虏,邵陵王宝攸、晋熙王宝嵩、桂阳王宝贞伏诛。"③尽管如此,梁朝方面指称萧宝夤为伪的观点还能有市场,也从侧面说明其北奔所造成的影响要比刘昶北奔小得多。《梁书》及其他南朝史料对萧宝夤的记载,也较刘昶少得多。因此,北魏方面给萧宝夤的待遇虽基本仿照刘昶,但"事从丰厚,犹不及刘昶之优隆也"④。

实际上,萧宝夤并不是唯一的北奔南齐宗室。与萧宝夤时间相近投魏的萧齐宗室,还有齐高帝萧道成之曾孙萧彪。萧彪的生平事迹在《魏书》等正史中未见记载,只有《洛阳伽蓝记》提及有司农卿萧彪,称"彪亦是南人"⑤。近年有学者发现,被收入初唐杨炯文集中的《后周青州刺史齐贞公宇文公神道碑》,其主人公宇文彪就是萧彪,碑文对其身世经历有颇为详细的记载⑥。碑文记萧彪家世称"自齐宣皇帝商周之日,号西伯以称臣;太祖高皇帝尧舜之朝,避南河而革故。司空临川献王懿亲明德,论道经邦;中庶子平乐侯开国承家,丹书白马。于是乎生我齐贞公,惟魏之宝,惟周之翰"⑦,又称"即宣帝之元孙,高帝之曾孙,临川王之孙,平乐侯之子"⑧,此宣帝是萧道成之父萧承之,高帝即是萧道成,临川王是南齐临川王萧映,中庶子平乐侯事迹无考。碑文未见其年寿,陈于全认为南

---

① 《南齐书》卷五〇《鄱阳王宝夤传》,第957页。
② 钱大昕:《廿二史考异》卷二五《南齐书·鄱阳王宝夤传》,第433页。
③ 《南齐书》卷八《和帝纪》,第122页。
④ 《魏书》卷五九《萧宝夤传》,第1436页。
⑤ 杨衒之著,杨勇校笺:《洛阳伽蓝记校笺》卷二《城东·景宁寺(宝明寺、归觉寺)》,第113页。
⑥ 按萧彪在西魏改姓宇文氏,陈于全指出宇文彪就是萧彪,并结合相关史料对其生平进行了考证。参见陈于全:《萧彪考》,《文学遗产》2011年第3期。又萧彪重孙萧祎的墓志也已经出土,亦记有其家世事迹。参见曹印双《唐代萧祎墓志考释》,见《大唐西市博物馆藏墓志研究·续一》,陕西师范大学出版社,2013年,第90—100页。
⑦ 祝尚书:《杨炯集笺注》卷六《后周青州刺史齐贞公宇文公神道碑》,第662页。
⑧ 祝尚书:《杨炯集笺注》卷六《后周青州刺史齐贞公宇文公神道碑》,第667页。

齐中兴二年(502)齐亡时,萧彪十六岁左右,年岁与萧宝夤相近①。因碑文提及"齐武皇帝见而叹曰:'可谓吾家曾闵。'外祖太尉公王俭谓其子侍中骞曰:'成汝宅相者,在此孙乎?'"②齐武皇帝萧赜死于永明十一年(493),王俭则死于永明七年(489),萧彪之出生必在王俭死前。萧宝夤的生年则可据《魏书》本传确定为永明五年(487),去王俭之死仅两年。陈氏以萧彪与萧宝夤年岁相近的判断,可以说言而有据。

萧宝夤入魏时间较为明确,在宣武帝景明二年(501),到达洛阳是景明四年。萧彪投魏时间则尚待考证,陈于全亦未加详考。按萧彪神道碑碑文记其投魏事云:"禄去公朝,失诸侯之盟会;政由梁国,建天子之旌旗。士女同叹于商墟,鬼神共谋于曹社。公杜门屏迹,心不自安,与门生故吏数百人归于后魏。宣武皇帝以客礼待之,诏除给事中,假龙骧将军。"③又云:"公之北归也,后魏宣武帝敕曰:'昔微子去殷,项伯归汉,卿又得之于今。'公涕泣横流,跪而对曰:'臣家国不造,鼎祚沦亡,进不能匡正,退不能死节。今复托身有道,何敢比德古人?'帝益重之。"④此可明确萧彪投魏的时间是宣武帝时(499—515),而"政由梁国,建天子之旌旗"一句,则暗指乃是萧衍称梁王之后、即皇帝位之前,也即南齐中兴二年、梁天监元年(502)。又按《南齐书·高帝十二王传》记载萧映长子子晋,次子子游,子游"梁初坐闺门淫秽及杀人,为有司所奏,请议禁锢。子晋谋反,兄弟并伏诛"⑤。所谓萧子晋、子游兄弟在梁初以"谋反"被诛杀,正是齐梁易代之际梁武帝清除异己之举。萧彪应该是这场祸患的幸存者,投魏应该也正在此时。总之,萧彪投魏的时间,应该也和萧宝夤投魏接近,因"与门生故吏数百人归于后魏",较之萧宝夤"徒步憔悴,见者以为掠卖生口"的曲折,可能要更为顺利。

萧彪和萧宝夤差不多同时入魏,年龄相仿,然而入魏后地位相隔悬殊。萧彪甚至都没能在《魏书》中留下任何记载。背后的原因,主要应是萧彪和萧宝夤分别是齐高帝和齐明帝的后裔,在南齐的身份悬隔,政

---

① 陈于全:《萧彪考》,《文学遗产》2011年第3期。
② 祝尚书:《杨炯集笺注》卷六《后周青州刺史齐贞公宇文公神道碑》,第694页。
③ 祝尚书:《杨炯集笺注》卷六《后周青州刺史齐贞公宇文公神道碑》,第667页。
④ 祝尚书:《杨炯集笺注》卷六《后周青州刺史齐贞公宇文公神道碑》,第694页。
⑤ 《南齐书》卷三五《高帝十二王·临川王映传》,第693页。

治价值迥不相同之故。除此之外,萧宝夤个人的军功也颇为重要。自萧梁建立以迄东西魏分裂,北魏和南朝连年战争,而萧彪似无在南线领兵作战的经历。萧宝夤却颇有军功,其领兵经历始自萧梁江州刺史陈伯之降魏,请兵南伐。北魏虽然最初给予其兵力配合,但其兵力多自招募而来,"又任其募天下壮勇,得数千人。以文智三人等为积弩将军,文荣等三人为强弩将军,并为军主"①。萧宝夤领兵作战勇猛,身先士卒。史载其首次出征,梁将姜庆真率军围攻寿春,"宝夤躬贯甲胄,率下击之,自四更交战,至明日申时","当宝夤寿春之战,勇冠诸军,闻见者莫不壮之"②。之后的朐山之战,魏军大败,本传说"卢昶军败,唯宝夤全师而归"③。军事上的这种表现,也确与萧宝夤的个人素质关系密切。

非但如此,萧宝夤为官时在政绩上也毫不逊色。本传说其在徐州刺史任上,"乃起学馆于清东,朔望引见士姓子弟,接以恩颜,与论经义,勤于政治,吏民爱之。凡在三州,皆著名称"④。到中央做到尚书左仆射,又"善于吏职,甚有声名"⑤。甚至其与南阳公主的家庭生活,也为人所称颂。"公主有妇德,事宝夤尽肃雍之礼,虽好合积年,而敬事不替。宝夤每入室,公主必立以待之,相遇如宾,自非太妃疾笃,未曾归休。宝夤器性温顺,自处以礼,奉敬公主,内外谐穆,清河王怿亲而重之"⑥。这些都应是实际情况。魏收在史臣论中对萧宝夤全无褒词,称:"宝夤背恩忘义,枭镜其心。此亦戎夷影狡轻薄之常事也。天重其罪,鬼覆其门,至于母子兄弟还相歼灭,抑是积恶之义云。"⑦这种评价,针对的是萧宝夤晚节不保之事,更应是魏收为了彰显其华夷观念而发,与萧宝夤早年在北魏的声望与地位无关。

从更广阔的历史背景观察萧宝夤的"齐王"号,可以发现其虽与刘昶"宋王"号看似一脉相承,但其实已经颇有不同。萧宝夤"齐王"号的政治意味远不及刘昶,对南朝政权的威胁也远不及刘昶。事实上,这个

---

① 《魏书》卷五九《萧宝夤传》,第 1436 页。
② 《魏书》卷五九《萧宝夤传》,第 1437 页。
③ 《魏书》卷五九《萧宝夤传》,第 1438 页。
④ 《魏书》卷五九《萧宝夤传》,第 1440 页。
⑤ 《魏书》卷五九《萧宝夤传》,第 1440 页。
⑥ 《魏书》卷五九《萧宝夤传》,第 1437 页。
⑦ 《魏书》卷五九《刘昶萧宝夤萧正表传》"史臣曰",第 1450 页。

名号还曾一度因萧宝夤钟离之战兵败而被褫夺。钟离之战"淮水泛溢，宝夤与英狼狈引退，士卒死没者十四五。有司奏宝夤守东桥不固，军败由之，处以极法。诏曰：'宝夤因难投诚，宜加矜贷，可恕死，免官削爵还第。'"①钟离之战在梁魏战争中影响深远，甚至被王船山称为"钟离之胜，功侔淝水"②，吕思勉也称是"南北交战以来南朝所未有之一大捷"③，这当然是对梁而言；对北魏而言则是前所未有的惨败，领军诸将受到惩罚也在情理之中。除萧宝夤外，中山王元英"经算失图，案劾处死，诏恕死为民"④，杨大眼"坐徙为营州兵"⑤，坐镇寿春的任城王元澄也"有司奏军还失路，夺其开府，又降三阶"⑥。萧宝夤"齐王"号应当也在此时被褫夺，同时被褫夺的，应当还有"丹阳郡开国公"爵、镇东将军军号以及其他官职。此后诸将皆逐渐复出，萧宝夤也很快重新成为南线的主要统帅之一。不过，萧宝夤"齐王"号得以恢复，是稍晚的事情。据《魏书·世宗纪》，萧宝夤封齐王在宣武帝景明四年四月，钟离之战后被夺爵除名在正始四年八月。恢复齐王事虽在本纪中无记载，但其本传明确记载："延昌初，除安东将军、瀛州刺史，复其齐王。"⑦延昌是宣武帝最后一个年号（512四月—515），萧宝夤的"齐王"号被褫夺至少有五年时间，比第一次拥有"齐王"号的时间还要长。又，瀛州治今河北省河间市，这也是萧宝夤首次离开南方前线担任地方刺史。紧接着又迁冀州刺史，冀州也在河北，长时间远离梁魏战争前线。这或可说明，恢复萧宝夤的"齐王"号，主要是恢复其爵位待遇，并非是借重此名号以威慑梁朝。

从南方政权的角度来看，随着梁武帝执政时间不断延长，萧梁政权的统治逐渐稳固。国祚短至二十余年的南齐政权，特别是得位不正的齐明帝一系，影响力逐渐消弭。在齐梁禅代之际的短暂屠杀之后，梁武帝一改宋、齐对前朝宗室斩尽杀绝的政策，对幸存的南齐宗室采取了优待的策略。特别是齐高帝次子豫章王嶷诸子，更是受到梁武帝重用，"子恪

---

① 《魏书》卷五九《萧宝夤传》，第1437页。
② 王夫之：《读通鉴论》卷一七《梁武帝》，第484页。
③ 吕思勉：《两晋南北朝史》，第477页。
④ 《魏书》卷一九下《南安王桢传附元英传》，第573页。
⑤ 《魏书》卷七三《杨大眼传》，第1771页。
⑥ 《魏书》卷一九中《任城王云传附元澄传》，第543页。
⑦ 《魏书》卷五九《萧宝夤传》，第1438页。

兄弟十六人，并仕梁"①。梁武帝甚至对萧子恪说："建武屠灭卿门，致卿兄弟涂炭。我起义兵，非惟自雪门耻，亦是为卿兄弟报仇"，"我自藉丧乱，代明帝家天下耳，不取卿家天下。"②梁武帝将篡夺南齐政权的行为，变成为高武子孙报仇，将篡位罪责推给齐明帝（建武），故云是代明帝家天下。梁武帝重用南齐宗室，与北魏利用南齐宗室可谓针锋相对。以萧宝夤为首的南齐宗室的象征意义日渐消失，也就再正常不过了。

四、萧正德与萧赞：北魏态度的变化

与宋、齐时代还时常与北魏保持和平交往不同，梁魏之间长期处于战争状态。一直持续到北魏分裂，梁才分别与东魏、西魏恢复正常的交聘关系。这期间，也不乏南北双方宗室中的政治失意者投向对方的事件。如上节所讨论，北魏业已形成了刘昶"宋王""丹阳王（公）""齐郡开国公"和萧宝夤"齐王""丹阳公""梁郡开国公"的固有模式。不过，这个模式在北魏并未继续得到贯彻，从萧正德降魏事件中可以观察得较为清楚。

萧梁政权投奔北魏的宗室，见诸史传者有二人，分别是梁武帝养子萧正德和梁武帝血统有疑的儿子萧综。萧正德奔魏，时间比萧综奔魏要早数年。萧正德在萧梁的地位特殊，本是梁武帝第六弟萧宏之子，又曾为梁武帝养子。《梁书》本传说："初，高祖未有男，养之为子，及高祖践极，便希储贰，后立昭明太子，封正德为西丰侯，邑五百户。"③这个身份比较尴尬，正成为其心怀不安的缘由。萧正德奔魏事，《梁书》本传只有简略含混的记载，然《南史·萧正德传》对其细节记载颇为细致：

> 正德自谓应居储嫡，心常怏怏，每形于言。普通三年，以黄门侍郎为轻车将军，置佐史。顷之奔魏。初去之始，为诗一绝，内火笼中，即咏竹火笼，曰："桢干屈曲尽，兰麝氛氲销，欲知怀炭日，正是履冰朝。"至魏称是被废太子。时齐萧宝寅先在魏，乃上表魏帝曰："岂有伯为天子，父作扬州，弃彼密亲，远投佗国。不若杀之。"魏

---

① 《梁书》卷三五《萧子恪传》，中华书局点校本修订本，2020年，第565页。
② 《梁书》卷三五《萧子恪传》，第564—565页。
③ 《梁书》卷五五《临贺王正德传》，第924页。

既不礼之,正德乃杀一小儿称为己子,远营葬地,魏人不疑,又自魏逃归。①

萧正德所谓"被废太子",大约是挟太子号自重。按《梁书·昭明太子传》:"初,高祖未有男,义师起,太子以齐中兴元年九月生于襄阳。"②萧统出生于齐末,此时齐梁尚未禅代,萧正德不可能成为太子。又按《梁书·武帝纪》天监元年十一月甲子,"立皇子统为皇太子"③。是时齐梁禅代方完成不久,梁武帝既已有子,萧正德并无成为"废太子"之可能。不过萧正德曾经做过梁武帝嗣子,萧正德之"废太子"身份尚有一定的事实依据,这个身份北魏方面应是不难调查清楚的。

萧宝夤上表具见《魏书·萧宝夤传》,行文与《南史》所见颇不相同。又文中有"伯为天子,父作扬州"之语,称梁武帝作"天子",似乎也非南北正统之争下萧宝夤所宜言。李延寿或是采自南方的传闻之言,偶有疏误,未经核对《魏书》所见萧宝夤上表原文。尽管如此,此段文字的语义却是萧宝夤表文中所有的,如"正德居犹子之亲,窃通侯之贵,父荣于国,子爵于家,履霜弗闻,去就先结","遗君忽父,狼子是心,既不亲亲,安能亲人"④之语,也即表达萧正德不忠不孝,不宜予以接纳之意。北魏方面反对接纳萧正德者其实尚不止萧宝夤,《魏书·张普惠传》也说:"萧衍弟子西丰侯正德诈称降款,朝廷颇事当迎,普惠上疏,请赴扬州,移还萧氏。"⑤

北魏方面虽未对萧正德"杀之",未给予较高规格的礼遇则可得到南北双方史料证实。《魏书·萧宝夤传》说"正德既至京师,朝廷待之尤薄。岁余,还叛"⑥。《魏书·萧正表传》也说正表之兄正德"正光三年,背衍奔洛,朝廷以其人才庸劣,不加礼待"⑦,下文随即又记正德勾结侯景图谋夺位事,乃以后见之明印证了北魏不礼待萧正德的正确性。萧正德

---

① 《南史》卷五一《萧正德传》,第1279—1280页。
② 《梁书》卷八《昭明太子传》,第187页。
③ 《梁书》卷二《武帝纪中》,第45页。
④ 《魏书》卷五九《萧宝夤传》,第1443页。
⑤ 《魏书》卷七八《张普惠传》,第1879页。
⑥ 《魏书》卷五九《萧宝夤传》,第1444页。
⑦ 《魏书》卷五九《萧正表传》,第1449页。

被置于四夷馆之金陵馆,"正光四年中,萧衍子西丰侯萧正德来降,处金陵馆,为筑宅归正里;正德舍宅为归正寺"①。殷景仁亦"从萧宝夤归化,拜羽林监,赐宅城南归正里","景仁住此以为耻,遂徙居孝义里焉"②。颍川荀子文住城南,"时赵郡李才问子文曰:'荀生住在何处?'子文对曰:'仆住在中甘里。'才曰:'何为住城南?'城南有四夷馆,才以此讥之"③。可见其时北魏上下皆以住在城南四夷馆为耻。萧正德也很可能对四夷馆归正里之宅不太满意,故舍弃为佛寺。

  大约是对北魏没有给予足够的优待很是失望,萧正德不久便又重归南朝。梁武帝对宗室一贯纵容,只是对萧正德进行了名义上的惩罚,迅速恢复了对他的待遇,嗣后甚至还予以加封。《魏书·岛夷萧衍传》说:"(正光)三年,其弟子西丰侯正德弃衍来奔,寻复亡归,衍初忿之,改其姓为背氏,既而复焉,封为临贺王。"④至于后来勾结侯景攻破建康,则被史家当作梁武帝纵容的后果。仅就奔魏事的影响而言,在南、北都留下了痕迹。梁元帝发檄文征讨侯景,仍不忘斥责萧正德"日者结怨江氵半,远适单于"⑤的往事。至于北魏方面,没有在萧正德的"废太子"身份上做文章,也算得上是一个重要的政策转向。放弃萧正德这种在梁朝有着重要政治影响力的降人,与对东晋司马氏、刘昶、萧宝夤等人的政策大相径庭。毕竟此时南北关系正处于长期军事对峙的状态,南北关系甚至比刘昶北奔还要敌对。这或许可以说明,北魏政策的侧重点,不是借重对方的"废太子"身份以为政治工具,而是更为看重萧宝夤所说的"忠孝"之道德标准。

  萧综北奔事件,则可隐约见到"忠孝"标准所起的作用。萧综的身份比较特殊,其母是齐东昏侯宫人,梁武帝纳之七月而生。武帝以萧综为子,但因其母称其是齐东昏侯的遗腹子,遂自居东昏侯子,北魏亦以南齐宗室待之,萧宝夤更以叔父身份改其名曰萧赞。此事涉及梁武帝宫闱秘闻,北魏方面自然要对此丑事大加宣扬,梁朝方面大约也有难言

---

① 杨衒之著,杨勇校笺:《洛阳伽蓝记校笺》卷三《城南·宣阳门(归正寺)》,第145页。
② 杨衒之著,杨勇校笺:《洛阳伽蓝记校笺》卷二《城东·景宁寺(宝明寺、归觉寺)》,第113页。
③ 杨衒之著,杨勇校笺:《洛阳伽蓝记校笺》卷三《城南·高阳王寺》,第156页。
④ 《魏书》卷九八《岛夷萧衍传》,第2354页。
⑤ 《梁书》卷五《元帝纪》,第139页。

之隐,但史书记载还是基本对得上。不过,梁武帝一直以萧综为子。《魏书·岛夷萧衍传》说萧综北奔后,"衍初闻之,恸哭气绝,甚为惭惋,犹云其子,言其病风所致,时人咸笑之"①。《魏书·萧赞传》说萧赞死后,"至元象初,吴人盗其丧还江东,萧衍犹以为子,祔葬萧氏墓焉"②。《梁书·萧综传》也以其为梁武帝第二子,且投魏后"于是有司奏削爵土,绝属籍,改其姓为悖氏。俄有诏复之,封其子直为永新侯,邑千户"③。由是出现了北魏方面承认萧赞是南齐宗室,梁武帝却仍坚称萧综是己子的奇闻。

萧综在梁,就"恒于别室祠齐氏七庙;又微服至曲阿拜齐明帝陵"④。《魏书》说萧综北奔,"届于洛阳,陛见之后,就馆举哀,追服三载"⑤,大张旗鼓为东昏侯举哀追服,向天下申明其为齐东昏侯之子。北魏方面"赏赐丰渥,礼遇隆厚,授司空,封高平郡开国公、丹阳王,食邑七千户",不久又"转司徒,迁太尉,尚帝姊寿阳长公主"⑥。《梁书》本传对北魏封赏的记载更为详细,称"魏以为侍中、太尉、高平公、丹阳王,邑七千户,钱三百万,布绢三千匹,杂彩千匹,马五十匹,羊五百口,奴婢一百人"⑦。也提到"综乃改名缵,字德文,追为齐东昏服斩衰"⑧。不过,由于萧宝寅的存在,且政局已经颇不稳定,北魏方面并未以萧赞的齐宗室身份大做文章,更未以其率军南伐,在政治上并未引起更大的波澜。萧宝寅谋反事发,北魏亦"朝议明其不相干预,仍蒙慰勉"⑨。无奈朝局混乱,孝庄帝死后,"公主被录还京,尔朱世隆欲相陵逼,公主守操被害",萧赞"弃州为沙门,潜诣长白山,未几,趣白鹿山。至阳平,遇病而卒"⑩。在混乱的局势下,萧赞的人生也就此画上了句号。

---

① 《魏书》卷九八《岛夷萧衍传》,第 2355 页。
② 《魏书》卷五九《萧宝夤传附萧赞传》,第 1448—1449 页。
③ 《梁书》卷五五《萧综传》,第 920 页。
④ 《梁书》卷五五《萧综传》,第 920 页。
⑤ 《魏书》卷五九《萧宝夤传附萧赞传》,第 1448 页。
⑥ 《魏书》卷五九《萧宝夤传附萧赞传》,第 1448 页。
⑦ 《梁书》卷五五《萧综传》,第 920 页。
⑧ 《梁书》卷五五《萧综传》,第 920 页。
⑨ 《魏书》卷五九《萧宝夤传附萧赞传》,第 1448 页。
⑩ 《魏书》卷五九《萧宝夤传附萧赞传》,第 1448 页。

五、从元翼"咸阳王"到元颢"魏主":梁武帝的故技重施

在北魏逐渐淡化南朝宗室的政治意义之时,梁武帝却对北魏长期以来的政策故技重施,也开始对南奔北魏宗室大加利用。从南北的对比中,或可看到很多前人所未关注的问题。

东晋南朝接纳北方政权宗室降人,早有先例。东晋最初"不与刘、石通使"①,对刘石政权的宗室降人也予以诛杀。如石虎之子石混,"永和八年将妻妾数人奔京师,敕收付廷尉,俄而斩之于建康市"②。不过,自苻秦以后,多有北来宗室降人被东晋南朝接纳者。影响较大者如东晋太元十年(385)苻坚太子苻宏以母妻宗室男女数千骑投晋,颇受东晋优待③。此后又获苻丕之太子宁、长乐王寿,亦仅"赦而不诛,归之于苻宏"④。此后刘裕对待南燕末主慕容超和后秦末主姚泓,不论是俘是降,尽皆"斩于建康市"⑤,姚泓投降后,"(姚)赞率宗室子弟百余人亦降于裕,裕尽杀之,余宗迁于江南"⑥。尽管如此,姚秦宗室也仍有在刘宋得到重用者。如姚兴子姚万寿为"伪镇东大将军,降宋武帝,卒于散骑侍郎",其子姚道和,自称"祖天子,父天子,身经作皇太子"而为萧道成疑忌杀害⑦。虽有优遇北方政权宗室降人之例,然未见有假之名号以图恢复之事,更未形成类似北魏那种封以"宋王""齐王"或"丹阳王",实封"齐郡开国公""梁郡开国公"的制度,更未见以对方都城为虚封地的,甚至连封爵也不见记载。

北魏宗室南奔之事,在平城时代似乎未见记载。既无北魏南奔宗室,宋齐二朝自然也没有形成接纳北魏宗室降人的惯例。孝文帝死后,宣武帝对宗室诸王掣肘不满,终于掀起一场针对宗室权臣的清理行动。咸阳王禧以谋反被诛杀,其数位儿子南奔梁朝,为梁武帝所接纳,应为梁朝接纳北魏宗室降人的开始。较早奔梁的是元翼兄弟三人,按《魏

---

① 按东晋"不与刘、石通使"问题,钱大昕等学者已经有所讨论,田余庆则做了很周全的研究。参见田余庆:《东晋门阀政治》,第26—36页。
② 《晋书》卷一〇七《石季龙载记下》,第2792页。
③ 《晋书》卷一一四《苻坚载记下》,第2928、2929页。
④ 《晋书》卷一一五《苻丕载记》,第2947页。
⑤ 分见《宋书》卷一《武帝纪上》、卷二《武帝纪中》,第18、44页。
⑥ 《晋书》卷一一九《姚泓载记》,第3017页。
⑦ 《南齐书》卷二五《张敬儿传》,第527页。

书·咸阳王禧传附元翼传》："后会赦,诣阙上书,求葬其父。频年泣请,世宗不许。翼乃与弟昌、晔奔于萧衍。"①元翼三人南奔时间不见于《魏书》,而《梁书》有明确记载。据《梁书·武帝纪》,天监五年(506)三月"癸未,魏宣武帝从弟翼率其诸弟来降"②。《魏书》又记"翼弟显和,昌弟树,后亦奔于衍"③,元显和当是以字行,咸阳王禧长子通字昙和、元翼字仲和、元树字秀和、元坦字延和,是禧诸子字中当有"和"字。元显和之名无考,南奔事南朝史料亦未见记载。元树南奔的时间,现有记载比较含混。《梁书·元树传》称"树仕魏为宗正卿,属尔朱荣乱,以天监八年归国"④,这段记载颇多讹误,点校本修订本校勘记引张森楷《梁书校勘记》说:"案禧以反诛,诸子安得为宗正卿? 尔朱荣起兵在孝昌末、武泰初,于梁当大同元、二年,去天监八年近二十年。树以天监八年降,安得云属尔朱荣乱? 此传闻之误。"校勘记同时还发现"天监八年归国"的记载也不准确,史料明确记载元树天监七年春正月戊子已经被梁武帝授恒、朔二州都督,封魏郡王⑤,其南奔只能在此之前。也即是说,元翼兄弟五人南奔的时间其实很接近,相隔至多不过一年多。

元翼兄弟五人南奔,梁武帝应当都授有官职,封有爵位。据现有资料,爵位方面,"翼容貌魁壮,风制可观,衍甚重之,封为咸阳王"⑥,元树"衍尤器之,封为魏郡王,后改封邺王"⑦,元晔则"衍封为桑干王"⑧,元昌、元显和封爵不详。咸阳王是元翼兄弟父爵,梁武帝沿用;魏郡大约是由于北魏国号,类似于北魏封刘昶的"齐郡开国公"、萧宝夤的"梁郡开国公";桑干是北魏旧都平城的汉县名,且南朝史料习惯称平城作"桑干","桑干王"大约相当于北魏给刘昶、萧宝夤的"丹阳王(公)"。至于洛阳,梁武帝大约不会将其封给北魏宗室,毕竟洛阳在南朝也是极其重要的文化象征。至少从形式上,梁武帝封元禧诸子的爵位,与北魏封给

---

① 《魏书》卷二一上《咸阳王禧传附元翼传》,第 612 页。
② 《梁书》卷二《武帝纪中》,第 50 页。
③ 《魏书》卷二一上《咸阳王禧传附元翼传》,第 612 页。
④ 《梁书》卷三九《元树传》,第 615 页。
⑤ 《梁书》卷三九《元树传》"校勘记",第 625 页。
⑥ 《魏书》卷二一上《咸阳王禧传附元翼传》,第 612 页。
⑦ 《魏书》卷二一上《咸阳王禧传附元树传》,第 612 页。
⑧ 《魏书》卷二一上《咸阳王禧传附元晔传》,第 613 页。

刘昶、萧宝夤的爵位是非常相似的。若结合上引史料，天监七年封元树魏郡王的同时，还授恒、朔二州都督，恒朔二州正是北魏起家之地，其背后的用意可以看得更加清楚。

元翼兄弟入梁后仕宦履历可稍加申说。元翼曾为信武将军、青冀二州刺史，元昌曾为梁武帝直阁将军，任职时间均已不可考。元树《梁书》有传，史料记载相对比较详细，先拜员外散骑常侍，后逐渐成为对抗北魏的地方大员。据《梁书·武帝纪》，普通五年（524）六月"庚子，以员外散骑常侍元树为平北将军、北青兖二州刺史"①。也即是说，元树在外出担任北青、兖二州刺史之前，在员外散骑常侍任上至少已经十六年之久了。此事的背景，是北魏徐州刺史元法僧在徐州叛魏称帝，遣使联络梁朝，次年在魏军的压力下归顺梁武帝。元树本传也提到："普通六年，应接元法僧还朝，迁使持节、督郢司霍三州诸军事、云麾将军、郢州刺史，增封并前为三千户。"②此后元树才逐渐成为梁朝的重要将领，直至被独孤信擒获，死于魏。除元树以外，其余兄弟四人均未见有军功，梁武帝虽封授涵义特殊的官职，但对抗北魏的实际作用似乎也不明显。倒是元树此后的军功屡见记载，北朝史料也说他"数为将领，窥觎边服"③，这或许也是他在兄弟五人中留下史料最多的原因。不过这时候的军功，乃是切切实实从战场上得来，已经与入梁之初所封爵号关系不大了。

元法僧叛魏入梁事，《魏书·肃宗纪》的记载比较系统：

> 孝昌元年春正月庚申，徐州刺史元法僧据城反，害行台高谅，自称宋王，号年天启，遣其子景仲归于萧衍。衍遣其将胡龙牙、成景隽、元略等率众赴彭城。诏秘书监、安乐王鉴回师以讨之，鉴于彭城南击元略，大破之，尽俘其众，既而不备，为法僧所败。衍遣其豫章王综入守彭城，法僧拥其僚属、守令、兵戍及郭邑士女万余口南入。④

这段史料提及的梁军接应者，只及元略，未及元树。实际上，梁武帝派去

---

① 《梁书》卷三《武帝纪下》，第78页。
② 《梁书》卷三九《元树传》，第615页。
③ 《魏书》卷二一上《咸阳王禧传附元树传》，第612页。
④ 《魏书》卷九《肃宗纪》，第284页。

接应元法僧的除上引史料之胡龙牙、成景儁、元略,及未见于该史料之元树外,尚有其他人,按《梁书·朱异传》云:

> 魏徐州刺史元法僧遣使请举地内属,诏有司议其虚实。异曰:"自王师北讨,克获相继,徐州地转削弱,咸愿归罪法僧,法僧惧祸之至,其降必非伪也。"高祖仍遣异报法僧,并敕众军应接,受异节度。既至,法僧遵承朝旨,如异策焉。①

由此可见,梁武帝派去应接元法僧的众军,应是受朱异节度。《梁书·陈庆之传》亦载:"普通中,魏徐州刺史元法僧于彭城求入内附,以庆之为武威将军,与胡龙牙、成景儁率诸军应接。"②陈庆之是梁武帝亲信,可能是实际的军事指挥者。其时梁武帝尚下诏称:"侍中、领军将军西昌侯渊藻,可便亲戎,以前启行;镇北将军、南兖州刺史豫章王综董驭雄桀,风驰次迈;其余众军,计日差遣,初中后师,善得严办。朕当六军云动,龙舟济江。"③萧渊藻、萧综也参加了此次接应行动。元树、元略等北魏宗室,在梁的实际地位应当不如萧综、萧渊藻、朱异、陈庆之等人。大约是为了取得元法僧的信任,梁武帝特意派元树、元略等人去接洽,不能说明梁武帝对他们的绝对信任。实际上,《陈庆之传》还提到此后的事,"普通七年,安西将军元树出征寿春,除庆之假节、总知军事"④,此时的军事决策权应仍是控制在陈庆之而非元树手上。

与元树一同接应元法僧的元略,大约是元树兄弟之后见诸史籍的第二批南奔的北魏宗室成员。元略南奔入梁始末未见《梁书》记载,《魏书》本传略记其事,《洛阳伽蓝记》则有颇细致的记载:

> (元)略生而岐嶷,幼则老成,博洽群书,好道不倦。神龟中,为黄门侍郎。元义专政,虐加宰辅。略密与其兄相州刺史中山王熙欲起义兵,问罪君侧。雄规不就,衅起同谋。略兄弟四人,并罹涂炭。唯略一身,逃命江左。萧衍素闻略名,见其器度宽雅,文学优赡,甚敬重之,谓曰:"洛中如王者几人?"略对曰:"臣在本朝之日,承乏摄

---

① 《梁书》卷三八《朱异传》,第596页。
② 《梁书》卷三二《陈庆之传》,第509页。
③ 《梁书》卷三《武帝纪下》,第79页。
④ 《梁书》卷三二《陈庆之传》,第510页。

官。至于宗庙之美，百官之富，鸳鸾接翼，杞梓成阴。如臣之比，赵咨所云车载斗量，不可数尽。"衍大笑，乃封略为中山王，食邑千户，仪比王子。又除宣城太守，给鼓吹一部，剑卒千人。①

由史料可知，元略南奔，是由于元叉专权"虐加宰辅"，即杀害清河王元怿。元熙、元略兄弟在邺城起兵失败，同谋者被诛杀殆尽，不得已孤身南奔。元熙起兵事件影响颇大，《魏书·肃宗纪》记其被杀时在正光元年（520）八月甲寅。元略自邺城南逃路途极其艰辛，本传说元略"停止经年"后才"潜遁江左"②，故其入梁或在521年以后。南奔后，梁武帝给他的待遇，大略与元翼相当，即封以其父、兄北魏中山王之爵，并"仪比王子"；任官则未仍魏之给事黄门侍郎，而以宣城太守处之。宣城是建康南面侧近较为重要的郡，但也是便于控御之处。

元树、元略等接应入梁的元法僧及其二子，应算是见诸史籍的第三批降梁的北魏宗室。与元翼兄弟及元略以戴罪之身孤身南奔不同，元法僧是道武帝之后，在徐州刺史任上南奔的。也即是说，元法僧与北魏皇室的血缘关系虽远，但却是颇有实力的封疆大吏，上引《魏书·肃宗纪》说"法僧拥其僚属、守令、兵戍及郭邑士女万余口南入"，可见其势力仍旧很强大，对南北局势的影响也更直接。元法僧归款后，梁武帝"授侍中、司空，封始安郡公，邑五千户"，后入朝，"既至，甚加优宠。时方事招携，抚悦降附，赐法僧甲第女乐及金帛，前后不可胜数"③。元法僧在魏无爵位见诸记载，梁武帝未封以王爵，然郡公也算是爵位之极高者。官职则授以三公之位，较之前两次南奔北魏宗室都高。这也应是梁武帝"方事招携，抚悦降附"的题中之义。

元法僧降梁之时，北魏政局已经逐渐动荡失控，南入北魏宗室也络绎不绝。影响稍大的，有梁大通元年（527）十月，北魏东豫州刺史元庆和以涡阳降梁事等。次年，尔朱荣入洛发动河阴之变，屠杀北魏胡太后、幼主及宗室公卿大臣以千计，也引发规模最大的一次北魏宗室避难南奔。《梁书·武帝纪》说：

---

① 杨衒之著，杨勇校笺：《洛阳伽蓝记校笺》卷四《城西·追先寺》，第193页。
② 《魏书》卷一九下《南安王桢传附元略传》，第578页。
③ 《梁书》卷三九《元法僧传》，第613页。

> （大通二年）夏四月辛丑，魏郢州刺史元愿达以义阳内附，置北司州。时魏大乱，其北海王元颢、临淮王元彧、汝南王元悦并来奔；其北青州刺史元世儁、南荆州刺史李志亦以地降。①

此事《魏书·孝庄纪》也有记载：

> 是月，汝南王悦、北海王颢、临淮王彧前后奔萧衍，郢州刺史元愿达据城南叛。②

大通二年因河阴之变南奔的北魏宗室，大体上分为两类。一类是地方官，血统相对比较疏远，或因嫡庶关系在宗室中地位较轻。比如元愿达是明元帝后裔，元世儁《魏书》本传作元世儁，是景穆太子之后，任城王澄弟元嵩之子。另一类是北魏宗室重臣，如汝南王悦是孝文帝子，北海王颢是孝文帝弟北海王详嫡长子，临淮王彧是太武帝子临淮王谭的曾孙，绍封临淮王爵位。

是时北魏内乱严重，梁武帝并未给予这些北魏宗室重臣以梁爵，而是以军队护送他们北返。就在元颢等南奔当年十月，梁武帝乃"以魏北海王元颢为魏主，遣东宫直阁将军陈庆之卫送还北"③。元颢北返，据《梁书·陈庆之传》，"大通初，魏北海王元颢以本朝大乱，自拔来降，求立为魏主。高祖纳之，以庆之为假节、飙勇将军，送元颢还北"④。从这则史料看，以魏主身份北返应是元颢向梁武帝提出的。元颢北返途中，乃"于梁国城南登坛燔燎，号孝基元年"⑤，俨然重建北魏王朝。次年攻占洛阳，"其临淮王元彧、安丰王元延明率百僚，封府库，备法驾，奉迎颢入洛阳宫，御前殿，改元大赦"⑥，仍以魏为国号，年号"建武"⑦。护送元颢北归的陈庆之，也被元颢授以北魏职官，其本传云："颢于涣水即魏帝号，授庆之使持节、镇北将军、护军、前军大都督"，占领大梁后，"颢进庆之卫将军、

---

① 《梁书》卷三《武帝纪下》，第82页。
② 《魏书》卷一〇《孝庄纪》，第305页。
③ 《梁书》卷三《武帝纪下》，第82页。
④ 《梁书》卷三二《陈庆之传》，第511页。
⑤ 《魏书》卷二一上《北海王详传附元颢传》，第637页。
⑥ 《梁书》卷三二《陈庆之传》，第512页。
⑦ 《魏书》卷二一上《北海王详传附元颢传》，第637页。

徐州刺史、武都公"①。入洛阳后,"颢以庆之为侍中、车骑大将军、左光禄大夫,增邑万户"②。

元颢称帝以后,虽仍称臣于梁,与陈庆之的矛盾日渐显现。"颢既得志,荒于酒色,乃日夜宴乐,不复视事,与安丰、临淮共立奸计,将背朝恩,绝宾贡之礼;直以时事未安,且资庆之之力用,外同内异,言多忌刻。"③按《洛阳伽蓝记》有陈庆之入洛后的大段记载:

> 庆之因醉谓萧张等曰:"魏朝甚盛,犹曰五胡;正朔相承,当在江左;秦皇玉玺,今在梁朝。"元慎正色曰:"江左假息,僻居一隅,地多湿垫,攒育虫蚁,疆土瘴疠,蛙黾共穴,人鸟同群。短发之君,无杙首之貌,文身之民,禀蕞陋之质。浮于三江,棹于五湖,礼乐所不沾,宪章弗能革。虽复秦余汉罪,杂以华音,复闽楚难言,不可改变。虽立君臣,上慢下暴。是以刘劭杀父于前,休龙淫母于后,见逆人伦,禽兽不异。加以山阴请婿卖夫,朋淫于家,不顾讥笑。卿沐其遗风,未沾礼化,所谓阳翟之民,不知瘿之为丑。我魏膺箓受图,定鼎嵩洛,五山为镇,四海为家。移风易俗之典,与五帝而并迹,礼乐宪章之盛,凌百王而独高。岂卿鱼鳖之徒,慕义来朝,饮我池水,啄我稻粱,何为不逊,以至于此?"④

又云:

> 于后数日,庆之遇病,心上急痛,访人解治。元慎自云能解。庆之遂凭元慎。元慎即口含水噀庆之曰:"吴人之鬼,住居建康,小作冠帽,短制衣裳,自呼阿侬,语则阿傍。菰稗为飰,茗饮作浆。呷啜莼羹,唼嗍蟹黄。手把豆蔻,口嚼槟榔。乍至中土,思忆本乡。急手速去,还尔丹阳。若其寒门之鬼,□头犹修,网鱼漉鳖,在河之洲。咀嚼菱藕,捃拾鸡头,蛙羹蚌臛,以为膳羞。布袍芒履,倒骑水牛,沅湘江汉,鼓棹遨游。随波溯浪,噞喁沉浮。白苎起舞,扬波发讴。急

---

① 《梁书》卷三二《陈庆之传》,第511页。
② 《梁书》卷三二《陈庆之传》,第512页。
③ 《梁书》卷三二《陈庆之传》,第512页。
④ 杨衒之著,杨勇校笺:《洛阳伽蓝记校笺》卷二《城东·景宁寺(宝明寺、归觉寺)》,第113页。

手速去,还尔扬州。"庆之伏枕曰:"杨君,见辱深矣。"①
这段对话,杨勇评论说:"本篇中陈庆之杨元慎对话,此南北正统之争也,其诋毁南人,卑视吴儿,尤见刻切,亦北人意向之实。"②这些史料历来被当作南北正统之争以及洛阳文化繁盛的依据,其实也是北魏上下对陈庆之"外同内异,言多忌刻"的直接证据。元颢入洛,南北正统之争便在陈庆之身边蔓延,双方的矛盾无可避免。陈庆之之手下也劝他:"今将军威震中原,声动河塞,屠颢据洛,则千载一时也。"③幸亏陈庆之有很强的大局观,拒绝了这个建议。虽未发生火并,双方的矛盾终于还是引发了严重后果。最后,元颢和陈庆之在互相掣肘之下兵败,元颢被杀,陈庆之孤身南归,梁武帝的规划也以失败告终。

元颢败后,梁武帝仍旧欲故技重施。元颢败死次年,又"遣魏太保汝南王元悦还北为魏主",又"以魏尚书左仆射范遵为安北将军、司州牧,随元悦北讨"④。中大通四年(532),又曾将之前南奔的元法僧"立为东魏主,不行"⑤,元贞则在"太清初,侯景降,请元氏戚属,愿奉为主,诏封贞为咸阳王,以天子之礼遣还北"⑥。不过,这些行动最终都未取得什么成果。

本节小结

王船山论及梁奉元颢事曰:

> 拓拔氏封刘昶为宋王、萧赞为齐王,以为宋、齐之主,使自争也,梁亦以元颢为魏王而使之争。拓拔氏遣将出兵,助刘昶、萧宝寅以南侵,梁亦使陈庆之奉元颢而北伐。相袭也,相报也,以雒阳为拓拔氏固有之雒阳,唯其子孙应受之,而我不能有也。呜呼!梁之丧心

---

① 杨衒之著,杨勇校笺:《洛阳伽蓝记校笺》卷二《城东·景宁寺(宝明寺、归觉寺)》,第113—114页。
② 杨衒之著,杨勇校笺:《洛阳伽蓝记校笺》卷二《城东·景宁寺(宝明寺、归觉寺)》,第115页。
③《梁书》卷三二《陈庆之传》,第513页。
④《梁书》卷三《武帝纪下》,第84页。
⑤《梁书》卷三九《元法僧传》,第614页。
⑥《梁书》卷三九《元树传附元贞传》,第615页。

失志一至此哉！[1]

王船山注意到梁武帝奉元颢事，乃是模仿拓跋氏以刘昶为宋王、萧宝夤为齐王事，卓有见识。至于其原因，船山则认为是"君忘其为中国之君，臣忘其为中国之臣，割弃山河，恬奉非类"，指其"委诸元颢，听其自王，授高欢以纳叛之词，忘晋室沦没之恨，恬然为之，漫不知耻"[2]。这是王船山结合自身所处时代而发诸感慨，并未过多考虑梁魏之间关系发展的现实情况。自永嘉之乱到梁武帝时代，江左历东晋、宋、齐三代，洛阳之地失去控制已经两百余年。桓温、刘裕两经收复，皆不能久守，又历百年之后，梁武帝又安能控御？"以雒阳为拓拔氏固有之雒阳"，诚为不得已而为之的策略。

若抛开胡汉之争的成见来观察，自"存立司马，诛除刘族"到刘昶、萧宝夤，再到梁武帝奉元颢为"魏主"入洛，其实正是南北正统之争的缝隙中，透出的承认南北旧有政权以获取利益的现实需求。这种政策的形成，并不是一步到位的，而是经过了长达数代的多次尝试。"存立司马，诛除刘族"的尝试，正是看到晋宋政权更替，以绍续南方前朝政权的地位作为南北竞争的政治筹码。刘昶与萧宝夤的"宋王""齐王"诸号，或许可以总结为"承认前朝，当代僭伪"政策，基本形成了北魏的惯例。从本质上说，这些名号不过是为声讨南朝政权更替合法性的口实，却也隐隐约约承认了对立政权的合法性。至于梁武帝以元翼、元颢等人故技重施，有明显的模仿北朝的意味，也是南北双方政策走向类同的实证。这也表明，在梁武帝那里，能够接受"以雒阳为拓拔氏固有之雒阳"，北魏立足中原的合法性，似乎也不得不被承认了。

第三节 "岛夷"称号与北朝华夷观的变迁

"岛夷"与"索虏"，是南北朝分立之际北朝史书《魏书》与南朝史书如《宋书》等对当时对立政权的称呼。南朝史书《宋书》《南齐书》分别

---

[1] 王夫之：《读通鉴论》卷一七《梁武帝》，第493—494页。
[2] 王夫之：《读通鉴论》卷一七《梁武帝》，第494页。

立有《索虏传》和《魏虏传》,《魏书》则立有《岛夷桓玄传》《岛夷刘裕传》《岛夷萧道成传》《岛夷萧衍传》几个专传。隋唐之际的李大师"常以宋、齐、梁、陈、魏、齐、周、隋南北分隔,南书谓北为'索虏',北书指南为'岛夷'"①。这个总结被李延寿载入《北史》,长期以来成为南北政权正统之争的史料被广泛引用,南北朝政权之间存在"岛夷"与"索虏"之对立也成为学界的常识。同时,由于"夷"与"虏"这样的字样带有浓厚的华夷之辨色彩,两个名号也就经常被一起使用,成为南北双方政权以华夷观念为据宣扬正统与天命的直接证据。

"岛夷"与"索虏"的来历与涵义并不相同。"岛夷"之称出自《尚书·禹贡》,本是先秦时对冀州、扬州以东沿海诸夷的称谓,冀州有"岛夷皮服",孔传云:"海曲谓之岛。居岛之夷,还服其皮,明水害除。"②扬州有"岛夷卉服",孔传说:"南海岛夷,草服葛越。"③《魏书》用"岛夷"指代南朝政权,在利用儒家旧典之外,还注入了很多新的思想内涵,也可以说是对这个旧典的重新诠释。这个名号被选择、利用和传播的过程,也反映出南北朝时代华夷观念变迁的诸多细节。本节的写作目的,就是希望通过梳理《魏书》中称南朝诸政权为"岛夷"的来龙去脉,清理这个称号在当时实际生活中的使用情况及其涵义,重新评估学界对于南北朝之间互相认识的一些惯常的看法,并以此来找寻魏齐之际政治文化中华夷观念的面貌,以及这种观念随时代而变迁的线索。

一、夷夏与正闰:《魏书》"岛夷"号的使用及其内涵

"索虏"与"岛夷"两个名号的对立看似非常整齐,不过二者在史书中的使用情况却并不相同。"索虏"是"索头虏"的简称,"索头"一词用以专指拓跋氏,在晋代史料中已经大量出现;南朝史书《宋书》《南齐书》称北魏"索虏""魏虏"或简称"虏",用例则达数百例之多;佛教著作如梁《高僧传》和《出三藏记集》也可见十来处"魏虏"用例,甚至唐《法苑珠林》等后世佛教史料也有偶见,是当时南方社会广为使用的专称。不

---

① 《北史》卷一〇〇《序传》,第3343页。
② 《尚书正义》卷六《禹贡》,影印阮元校刻《十三经注疏》,第309页。按冀州之"岛夷"或写作"鸟夷",自汉以来即有两说,北朝也是如此。
③ 《尚书正义》卷六《禹贡》,影印阮元校刻《十三经注疏》,第314页。

过,《魏书》称南方政权为"岛夷"的处理方式并未贯彻到全书,在某些记载中并没有作这样的区分,以至于出现逻辑矛盾。这个问题唐代的刘知几就已经注意到,他曾批评说:

> 《魏书》著书,标榜南国,桓、刘诸族,咸曰《岛夷》。是则自江而东,尽为卉服之地。至于《刘昶》《沈文秀》等传,叙其爵里,则不异诸华。岂有君臣共国,父子同姓,阖闾、季札,便致土风之殊;孙策、虞翻,乃成夷夏之隔。求诸往例,所未闻也。①

从《魏书》体例来说,"岛夷"称号并不是在"桓、刘诸族"出现的所有场合都出现的。与《宋书》《南齐书》动辄以"索虏""魏虏"或简称"虏"指代北魏政权不同,《魏书》记载南朝政权的事件,绝大多数都是以直书当时皇帝的姓名指代之,一般也不出现"宋""齐""梁"的国号。除卷九七、卷九八桓玄、刘裕、萧道成、萧衍诸传之传首各自添加"岛夷"字样以外,其他各卷出现"岛夷"字样者只有五例,今详列如下:

> 是年(天兴六年,403),岛夷桓玄废其主司马德宗而自立,僭称大楚。②
>
> 是岁(天赐元年,404),岛夷刘裕起兵诛桓玄。③
>
> 是年(太和三年,479),岛夷萧道成废其主刘准而僭立,自号曰齐。④
>
> 是月(太和十八年秋七月),岛夷萧鸾杀其主萧昭业,立昭业弟昭文。⑤
>
> 是冬(景明元年冬),岛夷萧衍起兵东下,伐其主萧宝卷。⑥

这五例"岛夷"称号的记载,从格式到内容都有高度的相似性。从其严整的格式看来,史官的安排应当是费了一番苦心的。具体而言,史官的技术处理特点有二,兹分述之。

---

① 刘知几著,浦起龙通释:《史通通释》卷五《内篇·因习》,第128页。
② 《魏书》卷二《太祖纪》,第46页。
③ 《魏书》卷二《太祖纪》,第46页。
④ 《魏书》卷七上《高祖纪上》,第176页。
⑤ 《魏书》卷七下《高祖纪下》,第207页。
⑥ 《魏书》卷八《世宗纪》,第231页。

第一,从这几处"岛夷"记载出现的位置来看,全部都来自于本纪,且都是在某年或某月纪事完成之后的补叙。从《魏书》全书体例来说,诸本纪与《宋书》《南齐书》不同,在记述本朝史事之外,对于其他政权的重大事件诸如朝代更替、帝王废立都会在本朝叙事之后加以补记,即以他者的视角来记载敌国的重大事件。十六国时期的政权如刘渊、石勒、李雄、苻健、慕容皝等人也采用类似的处理方式,也有类似于"匈奴""羯胡""賨人""氐""鲜卑""徒何"标记。不过对于汉人政权,并非都作"岛夷"处理,如对东晋建立,仅称"是年,司马叡僭称大位于江南"①,不称"岛夷"。至于冉闵,则如同其他汉人一般冠以籍贯,称"魏郡人冉闵,杀石鉴僭立"②。对于凉州地区出现的汉人政权则称为"私署",但对帝王本人的族属亦不明确指称,如"私署凉州刺史张茂遣使朝贡"③,"李暠私署凉州牧、凉公"④。只有冯跋建国事记为"高云为海夷冯跋所灭,跋僭号,自称大燕天王"⑤,称"海夷"则与"岛夷"类似。由此可见,"岛夷"之号不仅与北魏政权有华夷的区分,甚至与北方的汉人政权冉魏、前凉、西凉政权也作了华夷的区分。

第二,"岛夷"称号全部都是朝代更替之际见诸记载,只是在每个政权的开国君主身上各自出现一次。就《魏书》书法而言,称王称帝者首次出现时都会标明其族属,如"匈奴别种刘渊反于离石,自号汉王"⑥,"賨人李雄僭帝号于蜀,自称大成"⑦,"氐苻健僭称大位,自号大秦"⑧,"氐吕光自称三河王"⑨,且其族属都只在建国时出现一次。这种处理与柔然、仇池等与北魏同时存在的政权截然不同。征诸记载,诸纪传中出现"蠕蠕犯塞""蠕蠕寇边"一类表述有数十处之多,在书写柔然可汗名字之前亦例加"蠕蠕"二字;对于仇池杨氏首领,其姓名之前亦例加"氐",

---

① 《魏书》卷一《序纪》,第 10 页。
② 《魏书》卷一《序纪》,第 13 页。
③ 《魏书》卷一《序纪》,第 10 页。
④ 《魏书》卷二《太祖纪》,第 42 页。
⑤ 《魏书》卷三《太宗纪》,第 58 页。按《魏书》此卷散佚,今本为魏澹书所补,但对其他诸国纪事的书法则与《魏书》其他卷类同,可能也是沿用了魏收的书法。
⑥ 《魏书》卷一《序纪》,第 6 页。
⑦ 《魏书》卷一《序纪》,第 7 页。
⑧ 《魏书》卷一《序纪》,第 13 页。
⑨ 《魏书》卷二《太祖纪》,第 25 页。

至于北魏重臣杨大眼,其传首亦例称"武都氐难当之孙也"。不过,源贺、慕容白曜、刘昶、萧宝夤等传,皆不曾出现"鲜卑""徒何""岛夷"字样。除上引五例以外,南朝皇帝包括桓玄、刘裕、萧道成、萧鸾、萧衍都多次出现,也均直书其名而绝不出现"岛夷"字样。当然,《魏书》对开国君主的选择也和南朝一直以来的正统顺序不一致,将一度称帝的桓玄列入南方的朝代更替序列,并且将并未改易国号的萧鸾也算作改朝换代,这无疑是出于某种特定政治目的的安排。显然,相较于柔然、仇池等政权,"岛夷"等称号所标识的政权,华夷区分尺度也是完全不同的,其打上"异族"标记都仅仅是在"僭位"的时间点上。

综核全书,本纪中的处理方式与列传的处理情况是能够找到某些对应点的。《魏书》卷九五至卷九九《匈奴刘聪》以下诸传,所记载的都是所谓的"僭伪"政权,其中卷九五所见的匈奴刘聪、羯胡石勒、铁弗刘虎、徒何慕容廆、临渭氐苻健、羌姚苌、略阳氐吕光,除吕光外基本都是中原地区的胡族政权,且其首领包括吕光在内都曾正式称帝或称"天王";而卷九六至卷九八所载的"僭晋"司马叡以及南朝诸"岛夷"、賨李雄、"海夷"冯跋诸传,所记载的东晋南朝君主、李雄都曾称帝而冯跋称"天王",不过都不曾建都中原,被称作"夷"的都是汉人政权,"海夷冯跋"也被插在"岛夷桓玄"与"岛夷刘裕"中间;卷九九所载的私署凉州牧张寔、鲜卑乞伏国仁、鲜卑秃发乌孤、私署凉王李暠、卢水胡沮渠蒙逊都是凉州地区的政权,这些政权的首领都只是称王而不曾正式称帝,故而汉人政权则称之"私署",胡族政权则称族名。

可资对比的是《魏书》卷一〇〇至卷一〇三共四卷的内容。这四卷虽以族名标目,但实际上可以算作"四夷传"。具体处理方式是以中原为中心按大体方位排列,东南西北四方各立一传。按照这一处理方式,仇池氐、吐谷浑、宕昌、高昌等政权都被列入"南蛮"序列,但同样位于南方的"僭晋"司马叡以及南朝诸"岛夷"都未进入这一序列;主要活动于十六国时期并曾进入中原的匈奴宇文部、鲜卑段部等胡族势力,则同位于北魏北面的柔然一起被打入了"北狄"序列。《北史》对此沿用魏收处理,曾为钱大昕所批评:"匈奴宇文氏、徒河段氏与慕容、石氏同时,考其兴废始末,皆在后魏登国以前。魏收意在夸大,皆编入《魏书》。《北史》惩收之失,凡刘、石、苻、李诸传,皆所不取,则此二篇亦当在芟汰之例矣。"① 钱大昕以"魏收意在夸大"斥之,并没有详细考究魏收处理正统问题的义例。如果考究这些"四夷"政权的组织形式的话,可以发现它们都没有按照中原君主的组织形式称王或称帝,而是采用自身的政治结构,例如采用可汗制度或者仅仅接受中原政权的封号,够不上"僭伪"的级别。从这一点来理解《魏书》将南朝和五胡十六国等曾称王、称帝的政权置入"僭伪"序列,而将鲜卑段氏、匈奴宇文氏与柔然、仇池等一起列入"四夷"序列的处理方式,便不会有什么抵牾之处了。

《史通·断限》称:"魏本出于杂种,窃亦自号真君。其史党附本朝,思欲凌驾前作,遂乃南笼典午,北吞诸伪,比于群盗,尽入传中。"② 相对于"岛夷"旧典原有的夷夏之别涵义,将东晋南朝"比于群盗"的僭伪性质也值得注意。《魏书》的编修于正统义例法度井然,"岛夷"称号亦是正闰体系的一部分。"岛夷"称号背后,夷夏之隔与正闰之分是同时并重的,这就与一般意义上的"四夷"区分开来。

二、"江南"与"僭伪":北魏对南朝的称谓与正闰之分

"岛夷"称号有华夷之辨与正闰之分两个层面极为突出的政治涵义,这与史家的用心分不开。"岛夷"是否就是北魏官方对南朝政权的实际称谓,还需依据史料予以澄清。解决这一问题,除了《魏书》《北史》这类传世正史以外,还有出土材料中的信息。就笔者所见,"岛夷"的称谓未见于北魏时期的各种墓志、碑刻,也未见于其他北朝传世文献。尽管如此,《魏书》某些细部的记载仍旧非常重要,还需要作进一步的辨析。

《魏书》指称南朝政权最多的情况是以皇帝名代之,如"刘裕""刘义隆""萧道成""萧衍"之类,但也可见到以其他方式指代的。如《魏书·李孝伯传》有一段沿袭自《宋书》的材料,几乎全文雷同③,而将其中多处"宋朝"改作"江南"。以"江南"指代南朝政权,在《魏书》中用例不少。如《太祖纪》"诏尚书郎中公孙表使于江南"④;宋憺"世祖时,

---

① 钱大昕:《廿二史考异》,第651页。
② 刘知几著,浦起龙通释:《史通通释》卷四《内篇·断限》,第90页。
③ 《魏书》卷五三《李孝伯传》"校勘记二"云:"此传叙李孝伯与张畅问答语实即本《宋书·张畅传》",参见《魏书》,第1304页。
④ 《魏书》卷二《太祖纪》,第46页。

历位中书博士、员外散骑常侍,使江南"①;许赤虎"后使江南,应对敏捷,虽言不典故,而南人颇称机辩滑稽焉"②;等等。更多的"江南"用例也可以理解为东晋南朝政权。如薛安都投降之前北魏群臣之议云:"今江南阻乱,内外离心"③,尉元上书中亦云"每惟彭城水陆之要,江南用兵,莫不因之威陵诸夏"④,这些"江南"指刘宋政权;程骏上表:"苟江南之轻薄,背刘氏之恩义"⑤,此"江南"指齐高帝萧道成。

如果分析"江南"称谓出现的语境,北魏群臣还多有以"江南"与"中国"对举者。如崔鸿上《十六国春秋》表云:"此书本江南撰录,恐中国所无,非臣私力所能终得。"⑥值得注意的是,明确以"江南"指代南朝政权在出土材料中虽不多见,但以类似称谓指称南朝也偶尔出现。如《元颢墓志》记其南奔萧梁事云"而北抗强竖,南邻大敌,事在不测,言思后图,遂远适吴越"⑦,"吴越"的性质当与"江南"类似。以地域指称南朝政权在南朝史书中也见记载,如《宋书·索虏传》载有魏献文帝诏书"而荆吴僭傲,跨跱一方,天降其殃,以罚有罪"⑧云云。不过,"江南"或者"江东""东南""吴越"首先都是地域的称谓,较之"岛夷"称号的侮辱性要低得多。毕竟"江南"之类的地域称谓是自古就有的说法,南朝政权本身也不忌讳。同时,"江南"相对于"中国"的地理位置,也能达成宣示北魏正统的效果。不过,"江南"等称谓出自地域概念,更多的时候也是地域意义而非专指南朝政权。

《魏书》中对南朝皇帝直称其名的情况,在现今所见的墓志材料中也是不曾出现的。在出土的北魏墓志中,对南朝政权的称谓并不统一,但多少也还是有一些规律可循的。其中最多的是称为"伪齐""伪梁"或直接简称"伪",也有称"伪贼"的情况,较早者为宣武帝延昌三年(514)

---

① 《魏书》卷六三《宋弁传》,第1538页。
② 《魏书》卷四六《许彦传附许赤虎传》,第1145页。
③ 《魏书》卷六一《薛安都传》,第1478页。
④ 《魏书》卷五〇《尉元传》,第1228页。
⑤ 《魏书》卷六〇《程骏传》,第1469页。
⑥ 《魏书》卷六七《崔光传附崔鸿传》,第1634页。
⑦ 赵超:《汉魏南北朝墓志汇编》,第292页。
⑧ 《宋书》卷九五《索虏传》,第2356页。

的《元珍墓志》，直至侯景之乱、北齐建立之际可见有二十余例[①]；也有直称国号而不加"伪"字的，这种情况多见于墓志产生时已经灭亡的王朝，如东晋、刘宋。就南方朝代而言，所有称"伪"的情况仅限于齐、梁二朝，指称梁代者占绝大比例；对于南方已经灭亡的王朝，一般都是直称其国号，晋、宋二朝不见有称"僭晋""伪宋"一类称谓者；齐代的情况最为复杂，既可见有称"伪齐"者，也有称"齐"者，也有个别以"魏""齐"并称者，如北魏孝昌二年（526）《韦彧墓志》中的"声溢魏齐，功书两史"[②]。值得注意的是，出现南朝称谓的大多数墓志都是孝文帝迁洛以后的，时间上相当于南方的齐、梁两朝，而对晋宋的称谓都出于追溯。综合来看，墓志文献中对南朝的称谓，多数都是区别对待的：对于当时正与北魏对峙的南方王朝，一般都称之为僭伪；但对于已经灭亡的南方王朝，则并不严格地以僭伪称之。至于墓志中出现对当世的南北政权都予以承认的情况，如韦彧家族仕于南北双方，则属于特殊情形。

  北魏官方称当世的南朝政权为"伪梁"，在《魏书》中也留有记载。《魏书》卷一一《前废帝广陵王纪》载普泰元年（531）四月"诏有司不得复称伪梁，罢细作之条，无禁邻国往还"[③]，这条诏书证明北魏有司曾称南朝为"伪梁"，而不是像《魏书》一般的写法那样直接称"萧衍"，也不是"岛夷"。北魏有司"伪梁"的称谓，与墓志所见的大量用例完全吻合。当然，墓志中"伪梁"的用例在此后还多有出现，大约是当时北魏政权已经在风雨飘摇之中，前废帝不久被高欢废杀，这道诏书并未影响到墓志一类等带有私家性质的文献之中。

  能够反映出北魏人对南朝态度的，还有成书于北魏的各种著作。北魏宗室元晖"颇爱文学，招集儒士崔鸿等撰录百家要事，以类相从，名为

[①] 这个时间断限仅就《魏书》纪事时段而言，墓志中部分时间较晚者，也属同类情况。如北齐《徐彻墓志》"而□梁司空公陈霸先窃号金陵，偷生石首（头）"，漫漶之字即是"伪"字。北齐北周互称对方为"伪齐""伪周"也是普遍情况。参见梁春胜：《〈新出魏晋南北朝墓志疏证〉疏误举正》，《河北大学学报（哲学社会科学版）》2011年第3期。
[②] 罗新、叶炜：《新出魏晋南北朝墓志疏证》，第128页。
[③]《魏书》卷一一《前废帝广陵王纪》，第327页。

《科录》,凡二百七十卷,上起伏羲,迄于晋、宋,凡十四代"①。值得注意的是《科录》是通史体例,刘知几称"其编次多依放《通史》",而《通史》是"以五胡及拓拔氏列于《夷狄传》"的②。以元晖的身份,大约不会将北魏列入《夷狄传》,但既然"上起伏羲,迄于晋、宋",应该也不会目晋、宋为"僭伪"了。今存著作中典型者是《水经注》,周一良先生札记《郦道元》指出,郦道元对十六国诸君主,无一人不直呼其名;对南朝诸帝,如宋文帝、宋孝武帝、宋明帝,皆称庙号,但于萧赜则称萧武帝;而其对待刘裕,尤为特殊,有似两晋南北朝时人对曹操之或称魏武,或称曹公,时而尊敬,时而亲昵;并指出道元对梁武帝堰水之事极为痛恨,然犹只称梁氏,而未指斥萧衍③。某些称谓的不同,大约和《水经注》所征引的原始资料有关,但也能在一定程度上代表郦道元的态度。大体上说,《水经注》对待宋、齐政权没有斥其为僭伪的内容,对梁称为"梁氏",比墓志中的一般情况称"伪梁"还要温和。不过毕竟梁朝是当时对立的政权,所以对梁武帝与对刘裕的态度相比较,还是有明显的差别的。

北魏实际政治生活中对南朝政权的常见称谓,地域层面的"江南"等称谓与正闰层面的僭伪标记都有使用,而以称僭伪者最多。与魏收以来的史家从后世历史回看的角度不同,北魏在现实政治中并没有将东晋南朝看作一个整体,也还有一些未将南朝称为僭伪的情况。大体而言,对北魏有现实威胁的南方敌对王朝,北魏一般都称之为僭伪;对业已灭亡的王朝,在某种程度上则将其当作一种合法的存在。其与"岛夷"称号的不同,主要在于回避了华夷之辨的内容。李元凯曾对北魏孝文帝说:"江南多好臣,岁一易主;江北无好臣,而百年一主。"④南朝地居江南而政权更替频繁,北魏居于中原而维持了政权的相对稳定,这是北魏的优势。在南北双方的聘使往来中,北魏方面强调得最多的从来都不是华夷之辨,而南朝的政权更替是否正当,更多地成为北魏指斥的对象。魏

---

① 《魏书》卷一五《昭成子孙列传》,第441页。按刘知几以其作者为济阴王晖业,"其后元魏济阴王晖业,又著《科录》二百七十卷,其断限亦起自上古,而终于宋年"。刘知几著,浦起龙通释:《史通通释》卷一《内篇·六家》,第17页。
② 刘知几著,浦起龙通释:《史通通释》卷一《内篇·六家》,第17页。
③ 周一良:《魏晋南北朝史札记》,第381—383页。
④ 《南齐书》卷五七《魏虏传》,第1098页。

孝文帝甚至还专门"遣使临江数萧鸾杀主自立之罪恶"①。北魏先后以司马楚之为琅邪王、刘昶为宋王、萧宝夤为齐王对南朝用兵,变相承认南方的前朝政权,也是基于同样的现实考虑②。对于渊源于胡族的北魏政权来说,从政治上的僭伪指斥南方敌对王朝而回避华夷之辨,也是较为现实的策略。

三、侯景之乱与魏齐禅代:"岛夷"名号产生的政治背景

墓志和《水经注》等北魏史料中皆不曾称刘宋为僭伪政权,只以齐、梁特别是梁为僭伪,能够在一定程度上说明在北魏的政治话语和社会生活中,南方对立政权现实的威胁才是最被重视的。回避华夷之辨指斥南朝地理位置的偏远与政治方面的"僭伪",也是基于北魏政权胡族出身的现实考虑。如果说"岛夷"原本不是对南朝的普遍称谓的话,那么《魏书》中的"岛夷"称谓又是从何时开始使用,为什么要使用这样一种称谓,其背后的因由还可以作进一步的挖掘和解释。

《北史·魏收传》记魏收撰作《魏书》的写作过程以及所使用的史料云:

> 始,魏初邓彦海撰《代记》十余卷,其后崔浩典史,游雅、高允、程骏、李彪、崔光、李琰之郎知世修其业。浩为编年体,彪始分作纪、表、志、传,书犹未出。宣武时,命邢峦追撰《孝文起居注》,书至太和十四年。又命崔鸿、王遵业补续焉,下讫孝明,事甚委悉。济阴王晖业撰《辨宗室录》三十卷。收于是与通直常侍房延祐、司空司马辛元植、国子博士刁柔、裴昂之、尚书郎高孝干博总斟酌,以成《魏书》。辨定名称,随条甄举。又搜采亡遗,缀续后事,备一代史籍,表而上闻之。③

从这里看,魏收写作的基本材料主要是基于之前的北魏国史,"辨定名

---

① 《魏书》卷七下《高祖纪下》,第 209 页。
② 北魏对南朝的几次大规模军事行动,所用之借口多为禅代非正,如《南齐书·魏虏传》所记:"宏闻太祖受禅,其冬,发众遣丹阳王刘昶为太师,寇司、豫二州。""宏闻高宗践阼非正,既新移都,兼欲大示威力。是冬,自率大众分寇豫、徐、司、梁四州。"参见《南齐书》卷五七《魏虏传》,第 1092—1093、1100 页。
③ 《北史》卷五六《魏收传》,第 2030 页。

称,随条甄举"和"搜采亡遗,缀续后事"则是两件核心工作。从史源来说,《魏书》卷九五至卷九九所载的十六国以及东晋南朝的内容,应当是北魏国史以及《起居注》《辨宗实录》诸种所没有的内容。周一良先生指出,魏收于十六国史事,盖本于崔鸿《十六国春秋》,是为的论;关于南朝史事部分,周先生又指出:"伯起及见沈约《宋书》,萧子显《齐书》,而刘萧诸传绝无依据之迹。盖宋以降为时不远,事实易稽,不必悉凭旧籍;且南北敌视,收又自矜才学,尝鄙蔑休文,其书自不屑采南人著作矣。"① 无疑,魏收所用的南朝史料绝不会出自《十六国春秋》,《魏书》就曾批评崔鸿说:"鸿二世仕江左,故不录僭晋、刘、萧之书。又恐识者责之,未敢出行于外。"②《魏书》对《十六国春秋》多所批评,称鸿《上十六国春秋表》被国史收录乃是"鸿后典起居,乃妄载其表"云云,又批评其书"经综既广,多有违谬",并一一举证其"如此之失,多不考正"。这些批评,应当主要是魏收的意见。魏收对《十六国春秋》的改写,主要是有意在刘渊、石勒等人的传目上冠以"匈奴""羯胡"字样以强化华夷之别③,而他批评崔鸿"不录僭晋、刘、萧之书"之失,《魏书》中东晋南朝相关史事就更是他的着力之处了。也即是说,《魏书》中所见的东晋南朝部分内容,当是魏收所自撰;目东晋为"僭晋",以桓楚、刘宋、萧齐、萧梁四朝为"岛夷"的体例,也应当是出自魏收本人。

高洋称帝以后,立即诏命魏收撰《魏书》,本就有极强的政治目的,肩负着为北齐宣扬正统的政治目的,这一目的的达成必须要承认魏(北魏和东魏)的正统而否定南朝正统④。魏收曾多次作为聘使使梁,熟稔南北关系,对南北正统问题有着深切的经历。《南史·徐陵传》说,梁太清二年(548)徐陵出使东魏,"是日甚热,其主客魏收嘲陵曰:'今日之热,当由徐常侍来。'陵即答曰:'昔王肃至此,为魏始制礼仪;今我来聘,使

---

① 周一良:《魏收之史学》,《魏晋南北朝史论集》,第210—218页。
② 《魏书》卷六七《崔光传附子崔鸿传》,第1633页。
③ 对《十六国春秋》有意弱化各政权夷狄的色彩,魏收改写而有意强化诸事,胡鸿有极具说服力的考察。参见胡鸿:《十六国的华夏化:"史相"与"史实"之间》,《中国史研究》2015年第1期,收入《能夏则大与渐慕华风:政治体视角下的华夏与华夏化》,第202—241页。陈勇也曾明确指出,"崔氏笔下只有'十六国',而没有'五胡'"。参见陈勇:《从五主到五族:"五胡"称谓探源》,《历史研究》2014年第4期。
④ 何德章:《〈魏书〉正统义例之渊源》,《魏晋南北朝史丛稿》,第376—380页。

卿复知寒暑.'收大惭。齐文襄为相,以收失言,囚之累日"①。魏收失言获罪,根源还在于北朝在文化方面的劣势,无以辩驳。值得注意的是,在魏收写作《魏书》的时候,南北朝的格局发生了巨大的变化,已经与之前完全不同了。魏收于北齐天保二年(551)"诏撰魏史",即魏齐禅代的次年,北齐方面正在发生历史性的巨变;而此时的西魏,正紧锣密鼓地攻占蜀地,扩大实力;也就是这一年的十一月,"侯景废梁主,僭即伪位于建邺,自称曰汉"②。就《魏书》的写作背景而言,侯景之乱和魏齐禅代这两个历史事件尤其不应该忽略。

就南方政权本身的局面而言,《魏书》恰好写于侯景之乱前后南朝政治局势极为混乱之时。齐天宝五年三月,魏收奏上《魏书》纪传一百一十卷,是年梁元帝被杀,次年九月陈霸先杀王僧辩,基本控制南方朝政,两年以后正式称帝。核诸《岛夷萧衍传》纪事的断限,比魏齐禅代还要稍晚,以侯景杀萧纲自立,"衍之亲属并见屠害矣"收尾,"江左遂为丘墟"的悲惨景象已为魏收所记录。魏收以四千余字的篇幅记载侯景之乱本末,篇幅甚至占到整个《岛夷萧衍传》的将近60%。清人牛运震已经注意到这一现象,疑惑魏收"叙梁武、侯景君臣相拒,纪载亦太繁,梁事颇多,何独于此致详也?"③魏收的处理应有其深意,侯景之乱正好发生在《魏书》写作之时,魏收当时已敏锐地看到了侯景之乱对于历史的影响。侯景以异国人和异族人身份长驱南下,摧毁南朝之立国基础,直至自己在建康称帝,这对南朝的皇统是致命的冲击,也深刻影响了南北局势④。除此之外,侯景本为东魏叛臣,北齐对梁武帝收纳侯景的复杂感情,也影响了魏收的史笔,称此事为"水乡大猾,好利忘信,纳我逋叛,共为举斧",以致侯景"纠合伧楚,覆其巢穴,衍以馁卒,纲实鸩死"⑤。按《北史·魏收传》载:"文襄时在晋阳,令收为檄五十余纸,不日而就。又檄梁朝,令送侯景,初夜执笔,三更便了,文过七纸。"⑥见诸《岛夷萧衍传》的《檄梁

---

① 《南史》卷六二《徐摛传附徐陵传》,第1523页。
② 《北齐书》卷四《文宣纪》,第55页。
③ 牛运震:《读史纠谬》,第494页。
④ 李万生:《侯景之乱与北朝政局》,中国社会科学出版社,2003年,第247—251页。
⑤ 《魏书》卷九五《匈奴刘聪羯胡石勒铁弗刘虎徒何慕容廆临渭氐苻健羌姚苌略阳氐吕光传序》,第2213页。
⑥ 《北史》卷五六《魏收传》,第2029页。

文》,或即魏收手笔①,其中有云:"唯夫三吴、百越,独阻声教",又称:"自伪晋之后,刘萧作慝,擅僭一隅,号令自己。"②这些写于侯景乱梁前夕的文字,虽未使用"岛夷"之号,然称南朝为不闻声教的三吴、百越,东晋南朝皆为僭伪,与《魏书》的态度已经颇为接近。直到侯景逼迫萧栋上演禅让丑剧,"僭即伪位于建邺,自称曰汉",南方政权的合法性便更为魏收所不齿了。

《魏书》写作时北方发生的重大事件是魏齐禅代。魏齐禅代在政治层面的重要影响,是"江南多好臣,岁一易主;江北无好臣,而百年一主"的情况已经不复存在。自孝文帝以来,宣布北魏政权远承西晋正统,肯定西汉承周"排虐嬴以比共工,蔑暴项而同吴广"③,实际上否定了禅让之合法性。西晋灭亡到北魏建立六十余年间"刘、石、苻、燕,世业促褊,纲纪弗立"④,只能为正统驱除。南朝政权更替虽看似禅让有序,然皆年祚短暂而有篡夺之实,正如《魏书》所指斥的那样,"或年才三纪,或身不获终,而偷名江徼,自拟王者"⑤。这与十六国诸政权"世业促褊"颇有相似之处。魏齐禅代则仿魏晋南朝之故智而行之,孝文帝时代的正统观受到某种冲击,也给了西魏和南朝口实。杜弼曾密启齐显祖云:"关西是国家劲敌,若今受魏禅,恐其称义兵挟天子而东向,王将何以待之?"⑥北魏孝武帝西入长安,宇文泰挟天子而对抗东魏,这是对北齐的直接威胁。除了关西的西魏北周,梁也是如此作为。魏末自尔朱荣入洛到魏齐禅代,孝文帝子孙也被诛杀殆尽,几无孑遗;相反,大量元氏子孙流亡江东,被用来建立傀儡政权,梁武帝拥立元颢攻入洛阳的事件就是显例。侯景也曾向梁武帝"请元氏戚属,愿奉为主,诏封贞为咸阳王,以天子之礼遣

---

① 此文严可均题作慕容绍宗作,参见严可均辑:《全后魏文》,商务印书馆,1999年,第527页。按《周书·独孤信传》云"东魏将侯景之南奔梁也,魏收为檄梁文,矫称信据陇右不从宇文氏,仍云无关西之忧,欲以威梁人也",参见《周书》卷一六《独孤信传》,第291页。核诸檄文内容,乃与文中"加以独孤如愿拥众秦中,治兵劫胁。黑獭北备西拟,内营腹心,救首救尾,疲于奔命,岂暇称兵东指,出师函谷"相合,可知原文是魏收所作,而以东南道行台慕容绍宗的名义发出。
② 《魏书》卷九八《岛夷萧衍传》,第2358页。
③ 《魏书》卷一〇八之一《礼志一》,第2998页。
④ 《魏书》卷一〇八之一《礼志一》,第2998页。
⑤ 《魏书》卷九八《岛夷萧道成岛夷萧衍传》"史臣曰",第2366页。
⑥ 《北齐书》卷三〇《高德政传》,第407页。

还北"①;梁武帝死后,侯景又欲立北魏宗室元景仲为帝②,打出北魏正统的旗号。在三足鼎立的局势下,魏齐禅代的口实免不了被西魏甚至侯景所利用,从而冲击政权的稳固。早在侯景之乱以前,高欢曾对杜弼说:"今督将家属多在关西,黑獭常相招诱,人情去留未定。江东复有一吴儿老翁萧衍者,专事衣冠礼乐,中原士大夫望之以为正朔所在。我若急作法网,不相饶借,恐督将尽投黑獭,士子悉奔萧衍,则人物流散,何以为国?"③

侯景本为高欢部将,以途穷之残兵败将而使江左为丘墟,无论是对急于禅代的北齐还是亲历者魏收而言,都是一种强烈的刺激。南朝的衰败与树立高齐政权的正统形象,对于魏收而言,也是相辅相成的。同时,以政权更替频繁而指斥南朝为僭伪的价值弱化,更是魏齐禅代的现实决定的。有学者指出,《魏书》的历史观是由魏齐革命的性质决定的④,此言不虚。现实政治的需要,至少是《魏书》中不少叙事模式创建的直接动因。由此,以"岛夷"的称号指斥南朝则应运而生,并随魏收"辨定名称,随条甄举"而留在了《魏书》中。

四、"僭伪"与"四夷"之间:"岛夷"号与北朝华夷观念的变迁

如果说《魏书》的这种处理方式可看作是为北齐官方立场作代言的话,那么"岛夷"名号的意义,还在于它的出现是魏齐之际华夷观念变迁的标志。观念或文化的动因,可以说是这个名号产生的内生因素,毕竟现实政治中的表达也是建立在社会主流思想观念的基础上的。从文字本身的涵义来说,"岛夷"和"僭伪"的最大不同,就在于华夷观念被引入而将自魏晋以来禅让有序的南朝政权斥为"夷",这就完成了对十六国北魏传统正闰观念的超越。所以《史通·曲笔》称:"而魏收以元氏出于边裔,见侮诸华,遂高自标举,比桑干于姬、汉之国;曲加排抑,同建邺于蛮

---

① 《梁书》卷三九《元法僧传附元树传》,第555页。
② 《梁书》卷三九《元法僧传附元景仲传》,第554页。事泄,元景仲被陈霸先擒杀,时在太清三年七月。参见《梁书》卷四《简文帝纪》,第105页。
③ 《北齐书》卷二四《杜弼传》,第347—348页。
④ 佐川英治:《东魏北齐革命与〈魏书〉的编纂》,《中国古代社会经济史论:黄惠贤先生八十华诞纪念论文集》,第426—448页。

貊之邦。"① 十六国北朝华夷观念的变迁，在从"僭伪"到"岛夷"的转变中体现得尤为明显。

对于东晋政权，《魏书》没有直接称其为"岛夷"，但在该卷特别指明了"岛夷"称号的来历。《僭晋司马叡传》云：

> 其朝廷之仪，都邑之制，皆准模王者，拟议中国。遂都于丹阳，因孙权之旧所，即《禹贡》扬州之地，去洛二千七百里。地多山水，阳鸟攸居，厥土惟涂泥，厥田惟下下，所谓"岛夷卉服"者也。②

由魏收的表述可以清楚地看出，"岛夷"的称号是源于南朝政权的都城建立在《禹贡》所称的"岛夷卉服"之地，所针对的是南朝"都邑之制，皆准模王者，拟议中国"，亦即政治上的僭越。为否定东晋传承西晋之正统，魏收花了很多笔墨在司马叡的血统上做文章，称其为晋将牛金子云云。"岛夷"名号袭用旧典之外，强调了两个层面的理由，首先是基于地理层面的"土风之殊"，进而由之引申为文化层面的"华夷之隔"。

因地域不在中原而以南朝政权为"蛮夷"的观念，在北魏孝文帝时代就已经有人提出。太和十四年（490），高闾在议定北魏正统时，主张继承十六国秦、赵、燕之正统，称："又秦赵及燕，虽非明圣，各正号赤县，统有中土，郊天祭地，肆类咸秩，明刑制礼，不失旧章。奄岱逾河，境被淮汉。非若龌龊边方，僭拟之属，远如孙权、刘备，近若刘裕、道成，事系蛮夷，非关中夏。"③ 高闾以刘裕、萧道成"事系蛮夷"的理由，主要是其定都不在中原，而六国秦、赵、燕则"正号赤县，统有中土"。高闾观点的核心，是以是否据有中原的地域标准作为判断华夷的基本依据。《魏书·高闾传》也记载了一段高闾与孝文帝的对话：

> 闾曰："汉之名臣，皆不以江南为中国。且三代之境，亦不能远。"高祖曰："淮海惟扬州，荆及衡阳惟荆州，此非近中国乎？"④

高闾提出的看法，正当孝文帝向往南朝文化，并积极经营统一战争之时，

---

① 刘知几著，浦起龙通释：《史通通释》卷七《内篇·曲笔》，第184页。
② 《魏书》卷九六《僭晋司马叡传》，第2268页。
③ 《魏书》卷一〇八之一《礼志一》，第2997页。
④ 《魏书》卷五四《高闾传》，第1323页。

孝文帝也坚决予以反驳。高闾提出继承十六国秦、赵、燕之正统而以东晋南朝为蛮夷的观点,也同样被李彪等人反驳,最后未获采用。

孝文帝虽对高闾之说不以为然,但这种据有中土则为正统的观念仍有重要意义,迁都洛阳本就有追求文化正统的目的。孝文帝的遗诏"迁都嵩极,定鼎河瀍,庶南荡瓯吴,复礼万国,以仰光七庙,俯济苍生"[①],便是表达了这样的理想。陈寅恪先生有一个著名的说法:"洛阳为东汉、魏、晋故都,北朝汉人有认庙不认神的观念,谁能定鼎嵩洛,谁便是文化正统的所在。正统论中也有这样一种说法,谁能得到中原的地方,谁便是正统。如果想被人们认为是文化正统的代表,假定不能并吞南朝,也要定鼎嵩洛。当然,单是定鼎嵩洛,不搞汉化也不行。孝文帝迁都洛阳,厉行汉化,其目的正在统一胡汉,确保北魏统治。"[②]陈先生指明了极为重要的一点,就是厉行汉化以达成自居华夏正统的目的,这确实是孝文帝时代以来的基本趋势。孝文帝汉化政策下的正统观,一言以概之,就是"据汉弃秦承周之义,以皇魏承晋为水德"[③],即远承西晋而以十六国政权为僭伪。孝文帝君臣力图借此表明北魏虽然出于鲜卑,但并不愿意与五胡十六国的胡族政权为伍的观念。这种处理方式在华夷关系层面,也是与高闾以十六国之秦、赵、燕为正统的观点很不相同的。北魏水德说确立以后,华夷之辨在朝堂之上已经不是禁忌。以"深慎言语"为行为准则的杨椿,太和末年上书中有云:"臣以古人有言:裔不谋夏,夷不乱华。荒忽之人,羁縻而已。是以先朝居之于荒服之间者,正欲悦近来远,招附殊俗,亦以别华戎、异内外也。"[④]杨椿对"别华戎、异内外"的强调,只能是在北魏君臣自居"华夏"而御"四夷"的观念下方可成立。其后,袁翻的上书中更指称"然夷不乱华,殷鉴无远,覆车在于刘石,毁辙固不可寻"[⑤]。无疑,北魏朝堂之上对于"五胡乱华"这段历史的评价已经和东晋南朝的态度趋于一致。

魏齐禅代之际,是各种新旧传统交杂的时期,而出身代北的尔朱氏

[①]《魏书》卷七下《高祖纪下》,第220页。
[②] 万绳楠整理:《陈寅恪魏晋南北朝史讲演录》,第200页。
[③]《魏书》卷一〇八之一《礼志一》,第2747页。
[④]《魏书》卷五八《杨播传附杨椿传》,第1406页。
[⑤]《魏书》卷六九《袁翻传》,第1676页。

和高欢所带回的,更多的是代北旧制。《北史》记孝武帝(出帝)即位时情况云:"即位于东郭之外。用代都旧制,以黑毡蒙七人,欢居其一。帝于毡上西向拜天讫,自东阳、云龙门入。"①高欢以"代都旧制"拥立孝武帝的目的,在高调地恢复拓跋传统以服务于当时的政治目标②。不过到了魏齐禅代,却是"致玺书于帝,遣兼太保彭城王韶、兼司空敬显俊奉皇帝玺绶,禅代之礼一依唐虞、汉魏故事。又尚书令高隆之率百僚劝进。戊午,乃即皇帝位于南郊,升坛柴燎告天"③云云。对这一变化,佐川英治认为,对于齐文宣帝来说,他是以纯粹的汉人君主在位的,也就是并没有继承北魏鲜卑的一面,而只要继承孝文帝汉化政策的一面,因而魏的正统性问题至关重要④。魏收在孝文帝正统观的基础上所发展的,主要就是在孝文帝自居华夏的基础上贬斥东晋南朝为四夷,给他们安排了"岛夷"的称号。

关于十六国以来"夷狄乱华"的历史,魏收有一段总结性的文字:

> 晋年不永,时逢丧乱,异类群飞,奸凶角逐,内难兴于戚属,外祸结于藩维。刘渊一唱,石勒继响,二帝沉沦,两都倾覆。徒何仍衅,氐羌袭梗,夷楚喧聒于江淮,胡虏版换于瓜凉,兼有张赫山河之间,顾恃辽海之曲。各言应历数,人谓迁图鼎。或更相吞噬,迭为驱除;或狼戾未驯,俟我斧钺。⑤

按照《魏书》相关诸传,此处"徒何"是燕慕容氏,"氐"为前秦苻氏,"羌"为后秦姚氏,"夷楚"指东晋南朝,"胡虏"指凉州诸政权。从文意而言,"更相吞噬,迭为驱除"的即是北魏驱除的十六国政权,"狼戾未驯,俟我斧钺"的即是尚未灭亡的南朝。这段文字包含了一个关键的信息,魏收区分僭越政权的标准不是汉儒所强调的道德教化标准,即是否"以德化民",而落实到强调是否"异类"的华夷身份。由此,《魏书》形成了一种

---

① 《北史》卷五《魏本纪五》,第170页。
② 罗新:《黑毡上的北魏皇帝》,第15页。
③ 《北齐书》卷四《文宣纪》,第49页。
④ 佐川英治:《东魏北齐革命与〈魏书〉的编纂》,《中国古代社会经济史论:黄惠贤先生八十华诞纪念论文集》,第426—448页。
⑤ 《魏书》卷九五《匈奴刘聪羯胡石勒铁弗刘虎徒何慕容廆临渭氐苻健羌姚苌略阳氐吕光传序》,第2212页。

历史解释模式。《僭晋司马叡传》末云:"自叡之僭江南,至于德文之死,君弱臣强,不相羁制,赏罚号令,皆出权宠,危亡废夺,衅故相寻,所谓夷狄之有君,不若诸夏之亡也。"① 这些论述中,司马叡"僭江南"与"夷狄"指称总是联系在一起的。魏收所谓的"异类"包括了十六国的所有政权以及东晋、宋、齐等政权,被北魏太武帝称为"卿与朕源同,因事分姓"② 的鲜卑秃发氏也不例外。"胡""虏"一类曾经被用在拓跋氏头上的称谓,魏收也悉数用于他族头上。在这段文字的逻辑来看,魏收有一个默认的前提,即北魏和西晋政权一样,都是属于华夏政权而非胡族政权。这样,"岛夷"称号虽由"土风之殊"引申而来,但华夷之隔的标准也绝不限于地域之别。十六国与东晋南朝诸政权,不论是否为汉人建立,也不管是否曾定都中原,非华夏文化正统所系者,皆有可能被斥为蛮夷。

本节小结

《史通·称谓》批评《魏书》:"夫其谄齐则轻抑关右,党魏则深诬江外,爱憎出于方寸,与夺由其笔端,语必不经,名惟骇物。"③《魏书》对东晋和南朝的态度以及制造"岛夷"这类南北关系的历史实际中并不存在的名号,不能不说刘知几所批评的确有一定道理。史书的记载制造显眼的名号作为标题,不能有效反映南北关系实际情况,拉开了史书与史实之间的距离,可以说《魏书》的"岛夷"称谓是有悖于实录精神的。不过,"岛夷"称号难以准确反映北魏时期南北关系的实际,却是魏齐之际华夷观念变迁的第一手材料。魏收精心选择"岛夷"这样一个儒家经典中的名号指代南朝,其关键在于通过史书的叙事,将北魏承晋的正统接续变成历史的必然延续。这种叙事模式的创建同时也反映出,经过十六国北魏的发育,到魏齐禅代之际,华夷观念中基于地理层面的"土风之殊"引申为文化层面的"华夷之隔"的思潮,已经在北朝政权中颇具影响。

史书成书并以官方的名义传播,对社会观念的影响一定会潜移默

---

① 《魏书》卷九六《僭晋司马叡传》,第 2286 页。
② 《魏书》卷四一《源贺传》,第 1019 页。
③ 刘知几著,浦起龙通释:《史通通释》卷四《内篇·称谓》,第 101 页。

化地扩散开来。《岛夷传》也和《索虏传》《魏虏传》一样成为南北朝历史的叙事典范,构成了分裂时代以华夷观念区分政权正闰的史传叙事模式。随着《魏书》的成书,北魏仅以南朝为"僭伪"的叙事模式渐渐淡出政治话语,代之以强调华夷之辨的"岛夷"一类称谓。这种变化说明,华夷之辨与正闰之辨紧密结合的叙事模式,逐渐成为北朝后期政治文化中的主流。只是无论是"华"还是"夷",都只是保留了"华夷之辨"的表面概念,其实际内涵和思想价值都和之前的时代全然不同了。"岛夷"称号背后的华夷之辨,已经消弭了十六国北魏以来传统的族群区隔,转而以地理区位与文化崇尚作为华夷区分的标准。生活在时代变迁中的各族人群,也经由这种类似的观念变迁而完成身份再塑的过程,融合进以"华夏"为崇尚的文化体系中。

结　语

美国学者哈罗德·伊罗生说:"当族群认同处于重新发现、改头换面与自我肯定之际,名字就会以不同的某种方式不断作祟。一个国家、一个个人、一个群体的名字,背负的是它整个过去的资产。在族群认同中,名字虽然不是核心部分,却可以引导我们找到核心,引导我们深入核心内部的历史、渊源和感情。"① 在本书的最后,还必须在具体名号诸多细节问题考辨的基础上,回答本书究竟能对北魏时代诸多核心问题提供多少新解释、新认识的问题。在塞北北族文化因素、中原本身的文化变革、新的宗教文化多重因素的影响下,北魏时代的政治与文化的发展非常复杂。这种复杂性也关系到社会的多个层面,并最终影响到北魏王朝独特的发展路径。在结语中,将在正文论证的基础上,对以下几个方面进行简单总结:第一,华夏名号进入北魏王朝从而助其完成国家建构并融入古代中国的王朝体系的途径;第二,王朝的国号、都城等带有地域特征的名号所代表的历史事实,对王朝政治结构变迁的影响;第三,在王朝发展与扩张的过程中,名号背后思想与社会层面发生的变化及其反映的事实;第四,从竞争者和参照物的角度,总结南北竞争背后的名号及其价值;第五,从名号的研究出发,以更长时段的视角观察北魏王朝的转型对晋唐之间的历史发展的价值。

一、名号之创制与北魏政权之建构

在魏晋南北朝时代如走马灯般出现的诸政权中,北魏是历时最长的朝代之一。如果把观察的时段拉长到代国时代,北魏政权的发展史,更是一部从"华夏边缘"到"隋唐渊源"的成长史。关于北朝北族政权建构之事例,揭示至为深刻者莫过于陈寅恪论西魏北周之制的经典论述:

---

① 哈罗德·伊罗生:《群氓之族——群体认同与政治变迁》,邓伯宸译,广西师范大学出版社,2015年,第133页。

> 至关陇之地则财富文化两俱不如，若勉强追随，将愈相形见绌，故利用关中士族如苏绰辈地方保守性之特长，又假借关中之本地姬周旧土，可以为名号，遂毅然决然舍弃模仿不能及之汉魏以来江左山东之文化，而上拟周官之古制。苏绰既以地方性之特长创其始，卢辩复以习于礼制竟其业者，实此之由也。否则宇文出于边裔，汉化至浅，纵有政事之天才，宁具诗书之教泽，岂可与巨君介甫诸人儒化者相比并哉！然其成败所以与新宋二代不同者，正以其并非徒泥周官之旧文，实仅利用其名号，以暗合其当日现状，故能收模仿之功用，而少滞隔不通之弊害。①

西魏北周自"周"之国号、"天王"王号以下，多依《周礼》而制，但其"以继述成周为号召，窃取六国阴谋之旧文缘饰塞表鲜卑之胡制，非驴非马，取给一时"②，就《周礼》旧文和"六国阴谋"来说，依《周礼》而制名号或多是有名无实的缘饰，"六国阴谋"则是其以较弱的国力自存自强的诀窍。新莽与赵宋王安石以拘泥《周礼》而失败，北周以《周礼》缘饰鲜卑旧制而开创隋唐盛局，其影响自不可同日而语。若从北周的主要制度渊源亦即北魏而言，这种倾向应是早已有之。北魏在利用华夏名号方面，达成的效果与西魏北周有异曲同工之妙。然而北魏王朝的兴起过程与西魏北周不同，利用华夏名号背后的史事，亦更多的是相异之处。最重要的，便是这些名号的创制与使用并非一次性的，也非集中于《周礼》一家，其发展脉络更为复杂曲折。综观北魏王朝所使用的华夏名号，少有直接渊源于《周礼》者，更有相当多的名号不是来源于儒家经典，早期还多有来自其他政权授予者。相对于西魏北周以《周礼》为名号的有名无实，北魏名号名实之间的区隔要小得多，更多的被赋予了实际的政治意义。无论是他授还是自称的名号，多数都能与北魏王朝所面临的政治局面相一致，今人并能以此窥得北魏政治文化的诸多行迹。

讨论一个政权的成长，以往研究关注的核心问题是某个时段的人事变迁、统治集团的权力分配、统治阶层的内外结构、政权机构的性质与功能等很"实"的问题。政治名号却往往回避这些内容，其所宣扬的是天

---

① 陈寅恪：《隋唐制度渊源略论稿》，第102页。
② 陈寅恪：《隋唐制度渊源略论稿》，第20页。

命所属、制礼作乐、太平盛世等高远的理想。若拘泥于此表层涵义，自会带来滞隔不通之弊害。名号是一种简洁的文字符号，是代表某个王朝直到某个皇帝的象征符号。在各类文字载体上书写各种名号，或者以国家的名义颁布新的名号，可以以各种方式向民众彰显国家的存在，或者展示某种治国方针和政治理念。从这种意义上说，名号是北魏政权展示君权、教化百姓的窗口，是沟通庙堂与基层社会的桥梁。

名号首先是国家合法性的象征。以北魏国号为例，无论是来自西晋封授的"代王"号还是崔宏论证的"魏"国号，都显示着北魏君主统治万民的权力来源。从魏晋以来的传统来说，国号的来源首先是爵称。基于久远的传统，爵称无一例外都带有等级特征和地域特征。北魏是从未经历"禅让"的固定程式而建立的王朝，因而在五德终始的问题上经历了反复的争论。尽管如此，从"代公"到"代王"，再从"魏王"到"大魏皇帝"的基本程序，北魏政权也无可避免地遵从了华夏传统。"代"国号体现了受于西晋的权力来源，"魏"则宣示了"王有中州"的正统地位。无论是"代"还是"魏"，都不是随意选择的。这两者原本都是地域名称，有胙土分茅的原始涵义。"魏"之国号虽无封土之实，但也无时无刻不在强调着北魏统治核心地域"代都"和"魏土"的事实。对统治下的民众来说，国号的地域属性也有着强烈的象征意义。国号作为王朝的重要象征，还承担着宣示政权神圣性和合法性的重任。因此，谶纬、祥瑞和经义等各类知识，都被用于缘饰和解读国号的神圣意义，强化了"大魏皇帝"的神秘色彩，也装点了北魏政权的统治氛围和展示效果。

名号的展示效果以能够被理解、被接受为前提。需要理解并接受各种名号的人，既包括高高在上的皇帝，也包括北魏统治下广大的黎民百姓，甚至包括王朝周边的"四夷"和对立的南朝政权。正因为如此，北魏王朝所使用的绝大多数名号，都严格地遵循某种知识背景和制度规范。尽管这些知识或者制度不一定来源于儒家经典，甚至不一定来源于华夏传统。无论是通过名号来宣示政治理念的新变化还是寄托王朝的政治理想，多数也都是旧名词的新应用。北魏以前从未进入谥法的"道"字，从未成为诸王爵号或者君主称号的"太平"，再到孝文改制时所用的诸多名号，莫不如此。这些极端高远的政治理想未必真能达成，但可以通过名号进行政治表演，向天下宣示当代的圣主将通过何种途径实现完美的政治秩序。少数基于个人私欲而全无根底的"非礼"之号如"保太后""太上公"之类,也只能成为针对某人某事的权制,无法被广泛接受认可,很快便会湮没在历史的洪流中。

就本书所重点阐释的名号来说,"代""魏"国号、"代都"与"中京"等带有地域特色的名号,背后是北魏政治结构与社会变迁的事实。"道武""太平"抑或"土德""水德"等名号背后是一套知识体系,其现实涵义则是北魏王朝的统治策略或文化方略的发展变化。这两个层面的内容,共同成为北魏国家建构的基础,也奠定了北魏政治文化的基调。

二、从"代魏结合"到"居中得正"

陈寅恪说:"盖有自东汉末年之乱,首都洛阳之太学,失其为全国文化学术中心之地位,虽西晋混一区宇,洛阳太学稍复旧观,然为时未久,影响不深。故东汉以后学术文化,其重心不在政治中心之首都,而分散于各地之名都大邑。是以地方之大族盛门乃为学术文化之所寄托。中原经五胡之乱,而学术文化尚能保持不坠者,固由地方大族之力,而汉族之学术文化变为地方化及家门化矣。故论学术,只有家学之可言,而学术文化与大族盛门常不可分离也。"[①] 魏晋十六国以来,政治局势的变化造成了思想学术层面的中央正统衰落、边缘地位上升的趋势。然而不同地域士人之间的区隔,也导致不同的地域与家族之间思想文化资源交流的凝滞,学风趋于保守而地域特色渐趋显明。在实际的政治活动中,各政权对掌握着治国理政能力的士人的争夺,常常对严酷环境下各种北族政权和势力之间的生存竞争的成败起着决定作用。对特定地域士人的利用,使类似于拓跋魏这样由某一边缘地域发展起来的政权,其政治文化也带有浓郁的地域文化特色。

"代""魏"与"中京"三个具有地域特色的名号,可以看作北魏政权不同时代的界标。"代"既代表着代国时代的传统,又标识着政权前期的政治中心代都平城;"魏"是北魏"王有中州"以后自称的国号,也代表着"中州"的核心魏郡邺城;"中京"则是孝文帝迁都以后对洛阳的别称,更宣示着洛阳"天下之中"的文化意义。时间与空间围绕着这几种名号夹

[①] 陈寅恪:《崔浩与寇谦之》,《陈寅恪集·金明馆丛稿初编》,第 147—148 页。

杂纠缠,对它们的解释,很有可能会很复杂多元乃至歧义迭出。尽管如此,这些名号所针对的对象总是人,不管是具体的个人还是宽泛的群体。这几个名号的使用,在无形之中宣示了某个时期的政权基本结构,以及地域因素限制下人的身份等级、内外区隔乃至华夷之辨。

代王时代的拓跋氏,是十六国时代华夏传统地域北境一支以武力称雄的势力。"代"的国号,来自西晋给予拓跋部首领"代公""代王"爵号的封授。自猗卢到什翼犍数代经营,代北之地的立国基础已然粗具,代国也成为十六国时代不可忽略的一股势力。虽有莫题、燕凤、许谦等士人进入,然其政治体制之华夏特色更多地建立在刘琨等的帮助与对其他北族政权的模仿基础上。"代"国号的影响,有明显的滞后效应。改国号为"魏"以后,"代"国号并未废止,平城仍长期享有"代都"之名,作为地域名号的"代"更有着极大的影响。在《魏书》中,"代人"的地域标签被加在诸多传主身上用以替代籍贯,甚至还用来标识莫题、燕凤、许谦等入代汉人的身份,其主体则是出自鲜卑拓跋部的传主。

在道武帝击溃后燕,实现与魏土、魏士的结合以后,拓跋政权成为跨据代魏的割据型政权。拓跋氏能得河北士人之材用,遂据"殷商兼行"之义改"代"为"魏",径以河北地域之"魏"为其"大名"。曾为曹魏国都并长期为魏郡郡治的邺城,也成为北魏王朝的副中心,并在此新设兼有商王迁相之旧典与辅佐之义的"相州"。出自"魏土"的河北士人,因避免直称魏之国号被称为"汉人"。这些"汉人"与"代人"一起,构成了北魏统治集团的核心。北魏前期虽有数次迁都邺城的动议,但直到迁洛以前都未付诸实践。代都平城为主、邺城为辅的政治格局延续近百年之久。从出土材料可见,"代""魏"国号曾经长期并存,这也是代—魏双中心格局的反映。太武帝以武力称雄,将北部中国的各族割据政权尽数击灭,实现了北方的统一,代魏结合的格局虽根基仍在,但也有稀释。随着关中河西的士人随着政权的覆灭进入平城,一批在晋宋政治斗争中失意的江南士人降魏,代魏结合格局中的汉族士人势力有所扩大,但其力量也被稀释。随着崔浩案的发生,魏土士人损失了最重要的领袖,代魏结合的基本格局才开始发生动摇。

到孝文帝时代,以皇室为核心的代人文化水准有了质的提升,而魏土士人也不再独擅北魏士人领袖之名,代人与汉人之间的区隔渐趋泯灭。孝文帝迁都洛阳,强调北魏"卜迁中京,垂美无穷"①,甚至在可考的数方皇家碑刻中放弃了"太和"年号而径以"迁中"纪年,恰好反映了"中"对于北魏政权的意义。迁都"天下之中"洛阳的象征意义,正是北魏越过"五胡十六国"时代,走向"规模周汉"的中原王朝的必要条件。孝文帝"移构中京",以"稽古复礼"的名义制礼作乐,北魏也宣布以承继汉晋的中央政权自居。因迁都来到洛阳的"代人",也获得了"河南洛阳人"的全新身份,融入华夏士族社会。李冲、王肃等来自河西、江南之士人得与全新的"河南洛阳人"以及河北旧士族一起,成为辅佐孝文帝制礼作乐的主要力量。

借用陈寅恪的"本位"一词,北魏王朝从"代"到"魏"再到"中京"三个时代,实现了从"代人本位"到"代魏区域本位"再向"中原本位"的转型的三个步骤。这就是"代""魏""中京"几个地域性名号背后在北魏历史变迁中的"实"。这体现的不仅是北魏国家控制范围的扩大,更重要的还有不断扩大的人群的观念转型。由于权力传承与国家结构相对稳定,北魏王朝也基本处于一个延续的发展过程中,转型则在延续中完成。从刘琨时代开始"代"国到孝文帝"移构中京",拓跋精英面临的核心问题也由确保部族的生存和发展转变到如何有效地统治中原。从较长时段的历史来看,这种转型是根本性的;不过这一转型过程相当缓慢,前后长达两个世纪方告完成。这种转型也表明,北魏建立以后面临的任务,在确保国家结构稳定并有所发展的基础上,最重要的内容还有对华夏地域统治经验的借鉴。

三、北魏各类名号背后的观念转型与社会重构

学界有一种习见的观点认为,北魏政治文化的发展历程,即是拓跋统治者及上层人士向华夏文化学习的过程,亦即所谓"汉化"。如崔浩案的发生被简单地贴上"汉化"与"反汉化"的标签,孝文帝的改制政策被笼统称之为"汉化改革"。北魏时代的其他政治事件,或多或少都会有类似的观点或各种变体出现。至于"汉化"一途,则多以吸收儒家学说为核心,对于华夏文化的其他部分较少关注。特别是对于北魏早期史

---

① 《文馆词林》卷六六五《后魏孝文帝迁都洛阳大赦诏》,影印日本弘文馆藏唐钞本,第284页。

来说,学界关注和讨论的是虽为统治者所标榜而于戡乱定天下较远的儒学,却较少注意虽有宣扬而实际作用更大的宗教谶纬等思想,而对实际起着作用的黄老之学等更是基本忽视。这种处理方式多少有一些将复杂的历史简单化的倾向。

北魏统治者对华夏文明的接受与重构,是从特定时代的需要出发,有意识地进行取舍并运用于政治实践中的,具有强烈的目的性。名号这种简洁的符号,恰好成为宣示"治道"与"治术"的极佳工具。治道与治术的产生,则基于久远的学术传统。南北朝时代政局动荡,学术的创新较少而应用性很强,经部和子部留下的系统性著述也不多。零散残缺的史料,成为讨论该时期思想学术状态的一大障碍。名号背后的知识脉络,则是观察北魏一朝政治思想的一扇窗口。

北魏早期特别是道武帝时代,道家文化较早进入北魏统治集团,无论是道武帝使用过的"真人"号还是明元帝追尊的"道武"谥号,都具有鲜明的道家特色。"道"字入谥既不见于谥法,历朝也无先例。通过几种史料还原的改谥诏书中,说明了以"道"为谥的原因是"体得一之玄远,应自然之冲妙"①。其典源出《老子》,按王弼的解释是"王所以为主,其主之者一也"②。由此可见,"道武"谥号不仅是塑造权威的工具,也是对这一时期政治文化的总结。道武帝、明元帝时代,政治思想乃是随君所需、各得所用。黄老传统的"立俗施事,无所不宜"贴合北魏早期稳定秩序之需,道家"君人南面之术"有利于塑造君主权威、保证君权有序传递,因之成为政治文化之主流。故其时之名号也多侧重于此。北魏早期,在北魏的内外政策中可以见到鲜明的黄老色彩,明元帝追尊的"道武"谥号,不仅是对道武帝本人的盖棺定论,也是对这一时期黄老政治文化的总结。

太武帝时代在崔浩和寇谦之的主持下,政治文化的风貌有了明显的变化,主要表现在道教的因素广泛地进入到政治实践中。久居嵩山的天师道领袖寇谦之,甚至从晋宋禅代的政治运作中汲取了为北魏宣扬天命的营养。在崔浩和寇谦之的主持下,太武帝使用了从"太平王"到"太

---

① 《太平御览》卷一〇二《皇王部》引《后魏书》,第486页。
② 王弼注,楼宇烈校释:《老子道德经注校释》,第64页。

平真君"数个名号,后来更以"太平真君"为年号,甚至登道坛"亲受符箓",以道家的仪式与程序重新规定皇帝即位礼仪。太武帝"崇奉天师,显扬新法,宣布天下,道业大行"①,道教"天师"号的政治地位达到前所未有的高度。寇谦之的"清整道教"与"兼修儒教",与崔浩"偃武修文"的"太平"理想相合无间,道家的"以师为教"就是崔浩文教理想的实施方式。崔浩与太武帝亦师亦臣的君臣关系,让崔浩能利用寇谦之的新说以"帝师"之身份行文教之理想。然当时之北魏并不具备全面实施"文教"的条件,崔氏终究也避免不了家族覆灭的悲剧。

  孝文帝的"正名行礼",重新议定德运、庙号等各种名号,不仅仅是为了营造政权合法性,更想以此展现个人"四三皇而六五帝"的圣治高度。因此,孝文帝名义上接续汉晋正统王朝的儒家"礼治"之道,实则要开辟华夏制度与文化融合之新格局。现实政治需要与儒家经义的调试,祖宗"故事"与礼乐制作的融汇,乃至祖先记忆与政治叙事的衔接,多进行了系统的梳理。道武帝以来形成的"旧事",也进行了一定程度的扬弃与整合。孝文帝所利用的儒家学说,也因历史局势的变化而具有北魏王朝所独有的特色。通过对儒家学说的因循与权变,营造儒家"正名行礼"的政治形象工程,以"高祖之制"垂范后世。孝文帝死后,北魏逐渐走向衰亡,不过其"光宅中区,惟新朝典"的政治姿态却为后世所推重。《魏书》史臣评论说孝文帝时代"帝王制作,朝野轨度,斟酌用舍,焕乎其有文章"②,正是这种态度的表现。

  最初偏居代北一隅并多次居于其他势力控制之下,甚至曾被前秦攻灭的拓跋代,最后能并吞天下,除却拓跋铁骑在军事方面的优势外,还在于能够在危机中把握历史发展的脉络,采用合理的政治经济军事方略。征诸史事,"汉化"或者"华夏化"的趋势实际上是五胡十六国政权的共性,最能体现北魏相较于十六国政权之优势者,在于选取之政治思想贴合历史发展之需要。道武帝、明元帝时代以黄老之术巩固政权,太武帝时代以道教学说宣扬天命、定"先武后文"之策,孝文帝时代以儒学将各种文化融汇于一家,皆是如此。可以认为北魏政权的发展有很多的偶然

---

① 《魏书》卷一一四《释老志》,第3315页。
② 《魏书》卷七下《高祖纪下》,第222页。

因素,然而也必须承认采取合适的统治思想与策略对王朝的发展至关重要。

四、南北互动下的名号与北魏国家的成长

与中国历史上的统一政权不同,北魏政权的发展有一个基本的背景,那便是南北政权长期对峙。北魏政权利用名号进行自我建构时,有两个最重要的参照系统。一是横向的参照系统,即与之相对立的割据政权,主要是东晋南朝,早期也可以包括十六国诸政权。二是纵向的参照系统,即本部族的历史与传统。面对一个与自身实力相当、文化水平在多数时候都要高出许多的敌对政权,拓跋魏政权必须考虑如何面对和战胜之,消除其对自身统治的不利影响,必然会将其与自身进行对比。在南北政权长期互动与竞争的背景下,相较于所谓"拓跋旧制",横向的参照系统对于代魏政权的影响要大得多。

"代""魏""鲜卑""索头"乃至"索虏""魏虏"这些名号,在史书中可谓司空见惯。北朝给予南朝的称谓,比如"岛夷"之类,也为学者所熟知。这些名号不是从来就有的,也不是一成不变的。东晋南朝政权对拓跋魏的称谓,其实是在不断变化的。西晋就出现的"索头"号,实际上就是当时拓跋氏的族称。刘宋时期广泛使用"索虏"号,或者单用"虏"字。"索虏"号是由"索头"族称加上"虏"字构成的。"虏"字本非专门针对北方民族政权的称谓,曹魏对吴、蜀即广泛称之为"虏",强调的其实是政权的敌对性。齐梁则多称北魏"魏虏"或者"伪魏",这表明南朝对北魏的称谓已经不再包含拓跋部的族称。这是南北对峙格局不断变化的结果,也是南北文化交融不断发展的结果。

在拓跋部处于游牧部落时代的时候,只要这个部落或氏族与其他群体交往,应当就有某种自称或者他称。事实上,自汉以迄魏晋以来的"鲜卑",本身就是一个非常复杂的族群共同体,它包含很多不同的支系部落,如鲜卑的各部特别是东部鲜卑和北部鲜卑是否同源也都还是不很明确的问题。最初这些部落或者氏族可能是"各自带着一个不甚熟习的称号"[①]在魏晋的北边繁衍生息,同时也在与其他部族的交往中发展。随着

[①] 唐长孺:《魏晋南北朝史论丛》,第185页。

新的称号被加诸自身,拓跋政权要么接受这种称谓,要么自立新的名号以应对。"鲜卑"族称可算是一个显例。《宋书·索虏传》所见太武帝和宋文帝书信交往中自我得意于鲜卑身份,北魏人自称"鲜卑"的例证更有很多。《宋书》《南齐书》却着意记载拓跋氏源出匈奴,都声称拓跋氏其实是李陵之后,甚至刻意回避"鲜卑"族称。在齐梁时代的史料中,用"鲜卑"等名号指称北魏的情况也几乎不再出现。《魏书·序纪》只是简单提到"国有大鲜卑山,因以为号"①,此后无论是《魏书》还是今存北魏墓志碑刻史料,都很少看到有当时人使用"鲜卑"族称的痕迹。南北方对拓跋氏"鲜卑"族称的不同态度,有不同的目的。南朝早期借重汉代与匈奴对峙的历史记忆,故倾向于指实北魏为匈奴;北魏太武帝着力于争夺鲜卑正统地位,故在宋魏交往中乐于自称"鲜卑"。"鲜卑"名号在南北双方都走向消亡,表明北魏政权确实发生了可观的变化,对南北双方而言"鲜卑"旧称都已不符合现实要求。

新名号的使用,无疑会塑造新的身份认同。这种认同和其他因素一起,刺激着代魏政权向华夏文化靠拢,从而重新塑造全新的华夷观念。"魏"国号的确定,也有东晋刺激的因素:"时司马德宗遣使来朝,太祖将报之,诏有司博议国号。""代"国号来自晋朝封授,"魏"则本是晋前朝的国号,以此号进行南北交往,自无低人一等之虞。北魏统一北方以后,逐渐以"中国"自居而以南朝为僭伪。孝文帝时期,恰逢南齐建立后遣使聘魏,便以齐地在魏而质疑南齐国号的合理性:"南国无复齐土,何故封齐?"② 与一般印象中的南谓北为"索虏",北指南为"岛夷"不同,"岛夷"称号晚至《魏书》成书才定型。"岛夷"号所代表的"北朝胡汉之分,在文化而不在种族"的观念,也在魏齐禅代之际正式定型。在此之前,北魏政权对待南方政权的态度是相当务实的,所谓正统之争最多只是停留在口头上,实际政策则常常与南北利益之争密切相关。

长期以来,中原汉族对于边境北族,既有一种排斥的态度,又有一种"修文德以来之"的态度。这种思维方式延续到南北朝,对促进南北政权的文化发展有着更为重要的意义,也为北族入主中原并融入中华文明提

---

① 《魏书》卷一《序纪》,第1页。
② 《南齐书》卷五七《魏虏传》,第1094页。

供了理论依据。在南北分裂、华夏政权较为虚弱的南北朝时期,南方政权也还是抱着一种这样的态度而希望从文化上将北族融合进来。如南齐的王融在应对孝文帝遣使求书时所议:"若来之以文德,赐之以副书,汉家轨仪,重临畿辅,司隶传节,复入关河,无待八百之师,不期十万之众,固其提浆仵俟,挥戈愿倒,三秦大同,六汉一统。"① 其实北朝也是如此。在晋宋、宋齐、齐梁频繁的朝代更替时,北魏乃以前朝宗室保留被篡夺王朝血食的方式,用以取消南方政权立国的合法性,并用以作为争取南方降人的手段。北魏后期洛阳乃建有"四夷馆",以金陵馆和归正馆安置北来降人,继而形成洛阳城极具南北正统之争意味的政治空间。到孝文帝改革以后的宣武帝景明年间(500—504),魏已"承升平之业,四疆清晏,远迩来同,于是蕃贡继路,商贾交入,诸所献贸,倍多于常"②,俨然大一统王朝四方来朝的形象。又如北魏后期对待北边的少数民族柔然,如袁翻所言,"或修文德以来之,或兴干戈以伐之",将柔然阿那瓌、婆罗门等来投的事比作"呼韩来朝,左贤入侍"③,认为北魏对于北方少数民族的处理方式与周汉无异。这种政治行为形成的文化向心力,正是拓跋部建立政权、再到统一北方最后完全融入华夏文化的机遇。

五、北魏名号系统的"变"与作为"隋唐渊源"的北魏王朝

近代以来的魏晋南北朝政治史研究形成了一个基本的范式,就是将史事放在社会、民族、文化等长时段的结构中进行讨论。在这样的背景下,王朝兴亡、治乱交替等问题多被看作历史的表象,而社会结构、文化传统等内容则被看作本质性的因素。解释这段历史的基本论题也由中国传统史学中的王朝兴替、治乱兴衰转变为世家大族与社会集团、胡汉二元体制,以及结构、功能、网络、空间等现代术语。不过,在考虑各种结构性问题的同时,或许也可以对不是相对稳定的结构或功能等"常"的因素进行关注,更多地倾向于观照北魏政治文化中的"变"。

---

① 《南齐书》卷四七《王融传》,第907页。
② 《魏书》卷六五《邢峦传》,第1565页。
③ 《魏书》卷六九《袁翻传》,第1676页。又对待少数民族的类似议论前已有之,如高闾于孝文帝太和八年(484)上表云:"故远人不服,则修文德以来之;荒狡放命,则播武功以威之",表达了类似的理论纲领。参见《魏书》卷五四《高闾传》,第1315页。

与一般的王朝兴起不同,北魏王朝的勃兴不是简单的异姓革命或者王朝更替,它是在西晋十六国社会崩塌的背景下,由北境边缘一支较为弱小的北族势力逐步扩张并最终完成北方统一的。这种发展路径,与之前的王朝都有比较大的差异。在面对诸多问题时,有些可以从先秦经典或是汉晋旧制寻求帮助,而有时并无现成的经验可以利用。北魏君主也不一定愿意遵守礼法的规制,统治集团内部也不是铁板一块,因此会出现很多宜于当下的"权变"。太武帝时代的"太平"诸号,便是这样的例证。"太平真君"先是道教徒授予皇帝的尊号,其后又作为年号使用,甚至发明出一套即位礼仪,被北魏诸帝沿用。皇帝与教主结合的尝试,因水土不服最后半途而废。不过以道教的资源达成塑造君主之神圣性之目的,这是北魏的独创。太后称"圣母",太后与君主并称"二圣",亦是北魏出现的"权制",在传统男权体系下为女主政治打造了合适的位置。尔朱荣创制的"柱国大将军"之号,被宇文泰稍加改造,摇身一变成为府兵制下极为重要的名号。北魏时代出现的这些名号,都是逾越礼法的权变之制,却填补了某些传统礼制照顾不到的空缺。因而北魏短暂使用而停废以后,多有被后世重新捡起并加以模仿者,成为各种改造变体的制度渊源。

北魏名号选择的复杂曲折,正是这个时代变迁的重要写照。百余年间,从政权的国号、都城、德运,到单个皇帝的谥号、庙号,再到统治者的籍贯乃至族称,都发生过变化。用以支撑、诠释这些名号的知识基础,也不得不在这些改变过程中不断更新迭代。至于这些名号背后的历史记忆,更是经过多次重新涂抹,在史书中定型的时候已成层累叠加的形态。可以说,在正名观念的驱使下,符合现实政治需要的"名"经常会比过去的"实"更为重要。通过不停地涂抹重塑,拓跋部的祖先是出自鲜卑还是黄帝,不再需要进行非此即彼的选择,而可以通过世系嫁接将二者融为一体。以"太祖"改尊道武帝,将政权建立的断限定在道武帝时代,并不妨碍北魏的德运承自西晋,可以自西晋授予猗卢"代王"号便接续过来。北魏统治者出自鲜卑,也不妨碍他们自居华夏,而将十六国时代的"五胡"政权打入异类,将东晋南朝也贬斥为僭伪、岛夷。至关重要的是,北魏重塑的轻种族而重文化的华夷观,也成为此后隋唐王朝兼收并蓄凝聚不同族群文化的思想资源。

学界早已熟知,隋唐时代的政治变革、社会变迁、民族兴衰与文化嬗变,很多都与孝文帝时代的文化遗产密切相关。无可否认的是,隋唐政权渊源于北朝最直接的要素是政治上的承续,文化层面的渊源则更为多元。北魏王朝通过清理重组十六国时代带来的政治颠覆,加强了不同区域与社会阶层间的联系,让由地方化及家门化而趋于封闭的学术文化重新获得了交流与融合的平台。陈寅恪所说隋唐制度的北魏北齐、梁陈、西魏北周三源中,北魏北齐之渊源首先已经在孝文帝时代完成了一次总结。孝文帝时代的总结毕竟是建立在代魏以来政治历史发展的基础之上的,特别是太武时代以来北方的统一和稳定起着至关重要的作用。由乱而治的政治变迁,也确乎对社会文化变迁起着至关重要的影响,更是各种文化因素能否对实际政治发生作用的基础。魏斌总结西晋南北朝隋唐五条诏书的变迁时说:"高调的'政治纲领'虽然很多时代都可以制定,最终是否会具有实际的历史意义,却取决于推行这个纲领的王朝。"[①]实际上,即算是同一王朝乃至同一君主的不同时段,相似的"政治纲领"的实际意义也许都会有很大的不同。至于名号这种"政治口号",在实际政治中还可以有更多的可能性。隋唐时代的"历史出口"正是经历了复杂的变迁而形成的,或者说历史本身就是由各种变量组成的。在这个过程中,留下来的基因和消失的因素,都起着各自不同的作用。或许,从王朝的治乱兴衰背后,探寻各种政治符号的作用,还可以作进一步拓展。

[①] 魏斌:《五条诏书小史》,《魏晋南北朝隋唐史资料》第 26 辑,2010 年。

参考文献

1. 史料

（1）传世史料

［汉］司马迁：《史记》，中华书局点校本修订本，2013年版。
［汉］班固：《汉书》，中华书局点校本，1982年版。
［刘宋］范晔：《后汉书》，中华书局点校本，1982年版。
［晋］陈寿：《三国志》，中华书局点校本，1982年版。
［唐］房玄龄等：《晋书》，中华书局点校本，1974年版。
［北齐］魏收：《魏书》，中华书局点校本修订本，2017年版。
［唐］李百药：《北齐书》，中华书局点校本，1972年版。
［唐］令狐德棻：《周书》，中华书局点校本修订本，2022年版。
［南齐］沈约：《宋书》，中华书局点校本修订本，2018年版。
［南梁］萧子显：《南齐书》，中华书局点校本修订本，2017年版。
［唐］姚思廉：《梁书》，中华书局点校本修订本，2020年版。
［唐］姚思廉：《陈书》，中华书局点校本修订本，2021年版。
［唐］李延寿：《南史》，中华书局点校本，1975年版。
［唐］李延寿：《北史》，中华书局点校本，1974年版。
［唐］魏征等：《隋书》，中华书局点校本修订本，2019年版。
［五代］刘昫等：《旧唐书》，中华书局点校本，1975年版。
［宋］欧阳修等：《新唐书》，中华书局点校本，1975年版。
［宋］薛居正等：《旧五代史》，中华书局点校本修订本，2015年版。
［宋］司马光等：《资治通鉴》，中华书局点校本，1956年版。
［唐］杜佑：《通典》，中华书局点校本，1988年版。
［北魏］崔鸿著，［清］汤球辑：《十六国春秋辑补》，中华书局，2020年版。
［唐］许嵩：《建康实录》，中华书局，1987年版。

袁珂校注:《山海经校注》,巴蜀书社,1992年版。

[晋]常璩撰,任乃强校注:《华阳国志校补图注》,上海古籍出版社,1987年版。

[北魏]郦道元著,杨守敬、熊会贞疏:《水经注疏》,江苏古籍出版社,1989年版。

[北魏]郦道元著,陈桥驿校证:《水经注校证》,中华书局,2007年版。

[北魏]杨衒之著,杨勇校笺:《洛阳伽蓝记校笺》,中华书局,2006年版。

[唐]刘知几著,[清]浦起龙通释:《史通通释》,上海古籍出版社,2009年版。

[唐]段成式:《酉阳杂俎》,中华书局,1981年版。

[唐]林宝撰,岑仲勉校记:《元和姓纂》,中华书局,1994年版。

阮元校刻:《十三经注疏》,中华书局影印本,2009年版。

黄怀信等:《逸周书汇校集注》,上海古籍出版社,1995年版。

徐元诰:《国语集解》,中华书局,2002年版。

[春秋]老子著,朱谦之校释:《老子校释》,中华书局,1984年版。

[春秋]老子著,高明校注:《帛书老子校注》,中华书局,1996年版。

[春秋]老子著,[曹魏]王弼注,楼宇烈校释:《老子道德经注校释》,中华书局,2008年版。

[春秋]孙子著,杨丙安校理:《十一家注孙子校理》,中华书局,1999年版。

[战国]庄周著,[清]郭庆藩集释:《庄子集释》,中华书局,1961年版。

[战国]庄周著,[清]王先谦集解:《庄子集解》,中华书局,1987年版。

[战国]列子著,杨伯峻集释:《列子集释》,中华书局,2013年版。

[战国]管仲著,黎翔凤校注,梁运华整理:《管子校注》,中华书局,2004年版。

[战国]韩非著,[清]王先慎集解:《韩非子集解》,中华书局,1998年版。

[战国]吕不韦著,许维遹集释:《吕氏春秋集释》,中华书局,2009年版。

[汉]刘安著,何宁集释:《淮南子集释》,中华书局,1998年版。

[汉]董仲舒撰,[清]苏舆义证:《春秋繁露义证》,中华书局,1992年版。

[汉]扬雄著,[宋]司马光集注,刘韶军点校:《太玄集注》,中华书局,2013年版。

[汉]班固撰,[清]陈立疏证:《白虎通疏证》,中华书局,1994年版。

［东晋］葛洪著，王明校释：《抱朴子内篇校释》，中华书局，1985年版。
［东晋］葛洪著，杨明照校释：《抱朴子外篇校笺》，中华书局，1991、1997年版。
［北齐］颜之推著，王利器集解：《颜氏家训集解》，中华书局，1993年版。
［隋］王通著，［宋］阮逸注，张沛校注：《中说校注》，中华书局，2013年版。
郭霭春主编：《黄帝内经素问校注》，人民卫生出版社，1992年版。
［唐］瞿昙悉达：《唐开元占经》，中国书店，1989年版。
中村璋八：《五行大义校注（增订本）》，日本汲古书院，1998年版。
［晋］张华撰，范宁校证：《博物志校证》，中华书局，2014年版。
［晋］裴启著，周楞伽辑注：《裴启语林》，文化艺术出版社，1988年版。
［晋］王嘉撰，［梁］萧绮录，齐治平校注：《拾遗记》，中华书局，1981年版。
［梁］释慧皎撰，汤用彤校注：《高僧传》，中华书局，1992年版。
［梁］僧祐：《弘明集》，［唐］道宣：《广弘明集》，上海古籍出版社，1991年版。
［宋］傅亮、［宋］张演、［齐］陆杲撰，董志翘译注：《〈观世音应验记三种〉译注》，江苏古籍出版社，2002年版。
［东汉］张道陵等著，饶宗颐校笺：《老子想尔注校笺》，上海古籍出版社，1991年版。
［东汉］河上公著，王卡点校：《老子道德经河上公章句》，中华书局，1993年版。
［东汉］佚名著，王明编：《太平经合校》，中华书局，1979年版。
王叔岷：《列仙传校笺》，中华书局，2007年版。
［晋］葛洪著，胡守为校释：《神仙传校释》，中华书局，2010年版。
［梁］陶弘景撰，赵益点校：《真诰》，中华书局，2011年版。
［梁］陶弘景：《古今刀剑录》，民国陶氏涉园影印南宋咸淳百川学海刊本，第二十七册壬集上。
［唐］杜光庭撰，罗争鸣辑校：《杜光庭记传十种辑校》，中华书局，2013年版。
［北宋］张君房辑，李永晟点校：《云笈七签》，中华书局，2003年版。
［北魏］寇谦之：《老君音诵诫经》，《道藏》，文物出版社、上海书店、天津古籍出版社，1988年版（下称《道藏》本），第18册。

佚名:《正一法文天师教戒科经》,《道藏》本,第18册。
[晋·宋]王纂:《太上洞渊神咒经》,《道藏》本,第6册。
[刘宋]徐氏:《三天内解经》,《道藏》本,第28册。
[唐]李筌疏:《黄帝阴符经疏》,《道藏》本,第2册。
[梁]刘勰著,杨明照等校注:《增订文心雕龙校注》,中华书局,2000年版。
[梁]萧统编,[唐]李善注:《文选》,上海古籍出版社,1987年版。
[宋]郭茂倩编:《乐府诗集》,中华书局,1979年版。
[唐]欧阳询等:《艺文类聚》,上海古籍出版社,1982年版。
[唐]许敬宗等:《文馆词林》,影印日藏弘仁本,日本古典研究会,1969年版。
[唐]张楚金撰,[唐]雍公叡注:《翰苑》,收入《辽海丛书》第4册,辽沈书社,1985年版。
[唐]徐坚等:《初学记》,中华书局,1962年版。
[宋]李昉等:《太平御览》,中华书局,1960年版。
[宋]李昉等:《文苑英华》,中华书局,1966年版。
[宋]王钦若等:《册府元龟》,中华书局,1966年版。

(2)前人校勘考订(含学术札记、笔记,民国以前)

二十五史刊行委员会编:《二十五史补编》,中华书局,1955年版。
徐蜀选编:《二十四史订补》,书目文献出版社,1996年版。
张舜徽主编:《二十五史三编》,岳麓书社,1994年版。
[宋]胡寅撰,刘依平校点:《读史管见》,岳麓书社,2011年版。
[宋]叶适:《习学记言序目》,中华书局,1977年版。
[宋]黎靖德编,王星贤点校:《朱子语类》,中华书局,1986年版。
[宋]晁公武撰,孙猛校证:《郡斋读书志校证》,中华书局,1990年版。
[明]沈德符:《万历野获编》,中华书局,1959年版。
[清]顾炎武著,黄汝成集释:《日知录集释》,上海古籍出版社,2006年版。
[清]王夫之:《读通鉴论》,中华书局,1975年版。
[清]钱大昕著,方诗铭、周殿杰校点:《廿二史考异》,上海古籍出版社,2004年版。

［清］王鸣盛：《十七史商榷》，上海书店出版社，2005年版。
［清］赵翼撰，王树民校证：《廿二史札记校证》，中华书局，2013年版。
［清］赵翼：《陔余丛考》，商务印书馆，1957年版。
［清］牛运震著，李念孔等点校：《读史纠谬》，齐鲁书社，1989年版。
［清］俞正燮：《癸巳存稿》，辽宁教育出版社，2003年版。
［清］周中孚：《郑堂读书记》，商务印书馆，1959年版。

（3）金石、出土材料

［宋］欧阳修：《集古录》，《石刻史料新编》第一辑第24册，台湾新文丰出版公司，1977年版。

［清］王昶：《金石萃编》，《石刻史料新编》第一辑第1、2、3、4册，台湾新文丰出版公司，1977年版。

［清］陆耀遹：《金石续编》，《石刻史料新编》第一辑第4、5册，台湾新文丰出版公司，1977年版。

［清］陆增祥：《八琼室金石补正》，《石刻史料新编》第一辑第6、7、8册，台湾新文丰出版公司，1977年版。

赵万里：《汉魏南北朝墓志集释》，《石刻史料新编》第三辑第3、4册，台湾新文丰出版公司，1986年版。

王壮弘、马成名：《六朝墓志检要》，上海书画出版社，1985年版。

罗福颐主编：《秦汉南北朝官印征存》，文物出版社，1987年版。

北京图书馆金石组编：《北京图书馆藏中国历代石刻拓本汇编》第2—10册，中州古籍出版社1989—1991年影印版。

黄明兰、朱亮：《洛阳名碑集释》，朝华出版社，2003年版。

罗振玉：《鸣沙石室佚书正续编》，北京图书馆出版社，2004年版。

魏启鹏：《马王堆汉墓帛书〈黄帝书〉笺证》，中华书局，2004年版。

罗新、叶炜：《新出魏晋南北朝墓志疏证》，中华书局，2016年版。

郭玉堂：《洛阳出土石刻时地记》，大象出版社，2005年版。

洛阳师范学院河洛文化国际研究中心：《洛阳考古集成》，北京图书馆出版社，2007年版。

赵超：《汉魏南北朝墓志汇编》，天津古籍出版社，2008年版。

毛远明：《汉魏六朝碑刻校注》，线装书局，2008年版。

周晓陆:《二十世纪出土玺印集成》,中华书局,2010年版。
鲁迅:《鲁迅辑校石刻手稿》,李新宇、周海婴主编《鲁迅大全集》第22—28卷,长江文艺出版社,2011年版。
王连龙:《新见北朝墓志集释》,中国书籍出版社,2013年版。
王连龙:《南北朝墓志集成》,上海人民出版社,2020年版。

2. 今人专著

安介生:《历史地理与山西地方史新探》,山西人民出版社,2008年版。
巴菲尔德:《危险的边疆:游牧帝国与中国》,江苏人民出版社,2011年版。
白翠琴:《魏晋南北朝民族史》,四川民族出版社,1996年版。
白鸟库吉:《东胡民族考》,商务印书馆,1934年版。
柏夷:《道教研究论集》,中西书局,2015年版。
蔡宗宪:《中古前期的交聘与南北互动》,台湾稻乡出版社,2008年版。
陈国符:《道藏源流考》,中华书局,1963年版。
陈鸿森:《汉唐经学研究》,中西书局,2021年版。
陈侃理:《儒学、数术与政治:灾异的政治文化史》,北京大学出版社,2015年版。
陈连庆:《中国古代少数民族姓氏研究:秦汉魏晋南北朝少数民族姓氏研究》,吉林文史出版社,1993年版。
陈琳国:《中古北方民族史探》,商务印书馆,2010年版。
陈明:《儒学的历史文化功能——以中古士族现象为个案》,中国社会科学出版社,2005年版。
陈识仁:《〈水经注〉与北魏史学》,台湾花木兰文化出版社,2008年版。
陈爽:《世家大族与北朝政治》,中国社会科学出版社,1998年版。
陈爽:《出土墓志所见中古谱牒研究》,学林出版社,2015年版。
陈苏镇:《中国古代政治文化研究》,北京大学出版社,2009年版。
陈苏镇:《〈春秋〉与"汉道"——两汉政治与政治文化研究》,中华书局,2011年版。
陈寅恪:《金明馆丛稿初编》,生活·读书·新知三联书店,2001年版。

陈寅恪：《金明馆丛稿二编》，生活·读书·新知三联书店，2001年版。
陈寅恪：《隋唐制度渊源略论稿·唐代政治史述论稿》，生活·读书·新知三联书店，2001年版。
陈撄宁：《道教与养生》，华文出版社，2000年版。
陈勇：《〈资治通鉴〉十六国资料释证（汉赵、后赵、前燕国部分）》，中国社会科学出版社，2010年版。
陈垣：《二十史朔闰表》，古籍出版社，1956年版。
陈柱：《诸子概论》，江苏文艺出版社，2008年版。
程维荣：《拓跋宏评传》，南京大学出版社，1998年版。
狄宇宙：《古代中国与其强邻：东亚历史上游牧力量的兴起》，中国社会科学出版社，2010年版。
杜士铎：《北魏史》，北岳文艺出版社，2011年版。
范兆飞：《中古太原士族群体研究》，中华书局，2014年版。
甘怀真：《皇权、礼仪与经典诠释：中国古代政治史研究》，华东师范大学出版社，2008年版。
高明士：《中国传统政治与教育》，台湾文津出版社，2003年版。
高明士：《中国中古政治的探索》，台湾五南图书有限公司，2006年版。
葛兆光：《道教与中国文化》，上海人民出版社，1987年版。
葛兆光：《中国思想史》第1卷《七世纪前中国的知识、思想与信仰世界》，复旦大学出版社，1998年版。
葛兆光：《屈服史及其他：六朝隋唐道教的思想史研究》，生活·读书·新知三联书店，2003年版。
葛志毅：《谭史斋论稿四编》，黑龙江人民出版社，2008年版。
谷川道雄：《隋唐帝国形成史论》，上海古籍出版社，2004年版。
郭善兵：《中国古代帝王宗庙礼制研究》，人民出版社，2007年版。
何德章：《魏晋南北朝史丛稿》，商务印书馆，2010年版。
何兹全：《何兹全文集》，中华书局，2006年版。
洪廷彦：《洪廷彦史学文存》，中华书局，2012年版。
胡阿祥：《伟哉斯名："中国"古今称谓研究》，湖北教育出版社，2000年版。
胡阿祥：《中国名号与中古地理探索》，生活·读书·新知三联书店，2013

年版。

胡宝国:《将无同:中古史研究论文集》,中华书局,2020年版。

胡鸿:《能夏则大与渐慕华风:政治体视角下的华夏与华夏化》,北京师范大学出版社,2017年版。

吉川忠夫:《六朝精神史研究》,江苏人民出版社,2010年版。

江上波夫:《骑马民族国家》,光明日报出版社,1988年版。

姜生:《汉魏两晋南北朝道教伦理论稿》,四川大学出版社,1995年版。

景蜀慧、孔毅:《中国古代思想史·魏晋南北朝卷》,广西人民出版社,2006年版。

康乐:《从西郊到南郊:国家祭典与北魏政治》,台湾稻禾出版社,1995年版。

拉铁摩尔:《中国的亚洲内陆边疆》,江苏人民出版社,2008年版。

黎虎:《汉唐外交制度史》,兰州大学出版社,1998年版。

黎虎:《魏晋南北朝史论》,学苑出版社,1999年版。

李恒成:《云冈石窟与北魏时代》,山西科学技术出版社,2005年版。

李久昌:《国家、空间与社会:古代洛阳都城空间演变研究》,三秦出版社,2007年版。

李凭:《北朝研究存稿》,商务印书馆,2006年版。

李凭:《北魏平城时代》,上海古籍出版社,2009年版。

李书吉:《北朝礼制法系研究》,人民出版社,2002年版。

李硕:《南北战争三百年》,上海人民出版社,2018年版。

梁满仓:《汉唐间政治与文化探索》,贵州人民出版社,2000年版。

梁满仓:《魏晋南北朝五礼制度考论》,社会科学文献出版社,2009年版。

梁启超:《饮冰室合集》,中华书局,1989年版。

林幹:《东胡史》,内蒙古人民出版社,1989年版。

刘次沅、马莉萍:《中国历史日食典》,世界图书出版公司,2006年版。

刘琳:《中古泥鸿——刘琳史学论文自选集》,巴蜀书社,1999年版。

刘玲娣:《汉魏六朝老学研究》,华中师范大学出版社,2012年版。

刘浦江:《松漠之间:辽金契丹女真史研究》,中华书局,2008年版。

刘浦江:《正统与华夷:中国传统政治文化研究》,中华书局,2017年版。

刘学铫:《鲜卑史论》,台湾南天书局,1994年版。

刘屹：《敬天与崇道：中古经教道教形成的思想史背景》，中华书局，2005年版。

刘屹：《神格与地域：汉唐间道教信仰世界研究》，上海人民出版社，2011年版。

楼劲：《北魏开国史探》，中国社会科学出版社，2017年版。

逯耀东：《从平城到洛阳：拓跋魏文化转变的历程》，中华书局，2006年版。

罗新：《中古北族名号研究》，北京大学出版社，2009年版。

罗新：《黑毡上的北魏皇帝》，海豚出版社，2014年版。

罗新：《王化与山险：中古边裔论集》，北京大学出版社，2019年版。

吕思勉：《两晋南北朝史》，上海古籍出版社，2005年版。

吕思勉：《吕思勉读史札记（增订本）》，上海古籍出版社，2005年版。

吕思勉：《中国民族史两种》，上海古籍出版社，2008年版。

马长寿：《乌桓与鲜卑》，上海人民出版社，1962年版。

马长寿：《马长寿民族学论文集》，人民出版社，2003年版。

马长寿：《碑铭所见前秦至隋初的关中部族》，广西师范大学出版社，2006年版。

马长寿：《突厥人和突厥汗国》，广西师范大学出版社，2006年版。

缪钺：《冰茧庵丛稿》，上海古籍出版社，1985年版。

缪钺：《读史存稿》，生活·读书·新知三联书店，1982年版。

牟发松：《汉唐历史变迁中的社会与国家》，上海人民出版社，2011年版。

牟发松等：《中国行政区划通史·十六国北朝卷》，复旦大学出版社，2017年版。

聂溦萌：《中古官修史体制的运作与演进》，上海古籍出版社，2021年版。

潘国键：《北魏与蠕蠕关系研究》，台湾商务印书馆，1988年版。

潘雨廷：《道藏书目提要》，上海古籍出版社，2003年版。

潘雨廷：《道教史发微》，上海社会科学院出版社，2003年版。

彭丰文：《两晋时期国家认同研究》，民族出版社，2009年版。

前田正名：《平城历史地理学研究》，上海古籍出版社，2012年版。

卿希泰：《道教文化新探》，四川人民出版社，1988年版。

饶宗颐：《中国史学上之正统观》，上海远东出版社，1996年版。

邵正坤：《北朝家庭形态研究》，科学出版社，2008年版。

松下宪一:《北魏胡族体制论》,日本北海道大学人文科学研究所,2007年版。
苏小华:《北镇势力与北朝政治文化》,中国社会科学出版社,2012年版。
宿白:《中国石窟寺研究》,文物出版社,1996年版。
孙同勋:《拓跋氏的汉化及其他——北魏史论文集》,台湾稻乡出版社,2005年版。
孙英刚:《神文时代:谶纬、术数与中古政治研究》,上海古籍出版社,2014年版。
汤其领:《汉魏两晋南北朝道教史研究》,河南大学出版社,1994年版。
汤一介:《魏晋南北朝时期的道教》,陕西师范大学出版社,1988年版。
唐长孺:《山居丛稿》,《唐长孺文集》第3卷,中华书局,2011年版。
唐长孺:《山居丛稿续编》,《唐长孺文集》第6卷,中华书局,2011年版。
唐长孺:《魏晋南北朝史论丛》,《唐长孺文集》第1卷,中华书局,2011年版。
唐长孺:《魏晋南北朝史论丛续编·魏晋南北朝史论拾遗》,《唐长孺文集》第2卷,中华书局,2011年版。
唐长孺:《魏晋南北朝隋唐史三论》,《唐长孺文集》第4卷,中华书局,2011年版。
田余庆:《拓跋史探》,生活·读书·新知三联书店,2011年版。
田余庆:《东晋门阀政治》,北京大学出版社,2012年版。
窪添庆文:《魏晋南北朝官僚制研究》,台湾台大出版中心,2015年版。
万绳楠整理:《陈寅恪魏晋南北朝史讲演录》,贵州人民出版社,2012年版。
汪受宽:《谥法研究》,上海古籍出版社,1995年版。
王葆玹:《黄老与老庄》,中国人民大学出版社,2012年版。
王步贵:《神秘文化:谶纬文化新探》,中国社会科学出版社,1993年版。
王承文:《敦煌古灵宝经与晋唐道教》,中华书局,2002年版。
王静:《中古都城建城传说与政治文化》,社会科学文献出版社,2013年版。
王明珂:《游牧者的抉择——面对汉帝国的北亚游牧部族》,广西师范大学出版社,2008年版。
王明珂:《华夏边缘:历史记忆与族群认同》,浙江人民出版社,2013年版。

王运熙:《乐府诗述论(增补本)》,上海古籍出版社,2006年版。

王钟翰:《中国民族史》,武汉大学出版社,2012年版。

王仲荦:《北周六典》,中华书局,1979年版。

王仲荦:《北周地理志》,中华书局,1980年版。

王仲荦:《魏晋南北朝史》,上海人民出版社,2003年版。

尾形勇:《中国古代的"家"与国家》,中华书局,2010年版。

吴洪琳:《合为一家:十六国北魏时期的民族认同》,社会科学文献出版社,2020年版。

毋有江:《北魏政治地理研究》,科学出版社,2018年版。

夏炎:《中古世家大族清河崔氏研究》,天津古籍出版社,2004年版。

小林正美:《六朝道教史研究》,四川人民出版社,2001年版。

小林正美:《中国的道教》,齐鲁书社,2010年版。

辛德勇:《建元与改元——西汉新莽年号研究》,中华书局,2013年版。

徐冲:《观书辨音:历史书写与魏晋精英的政治文化》,北京大学出版社,2020年版。

薛海波:《5—6世纪北边六镇豪强酋帅社会地位演变研究》,中华书局,2020年版。

严耕望:《唐代交通图考》,上海古籍出版社,2007年版。

严耕望:《中国地方行政制度史·魏晋南北朝地方行政制度》,中华书局,2007年版。

严耕望:《严耕望史学论文集》,上海古籍出版社,2009年版。

严耀中:《北魏前期政治制度》,吉林教育出版社,1990年版。

阎步克:《乐师与史官——传统政治文化与政治制度论集》,生活·读书·新知三联书店,2001年版。

阎步克:《品位与职位——秦汉魏晋南北朝官阶制度研究》,中华书局,2002年版。

杨鸿年:《汉魏制度丛考》,武汉大学出版社,2005年版。

杨吉仁:《北魏汉化教育制度之研究》,台湾正中书局,1973年版。

杨联陞:《中国语文札记·杨联陞论文集》,中国社会科学出版社,1992年版。

杨耀坤:《魏晋南北朝史论稿》,成都出版社,1993年版。

姚大力:《北方民族史十论》,广西师范大学出版社,2007年版。
姚薇元:《北朝胡姓考》,中华书局,2007年版。
余明光:《黄帝四经与黄老思想》,黑龙江人民出版社,1989年版。
余英时:《士与中国文化》,上海人民出版社,2003年版。
余英时:《宋明理学与政治文化》,吉林人民出版社,2008年版。
俞鹿年:《北魏职官制度考》,社会科学文献出版社,2008年版。
张继昊:《从拓跋到北魏——北魏王朝创建历史的考察》,台湾稻乡出版社,2003年版。
张金龙:《北魏政治史》(第1—9卷),甘肃教育出版社,2008—2011年版。
张金龙:《北魏政治与制度论稿》,甘肃教育出版社,2003年版。
张莉:《〈魏书〉研究》,华文出版社,2009年版。
张庆捷:《民族汇聚与文明互动——北朝社会的考古学观察》,商务印书馆,2010年版。
郑钦仁:《北魏中书省考》,台湾大学文学院,1966年版。
郑钦仁:《北魏官僚机构研究》,台湾牧童出版社,1976年版。
郑钦仁:《北魏官僚机构研究续编》,台湾牧童出版社,1995年版。
郑欣:《魏晋南北朝史探索》,山东大学出版社,2009年版。
钟国发:《神圣的突破:从世界文明视野看儒佛道三元一体格局的由来》,四川人民出版社,2003年版。
钟肇鹏:《谶纬论略》,辽宁教育出版社,1991年版。
周建江:《太和十五年——北魏政治文化变革研究》,广东人民出版社,2001年版。
周一良:《魏晋南北朝史论集》,北京大学出版社,2010年版。
周一良:《魏晋南北朝史札记》,中华书局,1985年版。
朱季海:《南齐书校议》,中华书局,1984年版。
朱越利:《道藏分类解题》,华夏出版社,1996年版。
诸祖耿等记录:《章太炎国学讲演录》,中华书局,2013年版。
祝总斌:《材不材斋史学丛稿》,中华书局,2010年版。
祝总斌:《材不材斋文集》,三秦出版社,2006年版。

3. 今人论文

阿部幸信:《西汉时期内外观的变迁:印制的视角》,黄桢译,载《浙江学刊》2014 年第 3 期。

伯希和:《支那名称之起源》,载冯承钧译:《西域南海史地考证译丛一编》,商务印书馆,1962 年版。

蔡金仁:《拓跋珪创建北魏政治战略论析》,载《通识教育学报》(台湾)第 2 期,2008 年。

蔡幸娟:《北魏保皇太后政治研究》,台湾成功大学《历史学报》第 25 号,1999 年。

蔡运章、赵晓军:《"中国"、"河南"诸名称与古都洛阳》,载《河南科技大学学报(社会科学版)》2011 年第 6 期。

曹文柱:《北魏明元、太武两朝的世子监国》,载《北京师范大学学报(社会科学版)》1991 年第 4 期。

曹永年:《柔然源于杂胡考》,载《历史研究》1981 年第 2 期。

曹永年:《早期拓跋鲜卑的社会状况和国家的建立》,载《历史研究》1987 年第 5 期。

陈鸿森:《北朝经学的二三问题》,载《历史语言研究所集刊》第 66 本第 4 分,1995 年。

陈金凤:《北魏正统化运动论略》,载《黑龙江民族丛刊》2008 年第 1 期。

陈金凤:《黄帝文化与北魏政治》,载楼劲主编:《魏晋南北朝史的新探索——中国魏晋南北朝史学会第十一届年会暨国际学术研讨会论文集》,中国社会科学出版社,2015 年版。

陈连开:《鲜卑史研究的一座丰碑》,载《民族研究》1982 年第 6 期。

陈识仁:《北魏崔浩案的研究与讨论》,《史原》(台湾)第 21 期,1999 年。

陈识仁:《北魏修史略论》,载黄清连编:《结网编》,台湾东大图书公司,1998 年版。

陈爽:《河阴之变考论》,载《中国社会科学院历史研究所学刊》第 4 集,商务印书馆,2007 年。

陈勇:《从五主到五族:"五胡"称谓探源》,载《历史研究》2014 年第 4 期。

陈勇:《拓跋种姓"匈奴说"的政治史考察》,载《历史研究》2016 年第

2期。

陈勇:《拓跋嗣与姚兴联姻考》,载《文史哲》2017年第5期。

川本芳昭:《关于五胡十六国北朝时代的"正统"王朝》,邓红、牟发松译,载《北朝研究》第二辑,北京燕山出版社,2001年版。

崔璿:《石子湾北魏古城的方位、文化遗存及其它》,载《文物》1980年第8期。

戴雨林:《北魏孝文帝迁都洛阳问题研究综述》,载《洛阳大学学报》2005年第1期。

邓乐群:《北魏统一中原前十六国政权的汉化先声》,载《清华大学学报(哲学社会科学版)》2006年第2期。

范家伟:《北魏正朔与崔浩国史之狱》,载周梁楷编:《结网二编》,台湾东大图书公司,2003年版。

范兆飞:《永嘉乱后的并州局势——以刘琨刺并为中心》,载《学术月刊》2008年第3期。

范兆飞:《中古地域集团学说的运用及流变——以关陇集团理论的影响为线索》,载《厦门大学学报(哲学社会科学版)》2016年第1期。

方诗铭:《"汉祚复兴"的谶记与原始道教——晋南北朝刘根、刘渊的起义起兵及其他》,载《史林》1996年第3期。

高蕴华:《谈拓跋什翼犍》,载《内蒙古民族师院学报》1988年第3期。

葛志毅:《汉代谶纬河洛说的历史文化意义》,载《邯郸学院学报》2007年第1期。

古胜隆一:《北朝经学与〈老子〉》,载《第二届传统中国研究国际学术讨论会论文集(二)》,2007年。

郭建邦:《北魏宁懋石室和墓志》,载《河南文博通讯》1980年第2期。

韩杰:《北魏时期"十六国史"的撰述》,载《史学史研究》1989年第3期。

何德章:《"阴山却霜"之俗解》,载《魏晋南北朝隋唐史资料》第12辑,1993年。

何德章:《北魏国号与正统问题》,载《历史研究》1992年第3期。

何德章:《鲜卑代国的成长与拓跋鲜卑初期汉化》,载《武汉大学学报(人文科学版)》2001年第1期。

何德章:《北魏初年的汉化制度与天赐二年的倒退》,载《中国史研究》

2001年第2期。

何德章:《北魏末帝位异动与东西魏的政治走向》,载《魏晋南北朝隋唐史资料》第18辑,2001年。

何德章:《两篇东魏〈檄梁文〉的作者与相互关系》,载《文史》2018年第3辑。

何德章:《"宗主督护"及其他——读史校词四则》,载《魏晋南北朝隋唐史资料》第44辑,2021年。

何德章:《史料辨析方法与史料实证素养的培养》,载《历史教学问题》2022年第1期。

何德章:《汉族族称的出现与定型》,载《历史研究》2022年第5期。

河北省文物研究所、承德地区文物管理所、隆化县文物管理所:《隆化皇姑屯辽北安州及其附近遗迹调查简报》,载《文物春秋》1991年第2期。

赵向群、侯文昌:《孝文帝的汉化政策与拓跋民族精神的丧失》,载《许昌学院学报》2003年第6期。

胡克森:《北魏的正统与汉化》,载《史林》2015年第5期。

胡守为:《黄巾起义口号中的"黄天"涵义》,载《中国史研究》1988年第1期。

黄烈:《略论吐鲁番出土的"道教符箓"》,载《文物》1981年第1期。

黄桢:《论北魏孝文帝太和十八年之北巡》,载《文史》2022年第2辑。

江上波夫:《匈奴的祭祀》,载刘俊文主编:《日本学者研究中国史论著选译》第9卷《民族交通》,中华书局,1992年版。

姜生:《曹操与原始道教》,载《历史研究》2011年第1期。

姜望来:《崔浩所谓"拓跋之祖本李陵之胄"试释》,载《唐研究》第18辑,北京大学出版社,2012年版。

姜志翰、黄一农:《星占对中国古代战争的影响——以北魏后秦之柴壁战役为例》,载《自然科学史研究》1999年第4期。

金子修一:《关于魏晋到隋唐的郊祀、宗庙制度》,载刘俊文主编:《日本中青年学者论中国史·六朝隋唐卷》,上海古籍出版社,1995年版。

津田资久:《曹魏符瑞与司马懿的政治地位》,载《魏晋南北朝史研究:回顾与探索——中国魏晋南北朝史学会第九届年会论文集》,湖北教育出版社,2009年版。

堀内淳一:《南北朝间的外交使节和经济交流》,载《魏晋南北朝史研究的回顾与探索——中国魏晋南北朝史学会第九届年会论文集》,湖北教育出版社,2009年版。

劳幹:《论魏孝文之迁都与华化》,载《历史语言研究所集刊》第8本第4分,1939年。

李炳海:《帝都中心论的文化承载——古代京都赋意蕴管窥》,载《齐鲁学刊》2000年第2期。

李衡眉:《历代昭穆制度中"始祖"称呼之误厘正》,载《求是学刊》1995年第3期。

李久昌:《"天下之中"与列朝都洛》,载《河南社会科学》2007年第4期。

李凭:《黄帝历史形象的塑造》,载《中国社会科学》2012年第3期。

李凭:《襄助北魏孝文帝迁都的三位关键人物》,载《江海学刊》2012年第3期。

李凭:《〈魏书〉与〈史记〉的对比研究》,载楼劲主编:《魏晋南北朝史的新探索——中国魏晋南北朝史学会第十一届年会暨国际学术研讨会论文集》,中国社会科学出版社,2015年版。

李逸友:《内蒙古出土古代官印的新资料》,载《文物》1961年第9期。

李志敏:《嘎仙洞的发现与拓跋魏发祥地问题》,载《中国史研究》2002年第1期。

李志敏:《"索头"为既辫且髡发式说辨误》,载《民族研究》2005年第4期。

梁祚腾:《"桑干"考》,载《北朝研究》第1辑,北京燕山出版社,2000年版。

凌文超:《鲜卑四大中正与分定姓族》,载《文史》2008年第2辑。

刘长旭:《十六国、北朝游牧民族的水崇拜与投尸入河习俗稽释——以拓跋鲜卑族为主要对象》,载《社会科学辑刊》2002年第3期。

刘国石:《简论北朝时期少数民族政权对儒家伦理道德的传承——以孝道传承为研究中心》,载《北朝研究》第7辑,科学出版社,2010年版。

刘精诚:《北魏冯太后与献文帝、孝文帝的关系》,载刘心长、马忠理主编:

《邺城暨北朝史研究》,河北人民出版社,1991年版。

刘军:《北魏"天赐十王"考辨》,载《南京晓庄学院学报》2013年第2期。

刘军:《北魏宗室阶层授爵略论》,载《社会科学辑刊》2013年第4期。

刘凯:《北魏羽真考》,载《学术月刊》2015年第2期。

刘淑芬:《从民族史的角度看太武灭佛》,载《历史语言研究所集刊》第72本第1分,2001年。

刘屹:《寇谦之的家世与生平》,载《华林》第2卷,2002年。

刘泽华、侯东阳:《论帝王尊号的政治文化意义》,载《学术月刊》1993第11期。

刘昭瑞:《北魏姚伯多道教造像碑考论》,载陈鼓应主编:《道家文化研究》第9辑,上海古籍出版社,1996年版。

刘昭瑞:《说"天宫"与寇谦之的"静轮天宫"》,载《世界宗教研究》2004年第3期。

刘昭瑞:《"老鬼"与南北朝时期老子的神化》,载《历史研究》2005年第2期。

罗独修:《陈寅恪之"寇谦之采用释家(天竺)天算医药之学以改进道教说"之商榷》,载《史学汇刊》(台湾)第21期,2008年。

吕宗力:《魏晋南北朝至隋禁毁谶纬始末》,载《高敏先生八十华诞纪念文集》,线装书局,2006年版。

吕宗力:《谶纬与十六国北朝的社会与政治》,载《"1—6世纪中国北方边疆·民族·社会国际学术研讨会"论文集》,科学出版社,2008年。

米文平:《鲜卑石室的发现与初步研究》,载《文物》1981年第2期。

米文平:《嘎仙洞北魏石刻祝文考释》,载《中国魏晋南北朝史学会成立大会暨学术讨论会会议论文集》,1984年。

宁夏回族自治区博物馆、宁夏固原博物馆:《宁夏固原北周李贤夫妇墓发掘简报》,载《文物》1985年第11期。

潘敦:《可敦、皇后与北魏政治》,载《中国史研究》2020年第4期。

彭丰文:《试论十六国时期胡人正统观的嬗变》,载《民族研究》2010年第6期。

朴汉济:《西魏北周时代胡姓再行与胡汉体制》,载《文史哲》1993年第3期。

秦永洲:《东晋南北朝时期中华正统之争与正统再造》,载《文史哲》1998年第1期。

邱建智:《中国中古"四姓"说之回顾与检讨》,载《早期中国史研究》(台湾)第2卷第1期,2010年。

仇鹿鸣:《"攀附先世"与"伪冒士籍"——以渤海高氏为中心的研究》,载《历史研究》2008年第2期。

仇鹿鸣:《陈寅恪范式及其挑战——以魏晋之际的政治史研究为中心》,载《中国中古史研究:中国中古史青年学者联谊会会刊》第2卷,中华书局,2011年版。

仇鹿鸣:《高允与崔浩之死臆测——兼及对北魏前期政治史研究方法的一些反思》,载《社会科学战线》2013年第3期。

仇鹿鸣:《失焦:历史分期论争与中文世界的士族研究》,载《文史哲》2018年第6期。

任重:《平城的居民规模与平城时代的经济模式》,载《史学月刊》2002年第3期。

森鹿三:《北魏洛阳城的规模》,载刘俊文主编:《日本学者研究中国史论著选译》第9卷《民族交通》,中华书局,1992年版。

山西省考古研究所、灵丘县文物局:《山西灵丘北魏文成帝〈南巡碑〉》,载《文物》1997年第12期。

邵正坤:《北朝家庭的道教信仰》,载《史学月刊》2008年第12期。

邵正坤:《试论北朝以传承儒学为主的家学及其嬗变》,载《孔子研究》2008年第3期。

邵正坤:《道教信仰与中古时期的家庭伦理》,载《社会科学战线》2012年第10期。

史念海:《论我国历史上东西对立的局面和南北对立的局面》,载《中国历史地理论丛》1992年第1辑。

松下宪一:《北魏代人集团考略》,载中国魏晋南北朝史学会、四川大学历史文化学院编:《魏晋南北朝史论文集》,巴蜀书社,2006年版。

松下宪一:《北朝隋唐时代史料中的"代人"》,载《魏晋南北朝史研究的回顾与探索——中国魏晋南北朝史学会第九届年会论文集》,湖北教育出版社,2009年版。

宿白:《东北、内蒙古地区的鲜卑遗迹——鲜卑遗迹辑录之一》,载《文物》1977年第5期。

宿白:《盛乐、平城一带的拓跋鲜卑·北魏遗迹——鲜卑遗迹辑录之二》,载《文物》1977年第11期。

宿白:《北魏洛阳城和北邙陵墓——鲜卑遗迹辑录之三》,载《文物》1978年第7期。

孙蓉蓉:《〈诗纬〉考论》,载《中国文化研究》2006年冬之卷。

孙瑞雪:《道教"师道"——神圣与世俗》,载《宗教学研究》2014年第1期。

孙险峰:《北魏土德运次的制定》,载《华南师范大学学报(社会科学版)》2010年第6期。

孙险峰:《崔浩的天人思想与北魏政治文化》,载楼劲主编:《魏晋南北朝史的新探索——中国魏晋南北朝史学会第十一届年会暨国际学术研讨会论文集》,中国社会科学出版社,2015年版。

索安著,刘屹译:《国之重宝与道教秘宝——谶纬所见道教的渊源》,载《法国汉学》第4辑,中华书局,1999年版。

汤用彤著,汤一介整理:《寇谦之的著作与思想》,载《历史研究》1961年第5期。

陶克涛:《论嘎仙洞刻石》,载《民族研究》1991年第6期。

丸山雄:《中国感生传说考》,载《中国中古史研究:中国中古史青年学者联谊会会刊》第4卷,中华书局,2014年版。

王邦维:《关于"洛州无影"》,载《文史》2000年第3辑。

王邦维:《"洛州无影"与"天下之中"》,载《四川大学学报(哲学社会科学版)》2005年第4期。

王朝海:《北魏政权正统建设研究》,载《广西社会科学》2014年第9期。

王华山:《河北士族礼法传统与北学渊源》,载《文史哲》2003年第2期。

王静:《北魏四夷馆论考》,载《民族研究》1999年第4期。

王铭:《〈魏书〉孝文帝太和十五年改易庙号诏考订》,载《中国史研究》2009年第3期。

王铭:《"正统"与"政统":拓跋魏"太祖"庙号改易及其历史书写》,载《中华文史论丛》2011年第2期。

王铭:《北魏太武帝庙号升格问题考议》,载《中国史研究》2016年第2期。

王沛:《刑名学与中国古代法典的形成——以清华简、〈黄帝书〉资料为线索》,载《历史研究》2013年第4期。

王雁卿:《北魏永固陵陵寝制度的几点认识》,载《山西大同大学学报(社会科学版)》2008年第4期。

王伊同:《魏书崔浩传笺注》,载《历史语言研究所集刊》第45本第4分,1974年。

王永平:《崔浩之南朝情结及其与南士之交往考析》,载《"1—6世纪中国北方边疆·民族·社会国际学术研讨会"论文集》,科学出版社,2008年。

王永平:《北魏孝文帝之南征战略及其相关争议考论》,载《学术研究》2013年第3期。

魏斌:《五条诏书小史》,载《魏晋南北朝隋唐史资料》第26辑,2010年。

魏启鹏:《〈太玄经〉道家易札记》,载《道家文化研究》第12辑,生活·读书·新知三联书店,1998年版。

魏启鹏:《〈太玄〉·黄老·儒学》,载《道家文化研究》第12辑,生活·读书·新知三联书店,1998年版。

温玉成:《论拓跋部源自索离》,载《新疆师范大学学报(哲学社会科学版)》2012年第6期。

吴荭、张陇宁、尚海啸:《新发现的北魏〈大代持节豳州刺史山公寺碑〉》,载《文物》2007年第7期。

吴洪琳:《"五胡"新释》,载《陕西师范大学学报(哲学社会科学版)》2009年第4期。

吴洪琳:《王、天王、皇帝——十六国时期各政权首领名号研究》,载《西北民族论丛》第9辑,2013年。

解廷琦:《大同方山北魏永固陵》,载《文物》1978年第7期。

谢路军:《寇谦之援儒入道思想述评》,载《中央民族大学学报》2005年第2期。

严耀中:《北魏前期的宗教特色与政治》,载《上海师范大学学报(哲学社会科学版)》1989年第3期。

易毅成:《北魏的南进政策与国势的消长》,载张国刚主编:《中国中古史论集》,天津古籍出版社,2003年版。

殷宪:《北魏平城考述》,载《北朝研究》第7辑,科学出版社,2010年版。

曾磊:《北魏祖先认同的再检讨——以拓跋皇室对"幽都"的记忆为切入点》,载楼劲主编:《魏晋南北朝史的新探索——中国魏晋南北朝史学会第十一届年会暨国际学术研讨会论文集》,中国社会科学出版社,2015年版。

张鹤泉、苗霖霖:《北魏后宫谥法、赠官制度考略》,载《社会科学战线》2010年第9期。

张鹤泉:《北魏前期诸王虚封地改封考》,载《古代文明》2011年第1期。

张鹤泉:《北魏前期诸王虚封地封授考》,载《社会科学战线》2013年第1期。

张金龙:《十六国北朝文化区的再认识》,载《文史哲》1993年第3期。

张金龙:《儒家经典:北魏孝文帝思想的理论源泉》,载《东岳论丛》2011年第1期。

张景明:《内蒙古凉城县小坝子滩金银器窖藏》,载《文物》2002年第8期。

张小稳:《魏晋南北朝时期行台性质的演变》,载《人文杂志》2008年第3期。

张泽洪:《北魏道士寇谦之的新道教论析》,载《四川大学学报(哲学社会科学版)》2005年第3期。

赵昆雨:《云冈第11窟营凿的几个问题》,载《2005年云冈国际学术研讨会论文集》,文物出版社,2006年版。

赵永来:《盛乐、代北时期拓跋君主的强化与大人制的演变》,载中国魏晋南北朝史学会、四川大学历史文化学院编:《魏晋南北朝史论文集》,巴蜀书社,2006年版。

郑君雷:《早期东部鲜卑与早期拓跋鲜卑族源关系概论》,载吉林大学考古系编:《青果集——吉林大学考古系建系十周年纪念文集》,知识出版社,1998年版。

郑小容:《浅谈十六国北朝时期五行帝德推演所反映的不同正统观》,象牙塔网络首发,2004—12—22,http://xiangyata.net/data/articles/

a01/571.html.

钟国发:《寇谦之评传》,载钟国发著:《陶弘景评传》附编,南京大学出版社,2005年版。

钟国发:《魏晋南北朝隋唐的道教末世太平理想》,载《传统中国研究集刊(第九、十合辑)》,上海人民出版社,2012年版。

周德全:《魏晋南北朝时期道教与王权交流的"文化认同"探研》,载《青海社会科学》2009年第3期。

周祖谟:《北魏的佛教与政治》,载《周叔弢六十生日纪念论文集》,香港龙门书店,1951年版。

庄宏谊:《立志为帝王师——寇谦之的宗教理想与实践》,载《辅仁宗教研究》第21期,2010年。

佐川英治:《东魏北齐革命与〈魏书〉的编纂》,载陈锋、张建民主编:《中国古代社会经济史论:黄惠贤先生八十华诞纪念论文集》,湖北人民出版社,2010年版。

佐川英治:《游牧与农耕之间——北魏平城鹿苑的机能及其变迁》,载《中国中古史研究:中国中古史青年学者联谊会会刊》第2卷,中华书局,2011年版。

日文部分

保科季子:《張良と太公望_漢六朝期受命思想における「佐命」》,載《寧楽史苑》59,2014年。

北朝石刻資料の研究班:《北朝石刻資料選注》,載《東方學報》86,2011年。

長部悦弘:《北魏孝文帝代の尚書省と洛陽遷都》,載《人間科学》31,2014年。

川本芳昭:《北魏高祖の漢化政策の理解について》,載《九州大学東洋史論集》9,1981年。

川本芳昭:《魏晋南北朝時代の民族問題》,日本汲古书院,1998年版。

大知聖子:《北魏の爵制とその実態:民族問題を中心に》,載《岡山大学大学院文化科学研究科紀要》12(1),2001。

大知聖子:《北魏後期の爵制とその特質:孝文帝の爵制改革を中心に》,

載《東洋文化研究》16,2014年。

稲田友音:《北魏の保太后について:太武帝の保母竇氏を中心として》,載《九州中國學會報》53,2015年。

稲田友音:《北魏における所謂子貴母死について》,載《九州大学学術情報リポジトリ》43,2015年。

岡村秀典、向井佑介:《北魏方山永固陵の研究》,載《東方學報》80,2007年。

岡田和一郎:《前期北魏国家の支配構造——西郊祭天の空間構造を手がかりとして》,載《歷史學研究》817,2006年。

岡田和一郎:《同時代人のみた北魏平城》,載《アジア遊学》213,2017年。

吉川忠夫:《島夷と索虜のあいだ:典籍の流傳を中心とした南北朝文化交流史》,載《東方學報》72,2000年。

兼子秀利:《北魏前期の政治》,載《東方學報》19,1960年。

堀内淳一:《『華化』と『漢化』:北魏孝文帝の改革から》,載《東洋文化研究》23,2022年。

山下洋平:《北魏文明太后崩御時における孝文帝の服喪儀禮》,載《東方學》135,2018年。

松下憲一:《北魏部族解散再考》,載《史學雜誌》123,2014年。

松下憲一:《北魏崔浩國史事件——法制からの再檢討》,載《東洋史研究》69,2010年。

松下憲一:《北魏における皇位繼承》,載《中国史学》29,2019年。

田村實造:《北魏孝文帝の政治》,載《東洋史研究》41,1982年。

土屋聡:《北魏墓誌銘における南斉永明声律理論の反映について》,載《中国文学論集》43,2014年。

窪添慶文:《北魏後期における将軍号》,載《東洋学報》96,2014年。

小島典子:《北魏末期の爾朱栄》,載《史窓》058,2001年。

小野響:《烏桓における単于の導入:三郡烏桓王権の変化と非漢族への単于授与》,載《立命館東洋史学》43,2020年。

塩沢裕仁:《北魏馮太后第一次臨朝の性格について》,載《法政史学》48,1996年。

園田俊介:《北魏・東西魏時代における鮮卑拓跋氏(元氏)の祖先伝説

とその形成》,载《史滴》27,2005年。

鄭雅如,榊佳子:《北魏の皇后・皇太后:胡漢文化の交流による制度の発展状況》,载《アジア遊学》283,2023年。

佐川英治:《嘎仙洞石刻祝文にみる北魏王権の多元性:天子・皇帝・可汗・太平真君の称号をめぐって》,载《東洋史苑》96,2022年。

佐藤賢:《北魏前期の「内朝」・「外朝」と胡漢問題」》,载《集刊東洋學》88,2002年。

佐藤賢:《崔浩誅殺の背景》,载《歴史》103,2004年。

佐藤賢:《もうひとつの漢魏交替——北魏道武帝期における「魏」號制定問題をめぐって》,载《東方学》113,2007年。

佐藤賢:《鮮卑拓跋氏の南下伝説と神獣》,载《東洋史論集》38,2011年。

佐藤賢:《北魏後期における皇室の婚姻政策:北魏国家像の解明にむけて》,载《東洋文化研究》12,2010。

学位论文

何德章:《拓跋鲜卑汉化进程研究》,北京大学博士学位论文,1992年。

金溪:《北朝文化对南朝文化的接纳与反馈》,北京大学博士学位论文,2012年。

梁云:《拓跋鲜卑早期历史若干问题研究》,内蒙古大学博士学位论文,2013年。

林国良:《北朝人事制度之研究》,中正大学博士学位论文,2006年。

罗文星:《拓跋政权的政治与社会认同》,中正大学博士学位论文,2012年。

毋有江:《北魏政区地理研究》,复旦大学博士学位论文,2005年。

杨龙:《北魏政权中的汉族士人研究》,吉林大学博士学位论文,2010年。

姚宏杰:《南北朝时期南北政治关系研究》,北京大学博士学位论文,2004年。

后　记

　　本书由我的博士论文修订而成。自选题准备到交稿成书,已经十年有余。然天资愚钝,仅能交出一份难以令人满意的成果,自觉汗颜。按照惯例,后记部分首先应该对书稿写作给予帮助的师友进行致谢。一路走来,帮助过我或给我论文、书稿提过意见的师友很多,特别是本科、硕士、博士求学阶段的老师以及博士后合作导师,更是对我的学术道路有深远的影响。对所有的师友我都深怀感恩之情,也将永远铭记于心。只是开列致谢名单让我感到迟疑,因为自知这本书的平庸浅薄,这样做不但不会给曾经帮助过我的师友带来任何好处,还可能会留下让师友代我受过的不良感受。反复考虑之后,我决定继续将感激之情铭记于心,在后记部分只对本书的写作缘起与思考过程略作交代。

　　博士论文的选题写作,曾经比较苦闷彷徨,思路也多经改易。十余年前,蒙恩师景蜀慧先生不弃,让我拜入门下攻读博士学位。入学以后,开始参加《南齐书》修订小组的讨论会,同时听景师开设的《文选》选读及中国古代思想文化史的课程。课下自己的学习则主要是读史料,对博士论文选题并没有什么明确的思路。不过,在景师的思想文化史的课程影响下,我对魏晋南北朝思想史产生了浓厚的兴趣。蒙文通先生有一个论断:"从汉到唐,思想界是谁家的学说把握霸权,与其说是孔学,毋宁说是道家还妥帖些。"[1] 我也感受到,道家发展出黄老与老庄二流,兼涉治身与治国之道的黄老之术,与注重个体精神逍遥的老庄之学,在此期历史中均颇为重要。景师则提醒我,学界对晋唐之间尤其是该时段北方黄老思想的研究不太充分,还将一篇有关黄老思想与汉魏思想变革的未刊稿分享给我参考。于是,我便从北朝的黄老思想入手,准备博士论文的写作。其后也就北朝河北之学的黄老倾向、河北特别是邺城的道教传统等问题撰写了几万字的初稿。

　　不过,这种写作的尝试很快就陷入困境。除却个人读书不够深入细

---

[1] 蒙文通:《经学导言》,《经学抉原》,上海人民出版社,2006年,第38页。

致的原因以外,还有两个直接的原因。首先是北朝士人留下的著述比较少,涉及黄老思想的著述就更少,其时黄老思想的理论发展较少而影响广泛,深入研究面临史料的困境。其次是可突破的地方也比较少,直接相关的前人研究仅见古胜隆一《北朝经学与〈老子〉》等极少几篇,可供参考的思路也不多。以我当时的水平,只能在此基础上稍作延伸,不足以支撑一篇博士论文的篇幅。正当我困惑迷茫之际,陈苏镇老师来到中山大学半年,开设有汉代政治与政治文化的课程,并且抽时间来参加《南齐书》修订讨论会。陈老师的著作我先前读过,此时又受到课程的启发,感觉很有收获。景师也跟我说,陈老师所提倡的政治文化的研究方法是博士论文写作非常好的进路。这段时间,我也花时间恶补汉代儒学的史料,特别是在精读《白虎通》的过程中,体悟到"正名"在政治社会中的重要价值。在"正名"的驱动下,王朝会调动大量的思想资源去塑造、诠释各种各样的名号。名号的产生过程,正是对诸多思想资源进行重新熔铸进而实现再生产的过程。中大明清史的老师们经常强调,明清时期国家正统向地方社会的渗透,主要是通过文字表达来实现的。我更进一步意识到,"名号"这种极为简洁的文字符号,不正是以"正名"的名义向民众彰显国家的存在,或者展示某种治国方针和政治理念的有效工具吗?

在获取了"政治文化"与"名号"两大支柱以后,我博士论文的思路似乎忽然顺畅起来。先前所思考的黄老思想与道教传统在河北地区的传播问题,也通过"名号"与"政治文化"视角一下子找到了定位。通过考察北魏用名号来缘饰政权合法性的知识背景,以及用名号展示出特定时代的治道与治术,似乎可以看到知识与思想的潜流在王朝层面的存在与影响。陈寅恪先生曾指出魏晋南北朝"学术中心移于家族,而家族复限于地域,故魏、晋、南北朝之学术、宗教皆与家族、地域两点不可分离"[①],我又借名号与地域之间的联系,将相关问题勾连起来。于是串起两条线索,第一条线索是"代""魏"与"中京"三个具有地域特色的名号及其背后的政治文化结构,第二条是通过道武帝、太武帝、孝文帝时代的若干名号清理出黄老、道教与儒学影响下北魏治道与治术的变迁过程。思路清晰以后,终于将博士论文写出来,不久经评审、答辩等程序,得以顺利通过。

---

① 参见陈寅恪:《隋唐制度渊源略论稿》,第20页。

后　记

博士毕业以后，我来到四川大学历史文化学院工作。学院的老师们都对我颇为照顾，教研室和谐温馨的氛围更让我一下找到了家的感觉。不过，我入职时恰逢学校人事制度改革，实行非升即走的专职博士后制度，因而颇感压力。景师也担心我难以在此制度下立足，遂帮我联系中华书局帮忙推荐申报国家社科基金后期资助项目。幸而得到项目资助，压力骤减。几年下来，对博士论文作了若干修改充实。书稿的第五章和第六章，基本都是入职川大以后陆续充实进来的。增补的部分，除了将考察的时代从北魏前中期扩展到整个北魏以外，还拉起了第三条线索，就是从南北政权名号竞争的角度看北魏的政治文化，特别是华夷观在南北朝时代发生的变化。拓跋氏的族称问题，博士论文最初只有一节简单讨论。此次在第一章补充了"代王""单于""可汗"等号互动的相关内容，第六章则讨论从"索头"到"伪魏"、北魏政权中的南朝国号、"岛夷"号及其所涉南北朝华夷观的变化。最初写成的北朝黄老、道教在北朝的传播部分内容，因全书的主题已经转换，此次也暂时拿掉了，留待以后另作考虑。申报项目时曾有更多的想法，意欲将名号与社会之间的互动有效勾连起来，故项目的标题原有"国家与社会"字样。但在具体写作中感觉真要清晰呈现出来还是比较困难，亦只能留待未来。

需要特别说明的是，本书写作和修改过程中得到何德章老师的指导。除了对史料解读和具体观点的提示以外，何老师还曾经将多篇尚未发表的大作分享给我学习，其中不少与本书有直接关联。其中《两篇东魏〈檄梁文〉的作者与相互关系》《"宗主督护"及其他》《史料辨析方法与史料实证素养的培养》《汉族族称的出现与定型》等篇已经发表，书稿有参考引注。未及见刊者不敢妄引，自觉其可商议者，尽量直接删略原有观点而不增加新内容。

赴川大工作前夕，景师约我到中大马岗顶家中长谈，特别要求我以缪彦威先生"为人耿介，治学谨严，做事勤敏"十二字箴言作为努力方向，学术上要继续练好基本功，做到熟读深思。这些期待和嘱托我一直铭记于心，未来还要继续朝此方向努力。

郭　硕

2023 年 12 月于四川大学